PUBLIÉ SOUS LA DIRECTION
DE LA
SECTION HISTORIQUE DE L'ÉTAT-MAJOR DE L'ARMÉE

LA

CAMPAGNE DE 1805

EN ALLEMAGNE

PAR

P.-C. ALOMBERT
CONTRÔLEUR DE L'ADMINISTRATION
DE L'ARMÉE

J. COLIN
CAPITAINE D'ARTILLERIE A LA SECTION HISTORIQUE
DE L'ÉTAT-MAJOR DE L'ARMÉE

TOME TROISIÈME
1er Volume

PARIS
LIBRAIRIE MILITAIRE R. CHAPELOT et Cie
IMPRIMEURS-ÉDITEURS
30, Rue et Passage Dauphine, 30

1904
Tous droits réservés.

LA
CAMPAGNE DE 1805
EN ALLEMAGNE

PARIS. — IMPRIMERIE R. CHAPELOT ET C°, 2, RUE CHRISTINE.

PUBLIÉ SOUS LA DIRECTION
DE LA
SECTION HISTORIQUE DE L'ÉTAT-MAJOR DE L'ARMÉE

LA CAMPAGNE DE 1805 EN ALLEMAGNE

PAR

P.-C. ALOMBERT
CONTRÔLEUR DE L'ADMINISTRATION
DE L'ARMÉE

J. COLIN
CAPITAINE D'ARTILLERIE A LA SECTION HISTORIQUE
DE L'ÉTAT-MAJOR DE L'ARMÉE

TOME TROISIÈME
1ᵉʳ Volume

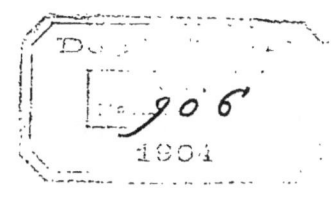

PARIS
LIBRAIRIE MILITAIRE R. CHAPELOT ET Cᵉ
IMPRIMEURS-ÉDITEURS
30, Rue et Passage Dauphine, 30

1904
Tous droits réservés.

PRÉFACE

Ce troisième volume contient les opérations autour d'Ulm et en Bavière, c'est-à-dire la campagne contre l'armée autrichienne. Nous nous sommes arrêtés au 24 octobre, date où l'Empereur réunit et reforme la Grande Armée pour la marche sur Vienne.

Nous exprimons ici la plus vive reconnaissance à M. le prince de Wagram, qui a bien voulu nous ouvrir les précieuses archives où se trouvaient, entre autres, les lettres de Mack à Berthier, sans lesquelles nous n'aurions pu écrire l'histoire de la capitulation d'Ulm.

Le premier rôle dans les opérations autour de cette place appartient au 6ᵉ corps, dont les divisions se battent le 9 à Günzburg, le 11 à Haslach, le 14 à Elchingen, le 15 devant Ulm et près d'Albeck. Les papiers du maréchal Ney, ses registres de correspondance étaient donc pour nous d'une importance capitale, et nous sommes profondément reconnaissants à M. le prince de la Moskowa d'avoir consenti à nous les communiquer et à en autoriser la publication.

Nous témoignons aussi notre gratitude à M. le comte Gudin pour la libéralité avec laquelle il a bien voulu mettre à notre disposition les papiers laissés par le général Gudin, qui nous révèlent ce que fut la vie du soldat pendant cette campagne.

La correspondance du major général et celle du général Andréossy nous ont permis d'étudier l'organisation et le fonctionnement des services de l'arrière à la Grande Armée; celle du général Éblé fait connaître en particulier le service de l'artillerie dans un corps d'armée.

Nous n'avons pas cru devoir placer ici le répertoire des pièces citées. Il nous a semblé qu'il se prêterait mieux aux divers genres de recherches s'il se trouvait à la fin du dernier volume de l'ouvrage et embrassait la totalité des documents publiés.

Les documents qui ne proviennent pas des Archives de la Guerre sont indiqués par les initiales suivantes :

A. N.   *Archives nationales.*
A. A.   *Archives de la section technique de l'artillerie.*
A. W.   *Archives de M. le prince de Wagram.*
A. M.   *Archives de M. le prince de la Moskowa.*
A. G.   *Archives de M. le comte Gudin.*

QUATRIÈME PARTIE

ULM

INTRODUCTION

I

Le 6 octobre, la Grande Armée arrive en vue du Danube ; elle le passera à partir du 7, et, en dix jours, la manœuvre d'Ulm sera terminée. Avant d'entreprendre le récit des marches précipitées par lesquelles Napoléon réalisa l'enveloppement du corps autrichien, il faut faire connaître la situation des troupes qui les ont exécutées :
« A aucune autre époque, dit Fézensac (1), excepté la campagne de Russie, je n'ai autant souffert, ni vu l'armée dans un pareil désordre. »

Les pièces officielles viennent confirmer, autant qu'il est en elles, cette appréciation sommaire si frappante d'un témoin oculaire.

« Il pleut beaucoup, dit le Bulletin du 10 qui raconte le combat de Wertingen ; mais cela ne ralentit pas les marches forcées de la Grande Armée. »

« Ce jour et les précédents, dit le Journal de la division Friant, nous eûmes beaucoup de neige fondue et de pluie. »

« La grande pluie qui tombe depuis ce matin, écrit

---

(1) Page 71.

Bernadotte, m'empêche d'aller aussi loin que j'aurais voulu. »

Le général Thiébault écrit dans ses Mémoires : « Le 9, une pluie aussi abondante que glaciale commença à tomber à la pointe du jour, et tomba sans discontinuation ; les chemins se trouvaient horribles, et nous n'arrivâmes à Landsberg qu'à la nuit, trempés jusqu'aux os, morfondus. » « Le lendemain, dit-il un peu plus loin, « c'est avec des vêtements encore mouillés et par une neige abondante que je me jetai à cheval », etc.

« La route qui conduit de Landsberg à Memmingen traverse de larges forêts de sapins, et nous pûmes, tout à notre aise, en admirer les effets pittoresques sous la neige, qui tomba sans discontinuer pendant toute la journée du 10 (1). »

Le 11 octobre, le général Baraguey d'Hilliers invoque, pour justifier son retard, les difficultés de la marche dans des chemins boueux, remplis de neige, et par un temps pluvieux.

Le Bulletin du même jour dit, en effet, que « le temps continue à être très mauvais ; qu'il pleut encore beaucoup », et le Journal de la division Friant affirme que le temps fut si mauvais qu'on ne put arriver et qu'il fallut bivouaquer au bord de la route. Bernadotte donne aussi comme explication de son retard à atteindre Munich « les pluies continuelles et abondantes ».

Ces averses durent encore pendant les jours suivants, et le Bulletin du 15 répète que la journée a été affreuse ; la 1re division de dragons trouve, le 12 octobre, la Günz gonflée au point que les gués de ce ruisseau deviennent à peu près impraticables, et le Danube emporte le pont d'Elchingen, séparant ainsi les deux parties de l'armée au moment où l'on donne l'assaut aux ouvrages d'Ulm.

---

(1) Tome III, page 420 et suivantes.

Le résultat de ce temps effroyable est, non seulement de causer de vives souffrances au soldat, mais aussi de rendre la marche extrêmement difficile, et d'accroître la fatigue dans d'énormes proportions. Il est très exceptionnel de rencontrer et de pouvoir utiliser des chaussées pavées ou ferrées ; la plupart du temps, les colonnes suivent des chemins de terre, ou même prennent à travers champs (1). Aussi les voit-on partir le matin pour n'arriver à destination qu'à la nuit tombante.

Ainsi le 3ᵉ corps, parti de Neubourg à 5 h. 1/2 du matin, et n'ayant qu'une durée d'écoulement de 1 h. 1/2 ou 2 heures en temps ordinaire, n'est rendu à Aichach qu'à 5 heures du soir, et il a laissé toutes ses voitures et son parc en arrière.

Le 11, nous voyons le 4ᵉ corps partir d'Augsbourg au point du jour et n'arriver à ses positions autour de Landsberg qu'à la nuit close. La 3ᵉ division n'est au bivouac qu'à 9 heures du soir. Il est vrai que les marches sont de 9 à 10 lieues, mais encore ne mettrait-on pas, en temps ordinaire, 15 heures pour les accomplir.

Les troupes, épuisées par ces marches ininterrompues, trouvent rarement une nourriture suffisante, et ne la reçoivent régulièrement que d'une manière tout à fait exceptionnelle. L'Empereur rappelle bien, par un ordre du 7 octobre, que l'on doit avoir constamment quatre jours de pain ; mais où les prendre ?

« C'est avec bien de la difficulté que je suis parvenu jusqu'à présent à procurer les subsistances à ma division, écrit le général Bourcier le 9 octobre ; depuis quelques jours, elle n'a reçu ni pain, ni viande, et des

---

(1) Le 13 octobre, le chemin qui borde le Danube, entre Ulm et Elchingen, s'écroule dans le fleuve au passage des caissons. Des hommes sont noyés. Ailleurs, des pièces restent embourbées pendant vingt-quatre heures. (Schönhals. *Der Krieg* 1805. Vienne, 1873, page 79 et suivantes.)

fourrages qu'en petite quantité, surtout en avoine. Les villages que j'ai occupés jusqu'à présent ont eu à alimenter les troupes qui m'ont précédé, et, par cette raison, se trouvent presque sans ressources. »

Ce jour-là, le général Suchet peut encore fournir du pain à sa division, grâce, sans doute, aux dispositions prises par le maréchal Soult depuis le passage du Rhin; cependant, les autres divisions du 4ᵉ corps, d'après le rapport du maréchal, manquent de pain, et la troupe étant fatiguée par la pluie qu'elle a reçue, s'arrête à Augsbourg pour y recevoir deux jours de vivres. « Les troupes sont exténuées de fatigue, écrit Vandamme; elles souffrent surtout beaucoup du manque de vivres, et il est bien à désirer que nous ayons enfin quelques distributions. » On a pris heureusement un convoi de 4,000 rations qui se dirigeait sur Ulm, ainsi qu'un magasin de blé et d'avoine.

Marmont écrit aussi le 9 octobre : « Les troupes auraient marché immédiatement et auraient couché ce soir à Pörnbach, si la cruelle disette qu'elles éprouvent n'avait pas rendu indispensable de les arrêter pour leur distribuer quelques subsistances. Elles vont recevoir un tiers de ration de pain et quelque peu de pommes de terre; après quoi elles marcheront et iront, j'espère, à 3 lieues sur la route de Pfaffenhofen. » Le lendemain, il récrit à Berthier : « J'ai l'honneur de rappeler à votre souvenir nos besoins de subsistance. Ils sont extrêmes. »

Le 3ᵉ corps s'est trouvé pendant quelque temps dans la même situation; mais son séjour à Aichach et sur la Glon lui permet d'être ravitaillé : « Ce dernier séjour, écrit Davout le 10 octobre, a fait beaucoup de bien en permettant aux divers parcs et convois de rejoindre le corps d'armée. » Le maréchal peut alors reprendre le système de réquisitions régulières et de distributions qu'il avait suivi jusqu'au 5 ou 6 octobre. Il fait requérir des sacs de farine et de blé dans les villages, fait orgaqiser la mouture et la boulangerie dans les moulins et fours des environs. Des postes sont placés dans ces divers établissements pour les mettre à l'abri de la maraude. Le bétail arrive aussi dans la journée du 10.

La pénurie dans laquelle se trouvaient la plupart des corps d'armée ne paraît pas étonner l'Empereur. Aux plaintes de Marmont, Berthier répond, le 11 octobre :

« Dans toutes les lettres que m'écrit M. le général Marmont, il me parle de subsistances ; je lui répète que, dans la guerre d'invasion et d'expédition que fait l'Empereur, il n'y a point de magasins ; que c'est aux généraux commandant en chef les corps d'armée à se pourvoir de leurs moyens de subsistance dans les pays qu'ils parcourent. Le général Marmont a eu ordre de se pourvoir de quatre jours de pain d'avance et de faire confectionner pour quatre jours de biscuit ; il ne peut donc compter que sur les ressources qu'il se procurera par lui-même ; c'est ainsi que font tous les corps de la Grande Armée, et le général Marmont connaît plus que personne la manière dont l'Empereur fait la guerre. »

Il serait bien téméraire de rechercher s'il était possible de concilier les procédés offensifs et l'extrême mobilité de la Grande Armée avec un système de ravitaillement satisfaisant ; quoi qu'il en soit, le dénûment dans lequel les troupes se trouvaient plongées en 1805 entraînait infailliblement la maraude, le pillage et l'indiscipline. Davout écrit le 11 octobre à Berthier :

« J'ai l'honneur de représenter à Votre Excellence qu'il devient d'une nécessité impérieuse de prendre promptement des mesures extraordinaires pour mettre un frein au maraudage et au pillage, qui sont portés au dernier excès ; les habitants de ce pays observent avec la plus vive douleur qu'à l'époque où leur prince était en guerre avec la France, ils ne furent jamais aussi maltraités qu'au moment où leurs enfants et leurs parents font cause commune avec nous contre les Autrichiens. J'ai l'honneur de prier Votre Excellence de solliciter de Sa Majesté l'autorisation de faire fusiller quelques pillards ; ces exemples terribles sont nécessaires pour arrêter le mal, qui va toujours croissant. » Il n'y a pas de réponse.

Telle était la situation dans le corps d'armée le plus discipliné ; une lettre de Bugeaud à sa sœur nous révèle comment se conduisaient les soldats de la Garde impériale :

« Juge si 10,000 hommes arrivant dans un village peuvent trouver facilement chacun de quoi manger. Ce qui me cause encore de la peine, ce sont les vexations et les vols que l'on fait aux paysans ; leur volaille, leur bois, leur lard leur sont enlevés de gré ou par rapine. Je ne fais pas ces choses-là, mais quand je suis bien affamé, je tolère en secret et je goûte bien ma part du vol » (1).

Après ces témoignages contemporains, nous ne pouvons faire aucune difficulté d'accepter les rapports analogues des auteurs de Mémoires, Thiébault ou Fézensac.

« La nuit qui suivit notre départ de Memmingen, dit le général Thiébault, porta un coup sérieux à la discipline, et nous ne tardâmes pas à en avoir la preuve. Les troupes du corps d'armée, qui par leur sagesse s'étaient montrées jusqu'alors dignes d'avoir fait partie du camp de Boulogne, devinrent pillardes, et même, d'après leur adage : « L'ennemi est comme la gerbe de blé : plus on le bat, plus il rend », elles prirent l'habitude de frapper le paysan pour se faire livrer son argent. On ne saurait croire à quel degré ils poussèrent la tactique du pillage, etc. (2). »

Fézensac résume toutes les souffrances et tous les désordres dans le passage dont nous avons déjà cité quelques lignes :

---

(1) D'Ideville : *Le maréchal Bugeaud*, tome I, page 71.
(2) Tome III, page 427.

« Cette courte campagne fut pour moi comme l'abrégé de celles qui suivirent. L'excès de la fatigue, le manque de vivres, la rigueur de la saison, les désordres commis par les maraudeurs, rien n'y manqua, et je fis en un mois l'essai de ce que j'étais destiné à éprouver dans tout le cours de ma carrière. Les brigades et même les régiments étant quelquefois dispersés, l'ordre de les réunir sur un point arrivait tard, parce qu'il fallait passer par bien des filières. Il en résultait que le régiment marchait jour et nuit, et j'ai vu pour la première fois, dans cette campagne, dormir en marchant, ce que je n'aurais pas cru possible ; on arrivait ainsi à la position que l'on devait occuper, sans avoir rien mangé et sans y trouver de vivres. Le maréchal Berthier, major général, écrivait: « Dans la guerre d'invasion que fait l'Empereur, il n'y a pas de magasins ; c'est aux généraux à se pourvoir des moyens de subsistance dans les pays qu'ils parcourent ». Mais les généraux n'avaient ni le temps ni les moyens de se procurer régulièrement de quoi nourrir une si nombreuse armée. C'était donc autoriser le pillage, et les pays que nous parcourions l'éprouvèrent cruellement. Nous n'en avons pas moins bien souffert de la faim pendant la durée de cette campagne..... Le mauvais temps rendit nos souffrances plus cruelles encore. Il tombait une pluie froide ou plutôt de la neige à demi fondue, dans laquelle nous enfoncions jusqu'à mi-jambes, et le vent empêchait d'allumer du feu. Le 16 octobre, en particulier, le temps fut si affreux que personne ne resta à son poste. On ne trouvait plus ni grand'garde ni factionnaire ; l'artillerie même n'était pas gardée ; chacun cherchait à s'abriter comme il le pouvait, et à aucune autre époque, excepté la campagne de Russie, je n'ai autant souffert ni vu l'armée dans un pareil désordre..... Toutes ces causes développèrent l'insubordination, l'indiscipline et le maraudage. Lorsque, par un temps pareil, des soldats allaient dans un village, ils trouvaient tentant d'y rester. Aussi le nombre d'hommes isolés qui parcouraient le pays devint-il considérable. Les habitants en éprouvaient des vexations de tous genres, et des officiers blessés qui voulaient rétablir l'ordre furent en butte aux menaces des maraudeurs. Tous ces détails étant inconnus de ceux qui lisent l'histoire de nos campagnes, on ne voit qu'une armée valeureuse, des soldats dévoués, rivalisant de gloire avec leurs officiers. On ignore au prix de quelles souffrances s'achètent souvent les plus éclatants succès. On ignore combien, dans une armée, les exemples d'égoïsme ou de lâcheté s'unissent aux traits de générosité et de courage. »

Tel était l'état physique et moral de la Grande Armée pendant le mois d'octobre 1805 ; c'est ainsi qu'on devra se la figurer en suivant désormais, jour par jour, ses marches forcées et ses victoires.

II

Soult et Murat se sont arrêtés le 6 octobre à peu de distance de Donauwœrth, mais l'avant-garde de Soult, ou plutôt de la division Vandamme, est repartie presque aussitôt et arrive vers 8 heures du soir à Donauwœrth. Les 1,000 hommes du régiment J. Colloredo qui occupent la ville ne peuvent en interdire l'accès aux deux régiments français (24° léger, 11° chasseurs), mais ils se retirent sur la rive droite du Danube en coupant le pont, et, prenant position, ils empêchent par leur feu le passage des Français. Vandamme dirige alors sur le pont de Münster, à deux lieues en amont, un bataillon du 24° avec 2 pièces de 4, et 2 escadrons du 11° chasseurs.

Murat, de son côté, a expédié à minuit l'ordre de remettre en mouvement les trois divisions de dragons. La 1re, qui est au bivouac près de Deggingen, devra se trouver à 5 heures du matin à Mauren, pour marcher de là sur Donauwœrth par Ebermagen et Wornitzstein : la 3ᵉ, qui est à Amerdingen, s'arrêtera à 5 heures à Buggenhofen, et poussera des reconnaissances sur Schwarzenberg et Wornitzstein ; enfin la 2ᵉ prend plus à l'Ouest sur Oppertshofen, d'où elle fera reconnaître le pont de Münster. Murat se rend à Bissingen.

Chemin faisant, il apprend l'occupation de Donauwœrth par les Français, ainsi que la position prise par l'ennemi devant le pont rompu. Il forme aussitôt le projet de passer par Münster et d'arriver sur les derrières des Autrichiens avant qu'ils n'aient lâché pied ; la 2ᵉ division de dragons continue donc en toute hâte par Auxesheim et Nordheim. Les 1ʳᵉ et 3ᵉ divisions restent près de Donauwœrth avec Vandamme. Des reconnaissances sont envoyées sur Höchstædt et sur Pfaffenhofen.

Pendant que la division Walther exécute son mouvement, le jour est venu ; la compagnie d'artillerie légère de Vandamme a rejoint l'avant-garde, a mis en batterie près du pont, et sa première décharge a décidé l'ennemi à se retirer sur Rain. A 10 heures, la 2ᵉ division de dragons voit sa proie lui échapper.

Soult s'occupe de faire rétablir le pont de Donauwœrth ; il fait passer le Danube à un bataillon du 24ᵉ léger et, sur la demande de Murat, il rappelle celui qui occupait le pont de Münster, le bataillon de dragons à pied amené de Amerdingen l'ayant relevé.

La division Vandamme arrive dans l'après-midi et prend position à l'Est de la ville. L'Empereur vient diriger lui-même les mouvements des troupes.

Murat forme un escadron d'élite de 150 dragons de la division Klein, en donne le commandement au colonel Watier, du 4ᵉ dragons, et lui fait traverser le Danube en bateau. Lui-même passe avec son escorte. Il s'élance avec Watier sur la route de Rain, et ordonne à la division Walther, qu'il a rejointe près de Nordheim, d'aller passer le Lech à Oberndorf, pour tourner l'ennemi s'il veut tenir à Rain. Les Autrichiens ont en effet coupé le pont de Rain, et ils occupent la ville, située sur la rive droite du Lech, avec des uhlans et des fantassins. Watier dut remonter aussi jusqu'à Oberndorf, et y fit chercher un gué.

« Quelques tirailleurs traversaient la rivière, non sans danger, à une demi-lieue au-dessus du village, et furent suivis immédiatement après par tout le détachement. Ce ne fut qu'en arrivant sur la rive gauche du Lech qu'on aperçut l'ennemi posté près d'Oberpeuchingen. Quelques dragons mirent pied à terre et commencèrent à tirailler ; en même temps, d'autres traversèrent la rivière et fondirent sur les vedettes, qui se replièrent aussitôt ; le peloton des tirailleurs les ayant suivis, le colonel Watier fit mettre pied à terre à une division pour protéger le gué en cas de retraite ; mais comme l'ennemi continuait à se retirer, il fit passer tout son détachement, dont il cacha la faiblesse en se couvrant à propos par des bois et des ravins.

On apercevait dans la plaine deux colonnes de cavalerie que l'on estimait être de 600 à 700 hommes, et plus loin, sur le revers de la montagne, une troupe d'infanterie dont on n'a pas connu la force.

Le jour commençant à baisser, et la retraite de l'ennemi paraissant décidée, le colonel Watier plaça sa troupe sur un rang et forma deux échelons, qui marchaient à une assez grande distance, pour en imposer sur leur force. On continua dans cet ordre et en s'arrêtant souvent, jusqu'à ce que les tirailleurs eussent balayé la plaine.

Il était nuit close quand le détachement arriva à une demi-lieue de Pesenpurken, sur la route qui conduit de Rain à Aichach ; le colonel Watier fit former ses divisions ; il dirigea ensuite sa troupe en colonne sur Pesenpurken ; l'ennemi ayant été aperçu, l'officier qui commandait le premier peloton reçut ordre de le charger en queue ; il n'avait pu encore l'atteindre, lorsqu'il distingua en bataille, très près de lui, toute la cavalerie que l'on avait remarquée pendant le jour; dans le même moment l'ennemi sonna la charge et fondit sur lui avec impétuosité.

Quelques pelotons de uhlans cherchèrent à couper la retraite au détachement, en se prolongeant à droite et à gauche de la route qu'ils occupaient; dans cette circonstance embarrassante, les officiers et les dragons, ne prenant conseil que de leur propre courage, passèrent le fossé qui les séparait de l'ennemi, et tombèrent avec une telle ardeur sur les pelotons qui avaient presque gagné la queue de la colonne, qu'ils les poussèrent dans le plus grand désordre ; on sonna le ralliement, mais l'ennemi survint en si grande force que ce ne fut que 400 pas plus loin que l'on put se former ; le détachement se porta de nouveau en avant, mais l'ennemi avait disparu. On se retira en bon ordre sur Rain.

Dans cette affaire, qui fut extrêmement vive, les uhlans eurent trois hommes de tués et considérablement de blessés, à en juger par les armes des dragons, dont grand nombre se trouvèrent ensanglantées. On leur prit 6 hommes et 8 chevaux. Les dragons eurent 1 homme tué, 2 blessés et 8 prisonniers (1) ».

Sur l'ordre de l'Empereur, qui venait d'arriver à Donauwœrth, Murat avait passé le Lech avec la 2ᵉ division de dragons, quelque temps après le détachement de Watier ; il tenta de poursuivre l'ennemi, et ne l'ayant pas joint, revint bivouaquer en avant de Rain. Les 1ʳᵉ et 3ᵉ divisions de dragons étaient restées au Nord de Donauwœrth.

Trois régiments de la division Vandamme s'étaient mis en marche sur Oberndorf derrière les dragons, sous le commandement immédiat de Soult : le soir, le 57ᵉ bi-

---

(1) Journal des marches de la 1ʳᵉ division de dragons.

vouaque au Sud-Ouest de Nordheim ; un bataillon du 24ᵉ léger occupe Rain ; les trois autres régiments de la division bivouaquent au Sud de Genderkingen.

La division Legrand (3ᵉ) a pris position au Nord de Donauwœrth, entre cette ville et le village de Berg, et a détaché un bataillon au pont de Donauwœrth ; la division Saint-Hilaire (1ʳᵉ) est au bord du Danube, à l'Est de Donauwœrth.

Suchet (4ᵉ division) arrive seulement à Nœrdlingen.

Les deux divisions de cuirassiers, la 1ʳᵉ ayant été retirée à Davout le matin même, sont au Nord-Ouest de Donauwœrth près de Feldsheim.

Une reconnaissance de cavalerie a poussé le jour même à Mertingen, à mi-chemin d'Augsbourg, sur la rive gauche du Lech ; Murat fait savoir à l'Empereur qu'il dirige des reconnaissances sur Neubourg et Fridberg (village en face d'Augsbourg sur la rive droite du Lech).

Quelques prisonniers faits à Donauwœrth ont appris à Soult qu'il y avait là les régiments d'Erbach et de Colloredo, avec les hussards de Liechtenstein ; d'après eux, et au dire du maître de poste de Donauwœrth, il se trouvait, sur la rive gauche du Lech, un corps d'armée assez nombreux, mais le gros des forces autrichiennes était encore sur l'Iller, et Ulm était fortement occupé.

Maître de Donauwœrth, et jugeant que les Autrichiens doivent encore se trouver à l'Ouest du Lech, l'Empereur veut « *couper tout ce que l'ennemi aurait encore sur l'Iller.* » A cet effet, il va diriger Ney sur Ulm par les deux rives du Danube, pendant que d'autres colonnes se porteront sur Augsbourg et Landsberg. Ney doit d'abord s'emparer de Gundelfingen et de Lavingen, et tenir un ou deux ponts sur le Danube, car si l'ennemi s'était retiré vers l'Est, par Augsbourg et Landsberg, le 6ᵉ corps devrait s'y porter vivement « par une marche de flanc ».

L'ordre au maréchal Ney lui prescrit de garder sa position de Giengen ; mais cet ordre lui parvient peut-être pendant la marche sur Donauwœrth qu'on lui avait prescrite la veille ; quoi qu'il en soit, il porte tout son corps d'armée sur le Danube le jour même, et il bivouaque autour d'Höchstædt ; la 1re division (Dupont) est à Deissenhofen, tenant Mörschlingen et Luzingen avec deux bataillons d'infanterie légère, qui fournissent des postes à Lavingen et Steinheim. La 2e division reste près d'Höchstædt, dont elle fait occuper le pont par quatre compagnies de grenadiers. Elle détache deux compagnies de grenadiers au pont de Gremheim, où se trouvent aussi deux compagnies de la 3e division, qui bivouaque à Blindheim. Le 1er bataillon du 25e léger garde le pont de Blindheim. La cavalerie légère bivouaque à Steinheim, et envoie des patrouilles sur la rive droite du Danube vers Zusamaltheim, Wertingen, etc.

Au 4e corps, la division Vandamme bivouaque avec Soult près de Rain ; Legrand et Saint-Hilaire, qui sont encore sur la rive gauche du Danube, doivent passer le lendemain à la première heure, d'après les ordres directs de l'Empereur. Legrand rejoindra Soult près de Rain ; Saint-Hilaire attendra de nouvelles instructions. La Garde et la division Suchet, qui cantonnent à Nœrdlingen le 7, doivent arriver à Donauwœrth dans la matinée du 8 ; les deux divisions de cuirassiers doivent y passer aussi. Le 5e corps se dirigera sur le pont de Münster, que sa cavalerie légère atteint presque dans la soirée du 7, les grenadiers étant à Amerdingen et Bissingen, Gazan à Neresheim.

Les divisions Bourcier et Baraguey d'Hilliers doivent se diriger sur Neresheim, et l'Empereur a l'intention de les faire continuer sur Donauwœrth.

Dans la nuit du 6 au 7, l'Empereur, ignorant encore les événements de Donauwœrth, avait pensé à diriger Davout sur Rennertshofen, entre le Lech et Neubourg ;

mais dans la journée du 7, il lui assigne Neubourg comme point de passage, avec mission de prendre à revers les troupes chassées de Rain par Soult et Murat, puis de se rapprocher d'Ingolstadt pour faciliter le passage de Bernadotte, qui aura lieu le 9. L'Empereur blâme sévèrement le maréchal Davout de l'abandon de ses pièces de 12, importantes pour forcer le passage d'un grand fleuve.

Le 7 au soir, Davout bivouaque à Monheim, ayant son avant-garde près de Neubourg. Marmont est à Pappenheim ; Bernadotte et les Bavarois sont à Weissenburg, et leurs avant-gardes aux portes d'Ingolstadt.

III

La journée du 7 n'a procuré à l'Empereur aucun renseignement nouveau. Il savait que l'ennemi se portait de Memmingen et d'Ehingen vers Ulm le 5, et devait atteindre cette ville le 6 ; mais le 6 au soir ou le 7, en apprenant l'arrivée des Français sur le Danube, Mack aura probablement continué son mouvement vers l'Est sans interruption, et dans ce cas, il peut approcher du Lech le 8 octobre, et passer à Augsbourg ou Landsberg le 9. Du reste, quelle est exactement la partie de l'armée autrichienne qui avait poussé jusqu'à l'Iller ? Qu'y a-t-il encore en Bavière, soit autour de Munich et d'Augsbourg, soit aux débouchés de la Bohême ? Autant de questions auxquelles on ne peut répondre.

Tout fait supposer, cependant, que le détachement autrichien signalé précédemment au Nord de Ratisbonne est très peu nombreux ; qu'il y a une douzaine de mille hommes en retraite de Donauwœrth sur Augsbourg ou Munich avec Kienmayer ; et enfin l'Empereur pense que Mack ne reste pas à Ulm, qu'il s'efforce d'échapper à l'enveloppement par la route de Landsberg ou d'Augsbourg.

« Il est probable, fait-il écrire à Ney, que le passage du Lech et l'occupation d'Augsbourg, qui auront lieu dans la journée, vont enfin dégriser l'ennemi. » « Il est impossible que l'ennemi, instruit du passage du Danube et du Lech, ainsi que de l'épouvante qui a dû s'emparer du corps de troupes qu'il avait au delà du Lech, ne songe sérieusement à prendre le parti de la retraite. Il est à croire qu'il essayera d'abord de la faire sur Augsbourg, mais bientôt il apprendra qu'il n'est plus temps, et il tentera de la faire sur Landsberg, où, si nos troupes arrivent à temps, il se décidera à livrer bataille, ou enfin à se retirer dans le Tyrol ; mais il est probable qu'il prendra le parti de combattre.

« Sa Majesté ne pense pas que l'ennemi soit assez insensé pour passer sur la rive gauche du Danube, puisque tous ses magasins sont à Memmingen et qu'il a le plus grand intérêt à ne pas se séparer du Tyrol que, dans cette manœuvre, il découvrirait entièrement. »

Il écrit lui-même à Ney : « Je ne puis plus penser que l'ennemi puisse avoir d'autre projet que de se retirer sur Augsbourg ou sur Landsberg, ou même sur Füssen. Toutefois, il pourrait hésiter, et dans ce cas, c'est à nous à faire en sorte que pas un n'échappe ; je ne doute pas qu'il ne puisse revenir quelques-unes de ses forces du Tyrol. »

Si Mack est parti d'Ulm et de Memmingen pour Augsbourg et Landsberg le 7 (le 6 on le signalait encore à Ulm), c'est le 9 qu'on peut avoir à livrer bataille sur le Lech. Aussi l'Empereur presse-t-il la marche des 2e, 3e, 4e et 5e corps pour avoir des forces suffisantes autour d'Augsbourg le 9 au matin. Il envoie Mathieu Dumas en mission auprès de Marmont pour hâter son mouvement :

« Si le général Marmont était arrivé à Ingolstadt, vous

vous y rendrez pour lui dire qu'il est nécessaire qu'il passe le Danube sur-le-champ ; que l'ennemi est coupé ; que dans peu de jours, il n'aura plus d'autre parti à prendre que d'essayer de nous passer sur le corps, et, comme il pourra réunir jusqu'à 80,000 hommes, il n'y a pas un moment à perdre pour rassembler nos forces ».

Bernadotte, qui a le commandement supérieur du 2⁰ corps, reçoit l'ordre suivant : « Ordonnez au général Marmont de passer le fleuve, et de se mettre sur-le-champ en marche pour se rendre à mi-chemin de Neubourg ou d'Ingolstadt à Augsbourg ».

Davout a des instructions analogues, et l'Empereur espère que son avant-garde sera le soir même à Aichach. Il fait écrire par Berthier :

« L'intention de l'Empereur est que vous vous dirigiez sur Aichach, où l'intention de Sa Majesté est de réunir dans la journée de demain (9 octobre), tout votre corps d'armée » ; et il ajoute dans une lettre personnelle :

« Il me tarde de savoir, enfin, que votre armée arrive ; j'ai besoin qu'elle soit réunie demain dans la journée à Aichach. Il paraît que le général Kienmayer, qui commande le seul corps qui est entre ceci et Ratisbonne, s'est retiré sur Augsbourg. Il est poursuivi de telle sorte qu'il ne peut échapper. Ne perdez pas une heure, et que j'apprenne sans retard que vous occupez Aichach ; votre cavalerie et votre avant-garde peuvent y être ce soir ».

C'est le corps d'armée de Soult qui forme le noyau, la partie essentielle du dispositif. Il est dirigé de Donauwœrth sur Augsbourg et doit y arriver le 8 pour devancer le corps de Kienmayer, puis toute l'armée de Mack ; mais l'ordre envoyé dans la matinée par Berthier contient une restriction qui vaudra, le soir, des reproches au maréchal Soult :

« L'intention de l'Empereur est que vous dirigiez la division du général Saint-Hilaire, celle du général Legrand, celle du général Vandamme et tout votre quartier général sur Augsbourg ; toutefois, cependant, *après vous être assuré que l'ennemi n'est pas en force à Aichach* et que M. le maréchal Davout est maître de Neubourg et du pont de cette ville ».

La mission de Murat et Lannes est d'intercepter la route d'Ulm à Augsbourg, et en même temps de poursuivre les ennemis battus à Donauwœrth :

« L'intention de l'Empereur, écrit Berthier à Murat, est qu'avec les trois divisions de dragons et les deux divisions de grosse cavalerie et toute l'artillerie attachée à ces deux divisions, vous vous dirigiez sur Zusmarshausen et Burgau. La division de cavalerie de M. le maréchal Lannes marchant dans la même direction, vous êtes autorisé à en prendre deux régiments pour éclairer la marche de votre grosse cavalerie. Vous recevrez des ordres pour éclairer la route que vous devez tenir demain. S'il n'y a rien de nouveau, il se pourrait que Votre Altesse reçût l'ordre de couper la route de Landsberg à Ulm, c'est-à-dire de se porter sur Mindelheim ».

Quant à Lannes, il doit se rendre de Münster, où il a passé le Danube, jusqu'à Wertingen, et pousser une avant-garde sur la route d'Ulm à Burgau. Il se tiendra en liaison avec Murat et Ney.

Ce dernier est chargé de surveiller les débouchés d'Ulm vers le Nord-Est; car, malgré toutes les vraisemblances, l'Empereur tient compte encore d'une tentative possible des Autrichiens pour s'échapper de ce côté ; mais, à vrai dire, il y croit peu. Ney doit surtout s'assurer des ponts sur le Danube et se tenir prêt à soutenir Lannes et Murat si l'ennemi se porte vers Augsbourg. Plus tard, l'Empereur, se confirmant de plus en plus dans l'idée que Mack va se retirer vers le Sud-Est, ordonnera à Ney d'occuper Günzbourg, de manière à se trouver sur la route même d'Ulm à Augsbourg.

Le premier ordre, expédié à 6 heures du matin, prescrit seulement au maréchal de « prendre une position, soit celle de Giengen, soit toute autre, qui ait le double avantage de garder la route d'Ulm—Ellwangen par Heidenheim et la route d'Ulm à Donauwœrth par Gundelfingen ». Cependant, comme il est plus probable que l'ennemi est en retraite vers le Sud-Est, le maréchal Ney doit se conserver des ponts sur le Danube pour marcher sur Augsbourg au premier signal.

Si l'ennemi débouchait d'Ulm en forces au Nord du Danube, le maréchal Ney, tout en faisant sa retraite, tiendrait une division sur la route d'Ellwangen pour couvrir la route d'Heilbronn à Nœrdlingen. Si l'ennemi lui offre une occasion favorable, il faut l'attaquer.

Afin de mettre le 6ᵉ corps en état de remplir cette mission, l'Empereur le renforce de la division Gazan, des dragons à pied et de la division Bourcier. Cet ordre a dû parvenir à 9 heures au plus tard à Höchstœdt (1), mais le maréchal Ney ne croit pas devoir mettre ses troupes en mouvement.

Un second ordre, expédié à midi et qui a dû arriver à 2 ou 3 heures, confirme le premier en prescrivant de faire garder la route d'Heidenheim par les dragons à pied (2). Quant au reste des troupes du maréchal Ney, elles doivent demeurer à proximité du Danube, et il faut occuper Günzbourg, où passe la route d'Ulm à Augsbourg, et où le 6ᵉ corps arrêterait l'ennemi, le cas échéant.

Le maréchal Ney donne à midi l'ordre du départ et met ses troupes en mouvement à 2 heures de l'après-

---

(1) De Donauwœrth à Höchstœdt, 17 kilomètres par une grande route.
(2) Une lettre de l'Empereur pressant le maréchal Ney d'occuper Günzbourg, a été adressée par erreur au maréchal Lannes. C'est celle qui porte le n° 9354 de la *Correspondance*. Le nom du destinataire n'est inscrit nulle part sur l'original conservé aux archives du duc de Montebello.

midi, de manière qu'elles n'arrivent à destination que dans la nuit du 8 au 9. Bien qu'il ait certainement reçu à ce moment le second ordre de Berthier, il choisit une position qui répond aux premières instructions reçues : tenir les routes d'Ulm à Heidenheim et à Donauwœrth ; il place les dragons à pied et à cheval près d'Herbrechtingen, la division Dupont à Hausen et à Bissingen (elle n'arrive qu'à 3 heures du matin), la division Loison à Burgberg, les divisions Malher et Gazan en arrière de Brenz et de Mödlingen.

Le 59e de ligne (division Malher) occupe Gundelfingen, avec trois compagnies à Lauingen et trois à Dillingen ; un bataillon du 22e léger (division Malher) occupe Stötzingen et Sontheim et s'éclaire sur la route d'Ulm ; un bataillon du 6e léger (division Loison) occupe Stetten ; quatre compagnies du 9e léger (division Dupont) occupent Nerenstetten. La cavalerie légère est en avant du front, et un régiment de dragons à Dillingen pour communiquer avec Lannes.

La marche de la division Dupont s'était faite dans les plus mauvaises conditions ; une foule de traînards s'égaraient dans la nuit ; ils eurent une escarmouche près de Stötzingen avec des cuirassiers et des uhlans autrichiens, et furent recueillis, au petit jour, par quatre compagnies du 96e et 50 hussards. A ce moment, le corps d'armée se remettait en marche pour remplir les intentions exprimées par l'Empereur dans son dernier ordre.

Tandis que le maréchal Ney ne se conformait que tardivement aux instructions de Napoléon, les trois corps de l'aile gauche se trouvaient loin d'atteindre les positions que l'Empereur espérait leur voir occuper le 8.

Marmont, devant se porter de Pappenheim sur Neubourg, crut avoir le temps de devancer le 1er corps sur la grand'route d'Eichstædt à Neubourg, afin d'éviter les chemins de traverse qu'on lui avait assignés. Il arrêta ainsi le mouvement de Bernadotte, qui dut stationner à Eichstædt, et lui-même ne put dépasser Nassenfels.

Quant à Davout, son avant-garde, qui se trouvait à Rennertshofen, a passé le Danube à Steppberg dans la matinée; détachant le 17ᵉ pour assurer la liaison avec le maréchal Soult, elle a fait surprendre le pont de Neubourg par le colonel du génie Tousard et 25 hommes. Les 150 Autrichiens qui occupaient la ville s'étant enfuis, on répare le pont. Il est difficile de savoir à quelle heure le 3ᵉ corps a traversé le Danube. D'une part, le tableau des emplacements du corps d'armée donne 10 heures du matin pour le commencement du passage; mais ce tableau, qui signale dans l'après-midi l'arrivée de Marmont à Neubourg, est assez suspect; d'autre part, le Journal des marches de la division Friant, document sans caractère officiel et sujet aussi à caution, déclare que la division a quitté son bivouac de Monheim à midi. Toujours est-il qu'à 8 heures du matin, personne n'avait encore paru à Neubourg, et qu'à 6 heures du soir, tout le 3ᵉ corps était au bivouac au Sud du Danube, l'avant-garde à 2 lieues en avant, sur la route d'Aichach.

Davout a fait quelques prisonniers, d'après lesquels le général Kienmayer aurait l'intention de tenir à Aichach avec 15,000 hommes environ.

Le 4ᵉ corps, moins la division Suchet qui va arriver à Donauwœrth dans la journée, mais accompagné de la 2ᵉ division de dragons, se porte sur Augsbourg. La 1ʳᵉ division (Saint-Hilaire) prend la route directe par Mertingen, les deux autres divisions d'infanterie (Vandamme et Legrand) avec la cavalerie légère et les dragons, doivent passer par Rain, Holzheim et Lechhausen; mais en arrivant près de l'embranchement des routes d'Aichach et d'Augsbourg, à 4 h. 1/2 du soir, nos cavaliers chargent un parti de 300 hulans, et Soult apprend la présence de 5,000 à 6,000 hommes à Aichach. Se conformant à l'ordre de Berthier, il continue son chemin vers cette localité. Parvenu à hauteur de Sainbach, il aperçoit environ 2,800 chevaux. Le 8e hussards, le 26e chasseurs, 2 escadrons du 11e chasseurs et 1 escadron du 13e dragons chargent sous la conduite de Margaron et de Sébastiani. L'artillerie tire quelques coups de canon, mais la mêlée se produit aussitôt et s'éloigne jusque dans l'intervalle entre Aichach et Walchshofen. Nos cavaliers se trouvent alors en présence de postes d'infanterie, et s'arrêtent. La nuit est venue, et les troupes bivouaquent à hauteur de Mainbach. Soult rend compte à 10 heures du soir de cette échauffourée, et à minuit Berthier, oubliant ses instructions du matin, lui répond : « L'Empereur voit avec peine que vous vous soyez éloigné encore du centre de la guerre, car vous deviez être à Augsbourg par l'extrémité de votre gauche, c'est-à-dire que vous deviez le dépasser sur-le-champ et faire une marche sur Ulm ; au lieu de cela, vous êtes à une demi-marche derrière. »

La 2e division de dragons (Walther) devait passer en tête du 4e corps d'armée ; mais elle le trouva déjà en mouvement à la sortie de Rain et dut en prendre la queue, à l'exception de l'escadron du 3e dragons que commandait Sébastiani. Arrivé à l'embranchement des routes d'Aichach et d'Augsbourg, et voyant Soult engagé sur la première, le général Walther débolte et marche sur Augsbourg. A hauteur d'Affing, un détachement ennemi est signalé et chargé. On lui prend 5 hommes et 3 chevaux ; mais la nuit est venue, et la division de dragons bivouaque sur place, à Affing, Gebenhofen et en arrière. Le 10e régiment, fatigué par suite d'une longue marche exécutée la veille et le jour même pour rejoindre, a été laissé à la bifurcation des deux routes.

Murat s'est dirigé de Donauwœrth sur Zusmarshausen, non par la route directe, mais par celle de Mertingen et Ehingen, avec les divisions Klein, Beaumont, Nansouty ;

la division d'Hautpoul était fort en arrière. Il appelle à lui le bataillon de dragons à pied qui gardait le pont de Münster, et qui devra se diriger sur Zusmarshausen.

La division Klein devait former l'avant-garde; elle monte à cheval à 5 heures, va attendre les ordres jusqu'à 9 heures près du Lech, et se trouve ainsi en queue de colonne. L'avant-garde est formée, à partir de Mertingen, par la brigade de hussards du 5ᵉ corps (général Treilhard, 9ᵉ et 10ᵉ hussards,) qui est mise sous les ordres de Murat par l'Empereur. Au moment où le maréchal arrive à Klosterholzheim, l'ennemi est signalé du côté de Wertingen. La cavalerie légère va le reconnaître et les quatre divisions sont rassemblées dans la plaine d'Hirschbach. Murat demande le concours de la division Saint-Hilaire, qui suivait la route d'Augsbourg; mais, à force d'hésitations, ne sachant s'il doit poursuivre dans la direction indiquée par l'Empereur, ou répondre à l'appel de Murat, le général Saint-Hilaire piétine sur place, et finit par n'arriver, ni au combat de Wertingen, ni à Augsbourg (1).

Il était 2 h. 1/2 environ quand la cavalerie légère fit savoir que des troupes de toutes armes occupaient Wertingen et les hauteurs de la rive gauche de la Zusam, avec des postes à Gottmanshofen.

« La position de l'ennemi ayant été bien reconnue, S. A. S. ordonna aux troupes de se mettre en mouvement. On fut obligé de passer un défilé pour arriver sur les hauteurs de Gottmanshofen, où les divisions se mirent en bataille. » La position d'attente se trouvait en avant de Hohenreichen, et en arrière de la ligne Realshofen, Bliensbach.

Le combat débuta par une fusillade : quelques hussards et 60 dragons pris dans la 1ʳᵉ brigade de Klein,

---

(1) Voir les *Mémoires* de Thiébault, tome III, page 417, où il y a confusion entre les événements du 8 et du 9.

attaquèrent Gottmanshofen, où se trouvait un petit détachement chargé de couvrir la retraite des Autrichiens.

L'artillerie ennemie ayant ouvert le feu, la nôtre lui répondit. Bientôt le poste de Gottmanshofen se retira sur Wertingen, et une fusillade plus vive s'engagea à la lisière du bourg.

Les premiers coups de canon furent entendus par le maréchal Lannes qui, ayant passé le Danube à Münster vers 1 heure, et ayant marché pendant deux heures, devait se trouver près de Thürheim au moment où Murat commençait l'attaque. Pressant la marche de sa colonne, et se portant lui-même en avant, il parvint en quelques instants en vue de Wertingen.

Des dragons avaient mis pied à terre et s'emparaient du pont de Wertingen pendant que les tirailleurs du 5ᵉ corps ouvraient le feu dans la plaine au Nord du village, le long de la Zusam.

Les dragons continuèrent à s'avancer pied à pied dans Wertingen; l'ennemi semblait vouloir tenir sur les hauteurs en arrière, dans les vergers et les dernières maisons éparpillées sur les pentes. La division Klein se dirigea sur Roggten pour tourner les Autrichiens par le Sud; en même temps, Lannes s'efforçait de se glisser derrière eux, le long des bois, avec sa brigade de chasseurs à cheval (Fauconnet) et la division Oudinot. Cette double manœuvre devait aboutir à l'enveloppement presque complet du détachement ennemi, que l'on jugeait inférieur en nombre, et qui semblait se mettre en retraite.

Pendant que les colonnes des ailes commençaient ce mouvement, nos tirailleurs arrivaient à occuper tout le village de Wertingen, mais ne pouvaient prendre pied dans les groupes de maisons et de vergers qui le prolongeaient à l'Ouest. Murat ordonne au 9ᵉ dragons, de la division de Beaumont, de traverser le village au galop pour charger ce qu'il trouverait au débouché. Ce régiment, conduit par le général Scalfort, est arrêté par le feu de l'ennemi; il se divise en deux parties : celle de droite, sur la grand'route, met pied à terre, et s'engage en tirailleurs; celle de gauche, dans la rue qui conduit à Weinberg, parvient à déboucher, et la division Beaumont tout entière la suit, puis se déploie au sortir de Weinberg.

A ce moment, la division Klein et le 10ᵉ hussards s'étaient engagés à l'Ouest de Roggten; marchant de Gottmanshofen à Hættlingen, sous le feu d'une batterie ennemie postée à la Chapelle de Weiler (?) près de Wertingen, ils avaient franchi la Zusam en file indienne sur un mauvais pont de bois, avaient traversé Roggten et s'étaient trouvés alors en face d'une troupe ennemie établie à la lisière des bois de Binswang. Le 1ᵉʳ dragons, qui tenait la tête de la colonne, fut déployé le premier, et chargea deux escadrons de cuirassiers autrichiens, derrière lesquels on pouvait apercevoir de l'infanterie et 4 pièces de canon (1).

---

(1) *Extrait du rapport de Murat, sur la journée du 8 octobre :*
1ᵉʳ régiment de dragons.

Arrighi, colonel. — A la bataille de Wertingen, ayant reçu l'ordre de charger sur les cuirassiers autrichiens soutenus par un bataillon de grenadiers hongrois et deux pièces d'artillerie qui se trouvaient adossés à un bois, sur une éminence et devant un marais, il exécuta, avec le plus grand sang-froid, l'ordre qui lui avait été donné par le général de division Klein; il porta son régiment au pas sur l'ennemi, commanda la charge et le culbuta. Le régiment, voyant le sang-froid de son chef et la manière audacieuse avec laquelle il se précipitait sur lui, le suivit avec intrépidité. La mêlée dura environ 6 à 7 minutes; cherchant toujours les endroits les plus périlleux, il se précipita sur l'infanterie ennemie; il fut suivi par les cuirassiers autrichiens qui l'assaillirent et lui portèrent trois coups de sabre. Quoiqu'il fût démonté, il ne cessa de combattre qu'au moment où, son sang l'aveuglant, il fut retiré de la mêlée par un brigadier du régiment.

Leblanc, brigadier. — Au combat de Wertingen, quoique démonté et mêlé avec l'infanterie et la cavalerie ennemie, il s'est retiré après

Lorsque la mêlée des deux cavaleries se débrouilla, la situation de nos dragons se trouva très critique, les cuirassiers autrichiens s'étant retirés derrière leur infanterie : le 1er dragons n'hésita pas à poursuivre sa charge jusque dans le bois, où il fit encore quelques prisonniers et enleva deux caissons, avec l'aide du 10e hussards.

Le 2e et le 20e dragons suivirent le 1er; la 2e brigade de la division alla se former en réserve au Nord de Zusamaltheim.

Le 2e dragons, suivant le vallon de Roggten, déboucha à l'improviste sur la droite de l'infanterie ennemie, et la poursuivit sous bois en lui prenant un canon et un

---

avoir reçu trois coups de sabre sur la tête et a tué trois cavaliers qui voulaient le faire prisonnier.

Geugnot, brigadier. — Pendant la charge, il se porta sur deux pièces de canon qui tiraient sur le régiment, blessa d'un coup de sabre au bras un canonnier à l'instant où il allait mettre le feu à la pièce. Cette action hardie attira sur lui plusieurs cavaliers ennemis qui le blessèrent et des mains desquels il parvint à s'échapper.

Viset, brigadier. — Le colonel se trouvant blessé, démonté, et au milieu de l'ennemi, Viset s'empare d'un cheval, met pied à terre pour assister son colonel (Arrighi) à monter à cheval et le retirer de la mêlée. Entendant sonner le ralliement, il confia le colonel à un dragon nommé Martincourt, et retourna à l'action.

Martincourt, dragon d'élite. — Étant chargé de conduire le colonel vers l'ambulance, il rencontra un escadron ennemi qui se trouvait sur les derrières. Trois cuirassiers de cet escadron s'étant détachés à leur poursuite, Martincourt les combattit, en blessa deux, et donna, par ce moyen, le temps à son colonel de se sauver.

Lanoix dit Thenot, dragon. — Étant à tirailler à pied, il reçut un coup de feu à la cuisse ; il remonta à cheval, se trouva à la charge que fit le régiment, y trouva un officier qui était entouré par l'ennemi, reçut deux autres blessures et, malgré cela, ne quitta pas le régiment pendant toute l'action.

Guion, maréchal des logis. — Se dirigea pendant la charge sur un bataillon ennemi, arracha le drapeau et l'emportait, lorsqu'il reçut un coup de feu qui lui cassa le bras droit et l'obligea à abandonner le gage de sa bravoure.

caisson. Renonçant à atteindre les fantassins dans le bois même, ils en longèrent la lisière Sud par un chemin assez difficile, et vinrent couper la retraite à l'ennemi entre Binswang et Eppisburg, sur la route de Günzbourg. Le 20ᵉ demeura sur la lisière, entre Binswang et Zusamaltheim, pour recueillir les ennemis qui cherchaient à s'échapper isolément. Le capitaine Favre, de ce régiment, prit une pièce de canon.

Pendant ce temps, la division Beaumont parvenait à déboucher de Wertingen. Le 9ᵉ dragons, remontant à cheval, se lança rapidement sur un carré de grenadiers ennemis qui se formait sur la hauteur, à l'Ouest de Weinberg; les 5ᵉ et 8ᵉ se déployèrent sur ses deux ailes, et le carré ennemi, entièrement enveloppé, dut mettre bas les armes. Le chef d'escadrons Coulmier conduisait le 8ᵉ; le sous-lieutenant Morin, du même régiment, prend une pièce de canon qu'il remet aussitôt à Murat. Le sous-lieutenant Labouré, du 9ᵉ, en prend une au même moment. Le 16ᵉ dragons, traversant Weinberg, resta sur la gauche avec le 21ᵉ; le 12ᵉ, dépassant les trois premiers régiments, vint charger l'ennemi le long de la grand'route, jusqu'aux bois, sous la direction personnelle de Murat.

De ce côté, l'ennemi se trouvait pris à revers par les grenadiers d'Oudinot, sur le déploiement desquels nous ne possédons aucun renseignement. La tête de colonne put seule être engagée, le combat n'ayant pas duré plus d'une heure, et son rôle se borna à déloger l'ennemi des bois au Nord de la route. Deux escadrons de cuirassiers autrichiens avaient été chargés par le 21ᵉ chasseurs, qui marchait en tête du 5ᵉ corps. Le combat terminé, Murat et Lannes se trouvèrent avoir fait environ 2,200 prisonniers (1), pris 6 drapeaux et 6 canons. Les débris de la

---

(1) Murat en dirige, pour sa part, 1091 sur Donauwœrth, avec quatre drapeaux. Lannes en envoie le lendemain 1100.

division autrichienne, qui comprenait 7 bataillons de grenadiers, 2 de fusiliers et 4 escadrons de cuirassiers, se retirèrent dans la direction de Günzbourg.

La brigade de hussards (Treilhard) poursuivit sa marche le soir même vers Zusmarshausen, et alla bivouaquer à Hausen. Les deux divisions de dragons s'établirent (sans doute en cantonnements) dans les villages en arrière, jusqu'à Roggten ; Murat se tint à Wertingen avec la division Nansouty. La division d'Hautpoul n'avait pas rejoint ; celle de Saint-Hilaire se mit au bivouac le long de la route de Wertingen à Augsbourg, près de Brettelshofen ; Lannes établit ses grenadiers et ses chasseurs à cheval sur la crête entre Wertingen et Binswang.

Il y a, à la réserve de cavalerie, 19 tués et 89 blessés ; Murat dirige ces derniers sur Donauwœrth, n'ayant qu'une ambulance très mal organisée. La division Oudinot a une trentaine d'hommes tués ou blessés.

Le 8 au soir, l'armée forme un demi-cercle autour de Donauwœrth, où l'Empereur se tient avec la Garde :

Bernadotte à Eichstœdt, Marmont à Nassenfels, Davout en avant de Neubourg, Soult à Mainbach, Walther entre Mainbach et Mühlhausen, Saint-Hilaire, Lannes et Murat entre Wertingen et Hausen, Ney, Gazan, Baraguey-d'Hilliers et Bourcier entre Gundelfingen et Heidenheim, sont à plus de 30 kilomètres et moins de 40 de Donauwœrth.

Grâce aux différents combats livrés par les 3e, 4e et 5e corps et la cavalerie, on a pu recueillir quelques renseignements, qui ont été transmis à l'Empereur dans la nuit, mais auxquels il ne paraît pas avoir attaché d'importance.

Un officier pris à Wertingen affirme que le gros des forces autrichiennes est toujours entre Ulm et Memmingen ; le corps d'Auffemberg, qui a combattu à Wertingen, s'est replié sur Ulm.

Kienmayer s'est retiré de Rain vers Aichach ; quelques régiments sont dirigés de Munich sur Ratisbonne ; on n'a presque rien rencontré près de Neubourg et d'Ingolstadt, et des prisonniers affirment que les détachements qui occupaient cette région sont en retraite sur l'Inn pour attendre les Russes. Ces derniers doivent arriver du 16 au 24 octobre.

On prétend, en Bavière, que l'armée autrichienne va se retirer sur Munich.

IV

Les renseignements du 8 octobre contenaient quelques contradictions : tandis que les prisonniers de Wertingen affirmaient la présence de 60,000 à 70,000 Autrichiens sur l'Iller, les bruits répandus à l'Est du Lech indiquaient au contraire comme imminente la retraite de Mack vers l'Isar. Ces derniers avis, cependant, ne paraissaient pas capables d'infirmer les premiers, d'autant plus qu'on n'avait pu relever aucun vestige de la marche d'une armée ennemie entre l'Iller et le Lech ; mais l'Empereur n'en persistait pas moins à considérer comme plus raisonnable l'hypothèse d'une retraite de Mack vers Augsbourg et Landsberg, et il donnait des ordres pour resserrer l'armée autour d'Augsbourg. Non seulement Soult et Davout, mais Lannes par l'Ouest et Marmont par l'Est, devaient se diriger sur cette ville. Seul, Bernadotte serait tenu tout à fait en dehors de ce rassemblement, et il marcherait sur Munich pour rétablir le gouvernement bavarois et mettre la main sur les détachements autrichiens égarés de ce côté. Ney devait encore observer Ulm, mais on lui faisait savoir qu'il ne se trouvait guère plus de 3,000 ou 4,000 hommes dans cette place, qu'il pourrait l'emporter d'assaut, et que sa mission la plus essentielle serait sans doute de coopérer aux opérations de l'armée vers Augsbourg.

Dans la nuit du 8 au 9 octobre, Berthier écrit au maréchal Ney : « Le maréchal Soult s'est porté sur Augsbourg ; il est donc essentiel que vous arriviez promptement à Günzbourg, afin d'intercepter tous les mouvements de l'ennemi d'Ulm sur Augsbourg et d'Ulm sur Donauwœrth ; soyez très attentif, si l'ennemi manœuvre sur la rive droite, à vous porter rapidement et parallèlement à lui. Jetez la division Gazan sur la rive droite..... En un mot, vous êtes chargé d'observer le corps d'Ulm ; s'il marche sur Donauwœrth, vous devez le suivre ; s'il marche sur Augsbourg, vous devez également le suivre, en vous tenant toujours sur sa gauche, c'est-à-dire entre lui et Donauwœrth, et vous devez toujours avoir une de vos divisions à une demi-marche en arrière (1) pour faire votre avant-garde et pour vous trouver toujours entre l'ennemi et Donauwœrth, si jamais il se dirige sur cette ville ».

D'après cet ordre et les précédents, le maréchal Ney, qui disposait de cinq divisions d'infanterie, devait en porter une (Gazan) sur la rive droite du Danube, quelque part entre Günzbourg et Wertingen, en avoir une à Günzbourg même, une autre sur la rive gauche, près de Günzbourg, en réserve générale, une sur le plateau de Bissingen et Albeck, et une vers Gundelfingen.

Le 9 au matin, la division Dupont est portée sur Albeck ; celle de Loison sur Langenau, celle de Malher à Günzbourg ; la division Gazan, malgré l'ordre de Berthier, ne passe pas sur la rive droite du Danube, et reste à Gundelfingen, et les dragons à pied sont toujours à

---

(1) Berthier veut dire *en arrière des positions de Bissingen et de Günzbourg*, pour passer sur la rive droite à Gundelfingen et couper la route de Donauwœrth, si l'ennemi s'y porte par Günzbourg et Burgau.

Herbrechtingen. Le maréchal Ney semble donc plus préoccupé de la rive gauche du Danube que l'Empereur.

Dans l'après-midi, Berthier adresse à Ney un nouvel ordre ; il suppose que les dragons à pied ont été rapprochés du Danube, et il ordonne de les diriger sur Augsbourg avec la division Gazan. L'Empereur, en effet, se confirme de plus en plus dans l'idée que la bataille aura lieu près d'Augsbourg, et que Mack a quitté Ulm, et il ne voit pas d'inconvénient à se dégarnir de ce côté :

« Quant à Ulm, écrit Berthier, il est impossible que l'ennemi l'occupe en force ; s'il l'occupe avec 3,000 ou 4,000 hommes, envoyez une division pour l'en chasser ; s'il l'occupe avec des forces beaucoup plus considérables, portez-vous-y avec toute votre armée, enlevez le poste et faites un bon nombre de prisonniers. Immédiatement après, dirigez-vous, suivant les mouvements de l'ennemi, soit sur Augsbourg, soit sur Landsberg, soit sur Memmingen ».

Au moment où il recevra cet ordre, Ney aura livré un combat sanglant à Günzbourg ; il apprendra qu'Ulm est très fortement occupé, et sert encore de point d'appui à l'armée autrichienne.

Dès la pointe du jour, l'aide de camp Crabbé a été dirigé sur Albeck avec trente hussards du 1er, un bataillon du 9e léger, et une pièce de 4. Il rencontre un détachement ennemi près d'Hausen, et le repousse au delà d'Albeck ; mais, attaqué sans doute à son tour par des forces supérieures, et son canon démonté, il se replie sur les bois en arrière d'Albeck, ayant eu trois hommes tués et trois blessés.

La division Dupont le rejoignit vers 6 heures du soir. Le général fit former le 9e en colonne sur la route, et détacha sur ses flancs deux compagnies de voltigeurs et deux escadrons de hussards. Les postes autrichiens se retirèrent devant ce déploiement de force, et la division se mit au bivouac en avant d'Albeck.

La division Loison se rendit de Burgberg à Langenau par un chemin étroit et encaissé, et prit position derrière le ruisseau de Langenau.

Dans la nuit du 9 au 10, la 1re brigade (Villate) de cette division fut dirigée sur Ober—Elchingen, avec deux pièces de 8 et un escadron du 3e hussards.

En arrivant à Unter—Elchingen, le général Loison ordonna au 39e de rester en réserve sur les hauteurs de Saint-Wolfgang.

Le 6e léger a marché en colonne sur Ober—Elchingen, flanqué sur sa gauche par les quatre compagnies de carabiniers et de voltigeurs, qui côtoyaient les bois et les marais du Danube. D'Ober—Elchingen, la colonne se dirigea sur le pont. L'escadron de hussards enleva un poste avancé et quelques hommes aventurés sur la rive gauche; le bataillon autrichien (de Sporck), qui devait défendre le pont avec une pièce de canon, avait retiré quelques madriers, de sorte que les hussards ne purent passer; mais les compagnies d'élite du 6e léger coururent rapidement sur les poutrelles, et l'ennemi se retira, nous abandonnant 57 prisonniers et son canon. Nous eûmes, de notre côté, une douzaine d'hommes tués ou blessés.

Dans la journée du 10, la division Loison occupera donc Elchingen et Langenau. Le général Loison insiste pour que Dupont se rende maître de Thalfingen, mais ce général juge que cette opération excéderait les ordres reçus du maréchal Ney, et Sonnois est soutenu par Crabbé.

La division Malher fut dirigée sur les ponts de Leipheim et de Günzbourg, dont elle devait s'emparer; mais, comme toujours, elle ne fut pas mise en marche dès le matin, bien que l'Empereur eût réitéré plusieurs fois, la veille et dans la nuit, l'ordre de presser la prise de Günzbourg. On n'avait fait aucune reconnaissance des lieux.

La division forma trois colonnes : celle de droite (adjudant-commandant Lefol, six compagnies de grenadiers, trois de carabiniers, trois de voltigeurs et vingt chasseurs à cheval du 10e) prit le chemin de Leipheim à travers les marais, s'y égara, et, au milieu de la nuit, se retrouva à Riedhausen.

La colonne du centre (général Malher, général Marcognet, trois bataillons du 25e léger, un bataillon du 27e de ligne, deux bataillons du 50e et quatre bouches à feu), laissant un bataillon du 27e à Stötzingen, prit par Brenz, Sontheim et Riedhausen; arrivé aux bois qui bordent le Danube, Marcognet rencontra l'ennemi et le repoussa dans l'île. Une compagnie de voltigeurs et deux de grenadiers, qui l'accompagnaient, y firent 200 prisonniers. Le 25e léger suivit le mouvement, puis le 27e passa dans l'île à son tour, et le 50e resta seul sur la rive gauche. Le 27e amenait avec lui une pièce de 8 et une pièce de 4 pour battre la rive droite. Le pont du grand bras avait été rompu, de sorte qu'il fallut se retirer dans les bois de la rive gauche après avoir subi des pertes considérables. Les 25e et 27e eurent 6 officiers tués et 26 blessés (1).

La colonne de gauche (général Labassée, 59e de ligne) avait été plus heureuse : partie de Gundelfingen, elle trouva en aval de Günzbourg un pont dont on ignorait l'existence, et dont les madriers avaient été retirés ; elle le passa sur les poutrelles, malgré le feu d'artillerie et de mousqueterie de l'ennemi, enleva trois canons, fit 500 prisonniers et pénétra jusqu'à Günzbourg ; mais elle fut repoussée de la ville et dut prendre position en arrière sur la hauteur. Une pièce de 8 et un obusier avaient préparé son passage. Trois régiments de cavalerie autrichienne vinrent charger le 59e dans cette position sans pouvoir l'entamer. Il a 12 officiers hors de combat (1).

---

(1) Martinien. *Tableau des officiers tués et blessés pendant les guerres de l'Empire.* Paris, 1901.

Averti de ce succès, le général Malher arriva dans la nuit avec la colonne du centre. Le 50ᵉ vint prendre position près du 59ᵉ ; le 25ᵉ léger et le 27ᵉ de ligne restèrent sur la rive gauche.

Le maréchal Ney se trouvait donc avoir réalisé en partie les intentions de l'Empereur ; il tenait l'un des ponts de Günzbourg ; mais Gazan était encore sur la rive gauche du Danube, à Gundelfingen, et Baraguey-d'Hilliers en arrière d'Herbrechtingen, hors d'état de passer le lendemain sur la rive droite. Les événements du 11 montreront que les trois divisions laissées sur la rive gauche pouvaient, en effet, y être indispensables.

Le maréchal rendit compte, le soir, du combat de Günzbourg, où nous avions fait 800 à 900 prisonniers et pris cinq bouches à feu. Nous avions eu 300 hommes tués ou blessés ; le colonel Lacuée, chef du 59ᵉ, avait été tué.

Le rapport du maréchal contenait des renseignements importants :

« *L'ennemi est plus fort à Ulm qu'on ne l'avait cru;* il a reçu à Günzbourg un renfort de 1500 hommes..... Les renforts arrivés à l'ennemi viennent de Schaffhouse ; *il paraît qu'Ulm formera le flanc gauche de sa ligne de bataille.* »

L'Empereur avait ordonné au maréchal Lannes, dans la matinée, de se porter jusqu'à Zusmarshausen et de là sur Augsbourg. Le maréchal ne put, heureusement, dépasser Zusmarshausen, et se trouva ainsi moins éloigné d'Ulm que l'Empereur ne l'avait ordonné. Lannes avait, d'ailleurs, des nouvelles récentes de Ney, le 9 au soir, car ses patrouilles avaient rencontré celles de la division Malher sur les avenues de Günzbourg ; il était persuadé que Mack finirait par prendre la route d'Augsbourg, mais qu'en attendant, il était toujours à Ulm, avec l'intention « de faire quelques mouvements contre le maréchal Ney ». Cette opinion devait engager le maréchal Lannes à ne pas hâter son mouvement vers l'Est et à se tenir plutôt à portée de soutenir le 6ᵉ corps. Aussi place-t-il une brigade de ses grenadiers sur la route de Zusmarshausen à Günzbourg, en échelons, de manière à se porter facilement d'un côté ou de l'autre. Les deux autres brigades sont, non pas dans la direction d'Augsbourg, mais au Sud de Zusmarshausen.

Berthier avait fait à Murat diverses recommandations à 2 heures du matin; il ne lui donnait pas de nouvelle destination, mais il se montrait uniquement préoccupé de la liaison de Lannes avec Soult, non avec Ney : « Certainement l'ennemi devrait être en marche d'Ulm sur Augsbourg, et dans ce cas-là, il faut que M. le maréchal Soult soit prévenu, et que ce maréchal et le maréchal Lannes soient réunis ensemble. Si l'ennemi est en force, il ne faut pas que M. le maréchal Lannes engage une affaire sérieuse, qu'il ne soit réuni avec le maréchal Soult. »

« Placez le maréchal Lannes, écrit l'Empereur à Murat, de manière que si demain, à la pointe du jour, Augsbourg était attaquée, les trois divisions de ce maréchal puissent s'y porter. »

Conformément aux ordres de l'Empereur, Murat plaça ses divisions entre Zusmarshausen et Augsbourg, les hussards seuls restant à l'Ouest et au Sud (le 9ᵉ à Glottweng, le 10ᵉ à Steinkirch).

A 3 heures de l'après-midi, on entendit la canonnade de Günzbourg. Murat fit porter de ce côté une brigade de grenadiers et le 9ᵉ hussards, et s'y rendit lui-même avec le 26ᵉ dragons. Il trouva un détachement ennemi sur la route de Burgau, en avant de Rosshaupten, et à la nuit close, les grenadiers s'emparèrent de ce village.

Sur l'autre rive du Lech, le maréchal Soult reprend la route d'Augsbourg après son combat d'Aichach, mais il ne croit pas que l'ennemi puisse encore essayer de battre en retraite sur Augsbourg, et il demande à se porter jusqu'à Landsberg, où il est plus vraisemblable que Mack cherche une issue. La prochaine arrivée de Davout à Augsbourg assurerait l'occupation de cette ville à tout événement. Recevant les reproches de Berthier pour sa marche sur Aichach, il lui rappelle que ce détour était conforme aux ordres que le Major général lui avait expédiés.

Le 4ᵉ corps arrive à Augsbourg vers midi, et y reprend la division Saint-Hilaire. Les trois divisions d'infanterie et la division de dragons Walther bivouaquent en demi-cercle autour de la ville, au Sud, tenant les routes de Memmingen, Mindelheim, Landsberg et Munich. Les reconnaissances du général Vandamme ont su, par des voyageurs, que l'armée autrichienne était encore sur l'Iller, entre Ulm et Memmingen.

La Garde impériale est à Augsbourg. L'avant-garde de Davout atteint Aichach. De ce côté, on n'a pas de nouvelles de la principale armée autrichienne; on sait que le général Kienmayer réunit 15,000 à 20,000 hommes derrière l'Isar.

Marmont a reçu l'ordre de se diriger aussi sur Augsbourg, mais il est obligé de s'arrêter pour nourrir ses troupes, et il ne dépasse guère Neubourg. Bernadotte, qui, seul, ne participe pas à la concentration projetée vers Augsbourg, doit se diriger vers Munich; mais il n'a pas encore traversé Ingolstadt.

V

Ainsi, le 10 au matin, nous trouvons Bernadotte à Ingolstadt, Marmont à Neubourg, Davout à Aichach; Soult, la Garde, Nansouty et Walther à Augsbourg; le grand quartier général à Donauwœrth; l'Empereur à Zusmarshausen avec Murat et Lannes; enfin le corps de Ney disséminé depuis Albeck jusqu'à Gundelfingen.

La division Malher est passée sur la rive droite du Danube à Günzbourg, et s'échelonne depuis cette ville jusqu'à Leipheim ; Loison, qui a combattu pendant la nuit à Elchingen, a rassemblé de nouveau sa division à Langenau. Dupont est à Albeck, Gazan à Gundelfingen. La cavalerie légère est à la droite de Dupont.

Les dragons à pied ont passé la nuit à leur bivouac d'Herbrechtingen et ils reçoivent l'ordre de se porter à Stötzingen, détachant treize compagnies à Brenz, Lonthal, Sontheim et Mödlingen (1). Bourcier ne laisse que deux régiments au général Dupont, et porte les quatre autres à Langenau.

Certain d'avoir devant lui beaucoup plus de 3,000 à 4,000 hommes, le maréchal Ney veut procéder à l'investissement d'Ulm avec tout le 6ᵉ corps. Il rend compte à Berthier, dans la journée, des ordres qu'il donne pour le lendemain :

« Je viens de donner ordre :

« Au général Dupont de *s'approcher d'Ulm et d'en faire le blocus par la rive gauche du Danube* ; je lui laisse deux escadrons du 1ᵉʳ hussards et deux régiments de dragons de la division du général Bourcier ;

« Au général Loison, de partir sur-le-champ de sa position de Langenau, pour venir s'établir au-dessus de Günzbourg dans la direction de Leipheim (2) ; quatre

---

(1) La force et la dissémination de cette division seront bientôt mises en cause, à propos du combat d'Haslach. Nous rappelons qu'elle comprenait 4 régiments à 2 bataillons de 6 compagnies ; mais les hommes non montés des 22ᵉ, 25ᵉ, 26ᵉ et 27ᵉ dragons n'avaient pas encore rejoint, ce qui réduisait la division à 40 compagnies. D'autre part, un bataillon était détaché avec Murat, ce qui réduisait la division à 34 compagnies, dont 21 seulement aux bivouacs de Stötzingen. L'effectif de la division était de 5,700 hommes, dont 5,500 présents, 4,900 en déduisant le bataillon laissé à Murat, et 3,000 seulement aux bivouacs de Stötzingen, 1900 étant détachés.

(2) Après avoir envoyé ce premier ordre, Ney prépara une lettre par

régiments de dragons commandés par le général Bourcier ont ordre de le suivre, ainsi que le 3ᵉ hussards et le 10ᵉ régiment de chasseurs à cheval.

« Je laisse à Stötzingen la division de dragons à pied, ainsi que la division Gazan à Gundelfingen, pour pouvoir se porter sur la rive droite du Danube, soit par Günzbourg, soit par Lauingen ou Dillingen. »

Mais déjà ces dispositions ne répondent plus à l'idée que l'Empereur se fait de la situation : les rapports de Ney et de Vandamme, et d'autres peut-être, l'ont enfin convaincu de la présence d'un corps ennemi sur l'Iller, mais quant au gros de l'armée autrichienne, il paraît renoncer à l'envelopper : sa manœuvre se trouve peut-être déjouée par une retraite précipitée de Mack vers le Tyrol ? Il ne songe plus qu'à se rapprocher de Munich pour recueillir des renseignements sur la marche des troupes russes et bousculer Kienmayer, le seul général autrichien dont on tienne la piste.

Napoléon va diviser la Grande Armée en trois groupes : la gauche, composée du 1ᵉʳ corps et des Bavarois, se porte sur Munich ; le centre, formé par les 2ᵉ, 3ᵉ et 4ᵉ corps et deux divisions de cavalerie, restera sur le Lech ; enfin, la droite, qui comprendra les 5ᵉ et 6ᵉ corps et le reste de la cavalerie, va en finir avec les forces ennemies demeurées sur l'Iller. Comme cette partie de l'armée sera très éloignée de Napoléon, s'il va jusqu'à Munich, il en donne le commandement à Murat.

L'Empereur n'a plus de la situation une idée aussi fausse que la veille, mais il est encore loin de la vérité :

---

laquelle il laissait le choix à Loison de venir passer à Günzbourg ou de passer à Ober-Elchingen. Si Loison s'en était tenu à cette seconde décision et avait choisi le passage par Elchingen, la situation de Dupont et celle de toute l'armée s'en serait trouvée singulièrement plus favorable le 11. D'ailleurs, la lettre faite, Ney décida de ne pas l'expédier et rédigea un second ordre, laissant également le choix entre Günzbourg et Elchingen.

il n'admet pas que le gros des forces ennemies soit resté sur l'Iller, puisqu'il pense à se diriger sur Munich, et ce n'est pas à Ulm qu'il cherche le corps autrichien dont Ney et Vandamme lui ont démontré l'existence. C'est vers Memmingen, ou plutôt entre cette ville et le Danube, qu'il croit trouver l'ennemi ; aussi ordonne-t-il d'abord à Murat de se porter à Mindelheim avec la cavalerie et le 5ᵉ corps.

Ney se trouvera sous les ordres de Murat, mais il commencera par enlever Ulm, et l'Empereur lui donne directement des ordres pour cette opération :

« Il reste actuellement à prendre possession d'Ulm, ce qui est important sous tous les points de vue. Sa Majesté vous laisse le maître de marcher comme vous l'entendrez pour arriver à ce but : cernez, dans la journée de demain, Ulm. Les dragons à pied continueront à rester sous vos ordres ; vous les placerez à Günzbourg sur l'une et l'autre rive, et ils seront en position de se porter où ils pourraient être nécessaires.

« Immédiatement après qu'Ulm sera pris, vous n'attendrez pas de nouveaux ordres pour agir ; vous y laisserez un officier du génie pour achever les travaux que les Autrichiens ont commencé ; vous vous dirigerez sur Memmingen ou sur tout autre point où se serait porté l'ennemi et le suivrez le plus possible.....

« L'Empereur vous recommande de faire marcher et de faire donner vos divisions en masse. Vous pourrez laisser la division de dragons à pied à Ulm, et, selon les circonstances, vous êtes autorisé à ne laisser à Ulm qu'une partie de cette division et à faire marcher le reste avec vous pour servir de réserve.

« Comme l'Empereur va se porter à Munich, où nos troupes arrivent ce soir, afin d'y attendre les Russes qui viennent de déboucher, il laisse le commandement de toute la droite, consistant dans le corps du maréchal

Lannes, du vôtre et de la réserve de cavalerie, au prince Murat. »

La division Gazan est replacée sous les ordres du maréchal Lannes, qui doit se porter sur Mindelheim le 11, ainsi que la réserve de cavalerie, à l'exception des cuirassiers et de la division Walther, qui opèrent avec le maréchal Soult.

VI

Le maréchal Ney envoie ses ordres pour le 11 à une heure avancée de la soirée du 10. Ils sont ainsi conçus, en ce qui concerne la 1re division du 6e corps :

« La 1re division, aux ordres du général Dupont, bloquera Ulm sur la rive gauche du Danube ; on lui transmettra une instruction particulière..... »

Cette instruction est la suivante :

« Vous voudrez bien, mon cher Général, resserrer la place d'Ulm autant que vous le pourrez, et faire une sommation au commandant au nom de Sa Majesté l'Empereur des Français et Roi d'Italie. Il est très important que vous poussiez demain votre droite jusque sur la Blau, où elle sera appuyée. Vous occuperez les hauteurs boisées en arrière d'Haslacherhof, et vous vous concerterez avec le général Baraguey-d'Hilliers, colonel général des dragons, sur le placement le plus avantageux de ses dragons à pied, qui doivent soutenir votre division et en former la réserve.

Vous devez éviter, mon cher Général, de compromettre votre division contre des forces supérieures et de la trop morceler. Toutes les communications qui conduisent d'Ulm à vos postes devront être fortement gardées, vos postes bien retranchés et couverts d'abatis.

Il en sera de même de la réserve des dragons à pied.

Vous vous établirez à Haslach et ferez occuper Thalfingen, si vous le jugez nécessaire.

Vous établirez un rassemblement général des deux divisions de concert avec le général Baraguey-d'Hilliers, et me ferez connaître le lieu que vous aurez fixé ; après que vous vous serez concerté avec ce général, vous pourrez me proposer une position plus concentrée sous Ulm, afin qu'en cas d'événement vous puissiez vous soutenir mutuellement. »

Le 11 au matin, une troisième instruction était encore envoyée au général Dupont ; le Maréchal lui recommandait de se munir d'échelles et de tous les agrès nécessaires pour escalader les murailles d'Ulm. « L'ennemi, ajoutait-il, est frappé d'une terreur dont il y a peu d'exemples; il se retire sous Biberach pour pouvoir se sauver par le haut Tyrol, toutes retraites lui étant coupées sur Kempten et Füssen ; il est donc probable que l'archiduc Ferdinand n'aura laissé qu'une faible garnison à Ulm, avec ordre de tenir jusqu'à la dernière extrémité ; mais nos préparatifs et nos menaces décideront sans doute le commandant à se rendre sans courir les risques d'un combat. »

Le maréchal Ney était donc entré complètement dans les vues de l'Empereur, et c'est avec raison que le général Dupont a pu écrire plus tard (Lettre à M. le comte D..... et *Spectateur militaire* de mars 1840) :

« ..... La circonstance la plus remarquable se présente en ce moment. Napoléon, en pénétrant dans la Bavière, croit que l'archiduc Ferdinand se retire sur les frontières de l'Autriche, et ce prince, placé sur la gauche du Danube, pense que son ennemi est sur la même rive avec ses principales forces. Cette méprise mutuelle va rendre les chances des opérations plus grandes, et précipiter les événements de la campagne. J'occupais le camp d'Albeck depuis deux jours, lorsque je reçois l'ordre de me porter sur Ulm, de bloquer cette place, et de préparer les moyens de l'attaquer de vive force. Les autres divisions du 6ᵉ corps devaient exécuter la même opération sur la rive droite du Danube. Cet ordre était l'effet de l'erreur qui régnait sur la position de l'ennemi.»

L'ordre de mouvement du 6ᵉ corps comprenait, en ce qui concerne les dragons à pied, les prescriptions suivantes :

« Les dragons à pied partiront sur-le-champ de Stötzingen et se dirigeront par Langenau en arrière d'Albeck, où ils soutiendront la division Dupont. Les détachements des dragons à pied rejoindront leurs corps à Albeck. »

Cet ordre, écrit dans la nuit, devait, selon toute vraisemblance, arriver à Stötzingen au point du jour, car il n'y a que 10 kilomètres de Günzbourg à Stötzingen; le maréchal Ney était en droit de supposer que le général Baraguey-d'Hilliers se mettrait en mouvement dans la matinée et serait rendu à Albeck vers midi pour se porter sur Ulm avec le général Dupont. De Stötzingen à Albeck, il y a environ quatre lieues.

Les 2ᵉ et 3ᵉ divisions du corps d'armée, ainsi que le gros de la division Bourcier et de la cavalerie légère, devaient se porter sur Ulm par la rive droite du Danube. La 3ᵉ devait se porter de Günzbourg sur Ulm par Leipheim, et commencer son mouvement à 8 heures du matin. La 2ᵉ division devait passer à Elchingen ou à Günzbourg, prendre position à Falheim ou à Leipheim, puis suivre le mouvement de la 3ᵉ.

C'est à 3 heures du matin que le chef d'escadrons Rippert, de l'état-major du 6ᵉ corps, partit de Günzbourg porteur des ordres destinés à Baraguey-d'Hilliers et à Dupont; il lui était prescrit de se rendre d'abord à Stötzingen, puis à Albeck; mais aucune précaution n'ayant été prise pendant les journées précédentes pour jalonner l'itinéraire de Günzbourg à Stötzingen à travers le *Donau Moos*, cet officier s'égara, prit à gauche et, après avoir erré dans les marais, finit par se trouver près de Langenau et d'Albeck, quand le jour parut. Il jugea dès lors qu'il valait mieux remettre d'abord au général Dupont l'ordre qui le concernait, ce qui fut fait vers 8 heures du matin; puis il se rendit à Stötzingen. Il arriva sans doute dans ce village un peu avant 11 heures, ayant fait en deux heures les 16 kilomètres qui séparent Albeck de Stötzingen (1). L'ordre fut remis alors au général Baraguey-d'Hilliers qui, ne croyant pas devoir apporter une hâte toute spéciale à son exécution, n'expédia son ordre de départ qu'après midi. Si l'on se rappelle les marches du 6ᵉ corps depuis le passage du Rhin, l'heure tardive adoptée habituellement pour les départs, le long temps écoulé avant l'exécution des ordres de l'Empereur le 8, le 9 et le 10 (2), le peu de rigueur apporté dans cette exécution, en un mot, le laisser-aller qui régnait presque toujours dans la conduite des opérations, le procédé du général Baraguey-d'Hilliers n'a rien qui étonne. Le maréchal Ney lui-même, sans les

---

(1) Les détails de cette affaire ne furent pas relevés sur le moment; mais petit à petit, on se mit à reprocher au général Baraguey-d'Hilliers son inaction lors du combat d'Haslach, et il sollicita une enquête. C'est alors que l'aide de camp Crabbé, plusieurs mois après les événements, certifia avoir rencontré Rippert *à peu de distance de Stötzingen vers 10 heures*. Baraguey-d'Hilliers, au contraire, certifiait n'avoir reçu l'ordre *qu'aux environs de midi*. Ils ne donnent ni l'un ni l'autre une heure précise, mais aucun des deux ne peut s'éloigner infiniment de la vérité. Crabbé aura donc rencontré Rippert à 3 ou 4 kilomètres de Stötzingen, et un peu après 10 heures, soit 10 h. 15 ou même 10 h. 30, car ses souvenirs, recueillis au bout de plusieurs mois, pouvaient-ils avoir une plus grande précision ? Rippert se sera trouvé à Stötzingen une demi-heure plus tard, et aura remis l'ordre après 11 heures à Baraguey-d'Hilliers.

(2) On se rappellera notamment que les ordres expédiés le 8 à 6 heures du matin n'ont pas été exécutés le jour même et pourtant, à cette date, le maréchal Ney se trouvait à Höchstædt, l'Empereur à Donauwœrth, et il n'y avait que 17 kilomètres, par une grande route, de Donauwœrth à Höchstædt. Il faut donc admettre, soit une très mauvaise organisation du service d'état-major et des communications, soit un grand laisser-aller dans le commandement.

événements qui sont survenus, l'aurait sans doute trouvé très naturel.

L'ordre du Maréchal contenait la prescription de laisser rejoindre les détachements à Albeck : le texte était formel, il n'avait pas à y désobéir. Cependant le général Baraguey-d'Hilliers, n'ayant au gros de sa division que 2,500 hommes, crut préférable d'attendre les 1500 à 2,000 hommes qu'il avait détachés à Brenz, Lonthal, etc., sur l'ordre du Maréchal. Pour comble de malheur, il fit un ordre très compliqué, prévoyant la réunion préalable des détachements avec leurs brigades, et un itinéraire spécial pour chacune de celles-ci.

Il avait eu le tort, n'ayant que 2,500 hommes au gros de sa division, de les partager en trois bivouacs assez éloignés : un bataillon en avant de Stötzingen ; le gros de la 1re brigade adossé au bois derrière Stötzingen, près de la route de Brenz ; le gros de la 2e brigade à la lisière du même bois, mais à une lieue de là, près de Stetten.

Pour éviter l'encombrement des routes, dit le général Baraguey-d'Hilliers dans son mémoire justificatif, la division (4,500 hommes!) fut mise en mouvement par deux itinéraires ; la brigade de droite prit directement de Stetten sur Albeck par un mauvais chemin, tandis que celle de gauche prenait la route.

La seule rédaction de cet ordre dut faire perdre un temps sérieux. Son expédition en fit perdre plus encore. On partit à 3 heures de l'après-midi.

Enfin, au point de vue militaire, les chemins les plus courts ne sont pas souvent les plus rapides. Les averses de pluie et de neige fondue qui étaient tombées depuis plusieurs jours avaient rendu les chemins très mauvais ; il n'était pas d'usage, d'ailleurs, de marcher très vite : les colonnes n'arrivèrent à Albeck et Langenau qu'à la nuit close (1).

---

(1) Il est d'usage de tirer de cette malencontreuse aventure quelque

Pendant ce temps, la division Dupont était aux prises avec l'ennemi. Ayant reçu l'ordre de Ney à 8 heures, Dupont s'était mis en marche à 11 heures, et au bout d'une heure environ, la présence de l'ennemi lui était signalée de toutes parts : à Thalfingen, un détachement parti d'Elchingen trouvait des forces supérieures ; à Dornstadt, assez loin sur notre droite, nos patrouilles se heurtaient à des patrouilles ennemies. Enfin, avant d'entrer à Haslach, Dupont apprenait qu'une troupe

---

conclusion relative au service des états-majors ; nous croyons d'autant moins pouvoir nous en dispenser que l'enquête dont nous publions les pièces ne place pas au premier plan les fautes que l'on signale le plus souvent comme causes du retard des dragons à Albeck. On a reproché à Ney, ou plutôt à son chef d'état-major, qui est seul en cause, de n'avoir pas envoyé chacun de ses ordres en duplicata : cela paraît un luxe superflu quand il n'y a qu'un chemin possible, et ne peut être donné comme règle pour de courts trajets hors de portée de l'ennemi et dans l'intérieur d'un corps d'armée. En revanche, il ressort très clairement de l'exemple qui nous occupe qu'il ne faut pas confier à un même individu, fût-il officier supérieur, deux lettres à porter dans des directions différentes : si l'on avait chargé un cavalier quelconque de l'ordre destiné à Baraguey-d'Hilliers, et qu'il fût parti au jour de manière à apercevoir le clocher de Stötzingen, l'ordre aurait été exécuté à temps, car il n'y a que 10 kilomètres de Günzbourg à Stötzingen, et une estafette envoyée après le lever du jour (le soleil paraît à 6 h. 15 le 10 octobre) aurait été rendue à Stötzingen vers 8 heures au plus tard, soit trois heures avant l'arrivée de Rippert, bien avant le déjeuner de Baraguey-d'Hilliers, et en temps utile pour Dupont.

Les marais qui bordent le Danube depuis Elchingen jusqu'à Gundelfingen formaient un obstacle très sérieux, qu'aucune route entretenue ne traversait, et où les chemins, d'ailleurs mauvais, ne reliaient pas directement Günzbourg à Stötzingen, Langenau et Elchingen. C'était un dédale où il fallait se diriger avec précaution. La colonne Lefol s'y était égarée le 9, la cavalerie y avait perdu des chevaux ; tout devait donc décider le chef d'état-major du 6ᵉ corps à prendre des mesures, le 9 et le 10, pour faire repérer les chemins entre les quartiers généraux, soit par des jalons, soit par des hommes, et c'était une bien coupable légèreté que d'envoyer un officier seul remplir une double mission au milieu de la nuit, sans guide, à travers ces marais.

autrichienne très nombreuse se montrait sur les hauteurs au nord d'Ulm. Pour lui, il disposait du 9e léger (1,763 présents), du 32e de ligne (1,662 présents) et du 96e de ligne (1,721 présents), soit six bataillons ou 5,146 hommes d'infanterie; les 15e et 17e dragons (673 chevaux) et le 1er hussards (375 chevaux), dont la moitié se trouvait dispersée en reconnaissances, formaient sa cavalerie; il pouvait y avoir 250 artilleurs et soldats du train pour servir les onze pièces de la division Dupont (deux pièces de 12, six pièces de 8, deux pièces de 4 et un obusier) et les trois obusiers attachés à la cavalerie légère (1). Au total, patrouilles et détachements compris, il y avait là 6,400 hommes et quatorze bouches à feu. L'ennemi montrait des forces très supérieures, et le Maréchal avait prescrit de ne point risquer d'engagement dans ces conditions ; mais peut-être le général Dupont comptait-il sur le renfort de 4,500 dragons à pied avec 10 bouches à feu, et espérait-il que l'ennemi n'avait pas plus de 10,000 à 12,000 hommes. Se retirer, c'eût été encourager l'ennemi à prendre l'offensive, lui révéler que la route de Nœrdlingen était ouverte. Dupont accepta le combat.

La division était établie à Haslach depuis peu de temps, ses postes venaient d'être placés, quand l'ennemi attaqua. La fusillade s'engage entre les tirailleurs des deux partis, et presque aussitôt le canon entre en jeu. Nos treize bouches à feu tiennent tête à une artillerie supérieure, pendant que le 9e léger se déploie en avant

---

(1) L'artillerie de la division Dupont avait été fixée à huit pièces lors du passage du Rhin, comme celle des divisions Loison et Malher (une pièce de 12, quatre pièces de 8, deux pièces de 4, un obusier) la réserve du corps d'armée étant de douze pièces. Un ordre du 5 octobre affecte à chaque division deux pièces de 8, et un ordre du 7 octobre une pièce de 12 de la réserve. Les trois obusiers restant au corps d'armée accompagnent la cavalerie légère; une pièce de 4 se trouve en réparation le 11 octobre. (*Historique de l'Artillerie du 6e corps.* A. A.)

d'Haslach, sous la direction du général Rouyer. L'ennemi dirigeait vers notre droite des colonnes de cavalerie et d'infanterie, et en même temps menaçait notre gauche : il cherchait à nous déborder des deux côtés. A ce moment, plusieurs de nos pièces sont démontées et renvoyées au parc. Des uhlans qui veulent charger sur nos batteries sont repoussés par un escadron du 17e dragons.

Le général Marchand avait déployé le 32e à la gauche du 9e léger, et placé le 96e en réserve, près d'Haslach ; le 1er hussards couvrait sa gauche.

Se voyant près d'être tourné sur sa droite, le général Dupont porte le 96e de ce côté, non loin du 9e, et le fait soutenir par une partie de l'artillerie ; puis il ordonne au 9e léger de charger la colonne autrichienne. « Ce régiment s'avance dans la plaine, marchant en bataille, et sans tirer, va droit au corps le plus avancé. Cette intrépidité ébranle l'ennemi, qui fait un mouvement pour s'appuyer au village de Jungingen (1). » Le 96e vient charger à la droite du 9e léger, et ils font 2,000 prisonniers. Pendant ce temps, les 15e et 17e dragons chargeaient la cavalerie ennemie, malgré le feu meurtrier d'une batterie placée entre Jungingen et le petit bois au nord-est de ce village : « Le général Dupont donna l'ordre au général Sahuc de charger la cavalerie ennemie, qui dépassait de beaucoup sa droite. Le général Sahuc forma la sienne sur deux lignes, le 15e en première et le 17e en seconde. Dans ce moment, les chevau-légers de Rosenberg s'ébranlèrent pour charger un bataillon du 96e régiment d'infanterie qui venait de passer un chemin creux ; le 15e régiment les chargea avec vigueur et les repoussa loin de notre infanterie, qu'ils voulaient entamer, et qui, dès ce moment, ne fut plus inquiétée ; mais le 15e régiment, chargé à son tour par une cavalerie

---

(1) Journal de la division Dupont.

extrêmement supérieure en nombre, fut obligé de se replier et vint se rallier derrière le 17e, qui chargea et repoussa l'ennemi. La supériorité du nombre et une seconde ligne qui s'avançait l'ayant forcé de se replier sur le bois, les deux régiments se reformèrent et fournirent une seconde charge qui devint une mêlée générale, parce que l'ennemi, ayant dépassé leur droite depuis longtemps, avait fait filer par le bois un corps de cavalerie qui acheva de les envelopper. Français et Autrichiens entrèrent pêle-mêle dans le bois, et ce ne fut qu'avec beaucoup de peine que le général Sahuc parvint à rallier quelques-uns de ses escadrons à la sortie de ce bois. Les autres revinrent ensuite prendre leur rang dans la ligne, et le gardèrent jusqu'à neuf heures du soir, que ce général reçut ordre de venir bivouaquer a Albeck (1). »

« Cependant l'ennemi, revenu de la première terreur que lui avait inspirée notre charge brillante, s'avance de nouveau avec de plus grandes forces. Alors il faut que les 9e et 96e régiments redoublent d'efforts et d'activité. C'est avec ces deux régiments seuls que nous avons eu pendant trois heures à disputer le terrain qui sépare Haslach de Jungingen. Ce dernier village a été pris et repris cinq fois ; chaque fois nos bataillons y enfermaient l'ennemi qui s'y réfugiait, et y faisaient de nombreux prisonniers.

« A peine avions-nous mis en déroute un corps autrichien sur la droite du village, que sur la gauche il s'en présentait un autre pour nous tourner. C'est en prenant sans cesse un nouveau front dans toutes les directions

---

(1) Rapport du général Sahuc. La brigade de dragons a, dans cette journée, 25 hommes tués ou disparus, dont 3 officiers; 54 blessés, dont 15 officiers; et 73 hommes faits prisonniers, soit 152 hommes hors de combat sur 673.

que nos bataillons faisaient face partout avec une rapidité et une bravoure admirables (1). »

D'après cette relation, qui devient malheureusement trop vague vers la fin, l'infanterie aurait résisté victorieusement sur notre droite, les dragons seuls étant rejetés en arrière des bois.

Entre Jungingen et Haslach, dit le général Dupont dans une lettre au général Sanson, « quelques compagnies jetées dans les petits bois qui se trouvaient sur mon front ont empêché l'ennemi de s'apercevoir que mon centre était dégarni, et d'en profiter. »

« Le succès a été complet, dit-il encore, la nuit est arrivée et nous sommes restés maîtres du champ de bataille ». C'était d'un optimisme excessif. A vrai dire, nous n'avions point été repoussés en arrière de notre point de départ, mais Jungingen demeurait à l'ennemi.

Il n'y avait pas d'illusion possible à notre gauche. Là, nos pièces démontées restaient sur le terrain, à l'exception de quatre obusiers et d'une pièce de 4; le bataillon du 32° et les deux escadrons du 1er hussards, qui formaient toute notre aile gauche, étaient accablés par le nombre (2), et la cavalerie ennemie se précipitait sur la route d'Albeck.

« L'armée faisant des progrès sur la droite, écrivait le

---

(1) Journal de la division Dupont. D'après la meilleure relation autrichienne que nous ayons (Schönha's, Der Krieg 1805, Vienne 1873), le général Loudon, attaqué à Jungingen, aurait repris ce village une première fois avec quelques bataillons, puis une seconde fois avec le régiment de Froon comme renfort, et il en serait resté définitivement maître.

Les premiers bataillons autrichiens engagés (A. Louis, A. Reynier et Kaunitz) auraient combattu assez mollement, au dire d'un témoin oculaire (de Launay, capitaine d'état-major au service d'Autriche. A. G.).

(2) Les Autrichiens font 69 prisonniers au 1er hussards, qui n'avait pas plus de 150 à 200 hommes engagés, le reste étant en reconnaissance, etc.

commandant de l'artillerie (1) dans son rapport, j'ai reçu l'ordre d'augmenter le nombre des bouches à feu de ce côté pour pousser les progrès vivement, et c'est alors que nous avons fait 4,000 prisonniers et pris trois pièces de canon ; mais tandis que l'on triomphait de ce côté-là, la gauche de l'armée a été débordée par des troupes plus considérables que les nôtres, surtout en cavalerie, qui, s'étant avancées jusqu'au village d'Albeck, ont coupé et emmené avec eux (sic) tout ce qui était en arrière, et par conséquent le parc de réserve de la division. Le lieutenant Kermorvan (2), qui se trouvait sur la gauche avec deux pièces de 8, s'est porté de ce côté, et après plusieurs décharges de mitraille, sa batterie a été enlevée, et lui tué sur ces lieux, à ce qu'on assure.

« L'armée ayant été obligée de rétrograder, et les pièces obligées de suivre le mouvement des troupes dans un terrain coupé et rendu extrêmement difficile par le mauvais temps, il est arrivé qu'une pièce de 12 a été renversée dans un fossé qu'elle devait franchir et dont on n'a pu la retirer. La pièce de 8 a eu le même sort. Enfin, la nuit étant venue et entièrement close, le général a ordonné de se retirer sur Albeck, et c'est dans ce dernier mouvement que la seconde pièce de 12 a été renversée comme la première, sans qu'on ait pu la relever davantage, en sorte qu'il ne nous reste plus que quatre obusiers de 6 pouces et une pièce de 4 démontée. Outre les pertes en matériel, nous en avons fait de grandes en personnel, et surtout dans le train..... Le capitaine Noël a été fait prisonnier (3). Le chariot à munitions qui portait la caisse de Marotte (4) contenant environ 7,000 francs, qui portait mes effets et ceux des officiers, a tombé au pou-

---

(1) Villeneuve, chef de bataillon au 1er régiment à pied.
(2) Lieutenant en 2e au 1er régiment à pied.
(3) Capitaine en 1er au 1er régiment à pied.
(4) Adjudant du bataillon commandé par Villeneuve.

voir de l'ennemi. Nous sommes tous dans la détresse et le dénuement. »

Les pertes en matériel s'élevèrent à deux pièces de 12 (les affûts sauvés), six pièces de 8, une pièce de 4, trois caissons de 12, dix caissons de 8, huit caissons d'obusiers, six caissons d'infanterie, un affût de rechange, quatre chariots de paysans chargés de cartouches d'infanterie (1).

Le général Dupont, dans son rapport envoyé le soir même au maréchal Ney, ne parle pas du désastre de sa gauche : « La grande supériorité de l'ennemi, dit-il, lui a permis de se répandre au loin pendant l'action ; des corps à cheval se sont portés jusqu'à Albeck, et sur la route ils ont enlevé quelques voitures du parc et des bagages appartenant à l'état-major et aux officiers des corps. »

Le témoignage du général Baraguey-d'Hilliers vient confirmer le précédent ; ce général, devançant sa division, arriva à Albeck vers 4 heures avec une faible escorte : « Il trouva la route couverte de voitures de bagages, de soldats et de femmes épouvantées, et son aide de camp, le sabre à la main, venant d'être chargé dans la rue d'Albeck par un parti de chevau-légers ennemis. Sur-le-champ, il ramassa les fuyards, les mit en ordre et leur donna un chef ; la garde de son quartier général arrivant, elle fut peu après suivie de 100 hussards du 1er régiment, et il fit remonter sur le plateau qui domine Albeck. L'ennemi fuit et l'on prit position.

A peine le général Baraguey-d'Hilliers était-il établi,

---

(1) Les Autrichiens disent 11 pièces et 17 caissons. Ils déclarent, en outre, avoir pris 2 aigles (Schönhals, p. 73).

Les pertes de l'infanterie ne sont pas connues. Nous savons seulement par l'ouvrage de M. A. Martinien que le 9e léger a 8 officiers blessés, le 96e de ligne 4 officiers blessés, et le 32e de ligne 1 mort et 2 blessés. (*Tableaux des officiers tués et blessés, etc.*).

qu'une colonne d'infanterie et de cavalerie pêle-mêle, composée de tous les débris de tous les régiments de la division Dupont, arriva sur lui et l'informa que les 15e et 17e régiments de dragons ayant été écrasés, leurs bataillons avaient été coupés en plusieurs parties par une cavalerie très nombreuse qui avait enveloppé le général Dupont lui-même et avait pris toute son artillerie ; qu'ils s'étaient ralliés dans les bois comme ils avaient pu et marchaient sans but comme sans ordre, bien plus ébranlés de leurs revers que présumant un succès. Le général Baraguey-d'Hilliers les remit en ordre et en position, et aussitôt après, il poussa une reconnaissance de cavalerie vers le général Dupont pour avoir de ses nouvelles.....

Sur ces entrefaites, l'aide de camp du général Dupont arriva à Albeck, et apprit au général Baraguey-d'Hilliers la position de son général, qui était à Haslach dans l'intention de tenir jusqu'à ce qu'on eût enlevé ses blessés. Cet aide de camp annonçait aussi la retraite de l'ennemi ».

L'arrivée des prisonniers à Albeck avec une faible escorte, la rapidité avec laquelle Baraguey-d'Hilliers a rétabli l'ordre parmi les fuyards et repoussé la cavalerie ennemie, tout démontre que cette foule en désordre qui encombrait Albeck se réduisait bien, comme le dit le journal de Dupont, au personnel des parcs et convois de la division, chargés par un parti de cavalerie qui avait pénétré sur les derrières du champ de bataille (1).

Au total, bien que les cavaliers ennemis fussent en train de piller ses fourgons, et que l'ennemi pût se considérer comme victorieux, Dupont tenait toujours en face de Jungingen et repoussait les Autrichiens par ses formidables coups de boutoir. Sa gauche, à en juger par

---

(1) C'étaient deux régiments de cuirassiers (Mack et archiduc Albert) et les chevau-légers de La Tour.

le rapport de l'artillerie, a été rejetée en arrière d'Haslach, laissant sur le terrain dix pièces démontées ; il ne paraît pas que l'ennemi se soit avancé au delà de ce village sur la route d'Albeck. Il nous fit 800 à 900 prisonniers et nous prit deux aigles et neuf canons, mais il ne sut pas profiter des forces dont il disposait pour rendre son succès décisif ; la résistance de Dupont lui fit perdre une journée, et le décida à ne pas continuer son mouvement vers Nœrdlingen.

Fier d'un pareil résultat, de 4,000 prisonniers, trois canons et un drapeau enlevés à l'ennemi, Dupont s'attribuait la victoire. Le soir même, voyant son adversaire se retirer sur Ulm, il écrivait à Ney : « Je ne puis vous exprimer toute l'admiration que m'a inspirée la bravoure de nos troupes ; le résultat de la bataille atteste qu'il n'y en a pas de plus audacieuses et de plus décisives : 5,100 hommes ont combattu pendant cinq heures une armée de 25,000 hommes et l'ont battue complètement (1) ».

On ne peut guère souscrire à cette dernière conclusion ; la panique du lendemain et le repos forcé des jours suivants allaient montrer combien le moral de la troupe était éprouvé. L'ennemi, au contraire, avait repris courage.

VII

L'Empereur, lisant dans la nuit du 10 au 11 octobre les rapports de Ney et de Soult, commence à se persua-

---

(1) Il n'est peut-être pas inutile de remarquer ici une certaine analogie avec la bataille d'Auerstaedt, où notre 3e corps lutta aussi contre un ennemi supérieur. Le succès y fut tout autre, mais la disproportion était moins énorme. Dans les deux cas, l'ennemi n'a pas fait donner toutes ses forces ensemble. Ses bataillons sont venus se briser *successivement* contre nos troupes qui, ayant affaire chaque fois à un ennemi inférieur, ont remporté plusieurs succès partiels et lutté brillamment contre un adversaire capable de les anéantir. C'est encore, dans une certaine mesure, l'histoire du combat de Dürrestein.

der que le gros des forces autrichiennes est sur l'Iller :
« Tous les renseignements le portent à croire que l'ennemi veut livrer bataille à Ulm ou un peu plus haut », écrit Berthier à Lannes vers minuit, et Napoléon lui-même donne à Murat les explications suivantes :

« Je ne tiens pas encore les affaires finies de votre côté. L'ennemi, cerné comme il est, se battra. Il reçoit des renforts du Tyrol et de l'Italie ; il pourra donc vous opposer 40,000 hommes. Il faut donc que votre réserve et les corps de Ney et de Lannes, qui font de 50,000 à 60,000 hommes, marchent le plus près possible, de manière à pouvoir être réunis en six heures de temps ».

Pour permettre cette concentration rapide, Murat et Lannes ne se dirigeront plus de Zusmarshausen vers Mindelheim, mais sur la route d'Ulm, par Burgau, où ils seront côte à côte avec le maréchal Ney ; Murat tient ainsi son armée dans la main, capable de s'engager d'un moment à l'autre devant soi, sans combinaison préalable. L'Empereur n'a pas confié à son lieutenant une mission complexe : il ne lui laisse pas le soin de combiner une manœuvre pour ses corps d'armée, et de les concentrer où et quand il voudra. Murat n'a pas à tendre de rideau, à se préoccuper des mouvements que les Autrichiens pourront faire en dehors de son rayon d'action : « Si l'ennemi vous échappe, lui dit Napoléon, il sera arrêté sur le Lech ». Là, en effet, se tiennent Soult et Marmont, et c'est l'Empereur lui-même qui se réserve de faire varier le dispositif général de l'armée. Il ne confie à Murat qu'une tâche élémentaire : « Marchez sur l'ennemi partout où il se trouve, mais avec précaution et ensemble ». On ne doit rien risquer, et la première de toutes les règles est d'avoir la supériorité numérique : « Il ne faut pas se précipiter, et si l'ennemi était en grande force et résolu à livrer bataille devant Ulm, vous devez marcher lentement et ne vous battre que dans le cas où vous seriez parfaitement en mesure ».

Murat et Lannes partent pour Günzbourg dans la matinée du 11. Murat y porte son quartier général, et là, sans doute, il a un premier entretien avec le maréchal Ney. Il serait d'un intérêt essentiel pour l'histoire de cette campagne de savoir exactement quelles paroles ont été prononcées alors par Murat, et par quelles indications le maréchal Ney aura été induit à se méprendre sur la volonté de Napoléon. Toujours est-il qu'en raison du mauvais temps, et sans savoir où en était Dupont, Ney a contremandé le mouvement de Malher et de Loison, et que, persuadé de la nécessité de concentrer toutes ses troupes autour de Günzbourg pour se conformer aux intentions de l'Empereur, il écrit à Dupont, vers midi, de quitter la position d'Albeck et de rejoindre Loison à Günzbourg.

Cet ordre malencontreux ne parvient au général Dupont que dans la soirée, au moment où le combat d'Haslach touche à sa fin. Il ne sera donc pas exécuté dans la journée du 11, mais le contre-ordre de Murat sera transmis trop tard, lui aussi, pour empêcher Dupont d'abandonner Albeck le 12, et nous n'y reprendrons pied que le 15 octobre. Entre temps, le corps de Werneck se sera échappé, et toute l'armée autrichienne aurait eu le temps de prendre la route de Bohême.

Le 11 au soir, les troupes du prince Murat occupent les emplacements suivants :

Dupont à Albeck, Baraguey-d'Hilliers à Langenau, la cavalerie légère du 6° corps à Ober et Unter-Falheim, les dragons de Bourcier à Bubisheim avec des postes à Schneckenhofen, la division Malher cantonnée à Nersingen, Strass et Leipheim, celle de Loison à Günzbourg ainsi que la division Gazan.

Les dragons de Klein sont à Ichenhausen et Wettenhausen, les grenadiers Oudinot et la division Suchet bivouaquent de part et d'autre de la route de Burgau à

Günzbourg; la cavalerie légère du 5ᵉ corps cantonne devant Burgau, et les dragons de Beaumont bivouaquent en arrière de cette ville.

Murat est à Günzbourg, au centre de son armée.

L'Empereur est plus disposé que la veille à croire l'armée autrichienne demeurée sur l'Iller, mais il pense toujours le 11, et il admettra encore le 12, tout en dirigeant lui-même le mouvement enveloppant sur Ulm, que l'ennemi s'est peut-être dérobé par Füssen. Il ne se décide donc pas à porter tout son quartier général vers l'une ou l'autre aile de la Grande Armée. Il se tient à Augsbourg avec la Garde ; la division Nansouty est cantonnée largement à l'Ouest de cette ville, et Marmont est venu bivouaquer à l'Est. Il y a là une réserve de 25,000 à 30,000 hommes au moyen de laquelle l'Empereur parera à ses propres erreurs sur la situation générale.

Le 4ᵉ corps, en marche sur Landsberg, peut former une barrière ou une sorte d'avant-garde contre une colonne ennemie suivant la route de Mindelheim à Munich, à Salzbourg ou à Innsbrück ; il peut encore être réuni, le cas échéant, à la réserve générale d'Augsbourg, pour marcher vers l'Iller ou sur Munich.

Le maréchal Soult, en approchant de Landsberg, a appris qu'un régiment de cuirassiers autrichiens avait logé la nuit précédente dans cette ville, et venait d'en partir pour Memmingen. Il a dirigé aussitôt le 8ᵉ hussards sur Holzhausen pour lui couper la route, et lancé le général Margaron à sa poursuite avec le 26ᵉ chasseurs, soutenu par un régiment de dragons, tandis que le 11ᵉ chasseurs allait rejoindre le 8ᵉ hussards vers Holzhausen.

Le régiment autrichien (cuirassiers de l'archiduc Ferdinand) escortait sept pièces de 6 ; nos chasseurs en prirent deux et firent soixante prisonniers. En même temps, le général Sébastiani, avec une brigade de dragons, faisait quarante prisonniers du même régiment au Sud-Est de Landsberg, et le 8ᵉ hussards prenait une partie du campement sur la route de Mindelheim et Memmingen.

Sébastiani se précipita sur la route de Weilheim, où était signalé un convoi d'artillerie composé de vingt bouches à feu. Le reste de la division Walther le suivit dans cette direction. La division Vandamme devait bivouaquer de ce côté, à la bifurcation des chemins de Munich et de Weilheim ; mais elle demeura au Nord-Ouest de Landsberg. La division Saint-Hilaire bivouaqua à l'Ouest de la ville, face au Sud, son avant-garde à une lieue et demie sur la route de Schongau ; la division Legrand se porta sur celle de Memmingen, son avant-garde à Buchloe précédée par la cavalerie légère.

L'Empereur espérait que le 1ᵉʳ corps occuperait Munich dans la journée du 11, mais l'avant-garde de Bernadotte ne dépasse pas Kalteherberg et pousse ses reconnaissances jusqu'aux portes de la capitale bavaroise sans y entrer. Le corps de bataille bivouaque un peu au delà de l'Amper, entre Maisteig et Heimhausen. Tous les rapports que reçoit Bernadotte lui font croire qu'il y a près de 20,000 Autrichiens devant lui, et que les Russes arriveront dans un ou deux jours. Notre ministre à Ratisbonne, Bacher, annonce l'évacuation complète du Haut-Palatinat par l'ennemi, qui ne se montre pas dans un rayon de dix lieues autour de Ratisbonne.

Les lettres de Bernadotte reçues le 10 et le 11 témoignaient de ses appréhensions et du peu de confiance qu'il avait dans ses forces pour arrêter les Russes. Napoléon lui envoie au plus vite le 3ᵉ corps, et donne des ordres détaillés à Davout pour lui faire prendre position à Ober-Roth, à l'Ouest de Dachau. Ce maréchal sera ainsi en arrière de l'aile droite de Bernadotte, en état de le soutenir et de couvrir sa communication, du côté menacé par les troupes autrichiennes du Tyrol. Il demeurera en même temps à portée de Soult et de Marmont.

La division d'Hautpoul est venue, ainsi que Davout, sur la route d'Augsbourg à Munich. Dans la nuit du 11 au 12, l'Empereur lui ordonnera de se rendre dans cette dernière ville à la disposition de Bernadotte.

VIII

A la première nouvelle du combat d'Haslach, dont la canonnade devait retentir jusqu'à Günzbourg, Murat avait blâmé l'ordre de retraite envoyé tout récemment à Dupont, et avait décidé que ce général continuerait de tenir Ulm investi sur la rive gauche avec la 1re division du 6e corps et les dragons à pied. Si le maréchal Ney avait fait expédier cet ordre dès le 11, Dupont l'aurait reçu dans la nuit du 11 au 12, ou le 12 de très bonne heure, à temps pour suspendre son mouvement de retraite. Mais, comme on l'a déjà vu, c'est seulement le 12 au matin que le contre-ordre partit de Günzbourg, et il trouva Dupont à Brenz, faisant reposer ses troupes. Une panique venait de manifester l'ébranlement produit par les terribles épreuves de la veille, et le général, vu la fatigue et l'énervement de sa division, ne crut pas pouvoir la remettre en marche. Elle restera deux jours à Brenz. Ainsi, contrairement aux intentions de Murat, l'ordre donné par lui le 11 n'eut pour effet, ni d'éviter à la division Dupont des marches et contre-marches inutiles, ni d'assurer l'occupation d'Albeck.

Le reste des forces mises à la disposition du lieutenant de l'Empereur devaient se déployer sur la Roth, de Falheim à Bubenhausen : la 3e division du 6e corps à Falheim, la 2e à Reinpolzhofen, puis Gazan à Pfaffenhofen, Suchet à Attenhofen, Oudinot à Weissenhorn et

Bubenhausen. Les divisions de dragons s'intercaleraient, la 4ᵉ à Holzheim et Küssendorff, les 1ʳᵉ et 3ᵉ à Attenhofen et Hegelhofen. Toute cette ligne était couverte par la cavalerie légère des 5ᵉ et 6ᵉ corps, qui poussait des reconnaissances jusqu'à l'Iller, entre Ulm et Illertissen.

Murat se proposait d'attaquer le 13 sur la ligne de l'Iller, et il allait la reconnaître le 12 octobre; mais l'Empereur, à peu près fixé désormais sur la situation, se décide à exécuter une manœuvre générale avec toutes ses forces, au lieu du coup droit prescrit à son lieutenant. Il recommande maintenant de ne pas attaquer avant le 14, car il fait marcher concentriquement son armée vers Ulm, et veut attendre l'entrée en ligne de Soult :

« Aujourd'hui même le maréchal Soult marche sur Memmingen, où il ne pourra arriver que demain au soir fort tard. Mon intention est que, si l'ennemi continue à rester dans ses positions et se prépare à recevoir la bataille, elle n'ait pas lieu demain, mais après-demain, afin que le maréchal Soult et ses 30,000 hommes en soient; qu'il déborde la droite de l'ennemi, l'attaque en le tournant, manœuvre qui nous assure un succès certain et décisif..... Ceci n'est pas une échauffourée, ce n'est même pas l'attaque d'une colonne pendant qu'elle marche : c'est celle d'une armée qui peut être plus nombreuse que vous ne croyez, et du succès de laquelle dépendent les plus grands résultats. *J'y serai de ma personne* ».

Cette fois, l'Empereur pense que toute l'armée autrichienne, ou peu s'en faut, se trouve sur l'Iller. Il en exagère même la force, lorsqu'il fait écrire à Davout par Berthier : « L'Empereur ne pense pas que l'ennemi ait plus de 80,000 à 90,000 hommes, mais il l'attaque avec plus de 100,000 ».

Napoléon n'est pourtant pas assuré de l'exactitude de la nouvelle conception qu'il s'est faite. Bien qu'il lui attribue assez de vraisemblance pour se rendre d'Augsbourg à Burgau, il écrit encore à Bernadotte : « La présence du prince Ferdinand à Munich fait craindre à Sa Majesté que l'ennemi qui était sur l'Iller ne se soit échappé et ne se soit retiré sur le Tyrol..... *En cas que l'armée qui était sur l'Iller soit échappée, elle aura pu passer par le chemin, soit de Füssen, soit de Schongau,* seuls points où elle puisse traverser le Lech, et de là, venir passer l'Isar à Tölz, pour de là se rendre à Holzkirchen, longeant la Mangfall, et passer l'Inn à Rosenheim ».

Telle est la dernière expression de la pensée qui avait été prédominante dans l'esprit de Napoléon depuis le passage du Danube, et qui commence seulement à tomber au second plan, pour ne s'effacer tout à fait que le 13. Or, c'est le 14 que le combat d'Elchingen inaugurera l'investissement d'Ulm, lequel sera achevé le 15.

Il n'y a peut-être pas d'exemple plus frappant de la difficulté qu'éprouve un général à concevoir exactement la situation, et par suite, pas de preuve plus péremptoire qu'on ne saurait attendre des renseignements complets pour agir.

Et, d'ailleurs, si Napoléon se rapproche de la vérité en pensant que les Autrichiens sont encore à la hauteur d'Ulm et de Memmingen, il commet toujours l'erreur de supposer qu'ils sont déployés le long de l'Iller, et n'ont à peu près personne au Nord du Danube. Il ne dirige pas le 4ᵉ corps obliquement de Landsberg sur Ulm, mais droit sur Memmingen, pour déborder à coup sûr la droite de Mack, et il fait écrire par Berthier au maréchal Soult :

« L'ennemi est sur l'Iller, la gauche appuyée à Ulm et la droite à Memmingen. Le prince Murat, avec les maréchaux Lannes et Ney, est placé vis-à-vis, la gauche à Weissenhorn et la droite à Albeck..... L'intention de l'Empereur est que vous vous rendiez à marches forcées, avec votre corps d'armée, à Memmingen. Il faut qu'avant 2 heures après-midi votre avant-garde ait pris position vis-à-vis cette ville. Il est probable que vous pourrez occuper demain Memmingen sans grands obstacles, et que vous n'y aurez qu'une simple affaire d'avant-garde.....

Si l'ennemi veut absolument tenir dans sa position derrière l'Iller, l'intention de l'Empereur est de lui livrer bataille le 22 (14 octobre). Le rôle que vous devez y jouer dépend absolument de l'ennemi; mais vous devez chercher à déborder sa droite et à l'attaquer aussitôt que vous le pourrez.....

Envoyez des espions à Kempten et Füssen pour savoir ce qui s'y passe, et veillez bien à ce que l'ennemi ne vous dépasse ni par votre droite, ni par votre gauche ».

Entre l'armée de Murat et le corps de Soult, l'Empereur fait intercaler deux divisions de Marmont, que Berthier ordonne d'établir le 13 à Krumbach.

Telle est, dans ses grandes lignes, l'opération entreprise le 12 par Napoléon, mais la retraite des Autrichiens vers le Nord, qui semblait naguère improbable, peut devenir un coup de désespoir admissible. Aussi, tout en se disposant à attaquer la ligne de l'Iller, l'Empereur tient à multiplier les moyens de passage sur le Danube, pour se porter vers Albeck le cas échéant; il ordonne à Murat de faire jeter ou rétablir un pont « devant Albeck ». C'est à cette condition qu'il peut informer Soult que « la droite de l'armée est à Albeck ». Murat fait rétablir le pont de Leipheim, et annonce l'intention de reprendre le lendemain ceux d'Elchingen et de Thalfingen, sans toutefois engager là une affaire générale.

L'Empereur a soin, par conséquent, de se mettre en garde contre son propre jugement : il croit l'ennemi sur l'Iller, et manœuvre de manière à l'y attaquer en l'enveloppant; mais il prévoit en même temps tous les autres cas possibles : ses mesures sont prises aussi bien en prévision d'un mouvement de Mack vers Nördlingen que d'une retraite par le Tyrol ou par les Alpes bavaroises. Aussi Napoléon peut-il impunément, sur la foi de renseignements incomplets ou inexacts, se faire parfois une idée fausse de la situation : la réalité, en se révélant subitement à lui, ne le prendra jamais au dépourvu.

L'ordre envoyé par Berthier à Davout expose sous toutes leurs faces les conceptions et les projets de l'Empereur à cette date du 12 octobre (20 vendémiaire) :

« Le 22, il y aura une grande bataille sur l'Iller, près d'Ulm. Le maréchal Soult, avec son corps d'armée, est en marche sur Memmingen. Le général Marmont, avec les deux divisions françaises de son corps d'armée, est en marche pour aller se placer sur les hauteurs d'Illertissen, sur l'Iller. Le maréchal Lannes est à Weissenhorn. Le maréchal Ney à cheval sur le Danube, près d'Ulm. Enfin la Garde impériale en marche sur Weissenhorn.

« Le 21, toutes les dispositions seront finies; le 22, jour de la bataille, l'ennemi sera détruit, car il est cerné de toutes parts. L'Empereur ne pense pas qu'il y ait plus de 80,000 à 90,000 hommes, mais il l'attaque avec plus de 100,000.

« Cette affaire finie, Sa Majesté reviendra pour passer sur-le-champ l'Inn; alors le maréchal Bernadotte et vous, Monsieur le Maréchal, serez deux grands corps agissants, et les autres seront vos auxiliaires ».

Tandis que l'Empereur prépare cette bataille de Weissenhorn ou d'Illertissen, à la place de laquelle se produiront sur l'autre rive les combats d'Elchingen et du Michelsberg, il a détaché Bernadotte à Munich pour éloigner Kienmayer et observer les Russes. Davout, qui est près de Munich, à portée de soutenir Bernadotte, doit pouvoir aussi, au besoin, appuyer ou recueillir Soult et Marmont. Si probable que lui paraisse la victoire sur l'armée de Mack, Napoléon n'oublie pas de prévoir le cas où toutes les forces autrichiennes, accablant Marmont ou Soult, feraient leur trouée au Sud d'Ulm et se porteraient vers l'Est.

« La division que vous avez à Brück, à une marche d'Augsbourg, écrit Berthier à Davout, continuerait à y rester, afin que si l'ennemi parvenait à marcher sur le corps du général Marmont ou sur celui de tel autre corps d'armée, vous puissiez vous porter sur Augsbourg, soutenir la division batave qui y est, défendre le passage de la Wertach, réunir votre armée, et attaquer l'ennemi.

« Si une des ailes de l'armée qui marche sur l'Iller était battue, répète Berthier, vous devez encore marcher sur le Lech pour le défendre de l'autre côté, et donner à l'Empereur le temps de faire ses dispositions ; mais enfin, je dois vous dire que le gros de l'armée qui sera sur l'Iller ne pourrait être battu que dans la journée du 22 ; ce ne serait donc que dans les journées du 23 et du 24 que vous pourriez être utile sur le Lech ; aussi, dans le cas où, demain, le maréchal Bernadotte aurait besoin de vous pour attaquer l'ennemi qui est derrière l'Isar, vous pouvez marcher avec la plus grande partie de vos forces et les employer pendant les journées du 21 et du 22, et revenir le 23 pour être à même d'exécuter les dispositions dont je vous ai parlé ci-dessus ».

En résumé : l'Empereur attaquera les Autrichiens sur l'Iller le 14 octobre ; si Mack réussit à percer en écrasant Soult ou Marmont, il sera sur le Lech le 15 ou le 16 ; Davout peut donc employer les journées du 13 et du 14 à combattre Kienmayer, de concert avec Bernadotte ; le 15, il devra se retrouver prêt à atteindre le Lech en une demi-journée.

Il faut, d'ici là, que les environs de Munich et les abords de l'Isar soient dégagés, tant pour empêcher Kienmayer de tendre la main à Mack, que pour faciliter le débouché ultérieur de la Grande Armée :

« Vous sentez, écrit Berthier, qu'il est nécessaire que l'ennemi soit chassé à plus d'une journée de Munich, et qu'il le serait dans les journées du 21 et du 22 vendémiaire ; vous aurez, après cela, les 23 et 24 de repos, car il est probable que le 25 vous marcherez sur l'Inn ».

En conséquence, Davout reçoit les ordres suivants pour son stationnement :

« Si le maréchal Bernadotte avait besoin de vous, l'Empereur vous autorise à lui prêter tous les secours possibles ; cependant Sa Majesté désire que vous restiez dans votre position actuelle ; mais quand vous vous serez assuré, dans la journée de demain 21, dans celle d'après-demain 22, et enfin dans la journée du 23 que M. le maréchal Bernadotte ne peut avoir un besoin urgent de tout votre corps, vous placerez une division sur la route de Munich à Landsberg, de manière à pouvoir vous porter dans une marche à Landsberg, défendre le passage du Lech et vous donner le temps de rassembler toute votre armée, si l'ennemi parvenait à passer sur le corps d'armée du maréchal Soult ».

Les deux autres divisions devaient se trouver, comme on l'a déjà vu, à Brück et à Dachau.

Les instructions données à Bernadotte dans la soirée du 12 montrent, comme les précédentes, que Napoléon craint surtout de voir les Autrichiens se glisser le long des Alpes pour gagner l'Inn :

« La présence du prince Ferdinand à Munich fait craindre à Sa Majesté que l'ennemi qui était sur l'Iller ne se soit échappé et ne se soit retiré sur le Tyrol..... En cas que l'armée qui était sur l'Iller soit échappée, elle aura pu passer par le chemin, soit de Füssen, soit de Schongau, seuls points où elle puisse traverser le Lech, et de là, venir passer l'Isar à Tölz, pour de là se rendre à Holzkirchen, longeant la Mangfall, et passer l'Inn à Rosenheim. L'Empereur ordonne que vous envoyiez sur-le-champ un régiment de cavalerie bavaroise, deux régiments d'infanterie et six pièces de canon, le tout commandé par un bon général, pour s'emparer du pont de Tölz ».

En ce qui concerne les opérations contre Kienmayer et les Russes, Bernadotte reçoit les mêmes instructions que Davout ; il s'agit encore de surveiller la route qui longe les montagnes :

« L'intention de Sa Majesté est que vous éloigniez l'ennemi à une grande journée de Munich ; après cela, vous vous reposerez et vous vous occuperez de rassembler toute votre artillerie, vos munitions, etc. Vous pouvez, dans le cas où vous attaqueriez l'ennemi pour le repousser à une journée de Munich, disposer du maréchal Davout, sans vous éloigner du plan de l'Empereur. Je ne saurais trop vous recommander de bien surveiller le corps ennemi qui est devant vous, car il pourrait être dans l'intention de suivre la même direction qu'ont prise le régiment de Ferdinand-cuirassiers et celui de Nassau-hussards, pour se porter sur Ulm par les routes qui sont encore ouvertes ».

Jusqu'au 18 octobre, Bernadotte et Davout ne recevront pas d'autres instructions.

En se portant d'Ingolstadt sur Munich, Bernadotte avait placé à l'avant-garde le corps bavarois, qui bivouaqua le 11 au soir en avant de Schleissheim, au contact de l'ennemi. Dans la nuit, on vit les feux des bivouacs autrichiens s'éteindre peu à peu ; les patrouilles annoncèrent la retraite de Kienmayer. D'après les rapports reçus, le général de Wrède pouvait brusquer l'attaque, mais pour épargner à la ville de Munich les horreurs d'un combat, il préféra, dit-il lui-même, faire un pont d'or à l'ennemi.

Il se présenta devant la ville, vers 6 heures du matin, et apprit qu'elle venait d'être évacuée. Il prit alors le trot avec sa cavalerie, et se lança à la poursuite des Autrichiens ; mais en arrivant sur la grande place, il y trouva le bourgmestre et un peuple innombrable réunis pour célébrer la fête de l'Électeur et le retour de ses troupes. Il dut arrêter sa course pour porter la santé du souverain et prononcer une harangue « analogue à cette heureuse circonstance ». Il eut le bonheur de rejoindre encore l'arrière-garde ennemie un peu en deçà de Parsdorf, et de lui faire bon nombre de prisonniers, entre autres tout un bataillon de Deutschmeister qui se rendit sans coup férir, ses officiers l'ayant abandonné.

Pendant que de Wrède s'arrêtait devant Munich, le chef d'escadrons Ameil et le lieutenant Bonnemain, avec cinquante-cinq cavaliers français, avaient tourné la ville et coupé la retraite à l'extrême arrière-garde ennemie. Ils y firent 450 prisonniers. Au total, on en prit 1100 dans cette journée.

De Wrède bivouaque le 12 près de Parsdorf; les deux divisions françaises de Bernadotte cantonnent à Munich; Deroy est en arrière à Schwabing. L'avant-garde française, qui devait aller seule à Saint-Veit, est venue à Salmdorf. Un bataillon bavarois occupe Freising. Le général Rivaud a été laissé à Ingolstadt avec un régiment français et une brigade bavaroise.

Davout a établi son quartier général à Dachau, avec sa 1re division; son avant-garde est à Mosach, aux portes de Munich, où elle a bousculé quelques escadrons autrichiens et fait quinze prisonniers.

La 2e division a été laissée plus au Nord, sur l'Ammer, à deux lieues de la 1re. La 3e est restée à Ober-Roth ou Schwabhausen, à portée d'Augsbourg.

Le 14, Davout porte sa 1re division vers le Sud, barrant la route de Landsberg à Munich, près de Greifenberg; la 2e division relève la 1re à Dachau et à Brück, et l'avant-garde est à Germering, entre Brück et Munich. La 3e ne bouge pas. Ce dispositif n'est pas absolument celui que Berthier avait indiqué, mais répondra mieux, selon Davout, aux vues de l'Empereur.

Le 13, Bernadotte, suivant l'ordre de l'Empereur, détache à Tölz la brigade bavaroise du comte Mutius Minucci. Sa cavalerie poursuit les Autrichiens jusqu'à l'Inn, par Hohenlinden et Haag, et leur enlève plusieurs centaines de prisonniers. Le total des prises faites par le 1ᵉʳ corps et les Bavarois s'élève à 19 bouches à feu, 150 chevaux, des voitures et 1500 prisonniers.

Un officier du génie bavarois, avec un petit détachement d'éclaireurs, et secondé par les paysans, s'empare le 15, à Rosenheim, de 4 bouches à feu, 19 tonneaux de poudre et munitions, 273 boulets, etc.

Des partis sont envoyés sans cesse par les 1ᵉʳ et 2ᵉ corps dans toutes les directions : ils battent le pays jusqu'à Ratisbonne, Landshut, Mühldorf, Kufstein et Füssen. Passau est entouré par les Autrichiens, mais sa garnison bavaroise a refusé de se rendre et n'est pas attaquée sérieusement.

Davout se tient en liaison avec les trois corps de Soult, Marmont et Bernadotte.

Cette situation ne variera plus jusqu'au 19 octobre, jour où Napoléon, informant les deux maréchaux de la capitulation d'Ulm, leur ordonnera les premiers mouvements préparatoires de la marche sur Vienne.

Dès que l'armée s'est portée au delà du Danube, l'Empereur a pris de nouvelles mesures pour la défense des communications. Il faut remarquer ici que les localités ne lui ont pas permis de jalonner la route de l'armée par des dépôts fortifiés à intervalles de quatre à six marches, comme il le recommande en principe (1). Depuis le Rhin jusqu'au Danube, il ne se trouve pas de place facile à mettre à l'abri d'un coup de main. Aussi les dépôts, le trésor, etc., seront-ils très exposés le jour où Werneck et l'archiduc Ferdinand s'échapperont d'Ulm vers le Nord-Est.

Pour parer le mieux possible à un danger de cette

---

(1) Notes sur les *Considérations* de Rogniat : *Correspondance de Napoléon*, tome XXXI, pages 356 et suivantes.

nature, l'Empereur a fait organiser et occuper les localités les plus intéressantes. Deux dépôts sont établis, l'un à Nördlingen, sous le général Milet, pour les dragons ; l'autre à Harburg, sous le général Verdière, pour la cavalerie légère et les cuirassiers. Dès le 8, il y a assez de chevaux complètement guéris pour qu'on puisse envoyer des renforts aux régiments. Ces deux dépôts sont donc en état, le cas échéant, de fournir une défense sérieuse contre les partis ennemis.

A Donauwœrth, le commandement a été donné au général Godinot, qui dispose du 21e dragons et du 3e bataillon du 34e de ligne. On y a envoyé en outre deux bataillons würtembergeois pour garder le pont de Rain sur le Lech. Ces troupes sont chargées de mettre en route les convois de prisonniers, pour lesquels deux autres bataillons würtembergeois sont placés à Ellwangen et Heilbronn, et deux bataillons badois entre Heilbronn et Spire.

Le 10 octobre, la route de l'armée est prolongée jusqu'à Augsbourg, qui est occupé par la Garde. Bernadotte a reçu l'ordre de laisser une division de 6,000 à 8,000 hommes à Ingolstadt ; il y met le général Rivaud avec le 54e de ligne et 5,000 Bavarois. Rivaud détache un régiment bavarois sur l'Ilm, entre Pfaffenhofen et Vohbourg ; un bataillon de chasseurs bavarois entre Vohbourg et l'Altmühl, et un autre à Rain, qui y relève les deux bataillons würtembergeois de Godinot ; ceux-ci sont envoyés à Augsbourg avec un demi-escadron du 21e dragons et une compagnie du 34e.

Le 12, Marmont laisse comme garnison à Augsbourg la division batave Dumonceau, qui remplace la Garde impériale. Cette division tient deux bataillons dans la ville, et partage le reste entre les ponts du Lech et de la Wertach.

Le 12 octobre, l'Empereur croit la présence de l'ennemi sur l'Iller assez probable pour se porter de ce côté ; mais il laisse le quartier général à Augsbourg. De sa personne, il va coucher à Burgau, et, le 13, il sera à Günzbourg dès la première heure.

IX

Dans la nuit du 12 au 13 octobre, le maréchal Lannes adresse à Murat une lettre des plus importantes, qui témoigne de sa clairvoyance et de sa résolution ; il reconnaît que l'Empereur s'est fait une idée tout à fait inexacte de la situation, et il demande à se porter sans retard dans la direction d'Albeck : « L'armée ennemie est sur la rive gauche du Danube, écrit-il ; il n'existe en ce moment dans Ulm qu'une réserve de 4,000 ou 5,000 hommes, et les forces qui sont sur la rive droite sont peu considérables. Tout paraît donc confirmer que l'ennemi a le projet de se retirer par la Franconie, et il n'est pas douteux pour moi qu'il ne commence son mouvement cette nuit. Vous jugerez sans doute convenable, Monseigneur, d'aller au secours de la division Dupont et de porter une grande partie de vos forces sur la rive gauche du Danube ; en mon particulier, je pense que ce mouvement est on ne peut plus urgent, et je vous prie même en grâce de l'ordonner. Votre Altesse jugera aussi convenable, j'en suis convaincu, d'informer de suite Sa Majesté Impériale de l'état des choses ».

Malheureusement Murat, moins clairvoyant que Lannes, se borne à rendre compte de l'opinion émise par celui-ci : « Quoique le combat livré avant-hier par le général Dupont ait démasqué notre faiblesse sur la rive gauche et nos desseins sur la rive droite, je ne crois pas à ce qu'a dit l'espion et je ne partage pas l'opinion de M. le maréchal Lannes..... Ce matin, aussitôt que le jour paraîtra, j'irai reconnaître la position de l'ennemi ; en attendant, je me hâte d'engager M. le maréchal Ney à prévenir le général Dupont des projets que le maréchal Lannes suppose aux Autrichiens, en lui ordonnant d'établir la plus grande surveillance, etc..... Votre Majesté vient : elle ordonnera elle-même le mouvement, si elle le juge convenable ; pour moi, je ne saurais m'y décider si légèrement, surtout lorsque je connais la marche du général Marmont et du maréchal Soult sur ma gauche. Ne serait-ce pas désorganiser votre plan général ? Je me borne donc, Sire, à presser l'occupation du pont d'Elchingen et à donner communication à Votre Majesté des avis que je reçois. »

Murat expose d'ailleurs les motifs pour lesquels il croit n'avoir rien à craindre du côté d'Albeck : A tout événement, dit-il, la division Dupont est là, et on peut compter sur elle, comme elle vient encore de le prouver. Ici Murat semble trop présumer des forces de cette troupe épuisée de fatigue, privée de canons et de munitions, et qui d'ailleurs, comme il le saura bientôt, n'est pas à Albeck. D'autre part, il émet quelques considérations mal fondées sur l'état moral de l'ennemi, le disant peu enclin à risquer un mouvement qui le séparerait du Tyrol et l'exposerait à une attaque de flanc.

Il donne des raisons plus admissibles quand il déclare que les troupes, parvenues sur leurs positions à 10 heures du soir par un temps épouvantable, ne peuvent guère se remettre en route au point du jour.

Cependant l'Empereur arrive sur le terrain. Il passe d'abord par Günzbourg, croyant y trouver Murat et Ney, et il s'étonne de l'incertitude où l'on est resté au sujet de la division Dupont. Il envoie à sa recherche un officier d'état-major pour en avoir des nouvelles précises, puis se rend à Pfaffenhofen auprès de Murat. Là, il prend connaissance des derniers renseignements et se forme une idée de la situation.

Pas plus à Pfaffenhofen qu'à Günzbourg, il ne peut acquérir de notion précise sur les positions du 6ᵉ corps

On sait que les divisions Loison et Malher sont, au moins en partie, dans les villages de Leipheim, Falheim et Nersingen ; on croit qu'elles occupent Elchingen, et comme Murat a ordonné dès le 11 que Dupont demeurât à Albeck, il suppose qu'il s'y trouve. L'Empereur se contente donc, tout d'abord, d'ordonner à Lannes de pousser la division Gazan à Pfühl, sous les murs d'Ulm ; le reste du 5⁰ corps devra s'emparer coûte que coûte du pont d'Ober-Kirchberg et prendre pied sur la rive gauche de l'Iller, établissant la liaison directe avec Soult. Marmont, qui a dépassé Krumbach, doit venir à Weissenhorn.

Bientôt on apprend que Dupont est à Brenz, que le 6⁰ corps n'a envoyé sur Ober-Elchingen qu'un bataillon du 25⁰ léger et 40 chasseurs à cheval du 10⁰, commandés par le général Marcognet ; que celui-ci, à peine sur le plateau, s'est trouvé nez à nez avec 3 bataillons et 4 escadrons autrichiens, et s'est empressé de revenir, « ayant rempli sa mission ». Il n'y a, devant le pont d'Elchingen, que 3 compagnies de grenadiers de la division Loison.

Napoléon entre alors dans une violente colère contre le maréchal Ney : il lui reproche d'avoir laissé Dupont attaquer seul le 11, d'avoir fait évacuer Albeck et Elchingen contrairement aux ordres reçus, de n'avoir pas assuré les communications entre ses divisions, et de laisser l'Empereur dans l'ignorance des mouvements et positions du 6⁰ corps. Il lui ordonne d'occuper le lendemain le passage d'Elchingen.

Pendant ce temps, Dupont annonce qu'il est entouré de tous côtés par les partis ennemis.

Le soir, Dupont est encore à Brenz, Malher et Bourcier à Falheim, Loison en route pour Nersingen, les dragons à pied à Leipheim ; Gazan, Suchet, Beaumont gardent leurs positions de la veille sur la Roth, et Oudinot arrive à Ober-Kirchberg. La Garde et les cuirassiers Nansouty sont à Günzbourg, Marmont à Weissenhorn,

Soult devant Memmingen, qu'il a investi dans l'après-midi avec sa 3ᵉ division, et qui paraît vouloir se défendre. Ce dernier annonce que l'archiduc Ferdinand et le général Mack sont à Ulm, où l'on a envoyé récemment des équipages et du canon par Memmingen.

Dans la soirée, l'Empereur, en réitérant à Ney l'ordre de s'emparer d'Elchingen, prescrit à Lannes de s'établir à Pfühl; il sera soutenu par les dragons à pied et, éventuellement, par toutes les autres troupes échelonnées depuis Günzbourg. La Garde et Nansouty doivent se porter sur la Biber, non loin de Falheim, pour se tenir prêts à intervenir. Marmont doit passer l'Iller devant Wullenstetten et achever l'investissement d'Ulm au Sud-Ouest. Quant à Soult, Berthier lui écrit : « Je vous préviens que toute l'armée ennemie est dans Ulm ; il est indispensable que vous veniez pour former la gauche de l'Empereur et intercepter à l'ennemi la route de Biberach. L'Empereur s'attend que votre corps d'armée sera le plus tôt possible dans les environs d'Ulm. »

Dans la nuit du 13 au 14, l'attention de l'Empereur se porte de plus en plus sur les événements de la rive gauche : il sent que les grands coups se frapperont là, et il invite Lannes à soutenir Ney le plus rapidement possible, tandis que Marmont relèvera Oudinot dans ses positions :

« Je vous préviens, écrit Berthier à Lannes, qu'aujourd'hui à la pointe du jour, le maréchal Ney se porte à la rive gauche du Danube pour reprendre la position d'Albeck. Il est possible que cela donne lieu à un engagement très sérieux ; il est donc convenable qu'au premier coup de canon vous vous trouviez vous-même sur la rive droite, du côté du pont d'Elchingen, pour pouvoir soutenir le maréchal Ney ; suivant les circonstances, que vos troupes soient prêtes à le soutenir ou à se rapprocher du champ de bataille. Si l'ennemi sort d'Ulm de ce côté, nous pourrons marcher à lui et le culbuter ; si au contraire il ne sort pas, et que l'affaire de M. le maréchal Ney engage beaucoup de troupes ennemies, nous pourrons le suivre de poste en poste, passer sur la rive gauche en laisssant le général Marmont de ce côté-ci, et enlever toutes les hauteurs d'Ulm.

« Si l'ennemi attaque le maréchal Ney et qu'en même temps il attaque le général Gazan, cela donnera lieu à des événements qui arrangeront beaucoup nos affaires ».

A 4 heures du matin, Berthier écrit à Ney, pour plus de sûreté :

« L'intention de l'Empereur est toujours que vous vous empariez des hauteurs d'Albeck ; si cela vous engage à une grande bataille, vous serez soutenu fortement : tout ce qui portera l'ennemi à avoir une affaire au delà des retranchements d'Ulm ne peut que nous être très avantageux ».

C'est en vertu de ces ordres réitérés que le maréchal Ney livrera, le 14 octobre, le combat d'Elchingen.

X

Le 14 octobre, dans la matinée, Dupont se remet en marche vers Albeck, mais il aperçoit des forces supérieures devant Langenau, et reconnaît une colonne autrichienne filant sur la droite, par la route de Nerenstetten. « Après un combat d'avant-garde engagé pour forcer l'ennemi à montrer toutes ses forces, le général Dupont prend le parti de se reporter sur la Brenz afin de couvrir les communications de l'armée par Gundelfingen et Günzbourg, et de prévenir les intentions que l'ennemi pourrait avoir d'opérer une diversion et de dégager Ulm (1) ».

---

(1) Journal de la division Dupont.

C'est au tour de la division Loison de s'illustrer : Malher a eu Günzbourg, et Dupont Haslach. Le 14 octobre, sous la direction personnelle du maréchal Ney, qui sera toujours aux premiers rangs, la division Loison remportera la victoire d'Elchingen, et cela presque sans artillerie.

Deux chemins venant de Nersingen et de Burlefingen se réunissent sur le bord du Danube, dans une clairière de ces bois marécageux qui enveloppent les méandres et les dérivations du fleuve. C'est là que le maréchal Ney arrive à 8 heures du matin, suivi par l'avant-garde de la division Loison (1). Devant lui, le pont d'Elchingen ou de Leiben, dont la charpente est restée intacte, et dont le tablier de planches a été enlevé par l'ennemi, traverse le Danube, large de 80 à 100 mètres. Au delà du pont, la chaussée franchit deux bras à peu près comblés, qui ne sont plus guère que des fossés, puis deux ruisseaux parallèles à la berge. Là se trouvent deux maisons de pêcheurs avec un bureau de péage. Il y a 500 mètres du Danube à ces deux maisons et 500 mètres encore jusqu'au pied des coteaux, qui s'élèvent à 80 mètres au-dessus de la plaine. D'abord escarpés et plongeant dans le Danube depuis Ulm jusqu'à Thalfingen, ils s'en écartent peu à peu et vont s'adoucissant entre ce village et celui d'Unter-Elchingen, au Nord duquel ils fuient vers Langenau, faisant place aux vastes marais du Ried et du Donau-Moos.

---

(1) Brigade Villate : 6° léger (colonel Laplane), 1740 hommes ; 39° de ligne (colonel Maucune), 1640 hommes.

Brigade Roguet : 69° (colonel Brun), 1720 hommes ; 76° (colonel Lajonquière), 1800 hommes.

Ont pris part en outre au combat : 3° hussards (Lebrun), 340 cavaliers ; 10° chasseurs (Colbert), 350 cavaliers ; 18° dragons (Lefebvre), 335 hommes ; 19° dragons (Caulaincourt), 440 hommes ; 25° dragons (Rigaud), 490 hommes.

Total : 8,800 hommes environ.

L'abbaye, cloître ou couvent d'Elchingen, qui domine tout le plateau, s'aperçoit vers la droite, lorsqu'on débouche du pont, avec son clocher et ses vastes bâtiments entourés d'une enceinte ovale qui déborde sur les pentes. Le village d'Ober-Elchingen descend obliquement, de droite à gauche, de l'abbaye vers la plaine, sur une longueur de 1000 mètres. Plus à droite, derrière une croupe qui s'allonge à l'Est du couvent, on entrevoit la chapelle de Saint-Wolfgang et, dans le fond, Unter-Elchingen.

Le ruisseau qui descend à Thalfingen ravine profondément le plateau entre les abords d'Elchingen et ceux d'Haslach, où Dupont a combattu le 11. Un grand bois, flanqué au Nord et au Sud de deux autres plus petits, s'étend de l'Est à l'Ouest depuis l'abbaye jusqu'aux pentes de ce ravin.

Le 14 octobre 1805, le pont d'Elchingen était gardé, sur la rive gauche, par 300 Autrichiens avec deux pièces de canon (1). Onze bouches à feu (sept canons de 8, sept de 4, deux obusiers) leur furent opposées tout d'abord par le maréchal Ney et en eurent facilement raison ; mais il n'y avait pas de temps à perdre : sans attendre le succès de la canonnade, le maréchal ordonne au capitaine Coisel, aide de camp du général Loison, de donner l'exemple et de replacer le premier madrier avec l'aide d'un sapeur du 6ᵉ léger. Celui-ci a aussitôt la jambe emportée par un boulet ; mais les compagnies d'élite de son régiment et du 39ᵉ se précipitent : pendant que les uns ramassent des planches, que le Danube a amenées à la dérive des ponts rompus en amont, les autres passent en courant sur les poutres et vont se déployer en tirailleurs au delà

---

(1) D'après la relation française. Au dire de Schönhals, il y avait deux bataillons et deux pièces, qui furent renforcés peu après par deux autres bataillons et quatre pièces ; mais il semble que ce renfort soit arrivé trop tard pour coopérer à la défense du pont.

du fleuve. Il y a là, bientôt, les grenadiers du 39ᵉ, les carabiniers et voltigeurs du 6ᵉ léger et quatre compagnies de ce régiment. Ils chassent devant eux les 300 tirailleurs ennemis, qui essaient en vain de tenir dans les deux maisons du péage.

Sur ces entrefaites, quelques compagnies autrichiennes se montrent sur notre gauche et nous prennent en flanc avec un canon. Le général Villate détache de ce côté une poignée de tirailleurs et quatre compagnies qui refoulent peu à peu l'ennemi dans la direction de Thalfingen.

Le débouché du pont est entièrement dégagé, sans qu'il ait été fait d'effort sérieux pour en empêcher le passage. Le 1ᵉʳ bataillon du 39ᵉ, suivant ses grenadiers, file vers la droite en longeant la lisière du bois, tandis que les deux bataillons du 6ᵉ léger se portent en avant vers le village et l'abbaye.

Le tablier du pont est réparé, et la cavalerie légère (3ᵉ hussards et 10ᵉ chasseurs) s'y précipite pour aller se déployer dans la plaine entre les bois et le village.

Le maréchal Ney ignore encore quelles forces l'ennemi va lui opposer, et les positions qu'elles occuperont. Les trois bataillons s'écartent en éventail, prenant pour points de direction : celui du 39ᵉ, la chapelle de Saint-Wolfgang ; le 1ᵉʳ du 6ᵉ léger, l'abbaye ; le 2ᵉ du 6ᵉ, la lisière Sud d'Ober-Elchingen.

Les deux bataillons du 6ᵉ léger, en colonnes précédées de tirailleurs, progressent assez facilement, et il ne semble pas que l'ennemi leur ait disputé sérieusement l'immense lisière du village. Le 2ᵉ bataillon y pénètre et, luttant pied à pied, finit par gagner la lisière opposée ; puis il chasse les Autrichiens d'une briqueterie située sur le plateau. Le 1ᵉʳ bataillon entre dans l'abbaye, les quatre compagnies de gauche par la grande porte (au bout de la principale rue du village) et celles de droite, avec les grenadiers, par une petite porte située à l'angle Sud de l'enceinte. Le bataillon de Sporck, qui défendait l'abbaye, est fait prisonnier.

Le 1er bataillon du 39e, en approchant de Saint-Wolfgang, au lieu de trouver par le vallon un plus facile accès vers le plateau, se heurte à des forces supérieures. Accueilli par le feu de trois bataillons autrichiens, chargé par plusieurs escadrons, et il se hâte de se replier sur le bois ; mais poursuivi et chargé encore, il est mis en pleine déroute et se reforme à grand'peine sur la lisière.

Il n'y a pas encore d'artillerie pour appuyer l'attaque de notre infanterie ; deux pièces seulement (un canon de 4 et un obusier) ont passé avec le 6e léger, et elles sont opposées à une batterie ennemie qui, postée au Sud d'Elchingen, prend nos lignes en écharpe.

Le 2e bataillon du 39e, puis la brigade Roguet (69e et 76e) traversent le pont à leur tour et se portent en avant. Les 18e, 19e et 25e dragons passeront successivement. Une nouvelle phase du combat va commencer.

Quels renseignements a le maréchal Ney sur les positions de l'ennemi ? Quelles instructions a-t-il reçues de l'Empereur ? On l'ignore ; mais il manœuvre d'abord, semble-t-il, de manière à attaquer la gauche de l'ennemi et à le rejeter sur Ulm. Laissant le 6e léger occuper seul le village et l'abbaye d'Ober-Elchingen, et en déboucher vers l'Ouest, il porte tout le reste de ses troupes dans l'espace découvert, large de 1100 mètres, qui sépare les deux Elchingen.

Le 2e bataillon du 39e s'est glissé le long du bois, a rallié les débris du 1er bataillon et s'est porté en avant avec lui sur Saint-Wolfgang et l'angle Sud-Ouest d'Unter-Elchingen. Cette fois, ils ne rencontrent plus de forces supérieures, et prennent pied sur le plateau, la cavalerie légère à leur gauche, au centre de la division.

Le 69e et le 76e ont débouché du pont, chacun d'eux

formant alors une seule colonne de régiment, et ils se dirigent sur l'intervalle entre l'abbaye et Saint-Wolfgang. Arrivés là, ils se déploient en éventail à portée de fusil de l'ennemi.

Le maréchal Ney, d'après le rédacteur de ses Mémoires, « feignit de vouloir opérer par sa droite, attira par ses déploiements les réserves de l'ennemi sur ce point, et ne le vit pas plutôt dégarnir son centre que, se jetant à la tête d'une partie de ses forces, il manœuvra pour le couper par la gauche, lui enlever ses communications (1) ». Le rapport du général Loison au Maréchal dit en effet : « Arrivés sur le plateau, vous ordonnâtes de s'emparer du bois qui est à gauche, et de diriger constamment les mouvements sur la droite de l'ennemi ». Les Mémoires du maréchal Ney continuent ainsi : « Roguet rompt par pelotons à gauche avec le 69e, longe intrépidement le front de la ligne ennemie, et reçoit son feu à bout portant (2) ».

Le 76e seul pousse droit devant lui, soutenu successivement par la cavalerie légère et le 18e dragons. Le 39e et la cavalerie légère, qui ont repoussé quelques compagnies ennemies sur Unter-Elchingen, en abandonnent la poursuite au 19e dragons (3), qui arrive à ce moment, et vont rejoindre le 6e léger à la gauche de la division.

« Les mouvements furent exécutés avec intrépidité, dit le général Loison au maréchal Ney, et personne ne

---

(1) Tome II, page 311.
(2) Voir le croquis n° 4.
(3) Le 19e dragons fait 250 prisonniers au débouché d'Unter-Elchingen, attaque et poursuit quatre escadrons de cuirassiers autrichiens jusqu'à Nerenstetten. Là, il se heurte à un détachement des trois armes, que la division Dupont a reconnu dans la matinée, et il est forcé à son tour de reculer. Il échappe à grand'peine à la cavalerie ennemie et revient bivouaquer le soir près de Göttingen, à trois kilomètres à l'Ouest d'Elchingen.

peut mieux que vous, Monsieur le Maréchal, rendre justice aux différents chefs qui commandaient ces colonnes, puisque vous fûtes constamment au milieu du feu le plus vif ».

Les Autrichiens saisissent le sens de la manœuvre ordonnée par le Maréchal. Ils voient qu'il cherche à leur couper la retraite sur Haslach. Ils serrent, eux aussi, de ce côté, groupent leurs colonnes, les forment en carrés pour les faire appuyer à droite.

« L'ennemi qui, à notre arrivée sur le plateau, était en bataille sur deux lignes, voyant les mouvements qui s'exécutaient sur sa droite par notre infanterie, et ceux que M. le Maréchal avait ordonnés à la cavalerie d'exécuter sur la gauche, forma plusieurs carrés, dont trois forts de 4,000 hommes chacun (1), et chercha constamment à gauche la route d'Albeck à Ulm en s'appuyant aux bois, soutenu par sa cavalerie et son artillerie. Ces différents carrés furent attaqués par les 69e et 76e régiments, et forcés d'abandonner à ce dernier 4 officiers supérieurs, 7 officiers et 111 sous-officiers, canonniers et soldats, 4 pièces de canon et plusieurs caissons. Une colonne de 700 hommes (de 1600 à 1800 avec drapeau, selon le colonel Colbert) mise en fuite par le 1er bataillon du 76e, fut entièrement ramassée par le 10e de chasseurs à cheval (2)..... »

Un carré autrichien, formé entre l'abbaye et le bois, essuie le feu du 76e, résiste à deux charges du 3e hussards, puis du 10e chasseurs, et cède enfin au 18e dragons, au moment où ce régiment débouche sur le plateau.

Le Maréchal ordonne de poursuivre l'attaque vers l'Ouest.

« Le général Villate, dit le rapport de la division

---

(1) Chiffre exagéré et très éloigné de la vérité.
(2) Rapport du général Loison.

Loison, reçut alors l'ordre d'obliquer fortement à gauche avec les troupes des 6ᵉ et 39ᵉ régiments qu'il avait pu réunir, de s'emparer des deux bois qui sont en face de Kesselbronn, entre lesquels passe le chemin de traverse qui, d'Elchingen, rejoint la route d'Albeck à Ulm, d'y prendre position, et de jeter des tirailleurs sur sa gauche afin d'observer les mouvements que l'ennemi aurait pu faire par la route de Thalfingen ».

Tandis que la brigade Villate se porte directement vers Kesselbronn, la cavalerie et la brigade Roguet poursuivent l'ennemi dans la plaine, au Nord du bois d'Elchingen (1). Le 69ᵉ et le 76ᵉ se portent vers la grand'route de part et d'autre du petit bois (2) qui borde le chemin de Göttingen à Haslach. (Le 69ᵉ et le 2ᵉ bataillon du 76ᵉ au Sud, le 2ᵉ bataillon du 76ᵉ au Nord).

Les rapports ne mentionnent aucun incident pendant cette marche de trois kilomètres, qui nous conduit au bord du ravin de Thalfingen, nos troupes formant une ligne un peu concave, et l'ennemi se déployant en arc convexe sur la crête opposée, de Kesselbronn vers Thalfingen. Si tant est que le maréchal Ney eût projeté de couper aux Autrichiens la retraite sur Ulm, cette manœuvre avait échoué, et il ne s'agissait plus que de les repousser le plus près possible de la place. La division Malher, tenue d'abord sur la rive droite en face de Thalfingen, avait débouché à son tour du pont d'Elchingen ; placée en réserve dans la plaine au Sud d'Ober-Elchingen, elle avait traversé ensuite ce village et s'était déployée sur le plateau au Nord de Thalfingen, couvrant la communication de la division Loison (3). Le 25ᵉ léger

---

(1) Grosser-Forst sur la carte de l'état-major allemand.
(2) Entre le Grosser-Forst et le Käfer-Loch.
(3) Contrairement à ce qu'ont écrit certains historiens, elle ne fut donc pas engagée et surtout ne combattit pas du côté d'Unter-Elchingen. Le 25ᵉ léger put seul tirer quelques coups de fusil.

laisse son 1er bataillon sur la route qui borde le Danube, dans la direction de Thalfingen, et les deux autres vont couvrir le déploiement de leur division.

A ce moment, les généraux Villate et Roguet reçurent l'ordre, le premier de passer le ravin de Kesselbronn, de s'emparer des hauteurs et du bois qui sont en face de Unter-Haslach, et le second de se saisir de la route d'Albeck à Ulm et des bois situés vis-à-vis d'Ober-Haslach (1), en délogeant l'ennemi, qui y avait réuni plusieurs colonnes soutenues par un corps de cavalerie (2).

La brigade Villate enlève Kesselbronn et rejette ses adversaires en terrain découvert au Sud d'Haslach. La brigade Roguet soutient un combat des plus acharnés, et à peine a-t-elle débouché en plaine, que la cavalerie tente un dernier effort pour faire gagner du temps à son infanterie. Cuirassiers et uhlans chargent ensemble les 69e et 76e, qui se forment en carrés pour les repousser.

Sur ces entrefaites, les dragons reparaissent, et notre artillerie arrive : deux pièces de 8, une de 4 et un obusier ouvrent le feu. Le général Loison profite de ce renfort pour poursuivre l'ennemi jusqu'en face de Jungingen, et la nuit approchant, le maréchal Ney ordonne de cesser le combat.

Les troupes de la division Loison, harassées par cette lutte de dix heures contre un ennemi supérieur, vont bivouaquer près d'Albeck ; la division Malher vient se déployer en première ligne, et fournir les avant-postes derrière le ravin de Thalfingen.

Il est peu de combats offensifs plus brillants que celui d'Elchingen, où le succès, comme on l'a vu, a été décidé sans artillerie, et où le maréchal Ney, toujours au premier rang, sut entraîner les troupes avec une ardeur

---

(1) Grosser-Gähr sur la carte de l'état-major.
(2) Rapport de la division Loison.

admirable, tout en conservant le sang-froid nécessaire pour dominer la lutte et ordonner à chaque instant de nouvelles dispositions. Non seulement il s'était rendu maître d'Elchingen, mais il avait rejeté les Autrichiens sur Ulm et fort avancé l'investissement de la place.

La division Loison avait combattu seule pendant toute la journée du 14, depuis le pont d'Elchingen jusqu'à Haslach. La division Malher, tenue en réserve à une demilieue du champ de bataille, n'avait pas eu à donner. En arrière de cette division, la Garde impériale se tenait prête à intervenir.

Les dragons à pied, d'abord mis à la disposition du maréchal Ney, et chargés de garder le pont de Leipheim, avaient été dirigés, le 13 au soir, sur Strass et Falheim, mais ils tenaient encore le pont de Leipheim, le 14 à 4 heures du matin, quand les Autrichiens y portèrent une forte reconnaissance. La Garde vint aussitôt relever les dragons, plaçant 400 chevaux et des avant-postes au delà du Danube, et deux bataillons en deçà avec quatre pièces. Ces dispositions donnèrent à l'ennemi l'illusion d'un mouvement important vers Langenau, qu'il négligea d'observer davantage.

Le reste de la Garde demeura au bivouac entre Leipheim et Nersingen avec la cavalerie de Nansouty, ayant ordre de soutenir le maréchal Ney à Elchingen ou d'interdire à l'ennemi le passage de Leipheim, suivant les circonstances.

On sut, par les prisonniers, que l'on avait eu affaire aux trois régiments d'infanterie de Froon, Archiduc-Charles et Erbach, aux deux bataillons de grenadiers Archiduc-Charles et Auersperg, aux deux régiments de cuirassiers Hohenzollern et Archiduc-François, et à quelques pelotons de hussards et uhlans, en tout 8,000 à 9,000 hommes, sous les ordres du lieutenant général comte de Riesch, avec 14 pièces de petit calibre. Le général Riesch n'avait pas demandé de pièces de parc, étant persuadé, ainsi que tous les chefs de l'armée autrichienne, que nos forces se porteraient ensemble sur Ulm par la rive droite.

Une heure et demie avant l'attaque de la division Loison, le prince de Hesse-Hombourg, qui était réuni au comte de Riesch avec 25,000 hommes, les avait ramenés à Ulm.

Ces explications ne faisaient pas comprendre, cependant, comment le 39e et la cavalerie légère, dans leur attaque entre Saint-Wolfgang et Unter-Elchingen, avaient fait de nombreux prisonniers du régiment Archiduc-Maximilien. Ce corps appartenait à un détachement qui se trouvait du côté de Langenau. Lorsque le maréchal Ney eut reçu, dans la nuit du 14 au 15, le rapport de la division Dupont, il put se convaincre de la présence de plusieurs milliers d'ennemis de ce côté.

Pendant que le 6e corps attaquait sur la gauche, le 5e corps et la réserve de cavalerie s'étaient portés par la rive droite devant la tête de pont d'Ulm. La division Gazan, écartant quelques cavaliers ennemis, s'établit sur le mamelon isolé de Pfühl, puis le 4e léger repoussa un ou deux bataillons jusque dans les retranchements, en face desquels il prit position. Le 10e hussards, couvrant la gauche du 4e léger, chargea deux escadrons de uhlans qui tentaient d'enlever notre artillerie. Nous eûmes, dans ces divers engagements, 8 hommes tués et 50 blessés; le 4e fit 50 prisonniers et les hussards 15. L'Empereur dirigea lui-même le 5e corps et les dragons.

Gazan bivouaqua à Pfühl avec ses trois régiments de ligne. Le 4e léger, les 9e et 10e hussards bivouaquèrent près d'Offenhausen. La division Suchet, qui avait suivi de près celle de Gazan, revint bivouaquer en arrière, entre Burlefingen et le pont de Thalfingen.

Les grenadiers Oudinot, rappelés d'Ober-Kirchberg,

s'établirent dans le bois en avant d'Holzschwang ; le 13ᵉ chasseurs à Finningen, et le 21ᵉ à Steinheim.

Les 1ʳᵉ et 3ᵉ divisions de dragons furent portées par Oberkirchberg sur la route d'Ulm à Memmingen, pour intercepter cette communication et rejeter dans la place les partis de cavalerie ennemie qu'elles rencontreraient. Elles vinrent le soir, la 1ʳᵉ près de Pfühl et la 3ᵉ près de Finningen.

Marmont s'est rendu dans la matinée à Ober-Kirchberg avec une avant-garde ; il y a rétabli le pont, fait passer l'Iller à 600 chevaux, dont 100 ont suivi la route de Memmingen, 300 ont été à Gögglingen et sur la route de Biberach, 200 sont restés à Ober-Kirchberg en soutien. Les châteaux d'Ober et Unter-Kirchberg sont occupés chacun par quatre compagnies. Dans la soirée, un poste est établi à Wiblingen, près du confluent de l'Iller et du Danube. Le 2ᵉ corps est prêt à attaquer l'ennemi s'il se portait sur la route de Biberach.

Les rapports recueillis par Marmont établissent qu'il n'est pas passé d'Autrichiens sur la route de Memmingen à Ulm (rive gauche de l'Iller). On dit que 10,000 hommes, commandés par le général Gyulay, se sont dirigés récemment sur Biberach, et qu'on a transporté beaucoup d'artillerie dans cette ville.

Le maréchal Soult, qui est arrivé la veille devant Memmingen, a dirigé les divisions Legrand et Saint-Hilaire sur Ochsenhausen (route de Biberach), avec l'intention de leur faire prendre le chemin de Laupheim, et d'achever l'investissement d'Ulm de ce côté ; mais à deux lieues de Memmingen, l'avant-garde de la division Legrand a rencontré un détachement ennemi et l'a chargé. Des prisonniers ont annoncé que l'armée autrichienne avait commencé à battre en retraite, partie sur Memmingen et partie sur Biberach.

Le maréchal Soult fait poursuivre sans interruption la marche de sa 3ᵉ division sur Ochsenhausen ; il retient quelque temps Saint-Hilaire à Berckheim, puis le fait rejoindre. Vandamme passe la journée devant Memmingen, dont le commandant capitule à 3 h. 1/2. L'évacuation de la place a lieu entre 11 heures et minuit ; le 2ᵉ bataillon du 24ᵉ de ligne en prend possession immédiatement. Il n'y avait pas de temps à perdre, car le commandant avait cédé, par une inconcevable faiblesse, devant la menace de quelques canons de campagne, et la garnison menaçait de se révolter et de rompre la convention.

Il y avait dans Memmingen neuf bataillons comptant 4,500 hommes, divers détachements de cavalerie, neuf pièces et de nombreux équipages.

Dans la nuit même, la 2ᵉ division se remit en marche vers Ochsenhausen.

XI

Dans la nuit du 14 au 15, l'Empereur donne ses ordres pour l'attaque des positions autrichiennes devant Ulm. Ney appuiera un peu à droite, et donnera l'assaut sur le Michelsberg et le Geisberg. Lannes fera passer le Danube aux trois divisions Oudinot, Suchet et Gazan, sur les ponts d'Elchingen et de Thalfingen, pour soutenir le maréchal Ney ; la 1ʳᵉ division de dragons suivra le 5ᵉ corps. La garde et la cavalerie de Nansouty se rendront à l'abbaye d'Elchingen. Tous ces mouvements doivent être exécutés à 8 heures du matin.

La 3ᵉ division de dragons restera chargée de l'investissement d'Ulm devant la tête de pont ; elle y sera rejointe à 8 heures par le 2ᵉ corps, qui prendra position sur la hauteur de Pfühl ; les dragons à pied restent en réserve à Burlefingen.

Soult reçoit l'ordre de se porter sur Biberach pour y défaire le corps ennemi signalé de ce côté.

Dans la matinée du 15, l'Empereur prescrit la disposition suivante à Lannes et à Ney :

« Les deux corps d'armée vont se former en bataille : le corps de M. le maréchal Ney tiendra la droite appuyé au bois de Mähringen, son centre vis-à-vis Lehr, la gauche en avant de Jungingen. Le corps de M. le maréchal Lannes :

La division Suchet, la droite ;
La division Gazan, le centre ;
Les grenadiers d'Oudinot, la gauche.

La droite touchera à la gauche du maréchal Ney et la gauche coupera la route d'Albeck.

La cavalerie légère des deux corps d'armée éclairera devant et sur toutes les routes à deux lieues aux environs, même en arrière.

La division de la Garde impériale se mettra en bataille à Haslach, la gauche appuyée à Thalfingen.

La division Nansouty en seconde ligne.

La division Bourcier à Lehr et Mähringen ».

La bonne exécution du mouvement exigeait que le pont de Thalfingen, rompu par les Autrichiens, fût préalablement rétabli, et que l'on disposât de deux passages sur le Danube ; mais il semble que l'on n'ait pu utiliser que le pont d'Elchingen, et que la durée d'écoulement ait été appréciée trop faible. Les troupes défilèrent sur le pont depuis 4 heures du matin jusqu'au milieu de l'après-midi. Ce fut d'abord la division Suchet, avec la brigade de hussards du 5ᵉ corps. Partie à 2 heures du matin de son bivouac, elle arriva au point du jour à Ober-Elchingen, se porta sur Jungingen et se mit en bataille un peu en avant de ce dernier village. La brigade de hussards fut mise à la disposition du maréchal Ney par ordre de l'Empereur.

Les divisions Gazan et Oudinot, avec la brigade de chasseurs à cheval du 5ᵉ corps, partirent de leurs bivouacs à 4 heures et passèrent derrière les troupes de

Suchet. La 1re division de dragons les suivit et n'atteignit Elchingen qu'à 2 heures de l'après-midi, devançant encore l'infanterie de la Garde impériale.

Pendant que ce défilé avait lieu à Elchingen, les divisions du 6e corps et la cavalerie de la Garde se rendaient aux positions assignées.

La division Malher replia ses postes et quitta sa position (entre les bois d'Elchingen et d'Haslach) à 7 heures du matin. Dirigée par l'Empereur en personne, elle prit le chemin de Jungingen. En passant près d'Haslach, elle aperçut un corps autrichien sur les hauteurs au Sud, et, se déployant à cheval sur la route d'Albeck, elle détacha contre l'ennemi des tirailleurs qui le délogèrent de sa position et le firent rentrer dans les retranchements du Spitzberg. Reprenant ensuite le mouvement, la division se rangea en bataille, la droite au Sud de Jungingen et la gauche près de la route d'Albeck. Cette position n'ayant pas encore été jugée satisfaisante, la division Malher se porta un peu plus en avant et à droite, appuyant jusqu'à la grande route de Stuttgart, à hauteur de Lehr. Dans ce dernier mouvement, elle passa devant la division Suchet, déjà établie au Sud de Jungingen.

A peine arrivé à cette dernière position, Malher reçoit l'ordre d'attaquer.

La division Loison a quitté aussi son bivouac à 7 heures. Elle a suivi la route d'Albeck à Ulm jusqu'à la hauteur de Jungingen, puis a tourné à droite vers la route de Stuttgart pour former la réserve de la 3e division. La 4e division de dragons s'est portée en avant par la même route, et s'est formée sur deux lignes à l'Est.

La cavalerie légère suit la division Loison.

La cavalerie de la Garde se déploie à la gauche de la ligne, en face du Geisberg ; elle est soutenue par la division Nansouty.

L'attaque ne commence que vers 3 heures de l'après-midi. Les Autrichiens occupent des ouvrages de fortification improvisés sur les hauteurs du Michelsberg et du Geisberg.

La division Malher se porte sur le Michelsberg. Le 25ᵉ léger commence l'attaque au pas de charge. Ses trois bataillons, en une seule colonne, filent à gauche des redoutes ; le 3ᵉ bataillon, ayant dépassé la première redoute, l'attaque par la gorge, tandis que les deux autres abordent l'ouvrage principal de front et à revers.

Le 27ᵉ de ligne fait un mouvement analogue à droite des redoutes, et la 2ᵉ brigade (50ᵉ et 59ᵉ) reste en réserve, mais dès que l'on aperçoit l'ennemi en déroute se retirer précipitamment dans la place, le 50ᵉ se lance à sa poursuite ; après un moment d'hésitation, il parvient devant les remparts au moment où l'ennemi ferme la Porte des Dames ; écrasé par la mitraille et la mousqueterie sous les murs d'Ulm, puis assailli par des forces très supérieures, il est battu à son tour, rejeté sur le cimetière, puis obligé de se réfugier près du 59ᵉ, sur le Michelsberg.

La division Loison avait été placée d'abord en réserve de la 3ᵉ, mais la brigade Villatte fut portée en avant en même temps que la division Malher. Elle attaqua le Geisberg et s'en empara : le 6ᵉ léger poursuivit les Autrichiens jusqu'aux portes d'Ulm, mais, repoussé comme le 50ᵉ, il fut obligé de se replier précipitamment sur le 39ᵉ, posté dans une fabrique de papier.

La division Suchet, le 17ᵉ léger en tête, prend part à l'attaque entre les deux divisions du 6ᵉ corps.

Le 17ᵉ léger poursuit l'ennemi jusque sous les murs de la place ; il a 33 hommes tués, 128 blessés et 169 prisonniers.

La division Bourcier chargea avec succès la cavalerie et l'infanterie ennemies en avant du Geisberg ; le 18ᵉ dragons fit même un bataillon prisonnier, mais, entraîné sous le feu des batteries, il reçut une volée de mitraille qui lui tua quelques hommes et quelques chevaux et lui fit tourner bride au galop, en abandonnant ses prisonniers. La cavalerie légère des 5º et 6º corps fut engagée entre les colonnes d'infanterie.

Dès que nous fûmes en possession du Michelsberg et du Geisberg, l'Empereur fit réunir les dragons et chasseurs à cheval, y compris ceux de la Garde, et les hussards du 6º corps, sous le commandement de Murat, pour aller couper la route de Stokach entre le Danube et la Blau. Le 10º chasseurs prit les devants pour se poster à Gögglingen, où il établit la liaison avec le 2º corps.

Les divisions Gazan et Oudinot, ainsi que la Garde à pied, arrivèrent trop tard pour être employées. Elles bivouaquèrent entre Göttingen et Elchingen. Le quartier général de l'Empereur était au cloître d'Elchingen.

La division Dupont avait reçu l'ordre de reprendre la position d'Albeck. Elle était partie de Brenz à 6 heures du matin par la route de Langenau. L'ennemi, qui l'entourait de tous côtés depuis le 13, était en forces à Herbrechtingen et Giengen. Il fit suivre le mouvement de Dupont par deux escadrons dans la matinée du 15, et tomba sur le flanc droit de sa colonne au moment où elle dépassait la bifurcation des chemins d'Albeck à Langenau et à Nerenstetten. Dupont, qui n'avait pris aucune précaution pour se couvrir ou se renseigner de ce côté, fut entièrement surpris : n'ayant que 4,000 hommes environ, dont bon nombre de traînards, il se hâta de tirer de ses bataillons des essaims de tirailleurs qu'il poussa vers l'ennemi. Les 32º et 96º se formèrent en carrés pour recevoir le choc de la cavalerie autrichienne; le 9º léger, qui approchait d'Albeck, fit face en arrière et forma crochet offensif contre le flanc droit de l'ennemi; son feu obligea les canons autrichiens à reculer; et sur ces entrefaites, l'intervention de la 1ʳᵉ division de dragons, à l'approche de la nuit, acheva de dégager notre infanterie. Cette division avait passé à Elchingen après la Garde ; arrivée près du champ de bataille du Michelsberg, elle avait appris qu'il ne restait rien à faire de ce côté, et elle avait couru au canon de la division Dupont.

Le 15 au soir, les divisions Loison et Malher restent au contact, bivouaquant sur le Michelsberg et le Geisberg, et tenant les remparts d'Ulm sous le feu de 13 pièces de campagne. Suchet et Bourcier, avec la plus grande partie de la cavalerie légère des 5⁰ et 6⁰ corps, se sont avancés jusqu'au Sud-Ouest d'Ulm, vers Söfflingen et Erbach. Gazan et Oudinot sont restés en arrière, près de Göttingen. Nansouty est à Thalfingen, la Garde à Elchingen, Dupont et Klein à Albeck.

Les dragons à pied sont répartis entre Pfühl, Thalfingen, Burlefingen et Günzbourg.

Le 16, ces positions sont peu modifiées. Gazan et Oudinot se mettent en marche pour rejoindre Lannes à Söfflingen, mais le mauvais temps, l'état du sol, et, en ce qui concerne Oudinot, des ordres et contre-ordres, les réduisent à bivouaquer le 16 au soir dans les terres labourées entre Göttingen et Jungingen.

Marmont avait reçu dans la matinée du 15 des instructions détaillées : son principal but devait être d'empêcher l'ennemi de s'échapper d'Ulm vers le Sud-Est, ou de le retarder suffisamment pour que l'armée pût revenir des hauteurs d'Albeck et l'atteindre. En tout cas, s'il forçait le passage, couvrir la route de Günzbourg et n'abandonner que celle de Memmingen.

Si l'ennemi se dégarnissait sur la rive droite, le 2⁰ corps pouvait attaquer et s'efforcer de produire une diversion.

Enfin Marmont devait examiner s'il était possible, une fois que Ney serait maître du Geisberg, de se glisser le long du Danube, sur la rive gauche, en amont de Thalfingen, pour attaquer la place de ce côté. Ce projet ne fut pas réalisé, le pont de Thalfingen étant rompu. Celui d'Elchingen fut emporté à son tour par une crue dans la matinée du 16.

Le 4ᵉ corps était revenu près du Danube, ayant fait le tour de l'armée autrichienne à une ou deux marches de distance. L'avant-garde de la division Legrand arrivait à Dellmensingen, à portée de canon de la cavalerie légère de Murat. Le gros de cette division était à Achstetten, celle de Vandamme à Laupheim, et Saint-Hilaire en avant de Mietingen.

Le maréchal Soult a appris par des habitants ou des prisonniers qu'une bonne partie de l'armée autrichienne s'est retirée par Biberach vers Lindau, Bregenz et Füssen avec le général Jellachich. Ce dernier a passé, le 13 octobre, avec 8,000 hommes et un équipage de pont. C'était la cavalerie chargée de couvrir cette colonne, que le 4ᵉ corps avait rencontrée au sortir de Memmingen.

On disait aussi que le général Klenau s'était retiré sur Bregenz par la rive gauche du Danube. Tous les ponts en amont d'Ulm étaient coupés jusqu'à Munderkingen.

Le maréchal Soult conclut en demandant si son corps d'armée est encore nécessaire devant Ulm; il lui semble que l'ennemi est suffisamment investi, et que le 4ᵉ corps pourrait se porter sur Kempten pour y couper la colonne de Klenau. Dans l'attente de nouvelles instructions, le Maréchal ne continue pas à se rapprocher d'Ulm.

L'Empereur ne juge pas à propos de faire venir Soult jusque sous les murs d'Ulm, ni d'accéder à son désir en le lançant à la poursuite de Jellachich. Il le fait séjourner à Laupheim.

Il s'inquiète au contraire des forces ennemies signalées au Nord du Danube plus que de celles qui se retirent vers le Tyrol. Dans la nuit du 15 au 16, il fait appeler Murat, et, lui donnant le commandement des divisions

Klein et Dupont, des carabiniers, du 1ᵉʳ hussards, des chasseurs à cheval de la Garde, il le lance sur les détachements ennemis signalés vers Albeck. Il lui promet de le faire soutenir par Lannes le plus tôt possible.

XII

Dans la soirée du 15 octobre, l'attention de l'Empereur s'est portée spécialement sur les faits signalés du côté d'Albeck. Les deux affaires dans lesquelles la division Dupont s'est trouvée engagée, le 14 et le 15, les pertes essuyées par le 39ᵉ de ligne et par le 19ᵉ dragons pendant le combat d'Elchingen, les rapports signalant le séjour prolongé d'un corps d'armée ennemi entre Albeck, Langenau et Nerenstetten, tous ces symptômes réunis donnent à Napoléon des craintes sérieuses pour les convois, les dépôts, les parcs, le trésor, qui se trouvent sur la route de l'armée, entre Ellwangen et Nœrdlingen. Il envoie son aide de camp, le général Mouton, à la division Dupont, afin d'obtenir des renseignements de toute confiance, et il appelle Murat au grand quartier général, dans la nuit du 15 au 16, pour lui donner des instructions verbales. Il fait diriger en hâte sur Donauwœrth les divisions Rivaud et Dumonceau, et leur ordonne de surveiller activement, de concert avec les commandants d'armes de Donauwœrth, Harburg et Nördlingen, les chemins au Nord du Danube. Il envoie à l'électeur de Bavière un officier bavarois, M. d'Aubert, pour le mettre au courant des évènements et prévenir les inquiétudes que les partis autrichiens pourraient lui causer.

Berthier expédie à Dupont l'ordre d'attaquer de bonne heure le 16 (1). Il sera soutenu par les dragons de Klein,

---

(1) Cet ordre ne nous est pas parvenu, mais il en est fait mention

qui ne l'ont pas quitté depuis trois jours, par les grenadiers d'Oudinot et par quelques régiments de cavalerie. En attendant, Dupont envoie un parlementaire au commandant de la troupe ennemie pour l'avertir qu'Ulm a capitulé et l'inviter à en faire autant. L'officier français (aide de camp Morin) échoue dans cette mission, mais il rapporte le renseignement que l'ennemi est commandé par le général Werneck, sous les ordres de l'archiduc Ferdinand. Profitant de cette négociation, les Autrichiens commencent à battre en retraite. Murat, qui vient de rejoindre Dupont, reconnaît les positions ennemies : elles s'étendent depuis Langenau jusqu'aux bois situés à mi-chemin d'Albeck à Nerenstetten.

De notre côté, l'infanterie de Dupont a pris position en avant d'Albeck; les 96ᵉ et 32ᵉ à gauche de la route, le 9ᵉ léger sur la hauteur près d'Osterstetten, couvert à sa gauche par deux escadrons de dragons.

Les chasseurs à cheval de la Garde, amenés par Murat, se déploient immédiatement à droite de la route, couvrant la division Dupont de ce côté. Plus à droite encore, la cavalerie se forme sur deux lignes : en avant, le 1ᵉʳ hussards, qui fait partie de la division Dupont, et les 13ᵉ et 21ᵉ chasseurs, venus avec les grenadiers d'Oudinot; en seconde ligne, la 1ʳᵉ division de dragons.

La division Oudinot était venue prendre position en échelon en arrière de l'aile droite, entre Gœttingen et Langenau; mais elle fut rappelée devant Ulm. La division Gazan, dont il avait été question aussi, ne vint pas, étant employée à l'investissement.

Pour marcher plus vite à la poursuite des Autrichiens, l'infanterie de Dupont se forme en colonnes par bataillon et la cavalerie prend les devants. Vers midi, la division

---

dans le Journal de la division et dans le rapport du général Mouton, de manière à écarter toute espèce de doute.

Dupont chasse rapidement l'ennemi du bois qui borde la route ; la cavalerie autrichienne fait alors un mouvement rétrograde sur Nerenstetten, et Murat en profite pour la faire charger. La déroute de cette cavalerie entraîne celle de l'infanterie, et des bataillons entiers déposent les armes. En arrivant à Hausen, nous avions fait 2,000 prisonniers. Notre cavalerie légère, qui avait mené la poursuite jusque-là, est à bout de forces et cède la place aux dragons, qui mènent la chasse jusque sur les rives de la Brenz, devançant l'infanterie de deux lieues environ.

Parvenus sur le bord de la Brenz, près d'Eselsburg, les dragons s'arrêtent, exténués, devant une position fortement garnie de canons et d'infanterie. Mais bientôt l'artillerie ennemie évacue les hauteurs d'Herbrechtingen, et le 9° léger arrive. Ce régiment, avec les chasseurs de la Garde et le 20° dragons, enlève le village d'Herbrechtingen et s'y établit. Le reste de la cavalerie légère et des dragons cantonne à Hürben et Hausen ; l'infanterie de ligne et les carabiniers, à Bissingen. Murat, qui a conduit en personne la charge des dragons, revient coucher à Hausen. Il a fait dans la journée 3,000 prisonniers, et a ramassé des armes, des caissons, etc., en abondance.

D'après les renseignements transmis le soir même à l'Empereur par un aide de camp du général Dupont, le chef de bataillon de Conchy, les troupes battues par Murat formaient une arrière-garde de 8,000 hommes environ, sous les ordres du général Werneck, et appartenant à un corps de 15,000 à 20,000 hommes, commandé par Hohenlohe.

Le 17, Murat dirige dès le matin la brigade de chasseurs à cheval sur Söhnstetten. Ses reconnaissances sont entrées à 6 heures du matin dans Heidenheim, qu'elles trouvent évacué ; elles ont fait 300 prisonniers à Anhausen et apprennent que l'ennemi doit se retirer sur Aalen.

Murat croit savoir que l'infanterie ennemie a passé en grande partie par Geislingen, et va peut-être redescendre en Souabe.

A 9 heures, la division Klein se rassemble en avant d'Herbrechtingen, et à midi elle recommence la poursuite. Murat lui a ordonné de prendre des renseignements sur la direction de retraite de l'ennemi et de continuer sa marche, soit sur Aalen, soit sur Neresheim, en envoyant une reconnaissance à Söhnstetten pour se relier avec la brigade Fauconnet. Le 1er hussards précède les dragons, qui sont suivis par la division Dupont et les carabiniers. Un régiment de dragons est porté sur Giengen pour éclairer les chemins de Gundelfingen et Dillingen.

Parvenu à Heidenheim, Murat apprend que l'ennemi s'est dirigé sur Aalen et Ellwangen; pour regagner ensuite la Bohême, l'archiduc Ferdinand aura fait un détour assez considérable, et on peut le devancer en marchant directement sur Nuremberg par Nördlingen et Gunzenhausen, route qu'ont prise les convois autrichiens. Murat laisse donc à la brigade de chasseurs le soin de suivre la piste de l'ennemi sur la route d'Aalen et Ellwangen; il la fait rejoindre à Aalen par le 1er hussards. Pour lui, il dirige en toute hâte les divisions Klein et Dupont sur Neresheim et Nœrdlingen. Il appelle à lui, de ce côté, les troupes que l'Empereur a envoyées à Donauwœrth (Rivaud et Dumonceau) et il invite le commandant de Nœrdlingen (général Milet) à prendre ses mesures pour n'être pas surpris et pour favoriser la poursuite.

La division Beaumont, qui est mise à sa disposition, sera dirigée par Giengen sur Heidenheim. L'intention de Murat est de porter ensuite cette division sur Aalen, afin de soutenir la cavalerie légère.

Dans l'après-midi, l'Empereur répond aux rapports de Murat, le félicite de son succès du 16 et lui ordonne de ne prendre aucun repos. Il lui renvoie le général Mouton pour savoir au juste où est l'ennemi et ce qu'il a pu enlever sur nos communications, et il lui annonce l'arrivée à Ellwangen des 16ᵉ et 22ᵉ chasseurs, venant de France.

Nos dragons paraissent à 5 heures devant Neresheim; ils bousculent l'ennemi, qui venait d'y prendre position et qui fait peu de résistance. Un régiment de cavalerie formait son arrière-garde; tout le reste avait passé sur la rive gauche du ruisseau de l'Egau. La division de dragons était à peine formée sur deux lignes, à droite de la route, que l'arrière-garde ennemie se replia en grande hâte sur Neresheim, et reprit place dans la ligne. Celle-ci appuyait sa gauche au bois de l'abbaye de Neresheim et prolongeait sa droite jusqu'à un ravin qui aboutit à l'Egau au-dessus du pont. Cinq bataillons d'infanterie occupaient la gauche et s'étendaient jusqu'à la ville; la cavalerie était à droite, en échelon, à hauteur de la ville, sur une pente douce; une batterie de canons, placée sur la hauteur de l'abbaye, battait au loin la rive opposée de l'Egau.

L'éloignement de notre infanterie et l'approche de la nuit, à la faveur de laquelle Werneck aurait pu se dérober, déterminèrent le général Klein à l'attaquer avec sa seule division, forte de 1800 chevaux et cinq pièces de canon. Il opposa une batterie de trois pièces à celle des ennemis; les deux autres furent placées un peu à droite de la route, sur une pente bien défilée d'où elles pouvaient inquiéter la cavalerie autrichienne.

Les 4ᵉ et 14ᵉ régiments se portèrent à la droite de la batterie de trois pièces pour la soutenir, et le général, s'apercevant que le feu de l'autre batterie forçait la cavalerie ennemie à s'éloigner du bord de l'Egau, ordonna aux tirailleurs et à un peloton du 26ᵉ régiment de passer le pont. Le 1ᵉʳ escadron du même régiment le passa immédiatement après et fut suivi du reste de ce régiment, qui se forma en échelon au revers de la montagne.

Au même moment, un passage ayant été reconnu en amont du pont, le général Klein opère à peu près comme à Wertingen : il passe avec les trois autres régiments de la division (20e, 2e et 1er) file dans un pli de terrain autour de Dossingen, et se dirige sur Umenheim.

L'ennemi, s'apercevant de ce mouvement, qui menace sa retraite, laisse quelques escadrons en face du 26e, et porte le reste de sa cavalerie sur Umenheim ; en même temps, il retire ses cinq bataillons des abords du couvent et les place le long de la route, face à l'Ouest, trois d'entre eux à la lisière d'un bois, les deux autres formant le carré.

Klein, dès qu'il voit la cavalerie ennemie en colonne sur la route, fait sonner la charge, avec le clocher d'Umenheim pour point de direction ; mais les cavaliers autrichiens se dérobant en désordre sur la droite de la route, le 20e dragons tourne aussi à droite pour les atteindre, et défile sous le feu des fantassins embusqués dans le bois. Le 2e dragons continue sur Umenheim et, chargeant aux deux issues du village à la fois, y prend un escadron de hussards palatins.

Le 26e, le 4e et le 14e, voyant charger la 1re brigade, avaient bousculé les escadrons laissés en face d'eux, et étaient venus attendre de nouveaux ordres près du bois situé à gauche de la route. Un escadron des chasseurs de la Garde les y avait rejoints.

L'infanterie ennemie, ne sachant où aller, se rendit à leur première sommation ; mais le général Klein, voulant profiter de la démoralisation manifeste de son adversaire, envoya au général Werneck, sur la route de Nördlingen, un parlementaire chargé de le sommer également. Ce dernier, ainsi que l'officier autrichien qui le conduisait, au lieu de rencontrer le général Werneck, trouvèrent d'abord les patrouilles françaises que le général Milet avait mises en mouvement autour de Nördlingen. Ils atteignirent enfin Werneck à Trochtelfingen, et ce général, impressionné par le rapport de son subordonné, ayant aussi rencontré des détachements français sur le chemin d'Œttingen, se crut cerné et consentit à entrer en pourparlers.

Le général Milet, qui commandait à Nördlingen le groupe des petits dépôts des régiments de dragons, les avait fait monter à cheval à 9 heures du matin, en apprenant que 250 dragons autrichiens avaient attaqué à Kirchheim les dépôts des 1er et 10e cuirassiers. Soutenu par un détachement du 54e de ligne, avec deux pièces de canon, il s'était porté sur Kirchheim, et c'était lui que Werneck avait rencontré à la nuit tombante. Quelques instants plus tard, Milet rentrait à Nördlingen, au moment où le général Rivaud y arrivait de Donauwœrth avec le 2e bataillon du 54e.

A minuit, Murat rendait compte à l'Empereur du succès remporté à Neresheim, mais il ignorait encore le résultat de la démarche tentée auprès du général Werneck. Il ignorait aussi que la cavalerie légère, en se portant sur Aalen, avait fait plusieurs centaines de prisonniers, mais il pouvait annoncer à Napoléon que les voitures et le Trésor étaient sains et saufs à Nördlingen.

De son côté, l'Empereur, ne voulant pas abandonner aux détachements autrichiens, dont la force lui était mal connue, les environs de Stuttgart, ordonnait à Lannes, à Beaumont et à Nansouty de se porter sur Heidenheim, et dirigeait Bourcier sur Geislingen et Stuttgart.

Murat quitte Neresheim le 18, à 5 heures du matin, et rencontre trois bataillons autrichiens qui, ayant erré toute la nuit, demandent à se rendre. A 8 heures, il entend le canon sur la gauche, et il se dirigeait de ce côté quand il reçoit la capitulation de Werneck.

Le combat, dont le bruit parvenait jusqu'à Neresheim,

se livrait alors entre l'escorte du convoi autrichien, qui marchait d'Ellwangen sur Œttingen, et les troupes des généraux Fauconnet et Rivaud, qui attaquaient à la fois en tête et en queue.

La cavalerie légère, sous les ordres du général Fauconnet, avait suivi l'ennemi à la piste depuis Ellwangen, tandis que Rivaud se portait sur la route de Dinkelsbühl avec des troupes détachées de la garnison de Nördlingen. Ces dernières, comprenant une partie des dépôts de dragons, un détachement du 6e dragons et un bataillon du 54e avec deux pièces, rencontrèrent la colonne ennemie qui défilait entre Zipplingen et Rannsteiner Hof. Le général Milet, débouchant entre Bezenzimmer et Münzingen, chargea avec les dragons. Les dragons autrichiens de Rosenberg, qui escortaient le convoi, faisaient une vigoureuse résistance, lorsque les nôtres, tournant contre l'ennemi deux pièces prises dans le convoi, en eurent enfin raison. On prit là 44 bouches à feu, 250 caissons et 900 prisonniers ; de son côté, le général Rivaud, avec le 54e, faisait 1500 prisonniers.

Le général Fauconnet chargeait en même temps la queue du convoi avec ses deux régiments de chasseurs, mais la capitulation du général Werneck mit fin au combat.

Pendant qu'on négociait avec ce général, l'avant-garde de la colonne autrichienne continuait sa marche. Vers une heure du matin, Murat ordonne au 1er hussards de se mettre en route vers Gunzenhausen par Œttingen, et à la brigade de chasseurs de se porter sur Wassertrüdingen par un chemin passant à une lieue et demie à l'Ouest d'Œttingen. Klein et Dupont partiront à 5 heures par la grand'route, avec les carabiniers et les chasseurs de la Garde. L'intention de Murat est de se diriger ensuite sur Pappenheim.

Dumonceau et Rivaud reçoivent d'abord l'ordre de retourner à Donauwœrth et Ingolstadt, mais ils sont dirigés définitivement sur Pappenheim, par le chemin le plus court, pour y devancer le gros de l'armée. Bourcier, Beaumont, Nansouty et Lannes sont invités à ne pas rejoindre Murat. Ils arrivaient le 19 à Neresheim, Aalen et Heidenheim.

Le 19 au matin, le 1er hussards se lance sur la route d'Œttingen, et atteint l'arrière-garde ennemie aux portes de cette ville ; il la pourchasse jusqu'au pont, au delà duquel l'infanterie autrichienne, formée en bataille, l'arrête par un feu très vif. Ce régiment fournit là plusieurs charges très brillantes.

A l'arrivée de la division Klein, l'ennemi précipite sa retraite et parvient jusqu'aux portes de Gunzenhausen sans avoir subi de nouvelle attaque. Là, le 1er hussards enlève un détachement de 300 hommes avec quatre canons. Les Autrichiens veulent couper le pont de Gunzenhausen, mais la garnison prussienne s'y oppose. Sur ces entrefaites, Murat invite le général Klein à faire connaître aux ennemis la capitulation du général Werneck, dans laquelle il prétend qu'ils sont compris. Le prince de Schwarzenberg profite de cette communication pour gagner du temps : il accepte de maintenir ses troupes en position et de leur donner connaissance du traité passé par Werneck ; mais en réalité, il commence à les faire filer, et au bout d'une heure d'attente, Klein remet ses dragons en mouvement. Il se trouve alors en présence d'un prétendu conseiller prussien qui, flanqué de deux officiers autrichiens, le somme de ne pas combattre sur le territoire prussien. Cet individu suspect est arrêté, et Klein continue sa marche, déclarant que si Schwarzenberg voulait sortir des États prussiens par le plus court chemin, les Français en feraient autant, mais qu'en attendant ils l'attaqueraient et le combattraient partout où ils le rencontreraient. La poursuite ne cessa qu'à la nuit tombante. On était alors à moitié chemin de Schwabach, à Erlbach et Brand.

La division Dupont, qui courait derrière les dragons avec trop d'ardeur pour s'apercevoir qu'elle manquait de vivres, bivouaqua au débouché de Gunzenhausen, où son passage procura aux habitants d'honnêtes bénéfices.

Le 20 octobre, Murat laisse l'ennemi prendre les devants, et ne met son armée en mouvement qu'à 8 heures. Il intercale le 1er bataillon du 9e léger entre le 1er hussards et le reste de la cavalerie (chasseurs de la Garde, carabiniers et dragons), mais bientôt le général Klein, impatient de rencontrer l'ennemi, fait doubler l'allure aux cavaliers et laisse toute l'infanterie en arrière. Il parvient jusqu'à Nuremberg sans rejoindre la colonne autrichienne, mais à la sortie de cette ville, il aperçoit la queue des convois qui entre dans les bois. Cette marche de douze lieues avait sensiblement allongé la colonne française. Une halte de trois quarts d'heure, puis un temps d'arrêt à la sortie de Nuremberg, permirent de la faire serrer. Le 1er hussards, les chasseurs de la Garde et les carabiniers repartirent alors au galop; on prit 1500 fantassins ennemis dans les bois; par malheur, renvoyés à Nuremberg, ils ne purent y être gardés, et beaucoup s'échappèrent. Un assez grand nombre furent incorporés dans l'armée prussienne.

Le combat le plus sérieux s'engagea près d'Heroldsberg, où la cavalerie légère fournit trois charges très brillantes et mena la poursuite jusqu'à Eschenau malgré quelques pièces mises en batterie par l'ennemi sur la hauteur de Geschaid. Comme les chasseurs de la Garde descendaient la pente de Geschaid sur Eschenau, ils furent assaillis par toute la cavalerie ennemie et durent battre en retraite un instant; l'arrivée du 1er hussards et du 1er carabiniers nous rendit la supériorité et ranima la charge jusqu'à Eschenau. Là, l'ennemi put encore opposer des forces supérieures au 1er régiment de carabiniers, qui attendit sous le feu de l'artillerie et des tirailleurs ennemis l'arrivée du 2e. Les deux régiments poursuivirent jusqu'à Forth, où la nuit et la lassitude firent cesser le combat.

Le reste du matériel et de l'infanterie de l'ennemi tomba entre nos mains ce jour-là. L'archiduc Ferdinand parvint encore à s'échapper avec 3,000 ou 4,000 cavaliers.

La division Dupont n'avait pas pu gagner de vitesse la cavalerie, mais elle avait fait un effort extraordinaire. Après une marche de douze lieues, le soldat tombait de lassitude et de besoin en traversant Schwabach. Le général fit distribuer à la hâte un morceau de pain et un verre de vin, et la colonne reprit sa course en chantant jusqu'au delà de Nuremberg.

Le 1er hussards et le 14e dragons se mirent, le 21, à la poursuite de l'archiduc, mais désespérant de le rejoindre, s'arrêtèrent à une lieue au delà d'Hilpolstein. Il y avait plus de profit à battre les taillis dans toutes les directions pour y recueillir les Autrichiens débandés. C'est ce que fit faire Murat par le reste des troupes à cheval.

Le général Milhaud arrivait ce jour-là près de Nuremberg, par la route d'Anspach, avec les 16e et 22e chasseurs; Fauconnet s'était dirigé sur Weissenburg; Rivaud et Dumonceau, de Pappenheim sur Neumarkt et Dietfurt. Lannes arrivait à Nördlingen.

Le 22 octobre, Murat fait revenir sous Nuremberg la cavalerie portée en avant, et le 23 il ira rejoindre Rivaud et Dumonceau à Neumarkt. Il se dirige sur Ingolstadt pour entrer en Autriche avec le reste des troupes françaises; mais le 25, sur de nouvelles instructions de l'Empereur, il passe le Danube à Neustadt avec tout son corps (Dupont, Nansouty et chasseurs de la Garde), formant la gauche de la Grande Armée, qui est réunie en arrière du front Munich-Freising.

XIII

Nous ne nous sommes occupés jusqu'ici que des opérations de la Grande Armée française; nous ne pouvions songer à donner parallèlement, avec un détail comparable et une égale abondance de documents, l'histoire de l'armée autrichienne. D'ailleurs, sans nous imposer comme but unique de suivre la pensée de l'Empereur, elle devait être un des objets les plus importants de notre étude. Or, on a pu voir, d'après les renseignements reçus et les ordres donnés par Napoléon, dans quelle incertitude il est demeuré depuis le 7 jusqu'au 12 octobre; si nous avions fait connaître au jour le jour la véritable situation de l'armée autrichienne, le lecteur en aurait été forcément influencé, et ne serait pas demeuré dans l'état d'esprit nécessaire pour suivre le développement naturel des idées et des opérations de l'Empereur. Mais, parvenus à l'investissement d'Ulm, nous ne voyons plus que des avantages à retracer les événements au point de vue autrichien, dans la mesure où nous le pouvons (1). La confrontation

---

(1) Il n'existe pas de recueil documentaire ni de relation absolument complète rédigée d'après les archives autrichiennes; mais on a publié un ouvrage posthume du F.Z.M. Schönhals : *Der Krieg 1805 in Deutschland, Vienne, 1873*, écrit d'après les documents originaux, et le colonel Angeli a ajouté d'intéressants développements à ce premier travail dans son *Ulm und Austerlitz* (Œsterr. Mil. Zeitschrift, 1877) et dans les tomes III et V de son *Erzherzog Karl* (Vienne, Braumüller, 1897). Ces derniers ouvrages ont été écrits aux Archives de Vienne, et citent *in extenso* ou en partie un certain nombre de pièces importantes. Le mémoire justificatif de Mack, publié en 1873 par le *Historisches Taschenbuch* de Brockhaus, fournit aussi d'utiles éclaircissements. Enfin les Archives de la Guerre de Paris contiennent plusieurs états de situation ou d'emplacement et plans de campagne, dont les uns ont

de cette seconde relation avec la première nous procurera des conclusions importantes, non seulement pour l'histoire elle-même, mais encore pour la manière d'interpréter les renseignements reçus en campagne.

La Russie entreprit des négociations avec l'Autriche dès le mois d'octobre 1803, en vue de former une nouvelle coalition. Au mois de décembre, afin d'engager plus vivement son alliée à la guerre, elle se déclara prête à mettre sur pied en huit jours 170,000 hommes, dont moitié iraient renforcer l'armée autrichienne, et moitié tiendraient la Prusse en échec ou la décideraient à se joindre aux coalisés. L'Autriche, cependant, tout en adoptant le principe d'une coalition et d'une guerre contre Napoléon, ne se jugeait pas assez forte pour songer à une prochaine entrée en campagne. La longue période de revers qu'elle venait de traverser avait épuisé ses finances et ruiné son armée. Un mémoire de l'archiduc Charles, remis à l'empereur d'Allemagne le 3 mars 1804, développe ces considérations, mais pose en même temps les principes généraux sur lesquels il conviendrait d'établir un plan de campagne si l'on était forcé, malgré soi, de combattre la France :

« La situation financière de l'Autriche, dit-il, est détestable. On ne peut rétablir l'équilibre, en pleine paix, entre les recettes et les dépenses. Il faudrait 20 millions *de florins* au moins pour porter l'armée au pied de guerre, 33 millions par an pour l'entretenir, et plus de 150 millions par an pour faire la guerre. Ce serait la banqueroute à brève échéance, car la monnaie de billon et le papier-monnaie ont été multipliés dans des proportions telles qu'on ne peut les augmenter encore ; le

---

été pris à Vienne en 1805 ou en 1809, et les autres ont été communiqués plus tard à la demande du général Pelet, pour les travaux historiques qu'il avait entrepris.

crédit est si bas qu'on ne peut pas faire d'emprunt. On aurait sans doute des subsides de l'Angleterre ; mais il ne faut pas s'en exagérer l'importance : ils diminuent, ils n'annulent pas les dépenses supplémentaires résultant de l'état de guerre ; en réalité, ils n'en représentent qu'une faible partie (37 millions de florins), et l'Angleterre a soin d'en défalquer les dettes contractées antérieurement par l'Autriche, puis de faire de véritable usure au moment du règlement de comptes.

« Les ressources en hommes ne sont pas plus brillantes : les États autrichiens n'ont que 25 millions d'habitants à opposer aux 40 millions de la France (ancienne France, 25 millions ; conquêtes de la Révolution, 4 millions 1/2 ; Piémont, 2 millions ; Cisalpine, 3 millions 1/2 ; Étrurie, 1 million ; Parme et Ligurie, 1 million ; Helvétie, 1,700,000 et Batavie 1,900,000.)

« Les populations des pays annexés à la France ont été peu atteintes par la conscription et fourniront des recrues en grand nombre. Dans les États héréditaires de l'Autriche, au contraire, les cas d'exemption sont nombreux, et les levées antérieures ont fortement entamé les ressources en hommes valides. Au total, on aurait besoin de 108,598 hommes pour porter l'armée au pied de guerre (1), et le dernier recensement n'en a fait trouver que 83,159. On ne peut donc littéralement pas compléter l'armée, ni surtout la recruter après la

---

(1) En 1801, le premier besoin de l'Autriche étant de rétablir ses finances, son armée avait été considérablement réduite. On avait fixé le pied de paix à 333,000 hommes, le pied de guerre étant de 433,000. De plus, on avait envoyé en congé le plus grand nombre des hommes et on n'avait pas fait de remonte. Au commencement de 1805, il y a plus de 97,000 hommes en congé, 37,000 cavaliers démontés ; pas une batterie n'est attelée, et il manque 13,000 hommes au pied de paix. Il n'y a que 234,000 hommes sous les drapeaux, dont beaucoup sont détachés. Il faudrait, non plus 108,000 hommes, mais 156,000 pour atteindre le pied de guerre. (Angeli. *Erzherzog Karl*, tome III, pages 9 à 12.)

guerre commencée. Encore, en prenant ces 83,000 hommes, anéantirait-on totalement l'industrie et l'agriculture, qui sont déjà en fâcheux état.

« La France a 432 bataillons, dont on peut supposer que 11 resteront en Hollande et 22 aux colonies. L'Autriche n'en a que 240. Différence : 159.

« Il faut donc éviter la guerre à tout prix. Elle ne peut, du moins, être subie que si l'Autriche a des alliés. Et que seront ces alliés ? On ne peut songer qu'aux Russes. Ils ont poussé l'Autriche à la guerre de toutes leurs forces jusqu'en 1798, sans intervenir. Ils ne se sont ébranlés que quand ils ont su Bonaparte en Égypte. Lors des négociations, ils ont accepté avec une parfaite complaisance tous les plans d'indemnisation proposés par la France. Le contingent qu'ils offrent n'est pas suffisant pour permettre à l'Autriche de lutter à armes égales. Et puis, sait-on jamais s'ils ne refuseront pas demain, sous le moindre prétexte, différends entre des généraux, etc., le concours qu'ils ont offert ? Enfin, quelque zèle qu'ils missent réellement à soutenir l'Autriche, elle n'en aurait pas moins subi le premier choc des Français, peut-être même reçu l'envahisseur dans sa capitale, avant l'arrivée des Russes sur le Danube.

« On ne peut pas, dit-on, éviter la guerre avec la France. C'est incontestable, répond aussi l'archiduc ; mais au moins peut-on la retarder le plus possible, et chaque année de paix rend des hommes et des florins au gouvernement autrichien. Il y a donc intérêt à attendre (1).

---

(1) Dans un autre rapport, l'archiduc avait émis l'avis, contraire à celui de Cobenzl, qu'il ne fallait s'opposer en rien au projet de débarquement en Angleterre annoncé par Napoléon. Il ne croyait ni à la sincérité, ni au succès de ce projet. C'était, à ses yeux, une diversion utile pour l'Europe continentale, et capable, si elle était poussée jusqu'à l'exécution, d'affaiblir énormément la puissance française. Il fallait

« Si par malheur cette guerre venait à éclater, quelles en seraient les conséquences ? Pour bien en juger, il faut passer en revue les divers événements qui pourraient se produire, ce qui entraîne à examiner le plan de campagne à suivre ».

Ici nous traduisons à peu près littéralement :

« *Le front sur lequel s'engagerait la lutte s'étend de la frontière austro-italienne jusqu'au lac de Constance.* C'est de là qu'on déboucherait, si l'on prenait l'offensive, et c'est là qu'on résisterait si l'on restait sur la défensive. *Il paraît indiscutable que la plus grande partie des forces employées serait attribuée au théâtre d'opérations d'Italie :* du côté autrichien, parce que c'est là seulement qu'on peut songer à une acquisition de quelque valeur, si l'on a les forces nécessaires en temps voulu ; parce que c'est là que le danger, pour la monarchie autrichienne, est le plus proche et le plus grand ; enfin parce que c'est seulement en prenant l'offensive ou en se maintenant en Italie qu'on peut sauver les États héréditaires de l'invasion. Du côté français, parce que le gouvernement français a le plus grand intérêt personnel à sauvegarder la République italienne ; parce que c'est par là qu'il peut porter les coups les plus dangereux à l'Autriche, dès les premiers pas, après une seule victoire, atteignant, à travers une frontière ouverte, le cœur et la capitale même de l'empire ; enfin parce que l'armée française envahissante aurait ses ressources immédiatement derrière elle, sur les frontières de l'Italie et de l'Helvétie, qu'elle se trouverait plus voisine de ses points d'appui et de ses renforts, tandis qu'en marchant sur Vienne par la Souabe et la Bavière, elle n'arriverait

---

se garder, disait-il, de fournir à Napoléon un prétexte pour abandonner ce prétendu projet et pour se rejeter sur l'Autriche avec toutes ses forces. (Angeli, *Erzherzog Karl*, tome III, page 21.)

que beaucoup plus tard à frapper l'Autriche. Cette considération serait importante, puisqu'il s'agirait d'obtenir un résultat avant l'intervention des Russes.

« *C'est donc sur l'Adige que se trouve le théâtre des premières et des principales opérations. C'est là que les armées autrichiennes devraient prendre l'offensive, si elles avaient un but.* »

Mais l'archiduc voit en Italie toute une série de difficultés topographiques et militaires : les berges de l'Adige, les rives du Mincio, les marais et les dérivations du Pô, et le fort de la Rocca d'Anfo, et la ligne de l'Adda, et Peschiera, et Mantoue, etc.

« Pour seconder l'offensive ou la défensive de l'armée autrichienne d'Italie, et pour écarter l'ennemi du Tyrol, *il faudrait opposer une seconde armée, bien moins considérable, à celle que les Français dirigeraient probablement de Strasbourg sur Vienne par le chemin le plus court, à travers la Souabe ; elle essayerait de prévenir l'ennemi sur l'Iller.* Cependant une ou plusieurs victoires gagnées de ce côté n'auraient pour résultat que de rejeter l'ennemi au delà du Rhin, où il possède des lignes de forteresses dans lesquelles il serait déraisonnable de le poursuivre.....

« Entrer en Alsace serait funeste. Attaquer, à 60 ou 80 milles des États héréditaires, un pays aux contours massifs, supérieurement pourvu de toute espèce de ressources, entouré de forteresses comme d'une chaîne de fer, où l'on perdrait son temps et ses forces, si, par impossible, un succès y avait conduit ; où, en cas de revers, on n'aurait plus ni Ehrenbreitstein, ni Mayence, ni Mannheim, ni une simple tête de pont pour se réfugier ; d'où l'on ne pourrait plus gagner, en se retirant, cette position d'Ulm qui existait en 1800 ; d'où l'on serait rejeté dans les gorges du Tyrol ou jusque derrière l'Inn ; une entreprise aussi peu raisonnable ne peut venir à l'esprit d'aucun tacticien.

« Ainsi l'on ne peut rien faire en Allemagne, dans l'état actuel des choses, tant que l'armée d'Italie n'aurait pas franchi l'Adda à la suite d'une victoire ; il n'y a donc qu'à se choisir une position défensive bien calculée, qui couvre le Tyrol contre les incursions ennemies et empêche l'armée française de descendre en Autriche par la vallée du Danube.

« A supposer que cette *armée de l'Iller* eût battu l'ennemi à plusieurs reprises, elle ne réussirait qu'à le rejeter au delà du Rhin et à empêcher peut-être l'armée française d'Italie, si elle était victorieuse, de pousser jusqu'au cœur de l'Autriche.

« Si l'armée autrichienne d'Italie, complètement défaite, était renforcée aux dépens de *l'armée de l'Iller*, et si cette dernière, c'est-à-dire maintenant *l'armée de l'Iller* affaiblie, était battue à son tour, la monarchie serait sous le coup d'un double danger, etc. »

Conclusion : La victoire ne mènerait à rien de considérable ; la défaite aboutirait aux pires désastres, et c'est elle qui est probable, pour ne pas dire certaine (1).

Malgré ces sinistres prophéties, l'Autriche signa, le 4 novembre 1804, un traité préliminaire avec la Russie, et les deux états-majors se mirent à discuter le plan de campagne.

Le 15 mars 1805 est remis à Pétersbourg un « Plan de guerre » qui semble rédigé, au moins pour la partie militaire, par l'archiduc Charles (2) ; il insiste, comme

---

(1) Angeli, *Erzherzog Karl*, tome III, annexe nº 1.

(2) Il existe deux exemplaires manuscrits de ce plan aux Archives de la Guerre de Paris, dont l'un, d'une écriture allemande et lié d'un cordon blanc et noir, porte la mention : « trouvé à Vienne ». Ce plan a été publié, d'après une autre copie, dans l'*Histoire abrégée des traités de paix*, de Koch et Schœll, tome VIII, page 90), avec quelques variantes, et dans le *Mémorial du Dépôt de la Guerre*, tome VIII. (Tirage à part intitulé : *Pièces officielles relatives aux premières guerres de l'Empire*,

le mémoire du 3 mars 1804, et presque dans les mêmes termes, sur les éléments d'infériorité de l'Autriche, au point de vue des effectifs, des finances et du terrain, mais il tourne court en concluant :

« Sa Majesté ne se laissera pas arrêter par ces grandes difficultés. Dans le cas supposé d'une guerre inévitable, elle emploiera les efforts les plus puissants pour les vaincre et pour remplir ses engagements. »

L'auteur passe aussitôt à la discussion du plan de campagne :

« Quand on considère la position géographique de la France et de ses frontières du côté de l'Allemagne, la Suisse qui lui est asservie et la République italienne, et qu'on observe la situation des États héréditaires autrichiens, il saute aux yeux combien une opération de l'Allemagne contre l'Alsace ou le Rhin serait fautive. »

(Suit le développement de cette idée, d'après les mêmes principes que dans le mémoire de 1804).

« Une opération contre la Suisse, et de là contre la France par la Franche-Comté, serait sans contredit celle que l'ennemi aurait le plus à redouter (1). Ici ses frontières sont ouvertes ; mais comme une telle opération ne peut s'effectuer que par la Souabe ou par le Vorarlberg,

---

page 50.) Le rédacteur du Mémorial juge, d'après la date, que ce plan ne doit pas être de l'archiduc, et il contient en effet quelques idées opposées aux siennes en matière politique ; mais le plan de campagne est établi exactement sur les principes exposés dans le Mémoire du 3 mars 1804, et il est avéré, par le compte rendu des conférences tenues à la fin du mois d'août 1805 à Hetzendorf, que le plan de campagne définitif était bien de l'archiduc Charles. (Angeli, *Ulm und Austerlitz*, page 432.)

(1) Bien que nous nous interdisions, en principe, toute discussion et comparaison avec d'autres époques, nous ne pouvons nous empêcher de signaler la persistance de cette idée jusqu'en 1814, et l'erreur de Clausewitz sur le motif qui a fait choisir cette voie d'invasion.

ou au-dessous du lac de Constance, à cause de l'impossibilité de faire arriver les transports par le Tyrol, il faudrait, avant de l'entreprendre, avoir fait des progrès en Souabe, et les avoir assurés par un corps d'observation vis-à-vis de Strasbourg. Il faudrait même avoir eu des succès en Italie avant que d'attaquer la Suisse. En Italie, une retraite forcée vers Klagenfurt arrêterait la coopération de l'armée du Tyrol pour l'attaque de la Suisse; l'ennemi se mettrait en possession du Pusterthal, sur la grande route de communication de nos transports avec le Tyrol. On serait forcé de renforcer l'Autriche intérieure par des troupes tirées de l'armée d'Allemagne, et de renoncer non seulement à toute opération offensive, mais même se borner à n'aller que jusqu'au Lech, tout au plus jusqu'à l'Iller, et de prendre là une position défensive pour n'être pas trop loin de l'Autriche, et à portée d'y conduire à temps les secours nécessaires.

« Le résultat de ces observations est que la guerre doit être commencée par une offensive vigoureuse en Italie ; c'est là que nous devons l'entreprendre avec les forces supérieures de notre armée. Ici une victoire remportée nous donnerait autant de moyens d'une opération offensive contre la France, qu'une bataille perdue donnerait à ceux-ci (*sic*) de facilités pour pénétrer dans l'intérieur des États héréditaires. Si notre position offre des difficultés, même l'impossibilité d'armer et de porter en même temps que l'ennemi nos troupes sur les frontières, combien peu doit-on se flatter, à plus forte raison, que les troupes impériales russes puissent être arrivées dès le commencement des hostilités sur le théâtre de la guerre !

« La France avait intérêt à mettre tout en usage pour prévenir leur arrivée par une supériorité décidée. Un rassemblement de nos troupes ou une marche des Russes fournirait déjà un prétexte assez plausible à Bonaparte pour déclarer la guerre sur-le-champ. Cette observation veut que dans le développement d'un plan d'opération, dans le cas d'une guerre contre la France, la première répartition et disposition de l'armée autrichienne, le commencement et la première marche des opérations ne soient calculés que sur nos propres forces.

« Il faudrait que l'armée d'Italie...... (*Suit le plan de campagne pour l'Italie.*)

« L'armée d'Allemagne commencerait la campagne par le passage de l'Inn, s'avancerait en Bavière, *et attendrait au Lech, avant de continuer ses opérations, celles des autres armées et surtout l'arrivée de l'armée russe en Allemagne.*

..... « Si l'Italie, au commencement des hostilités, est le point décisif, la Suisse le devient dès que nous y avons eu des succès, et que nous nous sommes avancés en Souabe...... »

On trouve dans ce plan les mêmes idées que dans le mémoire du 3 mars 1804 sur les grandes lignes de la campagne, sur la répartition générale des forces. Les indications relatives à l'Italie, que nous avons négligées, sont exactement les mêmes. A côté de ces analogies, on remarquera, comme différences, plus de résolution dans le projet d'offensive, moins d'appréhension des difficultés matérielles, et le fait essentiel que l'armée d'Allemagne, au lieu de pousser jusqu'à l'Iller, doit se tenir sur le Lech. On trouve enfin une solution pour porter l'offensive jusqu'au cœur de la France, chose dont l'Archiduc semblait désespérer l'année précédente. Au total, ce plan a pu être établi par l'Archiduc, mais avec la collaboration ou sous la direction d'un personnage plus confiant et plus ambitieux dans ses vues. En tout cas, il n'est pas de Mack, qui n'aurait sans doute pas limité le mouvement de l'armée d'Allemagne au Lech.

Ce plan de guerre fut remis à l'empereur de Russie

par le général Stutterheim, qui y joignit un assez long mémoire explicatif, daté du 6 avril (1).

Il insista sur la nécessité de prendre la Suisse pour objet des premières opérations, en faisant d'abord des progrès sur ses deux ailes.

« Une offensive vigoureuse, d'abord en Italie, et puis en Allemagne au moment de l'arrivée des armées russes, peuvent seules mettre en mouvement et diriger les opérations de l'armée du Tyrol contre la Suisse. L'armée impériale-royale, étant forcée à la défensive jusqu'à l'arrivée de celles de Russie (depuis la frontière du Tyrol et de l'Italie sur toute celle de la Suisse, par le Vorarlberg, le poste important de Feldkirch qui couvre de ce côté l'entrée en Tyrol et les sources de l'Inn, le long du Lech jusqu'au Danube) et ne pouvant employer à cette défensive si difficile sur une ligne d'environ 50 milles d'Allemagne qu'une moindre partie de ses forces, la plus grande devant être employée en Italie, il deviendrait de la nécessité la plus absolue, pour prévenir des malheurs qui pourraient détruire toutes les combinaisons, que l'armée impériale de Russie se hâtât d'arriver sur un point qui, au moins, opérât une grande diversion en faveur de celle d'Autriche....., la ligne du Lech.....; supposé que les troupes autrichiennes eussent eu le bonheur de se soutenir sur le Lech jusqu'à l'arrivée des Russes, je crois qu'à l'approche de ces dernières elles devraient leur céder la place pour aller renforcer le Tyrol..... pour commencer l'attaque de la Suisse..... »

Stutterheim pense que, si l'on peut obtenir le passage en territoire prussien, c'est de la Silésie vers Nuremberg que les armées russes devront se diriger, pour inquiéter les Français sur toute leur frontière du Rhin. Il revient sur les avantages que procure la Suisse pour l'offensive,

---

(1) Archives de la Guerre et *Mémorial du Dépôt de la Guerre*.

et entrant dans quelques développements sur la marche des armées russes, prévoit qu'elles auront une bataille à livrer du côté de Stockach.

L'état-major russe répond par des remarques sur le plan d'opérations proposé par l'Autriche (1).

« Le contingent de la Russie serait en tout de 115,000 hommes. Si on en déduit jusqu'à 25,000 pour le royaume de Naples, il en resterait 90,000 pour agir en Allemagne, dont on pourra convenablement former deux armées, l'une de 50,000 hommes, rassemblée sur ou à portée des frontières de la Galicie, vis-à-vis de Lemberg, et l'autre de 40,000 le long du Boug, vis-à-vis de Lublin.

« La première de ces deux armées pourrait détacher, dès la première apparence d'hostilités, la colonne mentionnée qui traverserait la Galicie pour se rendre vers le Danube, afin d'aider à s'opposer aux premières tentatives des Français sur les États héréditaires en Allemagne. Arrivée à la hauteur de Ratisbonne, la position de l'armée autrichienne déciderait de sa destination ultérieure.

« Le reste de l'armée russe suivrait immédiatement pour arriver à sa destination avec le moins de perte de temps possible. L'autre armée prendrait sa marche par Lublin et Cracovie..... Quant à leur emploi, la première pourrait opérer sur la rive gauche du Danube, communicativement avec celle d'Autriche sur la rive opposée, en appuyant d'abord sa gauche sur Donauwœrth. La seconde armée, arrivée en Bohême, se porterait en Franconie, ou partout ailleurs où l'état des choses l'exigera. »

Les Russes approuvent le reste du plan proposé, mais ils protestent contre les renseignements trop pessimistes de la cour de Vienne sur les ressources comparées de la

---

(1) Cité par Koch et Schœll, tome VIII, page 98 (sans date).

France et de l'Autriche. Bonaparte, disent-ils, ne sait plus où prendre de l'argent. Ses armées sont moins nombreuses qu'on ne veut bien le dire. Enfin, au point de vue politique, la France gagne plus que l'Autriche à retarder la guerre, puisqu'elle s'assimile de plus en plus ses conquêtes, et absorbe tous les petits États d'Italie.

XIV

Tandis que les états-majors poursuivaient ces discussions, qui semblaient supposer une alliance prochaine, sinon déjà conclue, Cobenzl faisait traîner en longueur les négociations avec la Russie, et cette puissance, lasse d'attendre le consentement définitif de l'Autriche, signait le 11 avril le traité avec l'Angleterre, qui fut la base de la troisième coalition. Le contingent et le rôle de l'Autriche, les subsides qu'elle recevrait y étaient aussi bien réglés que si elle eût figuré parmi les signataires.

A la nouvelle de cette convention, qui fut connue dans les premiers jours de mai, l'émotion fut très vive à Vienne. L'ultimatum de la Russie à la France, qui était une véritable déclaration de guerre, obligeait à prendre parti sur-le-champ. Cependant les craintes étaient si grandes, il paraissait si dangereux de s'engager dans cette aventure sans la certitude d'être soutenu en temps utile, que l'on tarda encore deux mois à répondre à la Russie. Celle-ci, par une note du 29 juin, mit enfin l'Autriche en demeure de déclarer si, oui ou non, elle se conformerait à ses déclarations du 4 novembre précédent. Elle annonçait la mobilisation d'un contingent de 180,000 hommes, demandait à l'Autriche d'en fournir 250,000, comptait obtenir de la Prusse, du Danemark, de la Saxe, etc., une centaine de mille hommes, et avait déjà l'assurance que la Suède en fournirait 16,000.

L'archiduc Charles faisait les plus grands efforts pour détourner l'empereur d'Allemagne de la guerre : il montrait que la Prusse ne se départirait pas de sa neutralité, que les contingents des petites puissances n'avaient, en tout cas, aucune valeur, que les forces réunies de l'Autriche et de la Russie ne suffisaient pas pour lutter contre Napoléon, et enfin que l'Autriche seule recevrait les premiers coups avant l'intervention des Russes.

Le général Duka, quartier-maître-général de l'armée, dans un mémoire sur la mobilisation remis le 20 avril, avait renchéri sur les affirmations de l'archiduc : il avait montré qu'il y avait exactement 39,635 hommes présents sous les armes, avec 3,398 chevaux. Les permissionnaires une fois rappelés, il manquerait encore 41,767 hommes au pied de paix, et en incorporant tous les hommes valides de l'Empire, sauf les exemptés, on aurait encore 60,000 soldats de moins que dans la dernière guerre. Duka fut nommé sur-le-champ au commandement du territoire de Temeswar, l'un des plus éloignés qui pût se trouver (1).

Le chancelier Cobenzl, pour fournir à l'empereur d'Allemagne des avis plus encourageants, avait jeté les yeux sur le général Mack, qui se vantait de n'être pas inféodé à l'Archiduc. Mack vit là une occasion sans pareille de couronner sa fortune, déjà brillante (2); il

---

(1) Angeli, *Um et Austerlitz*, page 423, et *Erzherzog Karl*, tome III, page 18.

(2) Mack était né le 25 aout 1752, à Neusslingen, en Franconie, d'une famille bourgeoise. Engagé le 16 janvier 1770 au régiment de carabiniers Archiduc-François; fourrier, caporal, adjudant et enfin sous-lieutenant après sept années de service, aide de camp du général Kinsky dans la campagne de 1778, il attira l'attention de l'empereur et du FM. Lacy, qui le garda auprès de lui après la guerre, et le fit nommer capitaine en 1783 à l'état-major général.

Lacy l'emmène comme major et aide de camp dans la campagne de

déclara tout ce qu'on voulut : qu'il n'y avait rien à craindre, qu'il était facile de mettre sur pied, en huit jours, les forces stipulées par le traité anglo-russe. Cobenzl, enchanté, le présenta à l'Empereur, le fit quartier-maître-général à la place de Duka, et Mack poursuivit la discussion et l'exécution du plan de campagne comme si la guerre avait été chose décidée. Le général Baillet de Latour fut nommé président du Conseil aulique de la guerre, de sorte que l'Archiduc, demeuré ministre, ne fut plus qu'un agent d'exécution.

On se tromperait fort si l'on croyait que le général Mack était alors un objet d'admiration pour toute l'armée autrichienne. Sa fausse science ne trompait guère que les hommes politiques.

M. Otto écrit bien, le 28 août 1805 : « Les Autrichiens ont une si haute opinion de cet officier, qu'à leurs yeux il équivaut, lui seul, à une armée; » mais c'est là une opinion recueillie dans les cercles diplomatiques et émanant de Cobenzl.

« Mack, dit le comte de Neipperg, avait acquis dans des situations subalternes une réputation méritée, qui survécut même à sa lamentable campagne dans le royaume de Naples et à sa catastrophe de Capoue. L'influence

---

1788 contre les Turcs. Lieutenant-colonel et colonel en 1789, chef d'état-major (quartier-maître) de Cobourg en 1793, général-major en 1794, il est moins heureux cette année-là. Blessé, il obtient un congé de convalescence. Il est nommé feld-maréchal-lieutenant en 1797.

En 1798, on l'envoie commander l'armée napolitaine. Il occupe Rome. Championnet l'en chasse; puis il évacue, presque sans combat, la position prise pour couvrir Naples. Le 24 décembre, le roi Ferdinand s'enfuit en Sicile. Le 10 janvier 1799, Mack signe une capitulation qui livre toutes les places et tous les magasins aux Français et leur accorde une contribution de 10 millions. Mack est obligé de se réfugier au camp de Championnet pour n'être pas massacré par les Napolitains. Envoyé à Paris, prisonnier sur parole, il s'échappe et revient à Vienne, où des influences politiques le portent à la tête de l'armée en 1805.

anglaise et le parti de la guerre l'ont tiré de l'obscurité et l'ont mis au gouvernail. Son ambition l'a aveuglé, son imagination l'a égaré, ses faux calculs nous ont entraînés à notre perte (1). »

Mack était encore moins considéré en France que dans l'armée autrichienne. Le diplomate Bacher avait fourni, au commencement de la campagne de 1800, la note suivante sur les généraux autrichiens :

« *Le général Mack*, antagoniste de Bellegarde, est un autre faiseur. Sans naissance et sans fortune, il s'attacha comme fourrier-écrivain au feld-maréchal Loudon, qui le donna ensuite à l'empereur Joseph II, à qui il plut parce qu'il écrivait très vite sous sa dictée. Il s'est formé dans le cabinet des généraux et, à force de copier des plans de campagne et des mémoires militaires, il s'est permis d'en faire qui ont été agréés, mais dont l'exécution a toujours été malencontreuse, ainsi que le prouve surtout la campagne de 1793 et tout ce qu'il a entrepris depuis lors. Il est dévoué à l'Archiduc, dont il est créature, ayant été son Mentor.

« *Le général Hiller* a servi dans l'infanterie ; c'est un excellent officier qui a été longtemps aide de camp du feld-maréchal Loudon. Créature du Conseil aulique de guerre.

« *Le général Kienmayer* a servi avec beaucoup de distinction sur le bas Rhin. Excellent officier, créature du Conseil aulique de guerre.

« *Le général Jellachich* a la réputation d'un fort bon officier, de même que *le général Auffenberg*.....

« *Le général Gyulai*, fort bon officier d'avant-garde...

« *L'archiduc Charles* est plein de zèle et d'activité, fort appliqué et attaché au métier des armes ; il est brave et

---

(1) Journal d'un officier d'état-major, Archives de la Guerre autrichienne ; ap. Angeli, *Ulm und Austerlitz*, page 439.

très aimé du soldat, mais il a besoin d'être dirigé et bien secondé, n'ayant ni le talent ni le génie d'un grand capitaine... (1) »

Le 7 juillet partit de Vienne le courrier qui annonçait à Pétersbourg l'accession définitive de l'Autriche à la coalition et le 16 juillet, les généraux Mack et Schwarzenberg se réunissaient avec le général russe Winzingerode pour fixer les conditions dans lesquelles se ferait la liaison entre les armées russes et autrichiennes.

On convint que la Russie formerait trois armées : la première, commandée par Kutusow, serait forte de 54,918 hommes, 7,900 chevaux et 200 bouches à feu. Elle partirait en six colonnes, marchant à deux jours d'intervalle, dont la tête passerait le 17 août à Brody et arriverait le 16 octobre à Braunau. Ces troupes devaient avoir un jour de repos sur quatre, et ne faire que des étapes inférieures à 4 milles de poste (30 kilom. 500).

Le général Kutusow serait subordonné à l'empereur d'Autriche et à l'archiduc Charles, mais ne pourrait pas recevoir d'ordres des autres généraux autrichiens.

La deuxième armée russe (Bennigsen) compterait 39 bataillons, 85 escadrons, 11 compagnies d'artillerie lourde avec 24 bouches à feu. Elle partirait de Brzesc le 20 août et, par conséquent, suivrait de près la première.

La troisième armée (Buxhœwden) se composerait de 33 bataillons et 35 escadrons, et partirait en même temps que la deuxième.

La destination de ces deux armées n'était pas définitivement arrêtée. Elle dépendrait des événements, et en particulier de l'attitude de la Prusse. Pourtant, en principe, il semblait convenable de les diriger vers la Franconie en traversant la Bohême. La troisième armée devait

---

(1) Renseignements sur l'armée autrichienne du Rhin, envoyés le 30 pluviôse an VIII (19 février 1800) Archives de la Guerre.

débuter par une démonstration sur la frontière prussienne.

Un petit corps, détaché alors à Corfou avec le général Lacy, devait débarquer dans les États de Naples et s'y réunir à 5,000 Anglais.

Quelques jours plus tard (9 août 1805) le traité définitif était signé entre l'Autriche et la Russie.

L'archiduc Charles protesta en vain contre la convention militaire du 16 juillet, faisant observer qu'on ne pouvait pas préparer en Galicie, pour le 18 août, les vivres nécessaires au ravitaillement des colonnes russes : il n'y avait pas de magasins à Lemberg ; pas de marché pour la viande ; le pain manquait aux habitants ; les légumes secs, tels que lentilles, pois, haricots, etc., ne se trouvaient pas couramment dans cette région. Ou bien les promoteurs de l'alliance n'étaient pas au courant de la situation des provinces de Galicie et Moravie, ou bien ils voulaient tromper le gouvernement et ses alliés mêmes.

Depuis le mois de mai, quelques mesures avaient été prises pour la mobilisation de l'armée et pour sa réunion dans des camps, sous prétexte d'instruction. Les hommes en congé avaient été rappelés en vertu d'ordres secrets invoquant des motifs différents. On avait préparé les appels de recrues et les achats de chevaux, réuni des approvisionnements, formé un camp à Pettau, en Styrie, etc.....

Le général Mack ne s'en tint pas là : il voulut profiter de ce moment d'influence pour réaliser toutes les réformes qu'il méditait et qui, d'ailleurs, n'étaient pas mauvaises ; l'armée s'en trouva toute bouleversée au moment d'entrer en campagne.

Le régiment, au lieu de se diviser en trois bataillons de six compagnies, plus deux compagnies de grenadiers, forma cinq bataillons, dont un de grenadiers, chacun à quatre compagnies de 160 hommes.

Mack substitua, pour le ravitaillement en campagne, le système des réquisitions à celui des magasins. Il réduisit de moitié les équipages d'armée, destinés jusque-là aux transports entre les magasins et l'armée. Il rendit ainsi disponibles un grand nombre de chevaux, qui furent employés par l'artillerie. On reprocha à cette réforme d'avoir laissé tomber entre les mains des entrepreneurs des chevaux qui, jusque-là, étaient la propriété de l'État.

De nouveaux règlements de manœuvre furent édictés, plus simples et plus directement applicables à la guerre. Bref, il faut bien reconnaître que Mack paraît ici l'homme du progrès et l'Archiduc l'homme du passé, mais ce n'était pas l'heure des réformes.

L'assurance du général Mack, la facilité avec laquelle il avait paru trouver les moyens de mettre l'armée en état de combattre, tandis que tous les autres désespéraient, l'activité avec laquelle il se jeta à l'œuvre, lui conquirent aussitôt la confiance de l'Empereur (1).

Une note qu'il remit le 15 août demandait : 1° que l'archiduc Charles quittât le ministère pour aller prendre le commandement de l'armée d'Italie, et fût remplacé par le feld-maréchal Colloredo; 2° que l'Empereur prît sans plus tarder le commandement en chef, désignant Mack comme son quartier-maître-général, avec correspondance directe avec les quartiers-maîtres-généraux des diverses armées; 3° que le corps du Trentin fût mis sous les ordres de l'archiduc Jean, qui commandait dans le Tyrol; 4° que l'invasion de la Bavière eût lieu dès les premiers jours de septembre, afin de faciliter l'absorption de l'armée bavaroise.

---

(1) « Cet homme est fou », disait l'archiduc Charles. — « Qu'importe? répondait Cobenzl; il est expédient, et cela suffit. » (Angeli. *Ulm und Austerlitz*, page 424.)

Ces diverses mesures adoptées, Mack se trouva maître de la situation.

En revanche, l'archiduc Charles le déclara fou, et c'est à peu près le jugement que portera l'histoire, non seulement d'après l'examen d'ensemble de ses actes, mais d'après le texte même de tout ce qu'il a dit et écrit pendant sa lamentable campagne, car on n'y trouve rien ou presque rien qui puisse provenir d'un esprit sain, raisonnant normalement.

Le protocole ou la convention militaire passée entre les généraux autrichiens et russes, le 16 juillet, spécifiait que les armées russes ne seraient placées sous le commandement du général en chef autrichien que si celui-ci était l'Empereur en personne ou l'archiduc Charles. Ce dernier étant en disgrâce, l'Empereur d'Allemagne résolut de prendre lui-même le commandement en chef, secondé par son favori, le quartier-maître-général Mack, lequel se trouva dès lors exercer en fait le commandement suprême. Afin de placer l'armée d'Allemagne plus complètement sous son autorité, on en donna le commandement au jeune archiduc Ferdinand d'Este, qui entrait dans sa vingt-cinquième année et que son inexpérience semblait devoir mettre dans un état de dépendance plus étroite vis-à-vis du généralissime et du quartier-maître-général (1). On avait compté sans la toute-puissance de la jeunesse, qui donnait à l'Archiduc toutes les qualités dont la majorité des généraux d'alors étaient privés.

---

(1) L'archiduc Ferdinand, né le 25 avril 1781, à Milan, élève à l'Académie militaire de Wiener-Neustadt. Il fait la campagne de 1799 comme colonel et montre du courage dans les affaires de Pfullendorf et Stockach. En 1800, général-major sous les ordres de Kray, il conduit une brigade légère avec ardeur et contribue au succès de Biberach, après lequel il reçoit l'ordre de Marie-Thérèse. Nommé feld-maréchal à la paix, il commande une division de cavalerie en Hongrie. Il est promu au grade de général de la cavalerie en 1805.

Dans un conseil de guerre tenu le 29 août à Hetzendorf, le jeune Prince, après une lecture du plan d'opérations établi par l'archiduc Charles, fit observer que Napoléon allait se trouver à Munich avec 150,000 hommes avant que les Russes ne parvinssent sur l'Inn. Il était d'avis, en conséquence, qu'on se bornât à détacher en Bavière un corps de 30,000 à 40,000 hommes chargé d'opérer des réquisitions et des reconnaissances au moyen de colonnes mobiles et de détachements, sans que l'armée tout entière se trouvât obligée, le cas échéant, à une retraite générale du plus déplorable effet. Il eut aussitôt l'assentiment de l'archiduc Charles et du F.Z.M. Zach, et même, d'abord, celui de l'Empereur ; mais celui-ci fut bientôt entraîné dans l'opinion opposée par le général Mack, qui établit triomphalement l'impossibilité où se trouvait Napoléon de passer le Rhin avec plus de 70,000 hommes : il en avait à coup sûr 20,000 aux hôpitaux, en laisserait 30,000 à 40,000 sur les côtes et 20,000 à Paris. Mack comptait d'ailleurs sur la réunion de 12,000 à 18,000 Bavarois avec l'armée autrichienne, et évaluait la force des unités autrichiennes au double de ce qu'elle était réellement. Soutenu par le chancelier Cobenzl, son avis ne tarda pas à l'emporter.

En présence des archiducs Charles et Jean, des ministres Cobenzl et Colloredo, du conseiller d'État Kollenbach, des généraux Latour, Schwarzenberg, Mack, Zach et Grünne, et du colonel Mayer von Heldensfeld (1), le plan de l'archiduc Charles fut définitivement adopté.

---

(1) Mayer von Heldensfeld est né en 1765. Élève à l'Académie militaire de Wiener-Neustadt ; cadet en 1783, capitaine en 1793, se distingue en 1794 et 1795. Nommé major au Grand État-Major général, l'archiduc Charles le prend auprès de lui. Joue un rôle brillant à l'affaire de Würzbourg (1796), y reçoit l'ordre de Marie-Thérèse. Chef d'état-major de l'archiduc en Italie (1797). En 1799, chef d'état-major

Il y avait alors en Italie 171 bataillons et 96 escadrons (94,600 hommes); dans le Trentin, 23 bataillons et 6 escadrons (12,100 hommes), soit au total 102,700 hommes.

L'archiduc Jean avait dans le Tyrol 22,000 hommes; 7,400 à Imst, Innsbruck et Landeck (14 bataillons et 4 escadrons), sous les ordres de Jellachich ; 3,700 hommes (7 bataillons et 2 escadrons) dans le Vorarlberg, sous les ordres de Wolfskeel; et 10,900 (21 bataillons et 4 escadrons) à Nauders et Glurns, sous les ordres d'Auffenberg.

L'armée d'Allemagne comprenait 88 bataillons et 148 escadrons, ou 60,000 hommes environ, et il restait encore 35 bataillons et 18 escadrons (19,000 hommes) dans l'intérieur de la monarchie.

D'après le dernier plan établi par l'archiduc Charles, et approuvé par l'Empereur, la campagne devait commencer par la prise de Mantoue et de Peschiera et avoir pour premier objet de s'établir solidement dans le Milanais. Les opérations offensives seraient reprises ensuite, dès que l'armée d'Allemagne, réunie aux Russes, aurait pris pied en Souabe.

L'armée d'Allemagne devait pénétrer en Bavière au plus vite *et atteindre l'Iller en longeant le pied des Alpes*, pour gagner le plus de terrain possible sur l'adversaire, porter le poids de la guerre en territoire ennemi et s'assurer la libre disposition des débouchés du Tyrol en même temps qu'on mettrait la main sur l'armée bavaroise.

« Ce plan, dit le colonel Angeli sans citer ses sources sur ce point capital (1), imposait en outre la condition

---

du feld-maréchal Sztaray, se distingue sur le Rhin et à Stockach. Colonel, fait la campagne dans les Grisons. Nommé chef d'état-major de l'archiduc Ferdinand, sur la recommandation de l'archiduc Charles; ces fonctions lui seront enlevées le 25 septembre.

(1) *Ulm und Austerlitz*, page 399.

de ne pas se laisser entraîner à une affaire incertaine avant l'arrivée des Russes, de céder à toute force supérieure et, si celle-ci se présentait sur la rive droite du Danube, de se retirer jusqu'en arrière de l'Inn, en longeant le pied des montagnes et en laissant des détachements suffisants à la garde des passages du Tyrol. On reprendrait l'offensive lorsqu'on aurait la supériorité numérique.

« Si les Français demeuraient sur la rive gauche du Danube, menaçant Ulm ou Ratisbonne, il fallait, débouchant de München, faire face au fleuve, et y prendre une position défensive, ou *le franchir en amont pour menacer les communications de l'adversaire* (1) jusqu'à ce que l'arrivée des renforts permît d'engager une bataille décisive. Celle-ci gagnée, on reprendrait l'offensive par la Suisse et la Franche-Comté, et l'on chercherait aussi à enlever, chemin faisant, Huningue et Belfort. Si au contraire on était battu, et contraint à la retraite, l'armée d'Italie devait se borner à la prise de Mantoue et de Peschiera, détacher un corps important dans le Tyrol, et menacer par là le flanc droit de l'armée ennemie qui s'avancerait en Bavière.

« Les corps qui se trouvaient dans le Tyrol devaient s'y tenir sur la défensive jusqu'à ce que l'armée d'Italie eût dépassé l'Adda. »

Comme l'archiduc Ferdinand annonçait à Mack que l'armée des côtes avait quitté Boulogne le 21 août pour se porter sur le Rhin : « Cette nouvelle me semble prématurée, répondit Mack ; elle peut cependant être vraie, et n'a rien qui doive me faire perdre confiance le moins du monde. Car enfin, Napoléon n'est pas plus fort que nous au total, et s'il porte son armée la plus puissante en Allemagne, nous n'avons qu'à diriger de ce côté une

---

(1) C'est l'idée qui hantera Mack pendant toute la campagne.

partie des troupes qui sont en route pour l'Italie; nous nous fortifierons solidement à Salzbourg, Braunau, etc., et nous nous assurerons sur l'Inn ou sur la Salza une position, non pas pour l'y attendre, mais pour l'attaquer lorsqu'il en approchera, le battre, ou, en cas d'insuccès, nous retirer dans notre position retranchée et recommencer. »

Tout en admettant que Napoléon ne saurait se dérober à l'obligation de respecter la neutralité d'Anspach, Mack se propose d'affirmer d'abord celle de la Suisse pour la violer ensuite quand le moment sera venu de pousser l'offensive par là.

Dès la fin du mois d'août, Mack est résolu à prendre la direction immédiate de l'armée d'Allemagne, mais il n'en voit pas tout de suite le moyen. Il se fait charger, d'abord, du commandement provisoire jusqu'à ce que l'archiduc Ferdinand puisse se rendre à l'armée, ce qui n'aura pas lieu avant le 19 septembre.

Le mouvement des 88 bataillons et 148 escadrons qui devaient former cette armée avait été réglé de manière à se terminer à peu près en même temps que celui des colonnes russes. Leur arrivée sur l'Inn était fixée de la manière suivante :

	Bataillons.	Escadrons.
Du 25 août au 5 septembre	29	40
Du 6 au 15 septembre	17	8
Du 16 au 25 septembre	13	8
Du 26 septembre au 5 octobre	»	24
Du 6 au 15 octobre	5	32
Du 16 au 25 octobre	16	30
Après le 25 octobre	8	6
Total	88	148

Mack arriva le 2 septembre à Wels, et mit en route les troupes qui s'y trouvaient déjà rassemblées ; il en forma deux colonnes : la première (15 bataillons et 16 escadrons), sous le général Klenau, fut dirigée sur Braunau ; la seconde (15 bataillons et 14 escadrons), sous le général Gottesheim, sur Schärding. Elles devaient franchir l'Inn le 8 septembre pour entrer en Bavière, la première passerait par Alt-Œttingen, Mühldorf, Ampfing, Haag, Hohenlinden et Parsdorf, où elle devait être le 13 septembre. La colonne de Gottesheim passerait par Eggenfelden, Litzelkirchen, Landshut, Mosbourg et Freising, où elle arriverait aussi le 13.

XV

Le 3 septembre, l'Autriche répondit par une fin de non-recevoir à l'ultimatum de la France, et l'empereur d'Allemagne écrivit à l'électeur de Bavière une lettre comminatoire l'invitant à réunir ses troupes à celles de l'Autriche. Le prince Schwarzenberg fut chargé de porter lui-même cette dépêche à l'Électeur, et de s'entendre avec le général Mack pour les détails de l'incorporation. Mack ordonna aux généraux Klenau et Gottesheim, dès qu'ils apprendraient quelque mouvement des troupes bavaroises, d'envoyer à leur poursuite, ou pour leur couper la route, des détachements de cavalerie et d'infanterie, celle-ci portée sur des voitures.

Le général Wolfskeel, qui se trouvait à Bregenz, reçut l'ordre de se porter le 12 septembre à Ravensburg et Waldsee avec trois bataillons et trois escadrons, de détacher un bataillon et un escadron à Biberach et des piquets de cavalerie le long du Danube. En ce qui concerne les troupes bavaroises, il avait la même mission que Klenau et Gottesheim. Les trois bataillons et l'escadron laissés dans le Vorarlberg se tiendraient à Feldkirch. Le général Wolfskeel resterait d'ailleurs subordonné à Jellachich, dont le corps faisait désormais partie de l'armée d'Allemagne, et venait dans le Vorarlberg occuper en force le poste de Feldkirch.

Le reste des troupes d'Allemagne devait suivre de près Klenau et Gottesheim : Kienmayer, avec 13 bataillons, 16 escadrons et une batterie, passerait le 12 septembre à Schärding ; Riesch, avec 12 bataillons, 16 escadrons et une batterie, le 13 à Braunau ; Gyulay, avec 8 bataillons, 16 escadrons et une batterie, le 15 à Salzbourg.

On aurait ainsi en Bavière 63 bataillons et 78 escadrons ; avec les 21 bataillons et 6 escadrons de Jellachich, c'était donc 84 bataillons et 84 escadrons (51,000 hommes) qui pouvaient agir immédiatement en Souabe. Vers le 17 septembre, on aurait encore 11 bataillons et 4 régiments de cavalerie (8,700 hommes) en réserve à Wels. Les premiers ordres donnés pour la concentration avaient été singulièrement accélérés.

Dans l'intérieur, 28 bataillons et 52 escadrons, soit 19,200 hommes, étaient encore en mouvement pour joindre l'armée d'Allemagne. Ils la porteraient à près de 80,000 hommes, force qui, avec les 90,000 Russes attendus un mois plus tard, pouvait tenir tête à la Grande Armée de Napoléon.

L'archiduc Charles jugeait sévèrement les mesures prises par Mack. Le 9 septembre, il adresse à l'empereur d'Allemagne le rapport suivant :

« L'examen minutieux de toutes les dispositions prises jusqu'ici par le F.M.L. Mack conduit aux observations suivantes :

« Le F.M.L. Mack usurpe toutes les prérogatives d'un général en chef pourvu d'une autorité illimitée :

« 1° Il fixe la composition des divisions et brigades ;

« 2° Il met toutes les troupes en mouvement et marche en Bavière par des routes divergentes ;

« 3° Il annonce son mouvement en avant jusqu'à Stockach ;

« 4° Il fait évacuer tout le Tyrol septentrional, envoie

les troupes de l'Innthal dans le Vorarlberg, appelle à lui le F.M.L. Jellachich, lui attribue l'organisation des milices, dont le général Wolfskeel avait été chargé par un ordre impérial, sous la direction du F.M.L. Hiller; lui ordonne d'envoyer à ce sujet des plans au Conseil aulique de guerre, après que cette matière y a été traitée complètement; dispose des fonds des caisses provinciales;

« 5° Nomme le comte Eichhold commissaire territorial en Bavière, contre l'ordre exprès du grand chancelier;

« 6° Désigne le personnel et règle l'organisation d'un corps de commissariat territorial, dont la création est encore à décréter;

« 7° Nomme le major Wolkmann, congédié de l'état-major général, conseiller de gouvernement;

« 8° Requiert des travailleurs à Salzbourg;

« 9° Élève et fixe la solde des troupes;

« 10° Fait assurer aux généraux bavarois qu'ils seront admis au service autrichien avec leur grade;

« 11° Menace d'une lourde vengeance les troupes bavaroises qui obéissent aux ordres de leur souverain;

« 12° Couvre toutes ses mesures d'ordre militaire, politique ou civil, de la formule : Par ordre impérial.

« On a peine à supporter que le F.M.L. Mack ait assumé cette énorme responsabilité sans avoir reçu les pleins pouvoirs de Sa Majesté. Il paraît sans crainte de ce côté.

« D'après les principes militaires, les mouvements exécutés jusqu'à ce jour sont décousus, et semblent ordonnés sans connaissance du pays et des distances.

« Que peut faire une colonne de huit bataillons et seize escadrons sur Salzbourg et sur la route d'Innsbrück?

« Pourquoi, contre tous les projets établis jusqu'à présent, évacuer le Tyrol septentrional avant d'avoir solidement établi l'armée sur l'Iller (1), et s'exposer au danger d'avoir à évacuer le Vorarlberg aussi légèrement qu'on s'est décidé à l'occuper?

« Que signifie la coopération de deux bataillons et deux escadrons de hussards venant de Bregenz, à une distance de quelque cinquante milles?

« Qu'est-ce que ces randonnées jusqu'au delà de Stockach, sans opérations sérieuses?

« Elles ne peuvent guère avoir pour but que de piller et d'incendier en territoire allemand.

« Comment est-il possible de couper la retraite aux troupes ennemies au moyen de petits détachements et de patrouilles, et de les contraindre ainsi à se rendre?

« Que peut faire un escadron de hussards pour maintenir les troupes bavaroises, en s'étendant de Biberach jusqu'au delà du Danube?

« Comment peut-on lancer ce paradoxe, d'envahir la Suisse sans avoir d'abord conquis la partie voisine de l'Italie?

« Il est possible, il est surtout désirable, que ces opérations extraordinaires n'entraînent pas de suites funestes; que les Bavarois soient tombés assez bas pour ne pas profiter à notre dam de toutes ces fautes; il est possible que l'absurdité de nos mouvements ne soit ni remarquée ni relevée du côté bavarois; mais il est impossible de justifier de pareilles dispositions avec un : « Peut-être. »

« Au point de vue politique, il faut supposer que le F.M.L. Mack a reçu des avis, des données et des instructions sans la connaissance desquels on ne peut porter de jugement sur l'étonnante série de mesures qu'il a prises (2). »

---

(1) Il y avait donc accord sur ce point, que l'armée d'Allemagne irait jusqu'à l'Iller.
(2) *Ulm und Austerlitz*, page 457.

Le 6 septembre, Schwarzenberg arrive à Munich et demande audience à l'Électeur. Il en reçoit de vive voix l'assurance que ce prince marchera d'accord avec l'Autriche, et le lendemain 7 on lui remet ce billet : « Je suis décidé, mon cher Prince ; entretenez-vous demain avec mon ministre Montgelas ; il vous fera connaître mes conditions ; veuillez ne pas vous y opposer. » Ces conditions, telles que M. de Montgelas les exprima, étaient les suivantes : la garnison de Munich resterait à la disposition de l'Électeur ; elle se composerait du régiment de corps de l'Électeur et de celui de l'Électrice. Munich, Nymphenbourg et les environs, dans un rayon déterminé, seraient respectés par les troupes autrichiennes. Schwarzenberg étant ainsi dépisté, l'Électeur envoie, le 8, son aide de camp Nogarola à l'empereur d'Allemagne pour lui demander à conserver strictement sa neutralité ; le même jour, et presque au même instant, le passage de l'Inn par Klenau et Gottesheim le décide à presser les événements, et il part pour Würzbourg dans la nuit du 8 au 9. Entre temps, Schwarzenberg a écrit au général Mack, qui arrivait avec la colonne de Gottesheim, de ne prendre aucune disposition pour retenir les troupes bavaroises de force, et de diriger Gottesheim sur la même route que Klenau. Le 9 au matin, il s'aperçoit un peu tard qu'il a été joué et va rejoindre Mack ; ils reçoivent à Haag un lieutenant-colonel bavarois, qui leur annonce le départ des troupes de l'Électeur, et déclare qu'il ne peut être question de les réunir aux armées autrichiennes qu'après, et non avant des négociations. Mack demande que du moins les Bavarois restassent immobiles, pendant que les Autrichiens avanceraient ; mais cette dernière prétention décide l'officier bavarois à rompre l'entretien.

La retraite des Bavarois se fit, comme on l'a vu, sur Bamberg et sur Würzbourg.

Ces événements ne laissaient plus rien à entreprendre

vis-à-vis des troupes bavaroises. Mack dirige les deux colonnes de Klenau et Gottesheim, qui formeront le corps de Schwarzenberg, sur Memmingen et Ulm. Pour des motifs qu'on a peine à comprendre, il précipite leur marche et les fait arriver le 19 au lieu du 21. Klenau (1) passe par Mühldorf, Hohenlinden, Munich, Dachau, Aichach, Buchloe, Mindelheim, et s'arrête à Memmingen, d'où il fait sa liaison avec Wolfskeel.

Gottesheim (2) passe par Landshut, Freising, Schwabhausen, Augsbourg, Zusmarshausen. Sa pointe atteint Illertissen le 19, et le gros est à Ulm, Günzbourg et Burgau le 21 septembre.

La colonne de Riesch (3) suit celle de Gottesheim, et arrive le 21 à Augsbourg. Kienmayer (4), suivant la route de Klenau, s'arrête le 19 à Munich. Gyulay (5), prenant la route de Salzbourg, Wasserbourg, Munich, arrive à Landsberg le 22.

Mack a devancé les troupes sur l'Iller, et dès le 15, il s'est occupé, avec une activité fébrile, de relever les fortifications de Memmingen et d'Ulm. Il ira ensuite à Ingolstadt.

On a pu voir dans les mémoires successifs de l'archiduc Charles et de Stutterheim les idées préconçues et spé-

---

(1) Régiments Kollowrath, Riese, Manfredini, uhlans de Merveldt, Klenau-Cavalerie.

(2) Régiments Frelich, Archiduc-Maximilien, Archiduc-Rainier, dragons Hohenlohe, chevau-légers Rosenberg.

(3) Régiments Stuart, Erbach, Colloredo, hussards palatins, chevau-légers de Latour.

(4) Régiments Kaunitz, Reuss-Plauen, Reuss-Greitz, uhlans de Schwarzenberg, cuirassiers Archiduc-Albert.

(5) Régiments Wurtemberg, Jellacic, hussards de Liechtenstein, cuirassiers de Mack.

(Renseignement expédié le 21 par M. Didelot, arrivé le 22 à Strasbourg.)

cieuses, qui devaient amener un esprit mal équilibré à commettre la plupart des fautes énormes où allait sombrer bientôt la réputation du malheureux Mack. Ce n'était pas lui qui avait imaginé que l'armée d'Allemagne pouvait s'appeler « l'armée de l'Iller »; ce n'est pas lui non plus qui avait établi la nécessité, pour la France comme pour l'Autriche, de porter les plus grands efforts en Italie ; ce n'était pas lui qui avait projeté l'offensive en Franche-Comté par la Suisse, en vue de laquelle il fallait faire du Tyrol le centre des opérations autrichiennes, et prendre la communication d'Ulm avec Innsbrück comme plus importante que celle d'Ulm avec Munich et Vienne ; mais à ces erreurs, où les trop subtils raisonnements de l'Archiduc devaient entraîner le pauvre officier de fortune, inapte et mal préparé au commandement, Mack ajoutait maintenant ses propres illusions sur la faiblesse relative de l'armée française. Il était seul à ne pas voir venir l'avalanche, à s'obstiner dans cette position de l'Iller, que le plan de campagne, après tout, ne lui imposait nullement; il ne comprenait pas que la partie de ce plan applicable au cas présent était celle qui recommandait de ne pas compromettre l'armée autrichienne dans une lutte inégale, et de demeurer sur l'Isar jusqu'à l'arrivée des Russes.

L'empereur d'Allemagne lui-même, sans doute insuffisamment endoctriné par l'étrange conseiller que lui avait donné Cobenzl, et cédant à ses réflexions personnelles, écrit le 16 septembre à l'archiduc Ferdinand pour lui rappeler que l'avant-garde seule peut pousser jusqu'en Souabe, et s'y maintenir tant que les Français ne commettent aucun acte d'hostilité ; qu'elle doit ensuite se retirer derrière l'Iller, et prévenir alors les troupes ennemies que le passage de cette rivière sera considérée comme déclaration de guerre ; toutes les dispositions devaient être prises, en ce qui concernait le gros de l'armée, de manière à éviter de se trouver engagé avant l'arrivée des Russes. Le jeune Archiduc a du reste reçu directement les nouvelles les plus précises et les plus sûres au sujet du mouvement de la Grande Armée : il sait que toutes les troupes campées depuis la Somme jusqu'au Zuyderzée, ainsi que celles du Hanovre, se sont ébranlées, et qu'elles formeront un total de 150,000 hommes au moins, pouvant entrer en ligne sur l'Iller ou sur le Lech vers le 10 octobre. Il a jugé dès lors que les 60,000 hommes dont il disposerait seraient aventurés en pure perte s'il les portait jusqu'en Souabe. Aussi, arrivant le 19 septembre à Alt-Œting pour prendre possession de son commandement, ordonne-t-il aux corps de Riesch, Kienmayer et Gyulay de ne pas continuer leur marche. Il prescrit à l'avant-garde, si elle a franchi l'Iller, de revenir en deçà et de n'envoyer que des reconnaissances de cavalerie en avant.

Mack continuait alors la visite des places de l'Iller et arrivait à Memmingen. L'Archiduc le pria de venir à Munich, pour s'y trouver lors de la prochaine arrivée de l'empereur d'Autriche ; mais Mack, sans tenir compte de cet ordre, continua son voyage sur Kempten, se bornant à conjurer l'Archiduc de révoquer ses derniers ordres et de porter les troupes en avant au nom du salut de la patrie (1).

---

(1) *Mack à l'Archiduc.*

Memmingen, 20 septembre.

« Au moment de renvoyer le courrier, j'apprends par lui que Votre Altesse Impériale a donné l'ordre de faire arrêter les colonnes du F.M.L. Riesch. Je me jette aux pieds de Votre Altesse Impériale pour la conjurer, au nom du salut de la grande cause, de vouloir bien renouveler le plus vite possible l'ordre de poursuivre la marche sans interruption. Dans le cas contraire, il ne me reste plus rien à faire à l'armée, et je me hâterai de rentrer à Vienne, pour présenter au tribunal de mon Souverain ma tête, que j'ai appris depuis longtemps à risquer pour le salut de ma conscience. » (*Ulm und Austerlitz*, page 138.)

Le 20 septembre, l'Empereur arrive à Munich, où il trouve l'archiduc Ferdinand. Influencé par une récente lettre de Mack (1), il annule, dès le premier moment, l'instruction qu'il avait adressée le 16 à l'Archiduc, et lui ordonne de reprendre le mouvement en avant. Les ordres sont expédiés le jour même.

Le 21 septembre, l'Empereur se rend à Landsberg avec l'Archiduc et y retrouve Mack. Ils y demeurent plusieurs jours. C'est de là que, le 23, les ordres sont envoyés (2) pour la formation d'un corps à Neubourg afin

---

(1) *Mack à l'Empereur d'Autriche.*

19 septembre 1805.

« Tout et tout, sauf peut-être 10,000 à 12,000 hommes qui restent près des côtes et frontières méridionales de la France, se porte sur le Rhin, et avant peu deux grandes armées françaises vont passer ce fleuve, l'une probablement vers Huningue et Strasbourg, l'autre à Mannheim et Mayence; l'une opérerait contre l'armée de Votre Majesté postée sur l'Iller, l'autre aurait pour objet de se porter sur la Bohême par Würzbourg.....

« Il faut que je supplie très instamment Votre Majesté d'approuver les mesures accélératrices que j'ai indiquées dans le projet de note, et de vouloir bien avoir la bonté de croire que, par de telles mesures, personne ne sera perdu, comme j'espère que Votre Majesté s'en convaincra bientôt Elle-même à son arrivée à l'armée, où je prierai respectueusement Votre Majesté de procéder à une information et enquête minutieuses, car je ne puis guère trop craindre que je lui serai représenté comme un étourdi qui perd Ses troupes. » (*Ulm und Austerlitz*, pages 464 et 465.)

(2) L'Archiduc donne ainsi son impression sur Mack après leur entrevue du 23 septembre :

« Dans un entretien qui dura plus de deux heures, je me convainquis combien cet homme calculait faux au point de vue militaire, comme il connaissait peu l'esprit de son armée et de l'armée ennemie ; qu'il n'avait aucune idée de ce qui est nécessaire à l'ordre intérieur d'une armée, considérant comme mesquin et au-dessous de sa dignité de s'en occuper. Bref, je vis là un homme qui, sans avoir de bonnes raisons pour cela, était si profondément persuadé de la supériorité de

d'observer Bernadotte et les Bavarois. Dans ce but, les quatre bataillons du régiment de Memmingen et deux escadrons de dragons Hohenlohe, qui se trouvaient en Bohême, furent dirigés sur Amberg, et les uhlans de Merveldt passèrent le Danube de leur côté pour s'établir à Eichstædt; derrière cette petite avant-garde devait se former le corps du F.M.L. Kienmayer, fort de 16 bataillons et 24 escadrons, ou, en y comprenant les précédents, 20 bataillons et 34 escadrons. Sur ce nombre, la moitié seulement était déjà en Bavière; 10 bataillons et 16 escadrons ne devaient passer l'Inn que du 22 au 29 septembre. Des ordres furent donnés pour qu'on les transportât en voiture et qu'ils pussent, doublant les étapes, être rendus à destination avant le 1ᵉʳ octobre.

De son côté le gros de l'armée, poussé jusqu'à l'Iller, détachait sur le Neckar une troupe de cavalerie légère sous les ordres du colonel Civalart, des chevau-légers Rosenberg, et Kienmayer envoyait le colonel Wallmoden dans la direction de Mergentheim et Würzbourg avec un détachement de troupes légères pour éclairer de ce côté et pour assurer la liaison de Civalart avec Nostitz, qui commandait à Amberg et Eichstædt.

Tout en prenant ces dispositions, les chefs de l'armée autrichienne commençaient à s'inquiéter de la faiblesse de l'armée d'Allemagne et appelaient en Bavière le plus de renforts possible. Rassurés du côté de la Suisse, ils décidèrent que le F.M.L. Auffenberg quitterait le Tyrol avec les régiments de Spork, Archiduc-Louis et Froon pour rejoindre sur l'Iller, ne laissant qu'un bataillon à Innsbrück; que les régiments Archiduc-Charles et Auersperg, dirigés d'abord sur l'Italie, prendraient, à partir de Brixen, la route de la Souabe.

---

ses talents militaires sur ceux de tous les autres, qu'il les croyait capables de remplacer 100,000 hommes. » (*Ulm und Austerlitz*, page 439.)

Dans les derniers jours de septembre, le Conseil aulique de la guerre décida encore de tirer cinq régiments d'infanterie et deux de cavalerie de l'armée d'Italie pour les porter en Allemagne. L'archiduc Ferdinand en fut informé le 2 octobre par une lettre de l'archiduc Charles, et, d'un commun accord, jugeant pernicieuse une mesure qui mettait 14,000 hommes en mouvement à la veille des opérations décisives, de manière à ce qu'ils ne fussent ni sur l'Adige ni sur le Danube au moment de combattre, les deux archiducs ne firent exécuter le changement prescrit que par les trois régiments Mittrowsky, Czartorisky et Kleebeck, lesquels se trouvaient à portée d'arriver le 10 octobre à Kempten et Kaufbeuren. La rapidité des opérations de Napoléon fit que cette date se trouva encore trop tardive.

Pendant le séjour de l'empereur d'Allemagne à Landsberg, on discute la possibilité d'une violation du territoire d'Anspach par les Français :

« La violation de la neutralité prussienne, a écrit Mack dans son *Mémoire justificatif*, ne m'inspirait aucune inquiétude ; je comptais fermement qu'elle n'aurait pas lieu, et *j'étais en droit d'y compter*, car Sa Majesté elle-même et son Staatsreferendar, pendant qu'ils se trouvaient à Landsberg, n'avaient aucun souci à ce point de vue, et je pouvais d'autant moins en avoir, qu'après leur départ nous eûmes connaissance de la déclaration comminatoire du roi de Prusse aux trois puissances (1). »

Ses instructions étant données, l'Empereur quitta l'armée pour rentrer dans la capitale, où d'autres occupations exigeaient sa présence.

Dans l'intérieur, il avait ordonné la levée de batail-

---

(1) Page 8

lons et escadrons de réserve dans chaque régiment. Il espérait arriver à doubler à peu près la force de l'infanterie. Chaque régiment des confins devait aussi mettre sur pied un nouveau bataillon.

La marche précipitée des troupes vers l'Inn avait forcé à les employer avant de les avoir complétées. Les attelages n'avaient rejoint qu'en partie; le harnachement n'était pas ajusté, et suivait dans des voitures de réquisition. L'artillerie de réserve comprenait quelques batteries de 12 avec un approvisionnement de munitions insuffisant; les corps de Jellachich et de Wolfskeel manquaient totalement d'artillerie; celui de Werneck n'avait pas ses pièces de réserve, et, dans le corps de Kienmayer, le régiment de Gemmingen n'avait encore ni artillerie, ni équipages (1). L'arrivée, forcément désordonnée, des divers détachements de chevaux et de recrues, du matériel et des convois, le va-et-vient qui s'en suivit, mettaient l'armée dans un état moral détestable. Tout cela ne préjugeait rien, il faut le dire, pour le succès final, mais c'était pourtant un fâcheux début, et il était uniquement dû au désir de devancer les Français sur la position essentielle d'Ulm!

« Comment Sa Majesté m'aurait-elle jugé, écrit Mack, si j'avais ramené l'armée en arrière des places d'Ulm et de Memmingen, fortifiées par son ordre, si tout s'était trouvé perdu par là, et si ensuite la neutralité de la Prusse n'avait pas été violée; si enfin la réunion des forces ennemies n'avait eu lieu que six ou huit jours plus

---

(1) « Les généraux et la plupart des officiers de l'état-major épuisent les calèches de poste pour rejoindre les colonnes..... et arrivent à point nommé pour être enfermés dans Ulm. L'artillerie se traîne jour et nuit, enterre ses misérables chevaux le long des grands chemins, et les pontons sont charriés par les squelettes de Wimauer et Cⁱᵉ. » (*Relation de la prise d'Ulm*, par M. D..., capitaine d'état-major au service d'Autriche. Archives de la guerre.)

tard ? Les Français s'avançaient avec une armée, et nous en avions une à leur opposer. Quel projet pouvait avoir l'ennemi ? Voulait-il, par exemple, repousser seulement nos troupes légères assez loin pour opérer tranquillement sa jonction avec Bernadotte et les Bavarois ? Se sentait-il au contraire assez fort, sans se réunir à eux, pour nous assaillir dans nos cantonnements, choisis pour des raisons de sécurité politique, et nous chasser de l'Iller, c'est-à-dire aussi d'Ulm et de Memmingen, dont la fortification ne pouvait lui être indifférente ? Ces deux suppositions, et d'autres encore, nous poussaient à accélérer notre concentration et à aller de l'avant pour livrer bataille à l'ennemi, autant que possible avant la réunion de ses forces. Cette bataille, nous pouvions bien la gagner, malgré notre infériorité numérique, car dans les temps modernes comme dans l'antiquité, il y a de très nombreux exemples de victoires remportées par le plus faible sur le plus fort, surtout en prenant l'offensive (1). »

On pouvait, continue Mack, être tourné sur le Lech aussi bien que sur l'Iller ; impossible de tenir sur l'Isar. Il fallait donc s'en tenir à l'Inn, mais alors employer la moitié de l'armée à la garde des cols de Vorarlberg et du Tyrol.

Restant sur l'Inn avec 30,000 hommes, on devait être repoussé d'emblée sous les murs de Vienne. Les Français, n'ayant pas été retenus en Souabe, seraient arrivés en Autriche avant que la première armée russe fût organisée, et pendant que la deuxième était encore loin. C'eût été un effondrement épouvantable ! L'armée d'Italie était bloquée et perdue. « Dans ces conditions, conclut Mack, les motifs que je viens d'exposer m'avaient décidé, longtemps avant de quitter Vienne, à prendre la position de

---

(1) *Mémoire justificatif*, page 14.

l'Iller. Je la considérais comme la meilleure vis-à-vis de la supériorité plus ou moins marquée de l'ennemi, pour rassembler en une armée indépendante les troupes destinées à l'Allemagne, éloigner la guerre de Vienne, et surtout pour profiter de notre avance sur l'ennemi. » Chose singulière ! c'était surtout de la part de Bernadotte et des Bavarois que Mack craignait une pointe sur l'Iller, et de là sur le Vorarlberg : « C'était pour parer à tout cela qu'il fallait réunir l'armée sur l'Iller, et c'était rendu plus indispensable encore par la mise en état de défense d'Ulm et de Memmingen, que Sa Majesté avait ordonnée, et que le colonel du génie Dedovich se hâtait de fortifier en quinze jours. C'était nécessaire aussi pour empêcher le mouvement présumé des Bavarois sur le Neckar ; depuis leur désertion, mon plus vif souci était de les tenir aussi loin que possible et cela le plus longtemps que je pourrais. On sait comment j'y suis parvenu par de simples démonstrations de très faibles détachements, et en répandant partout le bruit que non seulement nous allions les faire talonner par une forte colonne, mais aussi qu'une puissante armée russe traversait la Bohême pour les attaquer. On sait comment Bernadotte et Marmont furent attirés ainsi dans le pays de Würzbourg pour sauver les Bavarois ; je crois avoir mérité là quelques éloges, car j'avais choisi le moment le plus favorable pour une offensive contre la grande armée française, en train de passer le Rhin, laquelle n'était ni concentrée, ni pourvue du nécessaire, et se trouvait séparée des Bavarois. Le moment où j'attendais de Vienne l'ordre d'attaquer était venu, et quand j'appris l'arrivée de Sa Majesté, je crus réellement qu'Elle n'avait pas d'autre but. Mais on laissa passer le moment favorable ; on pensa que la situation politique ne permettait pas encore d'entamer les hostilités, et n'était pas faite pour y engager, mais qu'elle était de nature à nous faire conserver l'avantage inappréciable de notre avance.

Le commandement, disait-on, recevrait en temps utile l'autorisation d'attaquer ; mais, hélas! elle ne vint que six ou huit jours plus tard, et nous étions déjà attaqués nous-mêmes (1)! »

Pendant les premières journées de son commandement effectif, l'archiduc Ferdinand dut agir d'après les instructions que lui avait données l'empereur d'Autriche du 20 au 23 septembre ; ces instructions étaient inspirées par Mack, mais pour l'avenir rien n'était encore venu modifier la situation légale du jeune prince, général en chef d'une armée, vis-à-vis de Mack, simple général de division et chef d'état-major de l'Empereur. La lettre que ce dernier avait écrite le 16 à l'archiduc lui recommandait seulement de tenir compte, pour les résolutions à prendre, des avis du général Mack et du général Mayer, comme de ceux du conseiller Steinherr pour les affaires politiques. Sa liberté d'action, son initiative, sa responsabilité demeuraient entières, sauf pour les questions réglées par l'Empereur lui-même.

Cependant, tout en refusant au jeune prince une instruction formelle réglant ses relations avec le général Mack, l'Empereur lui avait fait connaître clairement sa volonté à ce sujet pendant leurs conférences de Landsberg (2), car le 12 octobre, lorsque l'archiduc reçut enfin

---

(1) *Mémoire justificatif de Mack*, pages 10 et suivantes.

(2) « Deux quartiers-maîtres généraux existaient alors à notre armée, Mack et Mayer : le premier, dont l'imagination montée sur des échasses n'enfantait que des plans gigantesques, ne parlait que de la nécessité de gagner du terrain, et par-dessus tout le point d'Ulm, qu'on devait irrévocablement regarder comme le pivot de notre armée et de toutes nos opérations. On répétait : « Il faut gagner du terrain, il faut insurger les Bavarois, requérir des chevaux, des marmites », et l'on admirait son génie. Le deuxième, homme de tête, plein de connaissances et d'un calcul profond, ne voulait point passer le Lech, mais organiser notre armée et attendre nos alliés; il parla en conséquence, démontra mathématiquement et topographiquement la

l'ordre écrit de se conformer aux « conseils » de Mack, il répondit : « Le cas que j'avais prévu, où je n'approuverais pas les plans du F.M.L. Mack, s'est présenté très souvent ; moi, et les généraux les plus autorisés de cette armée, tels que les F.M.L. prince Schwarzenberg, Gyulay, Klenau, nous lui présentions nos objections, et nous avons réussi plusieurs fois à lui faire modifier ses plans ; cependant il nous rendra cette justice en honnête homme (et j'ai d'ailleurs le prince Schwarzenberg, le F.Z.M. Gyulay et le colonel Bianchi pour témoins), qu'en fin de compte il a toujours été fait comme il le voulait (1). »

Il faut donc admettre, d'après cette déclaration formelle, qu'à partir du 23 septembre, bien que l'archiduc porte encore la responsabilité du commandement devant la loi, c'est Mack qui commande en fait. Mack écrit cependant : « Son Altesse Impériale est restée jusqu'au 8 en pleine possession d'un pouvoir absolument illimité et, ainsi que je l'ai spécifié dans mon rapport du 8, Elle avait approuvé peu de temps auparavant mes opérations et ma concentration sur le Danube. Comme je n'envoyai les ordres à Son Altesse Impériale que par ce rapport, on ne pourrait trouver d'autres ordres à la date du 5 et du 6..... Son Altesse Impériale doit se rappeler qu'elle a souvent exercé son autorité supérieure vis-à-vis de moi, et par exemple, après le départ de Sa Majesté, elle a annulé la répartition que j'avais faite des troupes et

---

solidité de son opinion ; son collègue, indigné qu'on osât en avoir une autre que la sienne, le culbuta, et Mayer eut le commandement d'une brigade.

« Sur ces entrefaites, S. A. R. l'archiduc Ferdinand, jeune prince connu avantageusement par ses campagnes précédentes, arrive à l'armée avec le titre de général en chef et ne peut disposer d'un seul bataillon. » (*Relation de la prise d'Ulm*, par M. D...)

(1) *Ulm und Austerlitz*, page 449.

des généraux, et l'a remplacée par une autre toute différente (1). »

Ceci prouverait que l'Archiduc a bien ressaisi le pouvoir dans quelques circonstances d'un intérêt secondaire, mais que les ordres de l'armée émanaient de Mack.

Un des premiers actes imposés par lui avait été de retirer au général Mayer von Heldensfeld les fonctions de quartier-maître-général, et de lui donner simplement une brigade à commander.

Il est assurément fâcheux pour l'honneur des armes autrichiennes que le jeune archiduc Ferdinand ait été entravé dans l'exercice de son trop court commandement. Outre l'énergie dont il a fait preuve dans la suite de la campagne, il avait montré dès le début un bon sens, une clairvoyance, des talents très supérieurs, semble-t-il, à ceux de son célèbre parent l'archiduc Charles.

Le 2 octobre, tandis que Mack, sous l'empire de ses idées préconçues et de son orgueil, attendait de plus en plus l'attaque des Français par la Forêt-Noire et la trouée de Stokach, l'archiduc Ferdinand devinait le plan de Napoléon par un raisonnement dont il faut remarquer à la fois la justesse et la subtilité. Il écrivait à l'empereur d'Autriche : « Il semble, d'après les derniers mouvements de l'ennemi, qu'il n'y ait plus de doute possible sur ses intentions : il veut menacer et tourner mon flanc droit. Il a commencé par occuper Freudenthal, Kniebis et la crête de la Forêt-Noire ; puis ses mouvements de ce côté sont devenus infiniment lents ; il en a été tout autrement vers le centre. Dès le 1er, Stuttgard a été occupé, et il doit s'y trouver environ 30,000 hommes. Bernadotte et Marmont sont arrivés

---

(1) *Mémoire justificatif de Mack*, page 22.

le 29 à Bischoffsheim, et peuvent diriger leur marche vers la Bohême, mais bien plutôt sur Donauwœrth (1) ».

Au moment même où le jeune archiduc définissait ainsi la manœuvre que Napoléon commençait à exécuter autour de l'armée autrichienne, l'empereur d'Allemagne lui enlevait le commandement effectif pour le remettre à Mack.

XVI

Le 3 octobre, la répartition de l'armée autrichienne est la suivante (2) :

1° *Jellacic* a laissé Rohan à Glurns, avec 6 bataillons et 2 escadrons ; il a encore 7 bataillons à Bludenz et dans l'Innthal. Total : 6,700 hommes environ.

Il a amené sur les bords du lac de Constance 2 brigades : l'une (*Wolfskeel*), de 5 bataillons et 6 escadrons (3,100 hommes), à Lindau, Tettnang, Buchhorn et Meersburg ; l'autre (*Richter*), de 7 bataillons (3,500 hommes), à Achberg, Wangen, Isny et sur la route d'Isny à Kempten ;

2° Le corps de *Schwarzenberg* s'étend depuis le lac de Constance jusqu'au Danube et à l'Iller. Le gros, formé par la division *Gottesheim* (quartier-général à Ravensburg ; généraux Sticker, à Mengen, et Weidenfeld, à Allmannsweiler), a 6 escadrons (dragons Hohenlohe) à Aulendorf, et 16 bataillons (régiments Frelich,

---

(1) *Ulm und Austerlitz*, page 440.
(2) Nous avons trouvé les éléments de cette situation dans Schönhals pour les corps Jellacic et Kienmayer ; et aux Archives de la guerre pour les corps Schwarzenberg, Riesch et Werneck. (Voir notre tome II, page 661 et la carte ci-jointe.)

Archiduc-Rainier, Kollowrath et Manfredini), à Sigmaringen, Mengen, Markdorf et Ravensburg. Total : 8,600 hommes environ ;

Klenau commande à la fois l'avant-garde et la réserve.

L'avant-garde (généraux Liechtenstein et Mecsery) comprend 1 bataillon de chasseurs et 14 escadrons (chevau-légers Klenau et uhlans Schwarzenberg), à Pfüllendorf, Stokach, Engen et Radolfzell. La réserve (quartier général à Waldsee, avec le général Fresnel), comprend 8 escadrons de cuirassiers de Mack à Wurzach, Münchroth et Ochsenhausen, et 4 bataillons de grenadiers, à Biberach et Waldsee. Total : 5,000 hommes environ ;

3° Le corps du général *Riesch* est en seconde ligne, entre l'Iller et le Lech, avec son quartier-général à Weissenhorn. Les divisions Gyulay, Kerpen, et Hesse-Hombourg, près du Danube; celle d'Auffenberg, qui vient du Tyrol, échelonnée depuis Memmingen jusqu'à Wertingen et Burgau.

Le colonel Civalart est encore sur la rive gauche du Danube, à Schelklingen, avec son régiment Rosenberg-dragons (8 escadrons); à Mähringen, le général-major Weber avec le régiment de Reuss-Plauen (3 bataillons), et dans Ulm, le F.M.L. Gyulay avec le général-major d'Ulm, et les régiments Riese et Archiduc-Maximilien (8 bataillons).

Au Sud-Est d'Ulm, les F.M.L. Kerpen et Hesse-Hombourg sont à Weissenhorn avec les régiments Nassau-cuirassiers (8 escadrons), et Erbach (3 bataillons). Le régiment Hohenzollern-dragons (8 escadrons), est à Roggenburg, et Stuart (3 bataillons), à Ichenhausen.

A Leipheim, le général-major O'Donnell et le régiment de Kaunitz (4 bataillons); à Günzbourg, le régiment de Jellacic (3 bataillons) et les cuirassiers Archiduc-François (8 escadrons); à Burgau, le général-major

Ghenedegg avec le régiment de Würzbourg (3 bataillons); à Welden, le général-major Vogel et les chevau-légers de Latour (8 escadrons); à Wertingen, le régiment de Reuss-Greiz (4 bataillons); à Zusmarshausen, le F.M.L. Auffenberg et le régiment de Sporck (4 bataillons); à Günz, le général-major Auersperg et le régiment Archiduc-Charles (4 bataillons); à Frickenhausen, le régiment Auersperg (4 bataillons); à Memmingen, le F.M.L. Loudon (1), les généraux-majors Zinzendorf et d'Aspre, et les régiments Froon et Archiduc-Louis (7 bataillons). Total : 30,000 hommes environ;

4° Le corps du général *Werneck* (Q. G. à Türckheim), comprend la faible division Hohenzollern, avec les généraux-majors Hohenfeld, Mayer et Dinersberg, le régiment de cuirassiers Archiduc-Albert (8 escadrons), à Schwabmünchen, et 11 bataillons de grenadiers tirés des régiments du corps de Riesch. Total : 6,500 hommes environ, cantonnés entre Buchloe, Türckheim et Mindelheim;

5° Le général *Kienmayer* a laissé 1 bataillon à Munich; il en a 3 à Neubourg, 3 et 16 escadrons à Ingolstadt; 8 escadrons à Eichstaedt, 4 devant Ellwangen, et 2 sur la route d'Amberg. Il doit recevoir des renforts venant de l'intérieur, et en outre 5 bataillons (1 d'Erbach, 4 de Gemmingen) et 4 escadrons (2 de dragons Hohenlohe et 2 de uhlans Merveldt) qui ont débouché de Bohême, mais seront forcés d'y rentrer à l'approche des Bavarois.

---

(1) Le général Loudon était venu du Tyrol, en même temps qu'Auffenberg, avec la brigade d'Aspre (régiments Archiduc-Louis, Froon et Spork : 14 bataillons, grenadiers compris). Il avait cédé ses trois bataillons de grenadiers à la division Hohenzollern et réuni à son commandement la brigade Auersperg (régiments Auersperg et Archiduc-Charles).

Ainsi, tandis que Ney et Murat sont arrivés à deux marches d'Ulm, l'armée autrichienne est encore éparpillée depuis le lac de Constance jusqu'au Lech et même au delà, et depuis les Alpes jusqu'au Danube. Mack songe alors à la concentrer, mais il ne croit pas pouvoir le faire sans remanier d'abord la composition des grandes unités (1). Le 3 octobre, il arrête le tableau suivant (page 149), qui nous donne la force de l'armée autrichienne à cette date, mais qui n'a peut-être pas été mis à exécution dans toutes ses parties, notamment en ce qui concerne le renforcement de Kienmayer aux dépens de Riesch.

Les emplacements sont moins bien connus. Nous savons cependant que des ordres ont été donnés pour commencer le 4 une concentration autour d'Ulm, qui doit être accomplie le 8. Mack a fini par comprendre que le danger ne viendrait pas de Schaffhouse, ni du Kniebis; mais il ne veut pas admettre que l'armée française soit numériquement très supérieure à la sienne, ni qu'il soit funeste de perdre la communication directe avec Vienne.

---

(1) « Dans les premiers jours d'octobre, on commence à croire à l'existence d'une armée ennemie sur les bords du Rhin, qu'elle avait déjà passé; les gazettes ne cessaient d'en donner le dénombrement et répétaient, jusqu'à satiété, la direction qu'elle prenait. Cependant, on s'opiniâtre à la croire peu insignifiante (sic), parce qu'on ne se donne pas la peine de calculer que, de Boulogne à Strasbourg, il n'y a pas plus loin que de Vienne à Ulm.

Le 6 du même mois, nos avant-postes heurtent ceux de l'ennemi en avant de Geislingen; nous recevons quelques affronts partiels, sans toutefois croire encore au commencement des hostilités. De notre côté, nous bouleversons les jardins des bourgeois de Memmingen pour leur prouver que leur bicoque est une place forte; nous creusons et escarpons les décombres d'Ulm pour en faire notre place d'armes, et nous élevons quelques parapets de boue sur le Frauen et le Michelsberg, pour y établir notre position et assurer notre pivot. » (*Relation de la prise d'Ulm*, par M. D..., capitaine d'état-major au service d'Autriche).

CORPS D'ARMÉE.	DIVISIONS.	BRIGADES ou DÉTACHEMENTS.	BATAILLONS.	ESCADRONS.	HOMMES d'infanterie.	CHEVAUX.
SCHWARZENBERG.	KLENAU	Mecsery	1	14	727	1,508
		Fresnel	4	8	1,987	744
	GOTTESHEIM	Sticker	8	»	4,725	»
		Weidenfeld	8	»	3,774	»
		N. (colonel de Hohenlohe-dragons)	»	6	»	524
RIESCH	GYULAY	Ulm	8	»	2,896	»
		Weber	3	»	1,341	»
		Liechtenstein	»	8	»	988
		Colonel Civalart	»	8	»	987
	KERPEN	O'Donnell	7	»	3,407	»
		Colonel Henneberg	6	»	3,223	»
	LOUDON	D'Aspre	7	»	4,287	»
	HESSE-HOMBOURG	Hermann	»	16	»	1,595
WERNECK	AUFFENBERG	Zinzendorf	7	»	3,745	»
		Ghenedegg	3	»	1,362	»
		Vogel	»	8	»	901
	HOHENZOLLERN	Hohenfeld	6	»	3,106	»
		Mayer von Heldensfeld	4	»	2,156	»
		Dinersberg	»	8	»	660
KIENMAYER		Caramelli	»	16	»	1,505
		Colonel Engelhardt	10	»	6,112	»
		Theelen	6	»	3,225	»
		Nostitz	»	14	»	1,688
		Colonel Haager	4	4	2,623	512
		N. (garnison de Munich)	1	»	478	»
JELLACIC		Rohan	8	»	3,843	»
		Richter	8	»	3,575	»
		Wolfskeel	5	10	2,858	1,122
		TOTAUX	114	120	59,450	12,734

Il se borne à rassembler des troupes le long du Danube, face au Nord, couvrant ainsi les débouchés du Tyrol, ce qui est logique, s'il considère son armée comme subordonnée à celle de l'archiduc Charles et celui-ci en pleine offensive.

Le corps de Schwarzenberg doit venir à l'Est d'Ulm, entre Gögglingen et Grimmelfingen; celui de Riesch, auquel Spangen doit se réunir avec les 11 bataillons envoyés d'Italie (1), à Ulm, Günzbourg et Illereichhem; celui de Werneck entre Zusmarshausen et Burgau (2).

Jellacic viendra à Biberach, et se tiendra prêt à déboucher par Riedlingen ou Ehingen pour agir sur le flanc droit des Français, en cas d'affaire générale. S'il est battu, il se retirera sur le Vorarlberg, laissant 4 bataillons à Memmingen. Symétriquement, Kienmayer doit se rassembler vers Neubourg et Donauwœrth pour en déboucher, le cas échéant, dans le flanc gauche de Napoléon, après avoir laissé à Ingolstadt une forte garnison d'infanterie et d'artillerie. Sa retraite est sur Munich.

Mais Kienmayer n'est pas rejoint par les troupes qui ont débouché de Bohême vers Amberg, et que la marche de Bernadotte a fait reculer (3) ; il a laissé 1 bataillon à Munich ; 1 bataillon, 1/2 escadron et 2 pièces à Ingolstadt. Il n'a plus avec lui que 5 bataillons et 31 escadrons 1/2, et sur ce nombre, il prend 1 bataillon, 1/2 escadron et 2 pièces pour tenir Donauwœrth, 1 bataillon pour Rain. Le reste (3 bataillons et 31 escadrons), réuni d'abord à Neubourg, se rapproche de

---

(1) Mitrowski, 5 bataillons ; Czartorisky, 5 bataillons ; Beaulieu, 1 bataillon.

(2) Voir les tableaux d'emplacement à la date du 7 octobre.

(3) 4 bataillons de Gemmingen, 1 d'Erbach ; 2 escadrons de dragons Hohenlohe et 2 escadrons de uhlans de Merveldt.

Donauwœrth à la nouvelle de l'arrivée des Français ; mais, à supposer même que le plan de Mack s'exécutât, ce serait un bien faible appoint dans la bataille que ces 4,000 hommes.

Les ordres du général autrichien ne sont pas encore exécutés, que l'apparition *prématurée* des Français devant Donauwœrth vient tout bouleverser.

A cette nouvelle, Mack s'empresse d'ordonner à Kienmayer de prendre position derrière le Lech, pour rester le plus longtemps possible en liaison avec le gros de l'armée ; mais il devra se retirer sur Munich pour peu qu'il se trouve en face de forces supérieures.

Mack songe un instant à prendre l'offensive sur la rive gauche du Danube (1), mais il y renonce aussitôt,

---

(1)   *Mack à l'Empereur d'Allemagne.*

6 octobre 1805.

« Quand même l'ennemi passerait le Danube bien loin en aval et s'avancerait jusqu'à l'Inn, nous ne chercherions nullement la rive droite ; encore moins quitterions-nous Ulm, mais nous descendrions par la rive gauche pour menacer sa communication et le placer entre nous et les Russes. Si jamais j'eus l'espérance d'un heureux succès, c'est bien aujourd'hui, et nous ne le devons qu'aux grandes et sages résolutions de Votre Majesté. Oh ! que Votre Majesté aurait dû ne pas quitter l'armée et lui préparer Elle-même la première victoire, que Dieu voudra sans doute nous accorder avant l'arrivée des Russes ! D'ici à demain soir, nous aurons réuni près de 80 bataillons et, dès lors, nous ne tarderons pas à agir sur les derrières de l'ennemi, qui veut nous prendre à revers. »

Considérations sur les circonstances présentes, par Mack.

Ulm, 7 octobre 1805.

« Il est à peu près démontré que l'ennemi a l'intention de recommencer son jeu de Marengo, c'est-à-dire de prendre l'armée à revers pour la couper des États héréditaires. Comme nous sommes maîtres d'Ulm et que cette place est déjà en état de défense, il serait facile de

pour ne pas s'éloigner des convois d'artillerie en marche de Braunau sur Landsberg. Il se décide donc simplement à détourner vers Günzbourg les colonnes qui opéraient leur concentration sur Ulm, et à opérer défensivement, en liaison avec Kienmayer, en ayant Augsbourg derrière soi.

Il écrit à Jellacic de laisser la brigade Wolfskeel à Stokach, Lindau et Memmingen, et de venir relever à Ulm le corps de Schwarzenberg avec la brigade Richter. Schwarzenberg, aussitôt relevé, se portera à Günzbourg; Werneck y est arrivé dans la nuit du 6 au 7, et y reste. Loudon et Spangen, qui viennent de déboucher du Tyrol, sont appelés aussi à Günzbourg.

Mack décide enfin d'envoyer le général d'Aspre sur la rive gauche, pour observer l'ennemi, non pas avec sa brigade, mais avec un détachement constitué spécialement pour la circonstance, 3 bataillons, 2 compagnies de chasseurs et 6 escadrons.

Le reste de l'armée se concentrera derrière la Günz, depuis Günzbourg jusqu'à Ichenhausen. Par un nouveau bouleversement de l'ordre de bataille, Werneck formera l'aile gauche, Riesch le centre, et Schwarzenberg la droite.

Telles sont les dernières dispositions ordonnées pour l'armée autrichienne, au moment où nos troupes commencent à franchir le Danube.

Si l'on reprend sommairement toutes les opérations de l'armée autrichienne depuis le début de la campagne,

---

lui faire payer cher ce projet, d'une folle audace, car on n'aurait qu'à opérer sur la rive gauche, en descendant, et, si l'on avait alors le bonheur de le battre, son sort serait effroyable, tandis que le nôtre, en cas de défaite, ne pourrait jamais se terminer très mal, puisque nous aurions une retraite assurée sur Ulm....; mais il faudrait examiner en même temps très soigneusement si l'ennemi ne revient pas contre Ulm. » (D'après Angeli : *Ulm und Austerlitz*, page 440).

on peut constater qu'elles ont été assez exactement suivies et signalées par nos agents. La formation des camps, la répartition de l'armée autrichienne entre eux, puis entre les divers théâtres d'opérations, a été indiquée dès le mois d'août. Une seule lacune a subsisté dans ces renseignements, mais elle est assez grave : à part deux observations exactes de M. Lezay-Marnesia et de Bacher (1), rien ne porte à penser que les unités n'ont que la moitié de l'effectif réglementaire ; les avis donnés à Murat majorent beaucoup la force des corps de Wels et de Bregenz ; aussi l'Empereur croira-t-il, jusqu'au 12 octobre, que Mack peut réunir 100,000 hommes sur l'Iller.

Les mouvements de Wolfskeel en Souabe sont assez exactement suivis, à l'exception de la fausse alerte donnée par Murat, et rectifiée le surlendemain. Le passage de l'Inn est connu par le télégraphe quatre jours après qu'il a eu lieu. Le nombre, la composition et l'itinéraire des différentes colonnes sont parfaitement connus.

Bref, jusqu'au 20 septembre, Napoléon est aussi bien renseigné qu'on peut l'être.

Du 20 septembre au 2 octobre, les renseignements arrivent encore, mais ils sont moins clairs.

Le 22 et le 23, deux rapports remarquables annoncent que les Autrichiens auront une première ligne vers Stokach, une seconde sur l'Iller, une troisième sur le Lech, ce qui répond assez bien aux cantonnements pris depuis Engen jusqu'au Lech par Klenau, Gottesheim et Riesch ; ils signalent le temps d'arrêt ordonné par l'archiduc Ferdinand sur le Lech, et sa conférence avec l'Empereur et le général Mack (2). Mais Napoléon ne semble pas

---

(1) Voir tome II, page 312 et suivantes ; page 382.
(2) Tome II, page 325 et suivantes.

attacher grande importance à ces rapports, que d'autres ne sont pas venus confirmer, et il annonce seulement dans certaines lettres que les Autrichiens sont sur les débouchés de la Forêt-Noire, dans d'autres qu'ils ont pris position sur le Danube entre le lac de Constance et Ulm (1). Ce qui reste profondément ignoré, ce sont les prétendues démonstrations par lesquelles Mack se vante d'avoir trompé Napoléon et attiré Bernadotte à Würzbourg !

Le 1er octobre, un renseignement transmis par le maréchal Ney place le corps de Werneck à Donauwœrth et Nördlingen ; la division Klenau à Dischingen ; celle de Gottesheim à Westerstetten, au Sud de Geislingen, et celle d'Hohenzollern vers Hechingen. Le lendemain, M. Massias écrit que les Autrichiens se concentrent vers Stokach ; le 3, Murat annonce un mouvement rétrograde des ennemis de Günzbourg vers Donauwœrth, et le général Tilly envoie une liste de quelques régiments autrichiens, avec leurs emplacements, liste où les noms sont défigurés et les renseignements peu exacts. Il y a donc une période de deux ou trois jours, correspondant à notre marche sur le Neckar, pendant laquelle Napoléon est mal informé ; il se borne à penser que les Autrichiens sont encore sur l'Iller (2), c'est-à-dire de part et d'autre de cette rivière.

Le 4, il en va tout autrement : Murat adresse coup sur coup à l'Empereur plusieurs rapports très remarquables, résumant ce qu'il a appris par ses reconnaissances, par ses agents et par les habitants. Il déclare que l'ennemi, qui s'était avancé jusqu'à Stokach, revient depuis peu vers l'Iller. Il y a aussi un mouvement vers Lavingen, mais rien du côté de Donauwœrth. Il ne croit pas à la

---

(1) Tome II, pages 337 et 350.
(2) *Ibid.*, page 650.

retraite des Autrichiens vers Donauwœrth. Le plus grand nombre paraît se concentrer à Ulm : « Il y a à Ulm beaucoup de troupes, et cela doit être. Si l'armée s'était portée en avant de l'Iller, comme il est à présumer, l'ennemi a dû réunir sur ce point le plus de forces qu'il aura pu, pour nous empêcher de tomber, par cette ville, sur ses derrières. Il a dû aussi le faire, s'il a le projet de prendre l'offensive, de déboucher par Ulm et de venir nous attaquer dans notre marche de flanc (1) ». On ne peut qu'admirer la clairvoyance avec laquelle le lieutenant de l'Empereur lit dans le jeu de l'adversaire, et cette lettre du 5 octobre vient compléter de la façon la plus intéressante celle du 17 septembre (2) pour donner une idée de la valeur de Murat. S'il estime que l'ennemi est toujours à Ulm, ce n'est pas que les renseignements soient d'accord pour l'en convaincre : « Tout ce que j'apprends, dit-il, confirmerait que les Autrichiens se retirent sur Donauwœrth, ce que j'ai peine à croire. Il est plus raisonnable de supposer que les troupes qu'ils font filer sur la rive droite du Danube n'ont d'autre destination que de masquer leurs mouvements par Augsbourg. »

Les deux autres rapports de Murat, du même jour, ne font que confirmer avec plus de force la concentration des Autrichiens à Ulm (3). D'autres avis, d'origines diverses, se joignent à ceux-ci et concluent dans le même sens.

A notre gauche, les nouvelles fournies sont moins exactes. A en croire Soult et Bernadotte, il y aurait 5,000 à 6,000 ennemis près de Nördlingen, et 12,000 ou 15,000 près d'Eichstædt.

---

(1) Tome II, page 782.
(2) *Ibid.*, page 269.
(3) *Ibid.*, page 788.

Les rapports du 6 ne parlent toujours que de la concentration des troupes autrichiennes à Ulm (1). Les fantômes imaginés par Soult et Bernadotte s'évanouissent à l'approche de nos troupes. En résumé, au moment de passer le Danube, Napoléon a une connaissance assez exacte de la situation de l'ennemi, qu'il sait en train de se concentrer à Ulm.

XVII

Vandamme, arrivant à Harburg le 6 au soir, en chasse deux escadrons de hussards de Liechtenstein, qui donnent l'alarme à Donauwœrth. Le bataillon de Colloredo qui occupe cette ville commence à enlever les madriers du pont, et ce travail est à peu près terminé au milieu de la nuit, quand l'avant-garde française se présente. Le bataillon autrichien, par ses feux, gagne le temps d'achever la rupture du pont, et se retire après avoir perdu 40 hommes.

Kienmayer, en apprenant ces événements, qui présageaient sa séparation du gros de l'armée, se décide à la retraite immédiate sur Aichach. Il ordonne au général Theelen de se rendre à Pfaffenhofen avec un régiment de cuirassiers et le bataillon qui était resté à Ingolstadt, et il rappelle à lui les régiments de Gyulay et de Brooder.

Le général Nostitz, qui couvrait la retraite sur Aichach avec deux bataillons de Colloredo, les hussards de Liechtenstein et les uhlans de Merveldt, est attaqué près d'Holzheim par une troupe de dragons qui avaient passé le Lech à la nage et menaçaient de le couper. Il leur fait quelques prisonniers et les repousse.

---

(1) Tome II, pages 850 et 851.

Dans la nuit du 7 au 8, informé de la force des troupes françaises qui débouchent sur lui (Murat et Soult), Kienmayer n'hésite pas à poursuivre sa retraite sur Schwabhausen, où il recueille les cuirassiers de Nassau, venus de Pfaffenhofen.

Mack se rend le 7 d'Ulm à Günzbourg, où il arrive à 4 heures du soir. Il y apprend la prise de Donauwœrth par les Français, et envoie de ce côté le général Auffenberg avec un détachement composé exprès pour la circonstance : trois bataillons de Reuss-Greitz, six bataillons de grenadiers, et quatre escadrons et demi de cuirassiers Archiduc-Albert avec huit pièces de canon (1). Auffenberg se portera par Wertingen sur Donauwœrth pour reconnaître les troupes qui y ont passé.

Mack apprend, en même temps que la prise de Donauwœrth par Soult, le passage de Bernadotte à Anspach et sa réunion avec la Grande Armée. Cette nouvelle lui fait concevoir la nécessité de prendre d'autres dispositions ; mais, pour gagner du temps, on avait dirigé sur Ulm, par le chemin le plus court, chacun des détachements cantonnés le 3 dans les villages entre le Lech et le lac de Constance, dont nous avons donné la liste. Il devenait très difficile de leur envoyer des ordres à tous, et même de savoir où se trouvait chacun d'eux. Force était donc d'attendre, tout au moins, que la plus grande partie des corps d'armée se fût rassemblée. Mack dut remettre au 9 tout nouveau mouvement. Ce jour-là, il parlait de se porter de très bonne heure sur Augsbourg ou Landsberg par Zusmarshausen et opérer sa réunion avec Kienmayer, dût-il passer sur le ventre à l'avant-garde française pour se faire jour. Une lettre qu'il

---

(1) Il s'y joignit ensuite, pendant le combat de Wertingen, deux escadrons de chevau-légers de Latour. Les généraux-majors mis sous les ordres d'Auffenberg étaient Hohenfeld et Dinersberg.

écrivit alors à Kutusov donne à penser qu'il ne songeait pas sérieusement à cette retraite (1).

D'Aspre prendrait sa retraite sur Ulm, où demeurerait Jellacic, et Auffenberg se replierait sur Zusmarshausen, où il rejoindrait le gros de l'armée.

« Le 7, dit Mack, quand nous apprîmes la marche de Bernadotte et des Bavarois par Anspach, il n'aurait plus été possible de ramener derrière le Lech notre armée, alors en mouvement vers le Danube en un grand nombre de petites colonnes. Je ne pouvais et ne devais m'efforcer que de modifier sa première disposition devant le Danube et devant Ulm, qui l'aurait exposée à tous les dangers vis-à-vis d'un ennemi infiniment supérieur. Ceci me conduisit à décider la concentration à Günzbourg pour couvrir la communication avec Kienmayer, resté derrière le Lech, m'opposer de concert avec lui au passage du Danube par les ennemis, et peut-être remporter un avantage partiel sur telle ou telle de leurs colonnes, soit en amont, soit en aval du Lech. Mais si, à la question de savoir pourquoi je ne me suis pas retiré derrière le Lech, le 7 et le 8, je réponds que je ne pouvais plus changer la direction des nombreuses petites colonnes en marche vers le Danube, je n'ai dit en aucune façon que je l'aurais fait si j'avais pu : j'ai bien affirmé le contraire. Lors même que j'aurais pu prévoir la violation de la neutralité prussienne, et alors surtout, je n'aurais pas cru devoir, en mon âme et conscience, faire reculer l'armée.....

---

(1) *Mack à Kutusov.*
8 octobre 1805.

« Nous avons de quoi vivre dans le pays, depuis le Lech jusqu'au fond de la Souabe, plus longtemps qu'il ne peut nous être nécessaire jusqu'à ce que l'armée russe arrive sur l'Inn et y soit pourvue de tout, en état d'agir..... Nous parviendrons ainsi à l'époque où l'armée impériale russe sera prête et nous trouverons alors facilement la possibilité de préparer à l'ennemi le sort qu'il mérite. » (*Ulm und Austerlitz.*)

« Retirer l'armée derrière l'Inn, sacrifier le Tyrol, le Vorarlberg et l'armée d'Italie, était une résolution que la toute puissance de Sa Majesté pouvait seule se permettre. L'ennemi nous y aurait encore atteints avec des forces supérieures, et nous aurait rejetés sur les colonnes russes ; cela lui était d'autant plus facile que le corps d'Augereau arrivait déjà en toute hâte, et qu'il n'aurait plus fallu détacher que 20,000 hommes pour enlever les cols du Tyrol.....

« Il eût été encore plus douteux de ne pas même se maintenir sur l'Inn, de laisser les gorges de Salzbourg et de la Haute-Autriche inoccupées ; c'était sacrifier la plus belle et la meilleure partie de la monarchie, ainsi que l'armée d'Italie, pour ne couvrir que la capitale avec toutes les forces disponibles. La bataille d'Austerlitz eût alors été livrée devant Vienne. Qui oserait dire si Sa Majesté aurait pris une pareille résolution, et quelles en auraient été les suites (1) ? »

« La situation de l'armée se trouva terriblement compromise par l'apparition subite d'un ennemi plus de deux fois supérieur en nombre, mais je ne la considérai pas comme désespérée. Au moment où je fus assuré que l'ennemi s'était rendu maître des deux rives du Lech, au pont de Rain, qu'il obligeait le corps de Kienmayer à battre en retraite, et qu'il pouvait atteindre Augsbourg avant nous, enfin quand son projet fut bien manifestement de nous couper des Russes, je pris la résolution de prendre à revers cet ennemi qui voulait nous prendre par derrière, et de tomber sur sa communication, briser sa supériorité et l'éloigner des Russes. Nous pouvions, certes, nous rejeter encore sur le Tyrol, mais je ne le voulais pas, car c'eût été sacrifier les Russes, que l'ennemi aurait rencontrés beaucoup plus tôt sur la ligne

---

(1) *Mémoire justificatif*, pages 9 et suivantes.

beaucoup plus courte qu'il suivait, tandis que nous ferions un grand détour par les gorges du Tyrol et de Salzbourg avant de faire notre jonction. Je crois encore mériter des éloges pour cette résolution, prise subitement, car nos communications s'en trouvaient dégagées, et nous disposions derrière nous de la Bohême, de la Franconie et de la Saxe même pour notre retraite et notre subsistance. Nous pouvions bien vivre de réquisitions autant que l'ennemi, surtout étant en droit d'espérer que nous serions bien accueillis, et soutenus par les Prussiens d'Anspach et de Baireuth, ainsi que par les Saxons; vraisemblablement les dispositions de la Prusse envers nous, alors si amicales par suite de la colère soulevée par la violation de son territoire, n'auraient pas pris la tournure défavorable qu'elles ont prise.

« Ces motifs, même si j'avais pu prévoir la violation de la neutralité prussienne, m'auraient empêché de faire ma retraite sur l'Inn, car pouvait-il y avoir rien de plus encourageant pour la Prusse, au point de vue militaire, qu'une armée autrichienne couvrant ses frontières et celles de la Saxe et leur mobilisation, et avec laquelle leurs troupes auraient bientôt pu se réunir? J'affirme que, jusqu'au moment où mon projet de passage à Günzbourg fut rendu impossible, et notre existence sur la gauche et dans Ulm anéantie, je considérai la violation de la neutralité comme un bonheur, quelle que fût la confusion dans laquelle elle nous plongeait, et j'ai reçu deux lettres du comte Cobenzl et de Lamberti prouvant clairement que Sa Majesté et eux étaient du même avis.....

« Nous étions pourvus d'artillerie et de munitions pour longtemps et en tout cas pour trois batailles, car nous avions toute notre réserve d'artillerie, lourde et légère, et nous aurions toujours pu tirer quelque chose de la Bohême, comme un coup d'œil sur la carte peut le montrer. Les renforts en marche pour nous rejoindre étaient perdus pour nous, mais non pour notre cause en général, car ils devaient se réunir à l'armée combinée sur l'Inn ; ceux qui venaient d'Italie devaient garder les cols du Tyrol, et ils y étaient plus utiles, car pour notre objet une force de 35 à 40,000 hommes était la meilleure ; c'est ce qui nous restait après le départ de Jellachich pour le Vorarlberg et du corps de Kienmayer avec un train d'artillerie destiné aux Russes, qui en étaient dépourvus. L'ennemi se trouvait ainsi entre deux adversaires, et obligé de se diviser en deux armées, car il était beaucoup plus attaché que nous à sa communication, n'ayant avec lui que le strict nécessaire aux besoins du moment, en artillerie et munitions. En outre, il aurait eu à détacher sur l'Iller, en face de Jellachich, un corps au moins égal au sien, car sa communication avec Brisach et Huningue était coupée par là, et même sa communication principale pouvait être coupée par des détachements envoyés de là au Nord du Danube.

« Toutes nos forces restaient en action ; notre direction, que j'ai indiquée plus haut, devait sérieusement inquiéter l'ennemi et le rendre prudent pour sa marche vers l'Inn et vers Vienne, ainsi que vers le Tyrol. Qu'il opposât à notre armée des forces égales ou très supérieures, elles pouvaient être battues, et, ayant le Danube à dos, elles se trouvaient dans une situation très désagréable. Nous, au contraire, si nous étions battus, nous n'avions pas à nous en inquiéter, car notre retraite n'était arrêtée par aucun fleuve, mais par des rivières et ruisseaux insignifiants.

« S'il employait contre nous une force notablement supérieure, nous aurions cédé devant lui, car, le côté du Rhin excepté, nous pouvions battre en retraite dans n'importe quelle direction ; notre projet d'éloigner le gros de l'ennemi des armées alliées aurait été atteint d'autant plus complètement, et nous aurions fait gagner d'autant plus de temps aux Russes, à notre armée de réserve et à l'insurrection hongroise.

« Il n'est pas douteux que des résultats tout différents et, sinon heureux, à coup sûr beaucoup moins malheureux, auraient été obtenus si l'on n'avait pas fait avorter ce projet. »

Situation du 8 octobre (1).

Corps du F.M.L. Kienmayer.

(Brigades Caramelli, Thelen, Nostitz, Hager).

 4 bataillons Deutschmeister.
 3 bataillons J. Colloredo.
 3 bataillons de grenadiers.
16 escadrons de cuirassiers Nassau et Lorraine.
 8 escadrons de hussards Liechtenstein.
 6 escadrons de uhlans Meerweldt (2 escadrons de uhlans Meerweldt à Amberg).

Corps du F.M.L. Werneck.

Division Auffenberg (brigades Vogel et Sinzendorf).

3 bataillons Reuss-Greitz.
4 bataillons Spork.
4 bataillons de grenadiers.
8 escadrons de chevau-légers Latour.

Division Kerpen (brigades O'Donnell et Hohenfeld).

4 bataillons Kaunitz.
3 bataillons Fr. Jellachich.
4 bataillons de grenadiers.

Division Hohenzollern (brigades Mayer et Dinersberg).

4 bataillons de grenadiers.
8 escadrons de cuirassiers Albert.

---

(1) Archives de la Guerre de Paris. Mack se plaint, dans son *Mémoire justificatif*, de ce que l'Archiduc a remanié la répartition des troupes et des généraux. Nous ne savons si la situation ci-dessus est conforme aux ordres de Mack ou à ceux de l'Archiduc. Nous en publions une autre, un peu différente, à la date du 8 octobre.

Détachement d'Aspre.

3 bataillons Wurtemberg.
2 compagnies de chasseurs.
6 escadrons de cuirassiers Hohenzollern, de chevau-légers Rosenberg et de uhlans de Schwarzenberg.

Corps de Schwarzenberg.

Division Klenau (brigades Liechtenstein et Fresnel).

4 bataillons de grenadiers.
4 compagnies de chasseurs.
8 escadrons de cuirassiers Mack.
6 escadrons de chevau-légers Klenau.
6 escadrons de uhlans Schwarzenberg.

Division Gottesheim (brigades Sticker, Weidenfeld, Speth).

16 bataillons Frelich, Archiduc-Régnier, Kolowrat, Manfredini.
6 escadrons de dragons Hohenlohe.

Corps de Riesch.

Division Gyulay (brigades Ulm, Weber, Ghenedegg, Mecsery).

8 bataillons Riese et Archiduc-Maximilien.
9 bataillons Stuart, Reuss-Plauen, Erbach.
6 escadrons de hussards palatins.
6 escadrons de hussards Blankenstein.

Division Loudon (brigades Siccofanti, Auersperg).

3 bataillons Archiduc-Louis.
12 bataillons Archiduc-Charles, Froon, Auersberg.

Division Hesse-Hombourg (brigades Hermann, Auer).

8 escadrons Archiduc-François.
6 escadrons de cuirassiers Hohenzollern.
6 escadrons de cuirassiers Nassau.

Corps Jellachich.

(Brigades Rohan, Richter, Wolfskeel).

A Ulm :

12 bataillons de l'Empereur, Hildburghausen, Stain.
3 bataillons de grenadiers.
1 bataillon de chasseurs.

A Stokach :
- 2 bataillons Beaulieu.
- 8 escadrons de chevau-légers Rosenberg.

A Munich :
- 1 bataillon de grenadiers.
- 2 escadrons de cuirassiers Nassau.

A Lindau :
- 1 bataillon Beaulieu.

Renforts en marche.

Venant de Bohême :
- 4 bataillons Gemmingen.
- 1 bataillon Erbach.
- 2 escadrons de dragons Hohenlohe.

Venant d'Autriche :
- 5 bataillons Gyulay.
- 4 bataillons des 1er et 2e valaques.
- 12 bataillons du valaque-illyrien, de Brood, de Peterwardein et du Banat allemand (confins militaires).
- 8 escadrons de cuirassiers Prince-Impérial.
- 8 escadrons de dragons Archiduc-Jean.
- 8 escadrons de chevau-légers O'Reilly.
- 16 escadrons de hussards de l'Empereur et Hesse-Hombourg.

Venant du Tyrol :
- 10 bataillons Mitrowski et Czartoriski.
- 1 bataillon Beaulieu.
- 1/2 escadron de hussards Blankenstein (1).

Le 8, pendant que Mack prenait de nouvelles dispositions, Auffenberg arrivait à Wertingen à sept heures du

---

(1) « Le 8, tous les vorspann de la Bavière et de la Souabe sont enfin parvenus à rassembler notre armée dans les environs d'Ulm; mais la cavalerie, qui n'a pas eu la même commodité pour s'y rendre, n'a pas vingt chevaux par escadron en état de se remuer, et l'artillerie de réserve n'a point encore atteint le terme de sa marche. On vit au jour à la journée : on requiert et on pille le voisinage pour éviter les embarras des transports. » (*Relation de la prise d'Ulm*, par M. D...).

matin. Il y était à peine, qu'il recevait l'ordre de ne pas poursuivre sa marche sur le Lech, mais de rebrousser sur Zusmarshausen pour couvrir la route d'Augsbourg, et y former l'avant-garde de l'armée. Il apprenait en même temps que des troupes françaises, marchant vers lui, avaient traversé le village de Norndorf. Malgré cet ordre et malgré ce renseignement, il résolut de cantonner à Wertingen. Il occupa les portes avec ses trois bataillons d'infanterie, mit les grenadiers au repos dans les rues, et la cavalerie hors de la ville.

Vers midi, il apprit que quelques centaines de Français avaient traversé Pfaffenhofen, à une lieue et demie de Wertingen. Il résolut de battre cette avant-garde et de se procurer de nouveaux renseignements sur le gros des forces ennemies. Il forma donc un détachement sous les ordres du général Dinersberg (2 escadrons de cuirassiers, 2 compagnies de grenadiers, 2 compagnies de fusiliers) pour aller dans cette direction. Dinersberg, à son tour, partagea son détachement en deux parties égales, qu'il envoya par les deux rives de la Zusam, l'une sur Thierheim, l'autre sur Frauenstetten. Ces deux petites colonnes, fortes chacune de deux compagnies et un escadron, rencontrèrent près de ces deux villages des corps français très supérieurs qui les bousculèrent et les rejetèrent sur Wertingen, non sans leur avoir fait bon nombre de prisonniers.

A la première nouvelle de ces petits engagements, Auffenberg disposa quatre de ses bataillons de grenadiers (Kaunitz, Erbach, Jellacic et J. Colloredo) sur les hauteurs à gauche de la route de Günzbourg, un (Archiduc-Louis) devant la porte d'Augsbourg, et un (Spork) avec deux compagnies de Stuart devant la porte de Pfaffenhofen, pour recueillir les débris de la troupe de Dinersberg. Les trois bataillons de Reuss-Greitz occupaient la ville; les deux escadrons et demi de cuirassiers se tenaient à l'aile droite des quatre premiers bataillons.

A peine les troupes étaient-elles rendues sur ces emplacements, qu'on apprit l'arrivée prochaine de deux corps d'armée français, sur les deux rives de la Zusam.

Un régiment de cavalerie française bouscule le bataillon de grenadiers qui garde la porte d'Augsbourg, tombe sur les deux escadrons de cuirassiers placés à droite de la ligne autrichienne sur la hauteur, mais se trouve arrêté par le feu du bataillon Kaunitz.

Auffenberg, qui aperçoit les têtes de colonnes d'Oudinot, cherche à conserver sa ligne de retraite sur Günzbourg. Il ordonne la retraite sur les hauteurs au Sud-Ouest de Wertingen. Le régiment de Reuss-Greitz tient encore à la porte de Pfaffenhofen avec les débris du détachement de Dinersberg, et le général Hohenfeld a placé 4 bataillons de grenadiers à l'Est de Wertingen; à peine se retirent-ils, qu'une troupe de cavalerie française les charge et les arrête. Les deux escadrons de Latour dégagent leur infanterie, mais il est impossible d'avancer, et il faut se replier sur la rive gauche, et chercher la retraite par le bois de Binswang.

L'artillerie autrichienne avait dirigé ses feux sur l'infanterie d'Oudinot, mais elle n'avait pu l'empêcher de filer le long des bois pour venir prendre à revers les bataillons autrichiens, déployés sur les hauteurs. Menacé ainsi directement, Auffenberg ordonne précipitamment la retraite, abandonnant à Murat le régiment de Reuss-Greitz, qui se défend encore dans les maisons de Wertingen, et les trois bataillons de grenadiers de Jellacic, Archiduc-Louis et Spork, qui, se trouvant en queue, seront coupés et pris à peu près complètement. Deux pièces de canon échappent par miracle. Le général Hohenfeld put ramener à Burgau 1400 grenadiers, et Dinersberg atteignit Zusmarshausen avec les débris des six escadrons. Auffenberg fut pris.

Les Autrichiens accusent pour ce combat une perte de 101 morts, 233 blessés, 1469 prisonniers, 3 drapeaux et

6 canons. Comme le détachement d'Auffenberg comptait 4,800 hommes environ, il faut supposer, ou bien qu'il y eut un millier de « disparus », qui rejoignirent plus tard, ou bien que le nombre des prisonniers fut, comme l'annoncent les rapports et les ordres de Lannes et de Murat, très supérieur à 1469.

Si l'on compare ce récit du combat de Wertingen, d'après les sources autrichiennes, à celui que donnent Murat et Lannes, on n'y trouve pas de contradictions, mais on constate que ce ne sont pas les mêmes faits qui ont fixé l'attention des deux adversaires. La relation autrichienne est plus détaillée sur les mouvements qu'elle a accomplis avant l'apparition de Murat, et sur les premiers incidents du combat. On voit que la division Oudinot, qui suivait la route directe de Donauwœrth à Wertingen, a été signalée avant qu'on eût connaissance de l'approche de Murat, et les mesures prises par Hohenfeld pour éviter la rencontre avec nos grenadiers l'ont jeté sur notre cavalerie. Celle-ci a attaqué presque aussitôt qu'elle a été signalée, ce qui témoigne de la conduite habile et vigoureuse de Murat.

Nos relations ne mentionnent pas la première charge d'un régiment de cavalerie légère français qui, avant l'apparition de nos dragons, aurait traversé Wertingen et poussé jusqu'à la hauteur où l'ennemi s'était rangé.

Murat, en arrivant, trouve l'ennemi, partie en position, partie en marche pour passer sur la rive droite de la Zusam. De là le succès facile de notre avant-garde, et la rapidité avec laquelle elle pénètre jusque dans Wertingen. Ce faux mouvement des Autrichiens fait comprendre comment ils n'ont pas eu le temps d'échapper à l'enveloppement préparé à la fois par Oudinot et par Murat.

A partir du moment où ils se retirent sur la hauteur, et sont chargés par nos dragons, les Autrichiens n'ont plus manœuvré ni discerné les mouvements de leurs adversaires. Leur récit, vague et bref, prouve combien l'attaque de Murat fut prompte et le succès immédiat.

Tous ces événements parviennent à la connaissance de Mack le 9 de grand matin, au moment où la marche de Günzbourg sur Zusmarshausen vient de commencer, et le décident à ne pas continuer, sûr qu'il est de se heurter à des forces supérieures. On lui conseille de gagner le Tyrol au plus vite par Memmingen; il s'y refuse. Il s'arrête au projet de passer le Danube, de prendre position à Giengen et Heidenheim, et d'attaquer les troupes françaises restées sur la rive gauche ou les communications mêmes de Napoléon, pour l'empêcher de continuer sa marche sur l'Inn.

Pour soutenir cette opération, Jellacic remontera sur Memmingen, et fera des démonstrations vers le Lech, ou vers la rive droite du Danube. Un corps léger sera envoyé d'Ulm sur Geislingen pour battre le pays et enlever les convois et détachements français autour de Stuttgard. Klenau, Gottesheim, Riesch et Werneck se succéderont de 3 heures en 3 heures, dans la journée du 11 et la nuit suivante, sur la route d'Albeck.

Ulm même devait être abandonné, car il était impossible de l'armer et la garnison qu'on y laisserait affaiblirait encore une armée déjà trop peu nombreuse. D'ailleurs, comme les Français se portaient sur l'Inn, Ulm serait peu menacé, et les deux corps opérant, l'un vers Geislingen, l'autre vers Memmingen, le couvriraient suffisamment.

Telles étaient les pensées de Mack lorsque Malher vint attaquer le pont de Günzbourg. Les avant-postes de Schwarzenberg devant Elchingen et Haslach avaient déjà été attaqués dans la nuit du 8 au 9 (par le détachement de Crabbé), mais les Français s'étaient retirés aussitôt.

Le général d'Aspre, chargé d'éclairer l'armée autrichienne sur la rive gauche du Danube, ne s'était guère éloigné du pont de Günzbourg. Il fut si promptement surpris par l'avant-garde de Malher, qu'il n'eut pas le temps de repasser le fleuve; son détachement fut en un instant pris ou dispersé, et lui-même fait prisonnier.

Le bataillon de Spork, chargé de la défense du pont avec une pièce de canon, était en pleine action quand le gros de l'armée parut, revenant de Burgau. La rive occupée par les Autrichiens dominait l'autre de beaucoup, et l'on aurait pu foudroyer les colonnes françaises si l'on avait eu des pièces d'un calibre supérieur au 3. Avec ces dernières, on ne put que les empêcher de franchir le fleuve.

L'armée autrichienne se déploya sur les hauteurs en arrière de Günzbourg, la droite à Liepach, la gauche à Reisensburg, tenant tous les ponts jusqu'à Leipheim. Dans la soirée, on ordonna de rétablir le pont de Günzbourg. Les Français laissèrent s'accomplir cette opération sans la troubler, mais aussitôt qu'elle fut achevée, ils se précipitèrent sur le pont et s'établirent dans les petits bois à droite et à gauche du débouché. Les Autrichiens les accueillirent avec un feu de mitraille et de mousqueterie terrible, qui fit subir des pertes sanglantes au 59e. Enfin les Français, passant le fleuve à côté du pont, prirent le dessus, et les défenseurs se retirèrent sur Günzbourg. La poussée fut si considérable sous la porte de la ville, et l'accumulation de troupes si énorme, qu'elle suffit seule à arrêter les Français.

L'archiduc Ferdinand arrivait alors de Burgau, et en même temps la tête de colonne de Schwarzenberg paraissait.

Deux escadrons de hussards de Blankenstein, qui en formaient la pointe, se jettent sur la colonne française, mais ils sont reçus par le feu des tirailleurs embusqués dans les taillis, et bientôt obligés de se retirer. Le général Mayer vint reprendre le combat avec quatre bataillons de grenadiers, mais la nuit tombante obligea d'y mettre fin et de laisser les Français en possession du pont.

Les Autrichiens avaient laissé 1000 prisonniers et une pièce de 3 entre nos mains, et ils avaient environ 800 hommes tués ou blessés (1).

Mack dut renoncer à se servir de ce pont, qu'il semblait n'avoir rétabli que pour nous, et à se porter directement sur la rive gauche.

L'archiduc Ferdinand fit remarquer, alors, qu'il ne restait plus que deux partis à prendre : ou bien filer, sans perdre de temps, par le pont d'Elchingen, pour porter les opérations sur l'autre rive du Danube, ou bien gagner les montagnes du Tyrol. Mack ne voulut entendre parler ni de l'une ni de l'autre solution, et il ordonna la retraite dans la position d'Ulm.

D'ailleurs, dans la nuit du 9 au 10, Loison s'emparait du pont d'Elchingen, et Soult cantonnait à Augsbourg. On ne pouvait guère échapper que par le Vorarlberg, et encore!

A Günzbourg, comme à Wertingen, nos troupes n'ont pas trouvé les Autrichiens en position; ils les ont surpris

---

(1) « Le 9, on fait un mouvement général; on descend le Danube en le côtoyant sur la rive droite; on arrive à la hauteur de Günzbourg. L'ennemi passe sur les traverses du pont, mal miné, attaque les troupes destinées à en défendre le passage. On se bat mollement, l'archiduc Ferdinand rétablit le combat et nous restons maîtres du pont; mais la veille, la division du général Auffenberg, postée à Wertingen, se voit tout à coup entourée par un corps nombreux de cavalerie. L'infanterie se jette dans les bois et tout ce qui échappe au sabre est fait prisonnier. Sept pièces de canon tombent entre les mains de l'ennemi et le corps d'Auffenberg est à peu près exterminé. L'annonce de cet échec arrive en même temps que celle qui apprend que le général d'Aspre, détaché sur la rive gauche, est pris et son commandement dispersé. Telle fut la première affaire. Ce jour-là, les premiers coups de canon furent échangés; sept jours après, la campagne était finie. » (*Relation de la prise d'Ulm*, par M. D..., capitaine d'état-major au service d'Autriche.)

au cours d'une manœuvre qui n'avait pas pour but la défense du Danube. On ne comprend guère les dispositions qu'avait pu prendre le général d'Aspre : chargé d'éclairer l'armée autrichienne sur la rive gauche du fleuve, il ne fournit pas de renseignements, et c'est au débouché même du pont de Günzbourg que les Français le rencontrent. A lire la relation française, on ne distingue pas qu'il s'agit d'un corps détaché. Le combat entamé contre cette brigade se poursuit sans interruption avec les troupes qui gardent le pont.

« Je répéterai ici, écrit Mack, que tout cet événement a été d'autant plus inattendu, que le corps envoyé en observation au delà du Danube avec le général d'Aspre n'avait pas fait parvenir le moindre rapport sur l'approche de l'ennemi. L'armée ayant campé le matin avec sa gauche appuyée au Danube, à proximité immédiate du pont principal, et ayant été attaquée sept ou huit heures plus tard, dans l'après-midi, on pourrait se demander si l'on n'avait pas une liaison suffisante avec ce corps d'observation, et par suite la possibilité de le soutenir sur le champ? J'étais occupé alors de rédiger l'ordre pour le passage de nuit sur le Danube, avec tous les détails qui s'y rapportent ; cet ordre occupe *huit pages, dans lesquelles on trouverait difficilement une ligne superflue,* et l'on comprendra qu'il ait absorbé toute mon attention et toutes mes pensées. Surtout, des mesures de prévoyance ordinaire comme celles-ci n'étaient pas de mon ressort, mais de celui des trois généraux dont les corps formaient là autant de lignes, et bien plus encore du premier aide de camp général ; il a le devoir, non pas de former des projets, mais d'assurer le succès de ceux qu'a formés le quartier-maître-général et qu'a approuvés le général en chef, en y apportant tout son soin, son activité et ses réflexions. Ceux-ci, et surtout celui auquel le corps d'observation était subordonné, étaient au courant de son mouvement ; ce dernier aurait pu y penser et en faire souvenir Son Altesse Impériale, et n'eût-on envoyé que quelques patrouilles au delà du Danube et du marais qui le borde sur une assez grande largeur, jusqu'au corps d'observation du général d'Aspre, que le malheur n'aurait pu se produire, car toute l'armée était à portée de soutenir ce corps et de repousser l'ennemi aussi loin qu'il le fallait pour le succès de notre marche nocturne (1). »

L'événement le plus singulier de cette journée est sans contredit la reconstruction du pont en aval de Günzbourg, que Mack a ordonnée en présence même des Français! On s'explique ainsi comment les premiers rapports adressés au général Malher ne signalaient pas ce pont comme praticable, et comment, le soir seulement, le capitaine du génie Lafarelle le trouva rétabli et prêt pour notre passage.

Mack considère son échec de Günzbourg comme le plus désastreux de la campagne. C'est celui qui a fait échouer son projet d'offensive sur la rive gauche du Danube : « Il n'est pas douteux que des résultats tout différents et, sinon heureux, en tout cas beaucoup moins malheureux, auraient été obtenus, si l'on n'avait pas fait avorter ce projet. Aussi ai-je qualifié l'événement de Günzbourg de *vraiment effroyable*, *décisivement funeste*. »

XVIII

Ce fut une ombre d'armée que Mack ramena sous les murs d'Ulm. Les troupes autrichiennes étaient parties mal équipées, mal pourvues, par suite de cette mobilisation précipitée que Mack avait prétendu organiser,

---

(1) Mack. *Mémoire justificatif*, page 25.

qu'il avait fiévreusement entreprise et n'avait pu mener à bout; souffrant du temps épouvantable qui régnait depuis quinze jours, elles étaient venues du fond de l'Empire jusqu'en Souabe en piétinant dans une boue glaciale, s'étaient répandues dans les cantonnements entre le Lech et le Rhin, puis resserrées précipitamment sur Ulm; appelées sur Günzbourg, mises en marche sur Burgau, elles étaient revenues sur Günzbourg et sur Ulm, piétinant toujours dans cette même neige fondue; les perpétuels changements de plans de Mack rendaient toute distribution de vivres impossible; enfin les inquiétudes et le mécontentement des chefs étaient sensibles pour tous, et l'on ne recevait que des nouvelles désastreuses. Aussi ces malheureux soldats, que leur incorporation à vie ne rendait déjà que trop enclins à la désertion, n'étaient-ils plus capables d'aucun effort. Les unités avaient fondu au point que les escadrons ne pouvaient mettre que 40 à 50 chevaux en ligne (1).

Dans la soirée du 10 octobre, l'archiduc Ferdinand reçut une lettre de l'empereur d'Allemagne, datée du 5 octobre, l'invitant à exécuter désormais les ordres du général Mack (2). Le jeune prince donna avis à ce der-

---

(1) « Le 10, l'armée qui, pendant la nuit, avait regagné Ulm, se poste sur les deux rives du Danube. On change l'ordre de bataille; les divisionnaires ne savent où trouver leurs brigadiers; ceux-ci cherchent leurs régiments qui, à leur tour, ne demandent que du pain et allument les maisonnettes de campagne des habitants d'Ulm pour sécher leurs guenilles. » (*Relation de la prise d'Ulm*, par M. D..., capitaine d'état-major au service d'Autriche).

(2)   Mon cher Cousin,

Par les ordres que je vous adresse aujourd'hui, vous verrez à quel point le sujet est sérieux.

Lors de mon séjour à Landsberg, vous m'avez exprimé le désir, avec une très louable modestie, de recevoir de moi une instruction qui vous

nier, dans la soirée, de cette nouvelle situation, et Mack n'attendit pas une minute pour en abuser de la manière la plus choquante (1). L'Archiduc, de son côté, déclara formellement que, perdant toute initiative, il n'acceptait plus aucune responsabilité.

Loin de chercher à rendre moins sensible au jeune prince un ordre suprêmement humiliant, Mack le prit de très haut et l'accusa d'avoir tenu secrètes jusque-là les instructions de l'Empereur, pour ne les lui communiquer qu'au moment où la violation du territoire d'Anspach rendait la situation beaucoup plus difficile. L'Archiduc

---

fixât complètement pour le cas où vous différeriez d'avis avec le général Mack au sujet des opérations de l'armée qui vous est confiée.

Je vous ai dit alors que j'y réfléchirais ; mais maintenant, comme il s'agit pour vous de prendre telles résolutions dont dépend le salut de mon Empire et qui, cependant, ne peuvent être prises qu'après avoir examiné sur place toutes les circonstances, je crois vous rendre un véritable service en vous invitant — après que vous aurez pris soin que tout soit mûrement réfléchi — à suivre l'avis du F.M.L. Mack, qui m'a déjà rendu des services importants en maintes circonstances et possède une grande expérience de son métier. Dès que mes occupations me permettront de retourner moi-même à l'armée, je le ferai avec beaucoup de plaisir, et je vous prie d'être persuadé des sentiments avec lesquels je serai toute ma vie votre attaché,

FRANÇOIS, *m. p*.

(1) Le 11 octobre, Mack, en présence du F.M.L. Gyulay, s'exprime de la manière suivante sur le compte de l'Archiduc, en s'adressant au colonel Bianchi, son aide de camp :

« Son Altesse Royale ne peut pourtant pas se figurer qu'Elle est chargée de commander une armée; Elle est beaucoup trop jeune et inexpérimentée pour pouvoir remplir ce rôle. Sa Majesté lui a déféré, à lui Mack, les pleins pouvoirs pour les opérations, et il en répond sur sa tête et n'a là-dessus aucune observation à recevoir de personne. Il sait très bien que l'Empereur a déjà fait connaître cet arrangement à l'Archiduc à Landsberg et l'a invité à se soumettre à ses ordres. Il n'était nullement bienséant de la part de Son Altesse Royale de le lui avoir caché jusqu'à la veille au soir et de ne déclarer cette situation qu'aujourd'hui. »

le laisse entendre avec une suprême dignité dans l'admirable lettre qu'il écrit à son parent et souverain au moment de gravir les dernières marches de ce calvaire (1).

---

(1) *L'archiduc Ferdinand à l'Empereur d'Allemagne.*

12 octobre.

Le courrier que Votre Majesté m'a envoyé m'a remis sa lettre du 5. Je lui exprime mes sentiments les plus reconnaissants pour la grâce qu'Elle me fait en me tirant de la situation mal définie où je me trouve. Le cas que j'avais prévu s'est, en effet, présenté très souvent, et je n'ai pas approuvé les plans du F.M.L. Mack. Moi et les généraux les plus qualifiés de l'armée, tels que les F.M.L. prince Schwarzenberg, Gyulay, Klenau, nous lui faisions nos objections et il nous est même arrivé de lui faire modifier ses projets sur certains points; pourtant, il me rendra cette justice, en homme d'honneur, — et d'ailleurs le prince Schwarzenberg, le F.M.L. Gyulay et le colonel Bianchi en sont témoins — qu'en fin de compte on a toujours fait ce qu'il voulait.

Ce m'est un devoir de conscience, pour répondre à la confiance de Votre Majesté, de lui dépeindre la manière dont se comporte le F.M.L. Mack. Il fait chaque jour deux plans totalement différents, qu'il me charge d'exécuter complètement; cette perpétuelle modification des plans, dont aucun n'a encore été jusqu'à l'exécution complète, a fort épuisé les troupes par d'incessantes marches et contremarches, et a produit beaucoup de désordre; moi et MM. les généraux, auxquels je dois rendre pleine justice, nous faisons les efforts les plus extrêmes pour rétablir l'ordre dans la mesure du possible. Le F.M.L. Mack ne se préoccupe de rien, donne ses ordres contradictoires les uns après les autres, n'écoute aucune représentation et, à proprement parler, je n'ai été jusqu'ici que son quartier-maître général.....

Je ne peux pas préciser à Votre Majesté les plans ultérieurs du F.M.L. Mack, car il en a formé aujourd'hui trois, tout à fait différents, dont il a ordonné l'exécution.

Il est possible que des circonstances heureuses viennent nous tirer de l'embarras où nous nous sommes mis nous-mêmes, mais la vraisemblance n'est pas en notre faveur.....

Quand j'eus reçu la lettre de Votre Majesté, j'en fis part au F.M.L. Mack, afin qu'il ne considère pas comme protestation contre ses plans les remarques que je lui ferai toujours à l'avenir, d'après la volonté de Votre Majesté. La manière dont le F.M.L. s'est comporté alors, je ne le

Le 11 au matin, Mack a formé de nouveaux projets, comportant toujours une nouvelle organisation, et il adresse à l'Archiduc la note suivante, datée de 10 heures du matin :

> Points dont je demande respectueusement l'exécution :
>
> 1° Former instantanément l'armée en trois corps, de telle façon que chacun ait ses troupes légères, de ligne et de réserve, conséquemment une avant-garde et un corps de réserve, qui se composeront chacun d'un quart du tout, l'autre moitié demeurant à la ligne.
>
> Chaque commandant de corps doit avoir désigné en permanence dans son avant-garde deux bataillons avec deux pièces de 3, et deux escadrons légers et bien montés, sous les ordres d'un officier habile et actif, pour pouvoir employer à chaque instant ce petit corps comme extrême avant-garde, flanc-garde ou corps volant. Chacun aura aussi désigné un capitaine de cavalerie particulièrement habile, avec un officier, 4 sous-officiers et 40 cavaliers, pour les envoyer en parti.
>
> *Note.* — Le corps de Jellachich doit, en outre, être formé de cette manière et avoir au moins six à huit escadrons;
>
> 2° Communiquer sans retard l'instruction ci-jointe, sur la formation de bataillons légers, aux commandants de corps d'armée, pour qu'elle soit appliquée aussitôt;
>
> 3° M'envoyer tout rapport important, après qu'il aura été lu par Son Altesse Royale, afin que je puisse y joindre mon avis en quelques mots. Quand il sera expédié quelque autre pièce, me l'envoyer d'abord pour que j'y mette mon visa;
>
> 4° Je prie de me communiquer chaque jour, avant de les expédier, tous les ordres relatifs aux opérations;
>
> 5° Je demande respectueusement à Son Altesse Royale de vouloir bien nommer provisoirement le F.M.L. Gyulay quartier-maître général, puisque Bianchi ne veut pas l'être.
>
> <div style="text-align:right">MACK, <i>m. p</i>,
> F.M.L., quartier-maître général.

---

dirai pas à Votre Majesté; c'est une chose qui m'est personnelle, et je suis prêt à tous les sacrifices pour le bien du service de Votre Majesté et la chose publique. Je dois seulement montrer ici à Votre Majesté que tous mes sacrifices et tous mes efforts ne pourront que réduire dans une faible mesure le désordre déjà existant et que les ordres du F.M.L. Mack augmentent chaque jour. »

Mack écrit à ce sujet dans son Mémoire justificatif :

« En me faisant part, le 10, de l'ordre impérial qui lui prescrivait de suivre mes conseils, sans me le laisser lire, Son Altesse Impériale l'Archiduc m'avait déclaré formellement que, puisqu'Elle en avait l'ordre Elle me laisserait agir à ma guise, mais qu'Elle ne voulait plus accepter aucune responsabilité, qu'Elle me la laissait tout entière à moi seul. Comment donc pouvait-il être contraire au devoir de ne plus adresser mes *dispositions* à l'approbation, mais simplement au visa de Son Altesse Impériale, puisqu'en me déclarant seul responsable, Elle me refusait toute approbation d'avance, ou plutôt déclinait toute intervention parce que son approbation aurait annulé ou du moins diminué ma responsabilité ?

« Mais Son Altesse Impériale ayant communication des ordres, ne pouvait-Elle pas ressaisir à chaque instant son autorité, changer, bouleverser, déchirer mes dispositions et en faire d'autres, sauf à me déclarer qu'Elle, et d'autres officiers, en seraient responsables? »

Le 11, dans la matinée, l'armée autrichienne s'établit sur les hauteurs au Nord d'Ulm, d'après un nouveau plan de Mack. Il ne reste plus qu'une brigade du corps de Schwarzenberg sur la rive droite du Danube. Vers midi, le canon se fait entendre : c'est Dupont qui attaque les avant-postes après avoir envoyé à l'archiduc une sommation conçue dans les termes les plus vifs. On voit une colonne d'infanterie française sortir des bois et entrer dans Jungingen. Loudon l'attaque avec quelques bataillons et l'en chasse, mais Dupont revient à la charge avec des troupes fraîches et reprend le village. Loudon, avec le régiment de Froon, encore intact, réussit à reprendre une seconde fois Jungingen et à s'y maintenir.

Pendant ce temps-là, Schwarzenberg et Klenau se mettent à la tête des cuirassiers Mack et Archiduc-

Albert, auxquels se joignent deux escadrons de chevau-légers La Tour, et ils se jettent sur le flanc droit et les derrières de la division française avec dix-huit escadrons (qui ne font peut-être pas plus de 1200 ou 1500 hommes). Ils mettent, dit le narrateur autrichien, toute la troupe française en déroute, détruisent presque entièrement deux régiments de cavalerie et un d'infanterie, prennent deux aigles, onze canons et 800 à 900 prisonniers. Mack est blessé dans cette charge et le combat finit avec une perte d'un millier d'hommes pour les Autrichiens. On trouve dans les fourgons de Dupont les ordres du 6e corps, notamment celui qui prescrivait d'enlever Ulm par la rive gauche, tandis que le reste de l'armée s'y porterait par la rive droite, et évaluait la garnison de la place à 3,000 ou 4,000 hommes. On eut la certitude que toutes les forces françaises étaient sur la rive droite. Rien de plus facile que de lui dérober deux ou trois marches sur la route de Bohême, mais il fallait se hâter (1).

Cette relation autrichienne du combat d'Haslach ne contredit pas celle de Dupont en ce qui concerne l'emplacement où l'affaire a eu lieu, et ses phases succes-

---

(1) « Le 11, l'ennemi attaque, vers midi, tout le front de notre position en avant d'Ulm. La canonnade s'engage et se prolonge jusqu'à a nuit. Ses efforts se dirigent, au commencement, vers notre droite, appuyée au Danube, où il ne peut gagner un pouce de terrain. Au bout d'une heure, il est repoussé et notre aile se porte de quelques centaines de toises en avant. Vers 4 heures, il attaque le village de Jungingen, sur le centre de notre front; nous le reprenons, le reperdons et le reprenons encore; à la fin du jour, nous en restons maîtres.

Pendant que ceci se passe, notre cavalerie de l'extrémité de la gauche fait une attaque très bien exécutée sur les flancs et les derrières de l'ennemi, renverse et abîme deux régiments de cavalerie, prend onze canons, dix-sept caissons et nombre de prisonniers, ainsi que les bagages du général Dupont.

Le résultat de cette journée est consolant; attaqués, nous avons maintenu notre position, et l'ennemi, repoussé de tous côtés, rétro-

sives : elle réduit simplement le nombre des attaques et contre-attaques dans Jungingen, que le général Dupont, en habile homme, a su multiplier et entourer de quelque confusion.

A notre gauche, dans le village et le bois d'Haslach, notre artillerie, nos hussards et le 32ᵉ ont été bousculés par six bataillons et quatre escadrons autrichiens. A en croire nos artilleurs, ce seraient ces derniers qui auraient poussé jusqu'à nos convois ; mais la relation autrichienne affirme que nos voitures ont été prises par la cavalerie qui avait refoulé nos dragons dans le bois en arrière de Jungingen, à l'aile opposée.

Le Mémoire justificatif de Mack confirme cette dernière version :

« Le 11, quand les rapports sur l'approche et l'attaque de l'ennemi arrivèrent, Son Altesse Impériale se hâta de sortir d'Ulm avec quelques généraux et leurs aides de camp, sans me laisser, à moi qui naturellement avais reçu les rapports aussitôt après Son Altesse Impériale, le temps de joindre Son Altesse, et sans me faire laisser un mot par son aide de camp général pour m'indiquer où je pourrais la trouver ? Quant à moi, je courus au point où je croyais que tendraient les efforts de l'ennemi, c'est-à-dire au Michelsberg, clef de notre position, dans la conviction d'y trouver Son Altesse Impériale. Je ne l'y trouvai pas, et appris seulement qu'Elle était dans un retranchement situé à notre droite. Les circonstances exigeaient ma présence là où je me trouvais : j'y demeurai les cinq heures que dura le combat, séparé de l'Archiduc par une distance de plus d'un demi-mille

---

grade à quelques lieues ; sa perte surpasse 3,000 hommes, la nôtre est à peu près aussi forte, car quelques bataillons (Ludwig, Reiner et Kaunitz) se conduisirent misérablement et furent en partie faits prisonniers par une poignée de tirailleurs. » (*Relation de la prise d'Ulm*, par M. D..., capitaine d'état-major au service d'Autriche.)

(3,800 mètres), d'où résulta l'inconvénient que le corps ennemi ne fut battu que sur son aile droite par notre gauche, tandis qu'il aurait pu être complètement enveloppé et anéanti, si Son Altesse Impériale s'était trouvée avec moi à l'aile gauche, car je n'aurais pas manqué de la prier de vouloir bien envoyer des ordres à notre aile droite pour chasser l'ennemi qui n'y faisait qu'une démonstration, pour prendre son gros en flanc et à revers et lui couper la retraite. Mais il n'en fut rien; notre aile droite resta dans une inertie complète, parce qu'il ne m'appartenait pas d'envoyer des ordres là où Son Altesse Impériale se trouvait avec le F.Z.M. Kollowrath, et je pouvais espérer que ce dernier ou d'autres généraux, et l'adjudant-général, pourraient donner à Son Altesse Impériale le conseil d'attaquer aussi de ce côté, ce qui n'arriva malheureusement pas. » Comme d'autre part le rapport du commandant de l'artillerie française prouve qu'une attaque autrichienne a produit des résultats décisifs sur notre gauche, il faut admettre qu'il y eut de ce côté un combat auquel les Autrichiens n'ont pas attaché grande importance, mais qu'en somme, leur cavalerie nous a débordés des deux côtés à la fois.

Ce qu'il y a de bien établi, c'est que l'affaire d'Haslach, loin d'intimider les Autrichiens, comme on l'a trop souvent répété, fut considérée par eux comme un succès dès le premier moment, et releva leur moral. Les papiers de Dupont, pris dans cette affaire, éclairaient en outre le commandement autrichien sur notre situation, et il a fallu toute l'incohérence de Mack et ses mauvaises dispositions antérieures pour l'empêcher de tirer parti de cet événement.

XIX

Mack voulut profiter de sa victoire d'Haslach, qui avait subitement relevé le moral des troupes, pour tâcher de rejoindre les Russes du côté de Ratisbonne. Il forma donc un nouveau projet en conséquence. Il résolut, « pour qu'on ne pût pas lui reprocher d'avoir mis quelque gêne aux mesures d'*allégement* des Russes, d'opérer par la rive gauche du Danube sur les communications de l'ennemi et dans son dos, et lui faire distraire une partie de ses forces pour la retraite sur Ulm (1) ».

Riesch longerait le Danube avec son corps d'armée, couvrant ainsi le mouvement. Werneck se porterait le 12 du côté de Stuttgard pour jeter le trouble sur les derrières de l'armée française jusqu'au Rhin. L'extrême fatigue des troupes, représentée par Werneck, obligea Mack à abandonner ce projet (2); mais le 12 au soir, apprenant la retraite de Dupont et Baraguey-d'Hilliers derrière la Brenz, tandis que 20,000 à 30,000 hommes

---

(1) Mack. *Punktationen zu meiner Relation.*

(2) Mack écrit cependant :

« Comment peut-on prétendre que la fatigue des troupes a retardé le départ jusqu'au 13, quand il est notoire que toutes les troupes, y compris le corps de Werneck, que je voulais encore faire partir d'Ulm le 12 après-midi, ont reposé paisiblement dans la nuit du 11, après le combat, se sont rassasiées le lendemain matin et se sont encore reposées jusqu'au soir?..... Le F.M.L. Werneck a fait une opposition d'une violence inconvenante contre le départ de son corps et contre sa destination, opposition que Son Altesse Impériale a tolérée, quoiqu'elle allât si loin que je déclarai à l'Archiduc commandant en chef : « Son Altesse Impériale pourrait me faire partir avec ce corps, afin que je prouve au général Werneck que je n'avais projeté rien d'impossible pour lui et son corps d'armée..... » Il ne plut pas à Son Altesse Impériale de se prononcer en ma faveur, bien qu'il m'eût rendu seul responsable deux jours auparavant et qu'il eût entre les mains l'ordre impérial de décider d'après mes avis quand j'insisterais pour cela ; je n'avais demandé à Son Altesse Impériale la réunion des premiers généraux que pour leur faire part verbalement et plus clairement encore des dispositions ordonnées, mais point du tout pour en faire délibérer ; le départ ne devant avoir lieu que le lendemain, les trois corps n'étaient pas encore sortis d'Ulm le 13. »

se montraient à Weissenhorn, il revint à son idée avec quelques modifications. Il demeurait persuadé que Napoléon se portait sur l'Inn, et que le corps d'armée signalé sur l'Iller n'avait d'autre mission que de masquer les opérations principales. Il écrit dans son Mémoire :

« Le 13, l'apparition de plusieurs colonnes ennemies se dirigeant sur l'Iller me fut signalée, et j'acquis la conviction que le gros de l'ennemi se tournait vers nous et voulait avant tout se mettre en possession d'Ulm; pour tenir cette ville, il fallait 12,000 à 15,000 hommes, c'est-à-dire le maintien du corps de Schwarzenberg. »

« Le premier projet, rédigé le 12 avant midi, avait été de diriger le corps de Werneck sur Geislingen le jour même, d'y prendre position le 13 et d'envoyer de gros partis vers Stuttgard et peut-être jusqu'au Rhin, tandis que le 13 au matin, les deux corps de Riesch et de Schwarzenberg devaient attaquer le corps de Ney et passer au delà du Danube ou le long du fleuve. Le second projet fut, puisque ce corps de Ney avait pris position à Langenau et, disait-on, y avait reçu des renforts, de l'y attaquer le 13 au matin; et à ces deux projets, j'avais ajouté qu'après qu'on aurait éloigné l'ennemi qui se trouvait sur la rive gauche, la réserve d'artillerie et les convois fileraient d'Ulm sur Heidenheim et plus loin encore s'il le fallait; que le corps de Jellachich occuperait Ulm et agirait sur la rive droite contre l'ennemi qui viendrait peut-être de Günzbourg, et dont on supposait toujours les vues dirigées surtout vers les Russes, tandis qu'il ne songeait, en se tenant sur le Lech, qu'à nous séparer de ces derniers, et semblait vouloir nous occuper près d'Ulm par un corps d'armée. Alors se manifesta la nécessité d'une troisième disposition, toute différente, car l'apparition surprenante d'une forte colonne se dirigeant sur l'Iller obligeait à renvoyer vivement le corps de Jellachich sur la rive gauche de cette rivière pour se retirer sur le Vorarlberg s'il le fallait; en revanche, la retraite de Ney au delà du Danube permettait de faire partir la réserve d'artillerie et les convois sur-le-champ, et on y était poussé par ce fait que l'ennemi semblait vouloir passer le Danube en amont, ce qui aurait compromis le départ ultérieur de nos équipages; pour leur sécurité, la surveillance de la rive gauche du Danube jusqu'à Heidenheim fut confiée au corps de Riesch, et la position de Werneck fut fixée à Heidenheim.

« Des quatre corps d'armée, celui de Schwarzenberg resterait donc seul à Ulm ou plutôt au delà d'Ulm sur la rive droite; il devait reconnaître le 13 la colonne ennemie de Weissenhorn, et le 14, laisser à Ulm le général Richter avec une garnison, puis s'avancer jusqu'à Albeck sur la route d'Heidenheim. On était encore dans le doute sur le but et les intentions de la colonne ennemie de Weissenhorn, et même de sa force, que l'on ne connaissait que par des rapports d'avant-postes et d'agents. Il était important d'être complètement renseigné à ce sujet, de savoir si cette colonne avait seulement le projet de nous couper le chemin du Tyrol au moyen du corps de Ney, tenu sur la rive droite du Danube; peut-être fallait-il rappeler les troupes déjà mises en route pour tenter une attaque. La supposition faite jusqu'alors, que le gros de l'ennemi était en face des Russes, restait-elle vraisemblable, ou bien découvrirait-on des projets différents de l'ennemi par la situation de cette colonne et son renforcement, qui continuait peut-être? Ce sont ces motifs qui portèrent, dans la nuit du 12 au 13, à ajouter à l'ordre un supplément prescrivant cette reconnaissance par le corps de Schwarzenberg, qui d'ailleurs ne pouvait pas se porter le jour même sur Heidenheim à cause de la longueur des équipages engagés sur la route unique, rendue très difficile par les pluies. »

Mack ordonna donc le départ sur la rive gauche dans

la nuit du 12 au 13 (1). D'après ce projet, Werneck devait se porter le 13 jusqu'à Heidenheim ; la réserve d'artillerie le suivrait et se porterait le 14 sur Nördlingen. Les trains partiraient d'Ulm le 13 à 4 heures du soir, passeraient la nuit à Albeck, et arriveraient du 14 au 15 à Nördlingen.

Riesch détacherait la moitié de son corps d'armée, sous les ordres du général Loudon, du côté de Gundelfingen, avec mission de détruire tous les ponts. Le 14, ce détachement continuerait jusqu'à Höchstædt, observerait les débouchés de Donauwœrth, et attendrait là

---

(1) Le 12 se passe à dérouiller les fusils et à dévorer les bourgeois d'Ulm, notre unique ressource, car, à l'exception des réquisitions partielles et journalières, on ne pensait pas le moins du monde à établir des magasins. Le temps affreux qui ne cesse de nous persécuter depuis huit jours nous replace à l'époque désastreuse de la campagne de Champagne.

Le 13, l'armée se met en mouvement sur trois colonnes. Celle de gauche, sous les ordres de Werneck, traîne avec elle toute l'artillerie de réserve arrivée à Ulm l'avant-veille, ainsi que les bagages, les pontons, et se dirige sur Heidenheim ; celle du centre, commandée par Riesch, marche le long du Danube vers Elchingen et Langenau ; celle de droite, ayant à sa tête le prince de Schwarzenberg, a l'ordre de se porter sur la route de Memmingen pour découvrir et observer les mouvements de l'ennemi sur cette rive du Danube. Le corps de Jellachich reçoit en même temps une instruction par laquelle il doit remonter l'Iller sur sa rive gauche et en détruire les ponts. On voit que de notre pivot nous nous prolongeons vers des directions diverses. L'ordre général de l'armée annonçait que c'était pour poursuivre l'ennemi battu. Quel en fut le résultat ?

D'Ulm à Elchingen on compte deux lieues. La colonne du centre y arrive après quatorze mortelles heures, pendant une pluie à verse et à travers des chemins à peine praticables. L'avant-garde de cette colonne trouve Elchingen occupé par quelques troupes légères qu'elle en déloge, et s'y établit. On mine en partie le pont du Danube en cet endroit, et on y place quelques bataillons avec six pièces de canon pour défense. (*Relation de la prise d'Ulm*, par M. D..., capitaine d'état-major au service d'Autriche.)

de nouveaux ordres. Si Donauwœrth n'était occupé que faiblement, on en profiterait pour jeter une nombreuse cavalerie entre le Lech et l'Isar et inquiéter ainsi les derrières de la principale armée française. Quant à Riesch, il devait passer par Elchingen et avoir son quartier général le 14 à Gundelfingen. Si Donauwœrth était occupé sérieusement, il rejoindrait alors le gros de l'armée.

Schwarzenberg devait masquer ce départ en exécutant une reconnaissance offensive sur Weissenhorn le 13 avec une partie de son corps d'armée. Traversant Ulm dans la nuit suivante, il irait camper le 14 à Albeck et Langenau.

Jellacic n'aurait qu'à se retirer sur Lindau le plus vite possible, et il ne resterait à Ulm qu'une garnison de 5 à 6 bataillons et 4 escadrons sous le général Richter.

Le quartier général de l'armée autrichienne se trouverait le 14 à Hausen, sur la route d'Heidenheim.

Selon son usage, Mack avait fait précéder ce plan d'une nouvelle organisation de l'armée.

Jellacic était parti avec 4 bataillons de Stein, 3 bataillons 1/4 de Jellacic, 1 bataillon de Beaulieu (grenadiers), 3 compagnies de chasseurs de Chasteler, 2 escadrons de hussards de Blankenstein, 2 escadrons de chevau-légers de Rosenberg. Il devait trouver près du lac de Constance Wolfskeel avec 2 bataillons de Beaulieu et 2 escadrons de chevau-légers de Klenau. Il devait aussi appeler à lui la garnison de Memmingen, comprenant le corps venu d'Italie avec Spangen (5 bataillons de Mitrowski, 5 de Czartoriski, 1 de Beaulieu, et 1/2 escadron de hussards de Blankenstein) mais elle capitula le 13 au soir.

Le général Mayer, qui couvrait sur la gauche la colonne de Jellacic dans sa route sur Laupheim, et devait couper tous les ponts de l'Iller, se heurta, le 13, près d'Oberkirchberg, à un détachement français, qu'il parvint à rejeter au delà de l'Iller ; mais les Français avaient passé plus bas, coupant ainsi d'Ulm 4 escadrons de hussards de Blankenstein et 2 escadrons de chevau-légers de Rosenberg, qui se joignirent à Mayer et arrivèrent le soir avec lui à Ochsenhausen.

Werneck avait reçu le commandement de trois divisions. Son avant-garde (généraux-majors Vogel et O'Donnell) comprenait 4 bataillons de Spork et 5 de Kaunitz, 3 compagnies de chasseurs de Chasteler, et 6 escadrons de chevau-légers de Rosenberg.

Le gros (général Baillet, avec les généraux-majors Hohenfeld, Weber et Rohan) comprenait 3 bataillons de chacun des régiments Stuart, Wurtemberg, Reuss-Greitz (1) et Reuss-Plauen, 4 escadrons de chevau-légers de Latour et 6 escadrons de hussards palatins.

La réserve (général Hohenzollern, avec les généraux-majors Sinzendorf et Dienersberg) comprenait les 4 bataillons de grenadiers de Spork, Stuart, Reuss-Greitz et Reuss-Plauen.

Parti d'Ulm le 13 à 6 heures du matin, Werneck poussa son avant-garde jusqu'à Heidenheim, et son gros jusqu'à Herbrechtingen.

Le corps de Riesch était divisé en deux colonnes : la première (Loudon) se divisait en une avant-garde (Cobourg) forte de 4 bataillons du régiment Archiduc-Louis (2) et 2 escadrons de hussards de Blankenstein ; le gros (Ghenedegg), comprenant 4 bataillons de Riese, 4 d'Archiduc-Maximilien, et 2 escadrons de cuirassiers Hohenzollern ; et une réserve (général d'Ulm) compre-

---

(1) Ce régiment, à peu près anéanti à Wertingen, ne comptait que 200 hommes.

(2) Les trois premiers, depuis le combat de Günzbourg, ne comptaient plus au total que 200 fusils.

nant 3 bataillons de Froon et 1 de Colloredo (grenadiers), avec 2 escadrons de cuirassiers Hohenzollern.

La deuxième colonne (Hesse-Hombourg) se divisait en avant-garde (Mecsery, 4 bataillons d'Erbach, 2 escadrons de cuirassiers Archiduc-François), gros (Auersperg, 4 bataillons Archiduc-Charles, 4 bataillons Auersperg, 1 escadron 1/2 de cuirassiers Archiduc-François) et réserve (Hermann, 2 bataillons de Froon, 1 d'Auersperg (grenadiers), 1 d'Archiduc-Charles (grenadiers) et 2 escadrons de cuirassiers Archiduc-François).

Loudon partit à 10 heures du matin par la route d'Heidenheim. Peu de temps après, un ordre direct de Mack lui prescrivit de se détourner vers Elchingen pour gagner Gundelfingen. Riesch, partant à deux heures, reçut aussi l'ordre de suivre cette route. Le but de cette modification était de couvrir l'armée (?) pendant sa marche sur Heidenheim. Le résultat fut de jeter Loudon et Riesch dans de véritables fondrières, d'où ils ne purent se dégager, de manière à atteindre le soir les localités indiquées, et d'attirer plus fortement l'attention de Napoléon sur ce point d'Elchingen, qu'il avait déjà ordonné de faire occuper.

Le chemin que Riesch fit prendre à sa colonne était celui de Thalfingen, qui longeait le Danube (1). Défoncé et à moitié rompu par les pluies, ce chemin offrit de grosses difficultés au passage des troupes, qui avaient parfois de l'eau jusqu'à la ceinture; mais ce fut bien autre chose pour les voitures. A un tournant, le chemin

---

(1) Mack dit, dans son *Mémoire justificatif*, que l'ordre à Riesch portait en propres termes : « Le sol étant défoncé, on marchera non pas le long du Danube, mais à quelque distance, sur un chemin plus praticable, et on enverra seulement des partis le long de la rive gauche. » Nous n'avons rien trouvé de semblable dans les pièces qui nous ont été obligeamment communiquées aux Archives de Vienne.

s'écroula dans le Danube, entraînant un caisson avec ses attelages. Les pièces restaient embourbées, et, après quatorze heures de marche, on ne faisait qu'approcher d'Elchingen ; on avait avancé de deux lieues.

Loudon, qui avait marché d'abord par Haslach, s'était rabattu sur Elchingen par les chemins, très mauvais, mais assez résistants, du plateau d'Albeck, et il était arrivé le soir à Elchingen.

Il avait rejeté les avant-postes de la division Loison sur la rive droite, et avait envoyé 4 bataillons et 2 escadrons à Riedheim pour observer le pont de Leipheim. Riesch ne se crut pas assez fort pour s'emparer définitivement des deux ponts, et il tenait à ne pas attirer l'attention des Français.

Pendant que Werneck et Loudon s'éloignaient d'Ulm, Mack prenait des dispositions toutes différentes.

Le général Mecsery, qui commandait les avant-postes sur la rive droite du Danube et se trouvait alors à Oberkirchberg, envoyait rapports sur rapports pour annoncer l'arrivée de fortes colonnes ennemies en différents points de la vallée de l'Iller, surtout par les routes de Leipheim, Weissenhorn et Pfaffenhofen. Les prisonniers et les déserteurs français déclaraient que toute l'armée était là ! Vers midi, Mecsery fut attaqué, et ne réussit qu'avec peine à se maintenir sur la rive droite de l'Iller. Enfin on apprit que tout le corps de Ney était passé sur la rive droite du Danube.

Vers 10 heures du matin, l'espion Schulmeister était venu annoncer à Mack que Napoléon portait une partie de ses forces sur Memmingen et Kempten pour couper à la garnison d'Ulm sa dernière retraite, pendant que le reste des troupes françaises s'étendait vers Elchingen et Albeck pour s'emparer des hauteurs qui dominent Ulm. Schulmeister répondait sur sa tête de l'exactitude de cette nouvelle, mais Mack ne jugea même pas à propos de la faire vérifier.

Une conversation de table d'hôte, rapportée comme telle et sans aucune garantie par le commissaire supérieur Steinherr, lui plut d'autant plus qu'elle était plus romanesque et plus invraisemblable : Ce Steinherr, qui revenait de Stuttgard, y avait entendu, à la table de l'hôtel où il logeait, deux petits fonctionnaires wurtembergeois, le maire de Münsingen et le régisseur de l'hôpital de Blaubeuren, qui, s'extasiant sur le grand nombre de courriers que Napoléon avait reçus dans les derniers jours, donnaient carrière à leur imagination : il fallait, disaient-ils, que les Anglais eussent débarqué à Boulogne, et qu'une révolution contre l'Empereur eût éclaté quelque part en France.

Ces propos, répétés par Steinherr à son retour de Stuttgard, furent un trait de lumière pour Mack. Il raconte ainsi l'impression qu'il en reçut :

« Si l'ennemi voulait s'emparer d'Ulm, c'est par la rive droite qu'il pouvait le moins bien y parvenir, puisque la place est tout entière sur la rive gauche ; s'il voulait réaliser l'investissement de l'armée, il fallait être au moins aussi fort sur la rive gauche que sur l'autre, et s'avancer parallèlement des deux côtés. Il fit tout le contraire, et sa marche sur l'Iller en plusieurs colonnes, contrastant avec son inaction de l'autre côté, donnait plutôt l'impression d'une marche en retraite que d'une offensive ; car une armée songeant à se retirer du Lech sur le Rhin se conduirait certainement de cette façon si elle savait un corps ennemi en position à Ulm : elle aurait bien moins à craindre les attaques de son adversaire, obligé de passer d'abord des ponts qu'elle peut observer ou couper, que s'il pouvait lui tomber dessus dans toutes les directions, ce qui serait le cas du côté où se trouve Ulm.

« Plongé dans mes réflexions sur ce qu'il y avait d'extraordinaire dans ces mouvements de l'ennemi, et sur ses projets, je reçus dans la journée la visite du baron Steinherr, commissaire supérieur impérial (K.K. Ober-landescommissair) qui me raconta qu'il tenait de la bouche d'un fonctionnaire wurtembergeois, très bien pensant et digne de foi, revenu récemment de Stuttgard, cette nouvelle importante, que peu de jours auparavant neuf courriers envoyés à l'Empereur des Français étaient passés à Stuttgard dans la même journée, et que l'on se racontait secrètement que les Anglais avaient débarqué à Boulogne, s'étaient emparés de ce port, et qu'une révolution avait éclaté quelque part.

« Si les mouvements de l'ennemi avaient été le moins du monde en contradiction avec ces nouvelles, je les aurais considérées comme un bruit sans importance. Mais ils se conciliaient si bien avec elles que je me laissai aller à croire à leur vraisemblance, d'autant plus facilement que, si un moment avait été favorable à un débarquement des Anglais ou à l'explosion des complots secrets d'un parti, ce devait être celui où Bonaparte avait subitement retiré du pays et porté au delà du Rhin tout ce qu'il avait de troupes mobiles et utilisables. Cette nouvelle ne pouvait pas, d'ailleurs, être considérée comme un bruit propagé volontairement par l'ennemi, car il ne provenait pas des camps ni des états-majors de ses armées, mais de la résidence d'un Électeur que Bonaparte avait contraint à s'allier avec lui. Ce qui renforçait plus encore ma conviction, c'est la nouvelle indubitablement établie, que quelques milliers d'hommes de troupes wurtembergeoises, qui avaient déjà été mises en mouvement d'Esslingen sur Geislingen, avaient reçu tout à coup l'ordre de rebrousser chemin, et enfin le bruit général, et non moins croyable, que la Prusse, exaspérée par la violation de sa neutralité, allait déclarer la guerre d'un moment à l'autre (1). »

---

(1) Mack. *Hauptrelation über den Feldzug* 1805.

« Dès le premier moment, la marche rétrograde de l'ennemi m'avait paru étrange. S'il avait des vues sur Ulm et sur notre armée, pourquoi avait-il donné, quelques jours avant, la mission à un seul corps d'armée d'enlever cette place, quand il aurait été bien plus sûr d'y réussir avec toutes ses forces, et n'était pas dans la nécessité de sacrifier un de ses corps à une espérance incertaine ? De tels sacrifices ne se font que lorsqu'on y est forcé pour sa propre sécurité, pour échapper à de gros dangers ou à une ruine complète (1). »

Le 14 au matin, un ordre général annonçait aux troupes restées dans Ulm (mais non à celles qui étaient déjà parties) que les Français étaient en pleine retraite vers le Rhin en trois colonnes, l'une (Soult) passant par Memmingen, la seconde par Illertissen, et la troisième (Bernadotte), par Donauwœrth. La colonne du centre, après avoir passé l'Iller, se porterait sans doute sur Ehingen et Riedlingen pour prendre la route de Strasbourg. Il s'agissait de poursuivre ces colonnes, et chacun des corps d'armée autrichiens devait constituer à cet effet deux corps légers, pour harceler une des colonnes françaises l'un sur ses derrières, l'autre sur ses flancs. Le général Jellacic devait s'attacher à la colonne de Memmingen, Schwarzenberg et Werneck à celle d'Illertissen, Kienmayer et Riesch à celle de Donauwœrth.

Schwarzenberg devait se diriger, par Geislingen, sur Stuttgard ; Werneck devait s'y porter aussi à marches forcées, et tâcher d'y devancer l'ennemi de manière à l'obliger, si possible, à déposer les armes.

Kienmayer devait poursuivre Bernadotte l'épée dans les reins, et le harceler sur son flanc droit ; Riesch se chargerait du flanc gauche. La réserve d'artillerie serait renvoyée à Ulm.

---

1) Mack. *Punktationen zu meiner Relation.*

C'est ce que Mack, plus tard, appela : « son rêve ».

Une lettre qu'il avait écrite quelques heures auparavant à son chef d'état-major provisoire, le général Gyulay, prouve qu'il avait eu un instant l'idée d'attaquer Napoléon à Weissenhorn, mais qu'il avait abandonné bientôt ce plan pour projeter la poursuite des trois colonnes françaises par trois corps autrichiens (1).

Nous ne pouvons nous abstenir de discuter ici la question, très importante, du rôle joué par l'espion Schulmeister.

On a été, autrefois, jusqu'à prétendre que Schulmeister avait été le plus puissant agent de la capitulation d'Ulm ; qu'ayant la confiance de Mack, il l'avait décidé à demeurer autour d'Ulm en le trompant sur la

---

(1) *Mack à Gyulay.*
13 octobre.

Bonaparte arrive à Weissenhorn avec une colonne principale ; il a la plus grande peine, à cause des difficultés du terrain, à parvenir jusqu'à l'Iller, qu'il veut traverser. Un regard sur la carte convainc qu'il n'aurait pu se hâter sans folie d'arriver à Weissenhorn pour revenir ensuite sur Günzbourg et passer le Danube par un long détour. De Günzbourg ici, le passage est tout à fait impossible à cause de la difficulté du terrain.

Ce que nous devrions faire serait de l'attaquer à Weissenhorn, ou du moins le jour où il passera l'Iller. Peut-être ne le passera-t-il pas encore demain, car il est très vraisemblable qu'il voudra d'abord prendre Memmingen pour faire évacuer sur la rive gauche de l'Iller la colonne qui aura passé là, et faire couvrir ainsi son propre passage. Ce serait l'instant le plus favorable pour l'attaquer, et lui-même rira de nous, du moins dans son for intérieur, si nous ne le faisons pas.

La colonne qui s'avance de Memmingen, et le silence sur la rive gauche du Danube, sont les probabilités les plus persuasives de sa retraite. Du moins nous devons penser pour le moment à troubler la continuation de sa retraite ou la rendre aussi terrible pour lui qu'il le mérite. Notre armée doit atteindre le Rhin avec lui, peut-être le passer quelque part avec lui, surtout si une révolution avait éclaté.

MACK, *m. p.*

nature des mouvements de notre armée, et en lui parlant d'une descente des Anglais, etc. C'est là une légende très piquante, à coup sûr, mais qu'il faut rejeter définitivement.

Mack se défend lui-même, d'ailleurs, d'avoir accordé quelque confiance à Schulmeister :

« Qui a donné cet espion pour un de mes meilleurs? Pas moi assurément; j'ai dit au contraire qu'il m'avait un jour inspiré des soupçons par hasard, comme il demandait un renseignement sur nos troupes, et que j'avais prié qu'on interrogeât le F.M.L. Klenau, à cause de la méfiance que cet homme m'inspirait.

« Qu'était-il, cet espion? Un homme qui servait pour de l'argent, et non un sujet de Sa Majesté.

« La prétendue garantie donnée par sa personne pouvait-elle avoir la moindre importance? Non, car il lui restait toujours pour excuse que l'ennemi avait changé ses dispositions ou ses projets, et il savait bien qu'alors on ne l'aurait pas pendu. Mais dans cette vilaine chose il s'en cache une autre plus vilaine encore, que je vais me hâter de découvrir. L'Archiduc commandant en chef avait établi, aussitôt après son arrivée, un nommé Wendt comme une espèce de directeur de l'espionnage avec le titre et le rang de capitaine ; cet homme lui avait été recommandé, comme je me rappelle le lui avoir entendu dire à lui-même, par Son Altesse Impériale l'Archiduc ministre de la guerre, en personne, ou par quelqu'un de sa suite. De son existence antérieure, je ne savais rien. Ce soi-disant capitaine se pourvut donc d'espions, obtint l'argent nécessaire et adressa ses rapports à l'Archiduc commandant en chef et à moi. C'est de lui qu'émane cette accusation.....

« Ainsi le meilleur espion était, à vrai dire, le meilleur espion de ce Wendt..... Sur l'original de la main de ce Wendt, du 15 au matin, jour de l'investissement, j'ai prouvé que lui-même, dans le dernier rapport fourni avant l'investissement, ne disait pas une syllabe qui pût en faire présager l'imminence, mais terminait par ces mots : « Le pont de Gögglingen a été rétabli cette nuit ; l'ennemi doit avoir l'intention de se diriger par là sur Blaubeuren ». Il me confirmait donc lui-même dans mon opinion jusqu'à la dernière minute, car Blaubeuren est à trois milles à gauche, en avant et sur le côté d'Ulm, sur la route de cette ville à Stuttgard, par Urach ».

Les documents ont établi de la manière la plus formelle que, dès le début des opérations, Mack songeait à laisser l'armée française s'enfourner en Bavière pour déboucher sur ses communications et la prendre à revers pendant que les Russes l'attaqueraient de front. C'est ainsi qu'il fut amené à prendre près d'Ulm la position de flanc où il succomba. Longtemps après, un autre officier de fortune, devenu aussi commandant en chef d'une grande armée, prit de propos délibéré une position de flanc où il eut le même sort que Mack. Tous deux furent flétris, en somme, pour avoir recouru à cette « couverture indirecte » où l'on voit le symptôme de la plus brillante révolution stratégique quand il s'agit de Valmy.

Ce n'est pas Schulmeister, on l'a vu, qui a donné à Mack de fausses indications sur les opérations des Français : au contraire, il l'a admirablement renseigné, et c'est malgré ses avis que Mack a été induit en erreur.

Reste un second point à élucider : Schulmeister était-il au service de Napoléon dès le début de la campagne, et a-t-il fonctionné comme espion double jusqu'à la capitulation de Mack ? Ici, il est impossible de donner une réponse positive. Un historien très bien renseigné (1), après avoir consulté toutes les pièces et tous les textes connus, arrive à une conclusion contraire à celle que

---

(1) Müller. *L'espionnage sous Napoléon I*ᵉʳ. 1896.

nous allons formuler ; en somme, on peut émettre une opinion, mais on n'a aucune certitude.

Schulmeister a été expulsé de Strasbourg, dans l'été de 1805, par l'autorité civile, et ce n'est pas là une peine fictive, destinée à lui donner accès auprès de l'ennemi : son premier soin, dès qu'il rentre en faveur auprès de Savary, est de demander la révocation d'une mesure qu'il déclare injuste.

Jusqu'au 16 octobre, nous ne trouvons pas trace de relations entre Schulmeister et les généraux français, et Napoléon manque de renseignements.

Entre temps, Schulmeister est entré au service de Mack et le renseigne exactement. Le 13, c'est lui qui donne une juste appréciation de nos mouvements ; mais il est envoyé aussitôt à Stuttgard pour vérifier les propos de taverne auxquels Mack a prêté plus de crédit. A cette date, il n'y a plus d'illusion à se faire, pour un observateur aussi clairvoyant que Schulmeister, sur le sort qui attend l'armée autrichienne. Il se rend donc auprès de Savary, et abandonne définitivement le service autrichien ; mais on comprend que le rôle qu'il y a joué, les prédictions qu'il y a faites, ont dû le laisser en bonne posture pour se représenter plus tard au quartier-général des Alliés.

Sa lettre du 21 à Savary annonce qu'il a écrit le 17 à Murat. Rien n'indique que leurs relations aient commencé seulement à cette époque. Peut-être dataientelles, comme le pense M. Müller, du début de la campagne. Il y a cependant deux motifs pour supposer que Schulmeister vient seulement de s'entendre avec Savary le 16, et très sommairement. Le premier, c'est la série des demandes que l'espion fait à son protecteur, et qui auraient sans doute été faites antérieurement : ses lettres du 17 et du 21 ont bien l'air d'une entrée en matière. Puis il y a la coïncidence des dates : c'est le 13 que Mack envoie Schulmeister à Stuttgard, et c'est le 14 ou le 15 que ce dernier, convaincu évidemment de la prochaine destruction de l'armée autrichienne, s'abouche avec Savary.

Nous admettons donc, sans oser l'affirmer, que Schulmeister, expulsé de France au mois d'août, a joué le rôle d'espion auprès de Mack jusqu'au 13, et qu'il n'est entré que le 14 ou le 15 au service de Savary.

Très bien renseignés sur les mouvements de nos armées, les Autrichiens savaient que Dupont était réfugié derrière la Brenz, et que tout le reste du corps de Ney se trouvait sur la rive droite du Danube, entre Günzbourg et Ulm. Ils ne prévoyaient pas que cette situation, résultat d'ordres plus ou moins bien interprétés, allait être modifiée au premier instant par un vigoureux coup de barre de Napoléon, et ils se croyaient en toute sécurité sur les hauteurs d'Elchingen et d'Albeck.

« Le 13 au soir, dit Mack, j'eus quelques discussions avec le F.M.L. prince Schwarzenberg et ensuite avec le F.M.L. Gyulay, qui, tous deux, et surtout le premier, insistaient pour que je consentisse au départ du corps Schwarzenberg pour le lendemain ; j'étais assez perplexe à ce sujet, la présence du gros des forces ennemies, en marche vers l'Iller, m'ayant été confirmée, car la présence de ce corps à Ulm devenait nécessaire pour la défense de la place. Sur ces entrefaites, la discussion se porta sur la conviction que j'avais de la retraite de l'ennemi, qu'ils avaient *déclarée*, mais non *démontrée* inexacte ; je la croyais possible parce que je savais que notre cabinet avait demandé instamment un débarquement de troupes anglaises, aussi nombreuses que possible, à Boulogne. La nouvelle, apportée le 15 après-midi par le commissaire (ober-landescommissair) baron Steinherr, m'en parut d'autant plus croyable « qu'il avait reçu en même temps de la bouche d'un fonctionnaire würtembergeois, bien pensant et digne de foi, qui était tout récemment à Stuttgard, qu'il était passé quelques jours auparavant neuf courriers dans un seul jour par Stuttgard pour l'empereur des Français, et qu'on racontait là en secret que les Anglais avaient débarqué à Boulogne, s'étaient emparés de ce port, et qu'une révolution avait en même temps éclaté quelque part ». Une autre nouvelle sûre paraissait concorder avec celle-ci, notamment que quelques milliers de Würtembergeois, qui venaient de s'avancer d'Esslingen sur Geislingen, avaient reçu tout à coup l'ordre de rebrousser. A cela s'ajoutaient mes fermes espérances en une prochaine déclaration de guerre de la Prusse, qui aurait été certainement capable de faire réfléchir l'ennemi, surtout si les Saxons et les Hessois, en tout 250,000 hommes de nouveaux ennemis, s'étaient dressés contre lui. Il pouvait d'ailleurs croire la première armée russe, arrivée sur l'Inn, plus forte qu'elle n'était, et la deuxième plus avancée, ainsi qu'elles auraient dû l'être d'après les traités ; il ne devait pas savoir non plus exactement la force de nos troupes arrivées sur l'Inn, et pouvait se l'exagérer. De telles considérations, l'étrangeté que je croyais trouver dans les mouvements de l'ennemi, mais surtout dans cette évacuation subite de la rive gauche du Danube, me firent considérer d'abord la retraite comme très vraisemblable, et aussitôt les contradictions non motivées, simplement négatives, qu'on m'avait opposées à ce sujet, m'amenèrent à la considérer comme plus vraisemblable encore, car tel est le sort habituel des hommes qui sont troublés dans de profondes réflexions et combinaisons, en faisant leur devoir, par des représentations qu'ils n'ont ni autorisées, ni demandées, ni sollicitées, surtout quand celles-ci prennent en outre un caractère impérieux, comme ce fut le cas avec le F.M.L. prince Schwarzenberg, à un tel point que je dus enfin passer du ton amical à celui du service. »

XX

Le 14, au point du jour, Riesch détache le régiment Archiduc-Maximilien avec deux escadrons d'Hohenzollern-cuirassiers, sous le colonel Biber, pour surveiller le pont de Leipheim et le détruire, s'il en était temps (1). Le colonel Biber, au lieu d'aller jusqu'au pont avec toute sa troupe, n'y envoya qu'un bataillon, et s'arrêta à la ferme de Weissingen avec le reste de son détachement. Le bataillon poussé en avant trouva près de Riedheim un parti français auquel il fit quelques prisonniers; ceux-ci lui ayant appris que le pont de Leipheim était gardé, il s'arrêta à Riedheim.

Riesch, après avoir rendu compte de la situation à l'Archiduc, résolut de se remettre en marche avec toutes ses forces pour couvrir d'autant mieux le mouvement de l'armée. Il envoya un officier à la recherche de Mack et de l'Archiduc sur la route d'Ulm à Hausen.

---

(1) D'après le *Mémoire justificatif* de Mack, Riesch avait reçu l'ordre suivant :

« Le F.M.L. Riesch prendra, demain 14, son quartier général à Gundelfingen, le F.M.L. Loudon à Höchstædt; le grand quartier général sera à Hausen..... Le F.M.L. Riesch passera la nuit à Elchingen avec le reste de ses troupes; demain 14, de bonne heure, son infanterie sera déployée le long du Danube jusqu'à Gundelfingen, et il fera pourvoir avec le plus grand soin à ce que tous les ponts soient rompus et détruits; il fera opérer la destruction de telle sorte qu'il soit impossible de rétablir le passage de sitôt. »

Riesch avait écrit, le 13 au soir : « Comme l'ennemi tient fortement le pont d'Elchingen de son côté, et n'a enlevé que quelques planches du tablier près de la rive droite, j'ai fait prendre toutes les mesures préparatoires pour couper ce passage. Reste à enlever le pont de notre côté, mais comme on ne peut y arriver sans un engagement général, j'attends à ce sujet de nouveaux ordres. »

Mecsery partit en avant par Langenau avec quatre bataillons et cinq escadrons pour tâter le terrain et observer Dupont ; Loudon devait le suivre de près avec dix bataillons, et Riesch partirait le dernier avec dix bataillons et sept escadrons et demi.

Au moment où Mecsery quittait Elchingen, des troupes françaises passaient le pont de Leipheim. Le bataillon avant-garde du colonel Biber se replia de Riedheim sur Weissingen, annonçant que c'était une colonne considérable, et qu'elle marchait sur Langenau.

Peu de temps après, le maréchal Ney arrivait au pont d'Elchingen, qui était défendu par deux bataillons avec deux pièces de canon. Riesch, averti de cette attaque, envoya seulement de ce côté un renfort de deux autres bataillons avec quatre pièces, pour tenir jusqu'à la dernière extrémité. Ces bataillons, dit le général Schönhals, s'acquittèrent mal de leur mission, et lâchèrent pied après un semblant de résistance. Le 39ᵉ régiment d'infanterie française déboucha le premier, suivi par le reste de la division Loison. Notre cavalerie légère se porta vers la droite, et tomba sur le détachement du colonel Biber, qui revenait de Weissingen. L'ayant pris en flanc et à dos, elle le détruisit ou le dispersa presque entièrement ; les deux escadrons de cuirassiers parvinrent à s'échapper sur Elchingen, et cinq compagnies, derniers débris du régiment Archiduc-Maximilien, allèrent rejoindre Werneck près d'Hausen.

Quand Riesch vit les Français passer sur le pont d'Elchingen, il jugea qu'il n'était plus en son pouvoir d'éviter un combat sérieux. Il envoya l'ordre à Mecsery et à Loudon, qui se trouvaient déjà, l'un à Langenau et l'autre à Œttingen, de revenir au plus vite. Il rangea son infanterie derrière le chemin d'Elchingen à Œttingen, sa droite au bois en arrière d'Elchingen ; il mit dans ce bois deux bataillons, et laissa un bataillon de Froon et un bataillon Archiduc-Charles dans Ober-Elchingen.

Les sept escadrons et demi furent chargés de couvrir son aile gauche, sur laquelle il espérait que Mecsery et Loudon viendraient s'appuyer, bien qu'on eût annoncé l'approche d'une nombreuse cavalerie française du côté de Langenau. Une demi-batterie à cheval appuyait cette aile gauche, l'autre demi-batterie tirait sur le pont.

Il était alors 9 heures du matin, et, bien que le gros du corps d'armée de Riesch fût déjà dans Elchingen depuis la veille, la queue et les traînards défilaient toujours sur le chemin de Thalfingen. Les pièces embourbées, qu'on venait à peine de remettre en marche, furent braquées de là sur la tête de colonne des Français.

Les quatre bataillons chargés de la défense du pont s'étaient vite repliés sur Elchingen. Le prince de Hesse-Hombourg et le commandant d'état-major Kapler, en s'efforçant de ranimer leur courage et de les reporter au combat, furent grièvement blessés.

L'infanterie française, pénétrant alors dans le village, s'en empara maison par maison et atteignit la lisière Nord ; elle essaya d'en déboucher, mais fut arrêtée à la Briqueterie par les feux de salve de la ligne ennemie.

Riesch résolut alors de reprendre l'offensive, mais apprenant par Mecsery que des forces françaises importantes, surtout en cavalerie, arrivaient par Langenau, il y renonça et ne songea plus qu'à assurer sa communication avec le gros de l'armée, qu'il supposait déjà éloigné d'Ulm (1).

---

(1) On a reproché à Mack d'avoir laissé ignorer à Riesch les nouveaux ordres donnés le 14 au matin à Schwarzenberg. Il a répondu, dans son *Mémoire justificatif*, que c'était une affaire de chancellerie qui aurait dû se faire sans son intervention; que d'ailleurs, Riesch n'avait à connaître que le départ de Werneck pour Heidenheim, que de toutes façons c'est de ce côté-là qu'il convenait de faire sa retraite. Mack juge en outre que Riesch avait tort d'envoyer ses rapports à Hausen le 14 dans la matinée; même en exécutant l'ordre du 13, le grand quartier-

A la fin, il envoya le régiment de Riese vers Albeck et ordonna au général Mecsery de se rapprocher, mais déjà nos dragons avaient bousculé les cinq escadrons de ce général et chargeaient le reste de la cavalerie autrichienne, dont les escadrons ne comptaient guère chacun qu'une cinquantaine de chevaux épuisés.

Le général Hermann, qui commandait cette cavalerie, repoussa quatre charges et parvint jusqu'à notre infanterie, à laquelle il enleva deux compagnies. Mais bientôt, accablé par le nombre, il fut pris et sa troupe dispersée

---

général et Schwarzenberg ne pouvaient être encore très loin d'Ulm à ce moment :

« Le corps de Schwarzenberg, d'après l'ordre général, devait partir le 14, à 10 heures du matin, pour Albeck. Si forte que fût devenue ma résolution, de faire tenir Ulm par le corps de Schwarzenberg, je ne pouvais cependant pas considérer comme certain que je ferais réellement le lendemain ce que j'avais décidé le jour même pour le lendemain. Si Riesch avait connu l'ordre véritable, il ne pouvait pas se tromper le 14 au matin, quand il fut attaqué, mais il devait savoir pertinemment que le corps de Schwarzenberg se trouvait encore à Ulm *à ce moment-là*. S'il ne le savait pas, et s'il pensait que ce corps était parti le 13, il fallait d'autant plus prendre sa retraite sur la route d'Heidenheim et vers Heidenheim.

« Quant au quartier-général, je ne pensais pas, le 13, qu'il dût rester à Ulm, et j'avais encore moins l'intention de l'y faire rester de mon plein gré. Sans l'événement si inattendu et si funeste qui frappa le corps Riesch le lendemain matin, le quartier-général aurait été ce jour-là, non seulement à Hausen, mais même jusqu'à Heidenheim, le corps Schwarzenberg étant resté à Ulm ; de la sorte, ayant rejoint Werneck, nous aurions tenté avec les corps de Werneck et de Riesch, moins forts à la vérité, ce que les circonstances auraient permis : soit de tomber sur l'ennemi, que l'avant-garde du corps de Riesch signalerait peut-être plus en aval sur la rive gauche du Danube, soit de tenir la communication ouverte avec Ulm, ou seulement d'observer et d'inquiéter l'armée qui investissait la place, ou de nous retirer devant des forces supérieures jusqu'en Bohême, en Saxe ou en Prusse, abandonnant la défense d'Ulm à sa garnison. »

La vérité, ajoute Mack, c'est qu'il n'y eut pas de retraite, mais une fuite désordonnée des troupes vers le point d'où elles étaient parties.

ou anéantie, à l'exception de deux escadrons. Mecsery se trouva ainsi entièrement coupé de Riesch et se retira sur Herbrechtingen.

Notre cavalerie, après ce premier résultat, se retourna contre le régiment d'infanterie Erbach, qui formait la gauche du corps autrichien ; mais elle le chargea en vain à deux reprises. L'artillerie autrichienne, bien servie, soutint très efficacement son infanterie dans ce combat.

Cependant le régiment Riese annonçait l'arrivée d'une forte colonne française (Dupont) par Albeck, et l'on voyait une seconde division (Malher) franchir le pont d'Elchingen et se ranger dans la plaine. Dupont s'était engagé contre l'aile gauche de l'armée autrichienne, et le combat, d'abord incertain, avait été décidé en sa faveur par l'intervention de nos dragons.

Riesch résolut alors de se retirer sur Ulm. Il pensait, comme pis-aller, rejoindre Jellacic sur l'Iller, car il croyait le reste de l'armée sur la route d'Heidenheim. Formant les carrés, et couvert par les deux bataillons qui tenaient le bois en arrière d'Elchingen, il fit sa retraite sur Haslach et Jungingen. Dans cette retraite, les régiments Erbach et Auersperg furent enfoncés par les dragons de Bourcier et pris en grande partie.

Bien que le canon dût être entendu depuis longtemps du Michelsberg et d'Ulm, c'est seulement à Haslach que Riesch trouva son collègue le prince Schwarzenberg, qui venait aux renseignements. Il apprit alors le dernier changement de plan de Mack et le maintien du grand quartier-général à Ulm.

Il avait perdu environ 4,000 hommes, tant morts que prisonniers. Aucune de ses bouches à feu n'avait été prise dans le combat, mais il en restait encore quelques-unes, embourbées dans le chemin de Thalfingen à Elchingen, que les Français devaient prendre tôt ou tard.

Le 14 au soir, le corps Schwarzenberg occupa le Michelsberg et le Geisberg. Les débris du corps de Riesch furent placés en réserve.

Toute l'artillerie de position ayant quitté Ulm avec Werneck, on ne put mettre en batterie sur les ouvrages du Michelsberg et sur les remparts de la place que des pièces de 6 et de 3 (1).

A Elchingen comme à Günzbourg, comme à Wertingen, nous trouvons l'ennemi en mouvement. Si le corps de Riesch avait été établi défensivement dans cette forte position d'Ober-Elchingen, nul doute que le succès aurait été plus difficile à obtenir. Il aurait fallu, probablement, attendre l'arrivée de notre artillerie pour pénétrer dans le village et dans l'abbaye.

Au contraire, la première résistance ayant été sur-

---

(1) Le 14, pendant que l'avant-garde de Riesch file vers Langenau, l'ennemi attaque, vers les onze heures du matin, la troupe qui gardait le pont, le rétablit, passe en colonne, emporte Elchingen et débouche de tous côtés.

Pendant que ceci se passe, le général Mecsery, destiné à maintenir la communication entre la colonne de gauche et celle du centre, envoie le rapport que toute l'armée ennemie s'avance contre nous.

L'avant-garde a à peine le temps de se replier et se trouve de tous côtés aux prises avec l'ennemi. Nos troupes, repoussées de la rive, gagnent les hauteurs; la cavalerie française attaque : on se retire en carrés. La nôtre reçoit l'ordre d'attaquer à son tour; pas un cheval n'est en état de se remuer; peu à peu on gagne la route d'Albeck; l'ennemi nous poursuit pied à pied et la colonne de Riesch continue sa marche rétrograde sur Ulm, pendant que celle de Werneck poursuit la sienne sur Heidenheim. Nous n'en avons plus entendu parler que pour apprendre sa capitulation en plein champ, dans les environs de Nördlingen, à Trochtelfingen. Pendant que ceci se passe et que les troupes, exténuées de faim, de fatigue, de misère, viennent reprendre le soir la position devant Ulm, le général Marmont replie celles qui se trouvent sur la rive droite du Danube, s'établit sur les hauteurs de Pfühl et nous comprime dans notre tête de pont. (*Relation de la prise d'Ulm*, par M. D....)

montée au passage du fleuve, grâce à notre supériorité en artillerie, la brigade Villate n'a rencontré qu'un ou deux bataillons dans Elchingen, et ils n'avaient pas encore pris position. En revanche, elle se heurte à gauche à des traînards et à des batteries restées embourbées dans la dernière marche; à droite, au détachement du colonel Biber, puis à la brigade Mecsery. Il est difficile de se retrouver au milieu du dédale que les ordres et contre-ordres de Mack et de Riesch ont produit de ce côté.

Le corps de Riesch, réduit à 7,000 ou 8,000 hommes, attend la division Loison sur le plateau. Croyant le grand quartier-général à Hausen, Riesch veut d'abord prendre sa retraite en arrière de sa gauche; il se prête donc très volontiers à la manœuvre de Ney, qui veut tourner sa droite et le couper d'Ulm.

C'est seulement à la nouvelle, donnée par Mecsery, que de fortes colonnes françaises débouchaient de Leipheim et de Langenau sur Albeck, que Riesch se décida à se retirer sur Ulm. La division Dupont qui, de son côté, ne se souciait pas d'attaquer l'ennemi, et voyait partout des forces supérieures, exerça donc une certaine influence sur le succès d'Elchingen. Quant au passage de troupes françaises sur le pont de Leipheim, le renseignement était au moins exagéré. Il ne s'agissait que des avant-postes de la Garde impériale poussés à la tête du pont. Riesch y vit une division entière, sur la foi de Mecsery, et c'est ainsi que des historiens récents de cette campagne ont cru devoir faire passer la division Malher par le pont de Leipheim.

La relation autrichienne ne contient rien qui doive faire modifier notablement celle du général Loison. La perte de 4,000 hommes sur 8,000 combattants prouve amplement que le succès fut complet, et il put l'être sans artillerie parce que Mack n'avait voulu donner à ses troupes que quelques pièces de 3.

Jellacic s'était dirigé sur Memmingen, pour appeler à lui la brigade Spangen, mais en approchant de cette place, il entendit le canon; arrivé à Leutkirch le 13, à 10 heures du soir, il poussa le bataillon de grenadiers de Beaulieu vers Memmingen, par Aitrach, pour avoir des renseignements, et le 14 au matin, il apprit que Spangen avait capitulé. Il se retira donc vers le Vorarlberg, par Wangen, laissant encore Wolfskeel à Ravensburg, et la marche de Soult sur Biberach le sépara définitivement du reste de l'armée autrichienne.

XXI

Jusqu'au 13, l'armée française paraissant s'avancer de plus en plus au Sud du Danube, la situation de l'armée autrichienne semblait périlleuse à l'archiduc Ferdinand; il ne la jugeait pas désespérée. Le 14 au soir, l'investissement d'Ulm se trouvait presque complet, et l'on ne pouvait plus passer qu'à l'Ouest d'Haslach. Le jeune Archiduc, qui avait supporté toutes les calamités et toutes les humiliations sans mot dire, pour donner le plus sublime exemple de discipline et d'abnégation, jugea que l'instant était venu où l'armée était irrémissiblement perdue, et condamnée à se rendre presque aussitôt; il n'y avait donc plus d'exemple ni de dévouement qui pût être réellement utile, et il ne s'agissait, avant tout, que d'enlever aux Français la gloire de prendre un Habsbourg. Autant le jeune Prince avait montré jusque-là de grandeur d'âme et de résignation, autant il montra de clairvoyance, de sagesse, et d'énergique résolution.

Il ne devait s'écouler que quelques heures entre le combat d'Elchingen et l'investissement complet de la place; et dans ces quelques heures, l'Archiduc eut pris son parti, choisi ses compagnons, fait marcher la troupe qui allait l'accompagner, et gagné le large. Quand Napoléon fit attaquer le Michelsberg, le général en chef autrichien était sur la route de Geislingen.

Il avait désigné pour l'accompagner le F.Z.M. Kollowrath, les F.M.L. Schwarzenberg, Stipsicz, Gyulay, ses aides-de-camp et son état-major, et il les avait réunis le 14 au soir sur le Michelsberg; mais Mack ne lui laissa même pas cette dernière satisfaction, de sauver avec lui les compagnons de son choix : il réclama Stipsicz, Gyulay et l'état-major comme indispensables à Ulm. Il terminait sa lettre à l'Archiduc par cette déclaration menaçante : « Je vous affirme encore une fois que je réponds de votre personne sur ma tête, si vous restez tranquillement à Ulm, mais pas le moins du monde, si vous abandonnez Ulm en pleine nuit et dans un pareil désordre. »

Un escadron avait été envoyé sur Geislingen, pour découvrir si les Français occupaient cette localité; six autres escadrons suivaient celui-là pour ouvrir la route à l'Archiduc, escorté par quatre escadrons (1). A 10 heures du soir, on eut avis que Geislingen était inoccupé, la route libre, et la petite troupe partit aussitôt. Il comptait rallier le corps de Werneck et rejoindre Kienmayer. Les circonstances en décidèrent autrement (2).

---

(1) Les renseignements français évaluent les onze escadrons emmenés par l'Archiduc à 600 hommes.

(2) « L'archiduc Ferdinand, condamné jusqu'à cette heure à jouer un rôle passif, pénétré de notre situation à peu près désespérée et en prévoyant l'inévitable dénouement, se rend, à 6 heures de l'après-midi, à l'auberge de la Roue, quartier de Mack, lui représente l'état déplorable auquel ses faux calculs et les fausses démarches qu'ils avaient entraînées après eux avaient réduit notre armée, et le presse de mettre à profit le seul instant encore favorable et le seul moyen de salut encore praticable, celui de se retirer pendant la nuit et se frayer un passage sur la

Werneck était arrivé le 13 à Herbrechtingen; son avant-garde, forte de quatre bataillons de Spork et de quatre escadrons de Latour (général Vogel) avait poussé jusqu'à Heidenheim, et éclairait les routes d'Aalen et de Neresheim; il avait envoyé cinq bataillons et quatre escadrons vers Giengen, et quatre escadrons à Unter-Kocher. Des postes furent établis à Hermaringen, Hürben, Hausen et Nerenstetten pour observer Dupont.

Chemin faisant, Werneck avait rencontré à Mangelstetten un bataillon français qu'il avait fait prisonnier en grande partie, et dont le reste s'était débandé. A Heidenheim, Langenau et Giengen, il prit un certain nombre d'isolés et des vivres, vêtements et fourrages.

Le 14, l'avant-garde atteignit Aalen et Neresheim, et fit reconnaître Ellwangen; mais le gros resta à Herbrechtingen pour couvrir le passage du convoi et attendre des nouvelles de Riesch. On apprit le soir les

---

gauche de l'Iller. Mack annonce qu'il a pleins pouvoirs, dit que sa tête répond de tout et assure sur son honneur que l'attaque de l'ennemi n'est qu'une feinte pour cacher sa détresse et masquer une retraite générale. Les assurances de Mack provenaient-elles de sa persuasion intime? se fondaient-elles sur le rapport de ses espions? ou bien n'étaient-elles que la ressource désespérée d'un amour-propre opiniâtre qui se refuse à l'évidence?

« L'Archiduc, qui ne pouvait ni ne voulait se laisser enfermer dans Ulm, et qui perdait son temps à vouloir le plier à ses raisons, le quitte et monte à cheval. Le général d'artillerie comte Kollowrath, le prince de Schwarzenberg, les généraux Stipsicz et Gyulay, les adjudants-généraux et quelques officiers de l'état-major, le suivent; on arrive à Michelsberg. L'Archiduc y trouve sept escadrons de cuirassiers de Mack, les fait partir en avant pour éclairer la route qu'il avait dessein de suivre, et s'arrête jusqu'à 10 heures du soir à un feu de bivouac. Au moment où il veut partir, un ordre de Mack rappelle dans Ulm, au nom de l'Empereur, les généraux Stipsicz et Gyulay et les officiers d'état-major qui se trouvent avec son Altesse Royale. Elle part, nos vœux l'accompagnent, et nous retournons à Ulm. » (*Relation de la prise d'Ulm*, par M. D....)

événements d'Elchingen et l'occupation d'Albeck par les Français. Werneck, voyant que ceux-ci paraissaient ignorer sa position, pensa qu'en les attaquant à l'improviste, il obtiendrait un effet de surprise grâce auquel il pourrait favoriser une offensive de Mack.

Le 15 donc, renforcé par les 2,000 hommes de Mecsery, Werneck se porte sur Ulm. Il forme sa troupe en deux colonnes dont l'une, qu'il dirige lui-même avec le F.M.L. Baillet de Latour, comprend 12 bataillons et 14 escadrons; l'autre, commandée par Hohenzollern, est forte de 11 bataillons et 10 escadrons. Ces deux colonnes se portent, l'une, sur Hausen et Nerenstetten; l'autre, sur Hürben, Hermaringen, Brenz et Langenau. Elles doivent attaquer Albeck de concert; mais, pour trouver deux itinéraires différents, il a fallu attribuer à Hohenzollern un chemin si long et si mauvais, qu'il n'arrivera pas en temps utile.

Parti à 11 heures du matin, Baillet arrive à 3 h. 1/2 du soir devant Nerenstetten; il y fait reposer sa troupe et attend l'apparition d'Hohenzollern. On entend le canon d'Ulm, et il semble urgent de se porter en avant au plus vite; mais Werneck attend toujours Hohenzollern. Enfin il ordonne à son avant-garde de se porter sur Albeck, où l'on signale un petit détachement français. On ne trouve là que 800 hommes, que les chevau-légers de Rosenberg chargent, en leur faisant quelques prisonniers.

Le général Baillet de Latour suivait l'avant-garde avec sa colonne, en longeant la lisière des bois. Mecsery, qui le suivait, arrivait alors à Nerenstetten. On avait envoyé Dinersberg avec deux bataillons de Kaunitz et les cuirassiers Archiduc-Albert à Langenau, pour couvrir la gauche en attendant Hohenzollern.

La nuit étant venue sans que celui-ci eût paru, Werneck dut renoncer à son effet de surprise sur les derrières des Français, et ramener la colonne de Baillet à

Hausen par Nerenstetten, laissant l'avant-garde à Albeck. Il apprit là que Dinersberg avait rencontré des troupes françaises près de Langenau, leur avait fait quelques prisonniers, et avait occupé la localité sans trop de difficulté.

Quant à Hohenzollern, parvenu à Brenz vers 6 heures du soir, il n'avait pas osé continuer sa marche dans l'obscurité jusqu'à Langenau. Werneck lui écrivit de revenir à Hausen, et au petit jour, résolu à reprendre l'offensive, remarcha sur Nerenstetten avec Baillet, laissant à Hohenzollern l'ordre de suivre ce mouvement. Hohenzollern ne reçut aucun de ces deux ordres.

Dans la matinée du 16, Dinersberg fut assailli par Murat, qui culbuta les cuirassiers Archiduc-Albert et prit presque entièrement les deux bataillons de Kaunitz.

C'est à ce moment que parvenait à Werneck l'ordre de Mack, daté du 14, qui lui prescrivait de concourir à la poursuite des colonnes françaises et de renvoyer le parc d'artillerie à Ulm; quelques instants plus tard, il recevait, coup sur coup, deux courriers de l'Archiduc, le premier qui lui demandait de faire connaître les ordres qu'il avait reçus de Mack, le second qui lui exposait la véritable situation et lui ordonnait d'aller rejoindre le prince à Aalen, en toute hâte.

Werneck remit donc sa colonne en route vers Herbrechtingen. Pour couvrir (?) ce mouvement, il chargea Mecsery de pousser une pointe sur Albeck.

Hohenzollern, de son côté, n'ayant pas reçu l'ordre de rejoindre, avait repris sa marche sur Langenau, précédé d'une avant-garde que commandait O'Donnell.

Un parlementaire français vint alors sommer Werneck de se rendre, et fut éconduit. En même temps, Murat chargeait et bousculait Mecsery et O'Donnell, et, en poursuivant les débris de ces deux avant-gardes, arrivait sur le gros de Werneck, comme il prenait position à

Herbrechtingen. Le corps autrichien eut à peine le temps de mettre quelques pièces en batterie et de déployer une partie de son infanterie. O'Donnell, blessé mortellement, resta entre nos mains.

Le corps de Werneck bivouaquait en désordre sur les hauteurs d'Herbrechtingen, le défilé derrière lui. Il fallait se hâter de passer sur l'autre rive, et comme notre infanterie, survenant à 9 heures du soir, attaquait vigoureusement, on se rua sur le pont en troupeau. Les Français firent encore là bon nombre de prisonniers. Ils en avaient pris environ 2,000 à 2,500 dans cette journée.

Le 17, le corps de Werneck défile dans Niederkocher de 3 heures à 9 heures du matin. Il allait atteindre Aalen, quand il reçut l'ordre de l'archiduc de se diriger sur Œttingen par Neresheim et Trochtelfingen, le prince voulant rejoindre Kienmayer en passant par Œttingen et Neumarkt. Il fallut donc que ces troupes épuisées, qui n'avaient fait que marches et contremarches le 15 et le 16, et n'avaient pas reposé depuis quarante-huit heures, quittassent la grande route pour se porter à Neresheim par le mauvais chemin d'Ebnath, qui débutait par un raidillon (Ebnater-Steig). Les deux bataillons de Spork et les quatre escadrons de Latour, qui avaient escorté le parc d'artillerie, restèrent chargés de couvrir sa marche. Le reste arriva à Neresheim, à bout de forces, entre 11 heures du matin et 3 heures du soir. Le corps d'armée prit aussitôt position, couvert par les hussards palatins sur la route d'Heidenheim, et par les chevau-légers de Rosenberg sur celle d'Aalen.

Il y avait cinquante heures, dit l'historien allemand, que la troupe marchait sur des chemins défoncés, sans repos et sans nourriture. La plus grande partie de l'infanterie se laissa tomber au bord du chemin ou dans le bois voisin. Et il y avait à peine une heure qu'on jouissait de ce repos si insuffisant, quand la cavalerie française reparut. Les hussards furent aussitôt rejetés dans

Neresheim, mais ils firent une résistance si sérieuse que l'infanterie eut le temps de reprendre la retraite par Uhmenheim sur Trochtelfingen ; le général Sinzendorf, avec trois bataillons de Kaunitz et les grenadiers de Stuart, posté à l'aile gauche, près de la hauteur de Neresheim, ne sut pas se retirer à temps, et fut enveloppé au moment où les hussards évacuèrent Neresheim. Cette troupe, forte de 1200 hommes, posa les armes à la première sommation.

Vers minuit, le reste du corps autrichien, réduit à 2,000 hommes, entra par petits paquets dans Trochtelfingen, dont les environs étaient inondés ; une partie des hommes se couchèrent sur place, dans l'eau ; quelquesuns gagnèrent les bois. Les Français, poursuivant toujours les hussards palatins, adressèrent à Werneck une nouvelle sommation. Hohenzollern, qui la transmit, n'attendit pas la réponse pour filer à travers champs dans la direction d'Œttingen, où il rejoignit l'Archiduc. Werneck fit traîner les pourparlers, résolu, paraît-il, à refuser la capitulation ; mais quand il apprit que sa cavalerie était hors d'affaire avec Hohenzollern, Dinersberg, Mecsery et Vogel, et qu'il ne lui restait plus que ces fantassins exténués, qui s'étaient couchés dans la boue et dans l'eau, incapables de faire un pas de plus, il envoya le général Baillet à Murat pour traiter des conditions.

La capitulation fut signée à 11 heures. Elle ne comprenait plus que les généraux Werneck, Baillet, Hohenfeld, Rohan et Weber, 71 officiers et 1553 hommes avec 31 chevaux. Le major Galeotti, qui commandait les grenadiers de Reuss-Plauen, avait pris l'initiative de s'échapper comme la cavalerie, et il parvint à rejoindre l'Archiduc, à Œttingen, vers midi.

Dans la matinée, l'archiduc Ferdinand avait écrit à l'empereur d'Allemagne la lettre suivante :

OEttingen, 18 octobre.

Votre Majesté,

La situation dans laquelle l'armée a été mise depuis mon dernier rapport est bien telle que je l'annonçais alors, en osant exposer à Votre Majesté les causes de mes inquiétudes. Le F.M.L. Mack, malgré l'opposition unanime de tous les généraux dont on a demandé l'avis, n'a pu être détourné de l'idée fixe de s'enfermer dans Ulm, même au dernier moment et dans le péril le plus pressant.

De nombreuses marches, se contrariant souvent dans les plans successifs, et accompagnées du manque de vivres, ont amené les troupes à un tel état de faiblesse qu'à la fin elles étaient tout à fait anéanties, hors d'état de servir.

Amené ici par le simple développement de ses projets, Bonaparte se rapprocha de la place démantelée d'Ulm, après le combat du 11 de ce mois ; de là ses marches rétrogrades d'Augsbourg sur l'Iller, sur lesquelles le général Mack émit la supposition, aussi éminemment indiscutable que choquante, que Bonaparte était en pleine retraite.

Dans cette conviction sans fondement, le F.M.L. Mack soutint avec dureté et par des ordres formels son idée si funeste pour votre service : aucune observation ne fut admise ; il se tint à Ulm, où il était investi de tous côtés par des forces supérieures. Mais, à cette conduite néfaste, il joignit encore les plus grosses fautes de commandement : nos forces furent divisées et battues séparément en vue même de la place.

Tandis que par ces dispositions extraordinaires, incompréhensibles pour le dernier soldat de l'armée, Ulm était investi de tous côtés le 14, le F.M.L. Werneck était avec un tiers des troupes sur Heidenheim, le F.M.L. Riesch avec un second tiers sur Langenau. Je représentai alors vivement au F.M.L. Mack les suites de cette triste situation au point de vue de la prise de ma personne, et je lui demandai son avis. Mais dans cet instant même, cet homme montra l'endurcissement le plus inexplicable dans toutes ses erreurs ; il prétendit encore, en présence de plusieurs généraux, que Bonaparte se retirait ; qu'il se trouvait dans la plus mauvaise situation et s'éloignerait du Danube et de l'Iller au premier jour. Devant la persistance de ces explications, et comme je ne pouvais pas oser affronter le danger désormais certain d'être fait prisonnier, je fis connaître au F.M.L. Mack que je partirais, accompagné du F.Z.M. Kollowrath, dans la nuit même, avec onze escadrons de cavalerie commandés par le F.M.L. Schwarzenberg, pour percer et chercher à ressaisir ma liberté.....

Je pense donc, étant arrivé ici avec deux bataillons et quinze escadrons, à continuer demain ma route sur Gunzenhausen, Roth et Neumarkt, à travers le territoire prussien, pour décider ensuite, d'après les circonstances, l'endroit où je pourrai me réunir au corps du F.M.L. Kienmayer, si des ordres ultérieurs de Votre Majesté ne me donnent pas d'autres destinations.

(Angeli, *Ulm und Austerlitz*, p. 477.)

Quelque temps après avoir expédié cette triste et fière déclaration, le jeune prince apprit, par Hohenzollern, le sort qui frappait l'infanterie de Werneck, et il continua sa retraite, non plus pour rejoindre Kienmayer, mais pour atteindre la Bohême par Nuremberg. Il avait alors, outre les onze escadrons avec lesquels il avait quitté Ulm, les deux bataillons de Spork et les quatre escadrons de Latour qui suivaient l'artillerie, les grenadiers de Reuss-Plauen, et les faibles débris de sept régiments de cavalerie (Archiduc-Albert, Hohenzollern, Milan, Hohenlohe, Rosenberg, Blankenstein et Palatin). Les chevaux étaient trop exténués pour que cette petite troupe échappât longtemps encore à la poursuite de Murat. Elle fut atteinte non loin de Nuremberg, à Eschenau et Heroldsberg ; le parc d'artillerie, les bagages et ce qui restait d'infanterie furent pris : 41 bouches à feu, 500 voitures et quelques centaines de prisonniers. Mais Murat renonça enfin à s'emparer de l'Archiduc, qui entra le 22 à Eger, où il fit cantonner ses troupes exténuées. De sa personne, laissant le commandement de cette poignée d'hommes à Kollowrath, le jeune prince ne s'arrêta pas, mais courut se remettre à la disposition de son souverain.

L'histoire militaire offre peu d'épisodes aussi lamentables que cette retraite de Werneck. Ces malheureux soldats ont été dirigés d'abord sur Herbrechtingen, suivant l'ordre de Mack ; ramenés à deux reprises vers Ulm, puis dirigés sur Aalen, de là sur Œttingen, ils restent cinquante heures sans prendre de repos ni de nourriture et tombent exténués, aimant mieux rester couchés dans l'eau que de faire un pas de plus. Cette fatigue poussée aux dernières limites explique la capitulation de Werneck, et ses changements de direction successifs font comprendre comment il a été si rapidement rejoint par Murat.

On croit souvent que Werneck et l'Archiduc, en quittant Ulm, avaient l'intention de se retirer jusqu'en Bohême ; mais on a pu voir que la vérité est autrement compliquée, et qu'en réalité la marche de Werneck fut une opération offensive dégénérant peu à peu en retraite, et de retraite en déroute.

Dans cette poursuite, comme dans les attaques de Wertingen, de Günzbourg, d'Elchingen, nos généraux ont eu la chance de ne pas avoir affaire à un ennemi chargé d'une mission exactement inverse de la leur, c'est-à-dire disposé à défendre les positions où on l'attaquait, ou ne songeant qu'à fuir lorsqu'on le poursuivait. Werneck a été pris, comme Auffenberg, comme Riesch, en flagrant délit d'opérations, et cela toujours par l'effet de projets sans cesse renouvelés et insensés du général Mack.

XXII

Après le combat du 15, le reste de l'armée autrichienne s'enferme dans Ulm.

« Nous voilà devant et dans cette ville, dit le capitaine d'état-major D..., avec plus de 22,000 combattants, quelques canons de régiment, du pain pour vingt-quatre heures et cinq cartouches par homme.

« Le 15 au matin, Mack, toujours dans la persuasion que l'ennemi se trouve dans le plus mortel embarras et effectue sa retraite, fait grimper quelques officiers de l'état-major sur la tour de la cathédrale pour épier ses mouvements, laisse imprimer des proclamations où il annonce nos succès et sa fuite, et fait écrire des dépêches à Werneck et à Kienmayer pour leur donner l'ordre de le poursuivre sans relâche, le harceler et surtout lui enlever son artillerie et ses bagages. On pense bien que les dépêches restèrent sur son bureau, car il nous eût fallu les pigeons d'Alep pour les faire voler à leur destination.

« A 10 heures, les télégraphes du clocher annoncent que leurs lunettes ne découvrent que de très petits partis de l'ennemi sur la rive droite, et que l'ennemi a replié ses postes sur la rive gauche jusqu'à Haslach. En conséquence, on reçoit l'ordre de mettre la moitié de l'armée en quartier chez les bourgeois, qu'on invite par une très belle proclamation à partager leur table et leurs lits avec leurs libérateurs. A 1 heure après-midi, on bat l'alarme, l'ennemi forme ses colonnes et emporte d'assaut les hauteurs du Michelsberg; la troupe gagne en désordre les portes de la ville ; celle portée sur le Frauenberg a à peine le temps de gagner celle de Gunz. On annonce la catastrophe à Mack; il soutient que c'est impossible, que cela ne signifie rien, et donne cependant l'ordre de fermer et de barricader toutes les portes. A 2 heures, toute la masse qui n'était pas nécessaire à garnir les ouvrages avancés et les remparts, se trouve entassée dans les rues ou réfugiée dans les maisons. On se canonne de part et d'autre, et Mack, un bonnet de nuit sous le chapeau, une redingote bleue sur le corps, se fait soutenir sous le bras par son valet et se traîne à pied le long des remparts, assurant à tous ceux qui veulent l'entendre que le tout n'était qu'une feinte et que l'ennemi était en pleine retraite. Une position d'une circonvallation aussi étendue que celle devant Ulm ; une armée entière, cernée et renfermée dans les murs ; les cheminées et les toits des maisons qui s'écroulaient sur nos têtes, étaient des preuves trop convaincantes du contraire. Vers 5 heures, l'ennemi, pour nous le persuader d'une manière plus sensible, forme deux colonnes d'attaque et donne l'assaut aux deux portes dites Gunz et Frauenthor.

« La tête des assaillants avait déjà pénétré sous les voûtes, où la mitraille et les efforts du capitaine comte de Leynengen parvinrent à les arrêter, et tout ce qui ne fut pas tué fut fait prisonnier. Ceci eut lieu à la Frauenthor ; à celle de Gunz ils ne furent pas plus heureux et y laissèrent nombre de morts et de blessés. A la nuit tombante, il arrive deux parlementaires ennemis ; on les conduit au quartier de Mack, où tous les généraux se trouvent rassemblés. On nous somme de nous rendre. Mack fulmine et déclare traîtres tous ceux qui parleront de capitulation (1). »

Ney a sommé Ulm dans la soirée du 15. Mack a repoussé toute capitulation, et fait afficher dans la ville que nul ne devait parler de se rendre. Un certain nombre de généraux autrichiens lui font observer que la solution la plus avantageuse, si elle est encore possible, serait d'obtenir le libre passage pour évacuer Ulm et se retirer sur le Lech. On conserverait ainsi à l'Autriche une armée qui semble perdue dans toute autre supposition, n'ayant ni les moyens de défendre Ulm, ni ceux d'y subsister. Mack leur oppose les propriétés stratégiques de la place, bien préférables à la possession d'une armée : elle commande les lignes de l'Iller et du Danube, et finira par obliger les Français à repasser le Rhin si les Autrichiens s'y maintiennent. Il repousse d'ailleurs toute transaction avec l'ennemi :

L'ennemi a sommé Ulm, après avoir voulu donner l'assaut à la place, l'avoir donné en effet aujourd'hui et avoir échoué, comme nous le savons par le rapport d'un colonel prisonnier qui était à la tête des assaillants. Il est clair qu'il veut avoir Ulm pour rester maître de l'Iller et, par suite, d'une grande partie de l'Allemagne, où nous n'aurions pas de quartiers d'hiver en sécurité et où nous éprouverions de graves inquiétudes pour le Tyrol.

---

(1) *Relation de la prise d'Ulm*, par M. D..., capitaine d'état-major au service d'Autriche.

Si nous restons maîtres d'Ulm et de l'Iller, l'ennemi sera forcé de repasser le Rhin, et notre bonheur est assuré pour toujours. Il ne peut pas nous tenir investis plus de huit jours, car les Russes s'approcheront d'ici là et lui prépareront un sort funeste. Nous avons de quoi vivre jusque-là, car nous avons 3,000 chevaux. Nous n'avons à défendre que quelques parties d'enceinte très étroites, et nous avons pour cela 15,000 hommes. Si les munitions venaient à manquer, nous avons nos baïonnettes, qui sont les meilleures armes contre un assaut ; les parties de l'enceinte que nous avons à défendre étant très étroites, nous pouvons garder de fortes réserves, et quand même le tiers seulement des troupes tiendrait bon, ce sera assez. L'ennemi doit être ruiné par ce temps affreux et ne peut pas garder ici de nombreuses troupes sur pied, tous les environs étant épuisés.

Je suis donc absolument persuadé que notre devoir est de tenir bon et de ne pas rendre Ulm. Ma résolution ne pourrait être ébranlée que par l'opposition unanime de mes camarades, dont ils auraient la responsabilité vis-à-vis de Sa Majesté.

Ulm, le 15 octobre 1805.

MACK, *m. p.*

Les autres officiers généraux de l'armée répondent par la note suivante :

Nous soussignés sommes de l'avis opposé et croyons que la libre sortie d'Ulm, sauvant une troupe considérable, rendrait un plus grand service à Sa Majesté que la défense obstinée de cette place, qui est loin d'être hors d'insulte, et où l'on ne peut faire aucune véritable résistance, comme nous saurons le démontrer pièces en main.

RICHTER, *m. p.*,	MORITZ FRÜST LIECHTENSTEIN, *m. p.*,
général-major.	*général-major.*
GYULAY, *m. p.*,	KLENAU, *m. p.*,
feldmarshall-lieutenant.	*feldmarshall-lieutenant.*
STIPSICZ, *m. p.*,	ERBPRINZ ZU HESSEN-HOMBURG, *m. p.*,
feldmarshall-lieutenant.	*feldmarshall-lieutenant.*
RIESCH, *m. p.*,	LOUDON, *m. p.*,
feldmarshall-lieutenant.	*feldmarshall-lieutenant.*
	GOTTESHEIM, *m. p.*,
	feldmarshall-lieutenant.

Avec ou sans l'assentiment de Mack, les trois plus anciens généraux : Riesch, Loudon et Gyulay, se décident

à envoyer le prince de Liechtenstein au quartier général de Ney, pour demander la libre sortie jusqu'au Lech, de la garnison d'Ulm.

Liechtenstein présente au Maréchal la pièce suivante :

Points de capitulation.

1° La plus libre, la plus honorable sortie possible avec tout ce qui appartient à l'armée, y compris l'artillerie ;

2° Personne de l'armée n'est prisonnier de guerre, pas même les malades ;

3° L'armée marchera sur le Lech et on lui fournira tous les vivres nécessaires ;

4° Tout le monde conservera ses équipages ;

5° La ville, dont le malheur possible d'être consumée par le feu nous engage à cette capitulation, est particulièrement recommandée à la protection française, et on demande là-dessus la promesse la plus positive.

Nous soussignés déclarons de nous ensevelir sous les ruines de la ville si M. le maréchal Ney nous refusait d'accepter ces points de capitulation.

Ulm, le 15 octobre 1805.

GRAF RIESCH, m. p.,   GRAF GYULAY, m. p.,   LOUDON, m. p.
lieutenant général.   *lieutenant général.*   *lieutenant général.*

Ney en réfère aussitôt à Berthier, dont il reçoit l'avis que l'Empereur veut que la garnison d'Ulm soit prisonnière de guerre. Liechtenstein ayant rapporté cette réponse, ses trois mandataires écrivent à Ney :

La garnison d'Ulm, voyant avec regret que le Maréchal n'a pas accepté les conditions équitables qu'elle croyait pouvoir obtenir de son esprit de justice, est résolue à attendre les hasards de la guerre.

RIESCH, m. p.,   GYULAY, m. p.
feldmarshall-lieutenant.   *feldmarshall-lieutenant.*

LOUDON, m. p.,
feldmarshall-lieutenant.

« Le 16 au grand matin, on voit circuler un imprimé

signé Mack, par lequel il défend de parler de se rendre et annonce qu'une armée formidable d'Autrichiens et de Russes est en pleine marche pour nous délivrer. Au reste, il promet d'être le premier à manger de la chair de cheval. A 10 heures, le prince de Liechtenstein revient avec la déclaration de Ney, qui s'engage, uniquement par considération pour le Prince, à faire consentir l'empereur Napoléon à nous accorder la capitulation suivante : « On accorde une trêve jusqu'à midi, à l'expiration de laquelle Ulm doit être rendu et toute la garnison prisonnière de guerre et transportée en France. Les officiers et les généraux conserveront chevaux et bagages. En cas de refus on donnera l'assaut. » Nous refusons, et à midi et demi la canonnade s'engage et dure assez vivement pendant deux heures. Un nouveau parlementaire arrive, on pourparle quelque temps, et on se chauffe de nouveau jusqu'à 6 heures du soir, que vient un aide de camp de l'Empereur. Il passe toute la nuit chez Mack, et la troupe sur les remparts travaille sans relâche à élever quelques parapets de briques là où il n'existait pas la moindre défense (1). »

Entrons dans quelques détails sur cette journée décisive.

Dans la matinée du 16, Ney fait bombarder Ulm pendant quelques heures, sans autre résultat que de tuer deux hommes.

Bientôt après, un parlementaire français vient, de la part de Napoléon, prier le prince de Liechtenstein de se rendre auprès de lui. Mack, informé de cette démarche, charge le prince (d'après la déposition faite par celui-ci devant le conseil d'enquête) de débiter quelques flatteries assez plates à l'Empereur, et de lui demander une entrevue :

---

(1) *Relation de la prise d'Ulm*, par M. D...

« Dites à l'empereur des Français que vous êtes mon ami, mon élève favori, mon disciple dans l'art de la guerre ; que je vous parle constamment de Bonaparte avec le plus grand respect et la plus haute admiration. Dites-lui que je sais qu'il me juge peut-être défavorablement, et qu'il met en pratique des conceptions opposées aux miennes. Je désire lui parler, pour m'expliquer et me justifier vis-à-vis de lui, car pour moi son estime est tout ce qui m'importe ; mais pour l'obtenir, je veux me montrer un ennemi digne d'être combattu par lui. »

Quelques semaines plus tard, Mack parlera tout autrement de Napoléon (1).

En attendant, et dès le 16, il offrait de capituler, et la discussion ne portait que sur le sort fait à la troupe : Napoléon la voulait prisonnière en France, et Mack demandait qu'elle demeurât en Autriche avec promesse de ne pas servir jusqu'à échange.

Dans son entrevue avec Liechtenstein, Napoléon commence par déclarer qu'il est parfaitement au courant de la situation d'Ulm, et que cette place ne résistera pas au premier assaut. Le Prince lui répond que ce n'est pas certain, et que la garnison, de son côté, est sûre d'être débloquée si elle tient cinq jours. A cette affirmation, l'Empereur sourit ; il est si assuré du contraire qu'il accordera volontiers ce délai, pourvu que la garnison pose les armes aussitôt après ; il accorderait tout le temps qu'on voudrait, quinze jours même, s'il ne tenait à éloigner ses troupes de ce pays marécageux et épuisé. Le

---

(1) « Fais, mon cher Wintzingerode ! Fais que François et Alexandre, tous deux si bons, tous deux si dignes d'adoration, se lient toujours plus étroitement et attirent plus fortement à eux ce roi de Prusse, personnellement si honnête ; alors tout ne peut que bien tourner, et on ne peut manquer d'arriver, en fin de compte, à aplatir ce faquin d'empereur (16 novembre 1805). »

Prince, revenant alors à sa mission, réclame la libre sortie de la garnison. Il insistait, dit le sixième *Bulletin de la Grande Armée*, pour que les officiers et soldats eussent la faculté de retourner en Autriche. « Je l'accorde aux officiers et non aux soldats, a répondu l'Empereur ; car qui me garantira qu'on ne les fera point servir de nouveau ? » Puis, après avoir hésité un moment, il ajouta : « Eh bien ! je me fie à la parole du prince Ferdinand, s'il est dans la place. Je veux lui donner une preuve de mon estime, et je lui accorde ce que vous me demandez, espérant que la cour de Vienne ne démentira pas la parole d'un de ses princes. » Sur ce que M. de Liechtenstein assura que le prince Ferdinand n'était point dans la place : « Alors je ne vois pas, dit l'Empereur, qui peut me garantir que les soldats que je vous renverrai ne serviront pas, » faisant sans doute allusion à la conduite de Mack en 1800.

Liechtenstein rapporta les propositions suivantes de Napoléon :

1° La garnison serait prisonnière, à moins qu'il ne fût avéré que les Russes arrivaient sur le Lech le 16 octobre, auquel cas il serait accordé libre sortie à l'armée autrichienne ;

2° Les officiers rentreraient en Autriche, et seraient libres sur parole ;

3° Si Mack le préférait, on pourrait obtenir de Napoléon qu'il laissât trois ou quatre divisions devant Ulm, pendant cinq ou six jours.

Il avait appris la capitulation de Memmingen ; on lui avait annoncé aussi que Werneck s'était rendu, et que l'archiduc Ferdinand s'était échappé en Franconie.

Au reçu de la réponse négative rapportée par Liechtenstein avec un projet de capitulation, Mack bondit sur le cheval le plus à portée, galope jusqu'aux avant-postes, où il trouve le général Bertrand, et remet à ce dernier une lettre destinée à l'Empereur, dont nous ignorons le contenu. C'est Berthier qui répond, à six heures du soir :

> Monsieur le Général.
>
> Si vous aviez l'espoir d'être secouru par deux armées, comme vous le dites dans votre lettre à l'Empereur, et qu'Ulm fût une place tenable, vous n'auriez pas offert la capitulation, portant que vous rendriez la place aux conditions que votre garnison serait prisonnière, mais se rendrait en Autriche sans pouvoir servir jusqu'à l'échange.....

Mack répond encore, et cette fois à Berthier. Ses réponses ne se rapportant jamais exactement aux lettres qu'il vient de recevoir, et gardant d'ailleurs la trace de cette confusion d'idées et de cette mobilité qui le caractérisent, il est assez difficile d'être affirmatif sur l'ordre chronologique des diverses pièces de cette correspondance.

La lettre suivante paraît cependant être la dernière écrite par Mack dans la soirée du 16. Il y manifeste la conception la plus bizarre et la plus compliquée de l'honneur militaire :

> Monsieur le Maréchal,
>
> Je ne puis que me référer à la déclaration que j'ai osé faire à Sa Majesté... Je répète que la place n'aurait jamais été remise qu'à Sa Majesté elle-même en personne ; mais vouloir exiger que la garnison, ou plutôt le corps d'armée se rende prisonnier de guerre, serait le vouloir déshonorer, puisque nous avons très positivement du secours à attendre, et j'ambitionne trop la haute estime de Sa Majesté et celle de Votre Excellence pour en agir autrement. Je serais trop heureux de pouvoir recevoir encore aujourd'hui Sa Majesté dans la ville, et de lui renouveler les assurances très profondément senties de ma vénération et admiration. Sa Majesté aurait ses gardes ou autres troupes armées avec elle, et les Autrichiens mettront bas les armes *pour deux jours*, savoir jusque après-demain, où elle (*sic*) pourrait sortir, reprendrait ses armes, et serait libre de rejoindre la grande armée et de servir comme auparavant. Je me flatte, Monsieur le Maréchal, que vous voudrez bien regarder cette condescendance comme une preuve nouvelle du respect et des égards que j'ai pour l'auguste personne de Sa Majesté.

Napoléon, ne recevant pas de réponse au projet de capitulation qu'il avait fait présenter à Mack par Liechtenstein, avait commencé à tout événement les préparatifs de l'assaut pour le lendemain : on confectionnait des fascines, on rassemblait des échelles, etc.

Cette résolution ayant été prise sans qu'il en reste de trace, ni dans la correspondance de l'Empereur, ni dans celle de Berthier, ni dans celles de Ney ou de Marmont, et ne nous étant révélée que par deux ordres de Compans, recommandant le secret le plus absolu, il semble que l'intention de l'Empereur ait été bien réellement de donner l'assaut à Ulm sans avoir éveillé l'attention de l'ennemi, et non de l'intimider.

Après tout, Mack seul avait intérêt à gagner du temps, et il devenait urgent de porter la Grande Armée au-devant des Russes.

C'est seulement dans la nuit du 16 au 17 que la réponse de Berthier fut expédiée à Mack. Elle est datée du 17.

Philippe de Ségur, capitaine et adjoint au grand maréchal du palais, a écrit un fragment de Journal que le général Mathieu Dumas a appuyé de son autorité en le reproduisant dans les pièces justificatives de son *Précis des événements militaires*.

D'après ce récit, débordant d'imagination, Ségur aurait été chargé par l'Empereur, le 16 au soir, de se rendre auprès de Mack pour le sommer de capituler dans un délai de cinq jours.

La relation de Ségur, qui fourmille d'inexactitudes manifestes, doit être considérée comme très suspecte. Rien n'empêche qu'il ait été chargé, dans la nuit du 16 au 17, non pas d'une mission verbale, mais du port d'une dépêche au général Mack. Il faut constater, cependant, que l'enquête ouverte à Vienne sur la capitulation d'Ulm, enquête qui a fait ressortir les moindres événements de ces tristes journées décisives, qui a signalé les allées et venues des parlementaires de Ney, du général Bertrand, de Liechtenstein, ne dit pas mot de Ségur et de sa mission nocturne.

Quoi qu'il en soit, le 17 octobre, avant le jour, Mack reçoit la réponse de Berthier ; c'est une sommation plus dure que les précédentes :

> Sa Majesté désire une explication plus positive. Vous lui proposez de se rendre dans la place d'Ulm. Elle ne s'y rendra pas, Monsieur. Mais pour épargner les horreurs d'un assaut, Elle consentira à ce que la garnison reste cinq jours dans la place, pourvu qu'une porte soit confiée à l'armée française ; si pendant ces cinq jours, il se présente une force capable de débloquer la place, non seulement l'Empereur consent à ce que la garnison ne soit pas prisonnière de guerre, mais même à ce qu'elle fasse usage de ses armes pour le service de la patrie.
>
> Si dans ces cinq jours il ne se présente aucune force capable de débloquer la place d'Ulm, les troupes qui y sont enfermées seront prisonnières de guerre, mais les officiers pourront retourner chez eux (1).

Le texte de cette lettre est parfaitement conforme à la mission dont Ségur dit avoir été chargé ; peut-être est-ce lui qui l'a portée.

Mack répond aussitôt à la lettre de Berthier, qu'il n'accepte pas les conditions proposées : il veut, ou bien un délai de huit jours, dans lequel il compte être débloqué, ou bien le renvoi de la garnison en Autriche, avec promesse de ne plus servir. Il essaye de démontrer à Napoléon, comme il l'a fait à l'état-major autrichien, les merveilleuses propriétés intrinsèques de la place d'Ulm :

> Votre Excellence me dit dans sa lettre d'hier que « Sa Majesté ne veut pas perdre ses avantages ». Le grand, l'immense avantage est pour elle la cession d'Ulm, clef de l'Iller et de la moitié de l'Allemagne ! Vouloir encore exiger que la garnison qui l'évacue se rende prisonnière de guerre, tant qu'elle a la certitude d'être débloquée, est

---

(1) Cité par Angeli. *Ulm und Austerlitz*, p. 490.

contre les principes de la guerre et de l'humanité ; c'est la réduire à l'extrémité, à laquelle elle est résolue de se soumettre mille fois plutôt que de se déshonorer.

Sur un premier refus de l'Empereur, Mack réitère ses protestations en adressant à Berthier le billet suivant :

La libre sortie de la garnison *sans être prisonnière de guerre*. Sinon un délai de huit jours ou la mort.
Voici ma dernière réponse.
Ulm, ce 17 octobre 1805.

MACK.

Napoléon ayant enfin consenti à accorder ce délai de huit jours (jusqu'au 25 inclus), la capitulation fut signée le 17 à midi ; mais, comme on vient de le voir, elle était devenue inévitable depuis la veille, et Berthier avait pu écrire le 16 aux maréchaux Brune, Lefebvre, Kellermann, Augereau :

« Faites connaître à votre armée, Monsieur le Maréchal, que la première armée autrichienne a existé (1). »

---

(1) « Le 17 au matin, nous apprenons le résultat de la négociation : l'empereur Napoléon se décide, par humanité, à ménager la ville, et pour nous prouver que nous n'avons aucun secours à espérer, il nous accorde cinq jours, au bout desquels nous devons nous engager, si nous ne sommes pas délivrés, à nous rendre prisonniers de guerre, c'est-à-dire que les généraux et officiers conserveront chevaux et bagages, donneront leur parole d'honneur de ne pas servir jusqu'à leur échange, et se rendront dans les États héréditaires. Les soldats, par contre, après que la garnison sera sortie avec les honneurs militaires, tambour battant, mèche allumée, mettront bas les armes et seront conduits prisonniers en France. De notre côté, on demande huit jours de délai, à l'expiration desquels, s'il n'arrive aucun secours, on souscrit aux conditions ci-dessus. A 2 heures vient le maréchal Berthier, et la capitulation est déterminée, fixée et réglée. Il est à remarquer que, depuis l'époque de la déclaration faite par les généraux en corps, ils n'assistèrent plus aux délibérations suivantes, que Mack négocia et termina l'affaire à lui tout seul, agissant toujours au nom et par les ordres de notre souverain. » (*Relation de la prise d'Ulm*, par M. D...)

XXIII

Aux termes de l'article 6 de la capitulation, une des portes de la ville (la porte de Stuttgard) fut occupée le 18, à 10 heures du matin, par une brigade du corps de Ney, commandée par le général Labassée. Le maréchal Ney s'efforça en vain d'éviter toute communication entre les troupes des deux armées; les Français s'infiltrèrent dans la ville; bientôt officiers et soldats furent répandus dans les rues, où régna le désordre le plus complet. Ney fit remettre en liberté les prisonniers français faits dans les combats du 8 au 15 octobre. L'Empereur ordonna que la municipalité d'Ulm reprît son indépendance et cessât de fournir des vivres aux Autrichiens, qui durent subsister par leurs magasins. C'était évidemment les réduire à la famine (1).

---

(1) « Le 18, en conséquence des articles additionnels, on devrait livrer une des portes à l'ennemi et, chose inouïe jusqu'alors, recevoir une de ses brigades en quartier dans la ville. A 9 heures, on remet la porte Neuve aux Français et nous avons le chagrin de voir défiler, au son de la musique, une de leurs brigades ayant le maréchal Ney à sa tête et se rendre à la place d'armes, où elle ne tarde pas à recevoir des billets de logement. Peu à peu il se glisse tant de Français dans la ville qu'avant la fin du jour elle en contient plus de 5,000. Il faut s'être trouvé à Ulm pour pouvoir se faire une idée de notre humiliante situation; on ne finirait pas si l'on voulait retracer tout ce que nous avons eu à endurer d'avanies et de mauvais traitements. Nos soldats, pêle-mêle avec les Français, n'ignorant pas le sort qui les attend, ne regardent qu'avec dédain leurs officiers et ne connaissent d'autre instinct que celui de leur misère. Les généraux français, avec leurs suites nombreuses, galopent sans relâche dans les rues et nous éclaboussent de la tête aux pieds. On nous dispute nos quartiers et pendant la nuit on pénètre de force dans nos écuries, on nous vole nos chevaux et on rit de nos réclamations. » (*Relation de la prise d'Ulm*, par M. D...)

Dès que les communications furent rétablies entre la place d'Ulm et l'extérieur, Mack put se renseigner sur la situation générale et se convaincre de l'impossibilité où se trouvaient les Austro-Russes de lui faire parvenir des secours (1). Dès lors, il ne restait aucune raison de prolonger une situation plus pénible encore pour Mack que pour tout autre, et il ne demanda pas mieux que de s'éloigner des lieux témoins de ses maladresses et de sa honte.

Le 19, à 2 heures, il se rendit à Ober-Elchingen, eut une entrevue avec l'Empereur et signa avec Berthier une convention additionnelle. Le major général y affirmait sous serment, pour calmer les derniers scrupules de Mack : que l'armée austro-russe était au delà de l'Inn ; que Bernadotte se trouvait entre l'Inn et Munich, Lannes et Murat à la poursuite de l'archiduc Ferdinand, Soult en Souabe, surveillant les routes du Tyrol.

Moyennant ces déclarations, Mack consentait à évacuer Ulm sur-le-champ, à condition que le corps du maréchal Ney serait immobilisé dans cette ville jusqu'au 25 octobre.

---

(1) « Le 19, les lunettes de la tour sont en vain braquées vers Memmingen pour découvrir les armées de secours.

« On nous apprend que le général Spangen a rendu la ville et qu'il a été fait prisonnier avec 6,000 hommes ; plus tard, nous recevons la nouvelle que Bernadotte est sur l'Inn, et qu'à Munich nous avons perdu neuf bataillons et trente canons. A midi, Mack sort de la ville avec une suite nombreuse et se rend à Elchingen, quartier de l'empereur Napoléon, qui avait demandé à lui parler. Le soir il revient, fait rassembler les généraux et leur déclare qu'à cette heure, il est pleinement convaincu que nous n'avons aucun secours à espérer, que l'armée ennemie était forte de plus de cent vingt mille hommes, et qu'il était inutile d'attendre dans une ville affamée l'expiration des huit jours accordés ; en un mot qu'au lieu de rendre la ville le 25, comme on l'avait stipulé, la volonté de l'Empereur est que nous en sortions demain 20 octobre. On est très étonné de cette infraction à la capitulation ; on proteste, on dispute, on cède. » (*Relation de la prise d'Ulm*, par M. D...)

Le 20, à 2 heures de l'après-midi, la garnison sortit de la ville et déposa les armes, en présence de l'Empereur, d'une partie de la Garde, des 2ᵉ et 6ᵉ corps et des dragons (1).

Les officiers autrichiens devaient garder leurs chevaux, mais un grand nombre furent volés pendant les dernières journées passées à Ulm. Les officiers devaient partir le 21 pour le Tyrol; les formalités de leur mise en route retardèrent ce départ. Ils furent escortés jusqu'aux avant-postes autrichiens par des officiers français (2).

---

(1) « Le 20, à onze heures du matin, l'armée de Marmont, à laquelle se trouve une brigade hollandaise, traverse la ville pour se joindre à celle de la rive gauche et compléter l'immense carré qui, s'appuyant d'une part aux murs d'Ulm, couronnait, à l'opposé, les hauteurs devant la ville. L'Empereur, le trop heureux Napoléon, se plaça sur une élévation au pied du mont Saint-Michel et au milieu de ses gardes à pied et à cheval. Tout étant ainsi disposé, on nous donna l'ordre de défiler auprès de Sa Majesté en sortant par la Frauenthor et déposant les armes à notre arrivée près de la porte Neuve. Vingt-trois mille Autrichiens sortent, tambour battant, la rage dans le cœur, le désespoir dans l'âme, traversent le carré français dans toute sa longueur, pendant que la musique ennemie nous régale de l'air du *Vogel Fänger*. Journées de Pultawa, de Pirna, vous n'êtes rien en comparaison de cette hideuse sortie d'Ulm! La honte qui nous écrase, la boue qui nous couvre sont ineffaçables.....

« Durant cette humiliante procession et pendant que les soldats mettaient bas les armes, à mesure que les bataillons arrivaient à la place indiquée à cet effet, l'Empereur français dans le costume le plus simple, au milieu de tous ses généraux brodés (il portait un habit de simple soldat, un chapeau sans distinction et dont les formes ratatinées annonçaient qu'il lui servait de bonnet de nuit au bivouac, ce qui semblait confirmé par sa capote grise brûlée en plusieurs endroits) s'entretenait très affablement avec Mack et plusieurs de nos généraux, qu'il avait fait monter auprès de lui après qu'ils eurent défilé.

« Il est nuit; chacun retourne à son quartier et se prépare à sortir le lendemain d'un lieu qu'on a tant de raison d'abhorrer. » (*Relation de la prise d'Ulm*, par M. D...)

(2) « Le 21, la matinée se passe à obtenir des passeports, à signer l'acte

Le nombre des prisonniers faits à Ulm s'élevait à 25,365. En y joignant ceux de Wertingen, Memmingen, Günzbourg, Elchingen, Haslach, etc., le total atteignait 49,718 hommes. On prit à Ulm 40 drapeaux, 63 canons, 2 obusiers, 42 caissons, 13,600 fusils, 6,524 cartouches à canon (1).

---

qui nous constitue prisonniers sur notre parole et nous paralyse jusqu'à notre échange. A 2 heures après-midi, on nous annonce que la première colonne des officiers, destinée à prendre la route de Kempten, peut sortir par la porte du Danube ; la foule se presse vers l'issue : généraux, officiers, domestiques, bagages, tout veut sortir à la fois et le passage est tellement obstrué qu'on ne peut avancer ni reculer. Mack, qui le matin était parti en poste pour se rendre par Augsbourg à Vienne, fit très bien de prendre les devants. Il eût trop souffert de voir tous ceux qui l'accusaient de leur malheur. Enfin on nous laisse sortir un par un ; les officiers et les commissaires français postés à la porte dans l'espoir du pillage, réalisent leurs vœux et ont l'infamie d'arracher de force un grand nombre de chevaux aux malheureux officiers, sous le prétexte qu'ils étaient marqués. On leur représente, mais en vain, que la plus grande partie de nos chevaux portent la marque du haras où ils sont nés ; on n'obtient aucune justice, on est injurié, bafoué, maltraité ; il fallut vider le calice jusqu'à la lie. Ce manège révoltant dure trois jours entiers au bout desquels les derniers parviennent enfin à fuir ce lieu de désolation. » (*Relation de la prise d'Ulm.*)

(1) « Telle fut la fin des opérations militaires entreprises avec tant d'espoir de succès. Tel fut le résultat accablant des monstrueuses sottises qui signalèrent cette campagne de sept jours. Il surpasse sans contredit tout ce que la monarchie autrichienne a jamais éprouvé de plus foudroyant et de plus humiliant. Seize généraux, quinze officiers d'état-major, vingt-trois mille hommes avec leurs officiers supérieurs et autres, une grande partie du corps du génie, toute l'artillerie avec ses attelages tombent dans Ulm entre les mains de l'ennemi. Sept mille capitulent en plein champ avec Werneck, six mille dans Memmingen, cinq mille dans Munich essuient le même sort. Les États héréditaires sont, pour les premiers moments, en proie aux incursions et aux ravages d'un ennemi accoutumé à ne rien ménager ; notre capitale est menacée, et cet enchaînement épouvantable de catastrophes et de dangers est l'ouvrage d'un seul homme, ou insensé ou coupable.

« Quant à nous, qui avons été condamnés à être les témoins et les

Les prisonniers d'Ulm furent conduits jusqu'au Rhin en quatre colonnes, escortés par un bataillon de la division Loison et deux escadrons de dragons. Ces derniers devaient, chemin faisant, battre les bois des environs de Geislingen et Stuttgard, où l'on disait que de nombreux isolés continuaient à errer.

XXI

Dès que l'Empereur est assuré que Mack va capituler, il commence à donner des ordres pour le mouvement vers l'Inn. Le premier corps d'armée mis en route est celui de Soult, qui n'est pas employé à l'investissement. Il partira aussitôt qu'il aura été avisé de l'entrée du maréchal Ney à Ulm, le 18 au matin. Soult doit reprendre la route de Memmingen, Mindelheim, Landsberg. La division Walther cesse de lui être subordonnée, et va rejoindre le gros de l'armée.

Le 4ᵉ corps s'arrête le 18 à Ochsenhausen, le 19 à Memmingen. Informé de la présence d'un corps autri-

---

agents de cette dégoutante tragédie, nous traînons de province en province le sentiment de notre douleur et de notre honte; partout on nous accueille avec le sourire du mépris. L'habitant grossier, mais loyal, des montagnes du Tyrol ne sait point saisir la différence qui existe entre celui qui dirige et commande, et celui qui est passif et obéit. Il ne voit en nous que des traîtres ou des lâches, et il nous assommerait de grand cœur si nous n'étions pas les plus forts.

Klagenfurth, le 8 novembre 1805. »

[Ici finit la *Relation de la prise d'Ulm*, par M. D..., capitaine d'état-major au service d'Autriche. D'après le manuscrit conservé aux Archives de la guerre, l'auteur serait un capitaine Delaunay, sans doute un émigré. D'après Angeli (page 496), il s'appellerait Delort. Il est bien difficile de penser qu'un officier de nationalité autrichienne aurait trouvé le courage de faire tant d'esprit à propos des malheurs de son pays. L'expression « au service d'Autriche », comme le ton du pamphlet, paraissent s'appliquer mieux à quelque mercenaire, tel qu'un émigré français.]

chien au Sud-Ouest de cette ville, vers Leutkirch, Soult veut s'y porter : son mouvement est interrompu le 20, les Autrichiens ayant coupé le pont de Fershofen sur l'Iller ; le 21, au moment où il s'exécute, de nouveaux ordres de l'Empereur font connaître qu'Ulm a capitulé, que le détachement ennemi de Leutkirch sera poursuivi ultérieurement par les 6e et 7e corps. Soult reprend donc sa marche vers l'Est avec une perte de deux jours : il est le 22 à Mindelheim, avec son avant-garde à Landsberg, où le corps d'armée arrive le lendemain.

Baraguey-d'Hilliers reçoit d'abord l'ordre de se rendre à Günzbourg, puis celui de continuer sur Donauwœrth. Il laisse à Ney une brigade de dragons à pied, qui sera remontée avec les chevaux pris à Ulm, et il se met en route le 18.

La Garde part aussi le 18 pour Augsbourg, sauf les grenadiers et deux escadrons attachés à la personne de l'Empereur, dont le quartier général reste à Ober-Elchingen.

Suchet, parti le 19, arrêté par une crue du Danube, n'arrive sur le Lech que le 21. Walther, qui devait partir aussi le 19, est retenu pour assister au défilé de la garnison d'Ulm le 20, et n'arrive à Augsbourg que le 21 ; il est suivi de près par Gazan, les troupes non endivisionnées du 5e corps, le 2e corps et les derniers éléments de la Garde.

Le 21, Marmont, Suchet, Walther et la Garde arrivent donc à Augsbourg ou aux environs. La division Gazan est seule en arrière, à Günzbourg ; elle atteindra Zusmarshausen le 22. Baraguey-d'Hilliers est à Donauwœrth.

L'Empereur reprend le 22 son quartier général d'Augsbourg.

Lannes, envoyé le 18 à la suite de Murat avec les divisions Nansouty et Oudinot, et avec celle de Beaumont, qui a rejoint Heidenheim par Günzbourg, arrive le 20 à Nördlingen, s'y trouve inutile, et se rabat sur Donauwœrth. Le 21, Beaumont est à Mertingen ; le 22, il atteint Augsbourg. Oudinot et Nansouty cantonnent le 21 à Rain et dans les villages au Sud de Donauwœrth. Le 22, l'Empereur les dirige sur Neubourg. Murat est à Nuremberg, où il arrête sa poursuite.

Le 23, l'Empereur prévient Bernadotte et Davout d'avoir à rassembler leurs corps d'armée à Munich et Dachau, et de se tenir prêts à partir. Murat, revenant de Nuremberg, est à Neumarkt ; Oudinot et Nansouty, sous le commandement de Lannes, à Ingolstadt, où ils retrouvent la division Rivaud. Baraguey-d'Hilliers est à Donauwœrth. Suchet, Walther et la Garde ont dépassé Augsbourg et s'échelonnent jusqu'à Schwabhausen. Marmont, Gazan, Beaumont sont à Augsbourg ; Soult à Landsberg.

Ney reste toujours à Ulm. Bourcier est rappelé de Geislingen.

Le 24, Suchet, la Garde et Walther ont rejoint Bernadotte et Hautpoul à Munich, où se trouve le grand quartier général. Davout, déboîtant à gauche, occupe Freising. Oudinot et Nansouty sont encore à Ingolstadt, Murat à Beilngries. Marmont et Beaumont s'échelonnent sur la route d'Augsbourg à Munich ; Soult séjourne à Landsberg.

La marche sur Vienne commencera le lendemain.

XXV

Les services administratifs de la Grande Armée, comme on l'a vu dans les trois premières parties de ce travail, étaient dans un état assez précaire au moment où l'on franchit le Rhin. Les moyens de transport, surtout, étaient rares, et la fâcheuse idée qu'on avait eue de faire passer par Sampigny les quelques fourgons dont on disposait à Boulogne, avait privé l'armée de cette dernière ressource. Ce ne fut qu'à force de réquisitions, légales ou non, qu'on vint à bout de parer, dans une certaine mesure, à ce dénuement. Toutes les voitures requises en France furent emmenées avec leurs attelages et leurs conducteurs qui, mal pourvus et mal administrés, réduits au désespoir par cette mesure inattendue et par plusieurs jours de privations, désertèrent en grand nombre avec ou sans leurs chevaux. Des voitures furent requises dans le pays de Bade et le Würtemberg ; le maréchal Soult eut soin de les renvoyer à leur point de départ après deux ou trois marches, mais la plupart se trouvèrent bel et bien incorporées à la Grande Armée jusqu'au jour où l'Empereur eut encore besoin de voitures dans le pays de Bade pour y organiser les relais indispensables aux ravitaillements en munitions et effets de toute sorte.

Quelques renseignements recueillis çà et là permettent de se faire une idée approximative du nombre de voitures traînées à la suite de la Grande Armée.

Le 7 octobre, le général Baraguey-d'Hilliers voit défiler et compte, à Heidenheim, les voitures des divisions de dragons et une partie de celles du 6ᵉ corps. Plus tard, les observations et les ordres de Davout, de Soult, de Lannes, ou de leurs divisionnaires, nous donnent d'autres indications. On peut admettre qu'en moyenne, chaque régiment de cavalerie ou bataillon d'infanterie a une voiture d'ambulance, ou plutôt une voiture chargée d'instruments de chirurgie, médicaments et objets nécessaires aux pansements. Cette voiture de réquisition tient lieu provisoirement du fourgon prescrit par l'Empereur. Beaucoup de régiments se font suivre, en outre, de voitures destinées au transport des blessés et éclopés. En général, une fois en Bavière, cet abus est découvert et interdit par les maréchaux. Ils défendent aussi que les vivandières (une par régiment de cavalerie ou par bataillon) aient des voitures : elles doivent se contenter chacune d'un mulet ou cheval de bât. Toutes ces prescriptions ont pour but, non pas d'éviter l'encombrement, mais de rendre disponibles le plus grand nombre de voitures et de chevaux qu'il sera possible. Tout ce qui devient libre est affecté aussitôt à l'artillerie.

Le nombre des voitures à bagages est très variable : de une à cinq par régiment, quelquefois plus. Il équivaut donc à peu près à ce qu'on admet aujourd'hui, mais Davout le fait réduire à deux par régiment. Les officiers généraux ont une ou deux voitures.

Les vivres (pain et biscuit) sont portés par quatre ou cinq voitures pour 1000 hommes; il y a quelquefois des voitures à viande (une ou deux par régiment); pour l'avoine, une voiture pour 300 chevaux, ce qui représente à peine une ration. Le quartier général de Murat dispose de douze voitures d'avoine et seize voitures de vivres. Il est donc très largement approvisionné, mais ainsi le service de reconnaissance et de transmission est assuré.

La plupart de ces voitures, nous l'avons dit, sont des charrettes ou carrioles conduites par des paysans, et requises sur les deux rives du Rhin. Nos conducteurs et cavaliers n'hésitent pas non plus à voler ou « échanger » des chevaux, soit dans l'armée, soit chez l'habitant. Aussi, le 11 octobre, au moment où les opérations autour d'Ulm entrent dans la période la plus active, on s'aperçoit qu'il n'y a plus de chevaux dans les relais de postes, et que les courriers ne peuvent plus circuler entre l'armée et le territoire. Il faut des ordres sévères pour reconstituer la poste aux chevaux dans le Würtemberg et le pays de Bade.

Une autre mesure vient bientôt compléter celle-là : pour le transport des armes, munitions, souliers, capotes, etc., il faut organiser des relais spéciaux depuis le Rhin jusqu'au Danube. Or les chevaux manquent absolument dans le pays de Bade. Il est donc prescrit à tous les corps de renvoyer sur l'arrière les voitures et attelages requis, pour permettre la constitution des relais.

Ceux-ci ne sont définitivement organisés que par un ordre du 23 octobre; l'inspecteur aux revues du 4ᵉ corps, Lambert, en est chargé, et il résidera à Spire. Les relais seront établis, en moyenne, de trois en trois lieues; chacun d'eux disposera de soixante voitures à quatre chevaux, fournies par le pays, avec un chef d'équipage. Le loyer sera de six francs par voiture et par jour, et il ne sera fait aucune distribution aux conducteurs. Ces voitures seront affectées : un tiers à l'artillerie, un tiers au transport des souliers et capotes accordés aux régiments, un tiers aux divers transports de vivres et d'effets. Le chargement initial, à Strasbourg, sera fait par les soins du directeur d'artillerie et de l'ordonnateur. Il en sera de même à Spire et à Augsbourg. Les voyages de retour seront utilisés pour les évacuations de malades ou de prisonniers. Quand il s'agira de conduire à l'armée des caissons chargés, on y attellera simplement les chevaux et on ne déchargera rien.

Les services de l'arrière commencent à être organisés. La *Route de l'Armée* a été définie par un ordre du 28 septembre, et les étapes y ont été organisées (commandement, troupes, police, administration). Sur les observations de Petiet, on supprime une des étapes.

Après la capitulation d'Ulm, la route de l'armée est prolongée jusqu'à Augsbourg, puis jusqu'à Munich. Il y a un grand dépôt d'artillerie à Heilbronn (rapport du 21 octobre) où passent journellement 50 à 75 voitures, et qui contient un million de cartouches en caissons ou en barils.

La place d'Augsbourg va devenir le premier dépôt fortifié de l'armée. Le génie reçoit l'ordre de la mettre à l'abri d'un coup de main, en réparant les portes, palissadant les ouvrages, et rétablissant la circulation de l'eau dans les fossés. Il sera laissé à Augsbourg une brigade d'officiers du génie, commandée par un colonel, avec un garde-magasin. L'Empereur ordonne à Songis d'armer la place avec les plus gros canons pris à l'ennemi : il espère que dans le nombre se trouveront des pièces d'un calibre supérieur au 16 ; mais, à Augsbourg, à Ulm, à Memmingen, on ne trouve que des canons de campagne ; il faut se contenter d'armer la place avec 40 pièces de 12 et de 6. Il y est organisé une salle d'artifices, deux gros magasins de cartouches, un petit arsenal de construction, et une salle d'armes contenant les fusils pris à l'ennemi. Le tout doit être fait en dix jours par un colonel directeur, deux capitaines en second, deux gardes-magasins, une compagnie de canonniers et une compagnie d'ouvriers.

Le général René commande la place, avec un adjoint à l'état-major et deux adjudants de garnison.

L'intendant général est chargé d'organiser les services administratifs à Augsbourg, et surtout les hôpitaux. Il y appellera six ordonnateurs et quarante commissaires.

On distinguera, parmi les hôpitaux, ceux qui sont destinés : 1° aux blessés et 2° aux malades. Le nombre des hôpitaux à établir à Augsbourg n'est pas limité ; M. Petiet en organisera le plus grand nombre possible. Il créera aussi deux hôpitaux à Ulm (un de chaque espèce), un hôpital à Günzbourg, un à Donauwœrth, un à Ingolstadt. Il en créera le plus grand nombre possible à Munich.

Il ne doit rien y avoir à Neubourg, à Landsberg, ni à Memmingen. Les blessés ou malades qui auraient été laissés dans ces trois villes seront évacués sur Augsbourg. (Le maréchal Soult, qui avait réglementé toute une organisation hospitalière à Landsberg le 23, reçoit l'ordre de la supprimer le 24.)

Aucun malade ou blessé ne sera évacué en arrière

d'Augsbourg sans un ordre spécial. Néanmoins, M. Petiet est invité à s'occuper de l'organisation des hôpitaux sur la ligne d'étapes.

Indépendamment des étapes établies sur la route de l'armée, il sera placé des commandants d'armes dans les villes d'Ulm, Günzbourg, Burgau, Rain, Landsberg, Aichach, Dachau, Neubourg, Neustadt, Freising et Landshut. Le général Macon est nommé commandant d'armes de Munich.

A Donauwœrth, la route de l'armée bifurque : elle se dirige, d'une part, sur Munich par Augsbourg, et d'autre part sur Landshut par Neubourg et Ingolstadt.

Le général Godinot quitte Donauwœrth avec son détachement pour prendre le commandement de Munich.

Le général Rivaud rejoint le 1er corps d'armée avec les troupes françaises dont il disposait à Ingolstadt.

L'Empereur ordonne qu'Ingolstadt sera évacué et qu'il y aura une brigade bavaroise à Ulm, un régiment bavarois à Donauwœrth, un bataillon bavarois à Rain et un à Landsberg.

C'est le général Baraguey-d'Hilliers qui, à son grand désespoir, vient occuper Ingolstadt avec les dragons à pied, que l'on remonte peu à peu. Déjà une brigade a été remontée à Ulm, et le 23 octobre, il est envoyé encore 350 hommes à chaque régiment monté de la division Walther. Le général Milet vient à Neubourg avec les dépôts des dragons, et se trouve placé sous les ordres de Baraguey-d'Hilliers, qui dirige ainsi tout le recrutement des dragons en hommes et en chevaux.

Il se plaint de la situation peu guerrière qui lui est faite, mais ne reçoit pas de réponse.

Un détachement de 2,000 Würtembergeois est dirigé le 22 sur Geislingen, et de là sur Augsbourg. Le contingent badois part le 24 de Pforzheim pour se rendre à Donauwœrth. Malgré l'alliance des gouvernements avec l'Empereur, les populations ne cessent de témoigner leur hostilité sur le passage des troupes françaises. Non seulement elles sollicitent et obtiennent de ne plus loger à Carlsruhe et à Mannheim, mais elles demandent que le régiment de la Tour d'Auvergne ne soit pas formé en territoire badois; elles accueillent les prisonniers autrichiens avec une sympathie qui choque même les ministres de l'Électeur.

L'administration du grand quartier général est augmentée et réorganisée pendant les journées qui suivent la capitulation d'Ulm.

Une décision du 23 octobre prescrit d'organiser une *portion d'administration* qui marchera avec le Major général dans les différents quartiers généraux mobiles que prendra l'Empereur. On lui affectera :

1 ordonnateur ou inspecteur aux revues faisant fonctions;

6 commissaires des guerres, dont 1 pour les subsistances, 1 pour les fourrages, 1 pour les hôpitaux, 1 pour les prisonniers et 2 disponibles;

1 chirurgien-major et 6 à 8 chirurgiens, 2 petites ambulances;

1 chef et 2 employés pour le service des transports;

1 chef et 2 employés pour le service des vivres;

1 chef et 2 employés pour le service des fourrages;

1 adjoint aux commissaires des guerres pour les prisonniers;

4 chariots vides;

9 gendarmes, dont 1 brigadier.

Ce personnel est désigné le jour même, sauf la moitié des chirurgiens, qui ne se trouvent sans doute pas en nombre suffisant.

Le lendemain, un préposé de la poste est affecté au quartier général et une imprimerie y est constituée.

Cette organisation une fois réglée, l'Empereur ordonne (24 octobre) aux services administratifs de la Grande

Armée de demeurer à Augsbourg, pendant que l'état-major général se porte à Munich.

Le génie est réorganisé le 22 octobre. Il y aura au grand quartier général :

2 généraux de cette arme, 3 officiers supérieurs, 10 officiers subalternes, 2 compagnies de sapeurs et 10 fourgons d'outils, etc.

Le génie de chaque corps d'armée comprend :

2 officiers supérieurs, 7 officiers subalternes, 1 compagnie et 2 fourgons.

Le tarif des prises est fixé le 21 octobre : 100 francs par cheval, 60 francs par canon, 1 franc par fusil, etc.

L'administration des corps d'armée s'est vue réduite à employer tous les moyens pour entretenir les quatre jours de vivres prescrits par l'Empereur. Le 6⁰ corps et la réserve de cavalerie n'ont pu y songer, étant en opérations très actives dans un pays naturellement pauvre et déjà foulé par l'ennemi. « Vous ne devez pas, écrit l'ordonnateur du 6⁰ corps au maréchal Ney, compter sur une administration qui est sans moyens et sans ressources, et qui ne peut utiliser ceux des pays occupés par l'armée qu'avec des peines, des difficultés et des pertes qu'il est impossible de se peindre. » Le pain a été fourni régulièrement jusqu'au 10.

Au 5⁰ corps, le chef d'état-major ne cesse de s'occuper activement de compléter l'approvisionnement à quatre jours de pain et de biscuit, ce qui paraît démontrer qu'il n'a presque jamais manqué du nécessaire pour assurer les distributions.

Au 4⁰ corps, la troupe « souffre du manque de vivres », dit Vandamme, pendant les journées du 7, du 8 et du 9 ; on ne trouve des ressources que pour le 10, à Augsbourg, où l'ennemi a fait préparer 50,000 rations de pain au moment où l'on y arrive. A Landsberg, le corps d'armée se procure difficilement une demi-ration ; mais, à partir du 12, il semble que le pain ait été distribué régulièrement. Les magasins de Memmingen assurent la subsistance le 15 et les jours suivants. Il est établi des magasins généraux de subsistances au quartier général, et les divisionnaires sont invités à ne pas requérir eux-mêmes.

Au 3ᵉ corps, le dénuement est extrême après le passage du Danube. A Dachau, on parvient difficilement à se ravitailler; il faut étendre les réquisitions dans un rayon de 60 kilomètres pour assurer la subsistance. Le 1ᵉʳ corps, qui vit dans une aisance relative autour de Munich, est invité à abandonner une partie des ressources de cette ville au maréchal Davout; mais, comme on peut le penser, ce partage devient une cause de dissentiments entre les maréchaux. Davout tient à ce que les réquisitions soient frappées et les distributions faites régulièrement. Il emploie tous les moyens, met en activité les moulins, et les fait protéger par des postes contre les bandes de maraudeurs qui les envahissent souvent.

La maraude se développe rapidement au 3ᵉ corps; ayant demandé en vain à l'Empereur l'autorisation de faire fusiller les coupables pris en flagrant délit, Davout prend sur lui de faire juger et exécuter tous les maraudeurs pris sur le fait.

La plupart des cartouches portées sur l'homme sont perdues par la pluie, et il faut les remplacer, opération rendue difficile par l'éloignement des parcs d'artillerie. Davout essaye de trouver de la poudre à Munich pour refaire des cartouches en utilisant les balles.

Les souliers accordés par l'Empereur avant le départ de Boulogne n'ont pas encore été fournis. Soult a pu en percevoir un certain nombre à Augsbourg, mais il lui reste six à sept hommes par compagnie qui marchent pieds nus. Beaucoup de soldats ont les pieds et les jambes enflés, ne veulent pas aller à l'hôpital, suivent quand même, et sont portés souvent comme maraudeurs ou déserteurs.

Les 1er et le 3e corps organisent la fabrication des souliers à Munich.

Le service de santé paraît à peu près pourvu du nécessaire, à force d'expédients; mais les moyens d'évacuation font défaut. Chaque régiment a une voiture de chirurgie tenant lieu du fourgon prescrit ; chaque division a son ambulance, ainsi que le quartier général. Un ordre du 4e corps nous apprend que les ambulances divisionnaires évacuent leurs malades et blessés, quand il y a lieu, sur celle du quartier général, d'où ils doivent être évacués sur les hôpitaux. Ces ambulances disposent d'un nombre de voitures très variable : une trentaine à la division Baraguey-d'Hilliers, 3 seulement à chaque division de cavalerie, 45 au quartier général du 6e corps. L'ambulance de la division Gudin n'est organisée que le 23 octobre. Davout se plaint de ne pouvoir diriger ses malades sur les hôpitaux, faute de voitures, et de n'avoir pas, à Dachau, d'établissement où on puisse les soigner convenablement.

Un ordre de l'Empereur à Murat, du 12 octobre, nous apprend qu'en cas de bataille, chaque corps d'armée devait organiser une grande ambulance, avec le premier chirurgien du corps d'armée, un médecin, un commissaire et des gendarmes. Il y était préparé des lits, du pain et du vin, dans un emplacement désigné par le maréchal. Pour le 5e corps, nous savons que cette grande ambulance fut préparée à Biberach (une lieue Sud-Est de Weissenhorn), en vue de la bataille que l'on prévoyait devoir se produire sur l'Iller.

Les ambulances divisionnaires devaient se tenir à 800 mètres en arrière des lignes.

En réalité, c'est une nouvelle campagne que l'Empereur commence le 25 octobre ; il marche contre un autre adversaire, sur un autre théâtre d'opérations.

L'étonnante conversation dont Mack nous a conservé la substance, et qui eut lieu le 17 octobre à Elchingen, met en évidence de la manière la plus curieuse et la plus frappante les dispositions des puissances au lendemain de cette colossale victoire d'Ulm : l'armée autrichienne vient d'être enlevée, anéantie, et pourtant c'est l'Autriche qui se refuse à traiter, c'est Napoléon encore qui demande la paix, fût-ce au prix de cessions territoriales !

On ne manquera de soutenir que l'Empereur, en cette circonstance, n'était pas de bonne foi : c'est la seule ressource qui reste à ses ennemis irréconciliables. Ce qu'on ne pourra pas contester, du moins, c'est que nos adversaires étaient *sincères* en refusant la paix.

CHAPITRE PREMIER

7 octobre.

Récapitulation des troupes de la Grande Armée.
(*Sans date.*)

DÉSIGNATION DES CORPS.	NOMBRE de bataillons.	d'escadrons.	COMPAGNIES d'artillerie et du génie.	OFFICIERS d'état-major.	OFFICIERS de troupes.	SOLDATS.	TOTAL.
État-major général....	»	»	»	116	»	240	356
1ᵉʳ corps............	18	16	16	82	707	16,948	17,737
2ᵉ —	25	12	22	118	856	19,784	20,758
3ᵉ —	28	16	18	126	1,018	26,308	27,452
4ᵉ —	42	16	24	139	1,482	39,737	41,358
5ᵉ —	21	16	15	75	696	17,017	17,788
6ᵉ —	24	16	17	110	901	23,393	24,407
7ᵉ —	18	4	14	91	482	13,877	14,450
Réserve de cavalerie...	4	112	11	134	1,003	20,878	22,015
Parcs généraux.......	»	»	46	33	111	3,741	3,885
TOTAUX.....	180	208	184	1,024	7,259	181,923	190,206
8ᵉ corps....................................							27,487
Garde impériale............................							6,265
Troupes électorales........................							23,815
TOTAL GÉNÉRAL..........							247,773

Le maréchal Berthier au maréchal Davout.

Nördlingen, le 15 vendémiaire an XIV (7 octobre 1805).

Donnez l'ordre à la division de grosse cavalerie de se rendre à Harburg, où il est nécessaire qu'elle arrive aujourd'hui avant 4 heures après-midi.

L'intention de l'Empereur est que vous vous rendiez le plus tôt possible à Monheim, pour couvrir le Danube depuis cette ville jusqu'à Neuburg.

L'Empereur a appris avec mécontentement que vous aviez laissé en arrière vos pièces de 12 et beaucoup de munitions; vous aviez cependant les moyens des chevaux de réquisition, et vous êtes le seul dans l'armée à qui cela soit arrivé, de manière que vous vous trouvez ne pas avoir le nombre de cartouches nécessaire, ni vos grosses pièces si utiles dans la position où nous nous trouvons pour passer le Danube.

Sa Majesté a trouvé que le général Sorbier avait eu grand tort de se fier sur les approvisionnements du grand parc qui ont leur destination.

D'ailleurs, pourquoi les chevaux de réquisition, qui ont attelé tout le parc et dont toute l'armée s'est servie, ne seraient-ils pas aussi bons pour vous qu'ils l'ont été pour les autres?

Comme il est probable que le maréchal Soult va passer le Danube à Donauwörth, il est très important que vous soyez sur ce fleuve tant pour inquiéter l'ennemi que pour préparer vos moyens de passage.

Maréchal BERTHIER.

Le maréchal Berthier au maréchal Davout.

Donauwörth, le 15 vendémiaire an XIV (7 octobre 1805).

Je reçois votre lettre : il est nécessaire que vous couvriez la rive gauche depuis l'embouchure du Lech jusqu'à Neuburg.

Le Lech sera probablement passé cette nuit.

Votre passage à Rennertshofen en sera d'autant plus facile : prenez les moulins, défaites-les, cela vous fera autant de pontons.

Que votre gauche soit sur Neuburg. Si vous pouviez avoir une brigade au jour sur la rive droite, il est probable qu'elle ferait des prisonniers et qu'elle pourrait couper une colonne de l'ennemi.

Du moment que le maréchal Soult aura passé à Rain, et que vous aurez passé le Danube, faites courir des partis après l'ennemi, afin de connaître le chemin qu'aura pris le corps que l'ennemi avait laissé pour défendre depuis le Lech jusqu'à Ratisbonne.

Portez votre quartier général demain à Neuburg, et faites rétablir promptement le pont.

Le 17 (9 *octobre*), le maréchal Bernadotte attaquera Ingolstadt : vous marcheriez pour attaquer le corps qui voudrait défendre cette ville, si, toutefois, il s'en trouvait.

Le général Marmont doit se placer de Neuburg à Ingolstadt.

Maréchal BERTHIER.

Le général Belliard au général Klein.

Le 15 vendémiaire an XIV (7 octobre 1805), à minuit.

D'après les ordres de Son Altesse Sérénissime le prince Murat, vous réunirez toute votre division pour vous porter à Mauren, où vous recevrez de nouveaux ordres. Vous ferez reconnaître aussitôt votre arrivée à Mauren, Ebermergen et Wörnizstein, poussant même jusqu'à Donauwörth. La 3ᵉ division sera à votre droite à Buggenhofen. Vous devrez arriver à Mauren avec votre tête de colonne à 5 heures du matin.

BELLIARD.

Le général Belliard au général Walther.

Le 15 vendémiaire an XIV (7 octobre 1805), à minuit.

Conformément aux ordres de Son Altesse Sérénissime le prince Murat, vous partirez de Ringingen avec toute votre division pour vous porter à Oppertshofen où vous devez arriver à 5 heures du matin et où vous recevrez de nouveaux ordres. Vous pousserez de suite, aussitôt votre arrivée à Oppertshofen, une forte reconnaissance sur Münster. La division Beaumont sera à Buggenhofen. Marchez toujours avec beaucoup de précaution.

BELLIARD.

Le même au général Beaumont.

Vous partirez ce matin avec votre division pour vous porter à Buggenhofen, où vous devrez arriver à 5 heures du matin avec votre tête de colonne, où vous recevrez de nouveaux ordres. Aussitôt votre arrivée, vous pousserez des reconnaissances sur Schwarzenberg et sur Wörnizstein; à ce dernier village, elle pourra se réunir aux reconnaissances du général Klein, pour pousser ensemble sur Donauwörth.

La division Klein sera à Mauren, celle de Walther à Oppertshofen. Le Prince se rend à Bissingen, sur la route de Ringingen.

BELLIARD.

Le même au général Baraguey-d'Hilliers.

Son Altesse Sérénissime me charge de vous dire que son intention est que vous restiez en position à Heidenheim aujourd'hui et demain, en vous établissant militairement. Le Prince pense que toutes vos troupes doivent être réunies et bivouaquées comme le reste de l'armée, afin d'être toujours en mesure, si l'ennemi venait attaquer. Le général Bourcier, avec sa division, garde toujours le débouché de Geislingen et doit former votre avant-garde. Je vous prie de le prévenir que vous restez aujourd'hui à Heidenheim. M. le maréchal Ney était hier à Gingen. Le Prince ne sait pas s'il a dû faire un mouvement aujourd'hui.

BELLIARD

Rapport des mouvements, etc., du corps d'armée de réserve.

Journée du 15 *vendémiaire an* XIV (7 *octobre* 1805).

Le Prince, impatient d'arriver à Donauwörth, fit partir ses trois divisions de dragons à cheval à 2 heures du matin et les dirigea par différents chemins pour déboucher dans la plaine auprès de cette ville.

En route, le Prince fut instruit que les Français occupaient Donauwörth et que les ennemis, qui avaient coupé le pont, étaient sur la rive droite pour en empêcher le rétablissement. Alors il donna ordre à la 2e division de dragons ainsi qu'au bataillon de dragons à pied de se porter rapidement sur Münster, où il se rendit lui-même.

Le pont n'était pas coupé, on s'en servit, et le Prince voulant envelopper tout le corps qui était en avant de Donauwörth fit déboucher la division Walther par le pont de Münster et ordonna au général de se porter sur les derrières de l'ennemi dans les plaines d'Heisesheim et Nordheim, pour le combattre s'il faisait résistance et le poursuivre rapidement jusqu'au pont de Rain sur le Lech, dont le Prince voulait se rendre maître, avant que les Autrichiens eussent pu le détruire.

Ce plan, savamment conçu, eût eu une entière exécution si quelques coups de canon, tirés trop tôt des hauteurs de Donauwörth, n'avaient pas débusqué l'ennemi, qui se retira avant que la division pût arriver ; il était 10 heures du matin.

Il fit pousser en même temps des reconnaissances sur Höchstädt et Pfaffenhofen.

Ces dispositions faites, le Prince fut à Donauwörth, où les deux autres divisions eurent ordre de se rendre.

Elles se mirent en bataille en arrière de la ville.

Le bataillon de dragons à pied fut établi à Münster pour garder le pont.

Deux bataillons du corps d'armée de M. le maréchal Soult passèrent le Danube dans des bateaux, pour protéger le rétablissement du pont ; Son Altesse Sérénissime le prince Murat fait embarquer son escorte, 150 dragons d'élite de la division Klein commandés par le chef de brigade Watier, passe le Danube et pousse en avant.

Son premier projet était manqué ; il fit poursuivre l'ennemi sur le pont de Rain, et en même temps il ordonna à la division Walther, dont le colonel Watier formait l'avant-garde, d'aller passer au gué d'Oberndorf et de rabattre par la gauche sur la ville de Rain et sur le pont pour tourner l'ennemi.

Le Prince se dirigea sur le pont; l'ennemi s'était retiré précipitamment, avait passé le Lech et coupé deux arches du pont; les ordres étant donnés pour le rétablir, le Prince fut sur Oberndorf. L'avant-garde de 150 dragons d'élite avait déjà passé le gué; le colonel Watier, qui la commandait, se trouva en présence d'environ 600 hommes de cavalerie; il n'hésita pas de les charger malgré la supériorité du nombre et parvint à enfoncer la première ligne, mais, assailli par toute la troupe, il dut faire un mouvement rétrograde et attendre la division.

La cavalerie ennemie, qui était restée pour protéger la retraite de l'infanterie et des bagages, ayant rempli son but, quitta le champ de bataille. Le Prince passa presque à la nage avec la division, poursuivit l'ennnemi sans pouvoir l'atteindre, descendit le Lech jusqu'à Rain, y établit sa division et revint par le pont de Rain qui avait été rétabli.

Les 1re et 3e divisions restèrent en position en arrière de Donauwörth.

Les dragons à pied et la 4e division ont passé momentanément sous les ordres de M. le maréchal Ney.

Marches et rapports historiques de la 1re division de dragons montés.

Le 15 vendémiaire an xiv (7 octobre 1805).

La division s'est portée sur les hauteurs en arrière et près de Donauwörth, où elle a été passée en revue par Sa Majesté l'Empereur et y est restée la nuit au bivouac.

Jusque-là, l'armée n'avait éprouvé aucun obstacle dans sa marche; les ennemis s'étaient toujours retirés à notre approche et aucun coup n'avait encore été donné.

Parvenue à Donauwörth, elle trouva le pont du Danube coupé et gardé par de l'infanterie autrichienne, qui déclara avoir ordre de s'opposer à son rétablissement.

Quelques coups de canon suffirent pour terminer la discussion et, dès le soir, le pont fut rétabli. Pendant qu'on y travaillait, il fut choisi dans tous les corps de la division un détachement de 150 chevaux, commandé par le colonel Watier, qui passa dans des bateaux pour aller faire une reconnaissance à la rive droite du Danube, et donner la chasse aux ennemis qui se trouvaient dans cette partie, et qui s'étaient retirés vers Rain. Le détachement se dirigea sur ce point, mais, parvenu au pont du Lech, il le trouva également coupé et gardé par des uhlans; pour passer cette rivière, il la remonta jusqu'à Oberndorf, et s'y arrêta, pendant qu'on faisait reconnaître un gué.

Quelques tirailleurs traversèrent, non sans danger, cette rivière à une demi-lieue au-dessus du village et furent immédiatement après suivis par tout le détachement. Ce ne fut qu'en arrivant sur la rive gauche de l'Ach, qu'on aperçut l'ennemi posté près d'Ober-Peiching; quelques dragons mirent pied à terre et commencèrent à tirailler en même temps; d'autres traversèrent la rivière et fondirent sur les vedettes, qui se replièrent aussitôt; le peloton des tirailleurs les ayant suivis, le colonel Watier fit mettre pied à terre à une division pour protéger le gué en cas de retraite; mais, comme l'ennemi continuait à se retirer, il fit passer tout son détachement, dont il cacha la faiblesse en se couvrant à propos par des bois et des ravins.

On apercevait dans la plaine deux colonnes de cavalerie que l'on estimait être de 600 à 700 hommes, et plus loin sur le revers de la montagne, au sud de Baier-Dilling, une troupe d'infanterie dont on n'a pas connu la force.

Le jour commençant à baisser, et la retraite de l'ennemi paraissant décidée, le colonel Watier plaça sa troupe sur un rang et forma deux échelons, qui marchaient à une assez grande distance pour en imposer sur leur force; on continua dans cet ordre et en s'arrêtant souvent, jusqu'à ce que les tirailleurs eussent balayé la plaine.

Il était nuit close quand le détachement arriva à une demi-lieue de Pessenburkheim, sur la route qui conduit de Rain à Aichach; le colonel Watier fit former ses divisions; il dirigea ensuite sa troupe en colonne par quatre, sur Pessenburkheim; l'ennemi ayant été aperçu, l'officier qui commandait le premier peloton reçut ordre de le charger en queue; il n'avait pu encore l'atteindre, lorsqu'il distingua en bataille très près de lui, toute la cavalerie que l'on avait remarquée pendant le jour; dans le même moment, l'ennemi sonna la charge et fondit sur lui avec impétuosité.

Quelques pelotons de uhlans cherchèrent à couper la retraite au détachement, en se prolongeant à droite et à gauche de la route qu'ils occupaient; dans cette circonstance embarrassante, les officiers et les dragons, ne prenant conseil que de leur propre courage, passèrent le fossé qui les séparait de l'ennemi, et tombèrent avec une telle ardeur sur les pelotons qui avaient presque gagné la queue de la colonne, qu'ils les culbutèrent et les poussèrent dans le plus grand désordre; on sonna le ralliement, mais l'ennemi survint en si grande force, que ce ne fut que 400 pas plus loin que l'on put se former; le détachement se porta de nouveau en avant. Mais l'ennemi avait disparu. On se retira en bon ordre sur Rain.

Dans cette affaire, qui fut extrêmement vive, les uhlans eurent 3 hommes de tués et considérablement de blessés, à en juger par les armes des dragons, dont grand nombre se trouvèrent ensanglantées; on leur prit 6 hommes et 8 chevaux. Les dragons eurent 1 homme de tué, 2 blessés et 8 prisonniers.

Le maréchal Soult au général Vandamme.

Donauwörth, le 15 vendémiaire an xiv (7 octobre 1805).

Monsieur le Général,

La division que vous commandez prendra position à gauche de Donauwörth, et vous disposerez le 24e d'infanterie légère sur les deux rives du Danube pour protéger l'établissement du pont. Les trois régiments de cavalerie légère se réuniront sous les ordres du général Margaron, en arrière de Donauwörth, et se tiendront prêts à passer le Danube aussitôt que le pont sera rétabli.

Son Altesse Sérénissime le prince Murat m'ayant prévenu que ses troupes prenaient poste en avant du pont de Münster, vous voudrez bien en faire retirer celles de la division que vous commandez.

Je vous invite à faire établir les gardes nécessaires aux magasins que les Autrichiens ont laissés dans la ville, à charger votre commissaire d'en faire le dénombrement. Il m'en rendra immédiatement compte; vous lui prescrirez de faire cuire la plus grande quantité de pain possible, de le faire réunir à celui que la ville aura livré par suite des réquisitions qui lui ont été faites, pour qu'il en soit disposé sur un nouvel ordre que je donnerai.

J'ai l'honneur..... SOULT.

P.-S. — Renvoyez, je vous prie, au 8ᵉ régiment de hussards, les hommes de ce corps qui font près de vous le service d'ordonnance.

Le maréchal Soult à l'Empereur.

Le 15 vendémiaire an XIV (7 octobre 1805).

Sire,

Ce matin l'ennemi gardait encore le pont du Danube à Donauwörth; à l'arrivée de la compagnie d'artillerie légère, quelques coups de canon l'ont forcé à s'éloigner; en ce moment on travaille au rétablissement du pont, et j'espère que dans quatre heures il sera en état.

J'ai fait passer le Danube à un bataillon du 24ᵉ d'infanterie légère; il est sous la protection de nos batteries et ne peut être compromis.

Le général Vandamme s'était aussi emparé pendant la nuit du pont de Münster (une lieue au-dessus de Donauwörth) que l'ennemi a laissé intact; un bataillon du 24ᵉ d'infanterie légère, deux escadrons du 11ᵉ régiment de chasseurs et deux pièces de 4 le couvrent en avant. Son Altesse Sérénissime le prince Murat y a déjà porté une de ses divisions, et, sur sa demande, j'en fais retirer les troupes de la 2ᵉ division qui s'y trouvent.

Le Prince a déjà fait passer le Danube à un escadron.

Le régiment de Joseph Colloredo, autrichien, défendait le pont de Donauwörth, il avait 1000 hommes dans la ville et le restant à Nordheim ou le long du Danube; 800 à 900 hommes de cavalerie étaient répandus dans la plaine; l'ennemi s'est retiré vers le Lech.

Le maître de poste de Donauwörth assure que les Autrichiens ont du côté de Rain 25,000 hommes sous les ordres des généraux Kienmayer et Gottesheim; il assure aussi que le général Mack y est arrivé, et enfin que les Autrichiens veulent se défendre dans cette partie; cet homme était effrayé, et je suis persuadé que la peur lui a fait grossir le nombre. Aussitôt que la cavalerie pourra passer sur le pont, je ferai battre la plaine pour tâcher de faire quelques prisonniers.

La division Vandamme arrive et va prendre position à gauche de la ville.

Les deux autres divisions suivent, mais sont encore éloignées.

J'ai l'honneur..... Soult.

P.-S. — Dans l'instant, on m'amène 10 prisonniers du régiment de Colloredo; ils disent qu'il y avait dans cette partie le régiment d'Erbach avec le leur, ainsi que les hussards de Liechtenstein; qu'à Rain il y a un grand camp dont ils n'évaluent pas la force, mais il paraîtrait que c'est celui du général Gottesheim qui s'est réuni au général Kienmayer. Ils confirment qu'il y a toujours beaucoup de troupes à Ulm et que l'archiduc Ferdinand ainsi que le général Mack sont à Constance.

Le maréchal Berthier au maréchal Davout.

Sur le pont de Donauwörth, le 15 vendémiaire an XIV (7 octobre 1805).

Monsieur le Maréchal,

Je vous préviens que les dragons aux ordres de M. le maréchal Murat, et le corps de M. le maréchal Soult, ont en partie passé le Danube. L'Empereur va entreprendre de forcer le passage du Lech.

Sa Majesté désire, Monsieur le Maréchal, que vous fassiez attaquer la tête du pont de Neuburg et que vous tâchiez de communiquer avec la division du maréchal Soult qui marche sur le Lech. Vous devez tâcher de communiquer entre l'embouchure du Lech et Altesheim.

Maréchal BERTHIER.

Le maréchal Berthier au maréchal Ney.

Nördlingen, le 15 vendémiaire an XIV (7 octobre 1805).

Monsieur le Maréchal,

L'Empereur vous trouve très bien placé à Giengen.

Le Danube vient d'être passé à Donauwörth par le maréchal Soult; l'ennemi paraît très en force à Neuburg pour défendre le Lech. L'intention de Sa Majesté serait d'attaquer actuellement Ulm; vous l'attaqueriez par la rive gauche du Danube et le maréchal Soult par la rive droite; mais, comme le maréchal Soult ne peut être dans le cas de marcher que demain matin, faites-moi connaître, par le retour de mon courrier, si l'ennemi a encore du monde à Ulm et ce qu'il y fait.

L'Empereur ferait en même temps marcher sur Augsburg et Landsberg, pour couper tout ce que l'ennemi aurait encore sur l'Iller.

Emparez-vous de Gundelfingen et Lauingen, ainsi que d'un ou deux ponts sur le Danube, afin que si, d'après les nouvelles que l'Empereur va recevoir, Sa Majesté voulait vous faire marcher sur le haut Lech, vous puissiez le faire par une marche de flanc.

Envoyez aussi des patrouilles de cavalerie sur Donauwörth, afin que nous soyions maîtres de toute la rive gauche et, par là, nos communications seront très faciles.

Maréchal BERTHIER.

Nördlingen, le 15 vendémiaire an XIV (7 octobre 1805).

Ordre à toute l'artillerie du général Gazan et à toute la réserve du maréchal Lannes de se mettre en marche, aujourd'hui, pour Ellwangen (1).

Maréchal BERTHIER.

---

(1) Nous donnons sous toutes réserves cet ordre étrange, qui ne nous

Le prince Murat à l'Empereur.

J'ai l'honneur de rendre compte à Votre Majesté que lorsque j'ai reçu l'ordre de Votre Majesté de passer le Lech, le colonel Watier l'avait déjà passé à Oberndorf, où je vais passer avec les trois régiments de Soult et les cinq de Walther. Je donnerai ordre de reconnaître Friedberg, sur la route d'Augsburg à Munich, et Neuburg qui dut être évacué. J'ai vu revenir de la cavalerie et de l'infanterie de ce côté. On a reconnu Mertingen. Il n'y avait personne à Augsburg. Le quartier général était encore hier à Memmingen, où est toute l'armée, c'est-à-dire ce qui ne s'était pas encore porté en avant.

(*Sans date.*) MURAT.

Le maréchal Soult à l'Empereur.

Le 15 vendémiaire an XIV (7 octobre 1805).

Sire,

J'ai quitté le prince Murat à Oberndorf, au moment où Son Altesse se disposait à passer le Lech avec la cavalerie légère du 4° corps d'armée ; depuis quatre heures, le colonel Watier, avec 150 dragons, est sur la rive droite de cette rivière, mais le Prince n'avait encore reçu aucun rapport.

L'ennemi a évacué Rain à 6 heures du soir et le bailli est venu de suite près le général Candras, qui était sur la rive droite, lui faire offre de service ; il s'est même empressé d'envoyer des ouvriers pour réparer le pont, mais ne l'ayant pas vu, je n'ai pu lui faire des questions.

---

est connu que par une copie du registre de Berthier, où les erreurs de noms propres abondent. Par exemple, l'ordre précédent, dont l'original existe aux archives du prince de la Moskowa, a été recopié sur le registre avec les variantes suivantes : *Geislingen* au lieu de *Giengen; aussitôt* au lieu de *en même temps; Gundelfingen* au lieu de *Gundelfingen et Lauingen; dans une marche de flanc* au lieu de *par une marche de flanc.*

Je crois que le pont sera entièrement rétabli à 2 heures du matin, déjà les poutres d'une des deux travées sont placées.

J'ai donné ordre au général Candras d'occuper Rain avec un bataillon du 24ᵉ d'infanterie légère ; depuis six heures il y a deux compagnies, en avant du pont, qui couvrent les ouvriers.

J'ai fait établir la 2ᵒ division en avant du village de Genderkingen, mais elle a laissé le 57ᵉ régiment en avant du village de Nordheim pour couvrir le pont de Donauwörth.

La 3ᵉ division est en position entre Donauwörth et le village de Berg.

La 1ʳᵉ division occupe la position à gauche de la ville.

La 4ᵉ division arrive aujourd'hui à Nördlingen et demain se rendra à Donauwörth.

J'ai l'honneur de supplier Votre Majesté, d'avoir la bonté de me donner ses ordres sur la nouvelle direction à donner au 4ᵉ corps de son armée.

J'ai l'honneur..... Soult (1).

Le maréchal Berthier au maréchal Soult.

Donauwörth, le 15 vendémiaire an XIV (7 octobre 1805).

Le bataillon que le général Legrand avait laissé pour garder Donauwörth y restera jusqu'à ce qu'il soit remplacé par un bataillon de la division Suchet.

Le général Suchet, à son arrivée, prendra position en avant du pont, derrière le général Saint-Hilaire, ou, si le général Saint-Hilaire est parti, il prendra sa place.

Maréchal Berthier.

---

(1) Le même jour, Soult réduit le nombre des cavaliers d'ordonnance détachés auprès de lui à 4, et celui des cavaliers fournis à chaque division d'infanterie à 10.

Le maréchal Berthier au général Legrand.

Donauwörth, le 15 vendémiaire an xiv (7 octobre 1805).

Ordre au général Legrand de partir demain, à 5 heures du matin, avec sa division pour se rendre sur le Lech du côté de Rain : il enverra demander des ordres au maréchal Soult qui se trouve sur ces positions.

Maréchal BERTHIER.

Le maréchal Berthier au général Saint-Hilaire.

Donauwörth, le 15 vendémiaire an xiv (7 octobre 1805).

Ordre au général Saint-Hilaire de passer demain, à 7 heures du matin, le pont de Donauwörth et de prendre un bivouac sur deux lignes, à une demi-lieue en avant du pont, ayant avec lui son artillerie, pour être à même de se porter sans retard où les circonstances l'exigeraient.

Maréchal BERTHIER.

Le maréchal Berthier au général Suchet.

Donauwörth, le 15 vendémiaire an xiv (7 octobre 1805).

Il est ordonné au général Suchet de partir demain 16 (*8 octobre*), à la pointe du jour, pour se rendre à Donauwörth avec toute sa division.

Maréchal BERTHIER.

Le maréchal Berthier au maréchal Ney.

Donauwörth, le 15 vendémiaire an xiv (7 octobre 1805).

Ordre au maréchal Ney de se tenir où il est, de faire des reconnaissances sur Ulm ; prévenir l'état-major de tous les mouvements que l'ennemi fera, soit sur la rive droite, soit sur la rive gauche.

Qu'il se prépare à passer le Danube, afin qu'il puisse le faire, du moment où il lui en sera donné l'ordre.

Le prévenir que le maréchal Davout passera à Neuburg et le maréchal Bernadotte à Ingolstadt.

Maréchal BERTHIER.

Le maréchal Berthier au maréchal Lannes.

Donauwörth, le 15 vendémiaire an XIV (7 octobre 1805).

Donnez l'ordre à la division de grenadiers de se rendre au pont de Münster; et à l'artillerie de rejoindre demain 16 (*8 octobre*).

Donnez ordre à votre cavalerie de passer le pont à la petite pointe du jour et d'éclairer la route qui va de Dillingen à Augsburg; elle se cantonnera dans la plaine.

Maréchal BERTHIER.

Le maréchal Berthier au général Gazan.

Donauwörth, le 15 vendémiaire an XIV (7 octobre 1805).

Il est ordonné au général Gazan de se rendre à Neresheim, et au pont de Münster, aussitôt qu'il le pourra : de Aalen, il passera par Neresheim, Eglingen, Amerdingen (Marsal), Bissingen et, de là, à Münster.

L'artillerie de la division Gazan, de Neresheim, passera par Nördlingen.

Maréchal BERTHIER.

Le maréchal Berthier au général Baraguey-d'Hilliers.

Donauwörth, le 15 vendémiaire an XIV (7 octobre 1805).

Il est ordonné aux dragons à pied de se porter, le 16 (*8 octobre*), à Neresheim.

Maréchal BERTHIER.

Le maréchal Berthier au général Bourcier.

Donauwörth, le 15 vendémiaire an XIV (7 octobre 1805).

Il est ordonné au général Bourcier de se porter, le 16 (*8 octobre*), à Neresheim.

Maréchal BERTHIER.

Le maréchal Berthier au maréchal Bessières.

Donauwörth, le 15 vendémiaire an XIV (7 octobre 1805).

Il est ordonné à toute la cavalerie de la Garde de partir demain 16, avant le général Suchet, c'est-à-dire, avant la pointe du jour, avec son artillerie, pour se rendre à Donauwörth, où il est nécessaire qu'elle soit à 10 heures du matin.

Ordre à toute la division de la Garde de partir demain 16 (*8 octobre*), à 7 heures du matin, pour Donauwörth.

Même ordre au grand quartier général.

Maréchal BERTHIER.

Le maréchal Berthier au maréchal Bessières.

Donauwörth, le 15 vendémiaire an XIV (7 octobre 1805).

L'infanterie de la Garde sera logée dans Donauwörth.

Un bataillon bivouaquera en avant du pont et des consignes seront données.

La cavalerie de la Garde bivouaquera sur les hauteurs, devant Donauwörth.

Maréchal BERTHIER.

Le maréchal Berthier au général d'Hautpoul.

Donauwörth, le 15 vendémiaire an XIV (7 octobre 1805).

Il est ordonné au général d'Hautpoul, du moment où il sera

arrivé à Nördlingen, de se diriger sur Donauwörth, où il attendra de nouveaux ordres.

Maréchal Berthier.

Le maréchal Berthier au général de Nansouty.

Donauwörth, le 15 vendémiaire an xiv (7 octobre 1805).

Ordre au général de Nansouty de partir demain à 5 heures du matin pour bivouaquer sur deux lignes, à trois quarts de lieue en avant de Donauwörth ; il sera là avec son artillerie, et tout le monde restera au corps, afin qu'il puisse se mettre en mouvement au premier ordre. Il fera cependant faire la soupe aux cavaliers.

Maréchal Berthier.

Le maréchal Berthier au maréchal Bernadotte.

Donauwörth, le 15 vendémiaire an xiv (7 octobre 1805).

L'intention de l'Empereur est que vous vous portiez le 17 (*9 octobre*) sur Ingolstadt, que vous vous en empariez, que vous rétablissiez le pont et que vous fassiez passer le Danube au corps bavarois.

Maréchal Berthier.

Le général Baraguey-d'Hilliers au maréchal Berthier.

J'ai l'honneur de vous rendre compte qu'en exécution de vos ordres, en date d'hier, écrits à Aalen, j'ai pris une position militaire en avant d'Heidenheim, dans la vallée de la Brenz, à l'effet de couvrir parfaitement les routes de Göppingen, d'Aalen, de Neresheim, de Giengen, d'Ulm et de Gundelfingen. J'ai envoyé des découvertes et des détachements sur Ulm, Gundelfingen et Lauingen, j'ai jeté de nombreux partis entre la route de Weissenstein et d'Ulm. Jusqu'ici il ne m'est parvenu aucun rapport digne d'être présenté. J'ai envoyé un officier au général Bourcier pour le prévenir de ma position. Le général Graindorge, qui commande une des brigades de la division Gazan, m'a prévenu de sa position à Ober-Kochen.

L'ennemi, jusqu'à présent, ne se montre pas. L'artillerie de la 4ᵉ division de dragons vient de m'arriver et je sais que cette division traverse les montagnes qui séparent le cours de la Fils de celle de la Brenz en se repliant sur Heidenheim.

BARAGUEY-D'HILLIERS.

Je vous ferai porter ce soir la liste des convois qui seront passés à Heidenheim.

J'ai l'honneur de vous prévenir que mes administrations sont toutes incomplètes, que je n'ai aucun autre employé d'ambulance qu'un économe et que j'ignore sur quels points je dois diriger les soldats malades ou blessés qui ont besoin des soins d'officiers de santé.

(*Sans lieu ni date.*)

Le général Baraguey-d'Hilliers au maréchal Berthier.

En exécution de vos ordres, en date d'hier, j'ai l'honneur de vous adresser l'état des voitures qui ont passé ici dans le courant de la journée et dont j'ai fait diriger la marche sur Neresheim et Donauwörth.

Je conserve mes positions dans la gorge de la Brenz. J'ai vainement cherché à communiquer avec le général Bourcier dans le courant de la journée par 2 officiers que j'ai envoyés à sa rencontre sur la route de Gross-Süssen. On ne l'a trouvé nulle part. L'artillerie de sa division est arrivée ici par ses ordres, mais malgré toutes mes recherches je n'ai pu encore le découvrir, ni être informé de sa direction. J'attends vos ordres.

BARAGUEY-D'HILLIERS.

P.-S. — Un maréchal des logis, chargé d'ordres pressés de votre part pour le général Bourcier, m'annonce l'avoir vainement cherché aussi et n'a pu les lui remettre.

(*Sans lieu ni date.*)

*État des voitures qui ont passé à Heidenheim
le 15 vendémiaire an XIV (7 octobre 1805).*

8 voitures pour le 2ᵉ régiment de dragons à pied, dont......... { 7 chargées de pain.
{ 1 de bagages et hommes blessés.
2 voitures pour l'état-major du 2ᵉ régiment.
1 voiture d'un cantinier du même régiment.
2 voitures pour le commissaire des guerres.
1 voiture à un cheval, avec des équipages du 10ᵉ chasseurs à cheval (corps d'armée du maréchal Ney).
24 voitures menant les effets d'ambulance de la division de dragons à pied.
2 voitures vides suivant cette ambulance.

Pour la division de dragons à pied :

10 voitures chargées de pain.
1 voiture chargée d'avoine.
(Elles suivent l'ambulance).

6 voitures. { chargés des équipages du 4ᵉ régiment.
1 fourgon. {
4 voitures chargées de pain pour le même régiment.
1 voiture pour un cantinier.
2 voitures pour le général de division.

Pour la 1ʳᵉ division de dragons à cheval :

13 voitures chargées de 51 tonneaux de biscuit.
1 voiture de pain.
3 voitures chargées d'effets d'ambulance.
1 voiture à deux chevaux conduisant du pain pour l'état-major de la division de dragons à pied.
16 voitures chargées de pain et d'avoine se rendant au quartier général du prince Murat.

Pour la 3ᵉ division de dragons à cheval :

3 voitures portant des effets d'ambulance.
1 voiture chargée de viande.
2 voitures chargées de pain pour le corps du maréchal Ney.
Le détachement d'artillerie légère faisant partie de la division des dragons à pied.

Pour le 1ᵉʳ régiment de dragons à pied :

3 voitures chargées de pain.
4 voitures chargées de biscuit.
5 voitures de bagages.
1 voiture de cantinier.

Pour la 1re division de dragons à cheval :

5 voitures chargées d'avoine.
1 voiture chargée de bagages.
1 voiture à deux chevaux chargée de pain.
1 cantinier pour le corps du maréchal Ney.
10 voitures conduisant du pain, du biscuit, de la farine et de l'eau-de-vie pour le corps du maréchal Ney.

Pour la 1re division de dragons à cheval :

5 voitures menant de l'avoine et des équipages.
1 fourgon.
1 cantinier.

Pour la 3e division de dragons à cheval :

3 voitures chargées de vin.
2 voitures chargées d'avoine.
1 voiture chargée de viande.
12 voitures chargées d'avoine pour le quartier général du prince Murat.
11 voitures conduisant du pain et de l'avoine pour le corps du maréchal Ney (division du général Loison).

Pour une division de dragons à cheval :

5 voitures d'eau-de-vie et d'avoine.
4 voitures de pain.
1 cantinier du 1er régiment de dragons à pied.
1 voiture conduisant les effets des pontonniers pour le corps du maréchal Ney.

Pour la 4e division de dragons à cheval :

2 voitures d'équipages.
1 fourgon.
2 cantiniers.
1 voiture de bagages de la 25e légère (corps du maréchal Ney).

Pour le 3e régiment de dragons à cheval :

2 voitures d'avoine.
5 voitures de bagages.

Pour la 2e division de dragons à cheval :

1 voiture portant de la viande.
3 voitures des équipages.
1 caisson.
2 voitures portant du pain pour le 2e régiment de dragons à pied.
1 voiture d'eau-de-vie.
1 voiture chargée d'effets d'habillement et havresacs.

(Ces voitures étaient conduites par des dragons du 26e à cheval. Ils n'en savaient pas la destination.)

6 voitures chargées d'avoine et de vin pour la 3ᵉ division de dragons à cheval.
54 voitures chargées d'avoine pour le corps du maréchal Ney.
45 voitures vides pour l'ambulance du corps du maréchal Ney.
3 voitures avec des effets d'ambulance.
   (On n'a pu savoir pour quelle division ; elles en attendaient deux autres qu'elles avaient perdu de vue depuis plus d'un jour.)
8 voitures d'équipages du 21ᵉ dragons à cheval, pour les selles et portemanteaux des chevaux blessés.
1 fourgon du 11ᵉ dragons à cheval.
6 voitures. } équipages de la 5ᵉ brigade.
1 forge.... }
7 voitures de fourrages, faisant partie du même convoi et se rendant toutes à l'état-major général.
2 carrioles à deux chevaux pour l'armée du maréchal Ney (dans l'une un officier, dans l'autre un employé de son armée.)
1 carriole à deux chevaux pour des officiers de la 4ᵉ division de dragons à cheval.
1 carriole à trois chevaux.. } Il n'y avait personne dedans.
1 carriole à quatre chevaux. }
1 carriole à deux chevaux. (Il n'y avait personne.)
1 carriole à deux chevaux où était un général attaché à l'état-major du prince Murat.
1 carriole à deux chevaux. (Il n'y avait personne dedans.)
2 carrioles à deux chevaux.
18 caissons de munitions de guerre pour le maréchal Ney.

Dispositions de marche du 6ᵉ corps d'armée pour le 15 vendémiaire an XIV (7 octobre 1805).

Le corps d'armée devant prendre position, face au Danube, la droite vers Lauingen, la gauche vers Steinheim, il devra marcher la gauche en tête.

La cavalerie légère s'assemblera à 8 heures du matin à Gundelfingen, où elle attendra l'arrivée des dragons ; elle flanquera alors la marche sur la droite de l'armée. Le 10ᵉ de chasseurs se tiendra à la hauteur de la tête de la 3ᵉ division. Le 1ᵉʳ et 3ᵉ de hussards marcheront à la queue de la 1ʳᵉ division.

Le 10ᵉ de chasseurs poussera des reconnaissances en avant sur la direction de Donauwörth.

Les escadrons attachés à chacune des divisions ouvriront la

marche pour la 3ᵉ division et flanqueront pour les autres divisions.

A son arrivée à Höchstädt, le 10ᵉ régiment de chasseurs bivouaquera et détachera un escadron sur Bleinheim et Gremheim. Le chef du détachement informera de suite le général de l'état des ponts qui peuvent se trouver sur le Danube auprès de ces deux endroits.

Le même régiment poussera des reconnaissances en avant sur Schweningen.

Le 3ᵉ de hussards bivouaquera entre Lauingen et Feimingen.

Le 1ᵉʳ de hussards sera placé sur le front, près de Dillingen.

Ces deux derniers régiments pousseront des reconnaissances sur la rive droite du Danube, si le pont de Dillingen existait encore, les reconnaissances seraient dirigées sur la grand'route; dans le cas contraire, on les dirigeraient sur un point où il y aurait un pont.

La 3ᵉ division marchera la première, la gauche en tête. Elle sera précédée par une avant-garde que composera le général Malher. La marche de la colonne sera ouverte par le 59ᵉ régiment, marchant par la gauche. La division partira à 6 heures du matin, se portera par la traverse directement sur Hermaringen et suivra, de là, la chaussée par Gundelfingen.

Elle bivouaquera sur les hauteurs, au delà de Dillingen, la gauche près de Steinheim. Ce dernier village sera occupé par cinq compagnies du 2ᵉ bataillon du 59ᵉ régiment.

Si le pont du Danube existait encore au delà de Steinheim, on placerait le reste de ce bataillon à la gauche du pont.

Si l'artillerie de la division ne peut pas suivre la traverse sur Hermaringen, on la fera passer par la route de Giengen.

La 2ᵉ division partira de Giengen à 7 heures et prendra la même route que la 3ᵉ, depuis Hermaringen.

Lorsque cette division sera arrivée à Dillingen, elle bivouaquera sur les hauteurs qui sont à gauche de la ville, de manière que l'aile droite y sera appuyée ; le 1ᵉʳ bataillon du 6ᵉ régiment d'infanterie légère fournira des postes à Mörslingen, Altheim, et au moulin à gauche.

La 1ʳᵉ division partira d'Herbrechtingen à 6 heures et suivra la chaussée par Hermaringen; cette division bivouaquera sur le plateau entre Lauingen et Dillingen, la droite, près de Lauingen ; la gauche, près de la chapelle Lauingen, sera occupée par le 1er bataillon du 9e régiment ; quatre compagnies de ce bataillon seront à la garde du pont. Le 2e bataillon du même régiment établira un poste à Wittislingen, un au moulin à papier qui se trouve à droite de ce village, et un 3e à Schabringen.

Le parc d'artillerie partira à 5 heures 1/2 pour marcher entre la 2e et la 1re division, et s'établira en arrière de Dillingen.

Le parc des vivres suivra celui de l'artillerie.

L'escorte sera fournie par le 96e régiment d'infanterie qui marche en tête de la 1re division.

Une compagnie d'éclaireurs du 25e régiment d'infanterie légère se dirigera de Giengen sur Lauingen, par la route de traverse qui passe à Saxenhausen. Cette compagnie se rendra de suite à son corps à Dillingen.

Le quartier général sera à Lauingen.

Le Maréchal d'Empire,

NEY.

Le service des vivres étant assuré, les chefs devront tenir la main à ce que les troupes observent la plus exacte discipline, car tous les excès seront sévèrement punis.

Le maréchal commandant en chef, espère que le 6e corps d'armée, qui s'est distingué jusqu'à ce jour, continuera à montrer l'exemple du bon ordre et de la discipline militaires.

Le maréchal témoigne sa satisfaction à toutes les troupes pour la précision avec laquelle elles ont exécuté les marches jusqu'à ce jour. Il rappelle à MM. les généraux et chefs de corps, que la marche par quatre files n'est nécessaire que dans les routes de traverse ; sur les grandes chaussées et surtout pour entrer militairement dans les places, il faut rompre simplement les sections par les procédés de l'ordonnance.

Les généraux, en fixant les haltes, devront observer de choisir à cet effet, un endroit éloigné au moins de 10 toises de la route. Les troupes devront s'y mettre en bataille et former les faisceaux d'armes dans un ordre militaire.

(*A. M.*)

6° CORPS D'ARMÉE.

Le Général chef de l'état-major général à M. le général Dupont.

Höchstadt, le 15 vendémiaire an XIV (7 octobre 1805).

Monsieur le Général,

Les divisions du 6° corps bivouaqueront aujourd'hui dans la position jalonnée en arrière d'Höchstädt, la droite à Deisenhofen et la gauche à Sonderheim.

Le quartier général de la 1re division, à Deisenhofen; Mörslingen sera occupé par un bataillon d'infanterie légère et Lützingen par un autre bataillon.

Le quartier général de la 2e division, à Höchstädt, et celui de la 3e, à Blindheim.

Höchstädt sera occupé par quatre compagnies, qui garderont le pont sur le Danube et fourniront les gardes aux postes.

Un bataillon du 25e d'infanterie légère sera bivouaqué en avant du village de Blindheim, gardera le pont sur le Danube sur ce point et enverra deux compagnies à la gauche du village de Gremheim pour la garde du pont qui se trouve sur le Danube.

La cavalerie attachée aux divisions poussera des reconnaissances sur la rive droite du Danube, sur Binswangen, Wertingen, Pfaffenhofen et Mertingen, pour avoir des renseignements sur la position, la force et les mouvements de l'ennemi.

Le parc d'artillerie s'établira en arrière d'Höchstädt.

Les détachements de cavalerie établis à Dillingen, gardant les ponts de Lauingen, Dillingen et Steinheim, y resteront jusqu'à nouvel ordre.

Les divisions se tiendront prêtes à partir demain, à 5 heures du matin, pour se diriger sur Donauwörth.

La cavalerie bivouaquera à la droite de Steinheim, ayant la rivière d'Egge sur son front.

Elle établira un poste à Donaualtheim et fera des patrouilles sur Wittislingen, elle enverra aussi des patrouilles sur la rive droite du Danube, sur la direction de Zusamaltheim.

Le quartier général sera à Höchstädt.

DUTAILLIS.

Le général Dutaillis au général Tilly.

Laringhen, le 15 vendémiaire an XIV (7 octobre 1805).

Le maréchal me charge de vous prévenir que vous devez laisser à Dillingen 1 capitaine intelligent avec 40 hommes.

Il bivouaquera en arrière de cette ville, gardera le pont sur le Danube et ne laissera passer qui que ce soit sur la rive droite. Il laissera 6 hommes et 1 brigadier à Lauingen pour la garde du pont et ne laissera également passer personne. Il mettra un poste de 10 hommes au pont de Steinheim avec la même consigne ainsi qu'à Höchstädt.

Le soir, à 8 heures du soir, le poste de Lauingen se reploiera sur celui de Dillingen, celui-ci sur Steinheim, ensuite sur Höchstädt où l'officier prendra poste.

Demain 16, il partira à 9 heures du matin pour suivre le mouvement de l'armée qui se dirige sur Donauwörth.

Dans tous les postes qu'il occupera, il se gardera militairement et poussera, sur la rive droite du Danube, de petites patrouilles pour avoir des nouvelles de l'ennemi ; s'il apprend quelque chose d'important, il enverra sur-le-champ un courrier au maréchal, dont le quartier général sera à Schweningen.

Le maréchal ayant reçu l'ordre de se rapprocher le plus possible de Donauwörth, l'armée continuera sa marche par Lauingen, Dillingen et Höchstädt et se dirigera sur Schweningen, où elle prendra position.

Il sera envoyé de nouvelles instructions sur l'emplacement que la cavalerie devra occuper.

(A. M.) DUTAILLIS.

Ordre aux trois Généraux de division.

Le 15 vendémiaire an XIV (7 octobre 1805).

Le maréchal ayant reçu l'ordre de se rapprocher le plus possible de Donauwörth, l'armée continuera à marcher dans l'ordre prescrit, pour se diriger par Dillingen et Höchstädt sur la direction de Schweningen ; il vous sera envoyé de nouvelles instructions sur l'emplacement que votre division devra occuper.

Vous ferez, dès la halte, régler la marche de manière à fatiguer les soldats le moins possible.

Le maréchal établira son quartier général à Schweningen.

(*A. M.*)   Dutaillis.

Le général Dupont au maréchal Ney.

Deisenhofen, le 15 vendémiaire an XIV (7 octobre 1805).

La division est arrivée, à 11 heures, au camp de Deisenhofen. Sa marche a été beaucoup retardée par le parc d'artillerie. Elle occupe maintenant les positions que vous avez indiquées, elle se tiendra prête à partir au premier signal. J'ai cru devoir placer un poste d'infanterie légère à Lauingen, pour la garde du pont, et un autre à Steinheim, sur le chemin qui conduit au camp.

J'ai l'honneur de vous saluer.

(*A. M.*)   Dupont.

Le général Malher au maréchal Ney.

Au quartier général de Blindheim, le 15 vendémiaire an XIV
(7 octobre 1805).

Monsieur le Maréchal,

J'ai l'honneur de vous rendre compte du départ de ma division de sa position de Giengen, à 6 heures du matin. Je lui ai fait distribuer le pain à Brenz et elle est arrivée à sa position au-dessus d'Höchstädt à 4 h. 1/2 après-midi ; le pont de Blindheim est gardé par trois compagnies de voltigeurs et celui de Gremheim par deux compagnies de carabiniers ; j'occupe, avec trois compagnies de grenadiers, le village de Blindheim. J'ai fait occuper, par des compagnies, les villages de Weilheim, Nebelbach, Glauheim et Ober, pour les préserver des dégâts que pourraient leur occasionner le voisinage des camps ; le quartier général de mes deux généraux de brigade est à Sonderheim. La troupe est prête à partir demain, à 5 heures du matin, si vous m'en faites passer l'ordre. J'aurai l'honneur de vous faire parvenir, demain, le croquis de la marche d'aujourd'hui.

Agréez, Monsieur le Maréchal, l'assurance de mon respect et de mon attachement.

(*A. M.*)   Malher.

5ᵉ CORPS D'ARMÉE.

Emplacements du 15 vendémiaire an XIV (7 octobre 1805).

Quartier général : Höchstädt.

Les trois divisions d'infanterie ont bivouaqué en arrière d'Höchstädt, la droite à Deisenhofen et la gauche à Sonderheim.

1ʳᵉ division : Deisenhofen.
1 bataillon d'infanterie légère à Mörslingen.
1 — à Lützingen.
1 poste d'infanterie légère à Lauingen, pour la garde du pont.
1 — à Steinheim.

2ᵉ division : Höchstädt.
4 compagnies de grenadiers à Höchstädt, pour garder le pont établi sur le Danube.
2 compagnies à la gauche du village de Gremheim.
La division s'est dirigée par Hermaringen et Brenz, où elle a quitté la grande route, laissant Gundelfingen et Lauingen sur sa droite. Elle l'a reprise à la hauteur de Dillingen.

3ᵉ division : Blindheim.
Le 1ᵉʳ bataillon du 25ᵉ léger est en avant de Blindheim, pour y garder le pont sur le Danube.
2 compagnies à la gauche de Gremheim.

Cavalerie légère : Steinheim.
Au bivouac, à droite de Steinheim, ayant la rivière de l'Egge sur son front, laissant des détachements à Dillingen, Lauingen, pour la garde des ponts sur le Danube, et envoyant des patrouilles sur Fristingen (rive droite du Danube).
Direction de Zusamaltheim.

Parc : En arrière d'Höchstädt.

Bulletin historique de la marche de la division de la garde impériale.

Elle entra dans un pays de plaine et alla à Wallerstein. Sept lieues.

Le 15 vendémiaire, quartier général à Wallerstein, cantonnements à Wallerstein, Œhringen, Nördlingen.

Général ROUSSEL.

Le général Compans au général de brigade Foucher.

Neresheim, le 15 vendémiaire an xiv (7 octobre 1805).

Mon cher Général,

Le corps d'armée se met en marche pour se diriger sur Donauwörth et passera par Dischingen, Eglingen, Amerdingen et Marckbissingen, mais, comme ce chemin est trop mauvais pour l'artillerie, M. le maréchal désire que le parc du corps d'armée se dirige sur Donauwörth par Nördlingen, route que l'artillerie du général Oudinot prend aussi.

Veuillez, mon cher Général, donner vos ordres en conséquence.

COMPANS.

Le général Compans au Grand Bailli de Donauwört.

Donauwörth, le 15 vendémiaire an xiv (7 octobre 1805).

Requiert M. le grand bailli de Donauwörth de faire fournir 275 rations de fourrages complètes pour les chevaux du parc d'artillerie de la division de grenadiers.

Le commissaire ordonnateur du 5⁰ corps de la Grande Armée régularisera cette fourniture.

COMPANS.

Le général Compans à l'adjudant-commandant Humbert Mallard.

Neresheim, le 15 vendémiaire an xiv (7 octobre 1805).

Monsieur l'Adjudant-commandant,

La division des grenadiers est en marche pour se diriger sur Donauwörth, en passant par Dischingen, Eglingen et Marckbissingen; mais, comme cette route est impraticable pour les voitures, M. le maréchal commandant en chef a décidé que le parc d'artillerie et les équipages des vivres se dirigeraient par Nördlingen sur Donauwörth.

Il vous charge, Monsieur l'Adjudant-commandant, de diriger la marche de ces équipages à l'arrivée desquels il met le plus grand prix, il compte sur votre zèle, que rien ne nous soit enlevé par des troupes étrangères au corps d'armée, qu'aucune voiture ne se détache des convois, qu'ils arrivent le plus promptement possible. Voilà ce à quoi vous devez apporter la plus grande surveillance.

Si l'ordonnateur ou le commissaire des guerres Panichot étaient restés avec les équipages des vivres, prévenez-les qu'ils doivent suivre la même route et que l'un et l'autre doivent devancer les troupes à Donauwörth pour y faire préparer des vivres.

COMPANS.

Le général Compans à M. Decous, adjudant-commandant.

Neresheim, le 15 vendémiaire an XIV (7 octobre 1805).

Monsieur l'Adjudant-commandant,

Je vous préviens que M. le maréchal commandant en chef vous a désigné pour remplir au corps d'armée les fonctions de sous-chef de l'état-major général. Je me félicite de son choix.

Vous dirigerez sous mes ordres tout le travail de l'intérieur du bureau de l'état-major général; MM. les officiers d'état-major et les secrétaires qui y sont attachés seront à votre disposition.

COMPANS.

Le général Compans à M. Delaage, adjudant-commandant.

Neresheim, le 15 vendémiaire an XIV (7 octobre 1805).

Monsieur l'Adjudant-commandant,

Je vous préviens que M. le maréchal commandant en chef vous a désigné pour remplir au corps d'armée les fonctions de maréchal des logis. J'informe de cette disposition M. le général de division Mathieu Dumas, maréchal général des logis de la Grande Armée, avec qui vous serez en correspondance directe pour les fonctions que vous aurez à remplir sous sa direction, elles sont relatives aux reconnaissances qui ont pour objet les ouvertures de marches, le campement, les cantonnements, etc.

En attendant qu'il vous adresse des instructions générales, je vous remets copies de deux lettres que j'ai reçues de lui concernant votre service et une note jointe à l'une de ces lettres.

Je vous préviens que l'intention de M. le maréchal commandant en chef est que vous lui donniez connaissance, par mon entremise, de tous les ordres et instructions que vous pourriez recevoir de M. le maréchal général des logis et de tous les rapports que vous serez dans le cas de lui faire.

Vous voudrez bien aussi, toutes les fois que vous devrez monter à cheval pour une reconnaissance quelconque, m'en informer pour que je puisse, quand il y aura lieu, vous charger de remplir en même temps les objets de service qui intéressent le corps d'armée.

Compans.

5ᵉ CORPS D'ARMÉE.

Rapport du 15 au 16 vendémiaire an XIV (7-8 octobre 1805).

Wertingen, le 16 vendémiaire an xiv (8 octobre 1805).

J'ai l'honneur de vous rendre compte de la marche du corps d'armée le 15 et des cantonnements qu'il a pris.

Division de cavalerie.

La division de cavalerie est partie le 15 au matin d'Ohmenheim, et s'est dirigée par Eglingen et Amerdingen sur Erlingshofen et Oppertshofen.

La brigade de hussards a cantonné à Erlingshofen.

La brigade de chasseurs a cantonné à Oppertshofen.

Division de grenadiers.

La division de grenadiers a quitté ses cantonnements à 6 heures du matin et s'est dirigée par le même chemin que la cavalerie sur Bissingen ; elle a occupé le soir les cantonnements suivants :

Brigade aux ordres du général Mortières, Amerdingen.
Brigade aux ordres du général Ruffin, Unter-Ringingen.
Brigade aux ordres du général Dupas :
2 bataillons, Bissingen.
2 bataillons, Diemantstein.

Artillerie.

L'artillerie a pris la route de Nördlingen et s'est dirigée sur Donauwörth, où elle est arrivée le 16 (*8 octobre*) vers les 4 heures du matin.

Parc d'artillerie du corps d'armée.

Le parc d'artillerie du corps d'armée est parti le 15 (*7 octobre*) au matin d'Aalen et s'est dirigé sur Nördlingen.

2e division.

La division, aux ordres du général Gazan, a conservé sa position d'Aalen et a été détachée dès ce moment du corps d'armée.

COMPANS.

Le général Compans au général Oudinot.

Donauwörth, le 15 vendémiaire an XIV (7 octobre 1805).

Mon Général,

M. le maréchal commandant en chef vous charge de remettre vos troupes en marche demain matin au point du jour, pour aller prendre position à Münster, où vous les réunirez le plus de bonne heure possible. Il vous charge également de faire passer le Danube sur le pont de Münster à deux régiments de cavalerie et de les pousser en reconnaissance, l'un sur la route d'Ulm en remontant le fleuve par la rive droite, l'autre sur la route d'Augsburg.

Ces deux reconnaissances doivent marcher avec précaution et ne pas se poster à plus d'une lieue, ayant soin de se disposer par échelons, de manière à mettre le moins de chevaux possible en avant.

M. le maréchal désire que vous chargiez vos reconnaissances de faire préparer des vivres dans les villages où elles passeront et de ramener avec elles tout ce qu'elles pourront trouver soit en pain, soit en riz, soit en légumes. Il vous charge aussi de tirer tout le parti possible des villages où vos troupes ont cantonné ce soir.

Le pont de Münster, d'après les renseignements qu'on a

donnés à M. le maréchal, serait susceptible de quelques réparations qui le rendraient plus praticable qu'il ne l'est pour l'artillerie; il vous engage, Monsieur le Général, à employer tous les moyens possibles pour le mettre dans le meilleur état. Ce pont est destiné au passage de son corps d'armée.

Aussitôt que votre artillerie sera arrivée, elle se dirigera sur Münster.

M. le maréchal, par la marche d'aujourd'hui, s'est trouvé isolé de tous ses officiers d'état-major, il n'a auprès de lui que l'officier de correspondance qui vous remettra cette lettre et à qui il réserve une autre destination; il vous prie donc, mon Général, de faire partir de suite un officier de votre état-major ou un officier de cavalerie bien monté pour porter au général Gazan la lettre ci-jointe, à son adresse; elle renferme l'ordre de départ de sa division pour se réunir à la vôtre.

M. le maréchal vous engage aussi, Monsieur le Général, à faire requérir des bœufs, de manière à en avoir une trentaine en réserve.

COMPANS.

Le général Compans au général Gazan.

Donauwörth, le 15 vendémiaire an XIV (7 octobre 1805).

Mon Général,

D'après les dispositions arrêtées par M. le maréchal commandant en chef, la division à vos ordres devra partir d'Aalen aussitôt la réception de ma lettre, pour se rendre avec toute la diligence possible à Münster, sur la rive gauche du Danube, en suivant la route dont voici le tracé et l'artillerie marchant avec elle :

D'Aalen à Ebnat, à Stetten, à Neresheim, à Eglingen, à Amerdingen, à Diemantstein, à Marckbissingen, à Münster, où vous recevrez de nouveaux ordres.

M. le maréchal vous engage, mon Général, à vous procurer sur votre route et à faire suivre avec vous autant de pain que vous pourrez en trouver. Nous sommes déjà ici dans le plus grand embarras pour les subsistances; aussi, mon Général, prenez vos précautions pour vous approvisionner. Vous y êtes vivement intéressé.

Vous apprendrez avec plaisir que nous avons passé le Danube à Donauwörth, que nous avons à notre disposition le pont de Münster et que même le Lech a été passé.

COMPANS.

Le maréchal Davout au maréchal Berthier.

Monheim, le 15 vendémiaire an XIV (7 octobre 1805).

Monsieur le Maréchal,

J'ai reçu l'ordre que Votre Excellence m'a adressé pour le mouvement sur Harburg de la division de grosse cavalerie du général Nansouty; cet ordre a été transmis sur-le-champ au général Nansouty et recevra son exécution.

Quant à l'ordre relatif à la marche du corps d'armée sur Monheim, Votre Excellence aura vu par ma lettre d'hier soir que déjà mes dispositions étaient faites pour me porter aujourd'hui sur ce point.

L'avant-garde est à Rennertshofen; le corps d'armée à Monheim; ce soir je ferai ce que je pourrai pour passer le Danube entre le Lech et Neuburg, dont les Autrichiens ont occupé le pont.

Vous me dites que Sa Majesté vous charge de me témoigner son mécontentement d'avoir laissé à Mannheim les pièces de 12 et autres pièces et caissons d'artillerie destinés au 3e corps d'armée et que je suis le seul dans ce cas, les autres s'étant servi des chevaux de réquisition. Je vous ai rendu compte à Mannheim que les chevaux de réquisition, qui avaient amené le matériel de l'artillerie qui nous était destiné, avaient été renvoyés par l'ordre du général Songis au général Marmont à qui ils étaient destinés; on m'a annoncé que les autres nous seraient incessamment envoyés; le passage s'est effectué et les chevaux n'étaient point arrivés : 100 chevaux de réquisition étaient sans destination et personne ne les réclamait; ils nous ont servi à amener quelques caissons de plus; enfin, c'est avec des bœufs et des chevaux requis dans le pays que nous avons remplacé tous les chevaux morts dans les mauvais chemins que nous avons traversés.

J'ai l'honneur de vous prier de faire connaître ces faits à Sa Majesté, ils m'ont assez contrarié, et il n'est pas juste de m'accuser des contretemps ou de la négligence des autres.

DAVOUT.

3e CORPS D'ARMÉE.

Journée du 15 vendémiaire an XIV (7 octobre 1805).

Quartier général : Steppberg.

Avant-garde : Quartier général, Steppberg.

Se porte sur Kaisersheim, Rennertshofen et Steppberg.

Des partis longent la rive gauche du Danube et ont ordre de s'emparer de tous les bacs et bateaux.

1er de chasseurs à Rennertshofen.

1re division : Quartier général, Ammerfeld.

Les trois divisions d'infanterie étaient en ligne.

La 1re appuyait sa gauche à Monheim. Sa droite était prolongée vers Gnosne, en arrière d'Ammerfeld.

2e division : Quartier général, Monheim.

La droite à Monheim. La gauche prolongée vers Wittesheim, tenant la tête des bois.

On fait reconnaître l'armée du général Marmont, qui était aux environs de Pappenheim.

3e division : Quartier général, (?).

Appuyée dans son ordre de bataille à la 2e division.

Elle pousse des reconnaissances sur l'Altmühl ainsi que sur la route d'Eichstädt (1).

---

(1) *Le général de brigade Daultanne, chef de l'état-major général, au général Gudin.*

Mon cher Général,

La position qui vous est indiquée par l'ordre de marche, n'offrant aucune ressource pour abriter le soldat, nécessite que vous preniez position en arrière de Monheim, faisant face à la route de Monheim à Donauwörth et placé sur la lisière du bois qui est à droite du chemin qui conduit de Kreut à Monheim.

Mais cependant, si vous trouviez plus commode de vous placer sur la

Cavalerie légère : Est mise à la disposition de l'ordonnateur, et disloquée par exécution militaire afin de se procurer des vivres.

Grosse cavalerie : En 2ᵉ ligne, en arrière de Monheim.

Parc : Suit le mouvement de la 3ᵉ division et parque en arrière de Monheim, près la route.

Pont sur le Danube : Le colonel Marès fait entreprendre un pont de radeaux à Steppberg. On passe toute la nuit à faire les radeaux, mais lorsqu'on veut placer la cinquenelle, la force seule du courant la fait casser et l'on ne peut jamais parvenir à le tendre.

Les ponts de radeaux ne peuvent se faire que sur une rivière qui a peu de courant. L'expérience nous fit voir qu'ils ne pouvaient réussir sur le Danube.

Ce fut le capitaine de sapeurs Purdeau (1) qui alla chercher des bateaux sur la rive droite.

Journal de marche de la division Friant.

Le 15 vendémiaire an XIV (7 octobre 1805).

Le 15, nous traversons OEttingen et passons la Wörniz sur un pont en pierre pour aller nous établir dans les environs de Monheim, en passant par Hainsfarth, Mögesheim, Maüskreut, Kronhof, Kreut, Amerbach, Wemding, etc. Le chemin jusqu'à cette petite ville est bon et a 7 à 8 mètres de largeur.....

Avant d'entrer à Kronhof, nous passâmes sur un pont en bois la même petite rivière, sur la rive droite de laquelle la 1ʳᵉ division s'était établie la veille.....

On va de Wemding à Monheim par des chemins de traverse très mauvais et dans les bois ; nous passâmes près des hameaux

---

lisière du bois qui longe à gauche le chemin de Kreut à Monheim, vous seriez le maître de prendre ce parti. Vous y trouveriez de l'eau en avant de votre front.

Je vous salue de tout mon cœur,

DAULTANNE.

(1) Probablement Prévost Vernois, capitaine, employé à l'avant-garde.

d'Heidmersbrunn, d'Asbach, que nous laissâmes à gauche dans une forêt plantée de hêtres, charmes, etc....., par le petit village de Kreut dans un fond, et vîmes à nos côtés les petits villages de Gossheim, Fünfstetten, Nussbühl, etc..... Le chemin est en pente avant d'arriver à la petite ville de Monheim, située dans un fond, et il est moins mauvais. Nous avions marché toute la nuit et nous arrivâmes à 8 heures du matin à notre position, d'où nous pûmes découvrir le Danube encore éloigné. L'ordre des bivouacs fut changé et nous dûmes établir le nôtre dans des fonds, de manière que les feux ne pussent être vus de la droite élevée du Danube.

La gauche de la 2e division s'appuyait à Wittesheim, occupé par la 3e, qui avait sa gauche à Solnhoffen sur la rive droite de la rivière dite Altmühl, qu'on dut éclairer ainsi que la route d'Eichstädt.

La 3e division se mit en communication avec la droite du corps d'armée du maréchal Marmont qui était à Pappenheim......

L'avant-garde se porta sur Kaisersheim et détacha 200 hommes à Graisbach, près la rive gauche du Danube. Elle vint ensuite à Rennertshofen, sur la route de Monheim à Neuburg, sa droite à l'embouchure de l'Ussel dans le Danube, cette petite rivière sur son front. Elle dut ramasser les bacs, bateaux qu'on trouva en petit nombre; on put heureusement s'en passer, parce que les sapeurs des deux divisions, dirigés par les officiers du génie, réparèrent les trois arches brûlées des deux ponts de Neuburg avec tant de célérité que l'artillerie put passer le Danube les 16 et 17.

Le général Eppler, commandant l'avant-garde, s'empara aisément des ponts de la ville, que l'ennemi avait abandonnée, et y fit quelques prisonniers autrichiens. L'ennemi, maître du pont de Nieder-Schönenfeld, rive droite du Danube, aurait pu occuper avec avantage la position de l'avant-garde derrière l'Ussel, et retarder de quelques jours notre arrivée sur ce fleuve.

Les maréchaux Davout et Marmont eurent leur quartier général à Neuburg.

1ᵉʳ CORPS D'ARMÉE.

Composition des divisions de l'armée au 15 vendémiaire an XIV.

Günzenhausen, le 14 vendémiaire an XIV (6 octobre 1805).

Avant-garde.

Le général de division Kellermann, commandant.
Les généraux de brigade Marisy et Werlé.
1 compagnie d'artillerie légère.
2 bataillons du 27ᵉ régiment d'infanterie légère.
1 bataillon de chasseurs bavarois.
4ᵉ régiment de hussards.
5ᵉ régiment de chasseurs.
1 escadron de cavalerie bavaroise.

Première division.

Le général de division Rivaud, commandant.
Les généraux de brigade Pacthod et Picard.
8ᵉ régiment d'infanterie de ligne.
45ᵉ régiment d'infanterie de ligne.
54ᵉ régiment d'infanterie de ligne.
2ᵉ régiment de hussards.
1ʳᵉ compagnie d'artillerie légère et 6 pièces d'artillerie à pied.

Deuxième division.

Le général de division Drouet, commandant.
Les généraux de brigade Frère et Dumoulin.
1 bataillon du 27ᵉ régiment d'infanterie légère.
94ᵉ régiment d'infanterie de ligne.
95ᵉ régiment d'infanterie de ligne.
1 compagnie d'artillerie légère et 6 pièces d'artillerie à pied.

ARMÉE BAVAROISE ET 1ᵉʳ ET 2ᵉ CORPS DE LA GRANDE ARMÉE.

Marche du 15 vendémiaire.

L'armée électorale se mettra en mouvement à 6 heures du matin, pour se rendre à Weissenburg, en passant par Ellwangen. Arrivée à Weissenburg, elle s'établira militairement à la gauche de la ville. Le général de Wrède enverra des partis sur la route de Kipfenberg et le général de Deroy sur celle de Greding et Beilngries.

L'armée française partira de Günzenhausen, se dirigera sur Weissenburg et s'établira à la droite de la ville. Le général Kellermann prendra poste à une demi-heure en avant et poussera des partis jusqu'à Dollenstein sur l'Altmühl et Eichstädt, s'il est possible. Il aura soin d'envoyer, pour faire ces reconnaissances, les cavaliers les mieux montés.

Les généraux commandants sont prévenus que le quartier général du 2e corps de la Grande Armée sera le 10 vendémiaire à Bütthard, le 11 à Weikersheim, le 12 à Rothenburg, le 13 à Feuchtwang, le 14 à Wassertrudingen et le 15 à Treuchtlingen.

Le général Rivaud enverra chaque jour des patrouilles pour communiquer avec celles du 2e corps d'armée qui, de son côté, en enverra pour communiquer avec le général Rivaud.

Les généraux sont prévenus aussi que le 2e corps doit se lier avec l'armée commandée par M. le maréchal Davout.

1er CORPS D'ARMÉE.

Ordre de marche du 15 vendémiaire.

Le général Kellermann se mettra en marche à 8 h. 1/2 du matin avec son avant-garde, pour se porter en avant de Weissenburg, où il recevra de nouveaux ordres pour la position qu'il devra occuper. Il enverra des reconnaissances sur la ville d'Eichstädt.

Le général Drouet est prévenu que sa division marche la première. En conséquence, il la fera partir à 8 heures du matin pour se rendre à Weissenburg où elle trouvera un officier qui lui indiquera l'emplacement de son camp.

La 1re division, aux ordres du général Rivaud, partira à 9 heures pour se rendre également à Weissenburg où l'emplacement de son camp lui sera indiqué.

Il est essentiel que MM. les généraux préviennent leurs troupes que, demain soir, l'armée bavaroise fera sa jonction avec l'armée française et bivouaquera sur sa gauche.

7 OCTOBRE.

Relation des mouvements du corps bavarois.

14 vendémiaire (*6 octobre*), à Spalt.

15 vendémiaire (*7 octobre*), à Ellingen, où se fit la jonction avec le corps du maréchal Bernadotte qui arriva ce jour à Weissenburg et prit un bivouac à Weissenburg ; le corps que le lieutenant général de Deroy avait emmené de Bamberg, et consistant en trois brigades, se plaça à la gauche du corps français et forma la réserve de ce corps.

Le lieutenant général baron de Wrède, qui de Würtzburg avec deux brigades, s'était également porté sur Furth et de là par Schwabach et Spalt à Weissenburg, fut placé en avant de Weissenburg sur la route d'Eichstädt pour former, ainsi que la brigade du général Kellermann, l'avant-garde du 1er corps de la Grande Armée.

Journal de marche de l'armée bavaroise, commandée par le général de Wrède.

Réunion de tout le 1er corps de la Grande Armée, 15 vendémiaire (le 7). — Le maréchal est à Günzenhausen. Le maréchal plaça son corps d'armée sur la droite de Weissenburg, où fut son quartier général. Le corps bavarois forma l'aile gauche de cette position et plaça son quartier général à Ellingen. L'avant-garde prit une position pour couvrir l'aile gauche, près de la petite forteresse de Wülzburg, située sur une haute montagne, le quartier général à Teufelsmühle.

Ainsi le 1er corps de la Grande Armée se trouva réuni pour la première fois à Weissenburg.

Les patrouilles éclairaient principalement la route de Kipfenberg.

Nota. — Ce journal n'étant que celui de l'avant-garde, il n'y est fait mention que des patrouilles exécutées par elle. C'est par cette raison que souvent il n'est pas question des patrouilles qui vont reconnaître l'ennemi par les routes les plus essentielles.

Ordre de commencer les hostilités (7 octobre 1805).

Le lieutenant général baron de Wrède publia un ordre donné par le maréchal, lequel enjoignait à l'avant-garde d'attaquer les Autrichiens partout où elle les trouveraient et d'agir hostilement, dans toute l'étendue du terme, les troupes bavaroises étant destinées à délivrer leur patrie ou à mourir pour elle avec honneur.

Le maréchal Bernadotte à l'Empereur.

Günzenhausen, le 15 vendémiaire an XIV (7 octobre 1805),
à 8 heures du matin.

Sire,

Je n'ai reçu qu'hier à 4 heures après-midi, et à l'instant ou j'entrais à Günzenhausen, la lettre que Votre Majesté m'a fait l'honneur de m'écrire; j'ai mandé de suite aux généraux bavarois de se rendre promptement à Weissenburg; c'est là que l'armée électorale doit faire sa réunion avec le 1er corps de la Grande Armée; dans trois heures au plus tard, j'y serai rendu avec toutes mes troupes; je prendrai position en avant de Weissenburg et j'enverrai mon avant-garde tout près d'Eichstädt; demain je serai établi dans la journée entre Ingolstadt et Neuburg. Aussitôt que j'aurai rejoint les Bavarois, je me consulterai avec leurs généraux pour remplir les intentions de Votre Majesté; j'aurai l'honneur de l'informer, ce soir, des renseignements que j'aurai obtenu de ces messieurs. J'avais emmené de Hanovre un petit équipage de pont, composé de douze bateaux, la difficulté de se procurer des moyens de transport et l'assurance que cet équipage ne pourrait nous servir que sur de petites rivières m'avaient déterminé à le laisser d'abord à Windecken.

Il y a quelques jours que j'ai donné l'ordre, à tout événement, de le diriger sur Würtzburg. Je crois qu'il doit y être actuellement rendu.

Je fais partir en toute diligence un officier d'artillerie pour Würtzburg; il est chargé de faire arriver cet équipage de ponts le plus promptement possible; j'écris aussi à M. Otto, et je le prie d'en favoriser, de tous ses moyens, le transport, qui ne pourra se faire que par des chevaux de louage; je ferai ramasser sur toutes les petites rivières du pays tous les bateaux qu'on pourra trouver. Je ne négligerai rien pour exécuter les ordres de Votre Majesté.

Jusqu'à présent, je n'ai pu avoir l'état exact de la situation des troupes bavaroises; plusieurs régiments sont encore en arrière; ils étaient dans le haut Palatinat, et malgré qu'ils aient fait des marches forcées, il leur a été impossible de rejoindre l'armée. J'espère qu'ils arriveront sous deux jours. Le corps des Bavarois est de 15,000 à 20,000 hommes. J'en connaîtrai ce soir la force exacte; j'aurai l'honneur d'en rendre compte à Votre Majesté.

Le lieutenant général Deroy a exécuté l'ordre de marche avec beaucoup de précision et d'exactitude; dès le second jour, notre communication a été établie; elle a toujours été bien conservée. C'est l'occasion de dire à Votre Majesté que les Bavarois sont animés du meilleur esprit; ils sont pleins d'ardeur et surtout pleins de confiance dans leur réunion avec les troupes de Votre Majesté; tous les officiers de mon état-major que j'ai expédiés à leur armée y ont été accueillis avec un enthousiasme qui est du plus heureux présage; lorsque les officiers français passaient dans leurs colonnes, des bravos et des battements de mains se faisaient entendre; d'après tout ce qui me revient, je crois pouvoir assurer Votre Majesté que les Bavarois seront dignes de son alliance.

J'ai l'honneur.....

BERNADOTTE.

Le maréchal Bernadotte au maréchal Berthier.

Günzenhausen, le 15 vendémiaire an XIV (7 octobre 1805).

Monsieur le Maréchal,

Votre lettre du 12 et celle du 14 m'ont été remises à neuf heures de différence, la première hier à 4 heures du soir et la seconde cette nuit à 1 heure.

Le 1er corps de la Grande Armée est en marche pour Weissenburg; il y sera rendu de bonne heure; je prendrai position en avant ou en arrière de cette ville avec mon corps de bataille;

mon avant-garde doit se porter tout près d'Eichstädt; l'armée bavaroise fera aujourd'hui sa jonction avec moi, et demain nous marcherons tous ensemble; je me rendrai sur le Danube entre Ingolstadt et Neuburg, laissant Eichstädt derrière moi; aussitôt que j'aurai établi mes troupes, je vous ferai connaître ma position.

Sa Majesté a eu la bonté de me faire connaître les mouvements de la Grande Armée; je vous prie, Monsieur le Maréchal, de vouloir lui présenter de ma part l'assurance que j'emploierai tous mes moyens pour la seconder; je lui fais hommage du zèle le plus soutenu et du dévouement le plus respectueux et le plus absolu.

Nos troupes sont dans les dispositions les plus satisfaisantes; les marches ne ralentissent rien de leur ardeur; elles brûlent d'en venir aux mains avec notre ennemi; je leur ai annoncé que bientôt nous verrions Sa Majesté; cette nouvelle a été reçue avec enthousiasme et aux cris répétés de : « Vive l'Empereur! » L'armée bavaroise n'est pas moins bien disposée; elle est orgueilleuse de combattre à côté des troupes de Sa Majesté, et j'ose assurer, d'après tout ce que je sais, que les Bavarois se rendront dignes d'être nos alliés.

J'ai l'honneur.....

BERNADOTTE.

Le maréchal Bernadotte à l'Empereur

Weissenburg, le 15 vendémiaire an xiv (7 octobre 1805),
à 10 heures du soir.

Sire,

Aussitôt mon arrivée ici, j'ai réuni les généraux bavarois pour les consulter et être à même de répondre aux questions que Votre Majesté m'a faites par sa lettre d'hier.

Il existe plusieurs ponts sur le Danube; il y en a un à Kelheim, un à Neustadt, un à Vohburg, un à Ingolstadt, un à Neuburg et un autre à Donauwörth. Des avis m'annoncent que l'ennemi a détruit celui de Neuburg; sans doute il en aura fait autant des autres; mais au moyen de planches et de madriers que nous tâcherons de trouver dans les villages, je crois qu'on pourra passer le Danube. J'ai ordonné que tous les bateaux qui se trou-

vent sur l'Altmühl soient réunis sur un point et gardés par un
fort détachement; aussitôt que nous connaîtrons le lieu du passage, nous pourrons les y faire parvenir.

Si nous devons jeter un pont entre Ingolstadt et Neuburg, le
point le plus favorable, d'après l'avis de MM. les généraux bavarois qui connaissent parfaitement le pays, serait en avant de
Joshofen; les environs de ce village présentent une position très
avantageuse; toute la rive en deçà du Danube domine la rive
droite par des montagnes assez élevées.

Je partirai demain de très grand matin, je m'établirai, avec le
1er corps d'armée et les Bavarois, en arrière de la petite rivière
de Schutter ayant Nassenfels sur mon front; l'avant-garde du
général Kellermann poussera jusqu'à Attenfeld et celle commandée
par le général bavarois de Wrède poussera ses postes jusqu'à
Pettenhofen.

Dans cette position, j'attendrai, Sire, les ordres de Votre Majesté et j'ose l'assurer que personne ne les exécutera avec plus
de zèle et plus de dévouement.

J'ai l'honneur......

BERNADOTTE.

Le maréchal Bernadotte au maréchal Berthier.

Weissenburg, le 15 vendémiaire an XIV (7 octobre 1805),
à 10 heures du soir.

Monsieur le Maréchal,

Avant de répondre à votre lettre d'hier, j'ai désiré être à même
de vous instruire positivement si l'armée bavaroise serait en état
de se rapprocher du Danube; j'ai mandé, à cet effet, les généraux
de cette armée; ils m'ont répondu qu'ils étaient prêts à forcer la
marche, malgré la fatigue et l'épuisement de leurs troupes; je
me mettrai donc en mouvement, demain matin à 5 heures, pour
me porter sur Eichstädt et, de là, sur la petite rivière de Schutter,
ayant le village de Nassenfels sur mon front; je pousserai l'avantgarde du général Kellermann jusqu'à Attenfeld, sur la route de
Neuburg, et l'avant-garde du général bavarois de Wrède, aussi
près d'Ingolstadt que je pourrai.

Les avis que je reçois me disent que, depuis deux jours, il est
arrivé beaucoup de troupes à Ingolstadt et Neuburg, et que le

nombre en est évalué à près de 35,000 hommes ; des officiers russes sont déjà arrivés à Neuburg pour faire les quartiers. Je donne connaissance au général Marmont des mouvements de l'ennemi.

Agréez..... BERNADOTTE.

1ᵉʳ CORPS D'ARMÉE.

Ordre de marche du 16 vendémiaire.

Weissenburg, le 15 vendémiaire an XIV (7 octobre 1805).

Le 1ᵉʳ corps de la Grande Armée et l'armée bavaroise quitteront leur position de Weissenburg, demain 16 vendémiaire (*8 octobre*), dans l'ordre suivant et aux heures ci-après :

Le général Kellermann partira à 5 heures du matin, marchera militairement et se dirigera sur Eichstädt en suivant la grande route et passant par Rothenstein et Rupertsbuch. Arrivé à Eichstädt, il prendra position derrière l'Altmühl à la droite de la ville. Il enverra des partis à Neuburg en passant par Nassenfels. Les commandants de ces partis s'informeront de la marche de l'ennemi, de ses forces à Neuburg et des dispositions qu'il annonce. Le général Kellermann donnera ordre qu'on s'empare de tous les bateaux qui se trouveront sur l'Altmühl et sur la rive gauche du Danube. Ces bateaux seront réunis, autant que possible, et gardés par un détachement de cavalerie. Il sera rendu compte de suite à M. le maréchal de la quantité et de la capacité de ces bateaux. Le général Kellermann s'éclairera sur sa droite pour se joindre aux partis du général Marmont.

Le lieutenant général de Wrède partira avec ses troupes, à 5 h. 1/2, suivra la même route que le général Kellermann, ira s'établir à la gauche de la ville d'Eichstädt, toujours derrière l'Altmühl. Le lieutenant général de Wrède éclairera sa gauche par des détachements d'infanterie et de cavalerie. Arrivé à Eichstädt, le général de Wrède enverra des reconnaissances, elles devront communiquer avec les partis que le général Kellermann aura envoyés à Neuburg. Ces reconnaissances s'informeront des ennemis à Ingolstadt et de leurs projets. Le général de Wrède fera saisir tous les bateaux qui se trouvent sur l'Altmühl et sur la rive gauche du Danube. Il rendra compte aussi du nombre et de la capacité de tous ceux qu'il aura pu trouver.

Le général Drouet partira avec sa division, à 5 h. 1/2 précises, suivra la même route que le lieutenant général de Wrède et ira s'établir derrière lui à Eichstädt; il s'éclairera sur sa gauche.

Le général Rivaud se mettra en marche, à 6 heures, suivra la route des autres corps, se dirigera sur Eichstädt, tiendra la même route que les corps précédents, ira se former au centre derrière les divisions Drouet et Rivaud. Toutes les troupes arrivées à Eichstädt, M. le maréchal donnera de nouveaux ordres. Les adjudants-commandants de chaque division se porteront en avant pour recevoir, du colonel du génie Morio, l'indication de l'emplacement de leurs troupes.

Si les avant-postes rencontrent les Autrichiens, ils courront dessus et les traiteront en ennemis.

M. le maréchal marchera entre les divisions Drouet et Rivaud; c'est là que les rapports devront lui être adressés (1).

Note.

Donauwörth, le 15 vendémiaire an XIV (7 octobre 1805).

Faire connaître aux généraux Nansouty et d'Hautpoul que les petits dépôts des régiments de la division Nansouty doivent être établis dans le village d'Harburg, et ceux de la division d'Hautpoul à Nördlingen.

Le maréchal Murat doit désigner un général.

Tous les dépôts de cavalerie seront sous les ordres d'un général de brigade ou d'un adjudant-commandant, afin que l'état-major puisse avoir un état de situation exact tous les jours, et que l'on puisse les diriger à volonté.

Renouveler l'ordre de faire partir, de Nördlingen, tous les hommes qui appartiennent au corps du maréchal Soult.

---

(1) Le général Éblé, commandant l'artillerie du 1er corps, informe le directeur du parc, colonel Navelet, de l'arrivée d'un convoi commandé par le capitaine Hurlaux, qui le renforce à partir de Günzenhausen.

Envoyer un courrier extraordinaire à Stuttgard pour défendre de ne rien laisser passer à Schörndorf.

Maréchal Berthier.

Le général Andréossy à M. Petiet.

Nördlingen, le 15 vendémiaire an xiv (7 octobre 1805).

J'ai l'honneur de vous prévenir que des détachements des 5e, 8e, 9e, 12e, 16e et 26e régiments de dragons, conduisant des chevaux éclopés, ont reçu ordre d'aller cantonner demain au château de la princesse de Wallenstein, à trois quarts de lieue de Nördlingen.

Ces détachements sont composés en tout de :

    4 officiers,
  18 sous-officiers,
 191 dragons,
et 233 chevaux.

Je vous prie de vouloir bien donner des ordres pour qu'il soit pourvu à leur subsistance, jusqu'à ce qu'ils reçoivent une nouvelle destination.

Andréossy.

Le général Andréossy à M. Petiet.

Gmünd, le 14 vendémiaire an xiv (6 octobre 1805).

Monsieur l'Intendant général,

Je vous préviens que l'électeur de Wurtemberg fournit deux bataillons de chasseurs de quatre compagnies de 120 hommes chacune, qui doivent partir demain pour Schöndorf et suivre par Gmünd, Aalen et Nördlingen, où ils doivent arriver, s'il est possible, le 16, ou au plus tard le 17. Ils sont commandés par le colonel..... et doivent recevoir de nouveaux ordres quand ils auront rejoint l'armée.

Il y a, en outre, un officier wurtembergeois attaché au grand état-major général qui doit rejoindre demain à Gmünd.

Andréossy.

7 OCTOBRE.

Le général Andréossy à M. Petiet.

Nördlingen, le 15 vendémiaire an XIV (7 octobre 1805).

C'est avec le plus vif regret que je me vois dans l'impossibilité de satisfaire à la demande que vous faites par votre lettre de ce jour, mais je n'ai pas un homme à cheval à ma disposition, j'avais compté sur un détachement de dragons arrivé ce matin à Nördlingen, mais il n'est composé que de chevaux éclopés.

Un détachement de 30 à 40 gendarmes, attaché au quartier général, est encore en arrière et n'arrivera probablement que fort tard.

Je ne vois donc aucun autre moyen pour prévenir les excès qui ont eu lieu ce matin, que de demander directement au ministre de la guerre, major général, un détachement suffisant de cavalerie pour être mis à votre disposition (1).

ANDRÉOSSY.

Ordre du jour.

Nördlingen, le 15 vendémiaire an XIV (7 octobre 1805).

Il a été ordonné aux généraux commandant en chef les différents corps d'armée, d'avoir toujours à l'avance, pour quatre jours de pain, indépendamment d'un approvisionnement de biscuit pour quatre jours; et de remplacer à mesure la consommation journalière.

L'Empereur est informé que quelques corps d'armée n'ont point cette quantité de subsistances. Les commissaires ordonnateurs et les chefs d'état-major prendront toutes les mesures nécessaires pour que chaque corps d'armée se conforme aux dispositions ci-dessus; dispositions si importantes pour les succès des opérations militaires.

M. l'intendant général de l'armée se fera rendre compte par MM. les ordonnateurs, pourquoi les corps d'armée n'ont pas les

---

(1) Le jour même, Andréossy met à la disposition de M. Petiet, pour le seconder dans ses réquisitions, 20 gendarmes commandés par un maréchal des logis et un brigadier.

quatre jours de biscuit qu'ils ont été obligés d'avoir à leur suite; et il fera connaître au major général, les motifs de l'inexécution de cet ordre, en lui désignant les commissaires ordonnateurs qui y auraient mis de la négligence. Dans tous les cas, M. l'intendant général prendra les mesures nécessaires pour que chaque corps d'armée ait constamment avec lui pour quatre jours de biscuit et pour quatre jours de pain, qui seront renouvelés sur-le-champ, à mesure des consommations.

Dans la journée de demain, M. l'intendant général se fera rendre compte de la situation des ambulances de chacun des corps de l'armée, il prendra les mesures nécessaires pour qu'elles soient organisées conformément aux ordres donnés par l'Empereur.

Les généraux, chefs d'état-major des différents corps d'armée, feront connaître à MM. les aides de camp et officiers d'état-major chargés d'apporter des dépêches au grand quartier général, qu'il leur est expressément défendu d'en repartir sans une dépêche, ou sans une autorisation de départ signée du major général, ou de M. le général Andréossy, aide-major général.

Si quelque aide de camp ou officier d'état-major, ne se conformait pas à cet ordre, il sera mis aux arrêts, jusqu'à la réponse du major général, auquel il en sera rendu compte sur-le-champ.

ANDRÉOSSY.

M. Vial. — Bulletin.

Schaffhouse, le 13 vendémiaire an XIV (5 octobre 1805).

Deux voyageurs arrivés ici aujourd'hui, à midi, rapportent que toutes les troupes autrichiennes qui étaient à Stockach et environs sont parties ce matin, en grande hâte, pour se porter dans les environs d'Ulm.

Ils assurent, en outre, que le 2 du courant plusieurs divisions de l'armée française avaient dépassé Stuttgard et Würtzburg; que le 3, un détachement d'environ 40 dragons français avaient paru à une demi-lieue d'Ulm et que, dans ce moment, cette place était vraisemblablement bloquée; puis que l'aile gauche de l'armée française l'avait dépassée pour tourner le flanc droit de l'armée autrichienne, concentrée à Memmingen et empêcher la jonction de l'armée russe, dont la première colonne doit arriver ces jours-ci à Passau.

Ces mêmes voyageurs (dont l'un est Vaudois) rapportent que lors de leur passage à Ulm, il ne s'y trouvait pas plus de 1200 hommes de garnison, mais qu'un grand nombre de travailleurs y étaient occupés à construire des redoutes et autres ouvrages encore très imparfaits (ceci est du 3 octobre à midi, jour de leur départ d'Ulm); ils m'ont assuré, en outre, que toute l'armée autrichienne se réunit à Memmingen, ayant rencontré tout le long de leur route beaucoup de troupes qui s'y portaient. Ils disent, de plus, qu'il existe un grand découragement dans l'armée autrichienne et que la plus grande partie ne fera pas de résistance; que d'ailleurs, ils craignent d'en venir aux mains, surtout vu la force et la valeur de l'armée française qui l'entoure, à ne lui laisser d'autre retraite que le Tyrol.

Indépendamment de plusieurs raisons qui me font croire très positivement à ces rapports, je crois devoir ajouter une circonstance qui me paraît en confirmer l'authenticité, la voici :

Il y a ici, à l'auberge de la Couronne, où je suis logé, deux étrangers qui y sont depuis quelques jours (l'un est Russe et l'autre Autrichien) qui vivent dans la plus grande intimité et qui ont toujours été assez gais, excepté hier et aujourd'hui ; un air triste et rêveur est répandu sur tous leurs traits, aujourd'hui surtout. Le premier, qui se dit avoir été militaire, et aujourd'hui voyageant pour son plaisir, parlant allemand et français, fait diverses promenades à cheval dans tous les environs; il va souvent dans les petits cantons et autres endroits de la Suisse. Il devait partir demain, mais il s'est décidé à rester encore, disant, qu'il attendait un prince de ses amis.

Le second me paraît aussi militaire, mais plus fin et plus réservé que le premier. Je les observe et les fais observer.

Il vient d'arriver aujourd'hui dans cette ville une compagnie d'artillerie bernoise avec 4 pièces de campagne.

Saint-Gall, le 13 vendémiaire an XIV (5 octobre 1805).

D'après les nouvelles que j'ai recueillies à mon arrivée et les lettres de Bolzano, les troupes et le parc d'artillerie qui étaient à Innsbrück, sont avancés en partie par Reutte et partie par Feldkirch pour la Souabe.

Les ouvrages de Feldkirch ont été suspendus (ce fait est certain); l'on prétend aujourd'hui qu'ils sont repris et que l'on construit surtout beaucoup du côté de Memmingen.

D'autres bruits disent que l'archiduc Jean a filé sur nos frontières, mais tout est incertain à ce sujet.

VIAL (1).

Ordre de bataille de l'armée impériale et royale en Allemagne, le 7 octobre 1805.

Feld-maréchaux-lieutenants.	GÉNÉRAUX-MAJORS.	RÉGIMENTS ET BATAILLONS.	BATAILLONS.	ESCADRONS.	QUARTIERS GÉNÉRAUX.
Schwarzenberg à Ulm. / Klenau à Ulm. / Gyulay à Ulm.		*Avant-garde.*			
	Général-major Fresnel à Gögglingen.	Hohenlohe, dragons.....	»	6	Einsingen, Eggingen et Ermingen.
		Fröhlich, grenadiers.....	1	»	Grimelfingen, Schaffelkingen et Harthausen.
		Archiduc-Rainier........	1	»	
		Manfredini, grenadiers...	1	»	Gögglingen.
		Kolowrath, grenadiers...	1	»	
	Général-major Sticker à Ulm.	Fröhlich...............	4	»	Söflingen.
		Archiduc-Rainier........	4	»	Ulm.
		Kolowrath..............	4	»	
	Weidenfeld avec Manfredini.	Manfredini.............	4	»	En marche de Biberach à Ulm.
	Mecséry avec les chasseurs.	Palatins...............	»	8	Lehr, Jungingen et Mähringen.
		Chasseurs tyroliens.....	1	»	Transportés par voitures de Rudolfzell à Ulm, pr arriver le 7.
		Réserve d'artillerie.....	»	»	A Ulm, à la porte d'Erbcher.
		Schwarzenberg, uhlans..	»	8	Près d'Ulm.
		Mack, cuirassiers.......	»	8	
	D'Aspre à Ulm.	Archiduc-Louis.........	»	3	Ulm.
		Froon.................	»	4	

(1) Cette lettre a pu arriver au quartier général le 7 ou le 8 octobre.

Corps du feld-maréchal-lieutenant Wernek à Günzburg.

Feld-maréchaux-lieutenants.	GÉNÉRAUX-MAJORS.	RÉGIMENTS ET BATAILLONS.	BATAILLONS.	ESCADRONS.	QUARTIERS GÉNÉRAUX.
	Hohenfeld.	Auersperg, grenadiers...	1	»	
		Archiduc-Charles, grenadiers...	1	»	
		Archiduc-Louis, grenadiers...	1	»	
		Froon...	1	»	
		Sporck...	1	»	
		Erbach...	1	»	Dans Günzburg.
	Mayer.	Franz-Jellachich...	1	»	
		Stuart...	1	»	
		Reuss-Greitz...	1	»	
		Kaunitz...	1	»	
		Reuss-Plauen...	1	»	
		Joseph-Colloredo...	1	»	
	Dinesberg.	Albert, cuirassiers...	»	8	
		Latour, cuirassiers...	»	8	Du corps près de Günzburg.
		Reuss-Greitz...	3	»	
		Würtemberg...	3	»	Au-dessus et au-dessous de Deffingen.
		Sporck...	4	»	Du corps près de Günzburg.
		Archiduc-Louis...	3	»	
		Froon...	4	»	
		Auersperg...	4	»	En marche de Memmingen à Ulm.
		Archiduc-Charles...	4	»	
		Franz, cuirassiers...	»	8	»

Le général Victor au Ministre des relations extérieures.

Le 15 vendémiaire an XIV (7 octobre 1805).

Monseigneur,

J'ai reçu la dépêche que vous m'avez fait l'honneur de m'écrire le 26 vendémiaire dernier.

J'ai pensé aussitôt au moyen de procurer à Sa Majesté les renseignements qu'Elle désire recevoir sur le nombre et la marche des armées russes destinées à agir contre nous. Pour parvenir à ce but, j'ai fait choix d'un homme qui va parcourir en observateur intelligent les pays où se trouvent maintenant ces réunions de troupes. C'est un étranger que nous avons déjà employé de la même manière et qui a servi dans nos armées, il y a douze ans. Je le crois très sûr et d'autant plus propre à cette mission qu'il parle toutes les langues et même le russe. D'ailleurs, pour l'essayer, je l'enverrai d'abord dans la Poméranie suédoise et il me transmettra d'Hamburg un premier rapport sur ce qu'il aura observé. Il partira dans deux jours.

L'escadre russe, annoncée depuis six semaines au gouvernement danois, est arrivée, il y a trois jours, dans ces parages. Elle a relâché dans une baie nommée Dragör, peu distante de ce port, où elle est encore retenue par les vents contraires. Elle consiste en 4 vaisseaux de ligne et 2 frégates. On assure aujourd'hui qu'elle n'a pas de troupes à bord, et qu'elle doit s'arrêter en Angleterre pour y prendre des renseignements, avant de se rendre dans la Méditerranée. Lorsque l'escadre sera dans notre rade, nous pourrons en savoir davantage par les officiers eux-mêmes qui ne manqueront pas de descendre à terre pour vendre, suivant leur usage, tout ce qu'ils peuvent enlever des bâtiments. Des personnes prétendent cependant qu'ils ont ordre de ne s'arrêter qu'à Elseneur (1).

On dit que cette escadre a escorté jusque sur les côtes de la Poméranie 30 bâtiments de transport partis en même temps de Revel, dont les troupes ont débarqué le 2 octobre à Stralsund, où quelques jours avant 3,000 Suédois étaient arrivés.

Si ce rapport est vrai, on peut évaluer le nombre des troupes déjà réunies dans la Poméranie suédoise à environ 12,000 hommes, dont 4,000 Russes. Mais il doit y en arriver encore.

Des lettres de Riga, du 21 septembre, annoncent qu'une partie de la cavalerie qu'on embarquait dans ce port occupait déjà 50 bâtiments et qu'on en attendait 50 autres.

Il est possible que l'expédition que l'on prépare en Angleterre soit liée à celle des ports de la Baltique, mais si toutes ces troupes combinées se réunissent en Hanovre pour marcher de concert contre la Hollande, elles ne prévoient pas le danger certain de se voir couper toute retraite avant deux mois par les glaces.

---

(1) Helsingör.

7 OCTOBRE.

Le prince royal de Danemark est parti depuis près de huit jours pour Kiel où l'armée d'observation commence à se rassembler. Le prince Christian, son cousin, ira le joindre cette même semaine avec son régiment. On a mis ici les batteries et toutes les fortifications sur le pied de guerre, on parle même d'armer quelques blockschiffs, comme ceux qui ont servi à la défense de Copenhague en 1801. L'objet de ces préparatifs est de tenir ce pays dans un état de neutralité armée, et le gouvernement a même, dit-on, préparé à ce sujet une déclaration qui ne tardera pas à être publiée. On ajoute qu'il a répondu par une note très forte aux pressantes sollicitations que la Russie et la Suède lui ont adressées pour l'engager à faire cause commune avec elles.

Il ne cesse de passer des courriers anglais pour Stockholm et Pétersbourg.

M. le comte de Bernstorff en partant avec Monseigneur le Prince a prévenu le corps diplomatique par une circulaire qu'il serait remplacé, en son absence, par son frère le comte Joachim, qui revient de Berlin.

CHAPITRE II

8 octobre.

Le général Andréossy au général Mathieu Dumas.

Nördlingen, le 16 vendémiaire an xiv (8 octobre 1805),
à 4 heures du matin.

Monsieur le Général,

Je vous préviens que le quartier général a ordre de partir de suite pour Donauwörth, où il doit être rendu avant midi (1).

ANDRÉOSSY.

Höchstädt, le 16 vendémiaire an xiv (8 octobre 1805),
à 1 h. 3/4 du matin.

M. le maréchal Ney invite M. le maréchal du Taillis à prévenir les généraux Dupont, Loison, Malher, Tilly, etc., que la troupe restera aujourd'hui dans la position en arrière d'Höchstädt.

Les généraux Dupont, Loison et Malher occuperont par des postes d'infanterie de 50 hommes, savoir :

La 1re division : Lauingen, Dillingen et Steinheim ;

---

(1) La Garde vint aussi à Donauwörth, où l'Empereur demeura. Andréossy appelle à Nördlingen, pour les diriger aussitôt sur Donauwörth, avec le quartier général : 1° la compagnie de sapeurs ; 2° le détachement de gendarmerie, attachés au grand quartier général. Il fait désigner 1 maréchal des logis et 8 gendarmes pour être spécialement attachés au major général et ne recevoir d'ordres que de lui.

La 2ᵉ division : Höchstädt ;

La 3ᵉ division : Blindheim et Gremheim.

L'ordonnateur en chef sera invité à réunir le plus de vivres possible dans la journée.

Le général Tilly fera pousser une reconnaissance sur Herbrechtingen et Ulm, par la rive gauche du Danube.

CASSAING.

Le maréchal Berthier au maréchal Ney.

Donauwörth, le 16 vendémiaire an xiv (8 octobre 1805),
à 6 heures du matin.

Monsieur le Maréchal,

Nous avons passé le Danube et le Lech. Le maréchal Davout occupe Neuburg. Le maréchal Bernadotte arrivera ce soir à Ingolstadt. Le maréchal Soult va marcher pour tâcher de couper le corps qui est à Ulm.

L'Empereur ordonne que vous vous mettiez sur-le-champ en marche pour prendre une position, soit celle de Giengen, soit toute autre qui ait le double avantage de garder la route d'Ulm à Donauwörth par Gundelfingen ; vous vous placerez de manière à repousser l'ennemi qui viendrait vous attaquer.

La division de dragons qui est à Neresheim (celle à pied) sera provisoirement à vos ordres et renforcera votre corps d'armée ; je lui en donne l'ordre, que vous trouverez ci-joint, et que vous voudrez bien lui faire parvenir.

Si l'ennemi vous offre une occasion favorable, l'Empereur approuve que vous l'attaquiez. Vous aurez soin, dans tous les cas, de couvrir non seulement la route de Heidenheim à Nördlingen, mais encore celle d'Ulm à Donauwörth.

La division Gazan, qui est à Aalen, a reçu l'ordre de se rendre à Neresheim ; si elle se trouve encore dans ce dernier lieu, au lieu de la faire joindre au pont de Münster comme je le lui ai prescrit, l'intention de l'Empereur est qu'elle se range sous vos ordres, et que vous la teniez toujours sur votre gauche.

M. le maréchal Lannes, du corps d'armée de qui cette division fait partie, doit marcher lui-même à Burgau. Si vous apprenez que l'ennemi se retire et n'attende pas ce moment, tombez-lui dessus.

Je donne également ordre au général Bourcier, commandant la 4ᵉ division de dragons à cheval, de passer provisoirement sous votre commandement.

Si quelque événement vous obligeait à vous réduire à la défensive et à battre en retraite, vous auriez soin de faire marcher une division par Heidenheim, Aalen, Ellwangen, d'abord pour protéger le grand parc qui arrive par cette direction, et pour couvrir toute la route de l'armée qui vient d'Heilbronn sur Nördlingen.

Comme il est probable que le passage du Lech et l'occupation d'Augsburg, qui auront lieu dans la journée, vont enfin dégriser l'ennemi, il est nécessaire que vous ayez toujours derrière vous un pont sur le Danube, parce que, par une marche de flanc, vous vous porteriez sur le Lech, si les circonstances le rendaient nécessaire.

Je ne pense pas que le maréchal Lannes puisse aller aujourd'hui jusqu'à Burgau, mais il arrivera bien certainement jusqu'à la hauteur de Dillingen; communiquez avec lui par des patrouilles de cavalerie; instruisez-le de tout ce que vous apprendrez d'Ulm, cela servira à régler sa marche.

Veuillez me tenir exactement informé de votre position, de vos mouvements et de ceux de l'ennemi.

Maréchal BERTHIER.

Le maréchal Berthier au général Baraguey-d'Hilliers.

Donauwörth, le 16 vendémiaire an XIV (8 octobre 1805).

Les circonstances rendant nécessaire d'accroître momentanément les forces du corps d'armée de M. le maréchal Ney, l'intention de l'Empereur est, Général, que vous passiez jusqu'à nouvel ordre sous le commandement de ce maréchal avec la division que vous commandez; veuillez, en conséquence, prendre ses ordres pour la suite des opérations dont il est chargé et auxquelles vous devez contribuer.

Son Altesse Impériale le prince Murat est prévenue de cette disposition.

Maréchal BERTHIER.

Le maréchal Berthier au général Gazan.

Donauwörth, le 16 vendémiaire an XIV (8 octobre 1805).

Les circonstances rendant nécessaire d'accroître momentanément les forces du corps d'armée de M. le maréchal Ney, l'intention de l'Empereur est, Général, que vous passiez jusqu'à nouvel ordre sous le commandement de ce maréchal avec la division que vous commandez; veuillez, en conséquence, prendre ses ordres pour la suite des opérations dont il est chargé et auxquelles vous devez contribuer.

M. le maréchal Lannes, du corps d'armée de qui vous faites partie, est prévenu de cette disposition.

Maréchal BERTHIER (1).

Le maréchal Berthier au maréchal Ney.

Donauwörth, le 16 vendémiaire an XIV (8 octobre 1805).

Monsieur le Maréchal,

Le Lech ayant été passé hier, l'armée de M. le maréchal Soult se porte sur Augsburg, où elle arrivera ce soir.

Le prince Murat, avec 10,000 hommes de cavalerie, sera ce soir à Zusmarshausen et aura des postes à Burgau.

M. le maréchal Lannes sera ce soir à mi-chemin de Wertingen à Zusmarshausen.

M. le maréchal Davout, avec son corps d'armée sera réuni à Aichach. Il est impossible que l'ennemi instruit du passage du Danube et du Lech, ainsi que de l'épouvante qui a dû s'emparer du corps de troupe qu'il avait au delà du Lech, ne songe sérieusement à prendre le parti de la retraite. Il est à croire qu'il essayera d'abord de la faire sur Augsburg, mais bientôt il apprendra qu'il n'est plus temps et il tentera de la faire sur Landsberg, ou, si nos troupes arrivent à temps, il se décidera à livrer bataille, ou enfin à se retirer dans le Tyrol; mais il est probable qu'il prendra le parti de combattre; dans cette hypo-

---

(1) Même ordre au général Bourcier, commandant la 4ᵉ division de dragons à cheval.

Le prince Murat en est prévenu.

thèse, l'Empereur désire que votre corps d'armée se trouve à la bataille.

Sa Majesté ne pense pas que l'ennemi soit assez insensé pour passer sur la rive gauche du Danube, puisque tous ses magasins sont à Memmingen et qu'il a plus grand intérêt à ne pas se séparer du Tyrol que, dans cette manœuvre, il découvrirait entièrement. L'intention de l'Empereur est donc que vous vous portiez aujourd'hui au pont de Günzburg que vous occuperez avec votre avant-garde. Employez tous les moyens pour tâcher de réunir à vous la division du général Gazan et celle de dragons du général Bourcier.

Vous préviendrez le général Baraguey-d'Hilliers qu'il serait chargé, si jamais l'ennemi faisait la sottise de vouloir pénétrer par Heidenheim, Aalen et Nördlingen, de battre en retraite devant lui en suivant la route d'Heidenheim, Aalen et Ellwangen, pour disputer le terrain, protéger le grand parc de l'armée et la grande et seule communication de tout ce qui vient de France et qui est tellement couverte de détachements de différentes armes, qu'en peu de marches, le général Baraguey-d'Hilliers aurait réuni 20,000 hommes. Quant à vous, Monsieur le Maréchal, avec la division Gazan et la division de dragons du général Bourcier, vous vous trouverez avoir plus de 30,000 hommes.

Faites rétablir tous les ponts qui sont sur vos derrières et ménagez-vous le plus de passages possible de manière que, du moment qu'il sera constaté que l'ennemi évacue Ulm pour se porter sur Augsburg ou sur Landsberg, vous puissiez, par une marche de flanc, vous trouver toujours à sa hauteur et sur ses flancs, où vous l'attaqueriez du moment où le maréchal Soult, le maréchal Davout et le maréchal Lannes auraient commencé à le joindre et à l'attaquer. Vous aurez soin cependant, Monsieur le Maréchal, de tenir une division à Gundelfingen, afin qu'elle vous serve d'avant-garde, si jamais d'autres circonstances décidaient l'Empereur à vous faire marcher sur Ulm par Lauingen et Albeck.

L'Empereur imagine que vous avez fait rétablir le pont de Dillingen. Le maréchal Lannes pourra par là communiquer avec vous ; envoyez des patrouilles de cavalerie à sa rencontre.

M. le maréchal Murat a aussi l'ordre de communiquer avec vous ; envoyez également des patrouilles à sa rencontre.

Les moments actuels, Monsieur le Maréchal, sont de la plus grande importance ; l'Empereur compte sur votre zèle, sur vos talents et sur votre activité. Elle est tout entière nécessaire en ce moment.

Maréchal BERTHIER.

L'Empereur au maréchal X..... (1).

Quartier impérial, à Donauwörth, le 16 vendémiaire an XIV
(8 octobre 1805).

Mon cousin, le général Kienmayer, qui a voulu hier défendre le Lech, s'est retiré sur Augsburg. Soult avec deux divisions est à sa poursuite sur la droite du Lech, et deux autres divisions sur la rive gauche. J'espère que ce corps sera entamé. Il me tarde d'apprendre que vous êtes maître du pont de Günzburg.

Je ne puis plus penser que l'ennemi puisse avoir d'autre projet que de se retirer sur Augsburg, ou sur Landsberg, ou même sur Füssen. Toutefois, il pourrait hésiter, et, dans ce cas, c'est à nous à faire en sorte que pas un n'échappe. Je ne doute pas qu'il ne puisse revenir quelques-unes de ses forces du Tyrol. Votre position à Günzburg est favorable pour vous porter partout où il faut.

NAPOLÉON (2).

Dispositions de marche du 6ᵉ corps d'armée
pour le 16 vendémiaire an XIV (8 octobre 1805).

Le 16 vendémiaire an XIV (8 octobre 1805).

L'armée marchera aujourd'hui à 2 heures, la droite en tête (3).

---

(1) L'original de cette lettre ne porte pas d'adresse. Sa teneur indique qu'elle était destinée au maréchal Ney ; mais elle a été remise au maréchal Lannes et se trouve encore aujourd'hui dans les archives du duc de Montebello.

(2) *Correspondance de Napoléon*, n° 9352.

(3) Changements ordonnés pendant le mouvement :
On est parti à 4 heures seulement.

La cavalerie légère partira à 2 heures et ouvrira la marche sur la direction d'Ulm par Gundelfingen, elle prendra ensuite position en avant de Hausen, au delà du Lonthal et occupera Englen-Gehaü, Nerenstetten, Œllingen, elle placera un poste de 30 hommes à Nerenstetten, son but doit être d'éclairer toutes les communications qui aboutissent à Ulm.

La 1re division, qui marchera ensuite, établira sa 1re brigade en avant de Hausen, près de l'endroit où la route traverse le Lonthal. La 2e brigade à Bissingen sur les hauteurs, en arrière du point où la route est coupée par le Lonthal, ou la Hürbe, 4 compagnies d'infanterie légère à Nerenstetten avec le poste de cavalerie.

La 2e division bivouaquera sur les hauteurs à droite de Burgberg ; un bataillon d'infanterie légère à Stetten pour éclairer les bois en avant.

La 3e division sur les hauteurs à gauche de Brenz ; le 59e régiment à Gundelfingen. Ce régiment fournira 3 compagnies au pont de Lauingen et trois autres au pont de Dillingen, ces dernières seront relevées par les grenadiers de M. le maréchal Lannes et joindront les trois premières à Lauingen ; lorsque les 6 compagnies auront été enfin relevées, elles joindront leur division qui marche sur Ulm par Albeck.

La 3e division établira en outre un bataillon d'infanterie légère à Stotzingen et Sontheim pour éclairer sur la route d'Ulm, la cavalerie de cette division restera avec ce bataillon pour communiquer avec la 1re division à Hausen.

La division Gazan s'établira sur les hauteurs en arrière de Medlingen, adossée au bois.

Les dragons à pied bivouaqueront sur les hauteurs à droite d'Herbrechtingen en établissant des postes en avant de ce village, ainsi qu'à Falkenstein et Saint-Nicolas sur la direction de Dillingen, grande route d'Ulm.

La division de dragons du général Bourcier prendra position à gauche de Bolheim, et portera un régiment en avant de Dillingen. Ce régiment s'éclairera sur toutes les communications qui y aboutissent.

Le parc d'artillerie sera en arrière de Medlingen.

Celui des vivres à gauche du village.

Le quartier général à Medlingen. (*A. M.*)

6ᵉ CORPS D'ARMÉE.

Ordres militaires écrits sur le champ de bataille avant la prise d'Ulm.

Écrire au général Baraguey-d'Hilliers, colonel général des dragons à Neresheim ; lui mander de se mettre en marche avec les dragons sous ses ordres pour venir prendre la position indiquée dans l'ordre de marche que j'ai arrêté pour le 6ᵉ corps de la Grande Armée, afin de pouvoir me diriger sur Ulm, demain 17, et y attaquer l'ennemi s'il osait encore défendre cette position.

Qu'il trouvera sur les ordres de Son Excellence le Ministre de la guerre qui le place provisoirement sous mon commandement.

Au général Bourcier à Neresheim, même lettre que celle au général Baraguey-d'Hilliers.

Au général Gazan à Neresheim, même ordre. Mais si l'officier porteur de la dépêche ne le trouvait pas sur ce point et que ce général se soit dirigé sur Münster, comme il en avait l'ordre, dans ce cas, l'officier porteur de la dépêche suivrait la route de Neresheim à Münster.

Le général du Taillis écrira au général Tilly de laisser un détachement de cinquante chasseurs à Dillingen pour la garde du pont sur le Danube et celui de Lauingen, d'Höchstädt et de Steinheim. Cet officier rentrera avec l'artillerie fournie de la 3ᵉ division aussitôt que les grenadiers aux ordres du maréchal Lannes arriveront dans cette ville et qu'il sera relevé d'après la demande qu'il devra en faire ; il prendra pour rejoindre son corps la route d'Ulm par Albeck.

Savoir quel chemin les officiers porteurs des dépêches devront tenir pour trouver les généraux Baraguey-d'Hilliers, Bourcier et Gazan ; ils mettront la plus grande diligence et me rapporteront des reçus à Medlingen où j'établis mon quartier général.

Écrire de suite aux généraux Tilly et Dupont de se mettre en marche. Le premier ouvrira la marche avec toute la cavalerie légère — à la 2ᵉ et 3ᵉ division de suivre le mouvement de la

1re qui tiendra la route de Gundelfingen. Enfin, que je leur expédierai en chemin les positions que le 6e corps d'armée devra prendre aujourd'hui en vertu des dispositions arrêtées par Sa Majesté l'Empereur.

Le général Tilly ne devra pas oublier de laisser un très bon officier à Dillingen, il lui demandera la plus grande activité et barricadera les ponts de manière à éviter toute surprise.

Au général Seroux, le général Dupont remettra une pièce de 8 et le général Tilly un obusier.

D'Höchstädt à Mörslingen, Ober-Finningen, Demmingen, Eglingen et Neresheim, il prendra 4 chasseurs ou hussards.

(A. M.)

Le général de division Malher à M. le maréchal d'empire Ney.

Blindheim, le 16 vendémiaire an xiv (8 octobre 1805).

Monsieur le Maréchal,

J'ai l'honneur de vous rendre compte que la reconnaissance que j'ai portée sur Pfaffenhofen, a appris qu'un officier général français et 36 dragons sont venus en reconnaissance à Mertingen. Depuis samedi dernier, l'ennemi n'a pu passer sur les bords de la Zusam, il y avait fait préparer du logement pour de l'infanterie, mais à minuit, l'officier qui en était chargé reçut une ordonnance pressée qui le rappelait.

Les on-dit des paysans portent l'ennemi à Zusmarshausen; s'il vous était possible de mettre à ma disposition quelques fonds, je pourrais envoyer quelques espions à la découverte et vous transmettre des renseignements plus exacts.

Les ponts sous Blindheim et Gremheim ont été barricadés toute la nuit avec des voitures; j'ai poussé ce matin une reconnaissance de grenadiers, de l'autre côté, qui n'a rien découvert.

Mes troupes, comme vous me l'avez ordonné hier, sont prêtes à partir.

Agréez, Monsieur le Maréchal, etc.....

(A. M.) MALHER.

Le 16 vendémiaire an XIV (8 octobre 1805).

Les ponts de Lauingen, Dillingen et Steinheim, sont gardés ; il y a un poste à Altheim.

Une reconnaissance est dirigée sur Herbrechtingen et sur la route d'Ulm.

Le capitaine Blautiol, commandant le détachement à Dillingen, rend compte qu'aujourd'hui, à la pointe du jour, une patrouille de deux hommes s'est avancée près du pont ; la vedette a fait feu, et les deux hommes se sont retirés.

L'officier posté à Lauingen rend compte qu'il a reconnu cinq ou six vedettes ennemies, placées à mille pieds de la ville ; un officier autrichien, accompagné d'un dragon, s'est avancé jusqu'à deux portées de carabine des avant-postes. Une heure après minuit, une de nos vedettes a reconnu une patrouille ennemie, a fait feu, l'ennemi s'est retiré sans riposter.

Ce matin, à la pointe du jour, l'ennemi était posté à un quart de lieue du pont.

D'après les rapports qui me sont parvenus, l'ennemi faisait garder Günzburg comme avant-postes, il y a de la cavalerie et de l'infanterie.   (*A. M.*)

Le général Du Taillis au général ..... (1).

Höchstädt, le 16 vendémiaire an XIV (8 octobre 1805), à midi.

Mon cher Général,

Le Maréchal me charge de vous prévenir, que vous devez vous tenir prêt à partir avec votre division.

Faites rentrer tous les postes établis dans les montagnes et les détachements envoyés sur notre gauche.

L'armée va marcher sur Ulm par Dillingen. Cette disposition doit être tenue secrète.

Du Taillis.

Mettez-vous de suite en mouvement et dirigez-vous sur Gundelfingen.

Vous recevrez des instructions en route.

Du Taillis.

---

(1) Tilly.

6ᵉ CORPS D'ARMÉE.

Emplacements du 16 vendémiaire an XIV (8 octobre 1805)
(du 17 au matin).

Quartier général : Mörslingen.

1ʳᵉ division : Bissingen.

1ʳᵉ brigade en avant de Hausen, près de l'endroit où la route traverse le Lonthal.

2ᵉ brigade à Bissingen, sur les hauteurs, en arrière du point où la route est coupée par le Lonthal et la Hürbe.

4 compagnies d'infanterie légère à Nerenstetten avec le poste du 1ᵉʳ régiment de hussards.

2ᵉ division : Burberg.

La division à la gauche de la 1ʳᵉ division, sur les hauteurs de Burberg, ayant le Lonthal sur son front.

1 bataillon d'infanterie légère à Stetten pour éclairer les bois en avant.

(La division a repris la route de Dillingen, Gundelfingen, Brenz et Hermaringen, la prenant à gauche elle s'est dirigée sur les hauteurs de Burberg.)

3ᵉ division : Brenz.

La division sur les hauteurs, à gauche de Brenz.

Le 59ᵉ à Gundelfingen, fournissant 3 compagnies au pont de Lauingen ; 3 compagnies à celui de Dillingen.

1 bataillon d'infanterie légère à Stotzingen et Sontheim, pour éclairer la route d'Ulm.

Cavalerie légère : En avant de Hausen, au delà du Lonthal, et occupant Wertingen, Nerenstetten, Œllingen ; 1 poste à Nerenstetten.

(La cavalerie a ouvert la marche du corps d'armée sur la direction d'Ulm par Gundelfingen.)

Division Gazan : Sur les hauteurs en arrière de Mörslingen, adossée aux bois.

4ᵉ division de dragons (général Bourcier) : Bolheim.

5 régiments à gauche de Bolheim, et 1 en avant de Dillingen.

Dragons à pied (général Baraguey-d'Hilliers) : Herbrechtingen.

Au bivouac, sur les hauteurs à droite d'Herbrechtingen, ayant des postes en avant de ce village, à Falkenstein, Saint-Nicolas, et sur la direction de Dettingen, sur la grande route d'Ulm.

Le maréchal Ney au colonel (sic) Crabbé.

Le 16 vendémiaire an xiv (8 octobre 1805).

M. Crabbé partira deux heures après l'arrivée des troupes à Hausen, à la tête de 2 compagnies de voltigeurs, 2 compagnies de carabiniers et 4 de chasseurs, prises sur les deux bataillons du 9e régiment d'infanterie légère, une pièce de 4, un escadron de cavalerie légère, pour se diriger de ce point sur Ulm ; il marchera dans le plus grand ordre militaire et recommandera un silence absolu. Il s'arrêtera dans les positions qui lui paraîtront les plus avantageuses pour l'infanterie. Il fera ouvrir la marche par les compagnies de voltigeurs, suivies des 4 compagnies de chasseurs à pied ; la pièce de 4 marchera entre les 2 compagnies de carabiniers. La marche sera fermée par l'escadron de cavalerie légère ; cette troupe formera sa réserve ; il aura seulement 7 ou 8 hommes bien montés et bien sûrs qui marcheront sur les flancs et à la hauteur de son infanterie. Dès qu'il rencontrera l'ennemi, il fera faire halte à sa réserve et attaquera vivement avec la tête, il le poussera jusqu'à ce qu'il rencontre des forces d'infanterie au moins équivalentes aux siennes ; dans ce cas, il ferait sa retraite sur sa réserve qui à son tour couvrirait la marche ; il fera tirer le canon si l'occasion devenait pressante afin de pouvoir lui envoyer les secours nécessaires pour protéger sa retraite. Mais s'il ne trouvait devant lui que de la cavalerie, il ne s'arrêtera pas et tâchera de s'emparer d'Ulm, s'il est possible. Il me tiendra exactement informé de tout ce qui lui paraîtrait mériter mon attention, mais surtout si l'ennemi paraît avoir évacué Ulm, ou si au contraire il y était en mesure de déboucher sur nous par la rive gauche du Danube. Je me tiendrai à Hausen ou à Stotzingen où il m'adressera son rapport qui devra me parvenir au moins avant trois heures du matin.

(*A. M.*)   Ney.

Ordre du 16 vendémiaire an XIV (8 octobre 1805).

Le maréchal Ney, commandant en chef le 6⁰ corps d'armée, voulant assurer la rédaction exacte des marches et opérations militaires qui seront exécutées par le corps qu'il commande, arrête les dispositions suivantes :

1º MM. les généraux de division lui transmettront tous les jours de marche un rapport qui contiendra la note des camps ou cantonnements que leurs divisions respectives occupaient avant la marche, et celle des camps ou cantonnements qu'elles auront pris à la suite du mouvement; un rapport semblable sera fait pour les jours de combat;

2º La description des positions militaires, camps ou bivouacs, devra désigner exactement les points auxquels les deux ailes étaient appuyées et les accidents du terrain qui couvraient les flancs et le front de la division; les villages, bois, ravins, etc., qui auraient été occupés pour la sûreté des positions, seront désignés, ainsi que les corps qui les occupaient;

3º Les incidents militaires qui auraient pu survenir pendant la marche seront fidèlement rapportés;

4º Lorsque les généraux de division auront l'ennemi devant eux, ils auront soin de donner, aussi bien que possible, la description de la position qu'il occupe et l'emplacement de ses troupes dans cette position;

5º Les rapports devront être accompagnés d'un croquis qui indiquera les positions militaires et les emplacements des troupes;

6º Les rapports des combats devront présenter toutes les circonstances de la marche des différents corps, ainsi que les diverses manières dont ils pourraient avoir combattu, en colonne ou en bataille, les manœuvres par le moyen desquelles chaque division aura passé aux différents ordres de colonne et de bataille seront aussi désignées;

7º Lorsqu'un général de brigade ou un chef de corps aura un commandement isolé, il se conformera aux dispositions du présent ordre. S'il était isolé et néanmoins sous le commandement d'un général de division, il adresserait ses rapports à ce général.

En rassemblant des matériaux aussi exacts, le maréchal commandant en chef n'a d'autre but que celui de mettre au plus grand jour la conduite des braves troupes du 6ᵉ corps d'armée et celle des chefs qui les dirigent ; il a droit d'attendre d'eux la plus grande exactitude dans l'exécution des mesures prescrites.

Au quartier général, à Giengen, etc...

(A. M.)

Journal des opérations de la division Dupont.

Le 16 (*8 octobre*), à 2 heures après-midi, la division se met en mouvement. Elle laisse Dillingen sur la gauche, passe par Lauingen, Gundelfingen, Brenz, Stotzingen et arrive, à 3 heures du matin, à Bissingen (1).

A Stotzingen la route de traverse que la division suivait se croisait avec la route de Langenau. Une centaine de traîneurs prend cette route et rencontre un poste ennemi en avant de ce village ; ils se réunissent aussitôt, engagent une fusillade et se retirent en bon ordre par Stetten, où ils se rallient à d'autres soldats à qui la fatigue n'avait pas permis de suivre. Des partis se présentent et cherchent à pénétrer dans le village. Les Français se défendent avec vigueur, les repoussent et se mettent en marche pour rejoindre la division.

4 compagnies du 96ᵉ régiment et 50 chevaux du 1ᵉʳ hussards, que le général, averti par la fusillade, envoyait sur ce point, les rencontrent à un quart de lieue du camp. C'était à qui vanterait ses exploits de la nuit ; ils regrettaient tous de n'avoir pas eu à leur tête un officier pour diriger leurs mouvements, poursuivre l'ennemi qu'ils avaient mis en déroute et faire des prisonniers.

Le détachement des 4 compagnies et des 50 chevaux poursuit sa reconnaissance sur Stotzingen, d'où il déloge l'ennemi, à qui il tue 2 cuirassiers et fait 1 uhlan prisonnier.

Dans ce moment, le maréchal Ney arrive à la tête de la divi-

---

(1) Il y a 36 kilomètres environ du camp occupé le 15 vendémiaire par Dupont (entre Sonderheim et Deisenhofen) et le village de Bissingen. Les deux dernières lieues de cette marche devaient se faire par de mauvais chemins et un terrain accidenté.

sion Malher marchant sur Günzburg ; il donne l'ordre au détachement de rentrer au camp, pour suivre le mouvement de la division qui part aussitôt pour Albeck.

Le général Compans au général Oudinot

Münster, le 16 vendémiaire an XIV (8 octobre 1805).

Mon Général,

M. le maréchal commandant en chef vous charge de vous diriger sur-le-champ, avec les troupes à vos ordres, sur Wertingen et vous y établir militairement aussitôt votre arrivée, il vous charge aussi de rappeler la reconnaissance que vous avez dû pousser ce matin, sur la route d'Augsburg, et de la faire rentrer à sa division. Son intention est que vous en poussiez aussi sur la route de Wertingen à Dillingen pour avoir des nouvelles du corps d'armée, aux ordres de M. le maréchal Ney, qui doit passer le Danube sur ce point et sur la route de Wertingen à Ulm pour avoir des nouvelles de l'ennemi ; il vous engage aussi à faire éclairer la gauche de votre marche et de vous assurer si elle est couverte par des troupes de la réserve de cavalerie.

COMPANS.

Le général Compans au Commandant du parc d'artillerie du 5° corps.

Donauwörth, le 16 vendémiaire an XIV (8 octobre 1805).

D'après les intentions de M. le maréchal commandant en chef, j'autorise le commandant du parc d'artillerie du 5° corps de la Grande Armée, à requérir dans la route tous les chevaux de particuliers qui pourront lui devenir nécessaires pour accélérer sa marche.

La présente autorisation sera valable jusqu'à nouvel ordre.

COMPANS.

*Le général Belliard au colonel général Baraguey-d'Hilliers
et au général Bourcier.*

Le prince Murat me charge de vous prévenir que, jusqu'à nouvel ordre, vous recevrez des instructions de M. le maréchal Ney. Ayez la bonté de donner des ordres pour que le parc de réserve vous suive.

Je vous prie de me faire savoir si le bataillon qui se trouvait en arrière s'est réuni à votre division.

L'Empereur au maréchal Berthier.

Quartier impérial, à Donauwörth, le 16 vendémiaire an XIV
(8 octobre 1805).

Mon Cousin, le maréchal Lannes partira dans la journée avec son corps d'armée et occupera Wertingen. Il poussera son avant-garde aussi loin qu'il le pourra sur la route de Burgau ; il communiquera, par des patrouilles de cavalerie, avec le maréchal Ney par le pont de Dillingen. Il aura soin de tenir bien éclairé tout le pays entre le Danube et la Zusam. Vous donnerez l'ordre au maréchal Soult de diriger les divisions de Saint-Hilaire, de Legrand et de Vandamme, avec son quartier général, à Augsburg, toutefois après s'être assuré que l'ennemi n'est pas en force à Aichach et que le maréchal Davout est maître de Neuburg et de son pont. Donnez ordre au général Marmont de s'emparer d'Ingolstadt aujourd'hui, s'il peut le faire plus promptement que le maréchal Bernadotte, qui a ordre de l'occuper demain.

NAPOLÉON (1).

Le maréchal Berthier au maréchal Lannes.

Donauwörth, le 16 vendémiaire an XIV (8 octobre 1805).

Monsieur le Maréchal,

L'intention de l'Empereur est que vous partiez, dans la journée, avec votre corps d'armée pour occuper Wertingen ; vous

---

(1) *Correspondance de Napoléon,* n° 9351.

pousserez votre avant-garde aussi loin que vous le pourrez sur la route de Burgau.

Vous communiquerez, par des patrouilles de cavalerie, avec le maréchal Ney, par le pont de Dillingen, son corps étant, aujourd'hui, à Giengen.

Vous aurez soin, Monsieur le Maréchal, de tenir bien éclairé tout le pays entre le Danube et la Zusam.

Je vous rappelle l'ordre de m'envoyer, tous les soirs, un aide de camp ou un officier d'état-major et de me faire connaître ce qu'il y aurait de nouveau.

Maréchal BERTHIER.

Le maréchal Berthier à Son Altesse Sérénissime le prince Murat.

Donauwörth, le 16 vendémiaire an XIV (8 octobre 1805).

Monsieur le Maréchal,

L'intention de l'Empereur est qu'avec les trois divisions de dragons et les deux divisions de grosse cavalerie, et toute l'artillerie attachée à ces deux divisions, vous vous dirigiez sur Zusmarshausen et Burgau.

La division de cavalerie de M. le maréchal Lannes marchant dans la même direction, vous êtes autorisé à en prendre deux régiments pour éclairer la marche de votre grosse cavalerie.

L'intention de l'Empereur, mon Prince, est que vous dirigiez de fortes colonnes sur Burgau, que vous occupiez ce poste si toutefois il n'y a pas d'infanterie ennemie. S'il y en avait, vous tâcheriez de connaître le nombre et le nom des régiments.

Vous aurez de forts partis sur la route d'Augsburg à Ulm, parce qu'il est important qu'avant que nos troupes occupent cette ville, ces patrouilles puissent enlever les diligences, les voyageurs, même les détachements ennemis qui se rendraient d'Augsburg sur Ulm et au quartier général autrichien.

Vous recevrez des ordres pour la route que vous devez tenir demain.

S'il n'y a rien de nouveau, il se pourrait que Votre Altesse reçût l'ordre de couper la route de Landsberg à Ulm, c'est-à-dire de se porter sur Mindelheim.

Je vous préviens que le maréchal Ney aura, aujourd'hui, des postes à Gundelfingen, et peut-être à Günzburg ; M. le maréchal Lannes, à Wertingen, et il dépassera cette position, si cela est possible, entre Wertingen et Zusmarshausen.

M. le maréchal Soult, avec toute son armée, marche sur Augsburg. Le maréchal Davout passe à Neuburg et M. le maréchal Bernadotte, à Ingolstadt. Cela me paraît suffisant pour vous faire connaître la position de l'armée.

Faites passer aux maréchaux Soult, Ney et Lannes toutes les nouvelles intéressantes que vous auriez.

L'Empereur désire que vous établissiez des relais de chevaux de trois lieues en trois lieues sur la route de Donauwörth, afin que les aides de camp puissent aller ventre à terre de Donauwörth à la position que vous occupez.

Maréchal BERTHIER.

Le général Belliard au général Klein.

Le 16 vendémiaire an XIV (8 octobre 1805).

D'après les ordres du prince Murat, vous quitterez de suite la position que vous occupez sur le Lech pour vous porter sur Zusmarshausen, route de Günzburg à Augsburg. La division Beaumont et deux divisions de cavalerie vous suivront ; vous formerez une avant-garde. Les trois divisions partiront ensemble de Donauwörth et vous ne devez pas les attendre pour vous mettre en mouvement.

On verra sûrement l'ennemi, mon cher Général, et le Prince compte sur la bravoure, le zèle et le dévouement de vos troupes comme sur le vôtre.

Marchez avec beaucoup d'ordre et faites bien éclairer votre marche.

Le quartier général du Prince sera ce soir à Zusmarshausen.

BELLIARD.

8 OCTOBRE.

Le général Belliard aux généraux Beaumont, d'Hautpoul et Nansouty.

Le 16 vendémiaire an XIV (8 octobre 1805).

D'après les ordres du prince Murat, vous partirez de suite de la position que vous occupez pour vous porter sur Zusmarshausen, route de Günzburg à Augsburg ; vous prendrez votre rang de taille (*sic*) avec la 1re division de grosse cavalerie qui sera elle-même précédée par deux divisions de dragons partant de Donauwörth.

On verra sûrement l'ennemi, mon cher Général, et le Prince compte sur le zèle, la bravoure et le dévouement de vos troupes comme sur le vôtre.

Le quartier général du Prince sera ce soir à Zusmarshausen.

BELLIARD.

Le général Belliard au Commandant (1) des dragons à pied à Münster.

Le 16 vendémiaire an XIV (8 octobre 1805).

Vous partirez à la réception du présent ordre, avec votre bataillon, pour vous rendre au quartier général à Zusmarshausen, route d'Augsburg à Günzburg. Vous passerez par Wertingen. S'il y a une route plus courte et plus commode, vous la prendrez. Celle de Mertingen sera peut-être meilleure et plus sûre en raison de la position des ennemis. Vous marcherez dans le plus grand ordre et vous aurez soin de bien vous faire éclairer.

Vous ne quitterez votre position qu'après l'arrivée des troupes de M. le maréchal Lannes.

---

(1) Depuis le 13, un bataillon des dragons à pied marchait en avant du reste de la division. Il était le 13 à Heidenheim, la division à Süssen ; le 14 à Amerdingen, la division à Heidenheim ; le 15 à Münster, la division à Heidenheim.

Le prince Murat à l'Empereur.

Wertingen, le 16 vendémiaire an xiv (8 octobre 1805).

Les troupes de Votre Majesté ont rencontré l'ennemi et l'ont complètement battu. 2,000 prisonniers, 6 canons et 6 drapeaux enlevés aux Autrichiens, voilà le résultat du premier succès de vos armes dans cette campagne. Il m'est impossible de vous rendre compte, aujourd'hui, avec détails, de la journée de Wertingen et de vous faire connaître toutes les belles actions qui l'ont signalée. Je me borne à vous dire que votre cavalerie s'est couverte de gloire ; je ne saurais vous peindre l'enthousiasme qu'elle a fait éclater, ainsi que les braves grenadiers d'élite. Tous ont chargé aux cris répétés de : « Vive l'Empereur ! » Les colonels Arrighi et Meaupetit ont été blessés à la tête de leurs régiments, le premier en chargeant les cuirassiers, l'autre en chargeant l'infanterie. Le colonel Meaupetit, après avoir été frappé, a dit au général qui le commandait : « Si je meurs, ne laissez pas ignorer à Sa Majesté que mon régiment a chargé en criant : Vive l'Empereur ! »

Sire, en attendant que je puisse faire à Votre Majesté un rapport plus circonstancié, je m'empresse de vous faire connaître ma position et celle de M. le maréchal Lannes.

La brigade de cavalerie légère, aux ordres du général Treillard, est établie à Hausen, à trois lieues de Zusmarshausen. La 1re et la 2e division de dragons occupent les villages en arrière. Le général Nansouty est à Wertingen, où j'ai moi-même mon quartier général. Tous les renseignements que j'ai recueillis annoncent que l'ennemi fait sa retraite sur Augsburg par Zusmarshausen. (L'affaire d'aujourd'hui et le passage du Lech doivent faire changer le projet de l'ennemi, il essaiera de se retirer par Landsberg.) Le général Auffenberg était chargé de flanquer cette marche. C'est son corps d'armée que nous avons défait. Il paraît que l'ennemi occupe encore Günzburg ; mais, sans doute, il l'évacuera cette nuit. Je présume aussi qu'il abandonnera Ulm. Le général Mack était hier au soir à Günzburg et tous les équipages avaient été renvoyés à Zusmarshausen. Ce qui doit faire présumer que l'ennemi avait le projet de réunir ses forces pour nous attaquer, c'est que les troupes que nous avons battues, s'étaient rendues de Landsberg à Günzburg et en étaient parties ce matin pour venir à Wertingen, où elles sont arrivées ce matin à 10 heures.

M. le maréchal Lannes occupe les hauteurs en arrière de Wertingen, sur la route de Burgau. La division Saint-Hilaire, qui arrive à l'instant, s'établira sur la route de Wertingen à Augsburg. Je fais reconnaître Zusmarshausen et Burgau et nous agirons d'après les renseignements qui nous parviendront, ou d'après les ordres que je recevrai de Votre Majesté.

MURAT.

Sire, M. Exelmans, mon aide de camp, qui aura l'honneur de vous remettre ma lettre, s'est conduit de la manière la plus brillante : constamment à la tête des charges, dans plusieurs moments il a raffermi et ramené les régiments ; il a eu 2 chevaux tués sous lui ; mon aide de camp Piéton a montré la plus grande valeur ; il a fait prisonniers 2 officiers autrichiens (1).

Le général Belliard au général Andréossy.

Au quartier général, à Zusmarshausen, le 17 vendémiaire an XIV
(9 octobre 1805).

Tout le corps de Son Altesse Sérénissime le prince Murat a rencontré l'ennemi au village de Wertingen. Le Prince l'a attaqué de suite, l'ennemi a fait beaucoup de résistance, mais il a dû céder à la valeur française des troupes de Sa Majesté. Le corps de M. le maréchal Lannes, après la prise du village qu'à enlevé la cavalerie, a pris part à la bataille ; il y a eu plusieurs charges de cavalerie très vigoureuses et dont les résultats ont été heureux. 3 bataillons ont déposé les armes. La cavalerie s'est immortalisée et toutes les charges se sont faites aux cris de : « Vive l'Empereur ! » Son Altesse Sérénissime le prince Murat a poursuivi l'ennemi avec vigueur jusqu'à la nuit. Le résultat de la journée a été la prise de 6 ou 8 pièces d'artillerie, quatre drapeaux et 1200 à 1500 prisonniers. L'ennemi a dû

---

(1) Tout entier de la main de Murat.

avoir beaucoup de blessés. Nous avons eu de notre côté 60 ou 80 blessés. J'ai l'honneur de vous adresser 1080 prisonniers, savoir : 1 major, 8 officiers, 2 officiers de santé, 1080 soldats ou sous-officiers. Ce soir, je vous ferai un rapport détaillé, j'attends les rapports des corps.

Les blessés vont être conduits à Donauwörth. Notre ambulance est très mal organisée. Je vous prie de demander qu'on nous donne des voitures, des caissons, des médicaments et des officiers de santé.

BELLIARD.

Marches et rapports historiques de la 1re division de dragons montés.

Le 16 vendémiaire an XIV (8 octobre 1805).

La division partit de Donauwörth à 5 heures du matin, pour se rendre en arrière du Lech, sur la route de Rain, et y attendre de nouveaux ordres ; à 9 heures, elle reçut celui de faire l'avant-garde d'une colonne, composée de la 3e division de dragons et de la 1re de cuirassiers, dirigée de Donauwörth sur Zursmarshausen ; arrivée à Auchseshcim, elle se trouva précédée de toute la colonne dont elle devait faire l'avant-garde.

Le général Klein la mit aussitôt au grand trot, et malgré cette allure, qu'elle conserva pendant plus de deux lieues, elle ne put parvenir à reprendre son rang que dans la plaine, en avant de Lauterbach, où toute la colonne se mit en bataille.

Le prince Murat, après lui avoir fait faire quelques mouvements, la dirigea sur Wertingen, où l'ennemi avait un corps de 12,000 hommes, la *plupart grenadiers*, placé dans le Wertingen, et sur les hauteurs à droite et à gauche avec des avant-postes dans le village de Gottmannshofen ; parvenue sur les hauteurs en face de Wertingen, la division se forma en bataille. Le général Klein, voulant attaquer les avant-postes ennemis, fit mettre pied à terre à 60 dragons, pris dans les trois régiments de la 1re brigade ; la division, précédée de ces hommes à pied, marcha en avant, débusqua l'ennemi et le força à se retirer dans Wertingen.

Le général Klein, qui voyait par les mouvements de l'ennemi qu'il cherchait à se retirer par les hauteurs et bois à gauche de

Wertingen, conçut le projet de lui couper la retraite ; il fallait pour cela passer la Zusam ; les bords en étant marécageux et coupés de fossés, on fut obligé de remonter le long de cette rivière, jusque vis-à-vis le village de Roggden, où se trouve un mauvais petit pont en bois sur lequel la division passa ; en débouchant de Gottmannshofen, elle fut canonnée par une batterie placée au bas de la chapelle du Wein-Berg, près de Wertingen ; elle perdit quelques chevaux et n'en continua pas moins sa marche ; pendant ce mouvement, les tirailleurs à pied, qui avaient ordre d'amuser l'ennemi, s'étaient emparés du pont de Wertingen et s'étaient établis à l'entrée de la ville.

L'ennemi, à qui le général Klein n'avait pu dérober ce mouvement, avait cherché à s'y opposer, en plaçant de l'infanterie et de la cavalerie avec du canon le long des bois qui couvrent les crêtes des montagnes qui séparent la vallée de la Zusam d'avec celle de la Graben : cette disposition, jointe à l'avantage du terrain et à celui des armes (1), paraissait devoir lui assurer le succès. Cependant il en fut autrement.

Le 1er régiment, après avoir passé la Zusam, fut dirigé vers la hauteur à droite du village de Roggden ; parvenu, avec peine, au sommet de cette hauteur, il rencontra la cavalerie ennemie qui était en bataille sur le plateau, ayant derrière elle et à sa gauche, son infanterie et 4 pièces de canon.

Le 1er régiment marcha droit à elle et la chargea ; la mêlée fut longue, meurtrière et le succès pendant quelque temps incertain ; enfin la cavalerie ennemie fut forcée de se retirer, et de chercher son salut sous la protection de son infanterie et de son artillerie ; celles-ci firent feu sitôt qu'elles le purent sans craindre de nuire aux leurs. La position du vainqueur devint alors très critique ; néanmoins, pour ne pas perdre le fruit de son succès, ni donner à la cavalerie le temps de se rallier, il la poursuivit vigoureusement jusque dans le bois où elle se jeta.

Le 1er régiment borna là ses avantages et vint se rallier au revers de la montagne qu'il avait gravi pour aller à l'ennemi ;

---

(1) L'artillerie de la division n'avait pu la suivre à cause du mauvais chemin qui était trop étroit et occupé par des cuirassiers ; ce n'était qu'en prenant sur les côtés, ou en défilant par un, que la division avait pu passer.

ce régiment, en se retirant, ramena avec lui des prisonniers et deux caissons qu'il avait pris à la suite de la charge.

Pendant ce temps, les deux autres régiments de la 1re brigade s'étaient dirigés dans la gorge de Roggden d'où le 2e et le 20e s'étaient portés pour soutenir le 1er, le 2e en longeant les bois, ayant à sa droite le 20e en échelon.

La 2e brigade s'empara de la hauteur à gauche dudit village de Roggden et s'y forma en bataille pour servir de réserve.

Le 2e régiment arriva par cette marche sur le flanc droit de l'infanterie ennemie, qui, à son approche, se jeta dans les bois; les dragons l'y suivirent et en prirent une partie avec une pièce de canon et un caisson; mais le bois devenant trop fourré pour atteindre le reste, ils revinrent sur leurs pas pour aller les couper de l'autre côté de la montagne entre Eppisburg et Binswangen, par un chemin très difficile, situé dans le bois à la naissance de la gorge ; ce mouvement a obtenu le succès qu'on en attendait; car l'ennemi, se voyant devancé dans cette partie, mit bas les armes.

Le 20e régiment, après s'être emparé d'une pièce de canon, se forma en bataille sur la hauteur où il resta jusqu'au soir ; la nuit étant arrivée, on plaça des postes pour arrêter les hommes, qui, cachés dans les bois, essaieraient de s'échapper, et la division fut bivouaquer à Zusamaltheim.

L'adjudant-commandant Devaux au général Belliard.

Auerbach, le 18 vendémiaire an XIV (10 octobre 1805).

Mon Général,

La 3e division de dragons a eu ordre de passer le Danube le 16 (*8 octobre*) à 7 heures du matin, et de se porter sur Zusmarshausen par Mertingen et Wertingen. L'ennemi occupait cette position. Son Altesse Sérénissime le prince Murat, après nous avoir fait mettre en bataille sur les hauteurs en face de Wertingen et poussé des tirailleurs à pied et à cheval sur la ville, ordonna au général Beaumont de faire charger un régiment en colonne sur la chaussée et dans la ville, ce qui fut exécuté avec beaucoup de vigueur par le 9e régiment de dragons, ayant le général Scalfort à sa tête; tout le reste de la division s'est porté ensuite légèrement (*sic*) et a pris position au-dessus et en avant de Wertingen en soutenant le 9ᵉ, qui se lança rapidement sur un bataillon de grenadiers ennemis, lequel se formait en carré sur la hauteur; le général Beaumont envoya le 16ᵉ régiment sur la gauche pour manœuvrer et couvrir la division, laissa le 12ᵉ en réserve et, se mettant à la tête des 5ᵉ et 8ᵉ, chargea aussi sur le bataillon; le résultat a été la prise entière de ce bataillon, 4 ou 6 pièces de canon et 4 drapeaux; les bois ont empêché de prendre plus de monde; le 12ᵉ s'étant ensuite porté en avant, ayant à sa tête le général Boyé, et le Prince lui ayant ordonné de charger, ce général a chargé l'ennemi avec la plus grande vigueur, et il a fait une charge sous le feu le plus vif des ennemis embusqués le long des bois, ce qui a rendu nul le feu de cette charge.

La nuit a mis fin au combat.

Les généraux Boyé et Scalfort, ainsi que tous les chefs et les corps, se sont distingués.

Le général Beaumont recommande le capitaine Moreau, aide de camp du général Boyé, qui a sabré avec deux hommes dix dragons de la Tour, et le capitaine Berger, son aide de camp, qui a montré la même vigueur.

Le colonel Maupetit a été blessé d'un coup de baïonnette, chargeant aux cris de : « Vive l'Empereur ! » Son régiment a pris les drapeaux et les pièces de canon.

Le général Beaumont ne peut encore connaître les traits particuliers des corps, il espère que Son Altesse Sérénissime, qui n'a pas quitté dans le feu le plus vif, voudra donner à Sa Majesté un mot d'éloge de sa division.

Devaux.

Journée du 16 vendémiaire an XIV (8 octobre 1805).
Combat de Wertingen.

La division du général Walther, qui était en position à Rain, reçut l'ordre de remonter le Lech sur la rive droite pour se porter à Friedberg; elle était suivie par deux divisions de M. le maréchal Soult qui marchaient sur Augsburg.

Les 1ʳᵉ et 3ᵉ divisions de dragons, ainsi que la 1ʳᵉ division de grosse cavalerie, qui rentra au corps de réserve, partirent de Donauwörth à 8 heures du matin et se dirigèrent sur Zusmarshausen par Auchsesheim, Mertingen, Druisheim et Hirschbach.

A Mertingen, les 9e et 10e régiments de hussards, commandés par M. le général Treillard et du corps d'armée de M. le maréchal Lannes, se sont réunis au corps d'armée et en ont formé l'avant-garde.

La division Oudinot, du corps d'armée de M. le maréchal Lannes, partie de Münster, marchait sur notre droite, la division Saint-Hilaire, du corps d'armée de M. le maréchal Soult, marchait sur notre gauche en longeant le Lech sur la rive gauche, pour aller à Augsburg.

A Kloster-Holzen, un peu à gauche de la route de Druisheim à Wertingen, le Prince fut instruit que l'ennemi occupait Wertingen.

Il fit ses dispositions pour l'attaquer. L'avant-garde poussa en avant pour le reconnaître, pendant que le corps d'armée se réunissait dans la plaine de Hirschbach.

La position de l'ennemi ayant été bien reconnue, Son Altesse Sérénissime ordonna aux troupes de se mettre en mouvement. On fut obligé de passer un défilé pour arriver sur les hauteurs de Gottmannshofen, où les divisions se mirent en bataille.

Les hussards commencèrent à tirailler; on attaqua le hameau qu'occupait l'ennemi en avant de Wertingen, et on tira quelques volées de canon pour répondre à l'ennemi.

Le hameau fut enlevé après peu de résistance; l'ennemi se retira sur Wertingen. On le poursuivit, et là s'engagea une fusillade très vive.

Des dragons mirent pied à terre, attaquèrent vigoureusement le pont que défendait l'ennemi, l'emportèrent et s'emparèrent en même temps du faubourg. Pendant ce temps, la colonne de M. le maréchal Lannes s'avançait dans la plaine, sur la rive gauche de la Zusam et ses tirailleurs s'engageaient avec ceux de l'ennemi.

Le Prince ordonna à la division Klein de longer la côte, d'aller passer la Zusam au-dessus de Wertingen, près le village de Roggden et de tourner la position de l'ennemi. Pendant que ce mouvement s'opérait, les tirailleurs prenaient peu à peu possession de Wertingen, que l'ennemi défendait avec opiniâtreté, et les hussards, commandés par le général Treillard, tournaient la position de l'ennemi et menaçaient ses flancs.

La division Klein, ayant passé la Zusam et étant sur le point de gagner les hauteurs, le Prince ordonna au 9ᵉ régiment de dragons, commandé par le général Scalfort, de passer au galop le village de Wertingen, de balayer tout ce qui faisait résistance et de se porter en avant dans la plaine.

Cet ordre fut exécuté ; le régiment entre dans le village, le traverse par la gauche, prend deux directions en entrant dans le faubourg et continue de se faire jour. Mais en débouchant, la colonne de droite fut arrêtée par une fusillade extraordinairement vive des ennemis qui occupaient les maisons et les vergers, ainsi qu'une hauteur qui enfilait la route.

Cette colonne dut prendre position en arrière et comme l'ennemi faisait mine de vouloir rentrer, l'officier qui la commandait fit mettre pied à terre à des dragons qui arrêtèrent les mouvements de l'ennemi par leur feu.

Le Prince ordonna à la division Klein, qui avait gagné la hauteur, de charger ; le 1ᵉʳ régiment de dragons s'ébranle, charge en montant et de front le régiment de cuirassiers de......, qui attendit la charge de pied ferme, et de concert avec le 10ᵉ régiment de hussards qui, par une manœuvre savante, prit l'ennemi de front et de flanc et l'obligea de se retirer, après lui avoir fait beaucoup de mal.

Pendant ce temps, le village avait été pris en entier ; la division Beaumont l'avait traversé et était venue s'établir sur les hauteurs en avant et soutenant le 9ᵉ régiment de dragons. Le général de division Beaumont envoya le 16ᵉ régiment sur sa gauche pour manœuvrer et couvrir sa division, laissa le 12ᵉ en réserve et à la tête des 5ᵉ et 8ᵉ, il soutint le 9ᵉ et chargea une troupe qui se formait en carré. Cette charge brillante a eu pour résultat la prise entière de ce corps de troupe qui a mis bas les armes, de quatre pièces de canon et autant de drapeaux.

Le prince fit suivre la division de cavalerie, commandée par le général Nansouty, et ordonna qu'elle s'établît en réserve sur la hauteur, en avant de Wertingen.

Ensuite, le 12ᵉ s'est mis en mouvement avec le Prince qui a fait charger lui-même ce régiment, sous le feu le plus vif des ennemis adossés au bois. On en a pris une partie; le reste s'est jeté sous le bois où la cavalerie l'a poursuivi.

Tous ces derniers mouvements étaient suivis et appuyés par le corps d'armée de M. le maréchal Lannes, dont on ne parle pas, son chef d'état-major devant faire un rapport.

L'ennemi a été poursuivi jusqu'à la nuit qui a mis fin au combat et toute cette division eût été prise si on avait eu une heure de jour de plus.

Le corps d'armée de réserve a pris position sur la Zusam :

Les hussards à Villenbach ;

La 1re division à Zusamaltheim ;

La 3e division à Roggden ;

Le 1er de grosse cavalerie à Wertingen.

La division Saint-Hilaire, que le Prince avait fait prévenir, s'était dirigée sur le feu, mais son éloignement ne lui permit pas d'arriver assez tôt pour prendre part au combat. Elle s'établit à une heure de Wertingen sur la rive droite de la Zusam, pour repartir le lendemain et se rendre à Augsburg, sa première destination.

Jamais combat ne fut plus brillant, jamais les dispositions ne furent mieux ordonnées, mieux exécutées et si l'ennemi eût tardé d'un quart d'heure de quitter sa première position, tout se trouvait enveloppé et obligé de déposer les armes ; jamais les troupes ne montrèrent plus de bravoure et d'enthousiasme. Toutes les charges se sont faites aux cris unanimes de : « Vive l'Empereur ! » et chacun des officiers et soldats des deux corps rivalisait d'ardeur et de dévouement pour Sa Majesté.

Le Prince, qu'on regrettait de voir trop souvent exposé, ne saurait donner trop d'éloges aux officiers généraux et particuliers des différents corps de cavalerie et d'artillerie sous ses ordres, aux officiers de son état-major et en général à tous les braves qui ont combattu dans cette belle journée.

Des bataillons carrés enfoncés, des pièces d'artillerie chargées et enlevées, des régiments de cuirassiers et de dragons dispersés, 2,500 prisonniers faits, dont un major et plusieurs officiers, 10 pièces de canon prises avec leurs caissons ainsi que 6 drapeaux ; voilà le résultat du combat. L'ennemi a eu beaucoup de tués et de blessés.

Nous avons de notre côté 19 hommes tués, 89 blessés et

2 prisonniers de guerre. La division Beaumont a eu 35 chevaux tués et 53 blessés. (L'état pour les chevaux de la division Klein n'est pas encore arrivé.)

Le général de division Beaumont recommande particulièrement le colonel du 9ᵉ régiment de dragons, Maupetit, qui a reçu un coup de baïonnette dans le ventre et qui a poussé sa charge aux cris répétés de ; « Vive l'Empereur! » Cet officier ne demande pas d'avancement, mais le général Beaumont sollicite pour lui un grade dans la Légion d'honneur.

Le colonel Maupetit demande que le sous-lieutenant Labouré, qui s'est distingué et a pris une pièce de canon, soit nommé lieutenant à la place du lieutenant Chevalier qui a été tué ; que le chef d'escadrons Didelot, officier plein de mérite et qui a aussi, à la connaissance du général Beaumont, marqué dans cette affaire, soit promu au grade de major. Il demande encore la croix pour les sous-lieutenants Tirlemont et Fayet. Le premier ayant fait plusieurs officiers prisonniers et entre autres un major qu'il a remis au général Gardanne ; le second s'étant emparé d'une pièce de canon.

Les dragons qui ont pris les 4 drapeaux sont :
Feval, Massé, Grand, Labourée et Orban.

Le colonel du 12ᵉ demande de l'avancement pour le lieutenant Boulet et le sous-lieutenant Vignon.

Le colonel du 8ᵉ demande que le maréchal des logis Barroux soit promu au grade de sous-lieutenant.

Le colonel du 5ᵉ demande de l'avancement pour le maréchal des logis Closter ; il est à la connaissance du général de division Beaumont que ce sous-officier, ainsi que l'aide de camp Moreau se sont jetés sur une douzaine de dragons de Latour et qu'ils les ont sabrés. Il demande aussi de l'avancement ou la croix pour l'adjudant-major Bollevin.

Le général Beaumont demande l'étoile de la Légion pour le capitaine Moreau, aide de camp du général Boyé, qui s'est particulièrement distingué et le grade de chef d'escadrons pour le capitaine Berger, son aide de camp.

Le général de division Klein recommande particulièrement et demande de l'avancement pour le colonel du 1ᵉʳ régiment de dragons, Arrighi, qui a été blessé en chargeant à la tête de son régiment.

Une récompense pour le brigadier Leblanc.

Il demande aussi de l'avancement pour le chef d'escadrons Gobecht, le capitaine Fabré du 20ᵉ et le capitaine Malon, son aide de camp.

Il fait aussi l'éloge du sous-lieutenant Galbaud, aide de camp du général de division Belliard qui a chargé le régiment de cuirassiers avec le 1ᵉʳ régiment de dragons et a fait un officier prisonnier. Le général Belliard demande pour lui le grade de lieutenant et l'étoile de la Légion d'honneur.

L'adjudant-commandant Bertrand est aussi recommandé par le général de division Klein.

Son Altesse Sérénissime se réserve de faire un rapport sur les officiers généraux de son corps d'armée, sur ses aides de camp et officiers de son état-major. Néanmoins, je crois devoir parler de messieurs Piéton, Flahaut et Exelmans qui se sont particulièrement distingués, entre autres M. Exelmans qui s'est trouvé à plusieurs charges et qui a eu deux chevaux tués sous lui.

Le général de division, chef de l'état-major général,

Aug. BELLIARD.

Le maréchal Lannes à l'Empereur.

Wertingen, le 16 vendémiaire an xiv (8 octobre 1805).

Sire,

J'ai l'honneur de rendre compte à Votre Majesté, qu'en conformité de ses ordres, j'ai fait passer aujourd'hui le Danube, devant Münster, à la division de cavalerie légère et à celle de grenadiers du 5ᵉ corps de la Grande Armée et que, vers 1 heure de l'après-midi, je me suis dirigé sur Wertingen, avec l'intention de m'arrêter à mi-chemin pour attendre l'artillerie des grenadiers, qui n'avait pu déboucher de Donauwörth, dans la matinée et qui se trouvait considérablement en retard.

Je marchais à peu près depuis deux heures, lorsque le canon s'est fait entendre dans la direction de Wertingen ; j'ai pressé la marche de ma colonne et je me suis porté de ma personne en avant pour reconnaître l'ennemi.

J'ai trouvé la cavalerie aux ordres de Son Altesse Sérénissime le prince Murat, aux prises avec l'ennemi qui occupait Wertingen, et manœuvrant pour le tourner par sa droite ; j'ai aussitôt ordonné à la mienne de manœuvrer pour le tourner par sa gauche, il s'est alors décidé à la retraite, mais elle se faisait en bon ordre.

J'ai alors ordonné aux grenadiers de filer le long de la crête des bois qui couronnent les hauteurs de Binswangen ; ils ont marché avec tant de rapidité qu'ils ont forcé l'ennemi de s'arrêter pour combattre. Dans moins d'une heure, il a été battu et mis en déroute.

Douze ou quinze cents prisonniers, cinq ou six canons, six drapeaux, un grand nombre d'ennemis tués et blessés ont été le résultat de ce combat dont j'aurai l'honneur de vous faire parvenir un rapport détaillé.

La cavalerie aux ordres de Son Altesse Sérénissime le prince Murat, celle de mon corps d'armée et les grenadiers, ont rivalisé d'ardeur et de courage.

Le cri de : « Vive l'Empereur ! » s'est fait entendre dans tous les rangs, pendant et après le combat ; jamais acclamation ne fut plus unanime, ni plus vive. Son Altesse Sérénissime le prince Murat, qui s'est constamment montré à la tête des troupes, le confirmera à Votre Majesté.

J'ai l'honneur de vous adresser, jointe à ma lettre, une note contenant des renseignements donnés par un officier hongrois prisonnier.

J'espère que ces renseignements intéresseront Votre Majesté.

Je suis.....

LANNES.

5° CORPS D'ARMÉE.

Rapport du 16 au 17 vendémiaire.

J'ai l'honneur de vous rendre compte, qu'en conformité des ordres que Votre Excellence avait transmis à M. le maréchal commandant en chef, la division de cavalerie et celle de grenadiers ont passé le Danube hier devant Münster, et que vers une heure de l'après-midi cette colonne s'est dirigée sur Wertingen.

M. le Maréchal avait l'intention de l'arrêter à mi-chemin pour attendre l'artillerie des grenadiers qui, n'ayant pu déboucher dans la matinée de Donauwörth, était considérablement en retard.

Il y avait à peu près deux heures que la colonne marchait, lorsque le canon se fit entendre dans la direction de Wertingen. M. le Maréchal pressa sa marche et se porta en avant de sa personne.

Il trouva la cavalerie, aux ordres de Son Altesse Sérénissime le prince Murat, aux prises avec l'ennemi qui occupait Wertingen, et manœuvrant pour le tourner par sa droite.

Il ordonna alors à la sienne de se porter sur sa gauche et de la déborder. Deux escadrons de cuirassiers, qui voulurent s'opposer à ce mouvement, furent chargés et culbutés par le 21e régiment de chasseurs. Ces mouvements décidèrent l'infanterie ennemie, forte de neuf bataillons, à faire sa retraite vers les bois qui couronnent les hauteurs de Binswangen.

M. le Maréchal ordonna à la division de grenadiers de longer la crête de ces bois et de se porter sur l'ennemi ; cette division marcha avec tant de rapidité qu'elle y parvint.

Dans moins d'une heure, il fut battu et mis en déroute.

1,200 ou 1,500 prisonniers, toute l'artillerie ennemie, six drapeaux et un grand nombre de tués et de blessés ont été le résultat de ce combat.

Toute la colonne ennemie serait tombée en notre pouvoir, si elle n'eût eu derrière elle des forêts, où elle s'est jetée, et si la nuit ne fût pas venue couvrir sa retraite. Ses débris ont dû se retirer vers Günzburg.

La cavalerie, aux ordres de Son Altesse Sérénissime le prince Murat, celle du corps d'armée et les grenadiers ont rivalisé d'ardeur et de courage.

Le cri de : « Vive l'Empereur ! » s'est fait entendre dans tous les rangs, avant, pendant et après le combat. Jamais acclamation ne fut ni aussi vive, ni aussi unanime. Son Altesse Sérénissime le prince Murat, qui s'est constamment montré à la tête des troupes, le confirmera sans doute à Votre Excellence.

Le corps d'armée, après le combat, s'est retiré sur les hauteurs qui dominent le village de Binswangen et y a pris position, couvrant la route de Wertingen à Günzburg.

La brigade de chasseurs à cheval a bivouaqué sur la même route en avant de Binswangen et celle de hussards est passée, après le combat, aux ordres de Son Altesse Sérénissime le prince Murat.

J'aurai l'honneur d'adresser à Votre Excellence l'état de nos pertes, qui sont peu considérables, et les renseignements ultérieurs qui parviendront à M. le Maréchal sur ce combat.

J'ai l'honneur de joindre à ma lettre des renseignements donnés par un officier hongrois prisonnier que j'ai questionné. Ils ont déjà été adressés à Sa Majesté l'Empereur par M. le Maréchal.

COMPANS.

Renseignements donnés par un officier hongrois, le 16 vendémiaire an XIV, au combat de Wertingen.

Le 16 vendémiaire an XIV (8 octobre 1805).

Le corps de troupes autrichiennes qui défendait Wertingen était composé de 9 bataillons dont 7 de grenadiers et 2 de fusiliers; de 2 divisions de cuirassiers et de 6 canons de calibre de 6.

Ce corps, commandé par le lieutenant général Auffenberg, était parti de Günzburg le 15, à 9 heures du soir et arrivé à Wertingen le 16, vers les 8 heures du matin, il était destiné à se rendre à Donauwörth.

Ce corps, avant son départ de Günzburg, avait travaillé au rétablissement du pont sur le Danube, qui d'abord avait été coupé.

Le général Mack était à Ulm le 14; le prince Ferdinand y était attendu.

Le gros de l'armée devait être entre Memmingen et Ulm.

L'opinion générale, dans l'armée, porte sa force à environ 60,000 ou 70,000 hommes y compris les troupes du Tyrol.

Dénomination des corps composant la colonne.

Grenadiers hongrois.
- 1 bataillon de Stuart.
- 1 — de Reuss-Greitz.
- 1 — d'Erbach.
- 1 — de Froon.
- 1 — de François Jellachich.
- 1 — de Joseph Colleredo.
- 1 — de l'Archiduc Louis.
- 2 — de Reisky (fusiliers).

2 divisions de cavalerie de l'Archiduc Albert (cuirassiers).
6 canons du calibre de six.

Extrait des « Mémoires » du général baron Thiébault (1).

Le lendemain, 8 octobre, nous partîmes pour Landsberg. C'était une journée de huit lieues ; nous en avions fait cinq, et le général Saint-Hilaire, Morand et moi, réunis pour causer, nous marchions à la tête de ma brigade, lorsque Philippe de Ségur, officier d'ordonnance de l'Empereur, nous atteignit et remit au général Saint-Hilaire une lettre que, à mon étonnement, celui-ci lut à haute voix et que voici littéralement :

« Monsieur le général Saint-Hilaire, je vous fais cette lettre pour vous dire que l'ennemi occupe Landsberg. Je pense que vous m'en ferez bon compte, et, sur ce, je prie Dieu qu'il vous ait en sa sainte et digne garde. »

NAPOLÉON.

« Allons, Messieurs, nous dit aussitôt le général Saint-Hilaire, hâtons le pas pour arriver de jour et justifions la confiance de l'Empereur. » Et les troupes, informées du contenu de la lettre, doublèrent le pas en chantant et en accompagnant leurs chants des cris de : « Vive l'Empereur ! »

Il y avait un quart d'heure que nous faisions ainsi bonne route, lorsqu'un aide de camp de Murat, galopant aussi vite que, à travers les terres labourées, cela était possible à son cheval, apparut à notre droite nous faisant des signes ; dès qu'il put se

---

(1) Publiés par Fernand Calmettes, tome III, page 417.

faire reconnaître et entendre, il nous cria d'arrêter les troupes. On fit halte ; nous sûmes que le Prince était aux prises avec un corps ennemi, bien supérieur en nombre et qu'il nous ordonnait de le rejoindre en toute hâte. « Impossible, répondit Saint-Hilaire ; voyez, Monsieur, les ordres de l'Empereur.

— La question est à Ulm, reprit cet officier, et non pas à Landsberg... et qu'y deviendrez-vous, d'ailleurs, si le Prince est accablé ; si le général Mack se fait passage ? » Et, comme ces raisons, déjà très fortes par elles-mêmes, étaient appuyées par le canon tonnant du côté de Windelheim, il insista pour qu'on ne perdît pas un moment: « Ah ! Messieurs, nous dit alors le général Saint-Hilaire, que faire ? » Et comme en achevant cette exclamation, il avait arrêté son regard sur moi : « Mon général, lui dis-je, marcher où le canon tire. » Et la citation de cet adage, qui, pour le reste de sa vie, doit retentir aux oreilles du maréchal Grouchy, ayant décidé le général Saint-Hilaire : « Eh bien, Messieurs, reprit-il, par régiments, têtes de colonnes à droite ».

Le commandement fut répété, et bientôt, en cinq colonnes d'infanterie, nous nous dirigeâmes vers Murat, que son aide de camp se hâta d'aller prévenir.

Il y avait à peine un nouveau quart d'heure que nous marchions ainsi, lorsqu'un cri de: « Halte ! » arrêta notre mouvement. L'aide de camp de Murat avait disparu ; le feu se ralentissait, et Saint-Hilaire n'ayant plus rien qui le ralliât, avait changé d'avis. Il nous réunit pour nous expliquer que nous désobéissions à l'Empereur, même à un ordre écrit par l'Empereur, que nous faisions peut-être manquer une manœuvre superbe, que nous perdions l'occasion de nous signaler et de jouer un rôle à nous, et tout cela d'après les ordres de qui n'avait pas d'ordres à nous donner. « Ainsi, Messieurs, nous allons marcher sur Landsberg... têtes de colonnes à gauche. » Et après trois quarts d'heure de temps perdu et trois quarts de lieue péniblement faits, nous reprenons dans des terres labourées et en ne cachant pas trop notre humeur, la direction d'une route que nous avions eu raison de quitter.

Nous l'avions retrouvée et nous la suivions de nouveau, lorsque le canon de Murat se fait réentendre à coups précipités et de plus près, assez près même pour que nous distinguions la fusillade.

Nous aurions pu être arrivés auprès de lui, il pouvait être compromis faute d'avoir été renforcé et, plus encore, pour avoir compté sur nous. Ces réflexions, qui ne nous échappaient pas, n'échappaient pas davantage à nos soldats ; en juges infaillibles, ils évaluèrent la faute militaire et le tort de n'avoir pas tenu une promesse que les circonstances rendaient sacrée. Un murmure général s'éleva, et ce pauvre Saint-Hilaire en fut d'autant plus bouleversé que le feu redoublait. Il revint à nous, en jurant contre une position qui ne lui laissait que le choix de la désobéissance, qui le forçait à agir en aveugle et le vouait au risque de se compromettre, quoi qu'il fît : « Mais, mon Général, lui dit Morand, il y a dix à parier contre un que le corps qui était à Landsberg s'est réuni aux troupes que le Prince combat. » Et la division, changeant pour la troisième fois de direction en moins d'une heure, refit têtes de colonnes à droite. De tous ces faux mouvements, il résulta que nous n'arrivâmes qu'au moment où, par la vigueur de ses attaques, Murat était parvenu à repousser et les troupes d'un corps venant du Tyrol, et celles arrivant de Landsberg. En survenant à temps, nous aurions non seulement aidé à les battre, mais à les envelopper. Aussi fûmes-nous très mal reçus, et Murat n'eut-il un bonjour un peu gracieux que pour moi, ce que j'attribuai à l'avis que j'avais donné en présence de son aide de camp. Personne, du reste, ne s'occupa de nous. Ce fut avec peine que nous trouvâmes des abris ; quant à nos troupes, elles passèrent au bivouac toute cette nuit, qui fut très froide.

Le lendemain 9, au matin, nous repartîmes pour Landsberg ; une pluie aussi abondante que glaciale commença à tomber à la pointe du jour et tomba sans discontinuation ; les chemins se trouvèrent horribles, et nous n'arrivâmes à Landsberg qu'à la nuit, trempés jusqu'aux os, morfondus et pour apprendre que, d'après des ordres supérieurs, tous les équipages du corps d'armée avaient rétrogradé sur Augsburg, d'où il résultait que j'étais sans un cheval de main, sans un domestique, sans une chemise et sans une paire de bottes à changer.

Le général Belliard au général Walther.

Donauwörth, le 16 vendémiaire an XIV (8 octobre 1805).

D'après les ordres de Son Altesse Sérénissime le prince Murat, vous partirez de suite de la position que vous occupez en arrière de Rain, pour vous porter sur Friedberg en remontant la rive droite du Lech, sur la route d'Augsburg à Munich.

Vous êtes prévenu que le corps de M. le maréchal Soult vous suit, et que le Prince marche sur la route derrière Augsburg.

Vous aurez soin, mon cher Général, de marcher dans le plus grand ordre et avec précaution, en vous faisant éclairer avec soin.

On verra sûrement l'ennemi, et le Prince compte, mon cher Général, sur la bravoure, le zèle et le dévouement de vos troupes comme sur le vôtre.

Le quartier général du Prince sera ce soir à Zusmarshausen, route de Günzburg à Augsburg.

BELLIARD.

Le général Walther au prince Murat.

Petersdorf, le 16 vendémiaire an XIV (8 octobre 1805).

Aussitôt après avoir reçu à midi votre ordre, en arrière de Rain où je me trouvais depuis 2 heures du matin, je voulus me mettre en marche; deux divisions d'infanterie qui défilaient à travers la ville retardèrent mon départ et je ne pus, quoique je fisse, regagner la tête de la colonne, autrement que par un détachement du 3e régiment qui avait à sa tête le général Sébastiani, qu'après l'arrivée à l'embranchement des routes d'Aichach, Friedberg et Neuburg. Je continuai ma marche sur Friedberg et bientôt je fus informé par des paysans que l'ennemi était à Affing, je détachai contre lui le reste du 3e régiment qui, avec mon avant-garde composée d'hommes de plusieurs corps, débusquèrent l'ennemi qui était encore à cheval et prirent 5 hommes et 3 chevaux. La forte canonnade que j'avais entendue sur ma droite, les rapports parvenus à M. le maréchal Soult que l'ennemi était en forces devant lui, et les assurances de ne pas aller aujourd'hui en avant d'Aichach, et par-dessus tout, la nuit entièrement close à 8 heures du soir, me déterminèrent à faire bivouaquer le 3e régiment en avant d'Affing, le 11e à Gebenhofen et les trois autres régiments en échelons sur la grande route jusqu'à Petersdorf, où je me suis établi avec le 22e régiment et l'artillerie; demain, avant le jour, j'enverrai des reconnaissances sur Aichach et Friedberg, et j'agirai d'après leurs rapports.

Le 10e régiment, qui rejoignait aujourd'hui la division, se trouvait très fatigué, je le laissai en observation à l'embranchement des routes de Munich et de Friedberg, en lui ordonnant de regarder principalement sur le côté de Neuburg.

Le général Sébastiani, qui avait atteint les vedettes ennemies, les poursuivit avec son avant-garde sur la route d'Aichach. Il n'est pas encore rentré.

Dans notre petit engagement de ce soir, nous avons perdu un dragon et un cheval qui ont été tués.

WALTHER.

Le maréchal Berthier au maréchal Soult.

Donauwürth, le 16 vendémiaire an XIV (8 octobre 1805).

Monsieur le Maréchal,

L'intention de l'Empereur est que vous dirigiez la division du général Saint-Hilaire, celle du général Legrand, celle du général Vandamme et tout votre quartier général sur Augsburg; toutefois, cependant, après vous être assuré que l'ennemi n'est pas en force à Aichach, et que M. le maréchal Davout est maître de Neuburg et du pont de cette ville.

Je vous rappelle l'ordre, Monsieur le Maréchal, de m'envoyer tous les soirs un aide de camp ou officier de votre état-major pour me faire connaître votre position et celle de l'ennemi.

Maréchal BERTHIER.

L'Empereur au maréchal Soult.

Quartier impérial, à Donauwörth, le 16 vendémiaire an XIV
(8 octobre 1805).

Mon cousin, j'ai prévenu le prince Murat que l'ennemi s'est retiré sur Augsburg. J'ai prévenu Saint-Hilaire, que j'ai renforcé du 18° de ligne qui était resté à Donauwörth. Votre parc de réserve, où il y a plus de 150 caissons, vient d'être dirigé sur Augsburg et se tiendra à mi-chemin. Le prince Murat, avec 10,000 hommes de cavalerie, se porte sur Zusmarshausen pour couper la route d'Ulm à Augsburg, pour donner bonne chasse à la cavalerie qui était hier à Rain. Le maréchal Ney occupera ce soir Günzburg, où je suppose que l'ennemi pourrait venir, s'il se croyait encore à temps pour se retirer sur Augsburg. Les grenadiers de Lannes ne se donneront pas de repos avant d'être à Zusmarshausen, et je dirigerai ce soir la division Suchet, suivant les nouvelles que j'aurai d'ici à deux heures. Ne vous donnez aucun repos, et songez que, soit de jour ou de nuit, il faut que vous m'enleviez ce corps. Le moins que vous puissiez m'envoyer, c'est 3,000 ou 4,000 prisonniers.

NAPOLÉON (1).

Le maréchal Soult à l'Empereur.

A hauteur du village de Gundelsdorf, le 16 vendémiaire an XIV
(8 octobre 1805), à 4 h. 1/2 du soir.

Je reçois, à l'embranchement des routes qui conduisent à Augsburg et à Aichach, la dépêche dont Votre Majesté m'a honoré.

A l'instant même, je faisais charger un parti de 300 uhlans qui fait l'avant-garde d'un corps de 5,000 à 6,000 hommes réunis à Aichach ; cette circonstance me détermine à passer par cette ville pour battre le corps qui s'y trouve et ensuite me porter sur Augsburg.

Je dois rendre compte à Votre Majesté que d'après le rapport de deux habitants de Munich, que je viens d'interroger et qui en

---

(1) *Correspondance de Napoléon*, n° 9353.

sont partis hier au soir, il paraît que l'ennemi a concentré des troupes en cette partie. Il doit aussi en réunir à Friedberg.

Hier, il est parti de Munich pour Ratisbonne et Ingolstadt le régiment des cuirassiers de l'Empereur et quelques régiments d'infanterie, qu'on n'a pu me désigner.

Je n'ai aucune nouvelle du maréchal Davout et je ne sais pas même s'il aura pu jeter son pont aujourd'hui à Neuburg. L'ennemi, en évacuant cette place, paraîtrait vouloir tenir encore à Ingolstadt et se couvrir par l'Ach.

Il sera fort tard quand j'arriverai à Aichach, mais je ferai tout mon possible pour en déloger l'ennemi aujourd'hui. Là, je tiendrai la tête des défilés qui donnent dans les plaines de Munich et la position de Friedberg sera en quelque sorte tournée. Je me dirigerai demain matin sur cette ville et de là sur Augsburg.

La division de dragons, commandée par le général Walther, a suivi ma marche, je la dirigerai sur Augsburg, mais elle ne pourra y arriver d'aujourd'hui.

Je désire bien vivement que ces dispositions, que j'ai cru devoir prendre, soient conformes aux intentions de Votre Majesté.

Soult.

Le maréchal Berthier au maréchal Soult.

Donauwörth, le 16 vendémiaire an XIV (8 octobre 1805),
à 8 heures du soir.

Monsieur le Maréchal,

Je vous préviens qu'à 4 heures, le prince Murat est arrivé sur Wertingen, qu'il a trouvé les hauteurs couvertes d'une division ennemie.

A 5 h. 1/2, l'attaque a commencé; les grenadiers de M. le maréchal Lannes étaient arrivés; la canonnade a été vive; la fusillade assez chaude; quelques prisonniers, faits au commencement de l'action, disaient qu'il y avait 14 bataillons partis d'Ulm pour venir occuper la tête du pont de Donauwörth. On n'en sait pas davantage : l'Empereur n'a pas de rapport; il paraît que la canonnade s'est éloignée; on n'entend plus rien. Dans quelques heures, on aura des nouvelles; mais j'ai cru devoir vous prévenir, afin que vous vous trouviez prêt dans le cas où vous recevriez des ordres.

L'Empereur imagine que la division du général Saint-Hilaire aura pris part à l'affaire, puisqu'elle se trouvait à hauteur.

Maréchal BERTHIER.

Le maréchal Soult à l'Empereur.

Steinbach, le 16 vendémiaire an XIV (8 octobre 1805),
à 8 heures du soir.

Sire,

La charge de cavalerie que j'ai fait engager à hauteur du village de Gundelsdorf et dont j'ai eu l'honneur de rendre compte à Votre Majesté par ma première dépêche, nous a menés jusqu'aux hauteurs de Steinbach ; là, l'ennemi nous a montré plusieurs lignes de cavalerie faisant ensemble à peu près 1800 chevaux des régiments de Merveldt (uhlans) et Liechtenstein (hussards) ; 1000 autres chevaux des mêmes régiments se sont tenus en arrière du bois de Walchshofen et n'ont pas pris part à l'affaire. Le général Kienmayer y commandait, il avait sous lui le général-major Nostitz.

En avant du village de Walchshofen, il y a eu une charge de cavalerie dans laquelle le 8ᵉ régiment de hussards, deux escadrons du 11ᵉ régiment de chasseurs et le 26ᵉ régiment de chasseurs, ainsi qu'un escadron du 13ᵉ régiment de dragons, que le général Sébastiani avait amené, ont été engagés : on a tué une vingtaine de uhlans, blessé un très grand nombre et fait une douzaine de prisonniers ; le 8ᵉ de hussards s'est particulièrement distingué, tous les autres corps ont parfaitement fait, et les généraux Margaron et Sébastiani ont mérité que je les cite à Votre Majesté. A 8 heures, on se battait encore entre Aichach et Walchshofen, et, en ce moment, les divisions, qui arrivaient seulement, prennent position. L'artillerie n'a pu tirer que quelques coups de canon, n'ayant pu arriver assez à temps pour nuire à l'ennemi.

Les Autrichiens avaient 3 pièces de canon, mais ils n'ont pu s'en servir ; en sortant du bois, nous avons trouvé quelques postes d'infanterie.

Un des prisonniers, que j'ai fait interroger, assure que toutes les troupes qui étaient à Neuburg et devant Donauwörth ont ordre de se retirer sur Munich où l'armée doit se réunir et attendre les Russes; le général Kienmayer, en passant aujourd'hui devant le régiment de uhlans, a dit que c'était là où il nous attendait.

Le même prisonnier prétend que le général Klenau a passé la nuit dernière à leurs postes, et qu'on disait généralement que ses troupes se retiraient sur Landsberg. Il a dit aussi que le général Gottesheim était parti pour la Bohême et que trois régiments de cavalerie, dont les dragons de Klenau font partie, et un d'infanterie avaient pris la même direction; il ignore où est le général Mack, mais il croit qu'il devait se rendre à Munich.

Les trois hommes venant de Munich, qui ont été arrêtés par les avant-postes, et dont j'ai eu l'honneur de rendre une partie de leur rapport à Votre Majesté, m'ont observé depuis que, ce matin à 8 heures, ils avaient vu à Aichach se mettre en marche pour Ratisbonne, le régiment de cuirassiers de l'Empereur; d'abord sa marche avait été arrêtée, mais un nouvel ordre l'a fait remettre en mouvement; ils disent aussi qu'ils y ont vu 5,000 à 6,000 hommes d'infanterie; l'un d'eux prétend avoir ici, entre ses mains, copie de l'ordre de route de l'armée russe, mais qu'il a oublié chez lui cette copie; voici l'itinéraire qu'il en donne.

La 1re colonne doit arriver à Dachau le 16 octobre; la 2e, le 18; la 3e, le 20; la 4e, le 22; et la 5e, le 24; en tout, 45 bataillons. Cette infanterie emploie 2,232 voitures qui portent 10 hommes chacune; le restant de cette troupe va à pied et se relaie successivement.

Ces trois hommes me paraissent suspects, quoiqu'ils prétendent être appelés à l'armée bavaroise par le général Deroy; je les fais conduire au grand état-major général, où ils pourront être examinés.

Demain, à la pointe du jour, je ferai attaquer Aichach, et, aussitôt que l'ennemi aura été rejeté au loin, je dirigerai la colonne sur Friedberg et Augsburg, où je ferai en sorte d'arriver de bonne heure; mais comme la cavalerie de l'ennemi est de beaucoup supérieure à celle de Votre Majesté que j'ai à lui opposer, j'ai invité le général de division Walther à disposer d'une brigade de dragons pour être rendue à 5 heures du matin en avant du village de Steinbach, et la réunir aux trois régiments de cavalerie légère du corps d'armée. J'ai aussi invité le général Walther à prendre la route d'Augsburg avec l'autre brigade, en le prévenant que celle qu'il m'enverra le joindra demain entre cette ville et Friedberg.

J'ai l'honneur.....

SOULT.

Le maréchal Berthier au maréchal Soult.

Donauwörth, le 16 vendémiaire an XIV (8 octobre 1805), à minuit.

Monsieur le Maréchal,

L'Empereur a vu avec peine que vous soyez éloigné encore du centre de la guerre, car vous deviez être à Augsburg par l'extrémité de votre gauche, c'est-à-dire que vous deviez le dépasser sur-le-champ et faire une marche sur Ulm; au lieu de cela, vous êtes à une demi-marche derrière; il est nécessaire de remédier le plus promptement à cette erreur. Portez-vous le plus tôt possible à Augsburg, où, avec le général Saint-Hilaire, vous aurez une force imposante. Votre corps d'armée est destiné à opérer contre le Lech et le Danube; le maréchal Bernadotte, le général Marmont et le maréchal Davout opéreront sur l'autre rive.

Vous saurez que 12 bataillons de grenadiers autrichiens se sont fait prendre par le maréchal Murat et le maréchal Lannes; canons, drapeaux, tout est tombé en leur pouvoir; c'est au village de Wertingen que cette affaire s'est passée. Ces bataillons venaient à grandes marches de Botzen, dans le Tyrol; cette affaire a duré deux heures; nous n'avons pas encore les détails, que l'on ne saura bien que demain matin.

Nous n'avons pas encore de nouvelles du maréchal Davout. L'Empereur va le diriger droit sur Augsburg et il lui tarde fort qu'il y soit arrivé; il est vraisemblable qu'il y dirigera aussi le général Marmont. La difficulté sera de vivre; on fera un peu comme on pourra, mais il faut être en masse. L'ennemi ne doit pas tarder à faire son mouvement rétrograde avec ses forces réunies.

Donnez fréquemment des nouvelles à l'Empereur et ayez l'oreille sur tous les coups de canon qui se tireront du Lech, afin d'y porter des secours. Rentrez dans le système de la guerre, telles sont les intentions de l'Empereur.

Maréchal BERTHIER.

Le général Andréossy au général Suchet.

Le 16 vendémiaire an XIV (8 octobre 1805).

Monsieur le Général,

Vous voudrez bien, conformément aux ordres de Son Excellence le ministre de la guerre, major général, vous porter, dès votre arrivée, au delà du Danube et prendre position, avec votre division, 500 toises en avant de la rive droite du fleuve. L'intention de M. le major général est que vous laissiez un bataillon dans Donauwörth pour y maintenir la police, fournir des gardes aux magasins et établissements et empêcher qu'on n'emporte de l'avoine et du fourrage et pour faire rejoindre sans délai tout ce qui appartient à la 3ᵉ division du 4ᵉ corps.

P.-S. — D'après de nouvelles dispositions, vous ne laisserez pas de bataillon dans Donauwörth.

ANDRÉOSSY (1).

L'Empereur au général Dumas.

Quartier impérial, à Donauwörth, le 16 vendémiaire an XIV (8 octobre 1805), à 1 heure après-midi.

Monsieur le général Dumas, vous vous rendrez en toute diligence à Neuburg et vous m'écrirez de Neuburg par un de vos aides de camp. Vous me manderez quels sont les corps arrivés à Neuburg et tous les détails concernant les ennemis, régiment par régiment, dans ces cantons (2) : si on croit qu'Ingolstadt

---

(1) Le général Ferry, de la division Nansouty, est nommé dans la division Legrand en remplacement du général Levasseur, malade. Andréossy donne les ordres d'exécution nécessaires.

(2) Ici, quelques mots illisibles de la main de l'Empereur.

est occupé en force. Si le général Marmont y était arrivé, vous vous y rendrez pour lui dire qu'il est nécessaire qu'il passe le Danube sur-le-champ, que l'ennemi est coupé; que, dans peu de jours, il n'aura plus d'autre parti à prendre que d'essayer de nous passer sur le corps, et comme il pourra réunir jusqu'à 80,000 hommes, il n'y a pas un moment à perdre pour rassembler nos forces. Enfin, si le général Marmont n'était pas encore à Ingolstadt, vous irez le trouver où il sera, et vous lui ferez connaître notre système de guerre, qui veut qu'il passe le Danube sans délai. Vous irez, de là, trouver le maréchal Bernadotte; il doit être parti aujourd'hui d'Eichstädt pour Ingolstadt. Du moment que vous aurez vu le premier de ces corps, ou que vous saurez positivement où il est, vous m'en instruirez. Vous prendrez des renseignements précis sur les corps ennemis qui se trouveraient soit sur la Rednitz, ou vers la Bohème, et vous connaîtrez les noms des corps et les généraux qui les commandent; et, après cela, vous me viendrez rejoindre, s'il se peut, dans la journée de demain.

NAPOLÉON (1).

L'Empereur au maréchal Davout.

Quartier impérial, à Donauwörth, le 16 vendémiaire an XIV
(8 octobre 1805).

Mon cousin, ce matin, à 8 heures, il n'y avait personne à Neuburg et vous ne l'occupiez pas encore. Il me tarde bien de savoir enfin votre armée arrivée.

J'ai besoin qu'elle soit réunie, demain dans la journée, à Aichach. Il paraît que le général Kienmayer, qui commande le seul corps qui est entre ceci et Ratisbonne, s'est retiré sur Augsburg.

Il est poursuivi de telle sorte qu'il ne peut échapper.

NAPOLÉON (2).

Ne perdez pas une heure, et que j'apprenne sans retard que vous occupez Aichach; votre cavalerie et votre avant-garde peuvent y être ce soir.

---

(1) *Correspondance de Napoléon*, n° 9355.
(2) *Ibid.*, n° 9354.

Le maréchal Berthier au maréchal Davout.

Donauwörth, le 16 vendémiaire an XIV (8 octobre 1805).

Monsieur le Maréchal,

L'intention de l'Empereur est que, du moment que vous serez maître du pont de Neuburg, vous vous dirigiez sur Aichach, où l'intention de Sa Majesté est de réunir dans la journée de demain tout votre corps d'armée; mais, en vous ordonnant ce mouvement, l'Empereur suppose que l'ennemi n'est pas en force à Ingolstadt, et que le général Marmont n'éprouve aucun obstacle à s'en emparer. C'est à vous à vous faire éclairer sur ces différents objets.

Je vous rappelle l'ordre, Monsieur le Maréchal, de m'envoyer tous les soirs un aide de camp ou un officier de votre état-major pour me faire connaître votre position et celle de l'ennemi.

Maréchal Berthier.

Le général Daultanne au général Gudin.

Au quartier général, à Steppberg, le 16 vendémiaire an XIV (8 octobre 1805).

Mon cher Général,

L'intention de M. le Maréchal est que vous marchiez sur Neuburg avec toute votre division. Le général Bisson, marchant par la rive droite du Danube, a ordre de s'emparer de cette ville et d'y faire rétablir le pont.

Lorsque vous serez rendu à cette destination, vous recevrez de nouveaux ordres.

Je vous salue de tout mon cœur,

(A. G.). Daultanne.

8 OCTOBRE.

Le maréchal Davout à l'Empereur.

Neuburg, le 16 vendémiaire an xiv (8 octobre 1805),
à 6 heures du soir.

Sire,

Je reçois à l'instant les ordres que Votre Majesté m'a fait l'honneur de m'adresser relativement au mouvement à faire sur Aichach.

Il est six heures du soir ; les troupes, après une marche forcée, arrivent à peine à leurs positions ; les parcs sont en arrière ; quelques heures de repos deviennent indispensables ; mais, dès la pointe du jour, les troupes seront en mouvement pour se porter sur Aichach, où elles ne pourront arriver que tard, attendu que la journée est de onze lieues.

J'ai l'honneur.....

DAVOUT.

Ordre.

Au quartier général, à Neuburg, le 16 vendémiaire an xiv
(8 octobre 1805).

La 1re division appuiera sa droite à Sinning et la gauche vers Sehensand, poussant des reconnaissances sur la route d'Aichach.

La 2e division appuiera sa droite au village de Sehensand et la gauche se prolongeant en avant de Wagenhofen.

La 3e division appuiera sa droite à la gauche de la 2e, de manière à se trouver à cheval sur la route de Neuburg à Ingolstadt, ayant le village de Zell en avant de son centre et qu'il fera occuper.

(*A. G.*).

DAULTANNE.

Le maréchal Davout au maréchal Berthier.

Neuburg, le 16 vendémiaire an xiv (8 octobre 1805).

Monsieur le Maréchal,

J'ai l'honneur de rendre compte à Votre Excellence que ce matin, avant le jour, j'ai fait passer la 1re division à Steppberg ;

elle a envoyé un corps sur Rain pour communiquer avec les troupes du maréchal Soult.

Les autres divisions se sont portées sur Neuburg qui était évacué; elles sont toutes en avant de cette place.

J'ai été instruit que le régiment autrichien de Gyulay était attendu ici aujourd'hui; j'ai mis aussitôt notre cavalerie légère à sa poursuite.

Demain, à la pointe du jour, l'armée se mettra en marche pour se porter sur Aichach, où elle ne pourra arriver que fort tard, attendu que la journée sera de onze lieues.

Davout.

Journal de marche de la division Friant.

De Monheim à Zell, le 16 vendémiaire an XIV (8 octobre 1805).

Le 16, *à midi*, nous quittons nos bivouacs dans les environs de Monheim pour aller passer le Danube à Neuburg, déjà occupé par l'avant-garde et le corps du maréchal (*sic*) Marmont; nous allons prendre position (sans passer dans la ville que nous laissons sur notre droite) en arrière de Zell et de Bruck, dans des bois qui s'étendent jusqu'au Danube..... La route que nous avons parcourue est bonne, bien ferrée et large de 7 à 8 mètres. Elle passe à Warching, baigné par le même ruisseau qui coule à Monheim, à Natterholz, à Blosenau, Ammerfeld, à Rennertshofen, situé sur et près la rive gauche de l'Ussel, à Steppberg, à l'embouchure de la susdite petite rivière dans le Danube : vallon, ruisseau et pont en bois, traversés par la route entre les deux derniers susdits villages..... Quoique les fortifications des petites villes de Rain, Neuburg, Ingolstadt soient en partie détruites (on rétablit celles de cette dernière ville, qui était la plus forte place de Bavière), cependant la rive droite du fleuve, sur laquelle ces villes sont bâties, est en beaucoup de points tellement escarpée et a un tel commandement sur la rive opposée (de 20 à 25 mètres au moins) que nous n'avons pu concevoir comment l'armée autrichienne, dont la retraite était assurée, n'avait pas cherché, au moyen de quelques bonnes batteries, à retarder notre approche de ce fleuve et notre passage.

Le général de brigade Gautier à M. le général de division Gudin

Röhrenhof, le 16 vendémiaire an XIV (8 octobre 1805).

Mon Général,

J'ai l'honneur de vous rendre compte de la position occupée ce soir par ma brigade.

Le 25ᵉ régiment de ligne est établi à la tête du bois, derrière le ruisseau et le village de Zell, ayant trois compagnies détachées au village de Bruck pour couvrir la gauche et placer des postes jusqu'au Danube.

Le 85ᵉ régiment de ligne a son 1ᵉʳ bataillon sur la lisière du bois qui se trouve entre moi et le général Petit; ses postes s'étendent sur le front du même bois et dans la plaine; il se lie par des patrouilles au 21ᵉ régiment. Une grand'garde de chasseurs est placée dans l'intervalle de ces deux corps et pousse des vedettes dans la plaine, le reste du détachement est bivouaqué ici avec une compagnie de grenadiers du 85ᵉ.

Les deux pièces de 8 que vous m'avez annoncées prendront position à Röhrenhof entre le bois et la grande route.

Le 2ᵉ bataillon du 85ᵉ régiment forme la réserve et est adossé au bois à gauche de la route d'Ingolstadt.

La position est trop étendue pour l'occuper avantageusement avec les troupes que j'ai l'honneur de commander. Je la rectifierai, autant que possible, demain à la pointe du jour si nous devons y rester.

Le général Vialannes ne m'a rien fait dire, j'ai laissé chez lui un ordonnance pour être prévenu des ordres qu'il recevra et vous en faire part de suite.

Je n'ai aucune nouvelle de l'ennemi.

Agréez, mon Général, mon respectueux attachement.

(A. G.).   Gautier.

3ᵉ CORPS D'ARMÉE.

Journée du 16 vendémiaire an XIV (8 octobre 1805).

Quartier général : Neuburg.

Avant-garde : (?).

L'infanterie de l'avant-garde passe le matin à Steppberg dans des bateaux que l'on va chercher sur la rive droite.

Elle prend position à la tête du bois de Kaiserburg jusqu'à ce qu'elle soit relevée par la 1ʳᵉ division. Alors elle se porte en avant sur la route d'Aichach en passant par Neuburg.

La cavalerie passe à Neuburg.

1ʳᵉ division : Neuburg.

Prend d'abord position à la tête du bois de Kaiserburg après avoir passé le Danube à Steppberg.

Le 17ᵉ se porte à Brunthal pour observer la route de Rain. On occupe momentanément Ober et Unter-Hausen et l'on pousse des partis sur Sinning.

Le soir, la division se porte en avant et établit son bivouac à 1 h. 1/2 de Neuburg. La droite à Sinning et la gauche à Sehensand.

2ᵉ division : Zell.

Passe le Danube à Neuburg, laisse la ville sur sa droite et va prendre position à la tête des bois, en arrière de Zell et de Bruck, sur la route de Neuburg à Munich par Pfaffenhofen.

3ᵉ division : Wagenhofen.

Tient la droite de la 2ᵉ division et bivouaque à la place que devait occuper cette 2ᵉ division.

Elle appuie sa droite à Sehensand et sa gauche au delà de la route entre Wagenhofen et Zell.

Cavalerie légère : (?).

Grosse cavalerie : Suit le mouvement de la 3ᵉ division.

Parc : Suit le mouvement de la 3ᵉ division.

Passage du Danube : Le matin, le colonel du génie Tousard surprend le pont de Neuburg, entre dans cette ville avec 25 hommes et y fait quelques prisonniers. Il y avait encore 150 hommes dans la ville, lesquels prirent la fuite. Il fit de suite réparer le pont dont le recouvrement et la moitié des poutres étaient enlevés.

A 10 heures du matin, l'armée de M. le maréchal Davout commence à passer à Neuburg.

Le même jour, l'armée du général Marmont arrive devant cette ville.

Il y a à Neuburg une espèce de digue qui vient aboutir à la rive gauche du Danube d'une part et par laquelle on entre dans la ville vers la tête du pont. Une partie de notre cavalerie est entrée par là. Rien n'est plus aisé à défendre que le passage du Danube à Neuburg. La ville domine beaucoup la rive gauche. Elle est enveloppée d'un camp retranché qui n'a pas été fini, mais qu'avec quelques travaux on rendrait bon. Il recevrait au moins 15,000 hommes.

Le général Dumas à l'Empereur.

Neuburg, le 16 vendémiaire an xiv (8 octobre 1805),
à 11 heures du soir.

Sire,

J'ai l'honneur de rendre compte à Votre Majesté que j'ai trouvé M. le maréchal Davout à Neuburg, ayant déjà fait passer toute son armée : Son avant-garde est en avant de Neuburg, à deux lieues sur la route d'Aichach, où il marchera dès le point du jour.

Il y avait à Neuburg, le 15 (*7 octobre*), un régiment de grenadiers qui en est parti à 8 heures du soir ; le régiment de Gyulay qui y était attendu, et dont le logement était arrivé le 16 (*8 octobre*) au matin, a reçu contre-ordre en chemin, il partait de Geisenfeld. M. le maréchal Davout a poursuivi et pris 30 hommes de ce logement. Le général Kienmayer, qui avait son quartier général à Neuburg, a fait évacuer Ingolstadt ; il rassemble un corps d'environ 15,000 hommes ; il a annoncé ici à Neuburg qu'il se retirerait sur Aichach où il *tenterait le sort des armes*. M. le maréchal Davout pense qu'il ne tiendra point à Aichach et se retirera par Munich, d'autant plus que le corps du général Kienmayer est destiné à se réunir au corps de troupes russes qui doit arriver à Wels.

Il n'y a point eu, entre Neuburg et Ratisbonne, d'autres troupes que celles du général Kienmayer, qui avait porté sur Eichstädt un régiment d'infanterie et quelques escadrons de cavalerie : il n'y a rien dans ce moment à Ratisbonne, ni sur aucun point de la rive droite du Danube entre Ratisbonne et Neuburg.

Ingolstadt, évacué, n'est point encore occupé par les troupes du général Marmont ni par celles de M. le maréchal Bernadotte.

Le général Marmont a concentré ses troupes à Nassenfels (deux lieues de Neuburg, sur la route d'Eichstädt).

Je vais lui transmettre les ordres de Votre Majesté, je me rendrai ensuite près de M. le maréchal Bernadotte.

Conformément aux ordres de Votre Majesté, je remets cette dépêche à mon aide de camp Clermont-Tonnerre.

J'y joins une note des régiments et corps ennemis sous les ordres du général Kienmayer ; il paraît que les ennemis n'ont qu'une connaissance très imparfaite des mouvements des armées de Votre Majesté : le général Mack, qui était il y a cinq jours à Ingolstadt, disait qu'il n'y aurait pas d'affaire sérieuse avant le 22 octobre.

M. l'archiduc Ferdinand était avant-hier à Neuburg, il ne s'y est arrêté que pour conférer avec le général Kienmayer.

On a transporté à Neuburg 40 hommes de Colloredo, blessés au pont de Donauwörth.

Je suis..... Dumas.

Ordre de marche du 17 vendémiaire an XIV (9 octobre 1805).

Au quartier général, à Neuburg, le 16 vendémiaire an xiv,
(8 octobre 1805).

L'avant-garde, aux ordres du général Eppler, partira demain 17 des positions qu'elle occupe à 4 heures du matin et se portera directement sur Aichach ; lorsque cette avant-garde sera arrivée à la hauteur du village de Walchshofen, elle y prendra position en arrière des hauteurs qui dominent ce village.

Le général Eppler fera porter de suite de forts partis sur Aichach et par la droite il poussera des reconnaissances sur les villages de Haunswies et de Algertshausen. Il ne regardera cette première position de l'avant-garde que comme provisoire et pour y attendre l'arrivée des divisions.

La 1re division partira demain à 5 heures du matin et se portera sur Aichach, dès que la tête de la colonne aura joint l'avant-garde. Celle-ci se portera en avant de la 1re division, prendra position la droite à Seebach et la gauche vers Hollenbach, faisant occuper sur son front les villages de Saint-Jodoc, Affing et poussera de fortes reconnaissances en avant de sa droite.

La 2e division partira également à 5 heures du matin, suivra le mouvement de la 1re et viendra prendre position à sa gauche, la droite à Hollenbach et la gauche à Walchshofen et se placera de manière à maîtriser fortement la route d'Aichach, ainsi que le village de Walchshofen. Cette division fera occuper Bernbach et Algertshausen.

La 3e division suivra le mouvement des deux premières et viendra prendre position en seconde ligne en avant du village d'Inchenhofen.

Le parc d'artillerie de réserve suivra le mouvement de la 3e division.

La cavalerie légère suivra le mouvement de l'avant-garde.

Il sera distribué, demain 17, pour 2 jours de biscuit ou de pain à toutes les troupes du corps d'armée ; aussitôt le présent ordre reçu, les fourriers se rendront à Neuburg pour y recevoir cette distribution ; pour les accélérer il sera procuré des voitures aux fourriers pour le transport du pain : ces voitures devront être soigneusement renvoyées au parc après la distribution faite.

DAULTANNE.

Le maréchal Berthier au général Marmont.

Donauwörth, le 16 vendémiaire an XIV (8 octobre 1805).

Monsieur le général Marmont,

L'intention de l'Empereur est que vous vous empariez d'Ingolstadt aujourd'hui, si vous pouvez le faire plus promptement que M. le maréchal Bernadotte, qui a ordre de l'occuper demain.

L'Empereur imagine que vous êtes en mesure de passer le Danube à Neuburg, ou entre Neuburg et Ingolstadt.

Vous devez passer ce fleuve sans délai si M. le maréchal Bernadotte n'a personne devant lui, et, immédiatement après que vous aurez passé le Danube, vous vous porteriez sur Ingolstadt afin d'en faire réparer les ponts et rendre le passage facile au maréchal Bernadotte et aux Bavarois (1).

Je vous rappelle l'ordre, Général, de m'envoyer tous les soirs un aide de camp ou un officier de votre état-major pour me faire connaître votre position et celle de l'ennemi.

Maréchal BERTHIER.

Le maréchal Bernadotte au maréchal Berthier.

Eichstädt, le 16 vendémiaire an XIV (8 octobre 1805).

Monsieur le Maréchal,

Je vous annonçais hier que je m'établirais aujourd'hui avec mon corps d'armée et les Bavarois, en arrière de la petite rivière de Schutter, ayant Nassenfels sur mon front, et que mes avant-gardes s'approcheraient, autant que possible, de Neuburg et d'Ingolstadt. J'ai l'honneur de vous rendre compte qu'il m'a été impossible d'arriver à ma destination ; le général Marmont a dirigé son corps d'armée par la route que je tenais, ses troupes ont obstrué ma marche et malgré les plus grands soins et la meilleure volonté des chefs, le premier corps d'armée et les Bavarois ne pourront passer aujourd'hui Eichstädt, à l'exception cependant de mes avant-gardes qui se portent sur le Danube. J'ai l'avis que l'ennemi a évacué Ingolstadt et Neuburg ; je viens de charger le lieutenant général de Wrède, qui a des relations avec les magistrats de la première ville, de leur écrire pour faire rétablir le pont, sans perdre de temps.

Je partirai demain à trois heures du matin avec toutes mes

---

(1) Il est envoyé copie de cette lettre au maréchal Bernadotte.

troupes, je me dirigerai sur Ingolstadt où je passerai le Danube, je pense être rendu dans cette ville pour 9 heures du matin.

Je vous prie, Monsieur le Maréchal, de m'adresser vos ordres à Ingolstadt.

J'ai l'honneur.....

BERNADOTTE.

Le général Berthier au maréchal Berthier.

Eichstädt, le 16 vendémiaire an XIV (8 octobre 1805).

Monsieur le Maréchal,

J'ai l'honneur de vous rendre compte qu'à notre arrivée à Eichstädt, nous avons trouvé une compagnie de Salzburg (vétérans en activité) casernée dans la ville et forte d'environ 80 hommes bien armés et équipés, ainsi qu'environ cinquante autres invalides pensionnés.

D'après les ordres de M. le maréchal Bernadotte, la compagnie de vétérans a été désarmée, conduite et consignée dans son quartier, où elle sera gardée à vue en attendant vos ordres.

Comme M. le Maréchal n'a pas cru devoir la faire prisonnière de guerre, je prie Votre Excellence de vouloir bien me dire si cette troupe doit être envoyée sur les derrières de l'armée.

J'ai l'honneur....

L. BERTHIER.

Le maréchal Berthier au maréchal Bernadotte.

Donauwörth, le 16 vendémiaire an XIV (8 octobre 1805).

Monsieur le Maréchal,

Nous avons passé le Lech dans la journée du 15 (*7 octobre*). Aujourd'hui, à la pointe du jour, le prince Murat a battu la plaine avec 1000 hommes de cavalerie pour intercepter les communications d'Augsburg à Ulm. Arrivé à Wertingen, il a rencontré onze bataillons de grenadiers autrichiens ; la division du général Oudinot, formant la 1re division de M. le maréchal Lannes, étant arrivée à temps, ce corps a été enlevé ; drapeaux, canons, tout a été pris.

Le 16 (*8 octobre*), au matin, le maréchal Soult s'est porté sur Aichach, pour y enlever un corps de 10,000 hommes qui s'y trouvait; à 4 heures après-midi, il avait déjà rencontré les avant-postes, et si ce corps ne s'est pas retiré, il sera pris.

Le général Saint-Hilaire s'est porté sur Augsburg, où sera réunie demain toute l'armée du maréchal Soult.

Le maréchal Ney, avec son corps d'armée, occupe Günzburg et tous les débouchés qui mènent sur la rive gauche du Danube.

L'ennemi paraît être encore en très grande force sur ce point, et l'Empereur a l'espoir que ce corps d'armée finira mal.

Sa Majesté ordonne que vous passiez le Danube, soit à Ingolstadt, soit à Neuburg. Emparez-vous d'Ingolstadt, il n'y a plus un moment à perdre. Ordonnez également au général Marmont de passer le fleuve et de se mettre sur-le-champ en marche pour se rendre à mi-chemin de Neuburg ou d'Ingolstadt à Augsburg.

Vous, Monsieur le Maréchal, après avoir pris possession d'Ingolstadt et rétabli le pont, vous marcherez sur tout ce qui serait en deçà de l'Inn, ou de ce qui, sur la rive gauche, pourrait s'approcher de l'Altmühl avant que vous soyez formé à passer. Je vous ferai parvenir les ordres de l'Empereur, car les événements changent à chaque instant et les jours ici vont se presser avec une grande rapidité.

Maréchal Berthier.

JOURNAL DU CORPS BAVAROIS.

Marche à Ingolstadt, le 16 vendémiaire (8 octobre).

Le maréchal arriva à Eichstädt, de même que le lieutenant-général Deroy. L'avant-garde, après avoir attendu l'arrivée de l'armée et après avoir défilé devant le maréchal, fut postée près d'Eitensheim; durant la marche, elle envoya de fortes patrouilles sur la gauche, et, dès son arrivée, elle détacha une forte reconnaissance jusqu'à Ingolstadt et s'empara des bateaux sur l'Altmühl et sur le Danube.

Le 17 vendémiaire (*9 octobre*), le lieutenant général rendit compte au maréchal que l'ennemi avait évacué Ingolstadt et que le pont endommagé par lui était rétabli.

8 OCTOBRE.

Le quartier général du maréchal arriva à Ingolstadt, celui du lieutenant général Deroy à Feldkirchen.

L'ennemi, étant informé que Son Excellence le maréchal Soult avait passé le 6 le Danube près Donauwörth, s'était entièrement retiré.

1er CORPS D'ARMÉE.

Ordre de marche du 17 vendémiaire.

Eichstädt, le 16 vendémiaire an xiv (8 octobre 1805).

Le lieutenant général de Wrède partira demain matin à 4 heures du matin avec tout son corps pour se rendre à Ingolstadt; il enverra des partis sur Kelheim; il fera rétablir le pont sur le Danube et le passera. Il s'établira militairement sur les hauteurs de Rotthurn et enverra des reconnaissances très en avant, sur la route de Pfaffenhofen, pour connaître la marche des Autrichiens.

Le général Kellermann partira à 5 heures du matin, se dirigera sur Ingolstadt, passera le Danube et s'établira à la droite du général de Wrède. Il enverra des partis sur la route de Schrobenhausen, sur la rivière de Parr.

Le général Drouet partira avec sa division à 5 h. 1/2, se dirigera sur Ingolstadt, en suivant la grande route, passera le Danube et s'établira derrière les généraux de Wrède et Kellermann. Il enverra des partis sur Neustadt.

Le général Rivaud partira à 5 heures, suivra la grande route et ira se mettre en bataille en arrière, un peu sur la gauche de la ville.

M. le Maréchal donnera là de nouveaux ordres.

MM. les généraux sont prévenus qu'ils doivent s'éclairer beaucoup sur leur gauche dans cette marche.

Le général Éblé au colonel Navelet.

Weissenburg, le 16 vendémiaire an xiv (8 octobre 1805).

Vous ne m'avez pas envoyé, Monsieur, les états que je vous ai demandés, ainsi qu'à M. Juvigny; vous me dites avoir laissé

7 voitures à Kinzingen et vous me laissez ignorer de quelle espèce elles sont et ce qu'elles contiennent.

Le convoi commandé par M. Perrin s'est réuni à vous et vous ne m'en parlez pas. Vous devez concevoir l'embarras dans lequel cette négligence me jette.

Si vous ne pouvez obtenir des chevaux en payant, essayez d'envoyer un détachement d'artillerie à cheval dans le comté de Lichtenau appartenant au pays de Nurenberg et faites enlever de force tous ceux que vous pourriez avoir jusqu'à la concurrence du nombre qui vous est nécessaire.

Au moyen de l'ordre de M. le Maréchal donné au colonel du 54e régiment, vous aurez obtenu des soldats en nombre suffisant pour remplacer les paysans désertés ; dans le cas contraire, continuez d'employer des canonniers en payant.

Si, parmi les soldats du train, il s'en trouve qui soient en état de conduire 4 chevaux, ils recevront par jour 10 sous en sus de leur solde.

Les deux convois de MM. Hurlaux et Perrin doivent nécessairement vous fournir un grand nombre de chevaux et je pense que ce seul secours pourra vous suffire pour sortir du pays prussien.

De Weissenburg, vous vous rendrez à Eichstädt où vous trouverez de nouveaux ordres, et, s'il m'est possible, je vous enverrai, de là, des chevaux à Weissenburg.

Vous aurez des harnais ; faites, en conséquence, garnir les chevaux arrivés de Hanovre et faites-les atteler autant que possible.

J'avais demandé à M. Juvigny l'état des chevaux hanovriens propres à notre service ; je ne l'ai pas reçu.

ÉBLÉ.

Deuxième bulletin de la Grande Armée.

Les événements se pressent avec la plus grande rapidité. Le 14, la seconde division du corps d'armée du maréchal Soult, que commande le général Vandamme, a forcé de marche, ne s'est arrêtée à Nördlingen que deux heures, est arrivée à 8 heures du soir à Donauwörth et s'est emparée du pont que défendait le régiment de Colloredo. Il y a eu quelques hommes tués et des prisonniers.

Le 15, à la pointe du jour, le prince Murat est arrivé avec ses dragons ; le pont a été à l'heure même raccommodé, et le prince Murat, avec la division de dragons que commande le général Walther, s'est porté sur le Lech, a fait passer le colonel Wattier à la tête de 200 dragons du 4e régiment qui, après une charge très brillante, s'est emparé du pont du Lech, et a culbuté l'ennemi qui était du double de sa force. Le même jour, le prince Murat a couché à Rain.

Le 16, le maréchal Soult est parti avec les deux divisions Vandamme et Legrand pour se porter sur Augsburg, dans le même temps que le général Saint-Hilaire, avec sa division, s'y portait par la rive gauche.

Le 16, à la pointe du jour, le prince Murat, à la tête des divisions de dragons des généraux Beaumont et Klein et de la division de carabiniers et de cuirassiers, commandée par le général Nansouty, s'est mis en marche pour couper la route d'Ulm à Augsburg. Arrivé à Wertingen, il aperçut une division considérable d'infanterie ennemie, appuyée par 4 escadrons de cuirassiers d'Albert. Il enveloppe aussitôt tout ce corps. Le maréchal Lannes, qui marchait derrière ces divisions de cavalerie, arrive avec la division Oudinot, et après un engagement de deux heures, drapeaux, canons, bagages, officiers et soldats, toute la division ennemie est prise. Il y avait 12 bataillons de grenadiers qui venaient en grande hâte du Tyrol au secours de l'armée de Bavière. Ce ne sera que dans la journée de demain qu'on connaîtra tous les détails de cette action vraiment brillante.

Le maréchal Soult, avec ses divisions, a manœuvré toute la journée du 15 et du 16 sur la rive gauche du Danube pour intercepter les débouchés d'Ulm et observer le corps d'armée qui paraît encore réuni dans cette place.

Le corps du maréchal Davout est arrivé seulement le 16 à Neuburg.

Le corps du général Marmont y est également arrivé.

Le corps du général Bernadotte et les Bavarois sont arrivés le 10 à Eichstädt.

Par les renseignements qui ont été pris, il paraît que 12 régiments autrichiens ont quitté l'Italie pour renforcer l'armée de Bavière.

La relation officielle de ces marches et de ces événements intéressera le public et fera le plus grand honneur à l'armée.

Le général Andréossy au général Rheinwald.

Nördlingen, le 16 vendémiaire an xiv (8 octobre 1805),
à 4 heures du matin.

Monsieur le Général,

Son Excellence le ministre de la guerre, major général, désire que vous ne laissiez rien passer, ni par la route de Schörndorf, ni par celle de Göppingen, et je suis chargé de vous en transmettre l'ordre.

ANDRÉOSSY.

Le général Andréossy au Général commandant les troupes de Wurtemberg.

Donauwörth, le 16 vendémiaire an xiv (8 octobre 1805).

Monsieur le Général,

L'intention de Sa Majesté l'Empereur est que vous placiez un bataillon à Ellwangen et un autre à Heilbronn, le but principal de la destination de ces deux bataillons est d'escorter les prisonniers de guerre qui seront envoyés sur Spire, en suivant cette direction.

Je vous invite à m'adresser tous les jours un rapport sur les troupes de Son Altesse Sérénissime l'électeur de Wurtemberg qui doivent servir avec la Grande Armée et à me donner également toutes les nouvelles que vous pourrez avoir de la position, des desseins et des mouvements de l'ennemi.

ANDRÉOSSY.

*Le général Andréossy au colonel Lauer,
commandant la gendarmerie attachée au quartier général.*

Donauwörth, le 16 vendémiaire an XIV (8 octobre 1805).

En conséquence des dispositions de Sa Majesté et des ordres de Son Excellence le ministre de la guerre, major général, il est ordonné aux deux bataillons wurtembergeois qui sont arrivés à Nördlingen de continuer leur route, demain 17, sur Donauwörth, où ils recevront de nouveaux ordres (1).

ANDRÉOSSY.

*Le général Andréossy à Son Altesse Sérénissime Électorale
le prince de Bade.*

Donauwörth, le 16 vendémiaire an XIV (8 octobre 1805).

L'intention de Sa Majesté l'Empereur serait que Votre Altesse Sérénissime voulût bien placer un bataillon aux confins de votre électorat, sur la route de Heilbronn à Bruchsal et un autre bataillon à Eppingen ; le but de la destination de ces deux bataillons est d'escorter les prisonniers de guerre qui seraient envoyés sur Spire en suivant cette destination.

ANDRÉOSSY.

Le général Andréossy à l'adjudant-commandant Petiet.

Nördlingen, le 16 vendémiaire an XIV (8 octobre 1805).

D'après l'intention de Son Excellence le major général, il est ordonné à M. l'adjudant-commandant Petiet de rester à Nördlingen jusqu'à nouvel ordre, pour y prendre le commandement des dépôts de dragons qui y sont. Il enverra l'état de situation au major général tous les deux jours.

Ci-joint l'état de situation actuel de ces dépôts, avec les numéros des logements des officiers qui les commandent.

L'adjudant-commandant Petiet prendra des renseignements

---

(1) Ordre à M. Petiet d'assurer leur subsistance.

sur tout ce qui pourrait être à Nördlingen, appartenant au corps du maréchal Soult, et donnera des ordres pour diriger tout sur Donauwörth.

ANDRÉOSSY.

Le général Andréossy à M. Petiet, adjudant-commandant.

Donauwörth, le 16 vendémiaire an XIV (8 octobre 1805).

Vous voudrez bien, M. l'adjudant-commandant, vous rendre au quartier général à Donauwörth, aussitôt que vous aurez remis à M. le général Milet le commandement des dépôts de dragons qui étaient provisoirement sous vos ordres.

ANDRÉOSSY.

Ordre du jour.

Le 16 vendémiaire an XIV (8 octobre 1805).

Tous les petits dépôts des carabiniers et des cuirassiers seront placés à Harburg, près Donauwörth, et seront provisoirement sous les ordres du général de brigade Verdière, qui résidera dans ce château.

Tous les petits dépôts de dragons seront placés près de Nördlingen, au château de la princesse Wallenstein. Ils seront sous les ordres du général Milet.

ANDRÉOSSY (1).

Le général Andréossy à M. le général Verdières.

Donauwörth, le 16 vendémiaire an XIV (8 octobre 1805).

Monsieur le Général,

Je vous préviens que, d'après l'intention de Sa Majesté et les ordres de Son Excellence le ministre de la guerre, major général,

---

(1) Notification à Murat en le priant de diriger les dépôts des différents corps sur les deux points indiqués. L'intendant général est informé de la création des dépôts de Nördlingen et d'Harburg, et invité à prendre les mesures nécessaires pour leur administration.

tous les petits dépôts des carabiniers et des cuirassiers, ceux des chasseurs et hussards, des 1er, 2e, 3e, 4e, 5e et 6e corps de l'armée, seront établis à Harburg.

Son Excellence le major général a décidé que vous prendriez provisoirement le commandement de tous ces petits dépôts réunis. Vous êtes autorisé à les placer par division dans les villages, le long de la Wörniz. Vous ferez occuper militairement le château d'Harburg dans lequel vous vous établirez de votre personne. Je vous prie de vouloir bien m'instruire de votre arrivée dans ce château.

Vous voudrez bien rendre compte tous les deux jours à l'état-major général de la situation des dépôts qui seront sous vos ordres en indiquant le gain qu'auront produit aux corps les soins qui auront été apportés au traitement des chevaux éclopés.

Je vous prie de m'accuser réception de cette lettre.

ANDRÉOSSY (1).

Le général Belliard au général Milet.

Le 16 vendémiaire an XIV (8 octobre 1805).

D'après les ordres du prince Murat, vous partirez de suite pour vous rendre à Nördlingen ; vous prendrez le commandement de tous les dépôts de cavalerie, dragons et chasseurs. Vous donnerez vos soins pour que les chevaux blessés ou malades soient rétablis le plus promptement possible et vous enverrez des détachements sur l'armée aussitôt qu'il sera possible.

Déjà il doit y avoir beaucoup de chevaux guéris. Organisez des détachements et envoyez-les joindre leurs régiments respectifs ; vous les dirigerez sur Donauwörth, où ils auront de nouveaux ordres.

BELLIARD.

GARDE IMPÉRIALE.

Donauwörth, le 16 vendémiaire an XIV (8 octobre 1805).

Tous les hommes hors d'état de servir, appartenant aux

---

(1) Ordre identique pour le général Milet.

différents corps de la Garde, seront envoyés demain à Nördlingen où sera établi provisoirement le dépôt.

Chaque dépôt sera commandé par un officier.

La cavalerie fera partir demain matin tous les chevaux blessés. Il y aura à Nördlingen un aide-artiste vétérinaire pour les chasseurs à cheval, les grenadiers à cheval, la gendarmerie d'élite et l'artillerie.

La solde des hommes envoyés au dépôt sera assurée jusqu'au 25.

Les différents détachements partiront de Donauwörth ensemble, l'officier le plus ancien des deux armes en prendra le commandement.

BESSIÈRES.

Ordre de bataille de l'armée impériale et royale en Allemagne, le 8 octobre 1805.

Feld-maréchaux-lieutenants.	GÉNÉRAUX-MAJORS.	RÉGIMENTS ET BATAILLONS.	BATAILLONS.	ESCADRONS.
		CORPS DU FELD-MARÉCHAL-LIEUTENANT WERNEK.		
Auffenberg.	Vogel.	Chevau-légers............	»	8
		Reuss, grenadiers......	3	»
	Zinzendorff.	Sporck..................	1	»
		Reuss-Greitz, grenadiers.	1	»
		Sporck, grenadiers......	1	»
		Kaunitz, grenadiers.....	1	»
		Jellachich, grenadiers...	1	»
Kerpen.	O'Donnell.	Kaunitz.................	4	»
		Jellachich..............	3	»
	Hohenfeld.	Stuart, grenadiers......	1	»
		Erbach..................	1	»
		Joseph-Colloredo........	1	»
		Archiduc-Louis..........	1	»
Hohenzollern	Mayer.	Auersperg...............	1	»
		Archiduc-Charles........	1	»
		Froon...................	1	»
		Reuss-Plauen............	1	»
	Auersperg.	Albert, cuirassiers......	»	8
		TOTAUX.......	26	16

8 OCTOBRE.

Feld-maréchaux-lieutenants.	GÉNÉRAUX-MAJORS.	RÉGIMENTS ET BATAILLONS.	BATAILLONS.	ESCADRONS.
		AUX ORDRES DU GÉNÉRAL-MAJOR D'ASPRE.		
		Schwarzenberg, uhlans..	»	2
		Rosenberg............	»	2
		Hohenzollern..........	»	2
		Wurtemberg...........	3	»
		Chasteler, chasseurs (deux compagnies).........	1/3	»
		Totaux.......	3 1/3	6
		CORPS DU FELD-MARÉCHAL-LIEUTENANT SCHWARZENBERG.		
Klenau.	Liechtenstein.	Schwarzenberg, uhlans..	»	6
		Klenau, chevau-légers...	»	6
		Chasteler, chasseurs.....	2/3	»
	Fresnel.	Fröhlich, grenadiers.....	1	»
		Rainier, grenadiers......	1	»
		Kolowrath, grenadiers...	1	»
		Manfredini............	1	»
		Mack, cuirassiers.......	»	8
Gottesheim.	Sticker.	Fröhlich..............	4	»
		Archiduc-Rainier........	4	»
	Weidenfeld	Kolowrath............	4	»
		Manfredini............	4	»
	Speth.	Hohenlohe, dragons.....	»	6
		Totaux.......	20 2/3	26
		CORPS DU FELD-MARÉCHAL-LIEUTENANT COMTE RIESCH.		
Gyulay.	Ulm.	Riese................	4	»
		Archiduc-Maximilien....	4	»
	Weber.	Stuart, infanterie.......	3	»
		Reuss-Plauen..........	3	»
	Ghenedegg.	Erbach...............	3	»
	Mecséry.	Blankenstein...........	»	6
		Palatins..............	»	8
		A reporter.....	17	14

CHAPITRE II.

Feld-maréchaux-lieutenants.	GÉNÉRAUX-MAJORS.	RÉGIMENTS ET BATAILLONS.	BATAILLONS.	ESCADRONS.
\multicolumn{5}{l}{CORPS DU FELD-MARÉCHAL-LIEUTENANT COMTE RIESCH (*suite*).}				
		Report.......	17	14
Loudon.		Archiduc-Louis........	3	»
		Froon...............	4	»
	Auersperg.	Archiduc-Charles.......	4	»
		Auersperg............	4	»
Hesse-Hombourg.	Hermann.	Hohenzollern..........	»	6
		Archiduc-François.....	»	8
	Auer.	Nassau...............	»	6
		Totaux.......	32	34
\multicolumn{5}{l}{CORPS DU FELD-MARÉCHAL-LIEUTENANT JELLACHICH.}				
	Rohan.	Empereur, infanterie....	4	»
		Beaulieu.............	5	»
	Richter.	Stain................	4	»
		Hildburghausen........	4	»
	Wolfskeel.	Empereur, grenadiers...	1	»
		Beaulieu.............	1	»
		Stain................	1	»
		Hildburghausen........	1	»
		Rosenberg............	»	8
		Totaux.......	21	8
\multicolumn{5}{l}{CORPS DU FELD-MARÉCHAL-LIEUTENANT KIENMAYER.}				
	Caramelli.	Lorraine.............	8	»
		Archiduc-Ferdinand.....	8	»
		Deutschmeister.........	5	»
		Gyulay...............	5	»
	Thelen.	Joseph Colloredo.......	3	»
		Wurtemberg, grenadiers.	1	»
		Riese................	1	»
	Nostitz.	Liechtenstein, hussards..	»	8
		Meerweldt, uhlans......	»	8
	Hager.	Gemmingen............	4	»
		Hohenlohe............	»	2
		Totaux.......	19	34

Feld-maréchaux-lieutenants.	GÉNÉRAUX-MAJORS.	RÉGIMENTS ET BATAILLONS.	BATAILLONS.	ESCADRONS.
		Maximilien (à Munich)...	1	»
		Nassau................	»	2
		Totaux......	1	2
		De Brood.............	3	»
		De Peterwardein......	3	»
		Du banat allemand......	2	»
		1er valaque............	2	»
		2e valaque............	2	»
		Total.......	12	»
		RÉCAPITULATION.		
		Wernek..............	26	16
		D'Aspre.............	3 1/3	6
		Schwarzenberg.........	20 2/3	26
		Riesch...............	32	34
		Totaux.......	82	82
		Kienmayer............	19	34
		Totaux.......	101	116
		Jellachich............	21	8
		Totaux.......	122	124

(*A. V.*)

CHAPITRE III

9 octobre.

Le maréchal Berthier au maréchal Ney.

Donauwörth, le 16 vendémiaire an XIV (8 octobre 1805), à minuit.

Vous avez entendu la canonnade qui a eu lieu dans la journée du 16 : ce sont 11 bataillons de grenadiers autrichiens venant de Botzen dans le Tyrol et que le prince Murat a enveloppés avec sa cavalerie, et que le maréchal Lannes, avec les grenadiers formant sa première division, a attaqués et faits prisonniers, avec canons et drapeaux.

Le maréchal Soult s'est porté sur Augsburg ; il est donc essentiel que vous arriviez promptement à Günzburg, afin d'intercepter tous les mouvements de l'ennemi d'Ulm sur Augsburg et d'Ulm sur Donauwörth ; soyez très attentif, si l'ennemi manœuvre sur la rive droite, à vous porter rapidement et parallèlement à lui. Jetez la division Gazan sur la rive droite ; enfin, ne perdez pas de vue que par les projets de l'Empereur, qui sont de cerner l'ennemi et de lui ôter sa retraite, il se trouve obligé de dissimuler un peu ses forces, et qu'il a besoin de toute la confiance qu'il a dans ses généraux et de toute leur activité, pour ne pas rester oisif quand il faudra agir.

En un mot, Monsieur le Maréchal, vous êtes chargé d'observer le corps d'Ulm : s'il marche sur Donauwörth, vous devez le suivre ; s'il marche sur Augsburg, vous devez également le suivre, en vous tenant toujours sur sa gauche, c'est-à-dire entre lui et Donauwörth, et vous devez toujours avoir une de vos divisions une demi-marche en arrière pour faire votre avant-garde et pour vous trouver toujours entre l'ennemi et Donauwörth, si jamais il se dirige sur cette ville, où s'il y envoie de forts partis.

Maréchal Berthier.

Dispositions de marche pour le 6ᵉ corps du 17 vendémiaire an XIV.

La cavalerie légère, aux ordres du général Tilly, suivra le mouvement de la 1ʳᵉ division.

La 1ʳᵉ division ira prendre position sur les hauteurs en arrière d'Albeck, ayant la Slotzbach sur son front ; elle liera sa gauche avec la droite de la 2ᵉ division établie à Langenau. Le général Dupont poussera son avant-garde le plus près possible d'Ulm et établira un poste à Thalfingen, un autre à Haslach.

La 2ᵉ division partira de sa position de Burberg pour en prendre une nouvelle sur les hauteurs en arrière de Langenau, ayant l'Ach et la Slotzbach sur son front. Elle communiquera par la droite avec la 1ʳᵉ division établie à Albeck. Le général Loison tâchera de s'emparer du pont du Danube établi à Elchingen, ainsi que du pont de Thalfingen.

La 3ᵉ division portera sur-le-champ les troupes d'infanterie qui se trouvent à Dillingen et Gundelfingen, dans les positions qui sont sur la rive gauche du Danube, vis-à-vis de Günzburg et de Reisensburg, en suivant la chaussée de Gundelfingen à Lauingen. Le général Malher laissera deux postes de 25 hommes d'infanterie pour la garde des ponts de Dillingen et de Lauingen ; le reste de la division, établi près de Brenz se dirigera également sur Günzburg par Bächingen et Riedhausen à travers les marais qui maintenant sont praticables.

Si l'artillerie éprouvait trop de difficultés pour passer sur cette route, elle prendrait la chaussée au-dessus de Gundelfingen et suivrait le mouvement du général Labassée. Le général Malher fera toujours occuper Stotzingen par le 1ᵉʳ bataillon du 27ᵉ de ligne auquel il attachera 25 hommes de cavalerie ; il cherchera enfin à s'emparer du pont de Leipheim.

La division du général Gazan ira bivouaquer à la gauche de Gundelfingen ; cette division relèvera tous les postes fournis par celle du général Malher pour la garde des ponts de Dillingen et Lauingen. Elle placera, de plus, 4 compagnies de grenadiers à Medlingen, pour la garde du quartier général et du parc. Le général Gazan fera rejoindre les troupes qu'il relèvera à leurs divisions respectives.

La division de dragons du général Bourcier viendra s'établir à Nerenstetten et préviendra de son arrivée les généraux Dupont et Loison.

Les dragons à pied continueront à rester à Herbrechtingen, gardant les deux grandes routes qui conduisent à Ulm, l'une par Hausen, l'autre par Dettingen. Il est surtout important de garder fortement les hauteurs sur la rive droite de la Brenz près Anhausen, afin que dans aucun cas la communication d'Heidenheim ne soit interrompue.

Les généraux Dupont, Loison et Malher laisseront leurs bagages en arrière jusqu'à ce que le mouvement de l'ennemi soit prononcé.

Tous ces mouvements seront exécutés par les divisions aussitôt après la réception du présent ordre.

L'armée est prévenue que Son Altesse le prince Murat et M. le maréchal Lannes ont enveloppé, près de Wertingen, sur la rive droite du Danube, un corps de 11 bataillons de grenadiers autrichiens qui ont été forcés de mettre bas les armes.

Ney.

Le quartier général et le parc de réserve resteront à Medlingen.
(*A. M.*)

Ordre supplémentaire donné au général Malher.

Le 17 vendémiaire an XIV (9 octobre 1805).

Mon cher Général,

Je vous préviens que je viens d'envoyer le colonel du génie Cazals auprès de vous avec une compagnie d'ouvriers et les moyens qu'il a à sa disposition pour construire un pont sur le Danube sous Günzburg.

Comme il paraît, d'après les renseignements que j'ai reçus,

que l'ennemi commence à évacuer la rive gauche du Danube, je désirerais que vous pussiez arriver promptement à la position qui vous est assignée, afin de vous établir sur la rive droite de ce fleuve. Le pont de passage qui paraît préférable est celui de Reisensburg. Vous verrez sur les lieux à déterminer celui qui présenterait le plus de célérité ; les renseignements que j'ai reçus me font présumer que le gué qui existait jadis entre l'île, par où passe la grande route et le pont de Reisensburg, existe encore ; il faudra le faire sonder.

En un mot, mon cher Général, l'état actuel des deux ponts, celui des moyens que le colonel Cazals peut employer à leur réparation et celui du gué susmentionné, doivent vous déterminer sur le choix des moyens que vous aurez à prendre pour établir la moitié de votre division sur la rive droite.

Si vous vous déterminez au pont de Reisensburg, vous y ferez faire de suite, après le passage, des abatis considérables et un retranchement pour couvrir le pont.

Vous pousserez ensuite des postes sur la direction d'Ulm, par Leipheim, et vous ferez les dispositions nécessaires pour le rétablissement et la garde du pont qui se trouve dans ce dernier endroit.

Enfin, mon cher Général, vous établirez des petits postes, en avant des quatre routes qui aboutissent à Günzburg, et vous me rendrez compte en arrivant sur le Danube de l'état des choses, et des mesures que vous prendrez pour l'exécution du présent ordre, et pour couper toute retraite à l'ennemi s'il l'effectuait sur ce point. Votre artillerie restera sur la rive gauche.

(*A. M.*) NEY.

Le général Loison au maréchal Ney.

Le 18 vendémiaire an xiv (10 octobre 1805).

Monsieur le Maréchal,

Je suis parti de mon bivouac de Burberg pour me rendre à Langenau où j'ai pris position, la droite appuyée à ce bourg et la gauche se prolongeant vers Albeck. Je n'ai placé que la brigade Roguet dans cette position et pour exécuter vos ordres je me suis porté avec la brigade Villatte à Elchingen, afin de me rendre maître du pont de ce nom, ce qui a eu lieu.

Les postes avancés ennemis furent enlevés par les hussards du 3e régiment détachés à ma division et le pont par les éclaireurs et carabiniers du 6e régiment; une pièce de canon fut prise par le sergent-major de la compagnie Oudin et par le sieur Puissant, sergent de la même compagnie; le sergent-major est grièvement blessé. Je ne peux que me louer de la conduite des capitaines Oudin, Preux, des deux capitaines des carabiniers, et du capitaine commandant le 3e escadron de hussards, officier de la Légion d'honneur. Je vous prie, Monsieur le Maréchal, d'obtenir une récompense pour le sieur Puissant et l'aigle de la Légion d'honneur pour M. Oudin et son sergent-major grièvement blessé. Je ne puis encore vous donner le nombre des prisonniers; parmi eux se trouvent un officier et l'épée d'un autre qui s'est échappé. Le pont était défendu par 600 hommes du régiment de Sporck et une pièce de canon. J'ai fait prendre position à la brigade Villatte sur les hauteurs de Moffen à Elchingen, faisant face au pont et se liant avec les postes de la division Dupont et ceux de la brigade Roguet. Un bataillon et une pièce de canon gardent le pont et les routes qui conduisent à Thalfingen et à Leipheim.

J'attendrai vos ordres à Elchingen.

J'ai l'honneur de vous saluer avec la considération la plus distinguée.

LOISON,
à l'Institut anglais, n° 140
(près la porte du Danube).

En faire le rapport au Ministre de la guerre, dire que c'est la suite de l'opération que j'avais combinée pour faire replier tous les postes autrichiens qui se trouvaient sur la rive gauche du Danube.

Quant à la demande de la récompense, écrire au général Loison de m'envoyer un état nominatif de tous les militaires, officiers, sous-officiers et soldats qui ont mérité de fixer son attention dans l'attaque du pont d'Elchingen pour le joindre à celui de la 3e division que j'adresserai à Sa Majesté.

(*Note du maréchal Ney*).

Le général Loison au maréchal Ney.

Au quartier général devant Ulm, le 30 vendémiaire an XIV
(22 octobre 1805).

Monsieur le Maréchal,

J'ai l'honneur de vous envoyer ci-joint l'extrait de mon rapport du 18 vendémiaire sur la prise du pont d'Elchingen, ainsi que l'état nominatif des braves qui se sont distingués et qui méritent la décoration de la Légion d'honneur ou de l'avancement.

J'ai omis, dans mon rapport de l'affaire du 22, la prise d'un général-major et d'une pièce de canon, ce qui en porte le nombre à cinq; je vous ai rendu compte verbalement de la conduite des officiers de mon état-major dans cette journée; je ne puis trop vous rappeler combien a été brillante celle de M. Hamelinaye, adjudant-commandant, mon chef d'état-major; vous avez été à même de le juger, ayant été constamment à vos côtés. Je vous prie de solliciter pour cet estimable officier l'avancement qu'il mérite à si juste titre.

J'ai l'honneur d'être, Monsieur le Maréchal, votre très humble et très obéissant serviteur.

(*A. M.*) Loison.

Extrait du rapport de la prise du pont d'Elchingen dans la nuit du 17 au 18 vendémiaire, fait à M. le Maréchal le 18 vendémiaire.

Les 6e et 69e régiments et le 3e escadron du 3e régiment de hussards ont été dirigés sur Ober-Elchingen pour enlever le pont que l'ennemi gardait sur ce point et qui se trouvait défendu par un bataillon du régiment de Sporck et une pièce de canon.

L'escadron de hussards, commandé par le brave capitaine Schœny, est arrivé le premier sur les avant-postes autrichiens, les a enlevés et a fait 54 prisonniers, dont un officier.

Cette cavalerie, n'écoutant que sa valeur, s'est portée sur le pont, avec la plus grande audace, mais quelques planches enlevées l'ont empêchée de franchir le pont et l'ont forcée d'attendre l'infanterie.

Alors les carabiniers et voltigeurs du 6e régiment d'infanterie légère sont arrivés, ont passé le pont à la baïonnette, ont enlevé la pièce de canon, tué plusieurs canonniers et mis l'ennemi en fuite. Le sieur Stener, sergent-major des voltigeurs, blessé d'un coup de feu au bras droit, n'a pas voulu se retirer et a persisté à donner à sa compagnie l'exemple du courage et du dévouement.

Les nommés Thiébault, caporal, et Gauclair, voltigeur, et Puissant, sergent, se sont portés sur la pièce avec intrépidité et ce sont ces trois braves qui ont pris la pièce de canon.

Les officiers de ces quatre compagnies les ont dirigées avec le plus grand courage et la plus grande intrépidité.

Le général de division, gouverneur,
(A. M.) Loison.

L'adjudant-commandant Destabenrath au général M. Dumas.

Ulm, le 2 brumaire an xiv (24 octobre 1805).

Mon Général,

J'ai eu l'honneur de vous remettre moi-même, devant cette place, les détails de l'affaire de Günzburg. Je vous transmets aujourd'hui ceux de la première prise du pont d'Elchingen par la 2ᵉ division, qui s'est si vaillamment montrée sous les ordres de M. le maréchal Ney dans la journée où ce pont fut enlevé aux Autrichiens pour la deuxième fois. Vous recevrez incessamment, mon Général, les détails de cette bataille d'Elchingen qui ne peut être confondue avec la petite affaire dont je vous rends compte.

Le 16 vendémiaire, la 2ᵉ division avait quitté sa position en arrière de Höchstädt; elle s'était portée sur Burberg et y avait pris position, ayant le Lonthal sur son front.

Le 17, cette division partit de Burberg pour se diriger vers Ulm; elle a pris position sur les hauteurs, en arrière de Langenau. (On doit remarquer ici que le chemin qui conduit de Burberg à Stetten est très étroit et très encaissé; il ne serait pas praticable pour les voitures dans la mauvaise saison).

La 1ʳᵉ brigade, commandée par le général Villatte, s'est portée sur Ober-Elchingen pour enlever le pont que l'ennemi gardait sur ce point; elle était précédée de deux pièces de 8 et de l'escadron du 3ᵉ de hussards qui éclairait la marche.

La colonne étant arrivée au village d'Unter-Elchingen, le général Loison a pris les dispositions suivantes :

Le 39e régiment a été placé en réserve sur les hauteurs à gauche de Kloster-Elchingen.

Le 6e régiment a marché en colonne sur le village d'Ober-Elchingen pour gagner la chaussée qui conduit au pont du Danube. Les deux compagnies de voltigeurs et celles de carabiniers ont flanqué la gauche du régiment et ont côtoyé les bois et les marais qui bordent le fleuve.

L'escadron de hussards s'est dirigé sur un poste avancé qu'il a enlevé sans résistance, et se portant ensuite droit au pont, il a pris de même un officier et quelques hommes qui se trouvaient sur la rive gauche. Le pont était défendu par un bataillon du régiment de Sporck, fort de 600 hommes, et par une pièce de canon.

Cette troupe a été effrayée de l'attaque impétueuse des hussards, conduits par le capitaine Schonier ; mais quelques planches du pont ayant été retirées, ce brave officier a été obligé de rétrograder pour attendre l'infanterie et il a essuyé alors un feu très vif de mousqueterie et de mitraille qui, heureusement, n'a blessé personne.

Les voltigeurs et les carabiniers sont arrivés et ont marché au pas de charge sur le pont, dont ils se sont emparés, malgré le feu de l'ennemi qui s'est vu obligé de prendre la fuite et d'abandonner son canon.

Le résultat de cette affaire est la prise du pont d'Elchingen, ordonnée par M. le maréchal Ney, et celle de 57 Autrichiens, dont un officier et d'une pièce de canon.

L'ennemi a eu 10 à 12 hommes tués ; notre perte a été de 2 hommes tués et 2 blessés, dont l'un est le sous-lieutenant Chartier.

Agréez.....   Destabenrath.

P.-S. — Diverses missions dont vous m'avez chargé m'ont occasionné quelques dépenses. Je vous prie, mon Général, de me mander comment je dois m'y prendre pour en être remboursé.

9 OCTOBRE.

Le général Malher au maréchal Ney.

Au quartier général, à Brenz, le 17 vendémiaire an XIV
(9 octobre 1805).

Monsieur le Maréchal,

Je n'ai pu, grâce à la belle marche du grand parc, et surtout à sa célérité à parquer, arriver à ma position avant 2 heures ; j'ai laissé le général Labassée à Gundelfingen, qui éclairera les deux chemins qui sont en avant et communiquent sur Bochingen, avec un fort poste que j'y ai établi. Steinheim est occupé par quatre compagnies de mon avant-garde, mes trois compagnies de voltigeurs et mes 50 chevaux sont à Stotzingen. C'est de ce point qu'est partie la reconnaissance que vous m'avez chargé de pousser sur Günzburg ; le capitaine Saint-Léger, qui la commande, me fait prévenir que l'ennemi occupait hier et en force Stotzingen, qu'il en a tout enlevé et s'est retiré. En ce moment, l'ennemi l'empêche de se porter sur Günzburg, ils tiraillent. Malgré la supériorité de l'ennemi, Saint-Léger me rend compte que le voyant se replier doucement, il ne marche lui-même qu'avec beaucoup de précaution, craignant qu'on ne veuille l'attirer dans une embuscade.

Je monte à cheval et vais m'y porter, je courrai moi-même vous rendre un compte précis de cette reconnaissance.

Agréez, Monsieur le Maréchal, l'assurance de mon respect et de mon attachement.

MALHER.

Le général Labassée me rend compte qu'il s'est emparé de la barque au moyen de laquelle 12 cavaliers ennemis ont passé hier le Danube et se sont portés sur Gundelfingen ; du reste, ses postes, parfaitement établis, n'ont rien vu ni entendu.

(*A. M.*)

Le général Malher au maréchal Ney.

Au quartier général de Günzburg, le 18 vendémiaire an XIV
(10 octobre 1805).

Monsieur le Maréchal,

En conséquence des ordres que vous m'avez donnés, je suis parti hier, à 9 heures, des cantonnements occupés par ma division et ai marché sur trois colonnes pour m'emparer des trois ponts existants sur le Danube, l'un à Leipheim, l'autre sur Günzburg et le troisième sur Reisensburg. J'ai dirigé mon avant-garde, rassemblée à Stotzingen et commandée par le colonel Lefol, mon chef d'état-major, sur le premier; le général Labassée, à la tête du 59e régiment et partant de Gundelfingen, s'est porté sur celui de Reisensburg; le général Maroognet, à la tête de sa brigade et du 50e régiment, s'est dirigé sur Günzburg; je suis resté à la tête de cette colonne. Vers les 3 heures, nous nous sommes trouvés tous trois à la même hauteur et en mesure d'attaquer, si le colonel Lefol avait pu vaincre les difficultés que lui opposait le marais qu'il devait traverser; mais son intrépidité et son intelligence se sont malheureusement trouvées en défaut, et après avoir perdu son cheval et risqué de voir périr plusieurs hommes de sa colonne, il a pris le parti de se retirer sur Riedhausen, d'où il est venu me rejoindre dans la nuit (1).

Le général Marcognet étant arrivé au débouché du bois, en face du pont sur Günzburg, porta avec tant de rapidité (2) son

---

(1) « A une petite distance de notre point de départ, nous aperçûmes l'ennemi; le général rangea son corps d'armée dans la plaine, et nous nous avançâmes en ordre de bataille. L'ennemi ne jugeant point à propos de se mesurer contre des forces aussi supérieures, il n'y eut pas une amorce de brûlée, et il délogea de Gundelfingen. Si nous eussions eu seulement 50 hommes de cavalerie légère pour éclairer nos tirailleurs, dans moins d'une demi-heure nous eussions pu faire fouiller le village, déloger l'ennemi et éviter une perte de temps de près de deux heures. Sur ces entrefaites, le maréchal arriva, donna quelques ordres au général Malher et partit ». (Mémorial de Lafarelle. *Carnet de la Sabretache*, 1902.)

(2) L'armée se mit en colonne et s'avança par un chemin creux qui se trouvait flanqué par des prairies extrêmement marécageuses. Les soldats prirent la lisière de la prairie, et nous, nous cheminâmes dans ce che-

avant-garde et ses éclaireurs en avant, qu'à peine avait-elle fait feu qu'elle fit prisonniers 200 Tyroliens, parmi lesquels 23 officiers, s'empara de deux pièces d'artillerie et d'un général-major, le baron d'Aspre, pris particulièrement par les éclaireurs du 50e régiment.

Aussitôt, le 25e régiment, traversant au pas de charge le gué du premier bras du Danube, s'empara de l'île, se portant sur le pont du grand bras, et trouva une travée entièrement coupée, ce qui, sans ralentir son ardeur, l'exposa à un feu d'artillerie et de mousqueterie des plus terribles; l'espoir que nous avions de pouvoir raccommoder le pont me détermina à faire soutenir le 25e régiment par le 27e et placer en réserve derrière le pont le 50e régiment (1).

---

min où nos chevaux avaient de l'eau jusqu'au ventre, et souvent s'enfonçaient dans la vase fort avant. Je ne saurais exprimer tout ce que j'eus à souffrir durant cette route qui dura près d'une lieue. En sortant de ce chemin, nous entrâmes dans un bois qui nous conduisit en vue de Günzburg. On n'avait fait aucune reconnaissance des lieux, mais le Français ne doute jamais de rien, et, comme si nous avions la certitude que le pont qui se trouvait sur le Danube n'eût pas été coupé, les tambours battent la charge et toutes les troupes s'empressent d'aller de l'avant. Nous voilà sur un terrain entièrement découvert et en face du premier pont qui est jeté sur le premier bras du Danube et qui communique à l'île qui se trouve située en face de Günzburg. (Lafarelle.)

(1) Mais l'artillerie de l'ennemi commence à jouer, et il nous fusille vigoureusement. On s'avance vers le pont, mais on reconnaît que les madriers ont été enlevés. Nous faisons avancer quelques-unes de nos voitures de matériaux pour le faire réparer. Quatre de nos pièces de campagne sont mises aussitôt en batterie pour riposter au feu de celles de l'ennemi; mais que pouvaient-elles contre vingt?

Pendant ce temps, le 27e régiment, excité par la charge que l'on continuait à battre, passe au gué le premier bras du Danube, s'enfonçant dans l'eau et dans la vase jusqu'à la ceinture.

Le colonel Cazals est blessé d'une balle morte qui l'atteint au cou-de-pied. Je m'assure que sa blessure n'est point dangereuse et je vais au feu; un moment après, mon pauvre camarade Boudhors reçoit une balle morte au bras. La douleur qu'il en ressentit fut très vive.

Nous nous décidâmes aussitôt à passer dans l'île en gueyant comme avait fait la troupe et à nous assurer de l'état du second pont et des moyens de le réparer. (Lafarelle.)

Ayant enfin pu reconnaître l'impossibilité de raccommoder le grand pont, je pris le parti de retirer mes troupes et de me contenter de garder la lisière du bois. Ces divers mouvements, faits sous le feu de plus de 20 pièces d'artillerie placées avec avantage, m'ont fait éprouver une perte assez considérable, mais tout en ayant à regretter la perte de quelques braves (1), cette action a donné la mesure de ce que Sa Majesté a lieu d'attendre de son armée; chaque corps a déployé une bravoure et une fermeté au delà de tout éloge; nos jeunes militaires n'ont pu être distingués dans les rangs, et, à la vivacité de notre feu, l'ennemi, d'après les rapports des prisonniers, nous a cru toute l'armée; il nous a sans doute fait cet honneur, parce que lui-même y avait réuni la plus grande partie de la sienne.

---

(1) Arrivé dans l'île qui devenait le point de mire de la fusillade de l'ennemi et du feu de son artillerie, nous ne pouvions pas faire un pas (elle est extrêmement fourrée par des osiers) sans trouver quelques-uns des nôtres morts ou blessés.

Enfin, après des peines incroyables, nous arrivons sur la lisière de l'île, en face du grand bras du Danube. Nous nous approchons le plus près possible de la culée du pont, et, malgré l'épaisse fumée qu'occasionnait le feu de nos gens, nous reconnaissons que deux travées du pont ont été entièrement coupées et qu'à une troisième, on n'a enlevé que les madriers. Mais les moyens que nous avions étaient de beaucoup trop insuffisants pour faire une pareille réparation, de sorte qu'après avoir tenu conseil, nous convînmes de venir rendre compte de ce que nous avions vu à notre colonel et au général Malher. Nous nous frayons de nouveau un chemin au hasard, à travers l'île; et nous n'y faisons pas un pas que nous n'ayons doublement à redouter la mort, soit du côté de l'ennemi qui nous fusillait et nous mitraillait de la manière la plus vive, soit de la part des nôtres qui déchargeaient leurs fusils de l'intérieur de l'île, s'en s'embarrasser de ceux de leurs camarades qui étaient en avant.

Enfin, au milieu des morts, des mourants et des blessés, nous parvenons sur les bords du petit bras du Danube que nous passons comme la première fois au gué et nous nous rendons sur la lisière du bois. Là, je rencontre le général Marcognet, je demande à lui parler en particulier, je lui fais le récit de notre reconnaissance et je le préviens que laisser plus longtemps sa troupe dans l'île, c'est exposer du monde en pure perte, puisque dans l'état où se trouvait le pont, ni nous ni l'ennemi ne pouvions le passer. (Lafarelle.)

Le général Marcognet a eu un cheval tué sous lui, et son aide de camp, le lieutenant Jorry, blessé, le colonel Cazals et le capitaine du génie Bouzet ont été légèrement blessés. Les chefs de bataillon Parent, Darné et Frappart, blessés.

A la gauche, le général Labassée, communiquant son impétuosité au 59ᵉ régiment, était plus heureux que nous; malgré le feu de trois pièces d'artillerie enfilant la chaussée, malgré les quatre régiments d'infanterie ennemie qui, des hauteurs, faisaient un feu terrible et croisé sur lui, il parvint au pont dont les madriers étaient ôtés et le franchit; parvint jusqu'aux pièces sur lesquelles les canonniers se firent tuer, prit 500 hommes, s'empara des hauteurs et poussa l'ennemi jusque dans la ville qui, à plusieurs reprises, paya cher l'envie qu'il avait d'en ressortir.

La cavalerie tenta sans succès de reprendre les hauteurs que couronnait le 59ᵉ régiment; à six reprises différentes, elle chargea jusque sur les baïonnettes; six fois elle fut reçue à moins de quinze pas, et, son front couvert de morts et de blessés, elle prit la sage résolution de se retirer.

Instruit du succès du général Labassée, je m'y rendis aussitôt et y portais toute ma division. A la pointe du jour, j'ai fait cerner la ville, l'ennemi n'y avait laissé que les blessés au nombre d'environ 300 et environ 150 traînards qui ont été pris.

L'action du 59ᵉ régiment est une des plus glorieuses de l'histoire militaire, mais ce régiment a éprouvé une perte bien sensible pour lui, dans la personne de son colonel, M. Lacuée. Le lieutenant-colonel Silbermann en a aussitôt pris le commandement. Je vous prie, Monsieur le Maréchal, d'obtenir de Sa Majesté qu'il soit nommé colonel; il s'est conduit avec une intelligence et une bravoure dont on voit peu d'exemples. Son second, M. Savary, mérite également les bontés de notre souverain. Il fait la guerre avec une intelligence, une activité et une bravoure dignes des plus grands éloges.

J'aurai l'honneur de vous adresser l'état des officiers ou soldats qui se sont plus particulièrement distingués et pour lesquels j'aurai l'honneur de vous prier de solliciter de l'avancement ou la décoration.

Je ne dois point omettre, Monsieur le Maréchal, les éloges qui sont dus à M. Caron, chef d'escadron commandant mon artillerie qui, avec quatre pièces de canon, a si bien su diriger son feu qu'il faisait tête à vingt.

Je recommande aussi à vos bontés particulières mon aide de camp Deboutard, lieutenant depuis huit ans, à qui Sa Majesté promit le grade de capitaine pour cette année et qui, dans l'affaire d'hier, a rempli son devoir comme un brave et digne officier.

Je n'ai aussi que des éloges à donner à M. de la Gennetière pour lequel j'aurai l'honneur de vous demander la décoration.

Agréez, Monsieur le Maréchal, l'assurance de mon respect et de mon attachement.

(*A. M.*) MALHER.

Extrait du « Mémorial de campagne » d'Antoine de Lafarelle, capitaine du génie (1).

Je fis part au général Malher, qui n'avait point été précisément blessé, mais qui avait reçu au bras un éclat de bois, des deux reconnaissances que j'avais faites.

Ce rapport, qui était le seul véritable parmi tous ceux qu'il avait reçus, ainsi qu'il eut la bonté de me le dire, était d'autant plus important qu'il expliquait le peu de succès qu'avait eu son attaque, malgré la bravoure de sa troupe. Enfin, nous étions à discourir sur toutes les circonstances de cette journée, lorsque le général Labassée arriva et annonça qu'il s'était emparé d'un pont qui est à l'extrémité de Günzburg, et qu'après une affaire très chaude, il a débusqué l'ennemi de sa position formidable, et qu'il se trouve aux portes de la ville.

L'on révoque en doute que ce soit d'un des ponts de Günzburg qu'il se soit emparé, par la raison que la carte qui, à la vérité, était le seul témoignage qu'on pût mettre en avant, mais qui avait son degré d'autorité, ne désignait que l'existence d'un seul pont. Le général Labassée soutient que c'est réellement d'un pont de Günzburg qu'il s'est emparé.

J'affirme de mon côté, que, durant que j'ai fait ma seconde

---

(1) Publié par M. le capitaine de Cazeneuve, dans le *Carnet de la Sabretache*, 1902.

reconnaissance, j'ai effectivement entendu une très forte fusillade à la gauche de Günzburg. Enfin, on se décide à aller sur les lieux.

Nous laissons nos chevaux en arrière, et, à travers les marais affreux, nous arrivons au bivouac du 50ᵉ régiment. Le général me dit de marcher en tête d'une compagnie et d'aller faire réparer le pont. Je me mets en marche et j'arrive au lieu indiqué. Les sapeurs du régiment avaient commencé l'opération, mais d'une manière très imparfaite. Je fais rassembler les planches dont nous pouvions avoir besoin et je me mets à l'œuvre. Dans moins d'une heure le pont fut réparé. Le général Malher, accompagné du général Labassée, arrive et nous allons visiter la position dont il s'est emparé. Notre étonnement s'accroît à chaque pas, car on ne conçoit pas comment, avec une poignée de monde, il a pu s'emparer d'un pont où sur une si longue étendue il n'existait que des longerons, et débusquer l'ennemi d'une hauteur formidable d'où, par un chemin en ligne directe, il enfilait avec son artillerie le pont et l'avenue qui y conduit. Ajoutez à cela que l'ennemi était pourvu de cavalerie et qu'elle a chargé jusqu'à sept fois. Le 59ᵉ régiment, qui s'est immortalisé dans cette journée, a eu le malheur de perdre son colonel, le jeune et intéressant Lacuée, l'un des officiers les plus distingués de l'armée.

Arrivés au point où nos troupes avaient pris position, il n'y avait plus à douter que nous fussions sous les murs de Günzburg. Nous entendions très distinctement le bruit des convois d'artillerie et des bagages qui s'éloignaient; enfin, si nous eussions eu de la cavalerie, il n'y avait rien de plus aisé que de s'emparer de ce convoi, car il paraît que la terreur était dans l'âme de nos ennemis et qu'ils avaient perdu la tête. Faute de ce moyen, il a fallu nous résoudre à attendre conseil du lendemain.

A M. le général Songis, premier inspecteur général de l'artillerie, commandant celle de la Grande Armée.

Au quartier général, à Günzburg, le 19 vendémiaire an XIV
(11 octobre 1805).

Mon Général,

Je n'ai encore reçu sur l'affaire de Günzburg d'autre rapport que celui des tués et blessés. Je m'empresse de vous les faire connaître.

M. le général Malher fait le plus bel éloge de la conduite des chefs et soldats, et notamment du chef d'escadron Caron, commandant l'artillerie de la division. Les blessures sont d'autant plus honorables qu'elles sont presque toutes des coups de balles.

Vous verrez, mon Général, qu'il y a eu deux sergents de tués et un blessé de manière à ne plus servir. La 10ᵉ compagnie se trouve presque sans chefs, et il est urgent de lui en donner. J'écris à ce sujet au chef de bataillon Villeneuve; s'il ne peut faire sur-le-champ les remplacements des sous-officiers en suivant les formes légales, je ferai des nominations provisoires que j'aurai l'honneur de soumettre à votre approbation.

Je vous prie, mon Général, de m'indiquer un moyen de compléter les compagnies qui auraient souffert. J'ai sous mes ordres un personnel si faible qu'il est important de remplacer de suite les pertes. Le moyen ordinaire de tirer des dépôts est impraticable dans la position où nous nous trouvons.

J'ai l'honneur de vous saluer respectueusement.

Le général d'artillerie,

SEROUX.

P.-S. — On n'a pu retrouver que deux pièces de 7 et un obusier. Les deux autres (si elles ont été prises) ont été jetées dans le Danube, on ne sait où. Les fusils paraissent avoir été tous brisés et jetés dans le Danube d'après les renseignements que j'ai recueillis. Le colonel Rutty va s'occuper de toutes recherches à ce sujet.

SEROUX.

Je viens de découvrir des magasins qui renferment 167 fusils d'infanterie, environ 6,000 cartouches à balle et une quantité d'autres objets du ressort de l'administration, tels que casques, gibernes, banderolles, etc.

(A. A.)

État des officiers, sous-officiers et canonniers de la 10ᵉ compagnie du 1ᵉʳ régiment d'artillerie à pied qui ont été tués ou blessés le 17 vendémiaire an XIV.

MM. Huot, lieutenant..............	Blessé.
Quéry, sergent................	Tué.
Maquet, sergent...............	Tué.
Bichat, sergent...............	Une cuisse emportée.
Maugard, canonnier............	Blessé.
Bachelot, canonnier...........	Blessé.
Morot, canonnier..............	Blessé.
Leclerc, canonnier............	Blessé.
Marotte, canonnier............	Blessé.
Paquet, canonnier.............	Blessé.
Parent, canonnier.............	Blessé.
Bayot, canonnier..............	Tué.

3ᵉ COMPAGNIE DU 5ᵉ BATAILLON DU TRAIN D'ARTILLERIE.

Deux soldats blessés dont je ne connais point les noms.

CHEVAUX DU TRAIN.

Un tué et un blessé.

Günzburg, le 18 vendémiaire an XIV.

Le chef d'escadron commandant l'artillerie de la 3ᵉ division,

Signé : CARON.

Pour copie conforme :

Le colonel chef de l'état-major d'artillerie.

P. M. BICQEULLEY. (A. A.)

Le Général commandant en chef l'artillerie à M. le général Songis, premier inspecteur du corps impérial de l'artillerie.

Au quartier général, à Medlingen, le 18 vendémiaire an xiv
(10 octobre 1805),

Mon Général,

La 3ᵉ division a fait hier soir un mouvement et une attaque sur Günzburg. L'ennemi l'a évacué ce matin en se retirant sur Ulm. Nous avons pris un général-major, 700 hommes, 3 bouches à feu (2 pièces de 7 et 1 obusier). L'armée regrette particulièrement le colonel Lacuée, du 99ᵉ régiment d'infanterie, tué d'une balle. L'artillerie a perdu 3 sergents et 6 canonniers de la 10ᵉ compagnie du 1ᵉʳ régiment, tués ou blessés. Le lieutenant Flouot a été blessé d'une balle au pied. Je vous ferai plus tard un rapport à ce sujet, s'il y a lieu, lorsque j'aurai reçu les comptes qui doivent m'être rendus.

Des munitions ont été consommées et tout annonce une grande bataille devant Ulm où l'on en consommera d'autant plus que la division Gazan et celles des dragons des généraux Baraguey-d'Hilliers et Bourcier sont réunies sous les ordres de M. le maréchal Ney et demanderont probablement des munitions de remplacement.

N'ayant aucune connaissance du lieu de présence du grand parc et de son itinéraire et n'ayant encore reçu aucune instruction pour le remplacement des munitions consommées, je vous prie, mon Général, de me donner le plus tôt possible vos ordres à ce sujet. Il est d'autant plus urgent que je les reçoive, qu'il manque encore quelques caissons au petit approvisionnement que le 6ᵉ corps mène avec lui.

Ignorant, mon Général, le lieu de votre présence et craignant un trop long délai, j'écris en même temps à Son Excellence le ministre de la guerre pour lui demander où se trouve présentement le parc et quel est son itinéraire pour y diriger, s'il y a lieu, les caissons vides.

J'ai l'honneur, mon Général, de vous saluer respectueusement.

Seroux.

Je fais venir au parc l'artillerie prise sur l'ennemi. Je vous prie de me mander ce que je devrai en faire. Comme elle ne peut qu'embarrasser nos mouvements, je voudrais qu'elle fût envoyée sur les derrières si elle peut y être avec sûreté.

P.-S. — Il y a 5 bouches à feu prises au lieu de 3. Je fais aussi rechercher les fusils des prisonniers et vous en rendrai compte. Je vous prie, mon Général, de me dire ce que je devrai en faire.

(*A. A.*)

Journal des opérations de l'artillerie depuis le 5 vendémiaire, jour du passage du Rhin, jusqu'au 30 inclus (27 septembre au 22 octobre 1805).

Le camp de Montreuil, ayant pris la dénomination de 6e corps de la Grande Armée, quitta sa position sous Montreuil le 12 fructidor et, par une marche rapide, se porta sur le Rhin. Il arriva le 4 vendémiaire à Lauterburg ; sa force consistait en 23 bataillons d'infanterie répartis en 3 divisions et 9 escadrons de cavalerie légère, avec un équipage d'artillerie de 36 bouches à feu, savoir : 6 canons de 12, 18 de 8, 6 de 4, et 6 obusiers.

L'artillerie était commandée en chef par le général Seroux, inspecteur général d'artillerie, le colonel Bicqeulley était chef d'état-major et le colonel Rutty, directeur du parc.

Les chefs de bataillon Villeneuve et Morial commandaient l'artillerie des 1re et 2e divisions et le chef d'escadron Caron celle de la 3e.

Les troupes d'artillerie étaient :

Les 6e, 9e, 10e, 11e et 12e compagnies du 1er régiment d'artillerie à pied, la 1re compagnie du 2e régiment d'artillerie à cheval, 1/5 de la 4e compagnie d'ouvriers ;

Les cinq premières compagnies du 5e bataillon principal du train ;

Les 4e et 5e du 3e bataillon *bis*.

Le 5 vendémiaire an XIV. — A 6 heures du matin, le corps d'armée a passé le Rhin sur un pont de bateaux qui avait été construit à cet effet à un quart de lieue au-dessus de Lauterburg, une partie de l'artillerie fut attachée aux divisions, chacune eut une pièce de 12, 4 pièces de 8, 2 pièces de 4 et 1 obusier.

La 1re division se porta à Ettlingen.
La 2e et la cavalerie à Durlach.
La 3e à Carlsruhe.
Le parc d'artillerie en avant du village d'Aum.

Le 6 vendémiaire an xiv. — Le quartier général en chef à Carlsruhe.

Il séjourna dans ces positions.

Le 7 vendémiaire an xiv. — Il continua sa marche sur Stuttgard.

La 1re division sur Vaihingen.
La 2e et la 3e à Enz-Vaihingen.
Le quartier général à Vaihingen.
Le parc en arrière de Pforzheim sur la rive gauche de la Nagold.

Le 8 vendémiaire an xiv. — Il continua sa marche sur Stuttgard où, après quelques pourparlers, les 1re et 3e divisions entrèrent le soir. La 2e division, s'étant dirigée sur Ludwigsburg, vint prendre position à Cannstatt et Esslingen.

Le parc vint, par Vaihingen, s'établir en arrière de Zuffenhausen, où il n'arriva que le 9, à 6 heures du matin.

Le 9 vendémiaire an xiv. — La 1re division fut répartie à Stuttgard et Wangen.

La 2e resta à Cannstatt et Esslingen.
La 3e fut réunie à Stuttgard.

Le 10 vendémiaire an xiv. — On fit aux troupes une distribution de 50 cartouches par homme.

Le 11 vendémiaire an xiv. — Trois obusiers, servis par l'artillerie légère, allèrent joindre à Plöchingen la division de cavalerie.

La 2e division à Esslingen.
La 3e à Hedeslingen.
Le parc à Esslingen.

Le 12 vendémiaire an xiv. — Le corps d'armée était à la hauteur de Göppingen.

La 1re division à Gross-Süssen.
La 2e à Klein-Esslingen.
La 3e à Göppingen et le quartier général en chef aussi à Göppingen.

Le parc était en arrière du village de Faurndau.

Le 13 vendémiaire an xiv. — Il quitta la grande route d'Ulm et marcha sur Giengen par Weissenstein et Heidenheim.

6 pièces de 8 qui étaient au parc partirent dans la nuit du 12 ou 13 pour les 3 divisions, à raison de 2 pour chacune.

Le parc partit de Faurndau à 6 heures du matin sous l'escorte de 4 compagnies d'infanterie.

L'artillerie éprouva, dans cette longue et pénible marche de 12 lieues, des difficultés considérables. Une montagne que l'on rencontre en sortant de Weissenstein l'arrêta pendant une journée. Il fallut doubler les attelages, elle n'arriva à Giengen que le lendemain dans la journée.

Le 14 vendémiaire an xiv. — L'armée bivouaqua autour de Giengen.

Le 15 vendémiaire an xiv. — Elle se porta sur le Danube, l'armée et le quartier général à Höchstädt.

Le parc marcha entre la 2ᵉ et la 1ʳᵉ division et vint s'établir dans une plaine immense en arrière de cette ville. Les 3 pièces de 12 qui restaient furent réparties dans les trois divisions qui eurent alors chacune 11 bouches à feu (et 3 avec la cavalerie).

Le 16 vendémiaire an xiv. — Vers 3 heures du soir, l'armée fit une contremarche, se reportant vers Gundelfingen et Burberg, le quartier général et le parc à Medlingen.

La 3ᵉ division se dirigea sur Günzburg qu'elle devait attaquer le lendemain.

Le 17 vendémiaire an xiv. — La 1ʳᵉ division se porta sur Albeck (route d'Ulm à Stuttgart), à 3 lieues d'Ulm. Quoique l'armée ennemie fût réunie à Ulm, et que la position d'Albeck fût belle et importante à conserver, l'ennemi ne la défendit pas.

La 2ᵉ division vint à Langenau et prit position sur les hauteurs en arrière de ce bourg.

Une pièce de 4 et un obusier de cette division furent détachés avec le 6ᵉ d'infanterie légère et 2 pièces de 8 avec le 39ᵉ de ligne pour enlever le pont que l'ennemi avait sur le Danube à Ober-Elchingen. Le pont fut enlevé le soir même. L'artillerie ne prit point part à cette attaque.

AFFAIRE DE GÜNZBURG.

La 3ᵉ division avait l'ordre de s'emparer de Günzburg, rive

droite du Danube. Elle se porta à travers les marais en face de cette place et voulut passer de vive force le pont de droite défendu par un corps considérable d'Autrichiens dans leurs retranchements. Ce pont est coupé en deux parties par une île.

Là s'est engagé un combat sanglant où nos troupes firent des prodiges de valeur.

2 pièces de 8 et 2 de 4 furent placées à la tête du pont, sous le commandement du lieutenant Huot. La canonnade fut vive et soutenue et les troupes forcèrent la première partie du pont sous la protection du feu de l'artillerie. Une pièce de 8 les accompagna dans l'île, l'autre la suivit, mais une d'elles fut bientôt démontée. On se battit à petite portée de mitraille pendant quatre heures et pendant ce temps l'infanterie cherchait à rétablir la seconde partie du pont que l'ennemi avait rompu. Les canonniers furent écrasés par les balles et la mitraille. Le sergent-major Claudin, de la 10e compagnie du 1er régiment d'artillerie, homme brave et sous-officier distingué, est resté, lui troisième, pour servir la pièce de 8.

M. Huot, qui commandait les deux pièces de 4, fut blessé. 3 sergents et 8 canonniers de la 10e compagnie, 1 maréchal des logis et 1 soldat de la 3e compagnie du 5e bataillon principal du train furent tués ou blessés.

Enfin, à la nuit close, vers 7 h. 1/2, le 59e régiment, avec 1 pièce de 8 et 1 obusier, attaqua le pont de gauche ; il culbuta dans le fleuve une foule d'ennemis qui se précipitaient pour le passer, et, à l'aide de solives qui n'étaient pas coupées, des soldats gagnèrent la rive droite et s'y maintinrent. Les deux pièces étaient placées dans la direction de la route pour l'enfiler, et, tandis que la batterie attirait sur elle le feu de l'ennemi, le 59e défilait des deux côtés pour aller attaquer.

Le pont fut rétabli, l'artillerie passa et se porta vers la ville ; 2 pièces de 7 et un obusier, jetés par l'ennemi dans les fossés, furent relevés et mis en batterie avec l'artillerie française.

Le lendemain, Günzburg devait être enlevé de vive force, mais l'ennemi l'évacua pendant la nuit, se retirant sur Ulm.

(A. A.)

6ᵉ CORPS D'ARMÉE.

Emplacements du 17 vendémiaire an XIV (9 octobre 1805).

Quartier général : Medlingen.

1ʳᵉ division : Albeck.

La division est établie en avant d'Albeck et les avant-postes placés en face de ceux de l'ennemi.

La division a marché de Bissingen sur la direction d'Ulm ; elle a trouvé près d'Albeck le corps commandé par le chef d'escadron Crabbé, qui avait été forcé de se replier devant des forces supérieures, après avoir poussé sa reconnaissance jusque près d'Haslach.

L'ennemi occupait Albeck ; le général Dupont prit le parti de l'en déloger, quoiqu'il fût déjà nuit. A l'approche de la division, ce poste fut évacué précipitamment.

2ᵉ division : Langenau.

La division a pris position sur les hauteurs en arrière de Langenau, ayant l'Ach et la Slotzbach sur son front et communiquant par sa droite avec la 1ʳᵉ division.

La division est partie de Burberg pour marcher sur Ulm. Elle a passé par Stetten, Asselfingen et Rammingen.

Le chemin qui conduit de Burberg à Stetten est très étroit et encaissé. Il ne serait pas praticable pour les voitures dans la mauvaise saison.

3ᵉ division : Riedhausen.

La division a marché sur trois colonnes pour s'emparer des ponts de Leipheim et de Günzburg.

La colonne de droite, aux ordres de l'adjudant-commandant Lefol, était composée de 6 compagnies de grenadiers, 3 de carabiniers, 3 de voltigeurs et 20 chasseurs du 10ᵉ à cheval. (Elle laisse un bataillon du 27ᵉ de ligne à Stotzingen.) La colonne se dirigea sur Leipheim à travers des marais qui se sont trouvés impraticables ; alors elle changea de direction à gauche et repassa en avant du village de Riedhausen, où elle arriva vers minuit.

La colonne du centre, commandée par le général Marcognet (où se trouvait le général Malher), était composée de 3 bataillons du 25ᵉ léger, d'un bataillon du 27ᵉ, des deux bataillons du 50ᵉ et de 4 pièces d'artillerie. Elle marche de Brenz sur Günzburg par Sontheim et Riedhausen. Arrivée au bois qui se trouve à une petite distance du Danube, près de Günzburg, au débouché dudit bois, le général Marcognet attaque l'ennemi posté en avant du pont, le repousse dans l'île. Une compagnie de voltigeurs, soutenue par deux compagnies de grenadiers, pénètre dans l'île, malgré le feu de l'ennemi, fait 200 prisonniers, dont 23 officiers. Le 25ᵉ léger et les quatre pièces d'artillerie soutiennent ce mouvement. Le bataillon du 27ᵉ étant arrivé, le 25ᵉ passe dans l'île. Le 27ᵉ suit le mouvement et le 50ᵉ resta en réserve derrière le pont. (*Note de l'artillerie* : Une pièce de 8 et une pièce de 4 passèrent dans l'île pour battre sur la rive droite.)

Le 25ᵉ régiment, arrivant dans l'île, se porta sur le pont du grand bras du fleuve et l'aurait emporté malgré le feu d'artillerie et de mousqueterie, mais le pont avait été rompu dans une étendue considérable. Le général Marcognet ayant reconnu l'impossibilité de le réparer, ordonna la retraite qui se fit en échelons, et plaça ses troupes dans le bois, le 50ᵉ couvrit la retraite.

La colonne de gauche (le 59ᵉ régiment), aux ordres du général Labassée, marcha de Gundelfingen en colonne, et malgré le feu croisé d'une artillerie considérable et celui de plusieurs régiments d'infanterie ennemie, arrive au pont du Danube que traverse la chaussée de Günzburg à Dillingen, le passe sur les poutrelles, les madriers ayant été enlevés, arrive jusqu'aux canons, en prend trois, fait 500 prisonniers et repousse l'ennemi jusque dans la ville.

Le 59ᵉ régiment fut ensuite formé en bataille sur la hauteur qui est en arrière et à droite de la ville. Là, il reçoit et repousse six charges de trois régiments de cavalerie ennemie qui occupaient la plaine et se maintient toute la nuit dans sa position.

Dans la nuit, le général Malher avait dirigé ses troupes sur la colonne de gauche. Le 50ᵉ régiment passa le Danube pour soutenir le 59ᵉ, et la 1ʳᵉ brigade fut placée en réserve en arrière du pont.

Le 18, à la pointe du jour, la division entra dans la ville d'où l'ennemi s'était retiré pendant la nuit, y fit 450 prisonniers et prit position en arrière de la Günz, la droite à la ville, la gauche se prolongeant parallèlement à la rivière.

Note de l'artillerie : Une pièce de 8 et un obusier attaquèrent le pont et favorisèrent le passage à 7 heures du soir.

Cavalerie légère : Albeck.

La cavalerie légère au bivouac, dans les vergers, en arrière d'Albeck.

Division Gazan : Gundelfingen.

La division au bivouac, à la gauche de Gundelfingen, a relevé les postes de la 3e division aux ponts de Lauingen et de Dillingen.

Division de dragons : Nerenstetten.

Au bivouac, en avant de Nerenstetten.

Dragons à pied : Herbrechtingen.

A gardé sa position du 16.

Gardant les deux grandes routes qui conduisent à Ulm par Hausen et Dettingen.

Gardant aussi les hauteurs sur la rive droite de la Brenz, près de Anhausen, pour conserver sa communication d'Heidenheim.

Journal des opérations de la division Dupont.

Le 17 vendémiaire an XIV (9 octobre 1805).

De Bissingen, le général Dupont, d'après les ordres du maréchal Ney, avait, le 17, à la pointe du jour, envoyé sur Albeck un bataillon du 9e d'infanterie légère, 30 hussards du 1er régiment et une pièce de 4, sous le commandement du chef d'escadron Crabbé, aide de camp du maréchal. Cet officier rencontre l'ennemi près de Hausen, le repousse jusque hors d'Albeck et reconnaît la position en avant de ce village ; il aurait gardé cette position jusqu'à l'arrivée de la division, mais la pièce de 4 est démontée et l'ennemi se présente en force ; il se retire sur les hauteurs couronnées de bois, en arrière d'Albeck, sans être entamé.

Le 1er de hussards a eu 1 homme tué et le 9e, 2 hommes tués et 3 blessés.

L'ennemi occupait, par de petits postes, la plaine qui sépare Albeck des bois où s'était retirée la reconnaissance du chef d'escadron Crabbé, lorsque le général Dupont arrive à la tête de la division à 6 heures du soir. Le général fait aussitôt former le 9ᵉ en colonne sur la route, et détache sur ses flancs deux compagnies de voltigeurs et deux escadrons de hussards; il marche dans cet ordre vers Albeck, le reste de la division suit en colonne le mouvement du 9ᵉ. Les Autrichiens, s'apercevant de ces dispositions, se retirèrent avec précipitation. Mais l'obscurité ayant empêché de voir leur mouvement rétrograde, deux pelotons de voltigeurs se prennent mutuellement pour l'ennemi et font un feu de file qui, heureusement, ne blesse personne.

On pénètre dans le village. La division bivouaque en avant. On trouve au piquet le cheval d'un brigadier autrichien qui n'avait pas eu le temps de le brider.

Pendant la marche de Bissingen sur Albeck, on entendait sur la gauche une canonnade très vive et une fusillade bien nourrie. C'était le combat que livrait la division Malher pour s'emparer du pont de Günzburg.....

Le prince Murat au maréchal Ney.

Au quartier général de Zusmarshausen, le 17 vendémiaire an xiv
(9 octobre 1805).

Monsieur le Maréchal,

Le canon s'est fait entendre de votre côté. L'Empereur pense que c'est le vôtre, et me charge de vous envoyer un officier, pour être informé du résultat du combat que vous avez dû livrer.

Recevez, Monsieur le Maréchal, l'assurance de ma parfaite considération.

(*A. M.*)   Murat.

Le maréchal Berthier au maréchal Ney.

Donauwörth, le 17 vendémiaire an xiv (9 octobre 1805, à midi).

Monsieur le Maréchal,

Nous n'avons pas encore des nouvelles de vous et nous ne savons pas où vous avez passé la nuit. Vous avez entendu le canon du combat de Wertingen : si vous aviez fait passer quelques escadrons au pont de Dillingen, vous auriez fait beaucoup de prisonniers ; cependant nous en avons 3,000, 7 à 8 drapeaux, beaucoup d'artillerie ; c'était une division composée de 12 bataillons de grenadiers.

Le quartier général sera ce soir à Augsburg.

Ordonnez à la division Gazan et à celle des dragons à pied de passer le Danube et de se rendre à Augsburg, où il est nécessaire qu'ils soient arrivés dans la journée de demain.

Quant à Ulm, il est impossible que l'ennemi l'occupe en force : s'il l'occupe avec 3,000 ou 4,000 hommes, envoyez une division pour l'en chasser ; s'il l'occupe avec des forces beaucoup plus considérables, portez-vous-y avec toute votre armée, enlevez le poste et faites un bon nombre de prisonniers.

Immédiatement après, dirigez-vous suivant les mouvements de l'ennemi, soit sur Augsburg, soit sur Landsberg, soit sur Memmingen.

La division de dragons du général Bourcier continue à être sous vos ordres.

Instruisez sur toutes choses, deux fois par jour, l'Empereur de tout ce que vous faites ; vous sentez combien cela lui importe pour la combinaison générale.

Maréchal BERTHIER.

Le maréchal Ney au maréchal Berthier.

Medlingen, le 17 vendémiaire an XIV (9 octobre 1805).

L'ennemi est plus fort à Ulm qu'on ne l'avait cru ; il a reçu à Günzburg un renfort de 15,000 hommes.

Le mouvement, dont M. le Maréchal a rendu compte hier au Ministre, a eu lieu ; la 3ᵉ division s'est emparé, après un combat fort vif, du pont de Reisensburg. Elle a fait 800 à 900 prisonniers, parmi lesquels se trouve un général-major, le baron d'Aspre ; nous avons eu environ 300 hommes tués ou blessés.

Le colonel Lacuée est tué.

Le colonel Cazals et trois chefs de bataillon ont été blessés ; le général Marcognet a eu un cheval tué sous lui ; tout le monde s'est conduit avec beaucoup de distinction.

M. le Maréchal a très peu de cavalerie ; il est important qu'en cas d'événement il puisse être soutenu.

Les renforts arrivés à l'ennemi viennent de Schaffhouse ; il paraît qu'Ulm formera le flanc gauche de sa ligne de bataille.

La 2ᵉ division occupe sa position de Langenau ; elle a forcé l'ennemi, après une petite escarmouche, à passer sur la rive droite ; cependant, il est encore maître des ponts d'Elchingen et de Leipheim.

La 1ʳᵉ division a dû constamment repousser l'ennemi jusqu'à Albeck, excellente position défensive ; elle n'a pu s'y établir qu'à 9 heures du soir. L'ennemi s'est replié jusqu'à une demi-lieue d'Ulm.

La division de dragons du général Bourcier est arrivée hier à 11 heures du soir à Nerenstetten ; il a ordre d'y rester pour couvrir les 1ʳᵉ et 2ᵉ divisions.

Je rapproche la division de dragons à pied qui est à Herbrechtingen pour la placer à Brenz, afin d'être plus à portée de passer le Danube.

NEY.

Le général Bourcier au maréchal Berthier.

Bolheim, le 17 vendémiaire an XIV (9 octobre 1805).

J'ai l'honneur d'accuser à Votre Excellence la réception des ordres qu'elle m'a fait celui de m'adresser les 14 et 15 de ce mois ; ils ne me sont parvenus à Geislingen qu'hier 16, à 6 heures du soir ; le premier par un officier de l'état-major du général Baraguey-d'Hilliers, et le second au même instant, par un maréchal des logis d'ordonnance.

D'après celui du 14, je devais couvrir, jusqu'au 15 au soir, les débouchés d'Ulm et servir d'avant-garde au corps du général Baraguey-d'Hilliers qui était en position à Heidenheim et à la division du général Gazan qui l'était à Aalen.

Votre Excellence m'engageait, par le même ordre, à faire tirer quelques coups de canon sur l'ennemi, si je trouvais une occasion favorable, à l'effet de lui faire supposer que j'avais un corps considérable et de l'infanterie. Je n'aurais pu me conformer à cette disposition, ayant renvoyé mon artillerie et mes bagages, d'après l'ordre de changement de destination que je reçus en route, lequel m'envoyait à Geislingen au lieu d'Heidenheim. Quant aux autres dispositions de cet ordre, je n'ai pu m'y conformer, l'ayant reçu trop tard.

Ainsi que j'ai eu l'honneur de le mander à Votre Excellence

par ma lettre d'hier, j'ai envoyé au quartier général de Son Altesse Sérénissime le prince Murat, l'officier de chevau-légers de Rosenberg que nous avons fait prisonnier à notre entrée dans Geislingen, lors de la petite affaire qui y a eu lieu, et dont j'ai rendu compte à Votre Excellence par la même lettre.

Hier matin, en reconnaissance, on a fait un autre prisonnier, dragon du régiment de Hohenlohe ; un déserteur du régiment de Klenau, infanterie, a été reçu aussi hier matin à mes avant-postes. Je compte envoyer ces deux hommes au quartier général de M. le maréchal Ney.

Conformément à l'ordre de Votre Excellence du 15, reçu également le 16, à 6 heures du soir, je suis parti de Geislingen la nuit dernière me dirigeant sur Neresheim. En passant ce matin à 6 heures à Heidenheim, un adjudant-commandant m'a remis une lettre du chef de l'état-major de M. le maréchal Ney, contenant un ordre de Votre Excellence, qui met ma division sous les ordres de ce maréchal. D'après ceux que ce dernier m'a donnés en même temps, j'ai fait prendre position par ma division à Bolheim à 4 heures après-midi.

Je reçois en ce moment l'ordre des dispositions de la marche du corps de M. le maréchal Ney. Conformément aux dispositions de cet ordre qui me sont relatives, ma division va prendre position aujourd'hui à Nerenstetten.

C'est avec bien de la difficulté que je suis parvenu jusqu'à présent à procurer les subsistances à ma division ; depuis quelques jours, elle n'a reçu ni pain, ni viande et des fourrages qu'en petite quantité, surtout en avoine.

Les villages que j'ai occupés jusqu'à présent ont eu à alimenter les troupes qui m'ont précédé et, par cette raison, se trouvent presque sans ressources.

BOURCIER.

Le Commissaire ordonnateur en chef à M. le maréchal d'empire Ney, commandant en chef le 6ᵉ corps de la Grande Armée.

Au quartier général, à Medlingen, le 17 vendémiaire an XIV
(9 octobre 1805).

Monsieur le Maréchal,

L'ordre du jour de la Grande Armée du 15 de ce mois insiste de nouveau sur la nécessité qu'il y a d'avoir 4 jours de biscuit et 4 jours de pain à l'avance, et tous les généraux demandent que ces 4 jours de pain soient distribués. Je m'étais flatté, pendant quelque temps, de pouvoir maintenir les distributions au niveau prescrit par l'Empereur ; mais plusieurs circonstances, indépendantes de moi et des commissaires des guerres, et qui vous sont parfaitement connues, ont rendu illusoires les efforts constants que nous n'avons cessé de faire. Si, dans ce moment, le pain qui a été dirigé sur les diverses divisions a pu y arriver, le service des 17 et 18 est assuré, malgré les pertes qu'on a essuyées ; mais je ne puis faire réunir les 4 jours à l'avance ; bien loin de là, si l'armée conserve ses positions actuelles, j'ignore comment je pourrai assurer sa subsistance. Tous les points qui l'entourent sont occupés par les divisions de dragons, celle de Gazan et le corps de M. le maréchal Lannes ; ce n'est que devant elle qu'elle puisse trouver de quoi vivre. Les commissaires des guerres feront humainement tout ce qui sera possible pour arriver à ce but ; mais chercher à vous tromper, ce serait me rendre coupable d'une imprudence et d'une présomption dont je suis incapable ; vous ne devez donc pas, Monsieur le Maréchal, compter sur une administration qui est sans moyens et sans ressources et qui ne peut utiliser ceux des pays occupés par l'armée qu'avec des peines, des difficultés et des pertes qu'il est impossible de se peindre. C'est ce que j'ai eu l'honneur de vous dire plusieurs fois.

Il est bien pénible et bien affligeant pour moi, Monsieur le Maréchal, d'avoir à vous présenter de semblables détails ; mais dans une occasion d'une importance aussi majeure, il ne m'est pas permis de dissimuler la vérité à quelqu'un qui, comme vous, jouit auprès de Sa Majesté Impériale d'une confiance et d'une considération acquises par tous les services multipliés que vous avez rendus avec une si haute distinction.

Vous pouvez au surplus être bien assuré que tous mes instants se passent à combiner et à employer les moyens que les circonstances peuvent offrir pour arriver au but auquel il est si essentiel d'atteindre.

Veuillez agréer, Monsieur le Maréchal, mon respectueux hommage.

MARCHANT.

J'ai envoyé à l'intendant général un courrier pour lui demander de nous faire envoyer à force, des derrières, des secours qui ne peuvent être dirigés que par lui.

(A. M.)

L'Empereur au maréchal Lannes.

Quartier impérial, à Donauwörth, le 17 vendémiaire an XIV
(9 octobre 1805).

Mon Cousin, j'ai vu avec plaisir, dans votre rapport, la bonne conduite des grenadiers d'élite. Il est fâcheux que vous n'ayez pas eu deux heures de jour de plus; il n'eût pas échappé un seul homme de ce corps. Vous vous trouvez toujours dans les bonnes circonstances; il est vrai aussi que vous vous en tirez fort bien. Vous devez avoir sous vos ordres les divisions Saint-Hilaire et Suchet, ce qui vous forme un corps de 25,000 hommes, indépendamment de la cavalerie. Moi-même, je partirai à 10 ou 11 heures avec toute ma Garde, pour me porter le long du Lech sur le chemin d'Augsburg. J'espère arriver de bonne heure à Mertingen; j'irai probablement coucher à Augsburg.

J'écris au prince Murat de donner pour direction à votre corps, si de nouvelles circonstances n'y changent rien, de vous placer assez près d'Augsburg, pour pouvoir vous y porter demain de bonne heure et être à portée de concourir aux opérations que les circonstances pourront faire juger nécessaires.

Mettez à l'ordre des grenadiers que je suis content de la manière dont ils se sont conduits au combat de Wertingen.

Sur ce, je prie Dieu qu'il vous ait en sa sainte et digne garde. Je vous embrasse de cœur.

NAPOLÉON (1).

Le maréchal Berthier au général d'Hautpoul.

Donauwörth, le 16 vendémiaire an XIV (8 octobre 1805).
à 9 h. 1/2 du matin.

Ordre au général d'Hautpoul de se mettre en marche sur la route d'Augsburg jusqu'à Mertingen, où il attendra de nouveaux ordres.

Maréchal BERTHIER.

---

(1) *Correspondance de Napoléon*, n° 9357.

Le maréchal Berthier au général Suchet.

Donauwörth, le 17 vendémiaire an XIV (9 octobre 1805).

Ordre à la division du général Suchet de partir pour se rendre à Wertingen sous les ordres de M. le maréchal Lannes.

Il laisse à Donauwörth le 64ᵉ régiment, et s'il n'est pas arrivé, il laisse le 3ᵉ bataillon du 34ᵉ.

Il se porte entre le pont et la Wörniz.

Maréchal Berthier.

Le général Suchet au général Becker.

En route pour Wertingen, le 17 vendémiaire an XIV (9 octobre 1805), à midi.

D'après le rapport des officiers prisonniers, il paraît que l'armée autrichienne continue d'être dans la position de Stockach. J'apprends que les divisions du maréchal Lannes sont parties de Wertingen, ce qui me fait présumer que nous aurons du chemin à faire pour les rejoindre.

En conséquence, vous ordonnerez une longue halte en avant de Pfaffenhofen, où cette dépêche vous sera remise. Les habitants ont promis de la bière, dont vous ordonnerez la distribution, ainsi que des rations de pain qui suivent la division. J'espère qu'après cette halte nous serons dans le cas de pousser loin en avant.

Je vous prie d'informer de ces dispositions le général Valhubert.

Suchet.

Le maréchal Berthier au maréchal Lannes.

Donauwörth, le 17 vendémiaire an XIV (9 octobre 1805).

Les divisions Suchet et Saint-Hilaire, qui vous ont joint, sont sous vos ordres. Rendez-vous avec elles entre Augsburg et Zusmarshausen. L'intention de l'Empereur est qu'en vous conservant le commandement de toute l'infanterie, le maréchal Murat ait le commandement général, ce qui n'empêche pas que vous adressiez directement vos rapports à l'Empereur et que vous receviez directement les ordres de moi.

Il paraît que l'ennemi se retire à force.

Le maréchal Soult est à Aichach où il a eu affaire à un corps de 6,000 à 7,000 hommes qui se dirigeait sur lui. Avant midi, le maréchal Soult sera à Augsburg où l'Empereur se rendra lorsqu'il aura reçu tous les rapports.

La division du maréchal Davout, qui a passé à Neuburg, marche aussi sur Augsburg. Toute l'armée va se trouver entièrement réunie.

Prévenez le général d'Hautpoul qu'il ait à bien éclairer les routes, car l'Empereur suivra vraisemblablement à deux heures derrière lui.

Maréchal BERTHIER.

Le maréchal Lannes au maréchal Berthier.

Wertingen, le 17 vendémiaire an xiv (9 octobre 1805).

J'ai l'honneur de rendre compte à Votre Excellence que nos patrouilles ont rencontré cette nuit celles du général Malher. J'ignore encore si toutes les troupes du corps d'armée de M. le maréchal Ney ont effectivement passé le Danube. Comme les Autrichiens ont tour à tour coupé et rétabli le pont de Günzburg, cette disposition de leur part ferait présumer qu'ils ont l'intention de faire quelques mouvements sur M. le maréchal Ney. Cependant le changement fréquent et presque journalier de leurs généraux décèle assez l'état d'inquiétude où ils se trouvent; aussi je ne doute point qu'ils se replient sur Augsburg.

Conformément à vos ordres, Monseigneur, j'ai fait passer à la disposition de Son Altesse Sérénissime le prince Murat les deux régiments de cavalerie légère. Votre Excellence sait que cette disposition me réduit à ma seule division de grenadiers, tandis que les autres corps d'armée se composent de trois ou quatre divisions. Avec si peu de monde, je ne puis guère entreprendre d'aussi grandes opérations que mes camarades. Toutefois, croyez, Monseigneur, que pour assurer le triomphe des armes de l'Empereur, je me porterai avec le zèle et le dévouement que vous me connaissez partout où j'entendrai le canon de l'ennemi. Je prie Votre Excellence d'engager Sa Majesté à compléter le corps d'armée dont Elle a daigné me confier le commandement. J'attends ici vos ordres.

J'eus l'honneur d'adresser hier soir à l'Empereur tous les renseignements que j'avais recueillis sur l'ennemi. Depuis je n'ai rien découvert d'intéressant.

J'ai eu, dans le combat d'hier, 25 ou 30 grenadiers blessés et 3 ou 4 de tués.

J'envoie à Votre Excellence 1100 prisonniers autrichiens. Je la prie de donner des ordres à l'officier qui commande l'escorte de rejoindre au plus tôt la division de grenadiers.

Agréez, Monseigneur, l'assurance de ma haute considération.

LANNES.

Le général Compans au général Oudinot.

Wertingen, le 17 vendémiaire an XIV (9 octobre 1805).

M. le Maréchal commandant en chef vous charge de mettre de suite en marche les troupes sous vos ordres et de vous diriger avec elles sur Zusmarshausen, point vers lequel se dirige aussi le corps de cavalerie aux ordres de Son Altesse Sérénissime le prince Murat.

COMPANS.

Le général Compans au général Foucher.

Wertingen, le 17 vendémiaire an XIV (9 octobre 1805).

Mon Général,

Monsieur le Maréchal vous charge de donner vos ordres pour que le parc du corps d'armée nous suive sur Zusmarshausen où nous allons nous porter.

COMPANS.

Le général Compans au général Fauconnet.

Wertingen, le 17 vendémiaire an XIV (9 octobre 1805).

Monsieur le Général,

M. le Maréchal commandant en chef vous charge de renvoyer un escadron de votre brigade de chasseurs à Binswangen avec ordre de s'y établir militairement, couvrant la route de Günzburg. Il protégera le passage du parc d'artillerie et des équipages de vivres des corps d'armée qui se dirigent de Donauwörth par Wertingen sur Zusmarshausen.

Il poussera des reconnaissances sur Dillingen pour avoir des nouvelles du corps d'armée de M. le maréchal Ney, enfin il rejoindra le corps d'armée de M. le maréchal Lannes à Zusmarshausen en couvrant la marche de l'artillerie et des vivres qui passeront probablement dans la soirée.

COMPANS.

Le général Compans au sous-lieutenant Hiroux.

Wertingen, le 17 vendémiaire an XIV (9 octobre 1805).

Ordonne à M. Hiroux, sous-lieutenant de carabiniers au bataillon d'élite du 13e régiment d'infanterie légère, de partir de suite de Wertingen avec le détachement à ses ordres, montant à 43 hommes, pour concourir à l'escorte d'une colonne de prisonniers autrichiens, d'environ 1200 hommes, qui seront conduits à Donauwörth, où ils seront remis à Son Excellence M. le maréchal Berthier, ministre de la guerre et major général.

Le sous-lieutenant Hiroux, après avoir fait la remise des prisonniers, retournera à son corps avec son détachement et, dans le cas où la division serait partie, il trouvera ici, chez le bailli, des avis sur le chemin qu'elle aurait pris.

COMPANS.

Le général Compans à M. Vast, commissaire ordonnateur.

Neresheim, le 17 vendémiaire an xiv (9 octobre 1805).

Le corps d'armée se dirige sur Zusmarshausen où sera le quartier général de M. le maréchal Lannes, commandant en chef; il faut vous hâter de nous rejoindre; le corps d'armée manque de subsistances et M. le Maréchal a été extrêmement surpris, non seulement de ne pas vous voir, mais encore de n'avoir aucune nouvelle de votre marche.

Faites les dispositions les plus promptes pour faire avancer de suite, sur le point désigné ci-dessus, le convoi de biscuit et tous les vivres que vous aurez.

Je joins ici deux lettres de M. l'intendant général que M. le Maréchal a bien voulu que je décachette en votre absence; il vous charge de leur donner suite et de tenir la main à la prompte exécution de leur contenu.

Compans.

5ᵉ CORPS D'ARMÉE.

Rapport du 17 au 18 vendémiaire (9-10 octobre).

Zusmarshausen, le 18 vendémiaire an xiv (10 octobre 1805).

J'ai l'honneur de vous rendre compte que le corps d'armée a quitté le 17 (*9 octobre*), sa position en avant de Wertingen, sur la route de Günzburg, et s'est dirigé par Villenbach, Altenmünster, Werlenschwang sur Zusmarshausen où il a pris position dans l'ordre suivant :

Division de cavalerie.

La brigade de hussards a été détachée sous les ordres de Son Altesse Sérénissime le prince Murat.

La brigade de chasseurs a été établie à Gabelbach. Un escadron du 21ᵉ régiment a été laissé le matin à Binswangen pour couvrir Wertingen.

Division de grenadiers.

La brigade, aux ordres du général Laplanche Mortières, a pris position sur la route de Burgau, savoir :

2 bataillons en première ligne, à mi-chemin entre Zusmarshausen et Burgau.

2 bataillons en seconde ligne, sur le sommet de la hauteur qu'on rencontre en sortant de Zusmarshausen.

Cette brigade, sitôt qu'elle a été établie, s'est trouvée détachée aux ordres de Son Altesse Sérénissime monseigneur le prince Murat.

La brigade, aux ordres du général Dupont, a pris position en avant de Zusmarshausen, sur la route de Steinkirch, la droite appuyée à cette route, la gauche s'étendant vers celle d'Augsburg.

La brigade, aux ordres du général Ruffin, s'est placée à la gauche de la précédente et a appuyé sa gauche à la route d'Augsburg.

L'artillerie de la division et les sapeurs ont été établis sur le plateau, qui est en avant de Zusmarshausen, sur la route de Steinkirch.

2ᵉ division.

La 2ᵉ division continue à être détachée sous les ordres du maréchal Ney.

Parc d'artillerie du corps d'armée.

Le parc d'artillerie est arrivé le 17 à Donauwörth.

COMPANS.

Le maréchal Berthier à Son Altesse Sérénissime le prince Murat.

Donauwörth, le 17 vendémiaire an XIV (9 octobre 1805),
à 2 heures du matin.

L'Empereur a appris, par le major que vous avez fait prisonnier, les détails du combat de Wertingen. Ce major pense que les 12 bataillons auront tous été pris. Soyez à la pointe du jour vous-même à cheval, afin de faire courir des postes et de ramasser le plus de prisonniers qu'il vous sera possible.

A 5 heures après-midi, le maréchal Soult était aux mains avec un corps de 10,000 hommes à Aichach. Le général Saint-Hilaire est à Augsburg.

Tout en ramassant les prisonniers, que cela ne vous empêche

pas de remplir le but de vos ordres en vous portant sur Zusmarshausen. Le maréchal Lannes doit s'en rapprocher le plus qu'il sera possible. La division Suchet se rend sous les ordres du maréchal Lannes. La division Saint-Hilaire, qui est à Augsburg, ne se trouvera éloignée qu'à trois lieues de Zusmarshausen ; au moindre événement vous lui donnerez l'ordre de se réunir à Zusmarshausen, pour se joindre au corps de M. le maréchal Lannes.

L'Empereur espère que M. le maréchal Soult sera demain, de bonne heure, avec ses deux divisions à Augsburg ; il tarde beaucoup à Sa Majesté de voir réaliser ce mouvement de Zusmarshausen à Augsburg ; Elle aurait une assez belle armée.

L'Empereur n'a aucune nouvelle d'Ulm, ni du général Marmont, ni du maréchal Davout ; il attend les unes et les autres avec impatience.

La division d'Hautpoul se mettra en marche à la pointe du jour. Du moment que vous avez aperçu l'ennemi, vous auriez dû prévenir l'Empereur qui ne l'a été qu'à 8 heures du soir ; enfin, éclairez bien les débouchés sur Ulm.

Certainement l'ennemi devrait être en marche de cette place sur Augsburg et, dans ce cas-là, il faut que M. le maréchal Soult soit prévenu et que ce Maréchal et le maréchal Lannes soient réunis ensemble.

Si l'ennemi est en force, il ne faut pas que M. le maréchal Lannes engage une affaire sérieuse, qu'il ne soit réuni avec le maréchal Soult.

Correspondez avec le général Saint-Hilaire et Ney.

Faites connaître ces dispositions au maréchal Lannes, auquel je n'écris pas.

Maréchal BERTHIER.

L'Empereur au prince Murat.

Quartier impérial, à Donauwörth, le 17 vendémiaire an XIV
(9 octobre 1805).

Mon Cousin, je suis extrêmement satisfait du compte que vous me rendez de la bonne conduite de ma cavalerie et spécialement des dragons dans la journée d'hier. Ils ont eu affaire avec douze bataillons de grenadiers et c'est ce qu'il y avait de mieux dans l'armée autrichienne. Faites-le connaître à l'ordre. La division Suchet se rend pour appuyer le corps du maréchal Lannes. J'ai dirigé d'Hautpoul sur Mertingen, grande chaussée de Donauwörth à Augsburg. Moi-même, avec toute ma Garde, je vais militairement suivre la même chaussée, et j'irai coucher à Augsburg, où je compte que le maréchal Soult est arrivé à l'heure qu'il est. Interceptez la grande route d'Augsburg à Ulm, et poussez le général Walther entre Augsburg et Landsberg, et placez le maréchal Lannes de manière que, si demain à la pointe du jour, Augsburg était attaqué, les trois divisions de ce Maréchal pussent s'y porter. Je ne partirai pas avant dix heures. J'attends les rapports du maréchal Ney, qui me sont nécessaires avant de me fixer au parti que je viens de vous faire connaître. Il est fâcheux que le maréchal Ney n'ait pas jeté hier quatre ou cinq bataillons par Dillingen ; il eût été temps encore cette nuit. Par ce moyen, peu d'ennemis auraient échappé. J'attends les huit drapeaux et les prisonniers que vous avez faits ; 2,000, c'est bien peu ; j'avais espéré, d'après le premier rapport, que la cavalerie serait arrivée à temps pour empêcher que l'ennemi ne se réfugiât dans les bois. J'ai fait officier de la Légion d'honneur votre aide de camp (1), qui m'a apporté deux drapeaux. J'attends le rapport pour récompenser ceux qui se sont distingués au combat de Wertingen.

NAPOLÉON (2).

Le général Belliard au général Beaumont.

Zusmarshausen, le 17 vendémiaire an XIV (9 octobre 1805).

D'après les ordres du prince Murat, vous irez vous établir avec votre division au village d'Auerbach, à une lieue de Zusmarshausen, sur la route d'Augsburg. Vous ferez pousser des reconnaissances sur cette ville pour vous assurer si l'ennemi l'occupe ou si les Français s'en sont emparés. Dans ce dernier cas, vous communiquerez avec eux ; vous vous établirez militairement, ayant soin de vous bien éclairer sur les routes à

---

(1) Exelmans, chef d'escadron.
(2) *Correspondance de Napoléon*, n° 9356.

Menden (?) et Schwaburn (?). La troupe devra être au bivouac et les chevaux sellés. Le quartier général du Prince sera à Zusmarshausen.

BELLIARD.

Le général Belliard au général Klein.

Le 17 vendémiaire an xiv (9 octobre 1805).

D'après les ordres du Prince, vous vous établirez avec votre division en arrière du village de Zusmarshausen. Vous aurez soin de vous garder militairement, de vous éclairer sur votre droite et en même temps autour de vous, ayant des postes sur les routes d'Augsburg, Günzburg et Mindelheim.

Vous êtes prévenu qu'un régiment de hussards est sur la route de Mindelheim, au village de Steinkirch, un autre sur la route de Burgau, au village de Glottwing. La division de grosse cavalerie est établie en arrière du village de Werlenschwang. La division Beaumont occupe le village d'Auerbach.

La troupe bivouaquera et les chevaux resteront sellés.

BELLIARD.

Le général Belliard au général Nansouty.

Zusmarshausen, le 17 vendémiaire an xiv (9 octobre 1805).

D'après les ordres du prince Murat, vous vous établirez avec votre division à Werlenschwang, ayant soin de le garder militairement et de vous éclairer sur les routes de Burgau et sur celles qui peuvent aboutir sur vos derrières, au village que vous occupez. Des régiments sont placés à une lieue ; les troupes en avant de Zusmarshausen, sur les routes de Burgau, où l'on dit que l'ennemi se trouve, et d'Augsburg que l'on pense être occupé par nos troupes.

Les régiments devront bivouaquer et les chevaux rester sellés.
Le quartier général du Prince sera à Zusmarshausen.

BELLIARD.

Le général Belliard au général Treillard.

Le 17 vendémiaire an xiv (9 octobre 1805).

Le prince Murat ordonne qu'un régiment de hussards aille s'établir sur la route de Burgau au village de Glottwing, à une lieue en avant de Zusmarshausen, et qu'il pousse des reconnaissances sur Burgau, ayant soin de bien se garder et de tenir des petits postes intermédiaires, qui se retireraient rapidement sur le régiment, si l'ennemi, qu'on dit être à Burgau, marchait sur nous; d'éclairer toutes les routes sur sa droite et sur sa gauche. L'autre régiment devra occuper le village de Steinkirch, à une lieue de Zusmarshausen, sur la route de Mindelheim, poussant des reconnaissances sur ce dernier village, et s'éclairant de même avec beaucoup de soin sur ses flancs.

Vous établirez votre quartier général à Glottwing.

Ayez soin, mon Général, de faire connaître au Prince le rapport de votre reconnaissance.

BELLIARD.

RÉSERVE DE CAVALERIE.

Rapport du 17 vendémiaire an XIV (9 octobre 1805) au 28 inclus (20 octobre 1805).

Le 17 vendémiaire an xiv (9 octobre 1805).

Le corps d'armée quitta sa position de Wertingen sur la Zusam, à 7 heures du matin, pour marcher sur Zusmarshausen qu'on disait être occupé par l'ennemi.

Il en était parti la nuit.

Le corps d'armée prit position. Le 9e de hussards s'établit à Glottwing sur la route de Burgau, avec ordre de pousser des reconnaissances sur ce point.

Le 10e occupa Steinkirch sur la route de Mindelheim, poussant de même des reconnaissances sur cette ville et sur Schwabach.

La 3e division de dragons tint Auerbach, route d'Augsburg, communiquant avec les troupes françaises du corps d'armée de M. le maréchal Soult, qui devaient occuper Augsburg.

La 1re division de dragons eut une brigade à Wolpach, et la 2e en arrière de Zusmarshausen, et la 1re division de cuirassiers était à Werlenschwang.

La division de grenadiers de M. le maréchal Lannes s'établit en avant de Zusmarshausen, sur la route de Steinkirch, et la division du général Suchet, qui s'est réunie au corps d'armée, prit position à une lieue en arrière.

Le régiment de chasseurs à cheval occupa Neuenmünster.

Sa Majesté l'Empereur et Roi arriva à 2 heures du soir avec le grand quartier général.

La reconnaissance du 9e régiment de hussards rencontra l'ennemi à Rosshaupten.

A 3 heures, on entendit l'attaque de M. le maréchal Ney sur Günzburg. Le Prince fit marcher sur Glottwing, où il se porta lui-même, une brigade de grenadiers avec son artillerie qui, dans la nuit, de concert avec le 9e régiment de hussards, enleva le village de Rosshaupten. Une patrouille communiqua par notre droite au milieu des postes ennemis avec les troupes de M. le maréchal Ney à Dillingen.

Marches et rapports historiques de la 1re division de dragons montés.

Le 17 vendémiaire an XIV (9 octobre 1805).

A 2 heures du matin, la vedette d'une des gardes placées la veille pour arrêter les partis ennemis égarés, ayant entendu du bruit dans son voisinage, s'y porta et reconnut de l'infanterie autrichienne qui cherchait à s'échapper; aussitôt elle donna l'alarme, le poste monta à cheval; l'officier qui le commandait, s'étant dirigé aux cris de la vedette, s'empara d'un détachement ennemi, composé de 80 grenadiers et 2 officiers, avec un drapeau.

La division s'est mise en marche à 9 heures du matin, pour se rendre à Zusmarshausen, où elle a pris position à midi.

A 2 heures, la 2e brigade a été s'établir à Wolpach.

A 5 heures, le 26e est monté à cheval pour accompagner Son Altesse Sérénissime le prince Murat dans une reconnaissance sur Burgau et n'est rentré à son cantonnement qu'à minuit.

9 OCTOBRE.

Le maréchal Soult au maréchal Berthier.

Mainbach, le 17 vendémiaire an XIV (9 octobre 1805),
à 4 h. 1/2 du matin.

Je viens de recevoir la dépêche du 16 (*8 octobre*), dont Votre Excellence m'a honoré; elle aura vu par mon rapport du même jour que les prisonniers, que j'avais faits hier dans cette partie, avaient assuré que l'ennemi, en se retirant d'Ulm, devait se porter sur Landsberg, ce qui annonce une disposition prise depuis quelques jours.

Je vais me porter sur Aichach, où j'espère qu'aucun obstacle ne m'empêchera d'arriver, et me dirigerai de suite sur Friedberg; cette marche doit déterminer l'ennemi, qui est devant Augsburg, à se retirer au plus vite sur Landsberg; dans cette supposition, je prierai Votre Excellence de vouloir bien me faire connaître s'il n'entrerait pas dans les dispositions de Sa Majesté que je dirigeasse le 4º corps d'armée sur ce débouché important, tandis que le maréchal Davout me remplacerait à Friedberg; mais, dans ce cas, je demanderais que les 1re et 4e divisions du corps d'armée, qui sont sur la rive gauche du Lech, ainsi qu'un renfort de cavalerie, eussent ordre de me rejoindre.

J'ai l'honneur.....

SOULT.

P.-S. — Si le corps d'armée était réuni, je demanderais avec instance à Sa Majesté la permission de le diriger sur Munich pour m'établir au centre de la ligne d'opération de l'armée ennemie, l'obliger à s'élever jusque dans le Tyrol, passer l'Isar et être en position de battre les Russes à mesure qu'ils arriveraient.

4º CORPS D'ARMÉE.

Ordre.

La 1re division prendra position en avant du village de Kriegshaber, sur la route d'Ulm. Elle portera son avant-garde en avant de Steppach, en arrière de la Schmutter. Elle placera des postes au delà de cette rivière.

La 2ᵉ division prendra position en arrière du village de Göggingen, sur la route de Mindelheim à Memmingen. Elle portera son avant-garde en avant de Gögglingen, gardera tous les ponts de la Wertach et se liera par la droite par des postes avec ceux de la 1ʳᵉ division.

La 3ᵉ division s'établira en arrière du village d'Haunstetten, sur la route de Landsberg, dirigeant sa droite vers la gauche de la 2ᵉ division. Elle portera son avant-garde en avant d'Haunstetten, et éclairera la rive gauche du Lech.

Le 8ᵉ de hussards fera l'avant-garde de la 1ʳᵉ division;

Le 11ᵉ de chasseurs, de la 2ᵉ division;

Et le 26ᵉ de chasseurs, de la 3ᵉ division.

Les chasseurs corses et les tirailleurs du Pô seront envoyés à la 3ᵉ division.

Le général Saint-Hilaire enverra un bataillon à Augsburg, où sera le quartier général.

(*Sans date*).   Soult (1).

Le général Salligny au Commissaire ordonnateur.

Augsburg, le 17 vendémiaire an xiv (9 octobre 1805).

Monsieur l'Ordonnateur,

D'après votre rapport, il faut, pour avoir des souliers, faire donner leur contingent aux habitants de cette ville. Si c'est une mesure absolument indispensable à prendre, il faut s'y résoudre. Pour cela, je mets à votre disposition 100 hommes d'infanterie (2).

Puisque les magistrats ont signé l'engagement de fournir 40,000 rations à 6 heures du soir et que rien n'est rentré, déclarez-leur que, si pour Munich il n'y a pas 40,000 rations de fournies, on fera entrer en ville deux régiments. Il faut encore requérir 40,000 rations pour demain.

La garde doit être fournie.

---

(1) Le maréchal Soult réclame aux divisionnaires un état des besoins en souliers.

(2) Fournis par le 26ᵉ.

Vous faites très bien de faire enlever tout ce qui est fabriqué ; c'est le moyen d'avoir quelque chose.

Il est juste que l'ordonnateur Mathieu Faviers partage les ressources d'ici, mais le Maréchal pense que 6,000 rations lui suffisent ; insistez pour qu'il n'ait pas d'avantage. Les tirailleurs du Pô doivent avoir des souliers les premiers.

SALLIGNY.

Le maréchal Soult au maréchal Berthier.

Augsburg, le 17 vendémiaire an XIV (9 octobre 1805).

J'arrivais à Friedberg, et mon avant-garde était aux portes d'Augsburg, lorsque la lettre, que Votre Excellence m'a écrite le 16 (*8 octobre*), à minuit, m'est parvenue. J'ai été vivement affligé de voir que Sa Majesté n'avait point approuvé la marche que j'ai ouverte par Aichah pour me rendre à ma destination ; le rapport que j'ai eu l'honneur de vous faire la nuit dernière aura peut-être justifié les motifs qui m'ont déterminé à donner cette direction à la colonne ; j'eusse craint de compromettre ma gauche, si je n'avais d'abord repoussé le corps qui la menaçait, et dont la force en cavalerie était supérieure à celle que je pouvais lui opposer ; d'ailleurs Votre Excellence doit se rappeler qu'elle m'a positivement prescrit, dans son ordre du 16 de ce mois, de marcher sur Aichach, si par cas l'ennemi y était en force ; j'ai obéi par devoir et par nécessité ; j'ambitionne que Sa Majesté en soit persuadée, et qu'Elle ne conserve aucun doute sur l'empressement que je mets à remplir toutes ses intentions et la partie de ses dispositions qu'Elle m'a fait l'honneur de me confier.

Je vous prie, Monsieur le Maréchal et Ministre, de vouloir bien mettre sous les yeux de l'Empereur ma justification, et d'avoir la bonté de me dire si Sa Majesté en est satisfaite.

J'ai l'honneur.....

SOULT.

Le maréchal Soult à l'Empereur.

Augsburg, le 17 vendémiaire an XIV (9 octobre 1805).

Sire,

Ce matin, à la pointe du jour, les 2⁰ et 3⁰ divisions du corps d'armée se sont mises en mouvement pour se diriger sur Augsburg en passant par Aichach et Friedberg; à 6 heures, l'avant-garde est entrée à Aichach (l'ennemi avait évacué cette ville depuis deux heures). A midi, elle était à Augsburg où elle joint celle de la 1ʳᵉ division et la division de dragons, commandée par le général Walther, qui y entrait en même temps.

J'ai fait établir la 1ʳᵉ division en avant de Kriegshaber, sur la route d'Ulm, la 2ᵉ est entre Augsburg et Gögglingen, couvrant la route de Mindelheim, la 3ᵉ entre Gögglingen et Haunstetten, couvrant la route de Landsberg. J'aurais pu marcher encore aujourd'hui, mais manquant de pain, et la troupe étant fatiguée par la pluie qu'elle a reçue, j'ai cru devoir lui donner le temps de prendre les subsistances que je fais préparer à Augsburg. Demain, je marcherai sur Ulm pour remplir les intentions de Votre Majesté, que Son Excellence le Ministre de la guerre m'a fait connaître par sa lettre du 16 (*8 octobre*).

J'ai rendu au général Walther la brigade de dragons qui a suivi le mouvement de la colonne que je conduisais, et cette division est établie aujourd'hui en avant de Friedberg, couvrant le débouché de Munich, conformément aux ordres qu'elle a reçus de Son Altesse le prince Murat. J'ai l'honneur de prier Votre Majesté de vouloir bien me faire connaître ses intentions à l'égard de cette division, si elle doit suivre mon mouvement sur Ulm.

Il y avait hier à Aichach deux régiments d'infanterie (Prince Ferdinand et Deutschmeister) et deux bataillons de troupes irrégulières, le régiment de uhlans de Merveldt et les hussards de Liechtenstein; cette troupe s'est retirée sur Schwabhausen, où des cuirassiers de l'Empereur, qui d'abord avaient été dirigés sur Ratisbonne, et d'autres troupes venues de Neuburg, se sont également retirées; tous les renseignements portent que l'ennemi veut défendre ce poste et y attendre, si Votre Majesté le lui permet, l'arrivée des Russes. Dans les environs de Munich, il doit y avoir dans ce moment une douzaine de mille hommes auxquels le général Kienmayer donne des ordres.

300 hussards se sont retirés ce matin de Friedberg sur Munich.

A Friedberg, les Autrichiens avaient commandé 50,000 rations de pain, qui devaient partir demain pour Ulm; il y en avait déjà 4,000 rations de fabriquées, qui ont servi à l'avant-garde; il y a un magasin de blé et un autre d'avoine.

Le baron de Lieber, banquier de la cour de Vienne, a dit au général Lariboisière que, depuis deux jours, le bruit courait que l'archiduc Charles était arrivé à Weissenhorn, près Ulm, mais il ne l'assure pas positivement. Le prince Ferdinand et le général Mack sont toujours présumés à Ulm.

J'ai l'honneur..... SOULT.

Le général Vandamme au maréchal Soult.

Gögglingen, le 17 vendémiaire an XIV (9 octobre 1805).

Monsieur le Maréchal,

J'arrive ici et je suis établi à la position que vous m'avez ordonné d'occuper, mes troupes sont exténuées de fatigue, elles souffrent surtout beaucoup du manque de vivres et il est bien à désirer que nous ayons enfin quelques distributions.

Les rapports des voyageurs, postillons et paysans portent que l'ennemi a encore occupé ce matin le village de Schwabmünchen, sur le chemin de Mindelheim : il a reçu ce matin un convoi de 40 voitures d'artillerie, qui a filé sur Mindelheim, venant de Munich par Landsberg.

Un déserteur, qui m'est arrivé ce soir, dit que la majeure partie des troupes est encore vers Memmingen, Kempten et Ulm; il dit aussi qu'une grande partie de l'armée ennemie est déjà défaite par la fatigue, attendu que les Autrichiens ont pris de force beaucoup de jeunes gens qui ne peuvent supporter les fatigues de la guerre.

J'ai été très mécontent aujourd'hui de la marche du bataillon corse.

J'ai l'honneur..... VANDAMME.

Le maréchal Soult au maréchal Berthier.

J'ai l'honneur de rendre compte à Votre Excellence de la position que les trois premières divisions du corps d'armée ont prises en avant d'Augsburg, où elles sont arrivées aujourd'hui, à une heure. La première division est en avant du village de Kriegshaber, sur la route d'Ulm.

La 2ᵉ division entre Augsburg et Gögglingen couvrant la route de Mindelheim.

La 3ᵉ entre Gögglingen et Haunstetten couvrant la route de Landsberg.

Depuis hier, la troupe manque de pain, j'espère que ce soir je pourrai lui en donner pour deux jours ; à Friedberg, j'en ai trouvé 4,000 rations faisant partie d'un convoi qui devait être fait sur Ulm ; il y a aussi, dans cette ville, un magasin de blé et un autre d'avoine. Quelques corps ont des hommes qui manquent de souliers, j'en fais demander 6,000 paires à Augsburg. Sur cette quantité, j'en obtiendrai bien le tiers, qui suffiront aux besoins connus.

L'ennemi avait hier à Aichach, en outre des régiments de cavalerie, dont je vous ai donné les noms, les régiments de Deutschmeister et prince Ferdinand, infanterie, ainsi que deux bataillons de troupes irrégulières. Cette troupe s'est retirée sur Schwabhausen, où, m'assure-t-on, il y a 15,000 hommes de réunis et où l'ennemi se propose de tenir jusqu'à l'arrivée des Russes.

A Munich, il doit y avoir une douzaine de mille hommes.

Demain, je marcherai sur Ulm, en exécution des dispositions que Votre Excellence me fait connaître par sa lettre du 16 (*8 octobre*).

Je la prie de me dire si la division de dragons, commandée par le général Walther, doit suivre mon mouvement et si je puis lui donner des ordres. Le terrain que j'ai à parcourir demande plus de cavalerie que je n'en ai.

Je n'ai aucune nouvelle du maréchal Davout, ni de ses troupes.

J'ai l'honneur de vous prier, Monsieur le Maréchal et Ministre, de vouloir bien m'indiquer le mouvement des corps qui seront à ma droite.

J'ai l'honneur..... Soult.

P.-S. — J'ai fait connaître aux divisions les brillants succès que le prince Murat a obtenus, et cette bonne nouvelle leur fait désirer vivement de trouver l'occasion de signaler leur courage et leur dévouement pour Sa Majesté.

(*Sans lieu ni date.*) Soult.

Bulletin historique des marches de la division de la Garde impériale.

Le 17 vendémiaire, elle passa le Danube à Donauwörth, et se dirigea sur Augsburg en côtoyant le Lech et en traversant un pays de plaine boisé. Elle poussa jusqu'à Augsburg (12 lieues).

Cantonnements à Augsburg.

Général Roussel.

Le maréchal Berthier au général Marmont.

Donauwörth, le 17 vendémiaire an xiv (9 octobre 1805),
à 10 heures du matin.

Général,

Les moments sont précieux; chaque heure perdue nous ôte une partie des succès que notre marche nous a donnés.

Rendez-vous avec votre corps d'armée ce soir à l'intersection des routes d'Augsburg à Neuburg et de Munich à Rain, c'est-à-dire au village dans les environs de Gundelsdorf. Tirez des vivres partout où vous pourrez, car il y aura bien de la peine à vivre à Augsburg.

Le quartier général sera ce soir à Augsburg.

Je vous préviens que, dès aujourd'hui, votre corps d'armée ne recevra des ordres que du grand quartier général.

Maréchal Berthier.

Le général Marmont au maréchal Berthier.

Neuburg, le 17 vendémiaire an xiv (9 octobre 1805).

J'ai l'honneur de vous rendre compte que mes troupes viennent de passer le Danube. Elles auraient marché immédiatement et auraient couché ce soir à Pörnbach où est la croisée des routes de Pfaffenhofen et de Schrobenhausen, si la cruelle disette qu'elles éprouvent n'avait pas rendu indispensable de les arrêter pour leur distribuer quelques subsistances. Elles vont recevoir un tiers de ration de pain et quelque peu de pommes de terre; après quoi elles marcheront et iront, j'espère, à trois lieues sur la route de Pfaffenhofen.

Le maréchal Bernadotte est à Ingolstadt; il passe le Danube sans avoir d'ennemis en présence. En conséquence, je ne m'y rends pas. Le maréchal Davout vient de partir pour Aichach; je prends une position intermédiaire.

Je n'ai aucune direction pour mon mouvement de demain, mais, à moins d'ordre contraire, je me rendrai à Schrobenhausen pour être plus à portée de soutenir le maréchal Davout et laisser un peu de place au maréchal Bernadotte.

Je vous demande avec les instances les plus vives, Monsieur le Maréchal, de prendre en considération ma position relativement aux subsistances et de me faire donner de prompts secours en biscuit. Mes besoins augmentent parce que je m'éloigne toujours, parce que le passage du territoire prussien retarde l'arrivée de mes convois, parce que le pays est épuisé et que le voisinage des corps d'armée réduit à rien les ressources que je pourrais encore en tirer.

Je prie Votre Excellence..... MARMONT.

Note après avoir communiqué au général Marmont les ordres et les dispositions de Sa Majesté.

Nassenfels, le 17 vendémiaire an xiv (9 octobre 1805),
à 4 h. 1/2 du matin.

Les troupes du général Marmont sont arrivées le 15 (*7 octobre*), à Pappenheim, excessivement fatiguées. Il devait marcher le lendemain à Neuburg par Tagmersheim et Bergen, route de traverse dans laquelle tous les rapports l'ont déconseillé de s'engager; il a pensé qu'en partant de très bonne heure il aurait le temps de prendre à la hauteur de Staffensheim, en tête des colonnes de M. le maréchal Bernadotte, la grande route de Weissenburg par Eichstädt et Neuburg. Mais la difficulté des chemins et la lenteur de la marche dans le défilé a fait que la colonne de M. le Maréchal a été coupée sur tête et il en est résulté un grand encombrement et la perte réelle d'une marche pour M. le Maréchal.

Le général Marmont s'est trouvé cependant par là, étant arrivé à Nassenfels, en mesure de passer le Danube ce matin 17 (*9 octobre*), et, se portant le plus tôt qu'il le pourra sur Schrobenhausen, d'appuyer le mouvement et l'attaque de M. le maréchal Davout sur Aichach; il a dû, dès ce matin, en mettant ses troupes en mouvement, se concerter avec lui.

Le général Marmont a reçu les mêmes avis que le maréchal Davout sur les forces et les mouvements de l'ennemi en Bavière, et quant à ce qui concerne la Rednitz et la frontière de Bohême, il se réfère aux rapports qu'a dû recevoir et transmettre M. le maréchal Bernadotte.

Mathieu DUMAS.

Ordre de marche.

Au quartier général, à Neuburg, le 17 vendémiaire an XIV
(9 octobre 1805).

L'avant-garde partira à 5 h. 1/2 du matin et réglera sa marche de manière à n'être pas au delà d'une lieue du corps d'armée. Elle s'éclairera très au loin sur la route de Rain à Aichach pour chercher à communiquer avec les troupes françaises et surtout avec une division de dragons qui se porte sur le même point. L'avant-garde s'éclairera également sur sa gauche et particulièrement sur les routes qui pourraient venir de Schrobenhausen.

La 1re division partira à 5 h. 1/2, la 2e, à 6 heures, et la 3e à 6 h. 1/2.

Les divisions ne marcheront qu'avec leur artillerie et laisseront les voitures et bagages en tout genre qui marcheront à la suite du parc de réserve d'artillerie, conformément à l'ordre précédemment donné.

Chaque division fera marcher un demi-bataillon sur sa droite et un demi-bataillon sur sa gauche pour couvrir ses flancs. Ces demi-bataillons seront toujours en vue de leur division.

Il est expressément commandé aux généraux de division, lorsqu'ils seront à deux ou trois lieues de leurs positions, d'avoir fréquemment des patrouilles de deux ou trois hommes de cavalerie pour communiquer avec les troupes qui marchent sur la route de Rain.

Le général, chef de l'état-major,

(*A. G.*). DAULTANNE.

Le maréchal Davout à l'Empereur.

Aichach, le 17 vendémiaire an XIV (9 octobre 1805).

Sire,

J'ai l'honneur de rendre compte à Votre Majesté qu'aujourd'hui, à cinq heures, les divisions de ce corps d'armée avaient pris position à Aichach.

Le général Kienmayer s'était déjà retiré sur Munich avec précipitation ; d'après les mouvements que l'on a remarqués dans ses troupes et même dans son quartier général, tout annonce la crainte, l'incertitude et l'irrésolution, ce qui attaque singulièrement le moral du soldat qui ne paraît pas se dissimuler la position fâcheuse dans laquelle se trouve l'armée autrichienne.

Les officiers, pour rassurer les esprits, parlent beaucoup des Russes, mais cela n'est qu'un faible palliatif.

Les Autrichiens ont frappé sur la Bavière une réquisition de quatre cents chevaux de selle, propres à monter des officiers et même des officiers généraux ; ces chevaux doivent être livrés tout équipés et conduits par deux cents palefreniers.

J'ai l'honneur.....

DAVOUT.

Le maréchal Davout au maréchal Berthier.

Aichach, le 17 vendémiaire an XIV (9 octobre 1805).

Monsieur le Maréchal,

J'ai l'honneur de rendre compte à Votre Excellence que le corps d'armée a pris position à Aichach ce soir, entre les cinq et six heures, l'avant-garde s'est portée à Pfaffenhofen, à deux lieues en avant d'Aichach, sur la route de Munich.

La cavalerie légère du général Vialannes a pris position à Vernes, à gauche de la route de Munich.

La 1re division est établie en avant d'Aichach, sur la lisière d'un bois, entre les routes d'Augsburg et de Munich.

La 2e division est postée dans les bois, à la gauche de la route de Munich.

La 3e occupe la lisière des bois sur la route de Neuburg à Aichach.

L'Empereur d'Autriche avait, par une proclamation, menacé de la peine capitale les habitants qui protégeraient et recéleraient les déserteurs de ses troupes ; malgré ces défenses, les habitants, stimulés par des ordres secrets de l'Électeur de Bavière, continuent à recéler des déserteurs autrichiens, ce qui entretient la désertion dans leur armée ; il nous est arrivé aujourd'hui 7 à 8 de ces déserteurs.

DAVOUT.

3e CORPS D'ARMÉE.

Journée du 17 vendémiaire an XIV (9 octobre 1805).

Quartier général : Aichach.

Avant-garde :

Marche sur Aichach et prend position auprès de Walchshofen jusqu'à ce qu'elle voit arriver la tête de la 1re division, alors elle se porte en avant d'Aichach.

1re division : Aichach.

Bivouaque, la droite à Seebach (?), la gauche à Hollenbach, occupant les villages de Saint-Jodoc et de Affing et le bois qui est en avant de ces villages.

2° division : Bernbach.

Appuie sa droite à la gauche de la 1re division à Hollenbach, la gauche à Walchshofen, en occupant les villages de Bernbach et de Algertshausen.

3° division : Inchenhofen.

En deuxième ligne à Inchenhofen ; les troupes sont placées en avant de ce village, faisant face à Aichach et tenant la tête des bois.

Cavalere légère : A rallié l'avant-garde et suit son mouvement.

Parc : Suit le mouvement de la 3° division et parque en arrière d'Inchenhofen.

Journal de marche de la division Friant.

De Zell à Aichach, le 17 vendémiaire an xiv (9 octobre 1805).

L'avant-garde marche sur Aichach ; elle prend une première position en arrière des hauteurs de Walchshofen ; elle se porte en avant à l'arrivée de la 1re division, appuie sa droite à la hauteur sur laquelle est le château de Scherneck, sa gauche sur Hollenbach, occupant Saint-Jodoc et Affing sur son front ; elle se porte une troisième fois en avant, traverse Aichach, couvre cette petite ville en se mettant à cheval sur la route de Munich, en arrière de Klingen, et la 1re division occupe définitivement sa seconde position.

La 2° division appuie sa droite à Hollenbach, sa gauche à Hezhoffen (?) ; elle occupe Bernbach et Algertshausen. Son quartier général alla à Aichach. Nous étions au milieu des bois et avions le Paar sur notre front ; la position était bonne. La 3° division se porta en seconde ligne derrière nous dans les bois et occupa Inchenhofen.

. . . .

Nous avons eu constamment de bons chemins malgré le mauvais temps et un bon nombre de montées et descentes, le terrain étant en général très accidenté. Nous passâmes sept à huit ruisseaux sur des ponts en bois et trouvâmes à droite et à gauche beaucoup de chemins vicinaux en bon état.

Nous suivîmes la route de Neuburg à Augsburg jusqu'à

Gundelsdorf, village sur une hauteur isolée, avec église et cimetière muré. Nous passâmes à Feldkirchen, près une ferme isolée, nommée Kalkhofen, à Wagenhofen, Rohrenfels, traversé par un très gros ruisseau. Nous passâmes près de Bairn, d'Hollenbach, de Seyboltsdorf, à Schönesberg, à Walden, traversé par un ruisseau, à Gumpenberg, à Pöttmes, gros bourg près d'un lac et traversé par l'Ach, très petite rivière, à Handzell, village avec château et situé dans une espèce d'île formée par l'Ach et un de ses bras; nous passâmes l'un et l'autre sur des ponts en bois, puis entre deux étangs avant d'arriver à Gundelsdorf.

. . . .

Le général Gautier au général Gudin.

Walchshofen, le 17 vendémiaire an XIV (9 octobre 1805).

Mon Général,

La brigade que j'ai l'honneur de commander est placée dans le bois, dit Inchenhofen-Wald, à 600 toises en arrière de ce village, laissant à sa droite l'espace de deux régiments pour la brigade du général Petit qui aura sa droite à la route.

La 2ᵉ division vient de quitter la position que nous occupons pour aller prendre celle de la 1ʳᵉ division qui doit avoir marché.

L'officier d'état-major, chargé de m'indiquer l'emplacement, n'a pu le faire après le départ de la division Friant. J'ai pris sur moi de m'établir à son lieu et place et j'ai prié M. Larcilly (1) de rendre compte à M. le Maréchal de cette détermination que vous approuverez sans doute, mon Général, avec d'autant plus de raison que la nuit, le mauvais temps et la fatigue ne nous permettaient plus d'attendre dans la plaine.

Agréez mes hommages respectueux.

(*A. G.*). GAUTIER.

---

(1) Officier d'état-major du corps d'armée.

A M. le maréchal Davout.

Inchenhofen, le 17 vendémiaire an XIV (9 octobre 1805).

J'ai l'honneur de vous rendre compte que ma division est arrivée à Inchenhofen à 5 h. 1/2; elle allait prendre sa position, que j'avais reconnue, lorsqu'un officier de l'état-major général est venu la chercher pour la placer en avant des bois d'Inchenhofen; ce changement, qui ne me rapproche que d'une demi-lieue d'Aichach, est cause que la queue de ma colonne ne sera pas rendue avant 10 heures dans son bivouac, vu la difficulté du passage d'Inchenhofen où les hommes ont été obligés de passer un à un.

Les troupes détachées sur les flancs n'ont rien vu que beaucoup de pillards de toutes les divisions; le mal à cet égard paraît augmenter et il serait, je crois, très nécessaire d'y porter remède; les marches forcées y contribuent à la vérité, mais il est dangereux que le pli, une fois pris, il ne faille des exemples nombreux pour le déraciner.

D'après les renseignements qui m'ont été donnés, le corps du général Kienmayer est composé des régiments des hussards de Liechtenstein :

    1 bataillon de Würtemberg;
    1 bataillon des grenadiers de Gemmingen;
    1 régiment de cuirassiers de Lorraine;
    4 bataillons d'infanterie du régiment Deutschmeister;
    2 bataillons de Colloredo.

Les uhlans de Merveldt, le régiment de Peterwardein, le régiment de Gyulay devaient faire partie de ce corps d'armée.

GUDIN.

Le général de brigade Daultanne, chef de l'état-major général, au général Gudin.

Au quartier général, à Aichach, le 17 vendémiaire an XIV
(9 octobre 1805).

Mon cher Général,

J'ai l'honneur de vous inviter à donner vos ordres pour qu'un sous-officier par régiment et un pour le parc d'artillerie de votre division, ainsi qu'un autre pour le grand parc, se rendent à Aichach, avant 4 heures du matin, pour prendre livraison d'une portion des vivres provenant d'une réquisition frappée sur le bailliage d'Aichach par ordre de M. le Maréchal. Ces objets consistent en pain, riz et eau-de-vie dont on ne peut encore apprécier les quantités, attendu que les rentrées ne sont pas entièrement effectuées.

Ces sous-officiers s'adresseront, à leur arrivée, au commissaire des guerres Burguet, qui se tiendra à la municipalité pour faire la répartition entre les divisions.

J'ai l'honneur de vous saluer respectueusement.

Pour le Général, chef de l'état-major général :

L'adjudant-commandant sous-chef,

Hervo.

(A. G.)

Note.

Marche des troupes de M. le maréchal Davout.

Beau convoi de pain et de biscuit défilant *cette nuit par Neuburg ;* il y en a pour six jours pour toute son armée.

M. le maréchal Bernadotte observe que les régiments d'infanterie diminuent beaucoup par les malades et plus encore par le nombre d'hommes qu'il est obligé de fournir au bataillon du train d'artillerie, aux équipages de l'armée et aux administrations ; il prie le ministre d'envoyer des conscrits aux bataillons du train ou lui envoyer deux compagnies. Beaucoup de voitures sont conduites par des paysans.

M. le maréchal Bernadotte et le général Marmont n'ont pas de biscuit ; on n'en a pas fabriqué à Würtzburg. M. le maréchal Bernadotte en fera faire.

M. le Maréchal a pleine confiance dans les Bavarois contre les Autrichiens, excepté trois régiments franconiens qu'il surveille. Son corps français est hors de proportion en cas d'isolement pour combattre les Russes.

M. Dumas.

Notes dictées par M. le maréchal Bernadotte, après avoir reçu communication des ordres et des dispositions de Sa Majesté.

Eichstädt, le 17 vendémiaire an xiv (9 octobre 1805).
à 7 heures du matin.

L'Empereur connaît les motifs qui ont empêché M. le maréchal Bernadotte d'être à Ingolstadt avec toute son armée, hier 16 (*8 octobre*); mais le général bavarois de Wrède s'est approché hier jusqu'à une lieue de cette place et y est entré ce matin avec environ 8,000 Bavarois.

Le général Kellermann suit le général de Wrède à une heure de distance avec deux régiments de cavalerie, une compagnie d'artillerie légère et un régiment d'infanterie légère.

Toutes ces troupes et celles de la division du général Drouet, qui suit à une heure de distance le général Kellermann, passent le Danube et se portent sur les hauteurs de Rothenthurm. Ces généraux envoient des partis sur la route de Pfaffenhofen, où le Maréchal a le projet de porter ces avant-gardes dès aujourd'hui, s'il le peut. La route de Schrobenhausen sera aussi éclairée, et des partis seront poussés sur Neustadt pour avoir des nouvelles du côté de Ratisbonne.

M. le Maréchal se porterait demain avec toute son armée sur Pfaffenhofen s'il ne recevait pas de nouveaux ordres de Sa Majesté. Il se liera avec le corps du général Marmont qui se porte aujourd'hui, s'il le peut, sur Schrobenhausen. Il faut observer que les troupes du général Marmont sont très fatiguées et que le reste de son artillerie n'a pu passer le défilé d'Eichstädt que la nuit dernière.

Il est parti d'ici (Eichstädt), il y a cinq jours, un corps d'environ 4,000 hommes pour se rendre à Amberg et y attendre une colonne russe que le général Merveldt est chargé de diriger ; ces informations, parvenues à M. le Maréchal depuis quelques jours, lui sont confirmées par le général Deroy, commandant les troupes bavaroises.

M. le Maréchal reçoit à l'instant l'avis que, parmi les troupes autrichiennes qui sont à Amberg, se trouve le régiment de Gmünd (1), un escadron de uhlans et un escadron de cavalerie.

---

(1) Ce régiment n'existe pas. Lire : *Gemmingen*.

Il y a deux jours, il n'y avait rien sur la Rednitz, rien à Lauf, sur le Pegnitz, rien à Neumarkt.

Le maréchal Bernadotte n'a pas encore reçu la solde de fructidor; il a néanmoins l'avis que 345,000 francs ont été versés dans la caisse du receveur à Hanovre; le reste suivra.

Le Maréchal pourvoit à la solde de vendémiaire par une contribution sur le pays d'Eichstädt, qu'on lui a ordonné de traiter en ennemi ainsi que l'ordre teutonique. Les rentrées seront suffisantes pour pouvoir donner quinze jours de solde de vendémiaire demain à l'armée.

Le Maréchal fera aussi donner des souliers aux troupes, ainsi que des capotes, ne pouvant plus compter sur celles qui étaient en confection à Hanovre.

Les troupes, quoique fatiguées, ont le meilleur esprit. Elles ont un peu souffert. Elles ont été cependant bien nourries et très bien sur le pays prussien, où l'on a payé argent comptant.

M. le Maréchal désire d'avoir une compagnie de sapeurs et un régiment d'infanterie, parce qu'il ne se trouve pas en proportion avec l'armée bavaroise.

MATHIEU-DUMAS.

Le maréchal Berthier au maréchal Bernadotte.

Donauwörth, le 17 vendémiaire an XIV (9 octobre 1805),
à 10 heures du matin.

Monsieur le Maréchal,

La plus grande activité est devenue nécessaire. L'ennemi, déconcerté dans toutes ses mesures, a toutes ses colonnes en mouvement; dans la supposition que nous ne passerions pas le Danube, une division ennemie de 12 bataillons de grenadiers est venue se faire prendre à 3 lieues de Donauwörth, ce qui a donné lieu au combat de Wertingen.

Je vous préviens que le général Marmont recevra désormais des ordres directs de l'état-major général et je lui en fais passer.

L'Empereur, Monsieur le Maréchal, ordonne que sans perdre un jour, un seul instant, vous partiez d'Ingolstadt avec 12,000 à 14,000 Français de votre armée, autant de Bavarois ; avec ce corps de 35,000 à 40,000 hommes, vous vous dirigerez droit sur Munich, à marche forcée, allant jour et nuit ; vous vous emparerez du pont de l'Isar et de tous les magasins qui se trouvent dans la ville, et vous vous mettrez sur-le-champ en bataille sur la route de Landsberg et sur celle de Vienne.

Vous laisserez à Ingolstadt un corps de 6,000 à 8,000 hommes, dont 2,000 Français et 6,000 Bavarois, lequel se retranchera à Ingolstadt et y tiendra des partis le long de l'Altmühl et de la Rednitz.

Éclairez bien les mouvements de l'ennemi sur la rive gauche, afin de donner le temps à l'Empereur d'envoyer un corps d'armée pour manœuvrer et agir sur la rive gauche du Danube, dans le cas où cela deviendrait nécessaire.

L'Empereur espère que votre avant-garde sera à Munich demain au soir 18 (*10 octobre*).

L'ennemi ne peut pas avoir dans cette ville plus de 8,000 à 10,000 hommes. Vous les attaquerez et vous les pousserez vigoureusement dans la journée du 18.

Le quartier général impérial sera aujourd'hui à Augsburg, ainsi que l'armée du maréchal Soult.

Celle du général Marmont sera en marche pour s'y rendre, et enfin celle du maréchal Davout sera à Aichach.

Je n'ai pas besoin de vous dire, Monsieur le Maréchal, qu'il est probable que des régiments isolés, des brigades, des petites divisions ennemies se dirigent dans le sens le plus opposé à la guerre ; mais avec les Bavarois, il vous sera facile d'avoir des renseignements et vous tomberez hardiment sur toutes ces colonnes ennemies, afin de faire le plus de prisonniers possible.

Vous laisserez le commandement du corps d'Ingolstadt à qui vous voudrez, même à un général bavarois ; mais, dans ce cas, vous aurez soin de mettre avec lui un général de brigade français, actif et intelligent.

Recommandez au général qui commandera à Ingolstadt de placer un bataillon au pont du Lech, vis-à-vis Rain, et de me rendre compte deux fois par jour, au quartier général, afin de m'instruire de tout ce qui se passerait.

Vous me ferez connaître, par le retour de l'officier, le lieu où vous coucherez ce soir, celui où vous coucherez demain, dans le cas où le gros de votre corps ne puisse pas arriver à Munich.

Maréchal BERTHIER.

Le maréchal Bernadotte au maréchal Berthier.

Ingolstadt, le 17 vendémiaire an XIV (9 octobre 1805),
à 11 heures du soir.

Monsieur le Maréchal,

J'ai l'honneur de vous rendre compte que j'ai passé le Danube à Ingolstadt ; le pont est parfaitement rétabli ; j'ai fait prendre poste à mon avant-garde en avant de Reichertshofen, en poussant des patrouilles jusqu'à Pfaffenhofen ; j'ai établi le général de Wrède en avant d'Ingolstadt, ainsi que la division du général Drouet. Les troupes du lieutenant général Deroy et la division du général Rivaud sont établies, une partie dans la ville même, et l'autre partie en arrière et très près d'Ingolstadt.

J'ai reçu la lettre que vous m'avez adressée par M. Figuier, adjoint à l'état-major ; il n'a pu me la remettre qu'aujourd'hui à 5 heures du soir, ayant été obligé de faire la majeure partie de la route à pied ; j'ai donné de suite au général Marmont l'ordre de se porter à moitié chemin d'Augsburg, avec d'autant plus de raison, qu'en consultant toutes les cartes et les gens du pays, je me suis assuré qu'il n'existait point dans ces contrées de ville, bourg ni village, du nom d'Augsprug.

Je partirai demain avec toutes mes troupes ; mon avant-garde s'établira à Pfaffenhofen ; je prendrai poste aussi très près de cette ville avec le premier corps de la Grande Armée et les Bavarois ; je me porterais bien plus en avant, si un avis, auquel j'attache, à la vérité, peu de confiance, mais dont l'objet est beaucoup trop important pour négliger de savoir à quoi s'en tenir, ne m'empêchait de trop m'éloigner des bords du Danube ; l'on vient de me dire que la première colonne des Russes était près d'arriver à Ratisbonne ; j'ai dépêché de suite deux courriers à M. Bacher, et j'aurai la réponse demain de bonne heure.

D'après ce que vous me dites par votre lettre d'hier, je dois recevoir de nouveaux ordres au premier instant. Je suis en mesure de les exécuter. En quittant Ingolstadt, dois-je y laisser quelques troupes ? Je pense que vous trouverez bon que j'y laisse quelques Bavarois.

J'ai l'honneur,.....

BERNADOTTE.

Journal du corps bavarois.

Le 17 vendémiaire an XIV (9 octobre 1805).

A 6 heures du matin, l'avant-garde passa le Danube ; pendant cette marche, elle avait continuellement, sur toute la longueur de ses deux flancs, des chaînes d'éclaireurs. Son quartier général s'établit à Unsernherrn, une lieue en avant d'Ingolstadt, sur la rive droite du Danube ; la position appuyait par sa gauche à Schweig, et par sa droite à Unsernherrn en passant par Rothenthurm. Des partis furent détachés jusqu'à Kelheim, Pfaffenhoffen et Ratisbonne.

Tous les rapports disent que l'ennemi est en pleine retraite vers l'Inn, excepté l'aile gauche qui se rejette vers Schöngau sur le Lech et en Tyrol.

Les rapports rentrés le soir indiquèrent que l'ennemi se ralliait vers l'Isar, mais laissait entrevoir l'intention de s'abriter derrière l'Inn.

Le général Éblé au colonel Navelet.

Eichstädt, le 17 vendémiaire an XIV (9 octobre 1805).

Monsieur,

D'Eichstädt, vous vous rendrez, le 19 du courant, avec votre parc à Ingoldstadt où je vous laisserai de nouveaux ordres.

Vous donnerez à M. Picart, adjudant-major de votre régiment, ainsi qu'à M. Petit, artiste vétérinaire en chef, l'ordre de se rendre le plus tôt possible au grand quartier général pour être employés à l'état-major d'artillerie.

ÉBLÉ.

Au général Berthier.

Eichstädt, le 17 vendémiaire an XIV (9 octobre 1805).

Mon cher Général,

J'ai l'honneur de vous prévenir que parmi les 30 hommes que chacune des deux divisions d'infanterie de l'armée a fournis pour le train d'artillerie, il s'en trouve la majeure partie impropre au service, et qui au lieu d'atteindre le but que l'on s'était proposé ne fait qu'embarrasser, et ce qui est pis encore, détruire les chevaux et les voitures. Je vous prie, en conséquence, de donner les ordres nécessaires pour que ces hommes soient renvoyés à leurs corps et remplacés par d'autres.

(Suit la liste par division et par corps des hommes dont il est parlé ci-dessus.)

Voici la note de ceux qui existent dans différents régiments, qui sont propres au service du train et qui demandent à y entrer. (Suivent les noms.)

Tant que les régiments ne seront pas rassemblés pour faire sortir à la tête les hommes qui ont déjà servi dans le train, au lieu de réorganiser ce corps on le perdra, ainsi que les chevaux, parce que les colonels n'exécutent pas les ordres tels que vous les leur transmettez.

ÉBLÉ.

Le général Éblé au général Songis.

Ingolstädt, le 17 vendémiaire an XIV (9 octobre 1805).

La lettre que vous m'avez fait l'honneur de m'écrire le 13 de ce mois m'est parvenue aujourd'hui.

A mon passage à Würtzburg, j'ai fait recevoir 100 chevaux que, par une mesure extraordinaire, M. le maréchal Bernadotte nous a fait obtenir ; ils seront à déduire sur les 2,000 que M. Otto a ordre de faire fournir ; la plupart de ces chevaux sont conduits par des canonniers chez lesquels la bonne volonté diminue à mesure que les peines augmentent et si je recevais un plus grand nombre de chevaux ils deviendraient inutiles, faute de soldats du train.

La 2e bataillon employé ci-devant en Hanovre n'a jamais été

complet en hommes ; depuis deux ans, je n'ai pas cessé d'en demander et, si l'on m'en eût fourni, le bataillon aurait également pu être complété en chevaux.

Vous me recommandez, Général, de faire harnacher les chevaux qui seront reçus avec les harnais de ceux morts ou hors de service ; permettez que je vous rappelle ici que le gouvernement n'a rien fourni depuis mon arrivée à l'armée de Hanovre pour achat de harnais et que ceux qui existent, excepté les selles que M. le maréchal Bernadotte a fait fournir des magasins de Hanovre, sont le produit des économies faites sur l'entretien du ferrage et des harnais. Le bataillon n'a donc pu avoir aucun approvisionnement, mais je pourrais y pourvoir, à l'harnachement près de 100 à 120 chevaux.

Je ne puis envoyer aucun homme à Pforzheim avant d'en avoir de disponibles, car indépendamment des canonniers qui conduisent des voitures, j'ai donné 4 chevaux à tous les soldats en état de les conduire et je n'en ai mis que deux aux voitures qui nécessitent 6 chevaux.

Si j'avais été dans la possibilité d'envoyer des hommes à Pforzheim, je les aurais mis, comme vous me le recommandez, sous les ordres d'un officier, quoique je sentisse combien ils sont essentiels à leurs compagnies qui se trouvent abandonnées, tant pour la discipline que pour l'administration, quand le chef est absent.

Quant au dépôt de cartouches d'infanterie qui doit s'établir à Würtzburg, il est de mon devoir de vous observer, Général, que, pour y arriver, il faudra que nos convois traversent la Prusse, ce qui ne peut se faire, vu la neutralité de cette puissance, et, dans le cas où elle accorderait le passage, il serait nécessaire d'établir des routes d'étape qui viendraient aboutir aux points occupés par le corps d'armée de M. le maréchal Bernadotte. Le défaut de voitures vous empêchera aussi de faire à temps usage de ce dépôt.

Il serait peut-être plus avantageux pour l'armée et plus facile à obtenir par la Prusse, que l'on fît partir de Würtzburg des cartouches d'infanterie sur des voitures de roulier pour former des dépôts à portée de l'armée. Chacune de ces voitures portant cinq à six fois autant qu'une voiture d'artillerie, leur marche serait plus rapide et la dépense qui en résulterait ne serait peut-être pas plus considérable que celles occasionnées par les convois d'artillerie. Würtzburg est une ville assez considérable pour que l'on puisse y trouver un entrepreneur qui se chargerait du transport dont il est question. Quelle que soit la mesure que vous prendrez, Général, j'ai l'honneur de vous prier de donner des ordres au directeur général des parcs de la Grande Armée de s'entendre avec M. Navelet, directeur de celui du corps d'armée de M. le maréchal Bernadotte, pour que les cartouches d'infanterie ne manquent pas.

L'Électeur de Bavière ayant évacué toute son artillerie sur Würtzburg, ses munitions l'auront été aussi; je doute, d'ailleurs, qu'elles puissent servir aux pièces hanovriennes. Si on emploie l'artillerie autrichienne qui pourra tomber entre nos mains, ne sera-t-il pas à craindre qu'elle occasionne de la confusion en multipliant les calibres et les différents attirails, à moins qu'on ne puisse au même instant organiser un équipage complet d'une seule espèce d'artillerie.

Si vous faites fournir de l'artillerie française, Général, il faudra qu'elle arrive avec ses caissons, car ceux que nous amenons du Hanovre sont d'une très mauvaise construction.

Je n'ai pas encore pu rassembler toutes les pièces nécessaires pour former l'état de situation que vous m'avez demandé; nos marches sont si longues qu'elles commencent avant le jour, que souvent elles durent jusque très avant dans la nuit, et que les troupes étant toujours au bivouac, il est impossible aux commandants des convois et des corps de s'occuper d'écritures; mais, sentant combien il est essentiel que vous ayez une situation exacte, je ne négligerai rien pour vous la faire parvenir dès qu'il y aura un jour de repos.

Avant de terminer ma lettre, Général, je dois encore vous rappeler que ce n'est qu'avec des peines inouïes que les officiers chargés du parc de réserve sont parvenus à l'amener à deux marches du corps d'armée. Des 500 à 600 chevaux requis en Hanovre pour le conduire, il n'en reste qu'un très petit nombre, exténués de fatigue et abandonnés par les propriétaires, excepté douze ou treize restés au parc. Cet état de choses ne peut durer longtemps et il ne sera pas possible d'établir l'ordre convenable dans les équipages à moins de quelque séjour.

Éblé.

Emplacements du 17 au 19 vendémiaire an XIV (9 au 11 octobre 1805).
(*Établi par le colonel Vallongue pour l'Empereur.*)

DÉSIGNATION DES CORPS.	17 VENDÉMIAIRE (9 octobre).	18 VENDÉMIAIRE (10 octobre).	19 VENDÉMIAIRE (11 octobre).	OBSERVATIONS.
Grand état-major	A Donauwörth. L'Empereur, parti pour Augsburg, a couché à Zusmarshausen.	Le quartier général est parti de Donauwörth. L'Empereur à Augsburg.	Augsburg.	»
Garde impériale	Cavalerie en partie à Augsburg. Infanterie en avant de Meitingen (route d'Augsburg).	A Augsburg, avec détachement à Zusmarshausen.	Augsburg.	»
1ᵉʳ corps	Ingolstadt.	L'avant-garde à Hohenkamer. Le corps d'armée à Reichertshausen. A laissé 2,000 Français et 6,000 Bavarois à Ingolstadt.	Doit arriver à Munich à midi.	Il peut rencontrer l'ennemi. Il doit l'attaquer.
Corps bavarois	Ingolstadt.	Suit la marche du maréchal Bernadotte. Laisse 6,000 hommes à Ingolstadt.	Arrive à Munich.	Marche avec le 1ᵉʳ corps.
2ᵉ corps	Neuburg et à trois heures en avant sur la route de Pfaffenhofen à Lichtenau.	Gundelsdorf, Handzell, Pöttmes.	Arrivant à Augsburg.	»
3ᵉ corps	Aichach.	Aichach.	L'avant-garde doit arriver à Dachau. Le corps d'armée à la croisée des chemins d'Aichach et de Dachau.	Il peut disposer de la division de cavalerie de Hautpoul qui se rend à mi-chemin d'Augsburg à Dachau.
4ᵉ corps	Augsburg.	Augsburg et Friedberg. La division Saint-Hilaire à Ober-Hausen est rentrée au 4ᵉ corps.	Part pour Landsberg.	Il a à sa disposition la division de dragons du général Walther.
5ᵉ corps — Grenadiers	Entre Augsburg et Zusmarshausen.	Zusmarshausen. Se dirigeant par Burgau sur le chemin du prince Murat.	A la gauche de Burgau sur la route de Memmingen, à portée des 6ᵉ et 4ᵉ corps occupant Mindelheim.	Il avait été mis aux ordres du maréchal Lannes la division Saint-Hilaire qui était à Augsburg le 17 et celle du général Suchet. Le maréchal Lannes est passé le 17 sous les ordres du prince Murat, en conservant le commandement de l'infanterie. Le 5ᵉ corps passe le 18 sous les ordres du prince Murat, qui reçoit le commandement de la droite de l'armée.
5ᵉ corps — Division Gazan	A gauche de Gundelfingen. Gardent les ponts de Dillingen et de Lauingen et le quartier général de Medlingen.	Repasse sur les ordres du maréchal Ney à ceux du maréchal Lannes, dont elle suit le mouvement.		
6ᵉ corps — 1ʳᵉ division	En arrière d'Albeck.	Prenant, après le combat de Günzburg, position pour attaquer Ulm.	Marche sur Ulm par la droite et la gauche du Danube.	Le 17 au soir, *combat de Günzburg*. Prise du pont.
6ᵉ corps — 2ᵉ division	En arrière de Langenau.			
6ᵉ corps — 3ᵉ division	Vis-à-vis Günzburg et Reisensburg, menaçant le pont de Günzburg.			
Réserve — 1ʳᵉ div. de drag.	En avant de Zusmarshausen.	Entre Burgau et Mindelheim, sur la Mindel et la Kamlach.	Entre Burgau et Mindelheim.	Le prince Murat prend le 18 le commandement de la droite de l'armée, composée des 5ᵉ, 6ᵉ corps et de la réserve.
Réserve — 2ᵉ div. de drag.	En avant de Zusmarshausen.			
Réserve — 3ᵉ div. de drag.	En avant de Zusmarshausen.			
Réserve — 4ᵉ div. de drag.	D'Altenstadt à Neresheim aux ordres du maréchal Ney.	En avant de Neresheim (maréchal Ney).	Employée sur Ulm (maréchal Ney).	
Réserve — 1ʳᵉ div. de caval.	Suit les mouvements des trois premières divisions.	Sur la Mindel.	A Augsburg.	Où elle recevra les ordres de l'état-major général. Part le 20 à 2 heures pour aller.
Réserve — 2ᵉ div. de caval.	En avant de Zusmarshausen (route de Donauwörth à Augsburg).	Environs d'Augsburg.	A mi-chemin d'Augsburg à Dachau.	Passe au besoin aux ordres du maréchal Davout. Le 20 au matin a passé aux ordres du maréchal Bernadotte.
Réserve — Dragons à pied	Herbrechtingen.	Sur Ulm.	A l'attaque d'Ulm.	Où elle pourra être laissée en tout ou en partie. Toujours aux ordres du maréchal Ney.
7ᵉ corps	En marche.	»	»	Arrive à Fribourg les 1ᵉʳ, 2, 3 et 4 brumaire.
Grand parc	A Nördlingen.	A Nördlingen.	»	»
2 bat. wurtemberg.	Entre Nördlingen et Donauwörth.	Donauwörth.	Rien.	Commandés par le major Baumann. Attendant des ordres. Gardent le pont.

Nota. — 1 bataillon du 34ᵉ est resté à Donauwörth pour l'escorte des prisonniers. Le 21ᵉ régiment de dragons (div. Beaumont) est aussi resté à Donauwörth.

Le général Andréossy au général Godinot.

Donauwörth, le 17 vendémiaire an XIV (9 octobre 1805).

Monsieur le Général,

En conséquence des ordres de Son Excellence le ministre de la guerre, major général, vous prendrez provisoirement le commandement de Donauwörth.

Vous donnerez tous les ordres et vous prendrez toutes les mesures que vous jugerez convenables pour y maintenir l'ordre et la tranquillité; pour faire rejoindre les soldats, détachements ou convois allant aux corps d'armée qui ont passé le Danube, et pour renvoyer à leurs corps respectifs ceux qui passeraient à Donauwörth et qui n'auraient point d'ordres légitimes pour y venir ou aller sur le derrière.

Vous vous concerterez avec M. le général René, commandant du quartier général, jusqu'à ce que le quartier général ait quitté Donauwörth.

Vous aurez à votre disposition le 3e bataillon du 34e régiment et le 21e régiment de dragons.

Lorsque les prisonniers de guerre arriveront à Donauwörth, l'adjudant-commandant Bourcier, chargé de tout ce qui y a rapport, les comptera en passant le pont et en dressera l'état, en ayant soin de désigner les corps.

Vous voudrez bien donner des ordres pour que tous les prisonniers qui seront à Donauwörth partent aujourd'hui sous l'escorte de deux compagnies du 34e régiment et un détachement du 21e de dragons.

Les troupes françaises seront relevées dans leur route par les bataillons de Wurtemberg et de Baden, qui ont reçu des ordres pour fournir des détachements sur la route de communication entre Spire et l'armée par Nördlingen, Bopfingen, Ellwangen, Gaildorf, Hall, OEringen, Heilbronn, Eppingen et Bruchsal.

Chaque fois que vous aurez des détachements de prisonniers de guerre à faire partir, vous aurez soin de donner les ordres nécessaires pour faire assurer leur subsistance et leur logement et pour qu'ils soient gardés avec précaution jusqu'au moment de leur départ. Les commissaires des guerres placés sur la route de Nördlingen à Spire sont établis à Boffenheim, Gaildorf,

OEhringen et Eppingen. Ils feront donner les vivres pour deux jours.

Vous ferez délivrer au commandant de l'escorte des prisonniers de guerre un ordre de route jusqu'à Spire.

La gendarmerie d'élite a des ordres particuliers de ne laisser sortir personne de Donauwörth avant que le maréchal des logis placé au pont n'ait constaté que ce sont des Français et des individus.

Le général Andréossy à M. le général René.

Donauwörth, le 17 vendémiaire an XIV (9 octobre 1805).

Monsieur le Général,

Je vous préviens que Son Excellence le ministre de la guerre, major général, vous a désigné provisoirement pour commander le quartier général. Vous aurez sous vos ordres l'adjudant-commandant Lomet(?), chargé des logements, et ayant avec lui pour le seconder l'adjoint Bolesta, Polonais. Vous aurez encore sous vos ordres l'adjudant-commandant Bourcier, chargé spécialement des prisonniers de guerre. Il a auprès de lui, pour le seconder, l'adjoint Tresseus. M. le colonel Wolf, vaguemestre général, se conformera à ce que vous prescrirez, ainsi que M. le colonel commandant la force armée du quartier général. J'informe ces quatre officiers supérieurs et le commissaire des guerres, attaché au quartier général, de votre nomination, et les invite à prendre vos ordres.

ANDRÉOSSY.

Le général Andréossy à M. le général René,
commandant le quartier général.

Donauwörth, le 17 vendémiaire an XIV (9 octobre 1805).

Général,

Je vous préviens que 3,000 à 4,000 Autrichiens prisonniers viennent d'arriver. Vous tâcherez de les placer dans un local hors de la ville. Son Excellence le ministre de la guerre, major général, a donné l'ordre au 3ᵉ bataillon du 34ᵉ de ligne de bivouaquer à l'entrée du pont. Il servira d'abord pour la garde des prisonniers, et ensuite pour leur escorte, du moment où on aura déterminé l'époque de leur départ. J'écrirai à M. l'Intendant général pour qu'il soit pourvu à leur subsistance.

Faites dresser un état nominatif exact par corps de ces prisonniers et faites interroger leurs divers commandants. Copie certifiée de l'interrogatoire sera remise à Son Excellence le ministre de la guerre, major général, et l'interrogatoire, ainsi que l'état nominatif, seront consignés sur le registre des prisonniers de guerre.

ANDRÉOSSY.

Le général Andréossy à M. l'Intendant général.

Donauwörth, le 17 vendémiaire an XIV (9 octobre 1805).

Monsieur l'Intendant général,

Le chef de l'état-major d'artillerie m'informe que, depuis plusieurs jours, les canonniers attachés au quartier général et les charretiers employés à la conduite des fourgons, et l'état-major même, ne peuvent avoir de vivres. L'intention de Sa Majesté étant que toute l'armée soit approvisionnée de quatre jours de pain et de quatre jours de biscuit, il est urgent que vous preniez les mesures les plus efficaces pour que cet ordre reçoive son exécution et que l'on ne soit pas dans le cas de manquer de vivres, ainsi que cela est arrivé.

ANDRÉOSSY (1).

Le général Andréossy à M. l'intendant général Petiet.

Donauwörth, le 17 vendémiaire an XIV (9 octobre 1805).

Monsieur l'Intendant général,

Vous savez que je n'ai pas pu hier mettre six gendarmes à la disposition de M. Bartomeuf pour faire rentrer les foins néces-

---

(1) Le général Pernéty, chef d'état-major de l'artillerie, est avisé de l'expédition de cette lettre.

saires à la subsistance des chevaux du quartier général. Le colonel Gamo m'a écrit qu'il ne lui restait que des chevaux éclopés; je ne vois donc aucun moyen de remettre à M. Monthiéry les gendarmes ou cavaliers nécessaires à la réquisition des objets destinés aux hôpitaux qui doivent être établis à Donauwörth. Je vous engage à réitérer auprès de Sa Majesté la demande d'une force armée qui restera constamment attachée à votre service; tout ce que je puis faire, c'est de mettre à la disposition de M. Monthiéry des fusiliers pour les réquisitions dans l'intérieur de la ville.

ANDRÉOSSY.

Le général Andréossy à M. Petiet.

Donauwörth, le 17 vendémiaire an XIV (9 octobre 1805).

J'approuve la modification que vous me proposez, relativement à la suppression du gîte de Bopfingen sur la route de communication de l'armée, et vous pouvez donner vos ordres en conséquence.

Je vais en prévenir l'adjudant-commandant Chevalier, à Spire, ainsi que les généraux commandant à Donauwörth et Nördlingen.

ANDRÉOSSY.

L'adjudant-commandant Hastrel à M. l'intendant Petiet.

Donauwörth, le 17 vendémiaire an XIV (9 octobre 1805).

J'ai l'honneur de vous prévenir que des détachements des 17e régiment d'infanterie légère, 4e, 18e et 88e de ligne, doivent partir sous deux ou trois jours de Heilbronn pour aller à Nördlingen, d'où le général Millet doit les diriger sur le 4e corps d'armée.

HASTREL.

P.-S. — Ces détachements ont dû arriver à Heilbronn le 9 du courant, peut-être sont-ils déjà partis.

L'adjudant-commandant Hastrel à M. Petiet.

Donauwörth, le 17 vendémiaire an XIV (9 octobre 1805).

J'ai l'honneur de vous adresser quatre états indiquant l'arrivée de plusieurs détachements, envoyés par les bataillons de dépôt, aux régiments composant la Grande Armée.

Les détachements portés sur l'état n° 1, partiront de Spire le 19 brumaire et marcheront en une seule colonne.

Ils cantonneront à Bruchsal.

Le 20, à Eppingen ;
Le 21, à Heilbronn ;
Le 22, à OEhringen ;
Le 23, à Hall ;
Le 24, à Gaildorf ;
Le 25, à Ellwangen ;
Et le 26, à Nördlingen, d'où ils seront dirigés sur leurs corps respectifs.

Les détachements portés sur l'état n° 2, partiront de Spire, le 3 frimaire, et suivront la même route.

Je ne connais pas encore l'époque de l'arrivée à Spire des détachements portés sur l'état n° 3, ni sur celui n° 4. J'aurai l'honneur de vous en instruire, aussitôt que je le saurai.

Ces détachements doivent emporter deux paires de souliers par homme dans les havresacs et prendre, en partant de Spire, du pain pour quatre jours.

Je vous prie, Monsieur l'Intendant général, de vouloir bien donner vos ordres pour assurer les subsistances de ces troupes.

J'ai l'honneur de vous saluer avec une parfaite considération.

L'aide-major général,
chef de l'état-major général.

Par ordre :

L'adjudant-commandant,
sous-chef de l'état-major général,

HASTREL.

Le maréchal Moncey à l'Empereur.

Paris, le 17 vendémiaire an xiv (9 octobre 1805).

. . . .

Je m'empresse aussi de rendre compte à Votre Majesté, qu'en vertu des ordres que le ministre de la guerre m'a transmis, le 12 vendémiaire, du quartier général de Ludwigsburg, j'ai, sur-le-champ, pris les mesures nécessaires pour établir le plus promptement possible, sur la route de communication entre l'armée et Spire, neuf postes de gendarmerie de 16 hommes chaque, y compris un officier.

Ces détachements sont prélevés sur les compagnies des 19e et 25e légions, et seront dirigés dans leur service par le chef d'escadron Charlot, de la résidence de Strasbourg, qui se portera à Hall, centre de la ligne de communication.

Le premier inspecteur général,

(A. N., A F, iv, 1155). Maréchal MONCEY.

M. Bacher au maréchal Berthier.

Le 17 vendémiaire an xiv (9 octobre 1805).

François II a été extrêmement affecté du reproche de duplicité et même de perfidie que contiennent les notes françaises présentées à la diète de Ratisbonne. Ce monarque gémit en secret de se voir ainsi compromis par les ministres infidèles auxquels il a abandonné les rênes flottantes de son gouvernement agonisant. Il prétend n'avoir aucun traité de subsides avec l'Angleterre et que ses ministres l'ont déshonoré aux yeux de la postérité s'ils en ont arrêté un à son insu.

Cette extrême débilité de caractère moral et physique dans un jeune prince dont la réputation d'incurie et d'inaptitude est généralement répandue jusque dans les contrées les plus reculées des États héréditaires de la maison d'Autriche, agit puissamment sur tous les esprits, au moment de l'explosion d'une nouvelle guerre sans objet et sans but. Les habitants de Vienne ne se dissimulent plus que les intrigues et l'or corrupteur de l'Angleterre, après avoir fait ravager l'Allemagne, par une guerre dévastatrice qui détruira ses fabriques et manufactures, finiront par asservir successivement tous les États germaniques par le système d'un monopole mercantile qui sera un véritable joug de fer.

C'est surtout en Hongrie et dans les provinces qui avoisinent l'empire ottoman, où cette lassitude du gouvernement des maires du palais de Vienne existe dans toute sa force. Les régiments des frontières, qui en sont tirés, se ressouviennent encore de l'extrême rigueur avec laquelle on a fait fusiller un grand nombre de leurs compatriotes pendant la dernière guerre, après avoir fait désarmer les bataillons auxquels ils appartenaient.

La monarchie autrichienne n'a jamais été exposée à de plus grands dangers que dans le moment actuel. Elle a fait des efforts prodigieux pour mettre en campagne tous les régiments qui forment sa puissance militaire. Son intérieur est entièrement dégarni, et une bataille perdue peut amener des suites incalculables, surtout pour le crédit public, qui a déjà éprouvé de si fortes atteintes. Menacées de la banqueroute et de la famine, les provinces autrichiennes sont livrées aux angoisses d'un avenir d'autant plus inquiétant qu'elles ne voient pas de terme aux calamités de tous les genres que l'Angleterre va faire fondre sur tout le continent.

Les habitants de Vienne ne peuvent pas se familiariser avec l'idée d'une guerre à outrance, et ils se flattent encore qu'il se présentera peut-être un moyen d'arrêter l'effusion du sang. C'est le vœu de leur Empereur, mais on sait par expérience combien la volonté du monarque est impuissante lorsqu'elle se trouve en opposition avec les sinistres projets des génies malfaisants qui dirigent son cabinet secret, et qui se sont emparés plus fortement que jamais de l'exercice de l'autorité suprême dans toute l'étendue de l'empire autrichien.

*Le Secrétaire général du ministère de la guerre
au général Mathieu Dumas, aide-major général, maréchal des logis.*

Paris, le 17 vendémiaire an XIV (9 octobre 1805).

Général,

J'ai l'honneur de vous adresser, conformément aux intentions du ministre, un livret de l'emplacement des troupes à l'époque du 1er vendémiaire an XIV.

Son Excellence désire, Général, que vous lui renvoyiez à l'avenir, tous les mois, le livret qui vous aura été adressé le mois précédent.

J'ai l'honneur de vous saluer.

DENNIÉE.

P.-S. — J'ai l'honneur de vous prévenir, Général, que M. le maréchal a fait suspendre, jusqu'à nouvel ordre, l'impression du livret complet.

Ordre du jour.

Donauwörth, le 17 vendémiaire an XIV (9 octobre 1805).

L'Empereur défend expressément qu'il soit tiré des corps aucun officier titulaire pour en faire des officiers de correspondance, mais il peut en être demandé à prendre parmi les officiers du grade de capitaine ou lieutenant, jouissant du traitement de réforme ; le major général fixera le nombre qui pourra en être accordé.

A l'exception des courriers de l'Empereur, il est défendu à tout individu faisant les fonctions de courrier dans l'armée, d'en porter l'habit et la plaque, sans avoir obtenu pour ce service une commission du ministre de la guerre, d'après la demande qui en aurait été faite par les généraux en chef ou administrateurs généraux.

Tout individu qui porterait la plaque de courrier, sans être muni de cette autorisation, serait arrêté sur-le-champ par la gendarmerie de l'armée ; toute commission accordée par le prédécesseur de Son Excellence le ministre de la guerre, est regardée comme insuffisante, si elle n'est visée ou renouvelée.

ANDRÉOSSY.

Supplément à l'ordre du jour du 17 vendémiaire an XIV.

(Copie d'une lettre du Ministre de l'Administration de la guerre à M. Petiet, conseiller d'État, intendant général de la Grande Armée.)

Paris, le 9 vendémiaire an XIV (1er octobre 1805).

En m'informant, par votre lettre du troisième jour complémentaire, Monsieur, que les corps réclament le payement des souliers et des capotes accordés par l'Empereur, vous demandez si je ferai les fonds directement aux corps.

Je vous préviens que les fonds nécessaires pour le premier tiers des redingotes et pour la première paire des souliers ont été ordonnancés au profit des corps à la fin de fructidor dernier.

Je fais, dans ce moment, ordonnancer une somme de 200,000 francs à compter sur le second tiers des redingotes et une autre de 219,627 francs, à compter sur la deuxième paire de souliers.

Quant au complément du dernier tiers des redingotes et de la deuxième paire de souliers, il sera ordonnancé dans le courant de brumaire prochain.

Les payements étant assurés au moyen de ces dispositions, c'est pour les corps un motif de plus pour hâter les achats et confections des souliers et redingotes.

DEJEAN.

A M. le prince de Tayllerand.

Varsovie, le 17 vendémiaire an XIV (9 octobre 1805).

Comme j'ai eu l'honneur de vous le marquer dans ma lettre du 6, je m'occupe à des découvertes; mais mes soins, quoique actifs, n'offrent pour le moment que de la stérilité sous le rapport d'une connaissance exacte des forces et des mouvements militaires des troupes russes.

Un émigré qui vient d'arriver de Mitau et qui a par conséquent traversé en longueur les troupes russes, depuis cette ville jusqu'ici, m'a assuré que depuis les environs de Memel jusqu'à Wilna et tout le long de la rivière de Memel jusqu'à Grodno, il y avait environ 30,000 hommes, presque tout infanterie, dont partie se dirigeaient sur Memel sans qu'il fût question de faire un camp à Wilna, et que les Russes se disaient être 55,000 hommes : de Grodno à Brzesc, on y comptait 20,000 hommes, non compris un régiment de cuirassiers, quatre de dragons et deux de hussards. Nous savons que de Brzesc à Sendomir, il y a à peu près 70,000 hommes, ce qui fait monter les forces russes dans une ligne de plus de 230 lieues à 120,000 hommes, dont les points principaux sont très éloignés les uns des autres, de Memel à Wilna, Brzesc, Kozinice, Palawy et Sendomir : on assure un corps de 20,000 hommes arrivé à Olmütz, et qui est suivi par un second corps de même nombre, mais celui-ci s'est arrêté entre Teschen et Crakovie; il paraît que ces deux corps sont les 50,000 hommes qui devaient passer par Lemberg.

Les rapports de quelques déserteurs russes, qui sont venus ici, disent qu'il y a beaucoup de mécontentement parmi le soldat depuis qu'il sait qu'il doit faire la guerre contre la France, « c'est, disent-ils, ce qu'on leur avait caché au fond de la Russie, où on leur disait qu'ils venaient se battre contre les Prussiens, mais que depuis qu'ils sont instruits de la vérité, ne voulant pas se battre contre les Français, la désertion à l'intérieur s'accroît tous les jours et le mécontentement prend de la consistance. Je vous donne ceci comme propos de déserteur : ce qui est beaucoup plus certain, c'est que les Polonais ne se soucient pas de se battre contre les Russes, ils les désirent trop ardemment pour leur opposer de la résistance, même ailleurs qu'ici. Je crois que je m'assure tous les jours, par ce que j'entends, que dans le cas où la Prusse se déclarerait contre la Russie, la Prusse ferait fort bien d'employer ailleurs les régiments qui sont en partie composés de Polonais.

En causant avec un individu qui vient de Saint-Pétersbourg et qui paraît, outre ses connaissances personnelles, être assez instruit sur le caractère de l'empereur Alexandre, sur ses projets gigantesques autant que sur l'esprit qui règne dans le Sénat de Pétersbourg, j'ai puisé dans tous ses raisonnements ceux qui peuvent n'être pas indifférents à vous transmettre.

Le Sénat de Pétersbourg, dit-il, est maintenant en rivalité d'opinion et d'opération avec l'empereur Alexandre; en remontant à une époque de six mois, on se rappellera que le Sénat alors était contre le système de la guerre et résistait aux vues d'Alexandre qui croyait, en se déclarant contre la France, entraîner avec lui toutes les puissances, et, ne consultant que ses jactances ou peut-être des vues d'une ambition encore cachée, il a voulu lever le masque malgré l'opposition constante de la majeure partie de son Sénat.

Maintenant, cet ordre politique est bien changé (m'a dit cet homme venant de Pétersbourg), la résistance qu'a opposée la Prusse pour entrer dans la coalition du Nord, ses grands préparatifs pour conserver une neutralité armée, la réflexion venue peut-être trop tard, tout cela va, dit-on, arrêter la marche et les opérations de l'empereur Alexandre; mais son Sénat, maintenant séduit par l'or que les Anglais prodiguent plus encore à Pétersbourg qu'à Vienne, a changé de système. Entièrement vendu aux tracasseries anglaises, il est actuellement plus prononcé pour la guerre que ne la désire l'empereur Alexandre, ce qui, nécessairement, a fait naître un schisme dans les opérations combinées dont on tire déjà des conséquences qui ne devraient être que des conjectures, mais qui changeraient bien de face l'ordre actuel, si Alexandre avait réellement les projets qu'on suppose lui être suggérés par son ministre, Czartoriensky, qui, loin d'avoir perdu son crédit près du monarque, en reçoit de nouveaux témoignages d'amitié par la préférence qu'il donne dans ce moment-ci au château de son père, à Pulawie, où il (l'Empereur) va s'établir pour longtemps, à en juger par les préparatifs qu'il y fait.

On attribue maintenant à Alexandre des vues différentes à celles qui lui ont d'abord fait mouvoir d'aussi grandes forces, on lui suppose des vues d'ambition sur la totalité de la Pologne. Quoique je n'ajoute pas grande croyance à ces raisonnements, la disposition des forces peut appuyer les projets, car jusqu'à présent, où sont les armées russes pour faire la guerre à la France? Les Autrichiens sont seuls exposés à soutenir le choc des Français. Les Russes qui sont à Corfou, qui pourront les aider en Italie, et la petite armée, qui n'est encore qu'à Olmütz, qui viendra les seconder en Bavière et en Souabe. Tandis que par la position des forces russes dans la Pologne autrichienne, Alexandre en est le propriétaire et non le gardien, il en sera de même de la partie prussienne, s'il y met le pied.

De ces conjectures qui, d'un moment à l'autre, peuvent

devenir de la très grande réalité, je compte qu'il n'est plus d'une sage politique de la Prusse de temporiser aussi longtemps lorsque la Russie allume la mèche, et lorsque son ambition peut, à chaque instant, mettre à exécution des projets qui compromettraient la sûreté de la Prusse. Celle-ci tient encore le timon pour se préserver de l'orage, mais une plus longue incertitude dans son système devient dangereux, même pour sa dignité. Il est temps, je crois, que le Roi parle clair; la politique, le secret, la prudence ou la finesse, ne peuvent plus lui servir de rempart contre des armées ambitieuses qui sont sur ses frontières, quelles que puissent être les arrière-pensées d'Alexandre. C'est un géant qui fera de grands pas si on ne lui coupe vite la jambe!

Dans l'état des choses, on est ici sur le qui-vive à ne pas laisser aucun doute sur l'évacuation de cette ville si les Russes avancent. Il est parti hier et aujourd'hui plus de 300 chariots portant de quoi se retrancher du côté de Löwitz, toute l'artillerie est partie, il ne reste presque plus de troupes en ville, et le bruit général est que l'empereur Alexandre y sera dimanche, attendu que, depuis hier, on dit la guerre déclarée, et ces *on dit* peignent la joie sur la figure des habitants du pays, tout ce qui tient à la Prusse s'entend; dans tous les cas, je reste.

Stralsund, le 17 vendémiaire an xiv (9 octobre 1805).

La 1re division des troupes russes est arrivée, il y a huit jours, dans les environs de Stralsund, et les autres ont été successivement débarquées; on estime ce corps, composé d'élite, à 25,000 hommes.

Général commandant, le comte de Tolstoï.
Le comte Woronzoft, major général.

Généraux.
{
Comte d'Ostermann.
Prince Schachowsky.
Sodwaratski.
Werberewski.
Neweroffski.
}

Généraux . { Comte LIEWEN.
MOSAMSKOI.
ALEXEIEFF.

Aides de camp du général commandant :

Prince BIRON DE COURLANDE.
NARISKIN.
BENHENDORFF.

(*Note provenant de la légation de France à Ratisbonne.*)

CHAPITRE IV

10 octobre.

Troisième bulletin.

Zusmarshausen, le 18 vendémiaire an xiv (10 octobre 1805).

Le maréchal Soult a poursuivi la division autrichienne qui s'était réfugiée à Aichach, l'a chassée et est entré le 17, à midi, à Augsburg, avec les divisions Vandamme, Saint-Hilaire et Legrand.

Le 17 au soir, le maréchal Davout, qui a passé le Danube à Neuburg, est arrivé à Aichach avec ses trois divisions.

Le général Marmont, avec les divisions Boudet, Grouchy, et la division batave du général Dumonceau, a passé le Danube et pris position entre Aichach et Augsburg.

Enfin, le corps d'armée du maréchal Bernadotte, avec l'armée bavaroise commandée par les généraux Deroy et Verden, a pris position à Ingolstadt; la Garde impériale, commandée par le maréchal Bessières, s'est rendue à Augsburg, ainsi que la division de cuirassiers aux ordres du général d'Hautpoul.

Le prince Murat, avec les divisions de dragons de Klein et de Beaumont, et la division de carabiniers et de cuirassiers du général Nansouty, s'est porté en toute diligence au village de Zusmarshausen, pour intercepter la route d'Ulm à Augsburg.

Le maréchal Lannes, avec la division de grenadiers d'Oudinot et avec la division Suchet, a pris poste le même jour au village de Zusmarshausen.

L'Empereur a passé en revue les dragons au village de

Zusmarshausen ; il s'est fait présenter le nommé Marente, dragon du 4ᵉ régiment, un des plus braves soldats de l'armée, qui au passage du Lech avait sauvé son capitaine qui, peu de jours auparavant, l'avait cassé de son grade de sous-officier. Sa Majesté lui a donné l'aigle de la Légion d'honneur. Ce brave soldat a répondu : « Je n'ai fait que mon devoir ; mon capitaine m'avait cassé pour quelque faute de discipline ; mais il sait que j'ai toujours été un bon soldat. »

L'Empereur a ensuite témoigné aux dragons sa satisfaction de la conduite qu'ils ont tenue au combat de Wertingen. Il s'est fait présenter par régiment un dragon auquel il a également donné l'aigle de la Légion d'honneur.

Sa Majesté a témoigné sa satisfaction aux grenadiers de la division Oudinot. Il est impossible de voir une troupe plus belle, plus animée du désir de se mesurer avec l'ennemi, plus remplie d'honneur et de cet enthousiasme militaire qui est le présage des plus grands succès.

Jusqu'à ce que l'on puisse donner une relation détaillée du combat de Wertingen, il est convenable d'en dire quelques mots dans ce bulletin.

Le colonel Arrighi a chargé, avec son régiment de dragons, le régiment de cuirassiers du duc Albert. La mêlée a été très chaude ; le colonel Arrighi a eu son cheval tué sous lui : son régiment a redoublé d'audace pour le sauver. Le colonel Beaumont, du 10ᵉ de hussards, animé de cet esprit vraiment français, a saisi, au milieu des rangs ennemis, un capitaine de cuirassiers, qu'il a pris lui-même, après avoir sabré un cavalier.

Le colonel Maupetit, à la tête du 9ᵉ de dragons, a chargé dans le village de Wertingen. Blessé mortellement (1), son dernier mot a été : « Que l'Empereur soit instruit que le 9ᵉ de dragons a été digne de sa réputation, et qu'il a chargé et vaincu aux cris de : « Vive l'Empereur ! ».

Cette colonne de grenadiers, l'élite de l'armée ennemie, s'étant formée en carré de quatre bataillons, a été enfoncée et sabrée. Le 2ᵉ bataillon de dragons a chargé dans le bois.

La division Oudinot frémissait de l'éloignement qui l'empê-

---

(1) Le colonel Maupetit n'est point mort de ses blessures, comme on l'a su depuis.

chait encore de se mesurer avec l'ennemi, mais à sa vue seule, les Autrichiens accélérèrent leur retraite : une seule brigade a pu donner.

Tous les canons, tous les drapeaux, presque tous les officiers du corps ennemi qui a combattu à Wertingen ont été pris ; un grand nombre a été tué : 2 lieutenants-colonels, 6 majors, 60 officiers, 4,000 soldats sont restés en notre pouvoir ; le reste a été éparpillé, et ce qui a pu échapper a dû son salut à un marais qui a arrêté une colonne qui tournait l'ennemi.

Le chef d'escadron Exelmans, aide de camp de Son Altesse Sérénissime le prince Murat, a eu deux chevaux tués. C'est lui qui a apporté les drapeaux à l'Empereur qui lui a dit : « Je sais qu'on ne peut être plus brave que vous ; je vous fais officier de la Légion d'honneur ».

Le maréchal Ney, de son côté, avec les divisions Malher, Dupont et Loison, la division de dragons à pied du général Baraguey-d'Hilliers et la division Gazan, ont remonté le Danube et attaqué l'ennemi sur sa position de Günzburg. Il est 5 heures ; le canon se fait entendre.

Il pleut beaucoup, mais cela ne ralentit pas les marches forcées de la Grande Armée. L'Empereur donne l'exemple ; à cheval jour et nuit, il est toujours au milieu des troupes, partout où sa présence est nécessaire. Il a fait hier 14 lieues à cheval ; il a couché dans un petit village sans domestiques et sans aucune espèce de bagage. Cependant l'évêque d'Augsburg avait fait illuminer son palais et attendu Sa Majesté une partie de la nuit.

Ordre de position pour le 6ᵉ corps d'armée du 18 vendémiaire an XIV.

La cavalerie légère se placera en arrière d'Albeck ; 50 hommes du 1ᵉʳ de hussards près de Bernstadt ; 50 hommes du 10ᵉ de chasseurs près de Horselfingen ; 50 hommes du 3ᵉ de hussards à Witthau et Morizen.

Ces détachements éclaireront la route de Bernstadt à Ulm.

Le 1ᵉʳ de hussards poussera des reconnaissances sur la direction de Geislingen et Stuttgard.

La 1ʳᵉ division, aux ordres du général Dupont, ayant en

réserve deux régiments de dragons, restera à Albeck ; elle poussera son avant-garde aussi près d'Ulm qu'il sera possible, sans se compromettre, et gardera les bois sur la direction d'Haslach.

Le général Dupont portera cinq compagnies à Göttingen ou sur la direction de ce village ; il les fera soutenir par un détachement de cavalerie légère ; ces troupes chercheront à s'approcher du Danube par Elchingen et à surprendre le pont qui doit s'y trouver ; dans le cas où cela réussirait, on porterait un bataillon en soutien à Elchingen.

Enfin, la 1re division soutiendra les postes de cavalerie à Witthau et Morizen en y plaçant des postes d'infanterie légère.

La 2e division restera dans la position de Langenau ; elle s'éclairera dans la direction d'Elchingen et sur celle de Riedheim ; elle sera à portée d'être soutenue par quatre régiments de dragons de la division du général Bourcier.

La 3e division, aux ordres du général Malher, restera à gauche de Gundelfingen.

La division du général Bourcier postera deux régiments de dragons près d'Albeck, en réserve de la division Dupont. Le général Bourcier se dirigera lui-même avec les quatre autres régiments à gauche de Langenau, pour soutenir toutes les divisions indistinctement ; l placera un escadron à Rammingen, afin d'observer tout ce qui se passe dans la plaine sur la direction de Günzburg.

La division des dragons à pied, aux ordres du général Baraguey-d'Hilliers, viendra sur-le-champ s'établir en arrière de Stotzingen, adossée au bois ; elle occupera Brenz avec quatre compagnies, Lonthal avec trois compagnies et Sontheim avec deux compagnies. Le général Baraguey-d'Hilliers enverra quatre autres compagnies à Medlingen pour la garde du parc et du quartier général (1), les quatre compagnies de grenadiers que celles-ci relèveront rentreront à la division Gazan, ainsi que le bataillon qui est à Brenz.

Dans le cas où les Autrichiens sortiraient d'Ulm avec de

---

(1) Note du général Baraguey-d'Hilliers : « Comme je pris mon quartier général à Stotzingen, j'ajoutai à ces dispositions de placer un bataillon en avant de ce village. »

grandes forces et attaqueraient la 1re division, celle du général Loison se porterait sur-le-champ en arrière d'Albeck et se placerait en arrière de la 1re division pour la soutenir.

La division Gazan s'établirait en arrière du général Malher.

Le Maréchal commandant en chef donnerait alors les ordres ultérieurs et prévient seulement les généraux de division, que si l'ennemi réussissait dans son attaque, la retraite devrait s'effectuer de la manière suivante :

La 1re et la 2e division, sur la route de Heidenheim avec le 1er de hussards et le 10e de chasseurs.

La 3e division, la division Gazan, la division de dragons du général Bourcier, les dragons à pied, le 3e régiment de hussards et le parc de réserve sur la route du Danube par Gundelfingen.

L'armée est prévenue que la 3e division s'est emparée des ponts de Reisensburg et Günzburg et qu'elle a fait 900 prisonniers, dont un général et quelques officiers.

Le Maréchal commandant en chef,

(A. M.) *Signé :* Ney.

Le maréchal Ney au général Loison.

(Non expédiée.)

Mon cher Général,

Je vous transmets l'ordre de mouvement pour le 19. Cet ordre était rédigé sur l'hypothèse de votre passage à Günzburg, lorsque votre lettre du 18 vendémiaire m'a annoncé que vous étiez maître du pont d'Elchingen. Cette nouvelle m'a déterminé à faire passer votre division sur ce point si les communications sont praticables pour l'infanterie et la cavalerie, ce qui paraît présumable, puisqu'on ne jette des ponts fixes que sur des communications semblables.

Dans tous les cas, Général, je vous laisse le choix des deux mouvements que vous déterminerez sur la connaissance des lieux. Vous devrez faire connaître sur-le-champ, au général Bourcier, le parti qu'il doit prendre pour suivre votre division.

Si vous passez à Elchingen, mon cher Général, il est possible que vous trouviez l'ennemi entre la Roth et la Biber; dans ce cas, il faudra l'attaquer en le poussant sur Leipheim. Vous me donnerez le signal de l'attaque par un coup de canon tiré de la hauteur d'Elchingen, afin que je puisse marcher sur la même direction de Leipheim avec la 3e division.

Par ce mouvement, tout ce qui se trouverait d'ennemis entre la Roth et la Biber est à nous.

Si les Autrichiens étaient là en force supérieure, il faudrait alors m'en informer par un officier de votre état-major et suivre votre mouvement par Günzburg.

Veuillez prendre connaissance de l'ordre ci-joint et le transmettre au général Bourcier.

J'ai l'honneur de vous saluer.

(*A . M.*)   Ney.

Le général Malher au général Dutaillis.

Au quartier général, le 18 vendémiaire an xiv (10 octobre 1805).

Mon cher Général,

Je vous envoie sept déserteurs et neuf travailleurs, parmi lesquels se trouve un homme qui prétend avoir été pris pour guide et qui pourra vous donner des renseignements sur la position de l'ennemi; il serait peut-être bon que ces hommes fussent gardés au quartier général pour servir de guides lorsque nous marcherons sur Ulm.

On a sans doute fait une erreur de copie dans l'ordre que vous m'avez fait envoyer, il est dit : *le général Malher laissera un détachement pour observer Ulm sur la rive droite du Danube, le commandant sera désigné par le maréchal;* sans doute que c'est sur la rive gauche qu'on a voulu mettre, vous aurez encore le temps de rectifier cette erreur avant que je ne commence mon mouvement.

Agréez, mon cher Général, l'assurance de mon amitié.

(*A. M.*)   Malher.

Le général Malher au maréchal Ney.

Au quartier général, à Günzburg, le 18 vendémiaire an xiv
(10 octobre 1805).

Monsieur le Maréchal,

L'ennemi a évacué Günzburg, je viens d'en prendre possession, j'en couronne les hauteurs par la division, j'en fais réparer les deux ponts, je vais pousser une reconnaissance sur Leipheim; tous les renseignements portent que l'armée entière était ici hier avec l'archiduc Ferdinand, le général Mack et tout l'état-major. La perte de l'ennemi est on ne peut plus conséquente, nous avons ramassé une centaine de traînards; il y a dans la ville deux ou trois cents blessés que je vais faire évacuer sur les derrières; il y a aussi des magasins, je vais les mettre en sûreté et m'occuper de vous faire un rapport détaillé. J'ai à regretter beaucoup de braves gens; mais j'ai aussi des rapports bien satisfaisants à vous faire. Tous les régiments se sont couverts de gloire et particulièrement le 59ᵉ régiment.

Je m'empresse de vous faire parvenir mes renseignements, si, comme je n'en doute pas, mes camarades battent l'ennemi; si le général Gazan était ici, nous pourrions avantageusement bombarder ses derrières.

Agréez, Monsieur le Maréchal, l'assurance de mon respect.

(*A. M.*) MALHER.

Le chef d'escadron de Crabbé au maréchal Ney.

Albeck, le 18 vendémiaire an xiv (10 octobre 1805).

Monsieur le Maréchal,

J'ai l'honneur de vous donner connaissance que M. le général Loison vient d'écrire à M. le général Dupont qu'il s'était emparé du pont d'Elchingen, mais il lui mande qu'il veuille bien s'emparer de Thalfingen; cependant, d'après votre instruction, c'est M. le général Loison qui doit le faire.

Thalfingen se trouve à une demi-lieue en avant d'Elchingen, dans le fond près du Danube, chemin direct d'Ulm. Si M. le général Loison s'emparait de Thalfingen, je crois que M. le général Dupont pourrait pousser jusqu'aux fermes d'Haslacherhof, deux fermes à cheval sur la route d'Albeck à Ulm, en avant de la pointe du bois, que défendaient hier les Autrichiens, et qu'ils occupent encore aujourd'hui ; de la hauteur en avant de ces fermes, on découvre tout le Michelsberg, à leur droite est Jungingen entre les deux routes conduisant à Ulm et passant près du Michelsberg, celle de Geislingen et celle d'Albeck ; dans le fond, en avant de Jungingen, est une ferme nommée Erlingerhof.

M. le général Loison s'étant emparé de Thalfingen a en avant de lui, dans le bois, une ferme nommée Böfingenhof ; ce bois n'est pas large, mais long d'une demi-lieue ; à la sortie sont déjà les jardins de Ulm ; il y a cinq ans les Autrichiens ont, du côté d'Ulm, abattu beaucoup de bois ; le Danube coule à gauche, dans le fond ; de ce côté le terrain est un peu marécageux.

D'Erlingerhof on peut gagner facilement Söflingen, laissant le Michelsberg à sa gauche ; une partie du mouvement peut être couvert par un petit bois qu'on laisse à sa gauche ; entre le Michelsberg on arrive sur la Blau qu'on passe à Söflingen, on a, pour lors, Ziegelhütte à sa droite et Ulm faisant face au Michelsberg.

Les Autrichiens font beaucoup de cas du poste Ziegelhütte qu'ils ont retranché ; par là, la route de Geislingen est couverte.

Pardonnez, Monsieur le Maréchal, si je me permets de vous donner des renseignements qui étaient à ma connaissance, mais je crois qu'il est de mon devoir de vous rendre compte de tout ce que je vois.

Je n'en ai rien dit à M. le général Dupont, ni par conséquent à personne.

J'ai appris que les Autrichiens faisaient aller des troupes d'Ulm à Günzburg et faisaient venir d'autres de Günzburg à Ulm.

Soyez persuadé de mon sincère attachement et respect avec lequel j'ai l'honneur d'être, Monsieur le Maréchal, votre très humble serviteur.

(*A. M.*) DE CRABBÉ.

Le général Dupont au maréchal Ney.

Au quartier général, à Albeck, le 18 vendémiaire an XIV
(10 octobre 1805).

Monsieur le Maréchal,

La 1re division a quitté la position de Dillingen pour marcher d'après votre ordre sur la direction d'Ulm. J'ai trouvé près d'Albeck le corps commandé par le chef d'escadron Crabbé, qui avait été forcé de se replier devant des forces supérieures, après avoir poussé la reconnaissance près d'Ulm. L'ennemi occupant Albeck, j'ai pris le parti de l'en déloger; il était déjà nuit. A notre approche, ce parti a évacué précipitamment; un cheval a été pris.

La division a établi son camp en avant d'Albeck; nos avant-postes sont placés en face de ceux de l'ennemi, et j'attends dans cette position de nouveaux ordres. M. Crabbé, votre aide de camp, m'a prévenu de votre part de ne rien engager sans ordre nouveau.

J'ai l'honneur de vous saluer.   DUPONT.

Note de la main du maréchal Ney.

Dire que le chef d'escadron avait poussé l'ennemi jusque près de Haslach sous Ulm, et après avoir tiré le troisième coup de canon, l'affût de la pièce s'est dressé; l'ennemi s'en étant aperçu, a voulu s'en emparer, mais les compagnies d'infanterie du génie et la cavalerie légère des 3e de hussards et 10e de chasseurs ont forcé l'ennemi à rester sur la défensive; cependant l'ennemi avait fait sortir d'Ulm environ 1000 hommes de cavalerie et quelques bataillons qui faisaient mine d'envelopper le petit corps de M. Crabbé qui s'est déterminé à se replier en bon ordre jusqu'à la tête du bois, en arrière d'Albeck, faisant beaucoup de mal à l'ennemi, sans jamais se laisser entamer. Enfin, la 3e division arrivait dans cette direction vers 6 heures du soir, et l'ennemi, appréciant la profondeur de la colonne qui marchait dans le plus grand ordre, se replia, en battant en retraite, jusqu'au delà de Haslach.

(A. M.)

Le général Dupont au maréchal Ney.

Albeck, le 18 vendémiaire an xiv (10 octobre 1805).

Monsieur le Maréchal,

Aussitôt la réception de vos ordres qui m'ont été remis par votre aide de camp, je me suis occupé de leur exécution et je les ai communiqués au général Tilly. Les postes avancés ont été rapprochés d'Ulm ; d'autres postes ont été établis pour éclairer la route d'Ulm à Stuttgard et pour assurer par ma gauche ma communication avec Günzburg par Göttingen et Elchingen.

Le général Sahuc m'ayant prévenu qu'il passait sous mes ordres avec une brigade de dragons, je lui ai mandé de se rendre de suite à Albeck.

M. Crabbé, votre aide de camp, a dû vous rendre compte des renseignements que j'ai reçus sur une réunion considérable de troupes à Ulm. Un déserteur autrichien, qui arrive à l'instant, me fait le rapport semblable.

Je vous prie de me donner des ordres et de me faire connaître le mouvement de l'armée, afin que je puisse me diriger en conséquence dans le cas où il arriverait des événements imprévus et où je n'aurai pas le temps de prendre de nouveaux ordres.

J'ai l'honneur de vous saluer.

(*A. M.*) DUPONT.

Le général Loison au maréchal Ney.

Au quartier général d'Elchingen, le 18 vendémiaire an xiv
(10 octobre 1805).

Monsieur le Maréchal,

Le général Dupont me marque qu'il n'a pas cru devoir s'emparer du pont de Thalfingen, parce que, dit-il, votre instruction ne le lui ordonne point et que, d'ailleurs, il est trop éloigné de lui.

Votre instruction porte bien que je m'emparerai des deux ponts d'Elchingen et de Thalfingen : je me suis emparé, comme j'ai eu l'honneur de vous en rendre compte, du pont d'Elchingen, à peu près à 2 heures du matin, après une marche pénible, dans des chemins affreux ; je croyais d'autant plus que celui de Thalfingen devait être au pouvoir du général Dupont, que la même instruction portait qu'il devait y établir un poste, pousser son avant-garde le plus près possible d'Ulm et, par conséquent, couvrir entièrement ma droite, ce qui me fit regarder comme une erreur de copiste, l'article de Thalfingen, qui me concernait. D'ailleurs, le pont de Thalfingen est à portée du général Dupont et est éloigné de ma position qui se trouve, eu égard à celle du général Dupont et la mienne, en avant de son front.

Le pont de Leipheim n'étant point au pouvoir du général Malher, me fait regarder comme un peu hasardée la position d'Elchingen ; malgré cela, je crois pouvoir m'y maintenir, si le général Dupont menace l'ennemi sur Thalfingen, en cas qu'il l'attaque vigoureusement. Il a essayé de reprendre le pont, mais il a été si bien reçu qu'il a abandonné son projet. Les rapports des prisonniers sont qu'ils arrivent à marche forcée du Tyrol et que l'on attend sous peu de jours une colonne de 6,000 Russes, commandée par l'ex-général Moreau, que l'un d'eux dit avoir vu et parfaitement connaître.

Je n'ai aucune nouvelle du général Malher, les reconnaissances que j'avais dirigées sur lui ayant rencontré l'ennemi ; voudriez-vous, Monsieur le Maréchal, me faire le plaisir de me marquer quelle est sa position actuelle.

J'attends vos ordres, Monsieur le Maréchal, et laisse reposer la troupe qui en a un pressant besoin.

J'ai l'honneur de vous saluer avec la considération la plus distinguée.

(*A. M.*) Loison.

Le général Bourcier au maréchal Ney.

A Nerenstetten, le 18 vendémiaire an XIV (10 octobre 1805).

Monsieur le Maréchal,

Conformément aux ordres que j'avais reçus, j'étais en route pour me rendre à Neresheim, lorsqu'en passant par Heidenheim, un adjudant-commandant m'a remis des ordres du major général que m'a adressés le général du Taillis ; à ces ordres, je devais trouver jointes des instructions de vous ; elles étaient bien annoncées dans la lettre d'envoi, mais n'y étaient pas jointes. Je vis le général Baraguey-d'Hilliers qui m'en donna connaissance et, conformément à ce qu'elles prescrivaient, je vins avec ma division m'établir à Bolheim. A peine y étais-je arrivé que j'ai reçu, à 5 h. 30, votre ordre du 17. Je me suis mis de suite en mouvement pour me rendre à Nerenstetten, où ma division bivouaque depuis ce matin, 1 heure, en avant et en arrière du village.

Je vois avec bien du plaisir, Monsieur le Maréchal, la 4e division que je commande, placée sous vos ordres. Veuillez être persuadé qu'il ne dépendra pas de moi qu'elle ne contribue fortement pour sa part au succès de votre armée.

Depuis plusieurs jours, la division n'a reçu ni pain ni viande, et du fromage qu'en petite quantité; si vous n'y voyez pas d'inconvénient, je désirerais que vous m'autorisassiez à faire occuper Börslingen, Sezingen et Wettingen; peut-être trouverai-je quelques ressources dans ces villages. Je viens d'envoyer quelques officiers dans quelques villages sur ma droite, pour reconnaître s'ils présentent quelques moyens de subsistance; mais j'en doute fort, l'armée les occupant ou bivouaquant en avant d'eux.

L'état de fatigue dans lequel les marches ont mis les chevaux, me fait insister, Monsieur le Maréchal, pour que vous preniez en considération le besoin où ils se trouvent.

J'ai envoyé une forte reconnaissance sur ma droite, sur la route d'Ulm; j'aurai l'honneur de vous rendre compte du rapport qui me sera fait à sa rentrée.

Recevez les expressions, je vous prie, de la haute considération et du sincère attachement avec lesquels j'ai l'honneur d'être, Monsieur le Maréchal, votre très humble et très obéissant serviteur.

(A. M.) BOURCIER.

Rapport à Son Altesse Sérénissime Monseigneur le prince Murat.

Le 30 vendémiaire an XIV (*22 octobre 1805*).

Dans la nuit du 17 vendémiaire (*9 octobre*), je reçus de M. le maréchal Ney l'ordre de mettre à la disposition du général Dupont deux régiments de ma division. Je lui envoyai les 15e et 17e, commandés par le général de brigade Sahuc, qui se rendit avec eux à Albeck pour y recevoir de nouveaux ordres.

Le Maréchal me prescrivait aussi de me rendre à Günzburg avec mes quatre autres régiments et mon artillerie. Je me conformai à cet ordre et j'arrivai à 6 heures du matin à Leipheim, sur la rive droite du Danube, après une marche de nuit dans des marais et chemins tellement difficiles que j'y ai perdu une vingtaine de chevaux qui s'y sont noyés. Plusieurs hommes auraient également péri sans le dévouement des dragons qui, au péril de leur vie, les ont retirés des précipices. De Leipheim, je fus prendre position à Holzheim et Steinheim avec le reste de ma division.

6° CORPS D'ARMÉE.

Journée du 18 vendémiaire (10 octobre).

Quartier général : Günzburg.

1re division : Albeck.

La division a gardé sa position du 17.

Les postes avancés ont été rapprochés d'Ulm ; d'autres postes ont été établis pour éclairer la route d'Ulm à Stuttgard et pour assurer, par la gauche de la division, la communication avec Günzburg par Göttingen et Unter-Elchingen.

2e division : Langenau.

La 2e brigade a gardé sa position du 17.

La nuit du 17 au 18, la 1re brigade, commandée par le général Villate, marcha sur Ober-Elchingen pour enlever le pont que l'ennemi gardait sur ce point. La brigade était précédée de deux pièces de 8 et d'un escadron du 3e régiment de hussards qui éclairait sa marche.

La colonne étant arrivée au village d'Unter-Elchingen, le général Loison prit les dispositions suivantes :

Le 39e régiment a été placé en réserve sur les hauteurs de Saint-Wolfgang.

Le 6e léger a marché en colonne sur Ober-Elchingen pour

gagner la chaussée qui conduit au pont sur le Danube ; les deux compagnies de voltigeurs et celles des carabiniers ont flanqué la gauche du régiment et ont côtoyé les bois et les marais qui bordent le fleuve.

L'escadron de hussards s'est dirigé sur un poste avancé qu'il a enlevé sans résistance, et se portant ensuite droit au pont, il a pris de même un officier et quelques hommes qui se trouvaient sur la rive gauche.

Le pont était défendu par un bataillon de Sporck, fort de 600 hommes et par une pièce de canon. Cette troupe a été effrayée de l'attaque impétueuse des hussards, conduits par le capitaine Schasnier, mais quelques planches ayant été retirées du pont, les hussards furent obligés de se retirer pour attendre l'infanterie ; alors ils essuyèrent un feu de mousqueterie et de mitraille.

Les voltigeurs et les carabiniers du 6e régiment d'infanterie sont arrivés et ont marché sur le pont au pas de charge. Ils s'en sont emparés malgré le feu très vif de l'ennemi, qui a été obligé de prendre la fuite et d'abandonner son canon.

Le 6e régiment est arrivé pour soutenir ces braves compagnies et il a été témoin de leur triomphe.

Le résultat de cette affaire est la prise du pont d'Elchingen, celle de 57 Autrichiens, dont un officier et d'une pièce de canon, 10 à 12 tués ou blessés.

3e division : Günzburg.

A 9 heures du matin, la division a quitté sa position qu'elle avait prise à la pointe du jour, en arrière de la Günz, et a occupé les cantonnements suivants :

Le 25e léger et l'escadron de hussards à Leipheim.
Le 27e régiment à Bubisheim.
Le 50e — à Reisensburg.
Le 59e — à Günzburg.
Le parc de la division, en arrière de la ville.

Cavalerie légère. — Dans sa position du 17, ayant 50 hommes du 1er régiment de hussards, près de Bernstadt ; 50 hommes du 10e de chasseurs, près de Horselfingen ; 50 hommes du 3e de hussards, à Witthau et Morizen, pour éclairer la route de Bernstadt à Ulm.

Division Gazan : Gundelfingen.

La 1re brigade, en avant de Gundelfingen.
La 2e   —   , à la gauche de cette ville.

Division de dragons : Langenau.

2 régiments près d'Albeck.
4   —   à gauche de Langenau.

Division de dragons à pied. — La division en arrière de Stotzingen, ayant 4 compagnies à Brenz, 2 compagnies à Sontheim, 3 compagnies à Lonthal et 4 compagnies à Medlingen.

Le maréchal Ney à l'Empereur.

Günzburg, le 18 vendémiaire an xiv (10 octobre 1805).

La division du général Malher a fait merveille hier. Généraux, officiers et soldats, tous se sont couverts de gloire à l'attaque de Günzburg. Le 59e a ouvert la marche, a de suite enlevé le pont. L'estimable colonel Lacuée à sa tête a été tué. L'affaire devint bientôt générale, parce que les Autrichiens avaient au moins 30,000 hommes sur ce point, commandés en personne par l'archiduc Ferdinand ; le maréchal Mack y était également avec quatorze généraux.

Ce matin, nos troupes ont définitivement pris position au delà de Günzburg, n'ayant jamais abandonné le pont et la rive droite du Danube.

Le résultat de cette brillante affaire est la prise de cinq pièces de canon, de 1200 prisonniers et 300 à 400 blessés restés ici. Il y a eu au moins 1000 hommes de tués à l'ennemi. Le général baron d'Aspre que j'envoie à Votre Majesté, pourra, s'il le juge convenable, lui dire que l'armée autrichienne était disposée à faire un grand effort sur mon corps d'armée, mais l'attaque de Günzburg a tout déjoué. La retraite des Autrichiens s'effectue sur Biberach.

Je viens de donner ordre : au général Dupont, commandant la 1re division, de s'approcher d'Ulm et d'en faire le blocus par la rive gauche du Danube ; je lui laisse deux escadrons du 1er hussards et deux régiments de dragons de la division du général Bourcier; au général Loison, de partir sur-le-champ de sa position de Langenau pour venir s'établir au-dessus de Günzburg dans la direction de Leipheim. Quatre régiments de dragons, commandés par le général Bourcier, ont ordre de le suivre, ainsi que le 3e de hussards et le 10e régiment de chasseurs à cheval.

Je laisse à Stotzingen la division de dragons à pied, aux ordres du général Baraguey-d'Hilliers, ainsi que la division Gazan à Gundelfingen, pour pouvoir se porter sur la rive droite du Danube, soit par Günzburg, soit par Lauingen ou Dillingen.

J'attends les ordres de Votre Majesté Impériale et je la supplie d'agréer le profond respect de son plus fidèle sujet.

NEY.

Le maréchal Berthier au maréchal Ney.

Zusmarshausen, le 18 vendémiaire an XIV (10 octobre 1805),
à 6 heures du soir.

Monsieur le Maréchal,

L'Empereur vient d'apprendre par le général Savary les détails de votre glorieux combat; il reste actuellement à prendre possession d'Ulm, ce qui est important sous tous les points de vue. Sa Majesté vous laisse le maître de marcher comme vous l'entendrez pour arriver à ce but : cernez, dans la journée de demain, Ulm.

Les dragons à pied continueront à rester sous vos ordres, vous les placerez à Günzburg, sur l'une et l'autre rive, et ils seront en position de se porter où ils pourraient être nécessaires.

Immédiatement après qu'Ulm sera pris, vous n'attendrez pas de nouveaux ordres pour agir; vous y laisserez un officier du génie pour achever les travaux que les Autrichiens ont commencés.

Vous vous dirigerez sur Memmingen, ou sur tout autre point où se serait porté l'ennemi, et le suivrez le plus possible.

Les points de Mindelheim et de Landsberg seront occupés en force : Mindelheim, par le maréchal Lannes; Landsberg, par le maréchal Soult; on se portera, s'il le faut, sur Kempten ou sur Füssen; ne manquez pas, arrivé à Ulm, de m'envoyer tous les renseignements possibles sur la force de l'ennemi, le nombre des corps et leur direction.

L'Empereur vous recommande de faire marcher et de faire donner vos divisions en masse. Vous pourrez laisser la division de dragons à pied à Ulm et, selon les circonstances, vous êtes autorisé à ne laisser à Ulm qu'une partie de cette division, et à faire marcher le reste avec vous pour servir de réserve.

Comme l'Empereur va se porter à Munich, où nos troupes arrivent ce soir, afin d'y attendre les Russes qui viennent de déboucher, il laisse le commandement de toute la droite, consistant dans le corps du maréchal Lannes, du vôtre et de la réserve de cavalerie, au prince Murat.

Adressez vos rapports au maréchal Murat, ce qui n'empêchera pas que vous correspondrez directement avec l'Empereur et avec moi.

Ce soir, d'Augsburg, l'Empereur vous écrira quand il aura lu votre rapport.

Maréchal BERTHIER.

Note.

Zusmarshausen, le 18 vendémiaire an xiv (10 octobre 1805).

Ordre aux troupes de M. le maréchal Lannes de se rendre à Mindelheim demain 19.

Même ordre au maréchal Murat.

L'Empereur a donné le commandement de sa droite, consistant dans les corps commandés par les maréchaux Ney et Lannes, et la réserve de cavalerie, au prince Murat.

La division Gazan entre sous les ordres du maréchal Lannes.

Maréchal BERTHIER.

Le maréchal Berthier à Son Altesse Sérénissime le prince Murat.

Zusmarshausen, le 18 vendémiaire an xiv (10 octobre 1805).

Monsieur le Maréchal,

L'intention de l'Empereur est que la division Nansouty parte demain, à la pointe du jour, pour se rendre à Augsburg, où elle recevra des ordres de l'état-major général.

Vous vous rendrez demain, de votre personne, à Mindelheim. Vous aurez les commandements directs des corps des maréchaux Ney et Lannes, formant la droite de l'armée. Vous les dirigerez de manière à ce qu'ils se secourent mutuellement et fassent le plus grand mal possible à l'ennemi. Tous les ordres passeront à ces généraux par votre état-major; mais ils pourront écrire directement à l'Empereur; bien entendu qu'ils s'adresseront à vous pour tout ce qui est du service.

Marchez avec précaution et donnez toujours en masse.

Maréchal BERTHIER.

Rapport sur les marches et opérations de la réserve de cavalerie.

Le 18 vendémiaire an XIV (10 octobre 1805).

Sa Majesté partit le matin pour Augsburg.

Le corps d'armée marcha sur Burgau; l'ennemi qui, la veille, l'avait occupé avec environ 20,000 hommes, l'abandonna et se retira sur Ulm.

La 3ᵉ division de dragons fut envoyée sur la route de Mindelheim avec le 10ᵉ régiment de hussards.

La 1ʳᵉ division de grosse cavalerie fut détachée du corps d'armée et se rendit à Augsburg.

Marches et rapports historiques de la 1ʳᵉ division de dragons montés.

Le 18 vendémiaire an XIV (10 octobre 1805).

Le 26ᵉ régiment est monté à cheval, à midi, pour se rendre à Burgau; à 1 heure, le 4ᵉ et le 14ᵉ l'y ont suivi; le soir, la 1ʳᵉ brigade et le quartier général s'y sont également rendus.

Le général Compans au général Oudinot.

Zusmarshausen, le 18 vendémiaire an XIV (10 octobre 1805).

Monsieur le Général,

M. le maréchal commandant en chef vous charge de faire rentrer l'escadron de chasseurs qui a été détaché hier à Binswangen, votre quartier général, et de lui faire rejoindre sa brigade.

COMPANS.

Le général Compans au général Suchet.

Zusmarshausen, le 18 vendémiaire an XIV (10 octobre 1805).

Un adjoint de Son Excellence M. le major général vient d'apporter à l'instant, à M. le maréchal Lannes, qui est absent, l'ordre de faire partir de suite le 17ᵉ régiment d'infanterie légère et de le diriger par le chemin le plus court sur Burgau.

Ce régiment doit marcher sans artillerie ; je vous prie, mon Général, de faire mettre de suite cet ordre à exécution et d'en rendre compte à M. le Maréchal.

J'ai demandé à la disposition de qui serait le 17ᵉ régiment ; pour le moment on n'a pu répondre à cette question. Je crois pourtant pouvoir vous dire que Son Altesse Sérénissime le prince Murat est sur le point de Burgau, qu'il y commande ; au surplus, nous aurons sans doute la solution de cette question avant l'arrivée du régiment à sa destination.

Rien de nouveau jusqu'à présent pour le reste de votre division. Je me félicite, mon Général, d'avoir de nouvelles occasions de vous assurer de mes respects.

COMPANS.

P.-S. — M. le maréchal sera lui-même à Burgau ; le 17ᵉ doit être conduit par un général de brigade ; M. le maréchal vient de me le faire dire à l'instant.

Le général Compans au général Suchet.

Zusmarshausen, le 18 vendémiaire an XIV (10 octobre 1805).

Monsieur le Général,

Je reçois à l'instant l'ordre de M. le Maréchal commandant en chef de révoquer le départ du 17ᵉ régiment d'infanterie légère et de le laisser dans sa position. Veuillez, je vous prie, Monsieur le Général, faire exécuter cette disposition.

M. le Maréchal désire que vous fassiez manger la soupe à ce régiment, d'où j'augure qu'il pourra peut-être en disposer dans la journée.

COMPANS.

———

Le général Compans au général Suchet.

Zusmarshausen, le 18 vendémiaire an XIV (10 octobre 1805).

Mon Général,

D'après les ordres de M. le Maréchal commandant en chef, veuillez bien donner les ordres pour que la division que vous commandez se mette de suite en marche sur Zusmarshausen.

Il serait nécessaire que vous arriviez ici avant votre colonne, afin de recevoir de M. le Maréchal les ordres pour votre marche ultérieure.

COMPANS.

———

Le général Compans au général Suchet.

Zusmarshausen, le 18 vendémiaire an XIV (10 octobre 1805).

D'après les dispositions arrêtées par M. le Maréchal commandant en chef, la division à vos ordres doit partir sur-le-champ de ses cantonnements d'Altenmünster et de Werlenschwang pour se rendre le plus promptement possible, mais en prenant toutefois quelque repos dans la nuit, à Mindelheim, en passant par Zusmarshausen, Steinenkirch, Dinkelscherben, Ziemetshausen et Kirchheim.

Vous prendrez, à votre passage à Steinenkirch, le 10ᵉ régiment de hussards qui sera provisoirement sous vos ordres.

Je préviens de ces dispositions le colonel de ce régiment par la lettre ci-jointe, que je vous engage à lui faire remettre assez tôt pour qu'il soit prêt au moment où vous désirerez le mettre en marche.

M. le maréchal désire que vous laissiez à Zusmarshausen tous les bagages et voitures de vivandiers de la division, sous la conduite de votre vaguemestre, qui prendra les ordres de l'adjoint à l'état-major Oudry, qui est chargé provisoirement des fonctions de vaguemestre général du corps d'armée.

M. le maréchal vous donnera des ordres ultérieurs avant votre arrivée à Mindelheim.

COMPANS (1).

Le général Compans au général Oudinot.

Zusmarshausen, le 18 vendémiaire an XIV (10 octobre 1805).

D'après les dispositions arrêtées par M. le maréchal commandant en chef, la division à vos ordres, à l'exception toutefois de la brigade Mortier, qui continue d'être à la disposition de Son Altesse Sérénissime le prince Murat, doit se mettre en marche demain matin à 6 heures, pour se rendre à Mindelheim, en passant par Steinenkirch, Dinkelscherben, Ziemetshausen et Kirchheim.

Les deux régiments de chasseurs et l'artillerie doivent suivre ce mouvement. M. le maréchal désire que vous laissiez ici tous les bagages et voitures de vivandiers de la division, sous la conduite de votre vaguemestre, qui prendra les ordres de l'adjoint à l'état-major Oudry, qui est chargé provisoirement des fonctions de vaguemestre général du corps d'armée.

M. le maréchal vous donnera des ordres ultérieurs avant votre arrivée à Mindelheim.

Il me charge de vous dire que Son Altesse Sérénissime Monseigneur le prince Murat lui a assuré qu'il vous rendra sans retard la brigade Mortier.

COMPANS.

---

(1) Le général Compans réclame également à la division Suchet des situations.

Le général Compans au général Beaumont.

Zusmarshausen, le 18 vendémiaire an XIV (10 octobre 1805).

Mon Général,

M. le maréchal commandant en chef vient de recevoir votre lettre ; il me charge de vous mander en réponse que, d'après les dispositions qu'il a arrêtées, la division à vos ordres doit partir d'Osbach demain matin, à 6 heures, pour se diriger sur Mindelheim en passant par Zusmarshausen, où elle prendra son artillerie, Steinenkirch, Dinkelscherben; Ziemetshausen et Kirchheim.

M. le Maréchal vous adressera des ordres ultérieurs avant l'arrivée de la division à Mindelheim.

Les circonstances lui paraissant commander que les divisions soient dégagées de toute espèce de bagages et voitures de vivandiers, il en a ordonné la réunion ici pour ce qui concerne son corps d'armée, et il vous engage à prendre le même parti pour ce qui concerne la division à vos ordres.

Votre vaguemestre pourra prendre les ordres du capitaine adjoint Oudry, que M. le maréchal a désigné pour remplir les fonctions de vaguemestre général du corps d'armée.

COMPANS.

Le général Compans au général Foucher.

Zusmarshausen, le 18 vendémiaire an XIV (10 octobre 1805).

Mon cher Général,

Je vous préviens que le corps d'armée se mettra en marche demain matin, à 6 heures, pour se diriger sur Mindelheim en passant par Steinenkirch, Dinkelscherben, Ziemetshausen et Kirchheim.

M. le maréchal vous charge de donner des ordres pour faire suivre le parc d'artillerie en toute diligence.

Tous les bagages du corps d'armée devant être réunis ici sous la direction de M. Oudry, capitaine adjoint à l'état-major général, chargé provisoirement des fonctions de vaguemestre général,

M. le maréchal ordonne que ceux qui pourraient se trouver au parc de l'artillerie se conforment à cette disposition.

M. le maréchal montera à cheval de bonne heure.

COMPANS.

Le général Compans à M. Oudry, adjoint à l'état-major.

Zusmarshausen, le 18 vendémiaire an XIV (10 octobre 1805).

Monsieur,

Je vous préviens que M. le maréchal commandant en chef ayant jugé à propos de réunir demain, à Zusmarshausen, tous les bagages du corps d'armée et voitures de vivandiers, vous a désigné pour remplir provisoirement les fonctions de vaguemestre général.

Je préviens de cette disposition les vaguemestres des divisions Suchet, Oudinot et Beaumont qui doivent prendre vos ordres.

Choisissez un local où vous puissiez faire parquer en ordre toutes les voitures dont la police et l'ordre de marche vous sont confiés, et attendez ici les ordres que je vous adresserai ultérieurement de la part de M. le maréchal.

Je mets à votre disposition une ordonnance à cheval et les gardes que MM. les généraux de division laisseront aux bagages.

Le corps d'armée se portera demain à Mindelheim ; c'est là où vous pourriez adresser vos lettres si vous aviez quelques comptes à me rendre ou quelques ordres à prendre de moi.

M. le maréchal compte sur votre zèle et votre activité.

COMPANS.

Le général Compans à M. Vast, commissaire des guerres.

Zusmarshausen, le 18 vendémiaire an XIV (10 octobre 1805).

Monsieur le Commissaire,

Je vous préviens que le corps d'armée se met en marche demain matin, à 6 heures, pour se diriger sur Mindelheim en passant par Steinenkirch, Dinkelscherben, Ziemetshausen et Kirchheim.

Donnez vos ordres pour que l'ambulance suive immédiatement la division de grenadiers et que le convoi de vivres et de liquides, qui est en arrière du corps d'armée, rejoigne le plus promptement possible ; employez, pour hâter son arrivée, tous les moyens imaginables. M. le maréchal est plus impatient que je ne pourrai vous l'exprimer de vous voir arriver.

COMPANS.

Le maréchal Berthier au maréchal Lannes.

Augsburg, le 18 vendémiaire an XIV (10 octobre 1805), à minuit.

Tous les renseignements que l'Empereur reçoit le portent à croire que l'ennemi vient livrer bataille à Ulm ou un peu plus haut. Les renseignements, d'ailleurs, du combat de Günzburg, ne sont pas tels que Sa Majesté l'espérait. L'Empereur pense donc que vous devez passer par le même chemin qu'a tenu le prince Murat, c'est-à-dire par Burgau, afin de vous tenir toujours à portée du maréchal Ney et que, s'il faut se battre, vos deux corps se battent réunis.

Enfin, si l'ennemi file par Memmingen, il se trouvera arrêté à Landsberg.

Donnez cette nouvelle direction à votre corps d'armée et tenez-vous toujours prêt à tomber sur l'ennemi avec les autres corps d'armée. Donnez nouvelle de cela au prince Murat; d'ailleurs, c'est à lui à juger, d'après les circonstances, qu'il ne faut pas se précipiter, que si l'ennemi était en grande force et résolu à livrer bataille devant Ulm, vous devez marcher lentement et ne vous battre que dans le cas où vous seriez parfaitement en mesure.

Maréchal BERTHIER.

Le général Compans au général Suchet.

Zusmarshausen, le 18 vendémiaire an XIV (10 octobre 1805).

D'après de nouvelles dispositions ordonnées par Sa Majesté l'Empereur, M. le maréchal commandant en chef me charge de révoquer l'ordre donné à l'instant à votre division de se rendre à Zusmarshausen pour en recevoir de nouveaux.

COMPANS.

*Le général Compans au général Fauconnet,
commandant la brigade des chasseurs à cheval.*

Zusmarshausen, le 18 vendémiaire an xiv (10 octobre 1805).

Monsieur le Général,

Vous pouvez faire reposer vos chevaux et les faire débrider. L'escadron du 21e régiment de chasseurs à cheval, qui avait été laissé à Binswangen, part actuellement d'ici pour rejoindre son régiment.

Compans.

Le général Compans à M. Vast, commissaire ordonnateur.

Zusmarshausen, le 18 vendémiaire an xiv (10 octobre 1805).

Monsieur le Commissaire,

Je connais la destination d'une ambulance; il me suffit de savoir qu'il y en a une de formée dans le corps d'armée, pour que je lui transmette les ordres de M. le maréchal quand il y aura lieu.

Compans.

Le général Compans au général de brigade Claparède.

Zusmarshausen, le 18 vendémiaire an xiv (10 octobre 1805).

Mon cher Général,

M. le maréchal Lannes, commandant en chef, désirant vous mettre à même de figurer avec avantage devant l'ennemi, me charge de vous annoncer, en attendant l'organisation définitive des grenadiers, que son intention est que vous alliez prendre le commandement de 2,000 chasseurs avec deux pièces d'artillerie dans la division aux ordres du général de division Suchet, faisant partie du 5e corps de la Grande Armée.

Vous irez prendre les ordres de M. le général Suchet, que vous trouverez à son quartier général, à Zusmarshausen.

M. le maréchal me charge, mon cher Général, de vous annoncer qu'il saisit cette occasion avec plaisir pour vous prouver combien est grand l'intérêt qu'il vous porte.

Compans.

5ᵉ CORPS D'ARMÉE.

Journée du 18 vendémiaire (10 octobre 1805).

Division de cavalerie.

La brigade de hussards continue d'être détachée sous les ordres de Son Altesse Sérénissime le prince Murat.

La brigade de chasseurs n'a pas fait de mouvement. L'escadron détaché à Binswangen est rentré à son régiment.

Division de grenadiers.

Les brigades aux ordres des généraux Dupas et Ruffin n'ont pas fait de mouvement.

La brigade aux ordres du général Laplanche-Mortières continue d'être détachée aux ordres de Son Altesse Sérénissime le prince Murat.

L'artillerie et les sapeurs n'ont pas fait de mouvement.

2ᵉ *division* (général Gazan).

La 2ᵉ division continue d'être détachée sous les ordres de M. le maréchal Ney.

Division aux ordres du général Suchet.

Cette division est passée le 18 (*10 octobre*) sous les ordres de M. le maréchal commandant en chef. Elle occupait les cantonnements de Werlenschwang et de Altenmünster, où elle était arrivée dans la journée, lorsqu'il lui donna l'ordre de les quitter pour aller bivouaquer en avant de Steinenkirch ; elle passa la nuit dans cette position.

Division de dragons aux ordres du général Beaumont.

La division aux ordres du général Beaumont est aussi passée

le 18 (*10 octobre*) sous ceux de M. le maréchal commandant en chef. Elle a bivouaqué ce jour-là à Auerbach.

Parc d'artillerie.

Le grand parc d'artillerie du corps d'armée est arrivé le 18 (*10 octobre*) à Wertingen.

RÉSERVE DE CAVALERIE.

Ordre.

Burgau, le 18 vendémiaire an XIV (10 octobre 1805).

Le corps d'armée qui se trouve à Burgau partira sur-le-champ pour se diriger sur Weissenhorn et, comme il est présumable que ce poste est occupé par l'ennemi, on devra s'en approcher avec la plus grande précaution et beaucoup d'ensemble.

On marchera dans l'ordre suivant : le 9e régiment de hussards formera l'avant-garde et éclairera la marche toujours au moins à une lieue en avant en se flanquant de droite, devant communiquer avec les troupes légères de M. le maréchal Ney et s'étendant le long de la Biber. En arrivant sur cette rivière ainsi que sur la Roth, les flanqueurs de gauche communiqueront avec ceux de droite du 10e régiment de hussards, qui remonte la Mindel.

Tous les équipages resteront à Burgau.

La brigade de M. le général Mortières, précédée d'un régiment de dragons, marchera ensuite et emmènera avec elle son artillerie.

La division du général Klein fermera la marche, ayant son artillerie à la suite de son premier régiment.

M. le général Treillard prendra provisoirement le commandement de la cavalerie légère de la brigade du général Mortières, comme le plus ancien général.

MURAT (1).

(1) Il est probable qu'un contre-ordre de Berthier, que nous n'avons pu retrouver, a suivi de près l'ordre daté de Zusmarshausen, 18 vendémiaire, et a dirigé Murat sur Weissenhorn au lieu de Mindelheim.

Zusmarshausen, le 18 vendémiaire an XIV (10 octobre 1805).

Ordre au grand quartier général de se rendre à Augsburg (1).

Maréchal BERTHIER.

Le général Andréossy au général Mathieu Dumas.

Général,

Je vous préviens que le quartier général part aujourd'hui, à 4 heures, pour se rendre à Mertingen, d'où il partira demain, de très bonne heure, pour Augsburg.

J'ai l'honneur de vous saluer.

Pour l'aide-major général, chef de l'état-major général :

L'Adjudant-commandant,

(*Sans date.*) HASTREL.

Bugeaud à Mlle Phillis de La Piconnerie.

Ma chère Amie,

Je ne suis resté qu'un jour à Strasbourg ; nous avons passé le Rhin et fait des marches forcées qui nous ont beaucoup fatigués. Nous partons tous les jours de grand matin et nous ne nous arrêtons que lorsqu'il est nuit. Toute l'armée marche avec la même vigueur et notre petit homme conduit la barque avec une vitesse surprenante. Il faut avoir bon pied pour seconder son génie actif. Tu jugeras de la rapidité avec laquelle nous avons marché, quand tu sauras qu'en sept jours nous avons fait 80 lieues, ce qui est beaucoup pour des troupes chargées, car, outre notre sac,

---

(1) L'Empereur sera logé à Augsburg, chez l'ancien Électeur de Trèves (4e bulletin). La Garde reste à Augsburg.

nous portons sur notre dos tous nos ustensiles de campagne, marmites, bidons, pioches, bêches, etc.

Je suis absolument éreinté et je ne conçois pas comment le corps peut résister à des fatigues si continuelles. Encore si, en arrivant au logement, nous avions un bon lit ; mais pas du tout, nous n'avons qu'un peu de paille, qu'il faut encore attendre trois ou quatre heures et, souvent, on ne peut se coucher que dehors, auprès d'un feu. La faim est encore un autre tyran. Juge si 10,000 hommes arrivant dans un village peuvent trouver facilement chacun de quoi manger. Ce qui me cause encore de la peine, ce sont les vexations et les vols que l'on fait aux paysans : leur volaille, leur bois, leur lard leur est enlevé de gré ou par rapine. Je ne fais pas ces choses-là, mais quand je suis bien affamé, je tolère en secret et je goûte bien ma part du vol. Tout ceci prouve bien que jusqu'à présent je n'avais vu que des roses.

Ne crois pourtant pas, malgré le dégoût que je parais exprimer, que je manque de force et de courage pour supporter tous ces maux. Au contraire, je les endure avec patience, et je fais mes efforts pour remplir mon état avec honneur. Je t'assure que je mourrai ou que je me distinguerai. Je me sens le plus vif désir de gagner la croix de mérite : il ne s'agit que de trouver une occasion.

On s'est déjà battu et les avantages ont été pour nous. Le 16, on a fait 4,000 prisonniers que j'ai vu défiler ; il y avait beaucoup d'officiers qui avaient fort bonne mine ; plusieurs étaient couverts de sang.

On assure que le général (*sic*) Murat tient encore 11,000 hommes bloqués à 3 lieues d'ici et que, demain, nous marchons pour déterminer plus promptement leur reddition.

Ne sois pas étonnée si je reste longtemps sans t'écrire, peut-être deux mois.

Adieu, ma chère Sœur.

Ton frère,
Thomas (1).

---

(1) Comte d'Ideville, *Le maréchal Bugeaud*, tome I, page 91.

Le maréchal Berthier au maréchal Soult.

Augsburg, le 18 vendémiaire an XIV (10 octobre 1805).

Ordre au maréchal Soult de se porter de Friedberg sur Landsberg, dès demain matin. Lui annoncer qu'il aura la division de dragons du général Walther, provisoirement sous ses ordres (1)

Maréchal BERTHIER.

Ordre de mouvement.

Augsburg, le 18 vendémiaire an XIV (10 octobre 1805).

Les divisions du corps d'armée lèveront les divers camps qu'elles occupent aux environs d'Augsburg demain 19, à la pointe du jour, pour se diriger sur Landsberg en passant par Haunstetten et Lechfeld.

La 3ᵉ division formera tête de colonne, et fournira l'avant-garde.

La 2ᵉ division marchera ensuite et, après elle, la 1ʳᵉ.

L'avant-garde sera composée de 4 bataillons d'infanterie légère de la 3ᵉ division, de 2 pièces de 4 et du 8ᵉ régiment de hussards.

Le 26ᵉ de chasseurs à cheval marchera avec cette avant-garde jusqu'à ce que le 8ᵉ de hussards ait pu la joindre ; après, il rentrera à la brigade de cavalerie légère.

Le général de brigade Merle commandera l'avant-garde, sous les ordres de M. le général Legrand.

La division de cavalerie légère, avec son artillerie, marchera immédiatement après l'avant-garde.

La 2ᵉ division de dragons, commandée par le général Walther, marchera immédiatement après les brigades de bataille de la 3ᵉ division.

M. le général Walther voudra bien régler les mouvements de sa troupe de manière à ce qu'elle soit rendue à Haunstetten à 6 heures précises du matin.

MM. les généraux Vandamme et Saint-Hilaire régleront les

---

(1) Même avis à Murat et à Walther.

mouvements de leurs divisions respectives, de manière que la tête de la 2º arrive à 7 heures à Haunstetten et la tête de la 1re à 8 heures, au même endroit, afin que la marche du corps d'armée s'opère sans interruption.

Le parc du corps d'armée marchera après la 1re division et sera gardé par elle.

Tous les équipages des troupes et des généraux resteront à Augsburg jusqu'à nouvel ordre.

Les chefs de corps y pourront laisser 25 hommes par régiment, commandés par un officier, pour veiller à leur garde, mais ils auront soin de choisir pour cet effet les militaires les plus éclopés, qui auraient de la peine à suivre. Le vaguemestre général restera avec les équipages, veillera à leur réunion, et fera pourvoir des subsistances nécessaires les hommes et les chevaux qui y sont attachés.

La position des divisions et le quartier général de l'armée seront indiqués par un nouvel ordre lorsque la troupe approchera de sa destination.

L'eau-de-vie sera distribuée demain à 5 heures du matin, et l'ordonnateur en chef prendra les mesures nécessaires pour qu'il soit en même temps délivré une ration de pain par homme, et le riz qui existe en magasin. Pour cet effet, il fera prendre tout le pain provenant des réquisitions faites tant à Augsburg que dans les communes environnantes, qui sont à sa disposition ou chez les boulangers affectés au corps d'armée.

Par ordre de M. le maréchal Soult :

SALLIGNY.

Le général Salligny aux généraux commandants les 2º et 3º divisions. — Circulaire.

Augsburg, le 18 vendémiaire an XIV (10 octobre 1805).

Monsieur le Général,

Je vous préviens que votre division marchera sous peu, veuillez bien la tenir prête ; je vais vous faire transporter au camp tout le pain dont on peut disposer ici.

L'ordonnateur m'a dit que vous aviez déjà de l'eau-de-vie ; si cela est, vous l'avez sûrement fait distribuer.

SALLIGNY.

Le général Salligny au Général commandant d'artillerie.

Augsburg, le 18 vendémiaire an XIV (10 octobre 1805).

Monsieur le Général,

M. le maréchal commandant en chef vous invite à envoyer à l'état-major général un état des chevaux nécessaires pour remplacer ceux qui manquent aux attelages des équipages des divisions, à l'artillerie légère et au parc du corps d'armée, afin que les réquisitions en soient faites. Vous comprendrez dans ces états les chevaux hors de service.

Je vous préviens que, d'après l'ordre de M. le maréchal, j'ai invité le commissaire ordonnateur en chef à faire délivrer la viande pour deux jours à la compagnie d'artillerie sous les ordres du général Margaron ; l'ordonnateur, à qui j'ai communiqué votre lettre relative aux vivres qui n'ont pas été délivrés à l'artillerie, a reçu l'invitation de leur faire fournir sans délai.

SALLIGNY.

Le général Salligny au Commissaire ordonnateur.

Augsburg, le 18 vendémiaire an XIV (10 octobre 1805).

Mon cher Ordonnateur,

Je vous préviens que les ordres du maréchal sont que l'hôpital d'Heilbronn soit évacué ; que les hommes qui s'y trouvent soient dirigés sur leurs corps s'ils sont en état de rejoindre ou dirigés sur les hôpitaux de Hall, d'Ellwangen ou de ceux qui pourraient être établis dans les places qui se trouvent plus rapprochées de la ligne d'opération.

D'après cette disposition, les officiers de santé militaire qui avaient été chargés de l'hôpital militaire d'Heilbronn en seront retirés, mais M. le maréchal ordonne qu'il soit signifié aux magistrats de tenir ces établissements prêts à être ouverts si les circonstances l'exigent.

Le maréchal vous charge d'écrire aux directeurs des hôpitaux des places sur la rive gauche du Rhin de diriger sur leurs corps et par convois les militaires du corps d'armée qui y sont en traitement, lorsqu'ils seront rétablis.

Donnez des ordres précis et rendez compte au maréchal de l'exécution de ces dispositions.

SALLIGNY.

Le général Salligny aux Commandants des détachements des 18e, 36e, 43e, 46e et 88e.

Augsburg, le 18 vendémiaire an XIV (10 octobre 1805).

Monsieur,

Vous voudrez bien partir avec votre détachement le lendemain de votre arrivée à Heilbronn, pour rejoindre votre régiment, en passant par Hall, Ellwangen, Nördlingen et Donauwörth, où vous prendrez des renseignements de l'officier supérieur qui y commande, afin de vous diriger de suite sur votre corps.

SALLIGNY.

Le général Salligny à M. le chef de bataillon Boy, commandant à Heilbronn.

Augsburg, le 18 vendémiaire an XIV (10 octobre 1805).

Commandant,

Vous trouverez ci-jointes diverses lettres pour les commandants de détachements qui doivent arriver successivement à Heilbronn pour rejoindre les bataillons de guerre des corps dont ils font partie; vous voudrez bien les déposer entre les mains d'une personne à Heilbronn en l'invitant à les faire remettre à leur adresse à l'instant de l'arrivée de chaque détachement.

Je pense que vous aurez dirigé par Hall, Ellwangen et Donauwörth sur l'armée, tous les détachements qui seront arrivés à Heilbronn, notamment celui de 150 hommes du 88e régiment; celui de pareille force du 17e d'infanterie légère; celui de 100 hommes du 18e de ligne et celui de 60 hommes du 4e régiment, les trois premiers ayant dû s'y rendre le 9 et le quatrième le 10 de ce mois; s'ils s'étaient arrêtés à Heilbronn, vous leur donneriez l'ordre d'en partir sur-le-champ pour rejoindre leurs corps respectifs.

SALLIGNY.

Le général Salligny à l'Ordonnateur en chef.

Augsburg, le 18 vendémiaire an XIV (10 octobre 1805).

Mon cher Ordonnateur,

M. le maréchal a reçu votre lettre de ce soir relative aux 300 paires de souliers reconnues par l'inspecteur de l'habillement : je les mets à la disposition de M. le général Legrand pour les corps de sa division qui en ont le plus besoin. J'écris au général Legrand de les faire prendre chez vous ce soir même, je vous invite à les faire réunir pour qu'elles soient remises aux personnes qui se présenteront pour les recevoir.

SALLIGNY.

Le général Salligny au Commandant de la force publique.

Augsburg, le 18 vendémiaire an XIV (10 octobre 1805).

Commandant,

Vous voudrez bien, conformément aux instructions de M. le maréchal commandant en chef, faire inscrire sur un registre particulier les noms de tous les prisonniers qui seront faits par le corps d'armée ainsi que ceux des déserteurs qui y arriveront.

Ce registre sera divisé en 9 colonnes : la 1re contiendra les noms et prénoms; la 2e le lieu de naissance; la 3e l'âge; la 4e le grade; la 5e le régiment; la 6e indiquera s'ils sont prisonniers ou déserteurs; la 7e le lieu où ils ont été pris ou celui de la désertion; la 8e la date de la prise ou de la désertion; la 9e la direction qui leur sera donnée.

Vous ferez connaître à M. le maréchal, par un rapport particulier chaque fois que la chose en vaudra la peine, ce que vous recueillerez d'intéressant des interrogatoires que vous leur ferez subir et vous en tiendrez note pour y avoir recours au besoin.

Je vous recommande particulièrement d'apporter le plus grand soin à la tenue du registre des prisonniers et déserteurs, de veiller à ce que chaque colonne soit exactement remplie, afin que l'on puisse toujours y puiser les renseignements dont on pourrait avoir besoin ; cet objet est d'une importance majeure.

SALLIGNY.

Le général Salligny à M. le chef de bataillon Boy, commandant à Heilbronn.

Augsburg, le 18 vendémiaire an XIV (10 octobre 1805).

Commandant,

Vous voudrez bien, conformément aux ordres de M. le maréchal commandant en chef, faire évacuer de suite l'hôpital établi à Heilbronn et signifier aux magistrats de cette ville de tenir cet établissement prêt à être ouvert au premier ordre qui en sera donné.

Vous dirigerez par Hall, Ellwangen et Donauwörth les malades qui se trouveraient en état de rejoindre leurs corps et vous leur ordonnerez de se rendre près le général commandant à Donauwörth, pour savoir quelle est la direction qu'ils devront suivre et s'y rendre au plus tôt.

Quant à ceux susceptibles d'être évacués, ils le seront sur les hôpitaux de Hall et Ellwangen ou sur ceux qui seraient établis dans les places les plus rapprochées de la ligne d'opération ; vous requerrez les moyens de transport à ce nécessaire.

D'après cette disposition, les officiers de santé qui avaient été chargés du service de l'hôpital militaire d'Heilbronn devront en être retirés ; l'ordonnateur en chef leur adresse des instructions à ce sujet.

Après l'évacuation totale de l'hôpital militaire d'Heilbronn qui devra être terminée sur-le-champ, vous rejoindrez de suite le quartier général partout où il sera, en suivant la direction que je viens de vous tracer.

SALLIGNY.

Le général Schiner au général Vandamme.

Mon Général,

J'ai l'honneur de vous rendre compte que je ne suis arrivé ici qu'à 9 heures, avec l'avant-garde de votre division, ayant été entravé dans la marche par un mouvement irrégulier tant des troupes que des bagages qui la précédaient. Je me suis établi dans les premières granges, en me gardant militairement, étant d'ailleurs couvert par les 1re et 3e divisions.

Il est impossible de trouver ici quelque chose en subsistance. Votre avant-garde aurait besoin de pain et d'eau-de-vie. J'ai des louanges à lui donner sur sa manière de marcher et de se conduire.

Il y a ici tous les généraux des 1re et 3e divisions de logés, et comme l'avant-garde n'a été établie que vers les 9 h. 30, je n'ai pu les voir aussi tard.

J'ai l'honneur.....

SCHINER.

P.-S. — Je suis logé chez le curé.

Le général Vandamme au maréchal Soult.

Gögglingen, le 18 vendémiaire an XIV (10 octobre 1805).

Monsieur le Maréchal,

J'ai l'honneur de vous rendre compte que j'ai fait pousser les reconnaissances jusqu'à plus de trois lieues au-dessus d'Inningen, sur la rive gauche de la Wertach, sans rencontrer l'ennemi. Il résulte des renseignements pris dans différents villages, que quatre hussards autrichiens ont emmené hier 200 chevaux des paysans de ces environs-là et les ont conduits du côté de Memmingen.

J'ai l'honneur de vous saluer respectueusement.

VANDAMME.

Le commissaire des guerres Géant au général Vandamme.

Raisting, le 18 vendémiaire an xiv (10 octobre 1805).

Mon Général,

J'ai eu l'honneur de vous rendre compte, hier, des difficultés sans nombre que j'ai éprouvées à Augsburg, pour obtenir du pain pour un jour. Il n'a pas moins fallu, pour y réussir, que passer la nuit entière à courir de la municipalité au magasin, et du magasin chez les boulangers de la ville. Enfin, j'en ai obtenu, et votre division est la seule qui en ait eu. Je lui ai procuré aussi de l'eau-de-vie pour deux jours.

Mais les peines que j'ai prises pour obtenir si peu, me donnent des inquiétudes sur l'avenir. Tout me fait penser qu'il me sera impossible d'assurer le service du pain, car pour me rendre ici, j'ai parcouru dix villages, dans l'espoir de trouver de quoi suffire aux besoins du jour, et ce que j'ai recueilli se borne à une centaine de pains de trois livres, que j'ai délivrés au 46º régiment. Rien n'annonce que demain je serai plus heureux, et cette position est affreuse.

J'ai essayé d'un moyen qui produira peut-être quelque chose : c'est de former un approvisionnement de farines, que je ferai manutentionner par les boulangers attachés à la division. Mais il faut d'abord réunir assez de sacs, et je n'en ai encore que trois. Quand nous aurons eu recours à cette ressource, il faudra la renouveler, ce qui ne pourra se faire qu'avec une force armée suffisante pour qu'elle ait lieu sur-le-champ.

Je vous prie, mon Général, de m'accorder un détachement de 20 hommes d'infanterie ou au mois 6 hommes à cheval; demain je courrai le pays et j'aurai de la farine, et demain, dans la nuit, je ferai cuire. Tous les jours je ferai de même, s'il y a possibilité.

Si mes efforts sont sans succès, je vous conjure, mon Général, de ne point m'en accuser. Mes désirs sont d'accord avec mon devoir, et il faut que je rencontre des obstacles insurmontables comme ceux que j'ai rencontrés, pour ne pas faire donner à la division la subsistance qui lui est due et dont elle a tant besoin.

J'ai l'honneur..... GÉANT.

Le maréchal Soult au maréchal Berthier.

Augsburg, le 18 vendémiaire an xiv (10 octobre 1805).

Des cinq compagnies de sapeurs qui étaient employées au 4º corps d'armée, quatre sont restées à Boulogne et celle qui reste est insuffisante pour les travaux journaliers que le rétablissement des ponts et des routes nécessitent.

Pour y suppléer, j'ai l'honneur de prier Votre Excellence de vouloir bien demander l'agrément de Sa Majesté pour qu'il soit attaché quelques autres compagnies de sapeurs au 4º corps d'armée.

D'après les mêmes motifs, je vous prierai aussi, Monsieur le Maréchal et Ministre, de demander à l'Empereur qu'il soit également attaché une portion de compagnie de pontonniers au 4º corps d'armée.

J'ai l'honneur.....

Soult.

Le maréchal Soult au maréchal Berthier.

Augsburg, le 18 vendémiaire an xiv (10 octobre 1805).

Monsieur le Maréchal et Ministre,

J'ai eu l'honneur de proposer à Votre Excellence le chef de bataillon Boy, pour occuper un des emplois de son grade vacants dans le 34º et le 64º régiment; mais ma demande n'ayant point été accueillie, j'ai l'honneur de vous prier de vouloir bien faire délivrer à cet officier une commission pour être employé comme adjoint à l'état-major du 4º corps de la Grande Armée.

Le nombre d'officiers que Votre Excellence a retiré de cet état-major est si considérable, que ceux qui restent sont insuffisants pour faire le service; j'ai donc l'honneur de vous prier de nouveau, Monsieur le Maréchal et Ministre, de vouloir bien pourvoir à leur remplacement.

J'ai l'honneur.....

Soult.

10 OCTOBRE.

Le maréchal Davout à l'Empereur.

Aichach, le 18 vendémiaire an XIV (10 octobre 1805).

Sire,

Je supplie Votre Majesté de vouloir bien me permettre d'entrer dans quelques explications sur un reproche réitéré qu'Elle vient de me faire adresser par son ministre de la guerre, sur ce que je n'ai pas amené de Mannheim tout le matériel de l'artillerie qui était affecté au 3ᵉ corps de la Grande Armée.

36 bouches à feu et des voitures de munitions, prolonges, etc., ce qui formait un total de 270 voitures, ont été amenées dans les journées des 5 et 6 vendémiaire (*27-28 septembre*), par 440 chevaux du 2ᵉ bataillon du train d'artillerie, et 600 chevaux de réquisition, avec l'ordre de renvoyer ces derniers au corps d'armée du général Marmont, auquel ils appartenaient. A ce même ordre, le premier inspecteur et le général Faultrier annonçaient que 540 chevaux de réquisition affectés au 3ᵉ corps d'armée étaient en route et devaient arriver au premier moment. Les 600 chevaux de réquisition ont été envoyés au général Marmont, et je me suis mis en marche avec 148 voitures, dont 21 bouches à feu; j'ai laissé le reste à Mannheim avec des officiers d'artillerie et des canonniers, avec l'ordre de nous rejoindre aussitôt l'arrivée des chevaux de réquisition annoncés.

Le général Sorbier a écrit depuis, plusieurs fois, pour presser l'expédition de ce matériel. J'ai dû n'attribuer qu'à la rapidité de nos marches et aux mauvais chemins la non-arrivée de ce que la nécessité m'a obligé de laisser derrière moi; et s'ils ne sont pas en marche, alors les avis donnés par le premier inspecteur étaient inexacts; je ne pouvais les supposer tels et frapper une réquisition de chevaux, lorsqu'on m'annonçait une quantité suffisante.

Le ministre de la guerre m'a fait aussi, de la part de Votre Majesté, le reproche d'avoir retenu l'artillerie de la grosse cavalerie qui n'était attachée que momentanément au 3ᵉ corps d'armée. Je vous supplie, Sire, de vouloir me permettre de vous observer que ce reproche est de la dernière inexactitude.

Lorsque j'ai eu l'ordre d'envoyer à Harburg la division de cavalerie du général Nansouty, elle n'avait avec elle que le personnel de son artillerie ; ce personnel a eu l'ordre de la rejoindre ; les deux pièces de 8 et l'obusier, par un malentendu arrivé à Œttingen après le départ de la cavalerie et du 3e corps d'armée, sont venus ici, et le général Sorbier, aussitôt qu'il en a été instruit, a donné les ordres de diriger ces pièces sur Danauwörth, pour de là rejoindre la division du général Nansouty.

Je prie Votre Majesté de vouloir bien excuser la longueur de ces explications ; je ne les ai données que parce que votre ministre m'a réitéré ces reproches non fondés.

L'armée est bivouaquée en avant de Aichach, ainsi que j'en ai rendu compte hier à Votre Majesté, et j'attends, pour en partir, ses ordres.

Le général Kienmayer s'est retiré sur Munich ; il s'est arrêté hier dans l'après-midi entre cette place et Dachau ; il a laissé quelques avant-postes entre lui et notre avant-garde, dont les reconnaissances ont fait ce matin quelques prisonniers à cinq ou six lieues d'ici.

Les Russes sont annoncés à Braunau pour le 10 octobre, aujourd'hui, et à Munich pour le 16. Ce qu'il y a de certain, c'est que le 6 octobre, il n'y en avait pas encore à Braunau.

Le régiment de Gyulay a rejoint ici le général Kienmayer ; auparavant son départ, un régiment, également en route des frontières pour rejoindre l'armée, a rallié ce général hier entre Munich et Dachau. Ce corps d'armée peut être, depuis ces réunions, de 16,000 à 20,000 hommes. Tous les habitants sensés peignent leur infanterie comme très découragée ; ce qu'il y a de certain, c'est la désertion ; depuis vingt-quatre heures, il en est arrivé ici une trentaine. Tous ces déserteurs, bien entendu, annoncent qu'ils seront suivis de beaucoup d'autres.

Leur cavalerie a encore un peu de moral.

Le général Kienmayer a eu dans la maison que j'habite deux terreurs paniques, qui ne sont point dignes de la réputation dont il jouit.

Suivant tous les rapports de Munich, et entre autres d'un homme, que j'ai envoyé de Spire et qui commence à me donner de ses nouvelles, l'armée de Souabe ne doit pas être au delà de 40,000 à 50,000 hommes. Ces rapports dépeignent l'armée de l'archiduc Charles comme très nombreuse ; on la porte de 80,000 à 100,000 hommes.

J'ai l'honneur.....

DAVOUT.

Le maréchal Davout au maréchal Berthier.

Aichach, le 18 vendémiaire an XIV (10 octobre 1805).

Monsieur le Maréchal,

J'ai l'honneur de rendre compte à Votre Excellence que le corps d'armée à mes ordres attend ici ceux que Sa Majesté voudra bien me faire adresser.

Ce dernier séjour a fait beaucoup de bien, en permettant aux divers parcs et convois de rejoindre le corps d'armée.

Je vous prie de me faire connaître le point sur lequel les prisonniers, ainsi que les déserteurs, doivent être dirigés, afin que je puisse y faire conduire ceux qui se trouvent réunis à mon quartier général ; en cas de départ, je les laisserai sous la garde et surveillance des autorités locales, qui sont également intéressées à ne point les laisser échapper.

DAVOUT.

P.-S. — J'invite Votre Excellence à vouloir bien adresser ses ordres au colonel Cassive, du 48ᵉ régiment, qui vient d'y être remplacé, pour que cet officier supérieur puisse, en se retirant, quitter l'armée avec honneur.

Journal de marche de la division Friant.

Le 18 vendémiaire an XIV (10 octobre 1805).

Les deux premières divisions passent la Parr à Aichach et vont établir leurs bivouacs sur la crête des hauteurs moyennes et boisées, trois quarts de lieue en avant de cette petite ville, à la sortie de laquelle la montée est assez forte après le pont.

. . . .

La 1ʳᵉ division, dont la gauche est aussi à Klingen, a sa droite à la Parr, à Gallenbach et occupe Blumenthal.

. . . .

Nous eûmes une fausse alerte causée par le rapport d'un officier de chasseurs à cheval qui crut voir une force considérable marchant sur nous dans quelques reconnaissances autrichiennes. La division prend les armes ; le Maréchal monte à cheval.

D'Aichach à Klingen, la route est bonne ; elle a deux montées et deux descentes à mi-distance d'Aichach à Klingen. Il y a un très beau moulin sur la droite. Ce jour et les précédents, nous eûmes beaucoup de neige fondue et de pluie.

3ᵉ CORPS D'ARMÉE.

Journée du 18 vendémiaire (10 octobre 1805).

Quartier général : Aichach.

Avant-garde : quartier général : Ober-Roth.

Escarmouches en avant d'Ober-Roth, entre le 1ᵉʳ de chasseurs et les uhlans.

1ʳᵉ *division :* quartier général : Blumenthal.

La gauche à la route de Munich, la droite à celle d'Augsburg, en avant d'Aichach ; elle est adossée aux bois, derrière Blumenthal.

2ᵉ *division :* quartier général : Klingen.

A une demi-lune en avant d'Aichach ; la droite à la route de Munich, sur la lisière des bois, entre les petits villages de Bergen et de Mezenried.

L'artillerie de la division à Bergen.

3ᵉ *division :* quartier général : Inchenhofen.

Elle reste en deuxième ligne dans la même position que le jour précédent.

Cavalerie légère.

Parc.

Le général Gudin à M. le maréchal Davout.

Le 18 vendémiaire an xiv (10 octobre 1805).

J'ai l'honneur de vous rendre compte que ma division est dans la même position qui a été indiquée hier; les troupes sont très mal, vu le mauvais temps et l'isolement où se trouve le camp.

Je fais mon possible pour me procurer un peu de pain pour une distribution, mais je ne pourrai pas y réussir; il est dû demain et même, à la rigueur, aujourd'hui. Si je peux réunir 2,000 rations, ce sera l'impossible. Vous voyez, d'après cela, combien je suis en déficit.

La situation de la division est, pour :

Le 12e régiment, de	1,523	hommes et	60	officiers.
21e —	1,736	—	56	—
25e —	1,691	—	59	—
85e —	1,538	—	61	—
Artillerie et train	182	—	5	—
Le détachement du 12e chasseurs.	58	—	2	—
Totaux	6,728	—	243	—

GUDIN.

Le général de brigade Daultanne, chef de l'état-major général, au général de division Gudin, commandant la 3e division.

Au quartier général, à Aichach, le 18 vendémiaire an xiv,
(10 octobre 1805).

Mon Général,

M. le Maréchal vient de décider que tous les chevaux des voitures qui vous ont apporté des vivres seront mis à la disposition de l'artillerie, pour en renforcer les attelages et remplacer les chevaux du train montés ou hors de service.

Pour régulariser cette mesure et fermer la porte aux abus, M. le Maréchal vous invite à vous faire rendre compte du nombre de chevaux de trait existant à la suite de votre division, soit qu'ils aient servi au transport des vivres, soit qu'ils aient été employés à celui des équipages et autres voitures. Ces chevaux seront remis, par vos ordres, dans le jour, au commandant de l'artillerie de votre division, qui devra rapporter procès-verbal de réception, conjointement avec votre chef d'état-major et votre commissaire des guerres. Ce procès-verbal devra faire mention du nombre de chevaux remis, du signalement de chacun d'eux, du nom du propriétaire et lieu de son domicile; enfin, on désignera ceux des chevaux qui auraient été abandonnés par leurs maîtres.

L'officier d'artillerie de votre division prendra les ordres du général d'artillerie Sorbier, qui est prévenu de cette mesure, pour l'incorporation dans les bataillons du train, servant à votre division, des chevaux qui seront nécessaires pour remplacer ceux qui sont morts, ou renforcer les attelages de votre artillerie et lui remettre l'excédent pour servir au parc de réserve de l'armée.

M. le Maréchal a remarqué avec peine que le nombre des voitures s'accumulait à la suite des divisions; il me charge de vous rappeler les ordres qu'il a déjà donnés pour réduire à deux voitures par régiment les transports des équipages des corps; il en exige la plus stricte exécution; il donne lui-même le premier exemple de la réduction de ses équipages au plus strict nécessaire, et il est persuadé que MM. les officiers généraux et les colonels s'empresseront de le suivre, en laissant sur les derrières et à la suite de l'armée, des voitures qui ne servent qu'à en appesantir la marche.

Déjà, par les savantes combinaisons de notre Souverain, nous nous trouvons sur les derrières de l'ennemi; une partie vient de mettre bas les armes; encore quelques jours de privations et de marches forcées et la campagne sera finie. Il ne nous restera plus qu'à nous occuper d'en recueillir les résultats.

Veuillez bien, mon Général, donner vos ordres pour que ceux de M. le Maréchal reçoivent, dès cette position, leur entière exécution.

J'ai l'honneur de vous saluer.

(A. G.) DAULTANNE (1).

---

(1) A cette pièce se trouve joint le compte rendu d'exécution de la brigade Gautier. Le général Daultanne prévient aussi le général Gudin que le payeur principal vient d'arriver à Aichach, et il l'invite à toucher un acompte sur la solde.

Le général Gudin au général Daultanne.

Le 18 vendémiaire an XIV (10 octobre 1805).

Mon cher Général,

Je viens de recevoir votre lettre de ce jour, relative aux intentions de M. le Maréchal pour la remise à l'artillerie de tous les chevaux qui ont conduit des vivres.

Je vais les faire exécuter de suite, mais elles ne produiront pas un grand avantage dans ma division, car j'ai très peu d'équipages.

Aucun officier général de ma division n'a de voitures, tous sont réduits à un fourgon qui leur appartient.

GUDIN.

Le général Gudin au général Petit et au général Gautier.

Inchenhofen, le 18 vendémiaire an XIV (10 octobre 1805).

Mon cher Général,

Il est 6 h. 30, et je n'ai reçu encore aucun ordre de mouvement. Je pense, d'après cela, qu'il faut faire faire de suite la soupe ; je vais envoyer des bœufs au camp pour faire faire une distribution de viande d'un jour.

J'espère donner aussi 2,000 kilog. de pain à chaque régiment, et il est nécessaire que le corps l'envoie chercher de suite avec les voitures qui ont conduit les biscuits.

J'ai envoyé, cette nuit, deux grands tonneaux de bière à chaque régiment.

GUDIN.

P.-S. — Pour le général Gautier.

Le 85e doit avoir eu un grand tonneau de bière et deux moindres. Si la distribution n'était pas au niveau des autres, voyez à la compléter par un des villages à votre gauche.

Le général de brigade Gautier à M. le général de division Gudin.

Walchshofen, le 18 vendémiaire an XIV (10 octobre 1805).

Mon Général,

J'ai donné ordre à M. le colonel du 25ᵉ régiment d'envoyer deux compagnies aux villages de Kühebach et de Schönbach pour y requérir 20 sacs de farine de 200 livres chacun et les faire conduire le plus promptement possible au quartier général à Inchenhofen ; à M. le colonel du 85ᵉ, d'envoyer trois compagnies à Haslangkreit, Windten et Stockensau pour s'y faire fournir 20 sacs de farine qui doivent être dirigés sur le même point. Les détachements vont partir à l'instant ; ils ont ordre d'être rentrés au plus tard à la pointe du jour demain matin avec leurs approvisionnements.

J'ose à peine vous entretenir de la situation des troupes. Vous sentez aussi vivement que moi combien leur position est pénible et combien elle le sera davantage dans la nuit prochaine, si elles doivent rester sous la pluie.

Agréez, mon Général, l'hommage de mon respect.

(*A. G.*). GAUTIER.

Le général de brigade Gautier à M. le général de division Gudin.

Walchshofen, le 18 vendémiaire an XIV (10 octobre 1805).

Mon Général,

Nous n'avons point d'ordres et point d'apparence d'en recevoir. Les bœufs sont arrivés ici, mais les bouchers sont encore en arrière. Je vous prie de leur faire donner ordre de venir de suite pour abattre au camp.

Les fourriers du 25ᵉ régiment sont chargés de recevoir les deux moutons qui nous sont destinés ; ce corps n'a point reçu la viande délivrée dans la nuit. J'ai ordonné qu'on aille la chercher à Inchenhofen où elle doit être restée.

J'ai l'honneur de vous remettre les derniers rapports.

Agréez, mon Général, l'assurance de mon attachement sincère.

(*A. G.*). GAUTIER.

*Le général de brigade Petit, commandant dans la Légion d'honneur,
à M. le général de division Gudin.*

Le 18 vendémiaire an xiv (10 octobre 1805).

Mon Général,

J'ai l'honneur de vous rendre compte que, conformément à vos intentions de ce jour et à la réquisition du commissaire des guerres Thomas, j'ai donné l'ordre à une compagnie du 12e régiment de parcourir les communes désignées dans ladite réquisition, afin d'y percevoir les quantités de farine demandées ou du pain en remplacement.

Comme ces communes se trouvent dans le même rayon, j'ai cru ne devoir envoyer qu'une compagnie.

J'ai l'honneur de vous saluer respectueusement.

(*A. G.*) Petit.

Le général Marmont au maréchal Berthier.

Pöttmes, le 18 vendémiaire an xiv (10 octobre 1805),
à 3 h. 1/2 après midi.

Monsieur le Maréchal,

Je n'ai reçu que ce matin, à 2 heures, l'ordre que vous m'avez fait l'honneur de m'adresser pour me rendre au point d'intersection des routes de Munich à Rain et d'Augsburg à Neuburg. L'officier qui en a été porteur, n'ayant pu trouver de moyens de transport dans une partie de la route, a été obligé d'en faire le tiers à pied.

Aussitôt que l'ordre m'est parvenu, j'ai fait partir mes troupes de Lichtenau, où elles étaient. Je viens d'arriver avec elles à leur destination. Mon avant-garde occupe la croisée même des routes. Une division est campée à Gundelsdorf, une autre à Handzell et la troisième à Pöttmes, ainsi que ma réserve d'artillerie. J'attendrai dans cette position de nouveaux ordres.

J'ai l'honneur de rappeler à votre souvenir nos besoins de subsistance. Ils sont extrêmes. Ils viennent d'être accrus par la conduite scandaleuse que vient de tenir envers nous le baron prussien Lietniz, directeur du cercle de Wassertrudingen. Ce misérable, auquel j'ai fait donner de ma poche 24,000 francs sur des fournitures dont nous n'avons discuté ni le prix ni le mode de payement, fournitures dont la quotité n'est pas encore arrêtée, mais qui ne doit pas s'élever à plus de 36,000 francs, a eu l'audace et l'indécence d'arrêter et de garder jusqu'à parfait payement 20,000 rations de biscuit qui traversaient son territoire, que je faisais arriver à grand'peine et à grands frais et que sans cela j'aurais reçues cette nuit.

Peut-être trouverez-vous qu'il fût désirable qu'il soit puni.

Je prie Votre Excellence.....

MARMONT.

Le maréchal Bernadotte au maréchal Berthier.

Pfaffenhofen, le 18 vendémiaire an XIV (10 octobre 1805),
à 5 heures après midi.

Monsieur le Maréchal,

L'officier que vous avez chargé de m'apporter votre dépêche, datée de Donauwörth le 17 vendémiaire, à 10 heures du matin, n'a pu arriver à Ingolstadt qu'à 3 heures de la nuit; il a été obligé de faire une partie de la route à pied.

Aussitôt que votre lettre m'a été remise, je me suis empressé de remplir les dispositions qu'elle contient. J'ai laissé à Ingolstadt le général de division Rivaud, le 54ᵉ régiment, fort d'à peu près 2,000 hommes, 4,000 à 5,000 Bavarois, tant infanterie que cavalerie, et de l'artillerie en proportion; j'ai laissé au général Rivaud des instructions pour qu'il remplisse le but que Sa Majesté se propose; il doit vous rendre compte deux fois par jour. Une fois ce corps organisé, j'ai fait mettre en marche mon corps d'armée et les Bavarois. La grande pluie qui tombe depuis ce matin m'empêche d'aller aussi loin que j'aurais voulu; cependant, malgré ce très mauvais temps qui accable nos chevaux d'artillerie, mes avant-gardes vont être placées à Hohenkamer et les corps d'armée à Reichertshausen où je serai de ma personne. Je vais faire prendre quelque repos aux troupes et leur donner le temps de faire la soupe; je me remettrai en marche dans la nuit vers 1 heure, et, si le temps ne me contrarie pas trop, je serai demain à midi, à Munich ; j'y attaquerai l'ennemi et je remplirai ponctuellement vos instructions.

Je vous prie, Monsieur le Maréchal, de dire à Sa Majesté combien j'éprouve de peine de ne pas avoir reçu vos ordres, hier dans la journée ; mes avant-gardes auraient été, ce soir, près de Munich, et j'y serais arrivé moi-même avec le reste des troupes demain, à 4 heures.

Veuillez agréer..... BERNADOTTE.

Relation des mouvements du corps bavarois.

16 *vendémiaire (8 octobre).* — L'armée marcha à Eichstädt ;

17 *vendémiaire (9 octobre)*, à Ingolstadt ;

18 *vendémiaire (10 octobre)*, à Pfaffenhofen ; la brigade du général Siebein resta à Ingolstadt avec celle du général Rivaud pour observer les ennemis qui pourraient arriver de la Bohême. Ce corps marcha, par la suite, sur Nuremberg et le Haut-Palatinat, pour arrêter la marche de l'archiduc Ferdinand, qui, d'Ulm, se retira par Nuremberg, à Eger ; mais comme on n'atteignit que l'arrière-garde, il n'y eut que quelques escarmouches, dont plusieurs furent cependant bien vives, et auxquelles le 4ᵉ régiment des chevau-légers se distingua beaucoup, particulièrement le major de Lindenau. Les caporaux Wagner et Pfister, avec 12 hommes, surprirent un piquet de cavalerie de 40 chevaux, en sabrèrent 10 ou 11, firent 6 prisonniers et s'emparèrent de 3 chevaux.

JOURNAL DU CORPS BAVAROIS.

Marche à Munich.

18 vendémiaire (10 octobre). — Le Maréchal plaça son corps d'armée à l'entour de Pfaffenhofen : l'avant-garde occupa d'abord pour quelques heures une position à Ebenhausen, une grande lieue en avant de la précédente, ensuite elle se remit en marche, traversa Pfaffenhofen, prit sa position à Hohenkamer, balaya les patrouilles ennemies et établit ses avant-postes jusqu'à Unterbuck, tandis que le général Kellermann se plaça comme soutien à Reichertshausen.

18 vendémiaire (10 octobre). — Les mouvements tant rapides de la Grande Armée ayant fait perdre la tramontane à l'ennemi, on fut obligé d'envoyer partout des patrouilles pour ne pas se joindre à l'improviste ; une forte patrouille fut envoyée à Freysing et plusieurs sur la grande route de Munich.

Des prisonniers déposèrent qu'une avant-garde ennemie avait pris poste près Nymphenburg.

Avant le départ à Ebenhausen, le lieutenant général baron de Wrède publia la proclamation suivante :

Proclamation. — « J'instruis l'avant-garde que par un ordre
« précis de Sa Majesté l'Empereur des Français, l'honneur d'at-
« taquer et de chasser les Autrichiens de la capitale de la
« Bavière, où ils commettent toutes sortes d'atrocités, est
« réservé à l'avant-garde. Qui d'entre nous ne désirerait pas
« d'arriver par marches forcées à une destination si honorable ?
« Levez-vous, valeureux Bavarois ; demain il faut vaincre ou
« mourir aux portes de Munich. »

Ordre de marche du 18 vendémiaire.

Ingolstadt, le 18 vendémiaire an XIV (10 octobre 1805).

L'armée est prévenue qu'elle marche à l'ennemi et qu'elle doit le rencontrer dans la journée.

Le général Kellermann, commandant l'avant-garde, partira de suite pour se rendre à Pfaffenhofen.

Le lieutenant général de Wrède suivra la même route à un quart de lieue en arrière du général Kellermann.

La division du général Drouet partira à 8 h. 30 en suivant la route de Pfaffenhofen.

La 1re division, commandée provisoirement par le général Pacthod, suivra immédiatement la 2e division.

Le corps d'armée de réserve, commandé par le lieutenant général Deroy, suivra le même mouvement à un quart de lieue en arrière.

M. le général Rivaud reste à Ingolstadt, où il commande 7,000 hommes français et bavarois; il reçoit de M. le maréchal une instruction particulière pour couvrir les derrières de l'armée.

1ᵉʳ CORPS D'ARMÉE.

Ordre de marche du 19 vendémiaire.

Pfaffenhofen, le 18 vendémiaire an XIV (10 octobre 1805).

Le corps de troupes bavaroises, aux ordres du lieutenant général de Wrède, partira demain 19, à 3 heures du matin, de sa position en avant de Hohenkamer sur la rivière de Glon, pour se rendre à Munich.

Il s'éclairera beaucoup sur sa gauche pour avoir des renseignements sur Landshut.

Le général Kellermann partira demain à 3 heures du matin de sa position de Reichertshausen avec la division d'avant-garde, suivra la même route que le lieutenant général de Wrède, à un quart de lieue au plus en arrière de lui, afin d'être toujours à même de l'appuyer s'il est attaqué par l'ennemi ou s'il l'attaquait lui-même.

La 2ᵉ division, commandée par le général Drouet, partira demain à 2 heures, se dirigeant sur Munich, toujours par la grande route, suivant la marche du général Kellermann, qui sera une lieue en avant de lui.

Il s'éclairera aussi sur sa gauche, afin d'avoir des nouvelles de Freysing et de Landshut.

La 1ʳᵉ division, commandée provisoirement par le général Pacthod, suivra le mouvement du général Drouet et partira de son camp immédiatement et aussitôt que la 2ᵉ division aura effectué son mouvement. Elle se trouvera toujours à 200 toises en arrière afin de l'appuyer s'il est nécessaire. Il enverra des partis sur sa gauche pour l'éclairer.

Le corps de troupes bavaroises de réserve, commandé par le lieutenant général Deroy, se tiendra prêt à se mettre en marche à 2 h. 30 du matin et effectuera son mouvement dès l'instant où la queue de la 1ʳᵉ division aura filé.

Il devra se tenir au plus à 200 toises de cette division.

Le général Éblé au colonel Navelet.

Pfaffenhofen, le 18 vendémiaire an XIV (10 octobre 1805).

Monsieur,

Je vous préviens que M. le maréchal Bernadotte a fait requérir dans le pays d'Eichstädt, 100 chevaux qu'il destine au service de l'artillerie.

Ces chevaux doivent être rendus aujourd'hui à Ingolstadt.

Cette lettre vous sera remise sur la route d'Eichstädt et, dès qu'elle vous sera parvenue, vous enverrez en avant le commandant du 2e bataillon, M. Pinondelle et l'artiste vétérinaire, à l'effet de choisir à Ingolstadt tous ceux de ces 100 chevaux propres au train ; ils seront de suite marqués et remplaceront les bœufs, les chevaux manquants et autant de chevaux hanovriens qu'il sera possible ; bien entendu que vous ne vous priverez que de ceux exténués et hors de service et vous les ferez remettre à la disposition du commissaire hanovrien qui suit votre parc ; vous m'en enverrez la note.

Si les chevaux requis dans le pays d'Eichstädt sont sans harnais, vous les ferez garnir avec ceux que vous amènerez à la suite du parc.

Dans le cas où cette opération ainsi que celle de la marque ne pourraient être faites demain dans la journée, elles se continueraient après-demain dans la matinée et, dès qu'elles seront terminées, les chevaux partiront pour Pfaffenhoffen où ils devront arriver sans faute le même jour que vous. Si ce cas a lieu, ce ne sera qu'à Pfaffenhoffen que vous laisserez libres les chevaux hanovriens dont vous pourrez vous passer.

Mandez-moi ce que vous aurez pu faire et combien de chevaux vous aurez reçus.

Envoyez-moi chaque jour un rapport ; l'ordonnance qui me l'apportera vous attendra dans le lieu où elle m'aura trouvé et vous remettra les ordres que j'aurai à vous faire passer.

Vous prendrez, près du général Rivaud, des renseignements à l'égard de la sûreté de votre marche sur Pfaffenhoffen, et s'il croit que le parc n'a pas de dangers à courir, vous partirez d'Ingolstadt le lendemain de votre arrivée pour vous y rendre, et, de là sur Munich.

Comme je ne prévois pas la possibilité que vous fassiez de plus fortes journées que l'armée, il faut, au moins, faire en sorte de n'en pas rester plus éloigné.

Je pense que, pour la facilité de votre correspondance avec moi et pour rendre le service moins pénible, vous devrez faire partir votre rapport à la pointe du jour le lendemain de votre arrivée à un gîte quelconque ; il devra être apporté par deux hommes qui trouveront au quartier général que nous quitterons une ordonnance qui l'apportera à celui que nous occuperons le même jour ; vos hommes attendront où ils seront arrêtés le deuxième rapport qui me sera apporté directement par l'un d'eux, l'autre partira en même temps et restera à moitié chemin pour y recevoir le lendemain le rapport que vous enverrez ; l'ordonnance qui m'aura rejoint restera au quartier général que nous quitterons pour le recevoir et me l'apporter de suite ; par ce moyen, chaque ordonnance n'aura à parcourir que la distance d'un quartier général à l'autre.

ÉBLÉ.

Le général Éblé au colonel Navelet.

Ingolstadt, le 18 vendémiaire an XIV (10 octobre 1805).

Monsieur,

Le parc que vous dirigez restera à Ingolstadt, à moins que d'ici à demain je ne vous adresse de nouveaux ordres.

Si vous vous arrêtez dans cette ville, donnez ordre au commandant du 2º bataillon du train de s'occuper de la répartition, dans les compagnies, des chevaux, tant de réquisition que d'achat, en Hanovre ; il y comprendra aussi ceux reçus à Würtzburg. Enfin, qu'il fasse l'impossible pour m'envoyer un tableau de cette répartition qui portera le nombre de chevaux qui existait au 1er bataillon au 1er fructidor, et les augmentations et la perte qui ont eu lieu depuis.

Il se trouve dans les divisions une trentaine de chevaux que j'enverrai au parc pour être signalés et marqués le plus tôt possible.

Tant que vous resterez à Ingolstadt ou avant que d'y arriver, vous prendrez les ordres du général Rivaud.

ÉBLÉ.

*Le général Éblé à M. Lentz,
commandant le 2ᵉ bataillon principal du train.*

Pfaffenhoffen, le 18 vendémiaire an xiv (10 octobre 1805).

Monsieur,

Je vous préviens que M. le maréchal accorde 100 capotes au bataillon que vous commandez et qu'il fera mettre à la disposition du conseil d'administration une somme d'environ 2,000 francs pour cet objet. Mais Son Excellence espère que la sollicitude sera partagée par les membres du conseil d'administration, et qu'ils mettront tout en œuvre pour que les capotes soient confectionnées sous peu de jours, malgré les marches de l'armée.

Je compte particulièrement sur votre zèle, Monsieur. J'espère que le corps que vous commandez ne sera pas le dernier à remplir les intentions de M. le maréchal.

J'ai vu, à Ingolstadt, du drap dont la couleur approche de la nuance prescrite par les règlements, et je pense qu'il convient que vous en fassiez acheter si le prix n'est pas exorbitant.

Rappelez-vous que je tiens beaucoup à ce que les capotes soient doublées d'étoffe de laine jusqu'au-dessous des épaules. Des capotes hors de service pourraient être employées à cet usage.

Votre tailleur ne pourrait-il pas couper les capotes et les envoyer ensuite dans les compagnies où elles seraient cousues par les soins des officiers ? Faites en cela ce qui sera le plus avantageux, mais, surtout, ce qui demandera le moins de temps.

ÉBLÉ.

CHAPITRE V

Combat d'Haslach.

A M. le maréchal Ney, commandant le 6ᵉ corps d'armée.

Au quartier général de Nieder-Stötzingen, le 19 vendémiaire an XIV
(11 octobre 1805).

Monsieur le Maréchal,

J'ai l'honneur de vous informer qu'en exécution de vos ordres en date d'hier, j'ai exécuté le mouvement qu'ils prescrivaient ; j'ai établi mon quartier général à Nieder-Stötzingen.

J'ai 1 compagnie à Bissingen, 3 compagnies à Lonthal, 3 bataillons le long du bois derrière Stötzingen, 1 bataillon à Stötzingen, avec 4 pièces d'artillerie, dont 1 compagnie à Aselfingen, 3 compagnies à Brenz, 1 compagnie à Sontheim, 1 bataillon à Medlingen ; mon parc d'artillerie à Sontheim et le parc de la réserve, que je traîne après moi par ordre de Son Altesse le prince Murat, en arrière de Medlingen.

Je m'étais rendu hier au soir à Medlingen, dans l'espoir de vous y trouver encore établi et de pouvoir vous y rendre mes devoirs ; j'ai appris avec regret que vous vous étiez éloigné jusqu'à Günzburg.

Les subsistances deviennent de jour en jour plus rares et plus difficiles, les villages que j'occupe ont beaucoup souffert, ceux que je viens de quitter sont épuisés et la rapidité successive de nos mouvements ne permet pas de faire des approvisionnements sur des points déterminés. Je vous prie donc, Monsieur le Maréchal, de me faire connaître quels secours je puis attendre du commissaire ordonnateur du corps d'armée que vous commandez.

Je vous prie, Monsieur le Maréchal, d'agréer l'expression de mon dévouement.

Le Colonel-général des dragons,

(A. M.)   Baraguey-d'Hilliers.

---

*Dispositions pour le 6ᵉ corps d'armée,
le 19 vendémiaire an XIV (11 octobre 1805).*

Au quartier général, à Günzburg, le 18 vendémiaire an xiv
(10 octobre 1805).

La 1ʳᵉ division, aux ordres du général Dupont, bloquera Ulm sur la rive gauche du Danube ; on lui transmettra une instruction particulière ; le 1ᵉʳ régiment de hussards sera réuni et attaché à cette division avec les trois pièces d'artillerie de la cavalerie légère et les deux régiments de dragons de la division Bourcier.

Les dragons à pied, aux ordres du général Baraguey-d'Hilliers, partiront sur-le-champ de Stötzingen et se dirigeront par Langenau en arrière d'Albeck, où ils soutiendront la division Dupont ; les détachements de dragons à pied rejoindront leurs corps à Albeck.

La 2ᵉ division, aux ordres du général Loison, marchera sur la rive droite du Danube par le pont de Günzburg ou, si cela est possible, par celui d'Elchingen, avec l'infanterie et la cavalerie seulement. L'artillerie et les bagages de cette division se rendront à Günzburg, par Gundelfingen, où ils prendront la grande chaussée.

La division cantonnera en totalité à Leipheim, si elle passe par Günzburg, à moins que l'ennemi ne soit en forces sur la rive gauche de la Biber : dans ce cas, elle bivouaquerait sur les hauteurs à gauche de cette ville ; si elle passe à Elchingen, elle bivouaquera sur les hauteurs de Falheim et suivra les instructions particulières qui lui seront transmises.

Le général Bourcier, avec ses quatre régiments de dragons, suivra le mouvement de la 2ᵒ division et passera sur la droite du Danube. Si le passage a lieu à Günzburg, il s'établira à

Bubisheim, avec des postes à Schneckenhofen, communiquant avec la cavalerie légère sur le développement de la Biber. Si le passage a lieu à Elchingen, il s'établira avec deux régiments à Bühl, deux régiments à Küssendorf, avec des postes sur la route de Weissenhorn.

Le général Tilly, avec le 3e de hussards et le 10e chasseurs, suivra également le mouvement de la 2e division et laissera ses canons au général Dupont. Les deux régiments bivouaqueront derrière Leipheim, si le passage a lieu à Günzburg. Le 3e de hussards fournira 50 hommes en arrière du pont de la Biber. route d'Ulm, et occupera, s'il est possible, par de petits postes, le village d'Echlishausen, poussant des reconnaissances sur Falheim et Strass.

Le 10e de chasseurs fournira 50 hommes en arrière de Bühl; ce poste en établira un autre de 12 hommes en observation en arrière de Klein-Küssendorf, poussant ses patrouilles et reconnaissances sur Strass et Weissenhorn.

Si le passage a lieu à Elchingen, le général Tilly placera ses deux régiments à Strass et Falheim, avec des postes sur la route d'Ulm, au petit pont de la Leibe et à Steinheim.

L'armée est prévenue que la 2e division a emporté, le 17, le pont d'Elchingen sur le Danube, a fait des prisonniers et pris une pièce de canon. La 3e division, dans l'affaire du 17, a pris cinq pièces d'artillerie.

Dispositions supplémentaires (1).

La 3e division partira à 8 heures du matin et se dirigera sur Ulm, par Leipheim, où elle recevra de nouveaux ordres.

La 2e division la suivra à 10 heures du matin et recevra également de nouveaux ordres.

Le quartier général sera indiqué plus particulièrement.

Le parc s'établira en arrière de Günzburg, rive droite du Danube, près du pont sur Reisensburg.

NEY.

---

(1) De la main du maréchal Ney.

Le maréchal Ney au général Baraguey-d'Hilliers.

Au quartier général, à Günzburg, le 18 vendémiaire an XIV
(10 octobre 1805).

Mon cher Général,

Je vous transmets l'ordre de marche arrêté pour le 19 vendémiaire.

Lorsque vous serez établi à Albeck, vous voudrez bien vous concerter avec le général Dupont pour le placement de votre division, qui doit soutenir la sienne dans les positions du blocus.

NEY (1).

Le maréchal Ney au général Dupont.

Mon cher Général,

Je vous transmets l'ordre de la marche du 19 vendémiaire.

Cet ordre a subi des changements par l'arrivée de la division Loison à Günzburg.

Les 2e et 3e divisions marcheront, demain 19, sur (*en blanc*).

La 1re division et celle du général Baraguey-d'Hilliers resteront sur la rive gauche et se conformeront à l'ordre ci-joint.

Conformément à cet ordre, vous voudrez bien, mon cher Général, resserrer la place d'Ulm autant que vous le pourrez et faire une sommation au commandant, au nom de Sa Majesté l'Empereur des Français et Roi d'Italie.

Il est très important que vous poussiez demain votre droite jusque sur la Blau, où elle sera appuyée. Vous occuperez les hauteurs boisées en arrière d'Haslacherhof, et vous vous concerterez avec le général Baraguey-d'Hilliers, colonel-général des dragons, sur le placement le plus avantageux de ses dragons à pied, qui doivent soutenir votre division et en former la réserve.

Vous devrez éviter, mon cher Général, de compromettre votre division contre des forces supérieures et de la trop morceler. Toutes les communications qui conduisent à Ulm, à vos postes,

---

(1) *Note du général Baraguey-d'Hilliers :* « Cet ordre a été reçu le 19 vendémiaire, entre midi et 1 heure, au quartier général de Stötzingen, apporté par M. Rippert, officier d'état-major du maréchal Ney. »

devront être fortement gardées, vos postes bien retranchés et couverts d'abatis.

Vous vous établirez à *Haslach* et ferez occuper Thalfingen, *si vous le jugez nécessaire.*

Vous établirez un rassemblement général des deux divisions, de concert avec le général Baraguey-d'Hilliers, et me ferez connaître le lieu que vous aurez fixé ; *après que vous vous serez concerté avec ce général, vous pourrez me proposer une position plus concentrée sous Ulm, afin qu'en cas d'événement, vous puissiez vous soutenir mutuellement* (1).

NEY.

P.-S. — Veuillez, mon cher Général, me faire envoyer, sans délai, copie du croquis des environs d'Ulm, qui a été levé à Stuttgard par M. Favery (2).

Le maréchal Ney au général Dupont.

Günsburg, le 19 vendémiaire an XIV (11 octobre 1805).

Mon cher Général,

Vous voudrez bien faire rassembler un bon nombre d'échelles des voitures du pays, afin que, si les circonstances le permettent, on puisse escalader les ouvrages extérieurs de la place d'Ulm ; vous ne tenterez cette entreprise que sur un ordre formel de ma part, parce que cette opération aurait lieu en même temps sur la rive droite du Danube.

Veuillez aussi, mon cher Général, faire réunir des poutrelles, madriers et autres pièces de bois, propres à faciliter le passage du fossé d'Ulm, dans le cas où Sa Majesté se déciderait à faire attaquer cette place de vive force.

Je vous invite, mon cher Général, à vous concerter sur cette opération importante avec le général Baraguey-d'Hilliers.

L'ennemi est frappé d'une terreur dont il y a peu d'exemples ; il se retire sur Biberach, pour pouvoir se sauver par le haut Tyrol, toutes retraites lui étant coupées sur Kempten et Füssen ;

---

(1) Les mots soulignés sont de la main du maréchal Ney.
(2) Capitaine-adjoint à la 1re division.

il est donc probable que l'archiduc Ferdinand n'aura laissé qu'une faible garnison à Ulm, avec ordre de tenir jusqu'à la dernière extrémité ; mais nos préparatifs et nos menaces décideront sans doute le commandant à se rendre, sans courir les risques d'un assaut.

J'ai l'honneur.....

NEY.

A M. le maréchal Ney.

Au quartier général, à Albeck, le 19 vendémiaire an XIV
(11 octobre 1805).

Monsieur le Maréchal Ney,

J'ai reçu les différents ordres que m'ont remis MM. Rippert et Saint-Léger, adjoints à l'état-major ; je marche à l'instant pour me porter sur Ulm. Aussitôt que le général Baraguey-d'Hilliers sera arrivé, je me concerterai avec lui et vous rendrai compte de ma position.

J'ai l'honneur de vous saluer.

(A. M.)

DUPONT.

Le général Baraguey-d'Hilliers au maréchal Ney.

Au quartier général de Nieder-Stötzingen, le 19 vendémiaire an XIV
(11 octobre 1805).

Monsieur le Maréchal,

J'ai reçu vos ordres du 18 vendémiaire pour le mouvement du 19 de ce mois et vais les exécuter. Les troupes sont un peu dispersées et arriveront un peu tard à leurs cantonnements ; elles ont marché ou bivouaqué toute la nuit par un temps affreux ; les chemins sont défoncés et l'artillerie aura beaucoup de peine à arriver. J'envoie de suite un de mes aides de camp auprès du général Dupont pour conférer avec lui sur l'emplacement de nos troupes respectives.

J'ai déjà eu l'honneur de vous informer ce matin que, par ordre du prince Murat, je traîne à ma suite le parc de réserve de son corps d'armée, et que je l'ai placé à Medlingen ; comme je ne puis pas m'en charger plus longtemps en étant occupé au blocus d'Ulm, je vous prie de m'autoriser à l'envoyer à Donauwörth, ou au moins de me dire ce que j'en dois faire.

J'ai l'honneur de vous offrir les expressions de mon dévouement.

Le Colonel-général des dragons,

(A. M.) BARAGUEY-D'HILLIERS.

L'adjudant-commandant Dembouski au général Le Suire, à Stetten.

Nieder-Stötzingen, le 19 vendémiaire an XIV (11 octobre 1805).

Au reçu du présent, la 1re brigade se réunira tout entière à Nerenstetten d'où elle partira, la droite en tête, pour se diriger sur Albeck. A l'entrée de cette ville, elle bivouaquera et attendra de nouveaux ordres.

Le 1er bataillon du 1er régiment, cantonné à Lonthal et Bissingen, se rendra par le chemin le plus court au lieu de rassemblement indiqué ci-dessus.

Les hussards qui sont auprès de vous suivront le mouvement.

L'état-major de la division et les administrations se rendront à Albeck, mais n'y feront pas de logement jusqu'à nouvel ordre.

L'exécution de ces dispositions ne doit souffrir aucun délai.

Le parc d'artillerie se rendra à Langenau, le parc des vivres et des bagages suivra le même mouvement, mais se rendra à Albeck.

Je vous salue d'amitié.

DEMBOUSKI.

Louis Dembouski, adjudant-commandant, chef d'état-major de la 2e division de dragons, à M. le général de brigade Wonderweid.

Au camp de Nieder-Stötzingen, le 19 vendémiaire an XIV
(11 octobre 1805).

Au reçu du présent, la seconde brigade de la division se rendra tout entière à Nieder-Stötzingen, d'où elle partira, la droite en tête, pour se diriger sur Langenau. A l'entrée de cette ville, elle bivouaquera et attendra de nouveaux ordres.

L'état-major, les administrations se rendront à Albeck, mais ne feront pas le logement jusqu'à nouvel ordre.

L'exécution de ces dispositions ne doit souffrir aucun délai.

Le parc d'artillerie se rendra à Langenau. Le parc des vivres et des bagages suivra le même mouvement, mais se rendra à Albeck.

Les hussards qui sont avec vous suivront votre mouvement.

DEMBOUSKI.

Le général Dupont au général Baraguey-d'Hilliers.

Albeck, le 19 vendémiaire an XIV (11 octobre 1805).

Mon cher Général,

La division que je commande marche sur Ulm. Arrivé à Haslach, je vous préviendrai de ma position.

M. le maréchal Ney me marque que vous suivez mon mouvement.

Ayez la complaisance de m'avertir de votre arrivée à Albeck.

Mille amitiés.

DUPONT.

(Cette lettre m'est arrivée à Albeck, le 19, lorsque, à 5 heures du soir, j'ai eu chassé l'ennemi de ce quartier général. Elle est la seule que j'aie reçue du général Dupont dans la journée du 19.

Général BARAGUEY-D'HILLIERS.)

Journal des opérations militaires de la division Dupont.

Le 19, d'après les ordres du maréchal Ney, la division se met en marche à 11 heures du matin. Pendant la marche, le général Dupont apprend que l'ennemi occupait Thalfingen sur sa gauche et que le poste d'Elchingen, à qui il avait donné l'ordre de s'y porter, n'avait pu y pénétrer. Les reconnaissances de droite avaient également rencontré des patrouilles autrichiennes vers

Dornstatt. Ces renseignements lui font juger que l'ennemi s'attendait à une action, et, en arrivant à Haslach, il fut confirmé dans l'idée que toutes ses dispositions étaient déjà faites ; des officiers autrichiens, prisonniers de guerre, ont assuré, depuis, que leur ordre de bataille avait été pris la veille et que toute l'armée avait bivouaqué sur la montagne de Saint-Michel.

Le général avait ordre de cerner Ulm, en appuyant sa droite à la Blau, tandis que les autres divisions de l'armée se présenteraient vers la place sur la rive droite du Danube ; mais il ne peut exécuter cet ordre, il n'a que le temps de se préparer au combat. Le mouvement de l'ennemi est décidé sur-le-champ ; pendant que son artillerie joue sur le front de notre position, il porte sur notre droite plusieurs colonnes d'infanterie précédées par un grand nombre d'escadrons. Il se développe également hors de ses retranchements sur notre gauche. Le feu des tirailleurs était devenu très vif ; nos avant-postes avancés se replient ; le dessein et les forces de l'ennemi étaient entièrement à découvert : déjà il cherchait à nous déborder.

Le général Rouyer avait placé le 9e d'infanterie légère sur la route d'Ulm en avant d'Haslach ; le général Marchand fait déployer de suite le 32e à gauche et place le 96e en réserve. Le 1er régiment de hussards couvrait la gauche. C'est en reconnaissant la position de ce régiment que le capitaine du génie Desclos, qui accompagnait le général Dupont, a été tué d'un coup de canon. La perte de cet officier a été très sensible à toute la division.

Les progrès de l'ennemi sur notre flanc droit obligent le général à mettre sur-le-champ en ligne le 96e régiment : il se place à la droite du 9e ; mais la ligne autrichienne se déployant sur les hauteurs de Jungingen et s'avançant dans la plaine sous la protection d'une artillerie nombreuse, le moment était arrivé de suppléer au nombre par l'audace ; 5,000 Français arrivent à combattre 25,000 Autrichiens, les deux autres divisions n'attaquant pas sur la rive droite (1).

---

(1) Il existe des *Mémoires* manuscrits du général Dupont, dont nous regrettons de n'avoir pas eu communication, et que M. le colonel Titeux a pu consulter pour écrire son ouvrage considérable sur *Le général Dupont*. Bien que ces mémoires, composés longtemps après les événe-

Le général Dupont prévient le colonel Meunier, commandant le 9ᵉ régiment, que son intention est de charger cette ligne qui gagnait du terrain. Aussitôt ce régiment s'avance dans la plaine,

---

ments, n'aient pas la valeur documentaire du rapport adressé au maréchal Ney après l'affaire, nous pouvons accepter provisoirement les quelques détails complémentaires qu'ils nous donnent sur les combats livrés autour de Jungingen. M. le colonel Titeux écrit ce qui suit (p. 248) :

« Le général Dupont, voyant le mouvement menaçant de l'ennemi sur la droite du 9ᵉ léger, fait immédiatement porter en ligne le 96ᵉ régiment, qui appuie sa gauche au 9ᵉ léger, et étend sa droite le long du bois existant entre Haslach et Jungingen. Sentant que, s'il laisse aux colonnes autrichiennes le temps de se déployer, il sera rapidement écrasé par leur feu, il décide de les charger à la baïonnette..... Au moment où les Autrichiens ouvraient le feu, le 9ᵉ léger les aborde au pas de charge, la baïonnette baissée, sans tirer un coup de fusil ; l'intrépide Dupont est à sa tête. Le général Marchand conduit de même le 96ᵉ. Le choc est terrible : après une courte mêlée, la première ligne de l'ennemi jette ses armes à terre et se rend ; la seconde bat précipitamment en retraite..... Le 1ᵉʳ bataillon du 32ᵉ, commandé par le chef de bataillon Bouge, avait été posté par le général Marchand vers Jungingen, à la pointe du bois, pour empêcher notre droite d'être tournée. Les prisonniers sont envoyés à Haslach, sous la garde du colonel Darricau, pendant que la ligne de bataille se reforme sur sa position première.

« L'archiduc se hâte de préparer une attaque nouvelle, et bientôt l'ennemi s'avance avec de plus grandes forces, de façon à déborder nos deux ailes en se jetant à la fois sur Jungingen et sur Haslach ; il est soutenu par une nombreuse artillerie qui couvre de boulets ces deux villages. Le général Dupont n'a à lui opposer que les 9ᵉ léger et 96ᵉ de ligne.....

« Dans cette nouvelle crise, le général Dupont réitère la manœuvre qui lui a si bien réussi pour le premier choc. Il donne l'ordre de charger à la baïonnette, et ses deux régiments, s'élançant sur les traces de leur vaillant général, abordent la ligne ennemie sans tirer et y font de sanglantes trouées..... Les feux ennemis continuent, mais la vue de nos baïonnettes opère son terrible effet au moment où elles vont agir. Les lignes de l'ennemi sont ouvertes sur plusieurs points, nos rangs y pénètrent, la confusion s'y jette, et tout alors cède et se retire précipitamment. Le terrain du combat est tout entier à nous ; il n'y a plus d'ennemis que les prisonniers restés entre nos mains.....

« Mais, pendant cette action, l'ennemi s'est établi dans le village de

marchant en bataille, et sans tirer va droit au corps le plus avancé. Cette intrépidité ébranle l'ennemi, qui fait un mouvement pour s'appuyer au village de Jungingen ; le 9ᵉ régiment poursuit le sien. Le 96ᵉ s'avance également au pas de charge, et dans ce premier choc, nous faisons 2,000 prisonniers de guerre.

La brigade de dragons, commandée par le général Sahuc, composée des 15ᵉ et 17ᵉ régiments, qui, la veille au soir, s'était réunie à la division, charge en même temps la cavalerie ennemie.

Pendant ce temps, le colonel Darricau avec un bataillon du 32ᵉ tenait la position d'Haslach, et résistait avec autant de fermeté que de talent à tous les efforts que faisait l'ennemi pour enfoncer notre gauche. C'est à la faveur de cette résistance, que secondait avec une grande audace le colonel Rouvillois, que l'aile droite a pu manœuvrer dans la plaine et décider le succès. Le second bataillon du 32ᵉ, commandé par M. Bouge, avait été porté par le général Marchand à la pointe du bois qui se trouvait sur notre droite, pour l'empêcher d'être tournée. Dans cette position essentielle, il remplissait ce but important en dirigeant son feu et ses mouvements à propos.

Cependant l'ennemi, revenu de la première terreur que lui avait inspirée notre charge brillante, s'avance de nouveau avec

---

Jungingen, auquel est appuyée notre droite, et dont la possession nous est indispensable. Nos bataillons victorieux se tournent de ce côté et, après un furieux combat dans les rues et les maisons, emportent Jungingen. A peine ce résultat est-il obtenu, qu'il leur faut faire face à une nouvelle ligne ennemie qui se présente entre Haslach et Jungingen. Le 9ᵉ léger et le 96ᵉ de ligne se reforment rapidement et se précipitent sur elle à la baïonnette. La mêlée est furieuse. L'ennemi, cinq fois supérieur en nombre, fait des efforts extraordinaires pour avoir raison de la prodigieuse ténacité des deux régiments français ; il est encore culbuté et obligé de battre en retraite. Mais dans leur marche en avant, nos troupes sont débordées sur leurs ailes par des bataillons ennemis qui les chargent par derrière : « Ils nous suivaient de si près, dit le général Dupont, que, vainqueurs en front, il nous a fallu, faute de temps, faire une conversion entière et charger par le troisième rang, placé en tête..... » Le village de Jungingen ayant été encore repris par l'ennemi, le 96ᵉ s'en empare de nouveau ; cinq fois les Autrichiens parviennent à l'occuper, et ils en sont aussitôt délogés, nous abandonnant de nombreux prisonniers ».

de plus grandes forces. Alors il faut que les 9ᵉ et 96ᵉ régiments redoublent d'efforts et d'activité. C'est avec ces deux régiments seuls que nous avons eu, pendant trois heures, à disputer le terrain qui sépare Haslach de Jungingen. Ce dernier village a été pris et repris cinq fois; chaque fois nos bataillons y enfermaient l'ennemi, qui s'y réfugiait, et y faisaient de nombreux prisonniers. A peine avions-nous mis en déroute un corps autrichien sur la droite du village que, sur la gauche, il s'en présentait un autre pour nous tourner. C'est en prenant sans cesse un nouveau front dans toutes les directions que nos bataillons faisaient face partout avec une rapidité et une bravoure admirables. Plusieurs fois, un corps français chargeant un corps ennemi se trouvait lui-même chargé; il fallait précipiter la défaite de l'ennemi que nous avions devant nous pour faire face en arrière et marcher sur l'autre à son tour. C'était une mêlée véritable que la succession rapide et terrible de tous ces chocs, dont la division est enfin sortie victorieuse.

Toutes les tentatives qu'a faites la cavalerie autrichienne ont été infructueuses. Des bataillons isolés, des pelotons même ont fait tourner la charge de cette cavalerie en fuite, et notre infanterie a acquis dans cette journée une nouvelle confiance dans son arme contre les escadrons ennemis.

Notre artillerie, trop inférieure à celle de l'ennemi, a été démontée en partie; plusieurs pièces ont eu leurs chevaux tués; la neige et la pluie, qui régnaient depuis plusieurs jours, ayant rendu le terrain extrêmement difficile, cette infériorité a été encore plus sensible.

Pendant le combat, la cavalerie ennemie s'est portée sur les derrières, a enlevé les bagages et pillé les objets du parc. Des partis se sont même avancés jusqu'à Albeck, où devait arriver la division des dragons à pied du général Baraguey-d'Hilliers, qui ne s'y trouvait pas.

Nous avons tué ou blessé à l'ennemi au moins 2,000 hommes; nous lui avons fait 4,000 prisonniers et pris quatre bouches à feu et deux drapeaux.

2,000 prisonniers, conduits par un faible détachement, étaient sur le point d'être repris par la cavalerie ennemie, qui s'était portée sur nos derrières; le colonel Rouvillois, sans consulter son infériorité en nombre, charge avec une telle rapidité un de ces escadrons qu'il le met en pleine déroute. Sur-le-champ, les autres prennent la fuite. Il a été vaillamment secondé, dans ce mouvement, par le colonel Darricau.

La nuit étant arrivée, la division s'est reformée sur le champ de bataille, où elle est restée jusqu'à la réception de l'ordre du maréchal Ney de se porter sur Günzburg, par Brenz, et de passer sur la rive droite.

Dans cette journée mémorable, la division n'a perdu que 600 hommes tués ou blessés. Le colonel Saint-Dizier, commandant le 17e de dragons, a été tué. Le général Marchand a été légèrement blessé.

L'adjudant-commandant Duhamel et le capitaine Caillemer, aide de camp du général Marchand, ont eu leurs chevaux tués.

Dans le compte que le général Dupont rend de cette bataille, il fait le plus grand éloge des généraux Rouyer, Marchand et Sahuc, des colonels Barrois, Darricau, Meunier et Rouvillois, de l'adjudant-commandant Duhamel, et de tous les officiers de l'état-major, qui ont rivalisé d'intelligence et de courage.

Cette bataille est décisive ; elle a démoralisé les Autrichiens. Depuis, ils n'ont plus su que fuir ou se rendre. Elle met le sceau à la réputation militaire du général Dupont.

Il fallait son audace, son sang-froid, son coup d'œil d'aigle pour sortir victorieux d'une lutte aussi inégale.

Le courage extraordinaire déployé par la division était le résultat de la sécurité que lui avait inspirée sa confiance dans les talents de son général (1).

Lettre de M. le lieutenant général comte Dupont à M. le comte D. (2).

Pendant que tous les corps de l'armée agissaient ainsi sur la rive droite du Danube, ma division arrivait à Albeck. Je prends

---

(1) Le rapport envoyé le 21 par Dupont au maréchal Ney est identique au fragment de journal que nous avons reproduit, sauf que le général y parlait à la première personne, et que les sept derniers paragraphes du journal ne s'y trouvaient pas ou y étaient moins développés.

(2) Brochure reproduite, avec peu de modifications, dans le *Spectateur militaire* de mars 1840.

cette position le 8 octobre, et j'apprends aussitôt que l'armée ennemie, à l'exception de ses corps détachés, occupe devant nous le Michelsberg, près d'Ulm. La circonstance la plus remarquable se présente en ce moment. Napoléon, en pénétrant dans la Bavière, croit que l'archiduc Ferdinand se retire sur les frontières de l'Autriche; et ce prince, placé sur la gauche du Danube, pense que son ennemi est sur la même rive avec ses principales forces. Cette méprise mutuelle va rendre les chances des opérations plus graves et précipiter les événements de la campagne.

J'occupais le camp d'Albeck depuis deux jours, lorsque je reçois l'ordre de me porter sur Ulm, de bloquer cette place et préparer les moyens de l'attaquer de vive force. Les autres divisions du 6e corps devaient exécuter la même opération sur la rive droite du Danube. Cet ordre était l'effet de l'erreur qui régnait sur la position de l'ennemi, et son exécution était évidemment impossible, puisque des forces dix fois supérieures aux miennes couvraient la place de notre côté. Cette considération ne suspend point le mouvement de ma division; elle marche sur Ulm dans la matinée du 11 octobre.

En arrivant à Haslach, nous voyons l'exactitude de mes reconnaissances confirmée, et le spectacle le plus imposant se présente à nous. L'armée autrichienne, forte de 60,000 hommes et commandée par l'archiduc en personne, est sous les armes; elle forme ses lignes et se prépare à recevoir la bataille. L'erreur dont j'ai parlé faisait croire à l'ennemi que ma division était l'avant-garde de l'armée française qui la suivait et allait développer ses forces devant lui. La guerre offre peu d'exemples d'une semblable situation. Aussitôt que l'archiduc s'aperçoit que notre mouvement est suspendu à la vue de son ordre de bataille, il détache de sa position un grand corps d'infanterie et de cavalerie pour nous attaquer. Le moment était pressant. Il fallait choisir sans délibérer entre la retraite et le combat : je me détermine pour ce dernier parti. Nos dispositions furent aussi promptement faites que l'exigeait une telle circonstance. Le 32e régiment de ligne, commandé par le colonel Darricau, et le 1er régiment de hussards, sous les ordres du colonel Rouvillois, se forment devant Haslach, qui sert de pivot à tous nos mouvements; le 9e régiment d'infanterie légère, commandé par le colonel Meunier, et le 96ᵉ de ligne, par le colonel Barois, se déploient entre ce village et Jungingen ; une brigade de dragons, formée des 15ᵉ et 17ᵉ régiments, sous les ordres du général Sahuc, est placée en seconde ligne. Les brigades d'infanterie étaient commandées par les généraux Rouyer et Marchand. En voyant la supériorité de l'ennemi et la vivacité de son feu, je reconnais que je ne puis soutenir avec avantage un combat de mousqueterie, et j'ordonne une charge à la baïonnette. Les 9ᵉ et 96ᵉ régiments exécutent cette attaque avec une brillante audace : son effet est décisif. La ligne ennemie est enfoncée et 2,000 prisonniers de guerre tombent dans nos mains.

Le courage de nos troupes, exalté par ce succès, en promettait de nouveaux. Le corps ennemi que nous avons à combattre nous oppose une grande supériorité et il reçoit des renforts qui réparent successivement ses pertes; mais la même manœuvre, employée contre lui dans toutes ses dispositions, est toujours victorieuse : à peine une de ses lignes est reformée qu'elle est attaquée à l'arme blanche, rompue et dispersée. L'infanterie n'a jamais plus agi dans un combat et n'a moins brûlé de cartouches ; elle n'employait son feu que pour repousser les charges de la cavalerie ennemie, qui ont toutes échoué contre l'intrépidité de nos bataillons. Nous avons repris cinq fois le village de Jungingen, dont la possession était importante. Dans l'impossibilité de faire face partout avec des forces si inférieures, il fallait souvent l'abandonner pour fondre sur les lignes ennemies, et le reprendre de nouveau lorsqu'elles étaient repoussées. Le général Marchand, les colonels Meunier et Barois et l'adjudant-commandant Duhamel, chef de l'état-major, se sont particulièrement distingués dans ces différentes actions. De son côté, le 32ᵉ régiment, secondé par le 1ᵉʳ de hussards, a résisté avec la plus grande fermeté aux attaques dirigées contre Haslach.

Après sept heures de combat, nous restons maîtres du champ de bataille : 4,000 prisonniers de guerre, des drapeaux et des canons sont pour nous le prix de la victoire.

Telle a été la journée d'Haslach, dans laquelle une division de 5,000 hommes a triomphé d'un corps de 25,000 Autrichiens, en présence de toute l'armée ennemie. Mais si l'inégalité du nombre rend ce combat remarquable, les suites qu'il doit avoir lui donneront une plus haute importance. Une méprise étonnante va cesser; instruit par mes rapports, Napoléon apprendra bientôt que l'archiduc ne se retire point sur l'Inn ou sur le Tyrol, mais qu'il est resté sur la rive gauche du Danube, dans une position où il peut donner une face nouvelle aux opérations de la campagne.

Je reçois, dans la nuit qui suit le combat, l'ordre de passer sur la rive droite du fleuve; mais de nouvelles dispositions me prescrivent de garder sa rive gauche, et je m'établis à Brenz.

Les Officiers du 32ᵉ régiment de ligne à M. le général de divison Dupont, grand officier de la Légion d'honneur.

Le 4 brumaire an XIV (26 octobre 1805).

Monsieur le Général,

Permettez-nous de vous rendre compte de la conduite distinguée de notre colonel de l'aile gauche de la division. Il a répondu à notre attente, quoique luttant sans cesse contre des forces très supérieures et nous lui devons le peu de succès que le régiment a obtenu dans la journée. Il était partout, retenait l'ardeur des soldats quand il le fallait, les lançait à propos pour mettre en fuite l'ennemi lorsqu'il s'approchait trop de notre position, et déjouait sans cesse par ses dispositions les projets de l'ennemi, qui plusieurs fois a tenté de nous envelopper.

Ses talents militaires sont connus depuis longtemps. Dans cette mémorable journée il s'est surpassé et sa réputation de bravoure mérite les plus grands éloges. Nous avons souvent craint pour ses jours : plusieurs militaires ont perdu la vie à ses côtés : son ordonnance fut même emporté d'un boulet au moment où il lui donnait un ordre. Nous rendons grâce à notre fortune militaire de nous l'avoir conservé; puissions-nous n'avoir jamais à regretter sa perte que pour son avancement. Avec un tel chef, on ne peut que vaincre. D'une activité étonnante, il ne se donne pas un moment de repos. Son coup d'œil est juste. Il sait affronter les plus grands dangers pour donner l'élan à sa troupe, sait la contenir et la rallier lorsqu'il est nécessaire. Sans lui, nous n'aurions pas conservé un seul prisonnier. Son audace, ses manœuvres sages et promptes ont inspiré la terreur à la cavalerie ennemie, qui n'a rien osé tenter quoiqu'elle fût en force sur nos flancs et sur nos derrières. Souvent il s'est trop exposé au feu de l'ennemi; c'est le seul reproche que nous ayons à lui faire. Nous ne finirions plus s'il fallait rapporter tous ses traits de bavoure pendant la bataille. Sa retraite surtout lui a fait le plus grand honneur.

Notre admiration et notre dévouement ne connaissent pas de bornes; il en aura la preuve dans cette démarche qui est un acte de justice; se taire serait un crime.

Ses officiers désirent trouver l'occasion de lui prouver qu'ils sauront mourir, s'il le faut, pour marcher sur ses traces.

Agréez l'hommage des sentiments les plus respectueux, avec lesquels nous avons l'honneur d'être, Monsieur le Général, vos subordonnés.

6ᵉ CORPS D'ARMÉE.

Journée du 19 vendémiaire (11 octobre).

Quartier général : Günzburg.

1ʳᵉ *division :* La division marche en avant pour cerner Ulm ; à peine était-elle arrivée à Haslach, l'ennemi a fait jouer l'artillerie de ses retranchements sur la division et a déployé dans des ouvrages élevés sur la montagne du Spitzberg des forces considérables estimées de 20,000 à 25,000 hommes.

Le général Dupont fit ses dispositions pour la bataille. Il ne les indique pas et dit : « Je vous rendrai un compte détaillé de tout ce qui s'est passé dans cette importante affaire. Dans ce premier moment, je ne puis vous donner que les premiers détails; nous avons tué ou blessé à l'ennemi environ 2,000 hommes et fait 4,000 prisonniers de guerre, nous avons pris un drapeau [et trois canons (*note de l'artillerie*)], nous sommes restés maîtres du champ de bataille, on s'est battu jusqu'à la nuit et l'ennemi est rentré dans ses retranchements (et derrière).

La grande supériorité de l'ennemi lui a permis de se répandre au loin pendant l'action ; des corps à cheval se sont portés jusqu'à Albeck et sur la route ils ont enlevé quelques voitures du parc et des bagages appartenant à l'état-major et aux officiers des corps [tout ce qui a été pris appartenant à l'artillerie a été retrouvé à Ulm. (*Note de l'artillerie*)].

Je ne puis vous exprimer toute l'admiration que m'a inspirée la bravoure de nos troupes; le résultat de la bataille atteste qu'il n'y en a pas de plus audacieuses et de plus dévouées. 5,100 hommes ont combattu pendant cinq heures une armée de 25,000 hommes et l'ont battue complètement.

Le général Sahuc, qui a rejoint hier ma division, a conduit parfaitement sa brigade de dragons.

2e *division* : La division a marché sur Günzburg où elle a séjourné.

3e *division* : La division a quitté ses cantonnements à 9 heures du matin. La 2e brigade a cantonné dans Leipheim et dans les environs de ce bourg. La 1re brigade s'est portée à Ober-Falheim et a pris position à la gauche de ce village dans la direction de Strass, occupant par des postes ce dernier village et Nersingen.

Cavalerie légère (général Tilly) : La cavalerie légère a laissé ses canons à la 1re division et a suivi le mouvement de la 2e division sur la rive droite du Danube. Elle bivouaque, savoir :

3e hussards, à Ober-Falheim ;
10e chasseurs, à Unter-Falheim.

Division Gazan : Cette division a marché sur Weissenhorn où elle est passée sous les ordres du maréchal Lannes.

Division de dragons : La division a suivi le mouvement de la 2e division sur la rive droite du Danube et s'établit à Bubisheim avec des postes à Schneckenhofen, communiquant avec la cavalerie légère sur la Roth.

Dragons à pied : Cette division, partant de Stötzingen, s'est dirigée sur Langenau où elle resta au bivouac pour soutenir la 1re division.

Le Chef de bataillon commandant l'artillerie de la division à M. le général Seroux, commandant en chef l'artillerie du 6ᵉ corps d'armée.

Brenz, le 20 vendémiaire an XIV (12 octobre 1805).

Mon Général,

Je profite du premier moment disponible pour vous rendre compte de la journée d'hier qui, si elle a été glorieuse pour les armées françaises, attendu l'extrême disproportion des forces opposées, n'en est pas moins infiniment désastreuse pour l'artillerie, par les pertes irréparables que nous avons faites.

Lorsque la division est partie d'*Albeck* sur les 11 heures pour marcher sur *Ulm*, j'avais réuni aux dix bouches à feu que je commandais les trois attachées à la division de cavalerie et servies par l'artillerie légère.

Arrivé sur le champ de bataille, toutes les pièces ont été mises en batterie et ont exécuté leurs feux pendant bien longtemps sans changer de position contre les troupes et l'artillerie de l'ennemi, qui était très nombreuse. Plusieurs de nos pièces ont été démontées et renvoyées comme on a pu au parc qui était resté en arrière ; à gauche une pièce de 4 avait été précédemment démontée, et l'affût de rechange demandé par moi ne m'est pas encore parvenu.

L'armée faisant des progrès sur la droite, j'ai reçu l'ordre d'augmenter le nombre de bouches à feu de ce côté pour pousser les progrès vivement et c'est alors que nous avons fait 4,000 prisonniers et pris 3 pièces de canon ; mais tandis que l'on triomphait de ce côté-là, la gauche de l'armée a été débordée par des troupes plus considérables que les nôtres, surtout en cavalerie, qui s'étant avancées jusqu'au village d'Albeck, ont coupé et emmené avec eux tout ce qui était en arrière et par conséquent le parc de réserve de la division. Le lieutenant Kermorvan, qui se trouvait sur la gauche avec deux pièces de 8, s'est porté de ce côté et après plusieurs décharges de mitraille, sa batterie a été enveloppée et enlevée et lui tué sur ces lieux, à ce qu'on assure.

L'armée ayant été obligée de rétrograder et les pièces obligées de suivre le mouvement des troupes dans un terrain coupé et rendu extrêmement difficile par le mauvais temps, il est arrivé qu'une pièce de 12 a été renversée dans un fossé qu'elle devait franchir et dont on n'a pu la retirer. La dernière pièce de 8 a eu le même sort. Enfin la nuit étant venue et entièrement close, le général a ordonné de se retirer sur Albeck, et c'est dans ce dernier mouvement que la seconde pièce de 12 a été renversée comme la première sans qu'on ait pu la relever davantage ; en sorte qu'il ne nous reste plus que quatre obusiers de 6 pouces et une pièce de 4 démontée. Outre les pertes en matériel, nous en avons fait de grandes en personnel et surtout dans le train. Je ne puis encore vous donner l'état exact parce que les différents détachements n'ont pu me le donner encore eux-mêmes, mais je l'aurai demain.

Je vous envoie un état des bouches à feu et voitures existantes au parc de la division. Je ferai dresser, demain, l'état des pertes et consommations. En attendant, je vous prierai, mon Général, de vouloir bien ordonner au directeur du parc, dont j'ignore le placement, de me faire passer les effets et munitions qu'il jugera convenable, d'après l'état ci-joint (1), et surtout des cartouches d'infanterie.

Je dois des éloges aux officiers et aux troupes d'artillerie pour le zèle et la bravoure que chacun a apporté dans l'exercice de ses fonctions.

Le capitaine Noël a été fait prisonnier. Le chariot de munitions, qui portait la caisse de Marotte contenant environ 7,000 francs, qui portait mes effets et ceux des officiers, est tombé au pouvoir de l'ennemi. Nous sommes tous dans la détresse et le dénuement.

VILLENEUVE.

A M. le général Songis, premier inspecteur général de l'artillerie, commandant en chef celle de la Grande Armée.

Au quartier général, à Küssendorf, le 21 vendémiaire an XIV
(13 octobre 1805).

Mon Général,

Je vous adresse avec bien du regret, par mon aide de camp

---

(1) Cet état n'a pas été retrouvé. Il est résumé dans la pièce suivante.

Brunel, le rapport de M. le chef de bataillon Villeneuve, commandant l'artillerie de la 1re division. Il paraît que dans la journée d'Albeck près d'Ulm, nous avons perdu en matériel, le 19 vendémiaire :

2 pièces de 12 (les affûts sauvés) ;
6 pièces de 8 ;
1 pièce de 4 ;
3 caissons de 12 ;
10 caissons de 8 ;
8 caissons d'obusiers ;
6 caissons d'infanterie ;
1 affût de rechange d'infanterie ;
4 chariots de paysans chargés de cartouches d'infanterie.

Nous avons pris à l'ennemi une pièce de 3.

J'ai lieu de craindre, d'après la composition des attelages, que nous n'ayons perdu environ 80 bons chevaux du train d'artillerie.

La 6e compagnie du 1er régiment à pied et le tiers de la 11e, un détachement de 50 hommes de la 1re compagnie du 2e à cheval, paraissent avoir beaucoup souffert. Je vous en rendrai un compte plus détaillé après avoir reçu le rapport de M. le chef de bataillon Villeneuve.

Je vous prie, mon Général, de vouloir bien pourvoir au remplacement de ces pertes, tant en personnel qu'en matériel.

Je presserai le directeur du parc de demander à M. le directeur général 500,000 cartouches d'infanterie, en remplacement des pertes et consommations.

J'ai l'honneur de vous saluer respectueusement.

Le Général commandant l'artillerie du 6e corps,

SEROUX.

6e CORPS D'ARMÉE.

Journal des opérations de l'artillerie.

Le quartier général vint à Günzburg et le parc resta à Medlingen.

Le parc vint en arrière de Günzburg (rive droite du Danube).
La 2ᵉ division à Günzburg.
La 3ᵉ à Leipheim.

La 1ʳᵉ partit d'Albeck vers 11 heures du matin, pour aller faire une forte reconnaissance sur la route d'Ulm où était l'armée autrichienne tout entière. Elle emmenait 13 bouches à feu dont 3 obusiers, servis par l'artillerie légère de la division de cavalerie, qui furent depuis ce jour réunis à la 1ʳᵉ division.

A une lieue d'Albeck, elle rencontra une forte colonne de l'armée ennemie.

Toute l'artillerie fut mise en batterie et fit un feu soutenu, sans changer de position, contre les troupes et l'artillerie de l'ennemi qui était en nombre supérieur; plusieurs de ces pièces furent démontées et renvoyées au parc de la division qui était en arrière.

La division eut des succès sur la droite. Pour les poussser, le général fit augmenter le nombre des bouches à feu de ce côté, on y fit 4,000 prisonniers et on s'empara de canons; mais, pendant ce brillant avantage, la gauche fut tournée par des forces très considérables, surtout en cavalerie. Ces forces s'avancèrent jusqu'au village d'Albeck, coupèrent et emmenèrent les équipages et le parc de la division. Le lieutenant Kermorvan qui se trouvait sur la gauche avec deux pièces de 8, chercha à arrêter l'ennemi. Après plusieurs décharges à mitraille, sa batterie a été enveloppée et prise.

La division fit sa retraite emmenant ses 4,000 prisonniers. Ceci est d'autant plus remarquable qu'elle n'était guère forte de plus de 4,000 hommes, mais elle perdit la majeure partie de son artillerie. Le terrain sur lequel elle manœuvrait était si coupé par des fossés, si gâté par le mauvais temps qui régnait depuis plusieurs jours que les deux pièces de 12 furent renversées et ne purent être relevées. Elle perdit 2 pièces de 12, 6 pièces de 8, 1 pièce de 4 et beaucoup de caissons. Heureusement toute cette artillerie fut reprise sous Ulm.

Il n'y eut qu'un canonnier tué et 2 blessés. 2 officiers, 18 canonniers et 29 soldats du train furent faits prisonniers de guerre, 69 chevaux de trait furent tués ou pris.

La division fit sa retraite jusqu'à Brenz.

Rapport adressé à Son Altesse Sérénissime Monseigneur le prince Murat, par M. le général de division Bourcier, le 30 vendémiaire an XIV.

Le 19 vendémiaire an XIV (11 octobre 1805).

Le général Sahuc reçut ordre le lendemain 19 (*11 octobre*), de se porter avec ses deux régiments près d'Ulm à la hauteur d'Haslach. La division du général Dupont, s'étant formée en bataille à cette position, le 15ᵉ dragons fut placé à la droite de la ligne et le 17ᵉ à la gauche ; l'affaire s'engagea au même instant. Un corps de uhlans chargea l'artillerie, qui se trouvait en avant du 17ᵉ de dragons et fut vigoureusement repoussé par un seul escadron de ce régiment. Le général Dupont donna l'ordre alors de porter toute la cavalerie sur la droite. Le général Sahuc, pour se conformer à cet ordre, réunit le 17ᵉ au 15ᵉ qu'il trouva protégeant notre infanterie, qui manœuvrait dans la plaine entre Haslach et Jungingen. Ce régiment se trouvait en ce moment sous le feu de l'ennemi dont la position était fort avantageuse, étant maître d'un petit bois en avant de lui et d'une batterie placée entre ce bois et Jungingen. Ce brave régiment, malgré le feu de la mousqueterie la plus vive et la mitraille qui lui tuait une grande quantité d'hommes et de chevaux, n'a quitté sa position que lorsque le général Sahuc, jugeant qu'elle n'était plus nécessaire à conserver, lui ordonna d'en prendre une nouvelle. Ce dernier mouvement se fit avec le plus grand sang-froid, malgré le feu du canon qui emportait des files entières.

Le 17ᵉ régiment, qui suivait dans la plaine les mouvements de l'infanterie, resta longtemps exposé à un feu violent d'artillerie, qui lui fit perdre beaucoup de monde ; il a soutenu ce feu avec une constance digne des plus grands éloges.

Ce fut quelques minutes après, que le général Dupont donna l'ordre au général Sahuc de charger la cavalerie ennemie, qui dépassait de beaucoup sa droite. Le général Sahuc forma la sienne sur deux lignes, le 15ᵉ en première et le 17ᵉ en seconde. Dans ce moment, les chevau-légers de Rosenberg s'ébranlèrent pour charger un bataillon du 96ᵉ régiment d'infanterie qui venait de passer un chemin creux ; le 15ᵉ régiment les chargea avec vigueur et les repoussa loin de notre infanterie qu'ils voulaient entamer et qui, dès ce moment, ne fut plus inquiétée ; mais le 15º régiment, chargé à son tour par une cavalerie extrêmement supérieure en nombre, fut obligé de se replier et vint se rallier derrière le 17º qui chargea et repoussa l'ennemi. La supériorité du nombre et une seconde ligne qui s'avançait, l'ayant forcé de se replier sur le bois, les deux régiments se reformèrent et fournirent une seconde charge qui devint une mêlée générale, parce que l'ennemi ayant dépassé leur droite depuis longtemps, avait fait filer par le bois un corps de cavalerie qui acheva de les envelopper. Français et Autrichiens entrèrent pêle-mêle dans le bois et ce ne fut qu'avec beaucoup de peine que le général Sahuc parvint à rallier quelques-uns de ses escadrons à la sortie de ce bois. Les autres revinrent ensuite prendre leur rang dans la ligne et le gardèrent jusqu'à 9 heures du soir, que ce général reçut ordre de venir bivouaquer à Albeck.

Dans cette dernière mêlée, M. Saint-Dizier, colonel du 17º régiment de dragons, a été tué. Il était auprès du général Sahuc, unissant conjointement leurs efforts pour rallier quelques pelotons, lorsque séparés par le choc, le colonel Saint-Dizier fut environné d'une douzaine de cavaliers autrichiens. Il a succombé sous le nombre et est mort comme il avait vécu, en homme d'honneur et en brave officier. Il emporte les regrets et l'estime de ceux qui l'ont connu.

Les 15º et 17º régiments, dans cette journée, ont fait preuve de la plus grande bravoure, les chefs et autres officiers ont montré autant de sang-froid que d'intelligence dans les mouvements qui se sont faits. Ils ont essuyé des pertes prodigieuses, mais inévitables, ayant été exposés toute la journée au feu d'une nombreuse artillerie et ayant eu à combattre avec 400 à 500 chevaux une cavalerie forte de 2,000 à 3,000.

Je joins à ce rapport l'état des pertes essuyées par ces deux régiments et celui des officiers, sous-officiers et dragons qui se sont le plus particulièrement distingués et qui méritent les grâces de Sa Majesté (1) ; demandées par Votre Altesse, je suis convaincu qu'ils les obtiendront.

---

(1) Ces états n'ont pas été retrouvés.

J'ai l'honneur de recommander particulièrement à la bienveillance de Votre Altesse les chefs d'escadron Dautrecour du 17º et Laroche du 15º ; tous les deux ont fait preuve de courage, d'intelligence et de dévouement.

BOURCIER.

Le général Dupont au général Sanson.

Brenz, le 21 vendémiaire an XIV (13 octobre 1805).

Mon cher Général,

J'ai recours à vous ; dans mon affaire d'Haslach près d'Ulm, le 19, j'ai perdu mon équipage et toutes mes cartes. Je ne dois pas les regretter puisque le succès de ma division a été très brillant : 5,000 Français ont battu 25,000 Autrichiens. L'immense cavalerie ennemie m'enveloppait et a enlevé nos bagages. La division Baraguey-d'Hilliers, qui devait couvrir mes communications, n'est pas arrivée. Les autres divisions de notre corps d'armée devaient aussi agir sur la rive droite du Danube et cette opération a été remise, de manière que je me suis trouvé seul. Il y a là quelque ressemblance avec mon passage du Mincio. Du reste, je ne puis qu'être satisfait des éloges que M. le maréchal Ney nous a donnés et de la promesse qu'il a faite à la division de faire valoir auprès de l'Empereur cette belle journée.

L'ennemi s'attendait à être attaqué et se tenait prêt ; aussi m'a-t-il présenté la bataille si vivement que si j'avais tenté de faire retraite j'étais perdu. La victoire en est plus douce.

Je reviens à la perte de nos bagages. Pouvez-vous me prêter quelques cartes ? Il ne m'en reste pas une seule. J'en ai demandé à Paris, mais quand arriveront-elles ? A peine reçois-je de France une lettre après vingt jours de date. Vous m'obligerez infiniment de m'envoyer quelques lambeaux de topographie.

Mille amitiés.

DUPONT.

Le général Dupont au général Sanson.

Paris, le 8 juin 1806.

Mon cher Général,

Je vous adresse le plan de l'affaire d'Haslach (1) : ce calque rend mieux le terrain que celui que vous m'avez envoyé. Les principales circonstances de la bataille y sont tracées ; pour les reproduire toutes, il aurait fallu plusieurs retouches, mais ces détails suffisent pour donner une idée de cette affaire, qui est peut-être unique dans son genre ; c'est comme vous le voyez une petite division aux prises avec une armée entière et cela lui donne le caractère d'une bataille.

Plus de 6,000 Autrichiens ont mis bas les armes, mais nous n'en avons gardé que 4,000 ; on était plus occupé du soin de faire des prisonniers que de celui de les conserver. Nous nous sommes emparés cinq fois du village de Jungingen : lorsque nous en étions maîtres, l'ennemi revenant avec des corps frais se formait dans la plaine et aussitôt nous marchions sur lui à la baïonnette ; pendant ce temps, d'autres troupes revenaient dans le village et il fallait de nouveau le reprendre. C'est avec les quatre bataillons du 9e et du 96e que nous avons enfoncé successivement toutes les lignes ennemies qui se sont formées et reformées contre nous. Il nous est arrivé quelquefois en chargeant d'être chargés nous-mêmes en flanc et par derrière ; c'étaient des moments de crise terribles. A peine un corps était-il repoussé qu'il fallait faire un changement de direction et quelquefois demi-tour pour soutenir l'effort de ceux qui nous attaquaient.

Un bataillon du 32e m'a été très utile pour contenir la cavalerie ennemie entre le bois qui est derrière Jungingen et ce village. L'autre bataillon et les deux escadrons du 1er de hussards ont tenu la position d'Haslach qui formait ma gauche avec la plus noble fermeté.

Quelques compagnies jetées dans les petits bois qui se trouvaient sur mon front ont empêché l'ennemi de s'apercevoir que mon centre était dégarni et d'en profiter. Cette faute et l'inac-

---

(1) C'est d'après ce plan qu'a été établi celui que nous reproduisons.

tion de sa cavalerie, après le pillage de nos bagages, nous ont beaucoup servi. Cette cavalerie a cependant chargé par intervalles et, à la fin de la journée, elle a chargé en masse. Nos bataillons n'ont jamais été plus brillants que dans ce moment-là; le succès a été complet, la nuit est arrivée et nous sommes restés maîtres du champ de bataille.

Je me trouve en ce moment à Paris; j'y ai été envoyé de Düsseldorf en mission par le prince Joachim.

Recevez, etc..... DUPONT.

Bien des choses, je vous prie, à MM. Guilleminot et Gauthier.

Le maréchal Ney au maréchal Berthier.

Le 20 vendémiaire an XIV (12 octobre 1805).

J'ai l'honneur d'adresser à Votre Excellence le rapport que m'a fait le général Dupont sur la manière dont il a exécuté sa part de l'attaque que j'avais combinée sur Ulm par les deux rives du Danube, ainsi que le portent les ordres de mouvement des 18 et 19 et les instructions particulières que j'ai données. L'affaire du général Dupont, quoique extrêmement brillante, n'a produit qu'une partie des succès qu'elle pouvait procurer, parce que le général Baraguey-d'Hilliers, au lieu de se rendre à Albeck pour soutenir le général Dupont, comme il en avait l'ordre, a jugé à propos de rester à Langenau et s'est seulement rendu de sa personne à Albeck pour y reconnaître son quartier général. L'ennemi a profité de cette faute majeure et, prenant les communications du général Dupont à revers, il a repris environ 3,000 prisonniers sur 7,000 qu'il avait perdus, s'est emparé de l'ambulance et d'une partie des bagages des régiments et du général Dupont.

Je mets sous les yeux de Votre Excellence l'extrait des dispositions ordonnées pour le 6º corps d'armée pour le 19 et expédiées le 18. Vous y verrez que le général Baraguey-d'Hilliers devait soutenir la division Dupont; comment a-t-il pu se dispenser d'un pareil devoir? C'est à Votre Excellence qu'il appartient d'apprécier la conduite de ce général. Je me bornerai à vous dire qu'il est bien essentiel pour le bien du service de Sa Majesté et la gloire de ses armes que l'on n'ait plus de pareilles plaintes à porter.

Nous prenons aujourd'hui possession de la ligne déterminée par la Roth et la Luben et nous aurons probablement demain une bataille sur l'Iller. Mes troupes se conduisent bien, mais je suis fâché de les morceler car, en passant l'Iller, il faudra bien en laisser une partie sous Ulm pour bloquer les fuyards.

J'adresse à Votre Excellence l'extrait de l'ordre que j'ai donné au général Dupont pour rester en observation sur la rive gauche du Danube, conformément aux dispositions de Son Altesse Sérénissime le prince Murat.

Je vous prie de vouloir bien faire connaître à Sa Majesté la demande que je fais du grade de colonel pour M. Crabbé, mon aide de camp, chef d'escadron, officier distingué par ses talents militaires et qui a en sa faveur un grand nombre de traits de bravoure : je le regarde comme un des officiers les plus propres à conduire des troupes légères à la guerre et à commander un régiment de hussards avec la plus haute distinction.

(*A. M.*). Ney.

Le général Baraguey-d'Hilliers à l'Empereur

Leipheim, le 22 vendémiaire an xiv (14 octobre 1805).

Sire,

J'ai reçu par vos ordres, du ministre de la guerre, une lettre qui contient des reproches amers sur la conduite de la division que je commande ; j'ai lieu de présumer par ce que m'a dit le maréchal Ney qu'ils se rapportent tous à la journée du 19 vendémiaire. Il n'est plus qu'une chose à laquelle je tienne infiniment et à laquelle je tiendrai toujours, Sire, c'est à ma réputation et à l'estime de Votre Majesté ; j'espère que d'après les pièces que j'ai l'honneur de lui adresser et que je la supplie de lire, il ne lui restera plus aucun doute et que je cesserai enfin d'être auprès d'elle la victime de la calomnie ou de l'erreur.

Je suis, etc.....

Baraguey-d'Hilliers.

Exposé de la conduite du général Baraguey-d'Hilliers et de la division de dragons à pied qu'il commande, dans la journée du 19 vendémiaire (11 octobre).

Leipheim, le 22 vendémiaire an XIV (14 octobre 1805).

M. le maréchal Ney avait ordonné, par ses dispositions du 18, d'établir ainsi la division de dragons à pied :

> 4 compagnies à Mödlingen ;
> 4 compagnies à Brenz ;
> 2 compagnies à Sontheim ;
> 3 compagnies à Lonthal ;
> 1 bataillon à Stötzingen (v. n° 1).

Et le reste dans les bois en arrière d'Ober-Stötzingen. Ces dispositions étaient rigoureusement exécutées le 16 (1) au soir, malgré le temps le plus affreux qui dura toute la nuit.

Le 19, entre midi et 1 heure, l'officier d'état-major Rippert remet au général Baraguey-d'Hilliers, à Ober-Stötzingen l'ordre par lequel il lui était ordonné de marcher sur Albeck le même jour pour soutenir la division du général Dupont dans les positions du blocus (v. n°s 2 et 3); en lui remettant cet ordre, il lui témoigna devant son état-major le regret de l'apporter si tard et fit le récit des divers événements qui avaient retardé sa marche et dont le résultat était qu'il s'était égaré et que, par suite, il avait apporté au général Dupont ses ordres trois heures avant de remettre au général Baraguey-d'Hilliers les siens. Au moment même où le soussigné les reçut, il fit appeler son chef d'état-major et lui donna l'ordre écrit de faire rassembler sans délai la 1re brigade à Nerenstetten pour la diriger sur Albeck, la 2e à Stötzingen pour la diriger sur Langenau, où il leur arriverait de nouveaux ordres. Ces ordres furent reçus à 1 h. 1/2 par le général Le Suire à Stetten, et par le général Vonderweid à Stötzingen, qui les mirent à exécution.

A 3 heures, le général Baraguey-d'Hilliers quitta Stötzingen pour se rendre à Albeck et se fit précéder par son aide de camp

---

(1) Erreur : c'est le 18 sans aucun doute.

avec une lettre au général Dupont pour lui demander les points sur lesquels il devait l'appuyer. En arrivant à 4 heures de sa personne avec une faible escorte à Albeck, il trouva la route couverte de voitures, de bagages, de soldats et de femmes épouvantées, et son aide de camp le sabre à la main venant d'être chargé dans la rue d'Albeck par un parti de chevau-légers ennemis. Sur-le-champ, il ramassa les fuyards, les mit en ordre et leur donna un chef; la garde de son quartier général arrivant, elle fut peu après suivie de 100 hussards du 1er régiment et il fit remonter sur le plateau qui domine Albeck. L'ennemi fuit et l'on prit position. C'est là qu'il reçut la lettre n° 4. A peine y était-il établi qu'une colonne d'infanterie et de cavalerie pêle-mêle, composée de tous les débris de tous les régiments de la division Dupont, arriva sur lui et l'informa que les 15e et 17e régiments de dragons ayant été écrasés, leurs bataillons avaient été coupés en plusieurs parties par une cavalerie très nombreuse qui avait enveloppé le général Dupont lui-même et avait pris toute son artillerie; qu'ils s'étaient ralliés dans les bois comme ils avaient pu et marchaient sans but comme sans ordres, bien plus ébranlés de leurs revers que présumant un succès. Le général Baraguey-d'Hilliers les remit en ordre et en position, et aussitôt après il poussa une reconnaissance de cavalerie vers le général Dupont pour savoir de ses nouvelles, car toute communication avait été jusque-là interceptée par l'ennemi et le soussigné n'avait reçu aucune des ordonnances et des lettres que le général Dupont dit lui avoir envoyées.

Le général avait, aussitôt son arrivée à Albeck, envoyé ses aides de camp à la recherche des colonnes; elles arrivèrent à 7 heures, harassées, lorsque la nuit était très obscure et le combat entièrement fini. Sur ces entrefaites, l'aide de camp du général Dupont arriva à Albeck et apprit au soussigné la position de son général qui était à Haslach dans l'intention de tenir jusqu'à ce qu'on eût enlevé ses blessés, et dans la nuit il reçut ordre de se replier sur Günzburg.

Il résulte de ces faits dont cent témoins peuvent déposer la vérité :

1° Que la division de dragons à pied était dispersée par bataillons et compagnies isolées sur une ligne d'un pays montueux percé de chemins défoncés par la pluie et impraticables, longue de quatre lieues, dont la compagnie la plus rapprochée d'Albeck était distante de deux lieues et demie au moins ;

2° Que le général n'a reçu ordre de marcher sur Albeck à l'appui de la division Dupont que le 19 à 1 heure après-midi ;

3° Qu'il n'a pas différé d'une minute à l'exécuter ;

4° Que rien ne lui a annoncé, avant 5 heures du soir de ce même jour, que la division Dupont dût engager un combat sérieux.

En y réfléchissant, qui pourra être étonné que des troupes aussi disséminées, qui marchaient depuis trente-six heures sans relâche et sans subsistance, aient mis cinq heures à se réunir et à faire, les unes trois lieues, les autres quatre et demie, par un temps pluvieux et des chemins boueux et remplis de neige ?

C'est avec le sentiment douloureux que cause une injuste accusation, que le soussigné a rédigé ces lignes pour la repousser, lorsque sa conduite antérieure, ses longs, et il ose le dire, ses bons services devaient l'en garantir.

BARAGUEY-D'HILLIERS.

Le général Le Suire, employé à l'état-major général, au maréchal Berthier.

Vienne, le 12 nivôse (2 janvier).

Monseigneur,

J'ai l'honneur d'adresser à Votre Excellence les notes qu'elle désire, afin d'acquérir une connaissance parfaite sur l'exécution de l'ordre expédié, le matin du 19 vendémiaire an XIV, par M. le maréchal Ney, au général commandant la division des dragons à pied.

J'ai l'honneur, etc.....

LE SUIRE.

Note du général Le Suire, commandant la 1ʳᵉ brigade de la division des dragons à pied, au sujet de l'affaire du 19 vendémiaire an XIV (11 octobre 1805).

Vienne, le 12 nivôse (2 janvier).

Établissement de la division des dragons à pied le 19 vendémiaire an XIV (11 octobre 1805). — La division se trouvait la gauche en tête. Le quartier du général qui la commandait était à Nieder-Stötzingen.

La 2ᵉ brigade, composée des 3ᵉ et 4ᵉ régiments, sous les ordres du général Vonderweid, était bivouaquée le long et en arrière du ruisseau Stetten.

Sa gauche appuyée à Ober-Stötzingen et sa droite au bois de Stetten, qui se trouvait éclairée par la 1ʳᵉ brigade.

La 1ʳᵉ brigade, composée du 1ᵉʳ bataillon du 1ᵉʳ régiment (à cette époque le 2ᵉ bataillon du 1ᵉʳ régiment était encore chargé de faire le service du quartier général du prince Murat), du 2ᵉ régiment, et commandée par le général Le Suire, occupait les positions ci-après :

1° Le 1ᵉʳ bataillon du 1ᵉʳ régiment avait reçu directement du général commandant la division, l'ordre de placer un demi-bataillon à Lonthal et l'autre à Bissingen.

Ce même bataillon devait faire des patrouilles toutes les heures entre Lonthal et Bissingen, comme entre Bissingen et Stetten ;

2° Le 2ᵉ régiment était bivouaqué à gauche et en avant du bois de Stetten, se liant par sa gauche avec la 2ᵉ brigade et occupant pour cet effet le bois qui se trouvait entre les deux brigades.

Entre midi et 1 heure, le général commandant la division reçut, par un officier d'état-major, l'ordre de M. le maréchal Ney de diriger promptement sa division sur Albeck.

La 2ᵉ brigade, qui se trouvait à un quart de lieue du quartier du général commandant la division, reçut aussitôt l'ordre de se porter à Langenau en passant par Rammingen ; là elle devait attendre de nouveaux ordres.

Un bataillon du 4ᵉ régiment devait, d'après l'ordre de M. le maréchal Ney, se rendre à Mödlingen pour garder le parc du corps d'armée.

Le général commandant la 1re brigade reçut, à 2 heures après-midi, des mains d'un brigadier du 18e de dragons à cheval, l'ordre dont est ci-joint l'original, n° 991, signé Dembouski.

Aussitôt la réception de cet ordre, ce général s'empressa d'expédier au colonel commandant le 1er bataillon du 1er régiment l'ordre de réunir au plus tôt son bataillon à Bissingen et de le porter avec la plus grande rapidité sur Nerenstetten, en se munissant de bons guides et en passant par le chemin le plus court.

Ensuite il marcha à la tête de son 2e régiment, qu'il dirigea sur le lieu de rassemblement de sa brigade, où il n'arriva qu'à la nuit, malgré toute la diligence imaginable qu'il employa dans sa marche.

Selon ses instructions, le commandant de la 1re brigade attendit à Nerenstetten le 1er bataillon du 1er régiment, qui n'y arriva qu'à 7 heures du soir, ayant été retardé dans sa marche par les mauvais chemins, par la pluie qui tomba continuellement et surtout par l'éloignement où se trouvait ce bataillon lorsqu'il reçut l'ordre de départ. Il faut rendre justice aux dragons à pied : toutes les fois qu'il a été question de marcher à l'ennemi, ces braves gens, dignes du nom qu'ils portent, ont généralement manifesté tous les sentiments qui caractérisent le grenadier français.

Pendant que les généraux de brigade exécutaient avec zèle les ordres de marche qu'ils avaient reçus, le général commandant la division se rendit avec son état-major à Albeck, où il arriva à 6 heures du soir.

Il apprit bientôt que le général Dupont avait attaqué le même jour un ennemi bien supérieur en forces. Il se porta en avant avec un fort détachement du 1er hussards et continua à rallier devant Albeck ceux des soldats de cette division qui avaient été forcés de faire un mouvement rétrograde, dans un combat qui fut glorieux pour les armes de la France.

Vers les 8 heures du soir, ce général partit d'Albeck pour se rendre à Langenau, où il trouva la 2e brigade et où il passa la nuit.

Aussitôt l'arrivée du 1er bataillon du 1er régiment à Nerenstetten, le général Le Suire le réunit au 2e régiment et dirigea ces trois bataillons sur Albeck où l'on n'arriva qu'à 9 heures du soir, sans cependant avoir fait une seule halte de Nerenstetten à Albeck.

En sortant de Nerenstetten, cette brigade rencontra une colonne de 1200 à 1500 prisonniers de guerre autrichiens, que la division du général Dupont avait faits dans la journée.

Après avoir établi sa brigade à gauche et sur les hauteurs d'Albeck, le général Le Suire se rendit chez le général Dupont pour savoir de lui où était son général de division.

Le général Dupont, en lui apprenant qu'il était parti pour Langenau, lui demanda 300 dragons pour aller enlever ses blessés, et différents détachements pour faire le service, ce qui fut fait sur-le-champ.

Sur ces entrefaites, un aide de camp de M. le maréchal Ney arriva à Albeck porteur d'un ordre pour le général Dupont, qui le communiqua au général Le Suire.

Cet ordre portait que Sa Majesté l'Empereur, voulant concentrer ses forces sur la rive droite du Danube et devant la place d'Ulm, la division du général Dupont partirait d'Albeck le lendemain matin, précédée par la division des dragons à pied, à l'effet de passer le Danube à Günzburg ou à Leipheim dans la même journée.

En conséquence, le général Le Suire s'empressa d'informer son général de division de son arrivée à Albeck et de l'ordre que M. le maréchal Ney venait de faire parvenir, en lui annonçant que sa brigade arriverait le lendemain matin de bonne heure à Langenau.

Le 20 vendémiaire, à 4 heures du matin, le général Le Suire se mit en marche avec sa brigade qui précédait la division Dupont.

Il prit avec lui l'artillerie de la division des dragons à pied, laquelle était arrivée à Albeck la veille à 10 heures du soir.

A Langenau, les deux divisions Dupont et des dragons à pied se réunirent et exécutèrent le mouvement ordonné la veille par M. le maréchal Ney.

Le Suire.

Nota. — L'officier d'état-major chargé de porter l'ordre du 19 au matin aux généraux Dupont et Baraguey-d'Hilliers remit premièrement entre 8 et 9 heures du matin au général Dupont celui d'attaquer l'ennemi.

Après quoi cet officier se dirigea sur Nieder-Stötzingen où il remit au général Baraguey-d'Hilliers l'ordre qui le concernait.

Il en résulta que le général Dupont attaqua l'ennemi avant même que la division des dragons à pied eût commencé son mouvement pour se porter sur Albeck.

Le Suire.

Distances qui se trouvaient entre Albeck et les deux brigades de la division de dragons à pied le 19 vendémiaire au matin.

1re BRIGADE.

1er bataillon du 1er régiment.

De Stetten, d'où le général commandant la brigade expédia l'ordre de départ pour ce bataillon, jusqu'à Bissingen, où était établi le colonel qui le commandait, 1/2 lieue; de Bissingen à Lonthal, d'où le deuxième demi-bataillon fut rappelé, 1/2 lieue; de Lonthal à Bissingen, d'où le bataillon se mit en marche pour Nerenstetten, 1/2 lieue; de Bissingen à Nerenstetten, 2 lieues; de Nerenstetten à Albeck, 1 lieue 1/2. Total : 5 lieues d'Allemagne.

2e régiment.

De Stetten à Nerenstetten, 2 lieues; de Nerenstetten à Albeck, 1 lieue 1/2. Total : 3 lieues 1/2 d'Allemagne.

2e BRIGADE.

En passant par Langenau pour se rendre à Albeck, cette brigade avait 3 lieues 1/2 d'Allemagne à parcourir.

Le général Baraguey-d'Hilliers à l'Empereur.

Paris, le 26 mars 1806.

Sire,

Votre Majesté m'a rendu à l'espérance et au bonheur en me permettant d'approfondir les griefs que l'on m'a imputés dans la journée du 19 vendémiaire. Je n'avais rien tant à redouter que le défaut d'informations précises; ainsi, plus elles seront solennelles, et plus mon innocence vous sera, j'espère, prouvée; mais, Sire, l'absence du ministre que vous voulez charger de cette enquête, l'incertitude de l'époque de son retour, les bruits qui se répandent du prochain départ de Votre Majesté pour l'Italie, la dispersion des témoins que je dois citer de mes actions et de ceux qu'allègueront sans doute mes accusateurs, tout me fait craindre d'être encore privé longtemps de l'avantage de me justifier. Je prie donc Votre Majesté de me permettre de remettre sous ses yeux un court exposé des faits qui me concernent dans la journée du 19 vendémiaire, et de la supplier de le lire en consultant l'huilé ci-joint de la carte de Bohnenberger; j'ai indiqué, pour chacun des faits, les noms des officiers dont le témoignage peut être invoqué, de sorte que si, après cette lecture, Votre Majesté a besoin de nouvelles lumières, le ministre de la guerre, étant sur les lieux et au milieu des témoins, pourra, aidé de ces renseignements précis, consulter avec facilité le terrain et les hommes et vérifier l'exactitude de mon récit.

J'ai tant de confiance dans l'équité de mon prince et dans la bonté de ma cause, que j'affirme qu'il suffira de vouloir l'examiner sans prévention pour être convaincu que je n'ai manqué à aucun de mes devoirs dans cette circonstance. Sire, je n'ai de patrimoine à laisser à mes enfants qu'une réputation sans tache. Je sers avec honneur depuis vingt-deux ans; j'ai toujours été esclave de mes devoirs et obéissant jusqu'au scrupule en matière de service; mon dévouement pour la gloire de Votre Majesté est sans bornes. Peut-elle penser que j'aie voulu trahir en un jour, par négligence, le fruit de mes travaux, mon honneur, l'avenir de mes enfants, de vieux principes et mes plus chers sentiments? Non, Sire, je suis loin d'être ingrat à vos bontés et j'ai l'honneur de vous répéter, comme à Schönbrunn, que je suis victime des nombreux ennemis que m'a faits mon zèle à introduire une nouvelle tactique dans une arme qui y répugnait, d'une erreur d'un officier d'état-major et d'un insuccès qui m'est étranger et qu'il n'a été en mon pouvoir ni de prévenir, ni de réparer.

Je suis avec respect, Sire.....

BARAGUEY-D'HILLIERS.

*Exposé de la conduite du général Baraguey-d'Hilliers,
le 19 vendémiaire (11 octobre 1805).*

Le maréchal Ney avait donné, le 18 vendémiaire, l'ordre d'emplacement suivant : « La division de dragons à pied viendra sur-le-champ s'établir en arrière de Stötzingen, adossée au bois ; elle occupera Brenz avec quatre compagnies, Lonthal avec trois compagnies, Sontheim par deux compagnies. Le général enverra quatre autres compagnies à Mödlingen, etc..... »

Ces dispositions étaient exécutées le 19 à 10 heures du matin, après une marche de nuit par un temps affreux, qui réduisit les 3,600 hommes (1), dont était alors composée la division, environ aux deux tiers.

L'artillerie resta à Brenz, à cause de l'impraticabilité des chemins de traverse.

Le 19, entre 11 heures et midi, l'officier d'état-major Rippert, du corps d'armée du maréchal Ney, remit, à Stötzingen, au général Baraguey-d'Hilliers, l'ordre suivant du maréchal Ney : « Je vous transmets, mon cher Général, l'ordre de marche arrêté pour le 19 vendémiaire. Lorsque vous serez établi à Albeck, vous voudrez bien vous concerter avec le général Dupont pour le placement de votre division, qui doit soutenir la sienne dans les positions du blocus. »

---

*Extrait de l'ordre du 6º corps d'armée, du 19 vendémiaire
(11 octobre 1805).*

« Les dragons à pied partiront sur-le-champ et se dirigeront, par Langenau, en arrière d'Albeck, où ils soutiendront la divi-

---

(1) Il faut observer que, par l'absence des détachements des 22º, 25º, 26º et 27º régiments de dragons, formant 2 compagnies, et par celle du 2º bataillon du 1ᵉʳ régiment, formant 6 compagnies, qui était détaché au quartier général du prince Murat, le général Baraguey-d'Hilliers, au lieu de 48 compagnies, n'avait alors que 7 bataillons formant 34 compagnies, savoir : 14 compagnies à la 1ʳᵉ brigade et 20 à la 2º.

sion Dupont. Les détachements rejoindront leurs corps à Albeck. »

En remettant cet ordre, l'officier d'état-major exprima le regret de l'apporter si tard, raconta que son guide l'ayant abandonné, il s'était égaré, de sorte qu'il avait été près le général Dupont avant de se rendre près du général Baraguey-d'Hilllers. Aussitôt que le soussigné eût lu ses ordres, il fit, sans une minute de délai, expédier, afin d'éviter l'encombrement des routes, au général Le Suire, l'ordre de réunir au plus tôt la brigade de droite à Stetten et de se diriger sur Albeck par Lindenau, Stötzingen et Nerenstetten, et au général Vonderweid, commandant la brigade de gauche, de se diriger sur le même point par Langenau. Les ordres expédiés, les ordonnances parties et les premiers mouvements de rassemblement s'exécutant, le général Baraguey-d'Hilliers se mit de sa personne en route avec son état-major, 60 hommes du 1er régiment de hussards et 50 dragons à pied, en se faisant précéder par un aide de camp pour connaître du général Dupont les points sur lesquels il jugeait nécessaire d'être appuyé. A un quart de lieue d'Albeck, le général Baraguey-d'Hilliers trouva la route couverte de voitures de bagages, de femmes épouvantées, de soldats en déroute, et son aide de camp, qui venait d'être chargé dans les rues de ce bourg par des chevau-légers ennemis, et qui lui apporta la lettre suivante du général Dupont, laissée le matin à son départ : « La division que je commande marche sur Ulm. Arrivé à Haslach, je vous préviendrai de ma position. Le maréchal Ney me marque que vous suivez mon mouvement; ayez la complaisance de m'avertir de votre arrivée à Albeck. » Sur-le-champ, le soussigné rassembla les fuyards, les remit en ordre, leur donna des chefs, les emplaça et fit de suite réattaquer Albeck par son escorte. Cette entreprise réussit; l'ennemi fut chassé après quelque résistance. Le plateau repris, les hussards étaient encore éparpillés à la poursuite de l'ennemi, lorsque le général Baraguey-d'Hilliers découvrit au loin, sur la chaussée d'Albeck à Ulm, deux grosses colonnes composées de toutes armes. Ce qu'il venait de trouver l'obligeait à la prudence; il les fit reconnaître : la première était des prisonniers autrichiens; la deuxième était formée du 1er régiment de hussards et des débris de tous les corps de la division Dupont, dont les chefs l'instruisirent qu'à la gauche les 15e et 17e régiments de dragons ayant été mis en pièces, leurs propres bataillons avaient été coupés en plusieurs parties par une cavalerie ennemie très nombreuse qui avait enveloppé toute la division, pris toute l'artillerie et sans doute le général lui-même ; que, dans ce désordre, ils s'étaient ralliés comme ils avaient pu pour regagner le camp et sauver les débris. Le général Baraguey-d'Hilliers fit reformer cette troupe harassée, dont le moral était ébranlé, et détacha successivement, mais toujours vainement, deux officiers d'état-major avec deux détachements vers le général Dupont, pour avoir de ses nouvelles, en même temps qu'il envoya d'autres officiers à la recherche de ses colonnes, pour hâter leur marche. Les premiers rencontrèrent l'ennemi en force supérieure et ne purent percer ; ceux-là rencontrèrent les colonnes, qui n'arrivèrent qu'à la chute du jour. Un aide de camp du général Dupont, étant enfin arrivé vers 7 heures du soir, donna pour la première fois de ses nouvelles positives et annonça la retraite de l'ennemi. Alors le général Baraguey-d'Hilliers fit prendre position à la 1re brigade derrière Albeck et plaça la 2e à Langenau ; dans cette même nuit du 19 au 20, il reçut ordre de se porter par Günzburg sur Küssendorf, et l'exécuta.

Témoins.

Tous les officiers de la division et notamment ceux qui composent l'état-major.

Dembouski, adjudant-commandant, chef de l'état-major.
Pinthon, capitaine adjoint.
Coussaud-Dullié, Guibourg et Meulan, aides de camp.
Savain, capitaine du génie.

Résumé.

Il résulte de l'historique ci-dessus :

1° Que le 19 au matin les ordres envoyés le 18 au soir par le maréchal Ney étaient exécutés et la division de dragons à pied emplacée la droite à Lonthal, le centre dans les bois entre Lonthal et Brenz, la gauche à Brenz et Mödlingen, malgré une neige continue, de la pluie et un temps affreux, occupant une ligne à vol d'oiseau de 3 lieues 1/2 ;

2° Que l'ordre de marcher le 19 sur Albeck n'est arrivé au général Baraguey-d'Hilliers que le même jour à près de midi, tandis que l'ordre correspondant est arrivé plus de trois heures auparavant au général Dupont (quoique celui-ci

Beauvalier, du 18e dragons et Carré, du 9e dragons, officiers d'ordonnance.

Réal, du 12e dragons, commandant la garde du quartier général.

L'officier d'état-major Rippert, porteur des ordres du maréchal Ney.

Mêmes témoins que ci-dessus.

Mêmes témoins que ci-dessus et notamment :
Coussaud-Dullié, aide de camp ;
Réal, du 12e dragons, commandant le quartier général ;
Strolz, officier au 17e dragons ;
Un chef d'escadron du 1er régiment de hussards.

Mêmes témoins que ci-dessus.
Rouvillois, colonel du 1er hussards et tout son régiment, plusieurs officiers supérieurs de la division Dupont, inconnus au général Baraguey-d'Hilliers.

Coussaud-Dullié, aide de camp.
Un officier d'état-major du maréchal Ney, inconnu.

fût réuni à Albeck, c'est-à-dire à moins de 2 lieues de l'ennemi, tandis que le centre et la droite de l'autre étaient à 4 lieues d'Albeck et sa gauche à plus de 5 lieues 1/2), par l'erreur de M. Rippert, officier d'état-major du maréchal Ney, qui en était porteur ;

3° Que le général Baraguey-d'Hilliers n'a pas mis une seconde de retard dans l'expédition des ordres de ce mouvement et a pris, au contraire, toutes les dispositions de détail propres à l'accélérer en indiquant aux colonnes des routes différentes et les plus courtes ;

4° Qu'il s'est porté le premier de sa personne sur Albeck, et y ayant trouvé l'ennemi, s'est comporté de manière à l'en chasser et à rétablir l'ordre parmi les fuyards ;

5° Qu'après avoir repris le plateau en avant d'Albeck il y a recueilli les débris de la division Dupont et en a tiré le parti qu'offraient les circonstances ;

6° Qu'aussitôt après avoir pourvu à ces événements inattendus il a cherché à communiquer avec le général Dupont, dont il n'avait reçu aucun ordre ni avis de passer Albeck, et n'a pas pu y réussir ;

7° Qu'aucune partie de la teneur des ordres n'indique un combat immédiat, un besoin urgent, ni d'autres dispositions que celles qu'il a prises.

Il croit, d'après ces données, que sa conduite a été conforme à son devoir et la soumet dans tous ses détails à l'examen le plus scrupuleux.

Reproches présumés.	OBSERVATIONS ET RÉPONSES.

Est-ce la dissémination de la division entre Lonthal et Mödlingen dans les bois en arrière de Stötzingen sur une ligne de plus de 4 lieues ?

Elle était prescrite par l'ordre de M. le maréchal Ney, du 18 vendémiaire, il n'y a rien été changé.

Est-ce de n'avoir pas mis assez de célérité dans l'exécution de l'ordre de se porter à Albeck ?

Dix témoins oculaires prouveront qu'il n'a reçu ces ordres à Stötzingen que le 19 entre 11 heures et midi et qu'il n'a pas perdu une seconde pour en prescrire l'exécution la plus prompte.

Est-ce la lenteur de la marche des troupes ?

Peut-elle lui être directement attribuée ? et d'ailleurs doit-on s'étonner que des soldats qui ont marché toute la nuit précédente par une pluie à verse, qui sont exténués de faim et de fatigue, qui ont à parcourir un terrain et des chemins détrempés, remplis de neige, qui n'ont pu être mis sous les armes qu'entre midi et 1 heure, aient employé les uns cinq à six heures pour faire 4 à 5 lieues, les autres, six à sept à faire 5 à 6 lieues ; distances qui séparent Lonthal ou Brenz d'Albeck.

Est-ce de n'avoir pas marché avec les colonnes ?

Mais, puisqu'elles marchaient par des directions différentes sur le même point pour accélérer leur marche, n'était-ce pas au rendez-vous qu'il devait les précéder, d'autant mieux qu'il avait à y chercher les instructions du général Dupont sur son placement.

Est-ce d'avoir fait réunir chaque brigade avant de la mettre en marche au lieu de s'attacher au texte de l'ordre « les détachements de dragons à pied rejoindront leurs corps à Albeck » ?

1° La teneur de l'ordre annonce-t-elle un besoin de secours assez urgent, un combat assez immédiat pour entendre par l'expression de détachement plus de quatre bataillons entiers quand il n'y en a que huit à une division ? En effet, il y avait alors le 2ᵉ bataillon du 1ᵉʳ régiment détaché au quartier général du prince Murat, quatre compagnies Lonthal (le 1er bataillon du 1er régiment); quatre compagnies à Brenz (le 1er bataillon du 4e régiment); deux compagnies à Sontheim (prises sur les six du 2e bataillon du 3e régiment); quatre compagnies à Mödlingen (le 2e bataillon du 4e régiment). Il ne restait donc dans les bois derrière Stötzingen que vingt compagnies sans artillerie. Était-ce avec une pareille poignée d'hommes que le général Baraguey-d'Hilliers devait marcher pour soutenir le général Dupont dans les positions du blocus? On ne niera pas, sans doute, qu'à moins d'un cas particulier, le premier soin d'un général qui marche à l'ennemi ne soit de réunir tous les corps qu'il a sous son commandement pour le maintien de la discipline, pour arriver en bon ordre et produire sur l'ennemi le plus d'effet, surtout quand ils sont aussi peu nombreux que l'étaient ceux de la division de dragons à pied; et, lorsque ce cas arrive, ne mérite-t-il pas bien d'être spécialement expliqué par celui qui donne des ordres? Je le demande : Est-il rien de moins significatif sous ce rapport que l'ordre et la lettre de M. le maréchal Ney du 19 vendémiaire, rapportés dans le cours de cet exposé?

Est-ce sa conduite à Albeck?

Pouvait-il faire plus et mieux avec 60 dragons à pied et 60 hussards? En s'en tenant aux ordres qu'il avait reçus, n'était-ce pas là qu'il devait s'arrêter? A-t-il négligé des efforts pour avoir des nouvelles du général Dupont, ou lui donner des siennes? Pouvait-il se conduire autrement qu'il ne l'a fait quand il a recueilli les débris de la division Dupont, soit pour rétablir le moral des soldats, soit pour prévenir de plus graves résultats d'un insuccès vraisemblable?

Peut-on donc lui imputer

Non, sans doute, car sans la méprise

les revers éprouvés par le général Dupont ? de l'officier porteur des ordres, le général Baraguey-d'Hilliers aurait reçu l'ordre de marcher à Albeck à 9 heures du matin; le général Dupont ceux de marcher, à midi; par là, le général Baraguey-d'Hilliers serait arrivé à Albeck à peu près au moment où le général Dupont en serait parti, et alors le concert était complet entre les deux divisions; mais, au contraire, le général Dupont, qui était réuni et à 2 lieues de l'ennemi, a reçu à 9 heures l'ordre d'attaquer, et le général Baraguey-d'Hilliers, qui était disséminé de 4 à 5 lieues en arrière, n'a reçu l'ordre de marcher à son appui qu'à près de midi; il en est résulté que le premier a attaqué six ou sept heures avant que le deuxième fût arrivé. C'est donc cet intervertissement dans la remise des ordres à qui seul, et exclusivement à toute autre circonstance, on doit attribuer l'insuccès de cette journée.

Après ces réflexions et ces éclaircissements, le soussigné se repose pleinement sur l'équité de Sa Majesté Impériale.

N'ayant pu que soupçonner les reproches qu'on lui fait, il s'est créé des doutes, des objections et se flatte d'y avoir répondu victorieusement. Si, contre son attente, il y avait quelques nouvelles charges qui lui fussent inconnues, il s'engage à les réfuter avec le même avantage dès qu'elles lui seront communiquées; car sa conscience ne lui reproche rien et il peut répéter avec assurance à Sa Majesté qu'il l'a servie avec zèle dans cette occurrence comme dans toutes les autres.

BARAGUEY-D'HILLIERS.

L'Empereur au maréchal Berthier.

La Malmaison, le 5 avril 1806.

Mon Cousin, vous trouverez ci-joint la justification du général Baraguey-d'Hilliers. Je désire que vous la lisiez avec attention et que vous la communiquiez au maréchal Ney, avec les noms des officiers cités en témoignage ; car il est juste que, s'il y a eu impossibilité pour le général Baraguey-d'Hilliers à se trouver à l'affaire du 19 vendémiaire, il soit entièrement lavé et qu'aucune ombre de soupçon ne plane sur sa tête. Faites dresser un procès-verbal en règle de l'examen des faits. S'il y a de sa faute, il doit être puni, mais s'il a fait son devoir, il ne doit rester aucune prévention contre lui.

Napoléon (1).

Le maréchal Ney au prince de Neufchâtel.

Memmingen, le 13 avril 1806.

Monsieur le Maréchal,

En m'adressant l'exposé de la conduite du général Baraguey-d'Hilliers dans la journée du 19 vendémiaire, vous me prescrivez de recueillir tous les renseignements possibles sur cette affaire, d'interroger les officiers cités en témoignage par ce général, et de dresser de l'examen des faits un procès-verbal qui puisse fixer l'opinion de l'Empereur.

Je suis, Monsieur le Maréchal, dans l'impossibilité la plus absolue de satisfaire à cette demande : 1° parce que j'ai depuis longtemps renvoyé à Paris tous les papiers relatifs à cette campagne, qui ne m'étaient plus d'aucune utilité ; 2° parce que l'éloignement de la division Dupont ne me permet pas de recevoir les témoignages demandés.

En vous exprimant combien je désire que l'Empereur soit informé de tous les détails de cette affaire, et que le résultat en soit tel que le général Baraguey-d'Hilliers conserve les bonnes grâces de Sa Majesté, je ne puis m'empêcher de vous avouer que j'aurais

---

(1) *Correspondance de Napoléon,* n° 10058.

beaucoup préféré qu'un autre que moi eût été chargé de cette espèce d'enquête ; et vous-même, Monsieur le Maréchal, jugerez sans doute que je dois le désirer, si vous voulez bien considérer que le général Baraguey-d'Hilliers se trouvait sous mon commandement, que le général Dupont y était plus particulièrement encore, et que l'interprétation des ordres donnés par moi paraît être le premier objet qui doive fixer l'attention.

Je regarderais comme une situation très pénible celle de me trouver pour ainsi dire juge et partie.

Je vous fais part de ma répugnance, Monsieur le Maréchal, avec d'autant plus de confiance que je suis convaincu que dans une circonstance pareille vous l'éprouveriez comme moi.

J'ai l'honneur, etc..... NEY.

Le chef d'escadron Rippert au Maréchal.

Memmingen, le 11 mai 1806.

Monsieur le Maréchal,

Ce sera avec la même vérité que je vous fis dans le temps, et de vive voix mon rapport, sur la mission dont vous m'avez chargé à Günzburg le 19 vendémiaire an XIV ; ce sera sur la garantie de ma parole d'honneur que je répéterai aujourd'hui et par écrit ce même rapport.

Deux dépêches, l'une à l'adresse du général Baraguey-d'Hilliers à Stötzingen, l'autre à celle du général Dupont à Albeck, m'ayant été remises à Günzburg le 19 vendémiaire an XIV, à 3 heures du matin, je suis parti sur-le-champ pour Stötzingen.

Dans les marais de Riedheim que j'avais à traverser, et dont les chemins étaient en partie couverts d'eau, j'ai perdu sans m'en apercevoir la route de Stötzingen, de sorte qu'au jour, me trouvant en vue d'Albeck, je m'y suis dirigé et j'ai pu remettre *vers les 8 heures du matin* au général Dupont la dépêche dont j'étais porteur pour lui ; il en a pris connaissance devant moi et m'a dit qu'il allait ordonner son mouvement, que je devais l'annoncer au général Baraguey-d'Hilliers. Je suis donc parti sur-le-champ pour Stötzingen, où je suis arrivé à 10 *heures du matin*.

Je puis ajouter ici à mon témoignage, Monsieur le Maréchal, celui de votre premier aide de camp, M. le chef d'escadron de Crabbé ; il dira que je le rencontrai à une portée de canon de Stötzingen, et que je lui fis part de ma mission.

M. le général Baraguey-d'Hilliers a donc reçu vos ordres à 10 heures du matin, et en même temps l'avis que le général Dupont était en mouvement, puisque je le lui ai annoncé. Je ne suis pas reparti sur-le-champ de Stötzingen, le général m'ayant dit qu'il fallait attendre et qu'après son déjeuner, il me donnerait une lettre ; elle ne me fut remise qu'à midi et demi. De retour à Günzburg à 2 heures, je la donnai, en votre absence, à M. le général chef de l'état-major.

Daignez, Monsieur le Maréchal, agréer..... RIPPERT.

Sous Ulm, le 25 vendémiaire an xiv (17 octobre 1805).

Je soussigné, certifie sur ma parole d'honneur qu'il était environ 1 h. 30 du matin le 19 vendémiaire, lorsque je fus, par ordre du général Du Taillis, chercher M. Rippert, chef d'escadron, pour se rendre de suite chez M. le maréchal.

(*A. M.*) TALBOT,
Aide de camp

Sous Ulm, le 25 vendémiaire an xiv (17 octobre 1805).

Je soussigné, certifie sur ma parole d'honneur avoir reçu à Günzburg, le 19 vendémiaire, à 3 heures du matin, deux dépêches de M. le maréchal Ney, pour les porter, l'une à M. le général Baraguey-d'Hilliers, à Stötzingen, l'autre à M. le général Dupont, à Albeck ; qu'aussitôt ces dépêches reçues, me rendant auprès de M. Floss, commandant du quartier général, pour y prendre un guide, je rencontrai en chemin M. Barbus, capitaine adjoint qui en revenait ; il me dit y avoir été pour le même motif et n'en avoir point trouvé ; nous y retournâmes ensemble, et il nous fut impossible de trouver des guides ; alors je me décidai à prendre un paysan duquel je me fis suivre pour m'indiquer le chemin de Stötzingen ; le paysan s'étant sauvé en traversant le bois, à gauche de Günzburg, sur la rive gauche du Danube, la nuit étant très obscure, et ne pouvant le retrouver, je fus obligé de poursuivre ma route seul ; m'étant égaré à travers le marais, j'arrivai au grand jour à Langenau, et de là je fus chez M. le général Dupont, auquel je remis sa dépêche à 8 h. 30 ; M. le général Dupont m'ayant dit que c'était un ordre de mouvement, je partis de suite de son quartier général pour me rendre à Stötzingen auprès du général Baraguey-d'Hilliers auquel je remis sa dépêche à 10 h. 30 du matin.

(*A. M.*)   RIPPERT,
Chef d'escadron.

Memmingen, le 11 mai 1806.

Je soussigné, certifie sur ma parole d'honneur avoir rencontré, le 19 vendémiaire an XIV, à 10 heures du matin, sur la grande route de Langenau à Stötzingen, et tout près de ce dernier endroit, M. le chef d'escadron Rippert, adjoint à l'état-major général, lequel m'a déclaré porter des dépêches à M. le général Baraguey-d'Hilliers, et revenir d'Albeck où il en avait déjà remis à M. le général Dupont.

Le Chef d'escadron,
aide de camp de M. le maréchal Ney,

DE CRABBÉ.

27ᵉ RÉGIMENT D'INFANTERIE DE LIGNE.

Devant Ulm, le 25 vendémiaire an XIV (17 octobre 1805).

Nous, officiers et sous-officiers dudit régiment, faisant partie des détachements placés par ordre de M. le maréchal Ney, le 17 vendémiaire courant, au village de Stötzingen et à la garde du bois, en avant sur la route, certifions que nous avons quitté, le 19 suivant, notre poste et que nous y avons été relevés par les dragons à pied à midi, heure à laquelle nous en sommes partis pour rejoindre notre régiment dans le même jour.

Nocturne.	Jailliant.	Grély.	Gassie.	Autaye.
Caporal.	Caporal.	Lieutenant.	Sous-lieutenant.	

(*A. M.*)   Bouterne,   La Fondriberg.
Caporal.

---

*Le maréchal Ney à Son Altesse Sérénissime
le prince de Neufchâtel, ministre de la guerre.*

Memmingen, le 2 juin 1806.

Monseigneur,

J'ai l'honneur d'adresser à Votre Altesse Sérénissime, conformément à l'ordre qu'elle m'en a donné, un précis de ce qui s'est passé le 19 vendémiaire (an XIV) dernier aux divisions Dupont et Baraguey-d'Hilliers. J'ai dû me borner à fixer le véritable point de la question et m'abstenir de la résoudre.

J'ai l'honneur, etc.....   Ney.

Memmingen, le 2 juin 1806.

Le maréchal commandant en chef le 6ᵉ corps d'armée, se conformant à l'ordre qu'il a reçu de Son Altesse Sérénissime le prince ministre de la guerre, de recueillir tous les renseignements qu'il serait en son pouvoir de se procurer sur la conduite du général Baraguey-d'Hilliers dans la journée du 19 vendémiaire dernier, s'est fait représenter les ordres qui ont précédé cette affaire et les rapports qui l'ont suivie.

L'exposé suivant est le résultat de cet examen des faits.

Le maréchal commandant en chef le 6ᵉ corps d'armée avait reçu l'ordre de s'emparer des ponts du Danube, et de tenir les deux rives de ce fleuve.

Tous les rapports annonçant qu'il était resté des forces assez importantes à Ulm, il se décida à faire bloquer la place, afin de paralyser une partie de ces forces en les empêchant de déboucher.

Il donna en conséquence l'ordre de mouvement général rapporté ci-joint sous le n° 1 (1).

D'après cet ordre, les divisions Dupont et Baraguey-d'Hilliers, soutenues par deux régiments de dragons, devaient opérer de concert sur la rive gauche, tandis que par un mouvement combiné les divisions Loison, Malher et Bourcier auraient balayé la rive droite et soutenu au besoin les deux autres divisions par les ponts de Leipheim, d'Elchingen ou de Thalfingen.

Toute cette partie du mouvement ordonné sur la rive droite n'eut pas lieu, d'après des ordres supérieurs qu'il est inutile de rappeler ici.

Cependant le général Dupont, ayant reçu l'ordre de mouvement pour le 19, s'était mis en marche et s'était engagé avec l'ennemi dans la persuasion qu'il allait être soutenu par les dragons à pied, comme cet ordre le portait expressément. Sa division eut à combattre 25,000 hommes depuis 1 heure de l'après-midi jusqu'à 6 ; elle ne fut point secondée, et cependant le résultat de cette lutte si inégale fut très glorieux pour les armes de Sa Majesté.

Le but de cet exposé étant de rechercher quels obstacles ont pu s'opposer à la coopération des dragons aux succès de cette journée, il est nécessaire d'indiquer les positions occupées par les troupes la veille de l'action, de rappeler des ordres donnés et de constater autant que possible l'heure de leur réception.

Le 18 vendémiaire au soir, la position des troupes sur la rive gauche était comme il suit :

La division Dupont dans l'excellente position d'Albeck ;

La division Baraguey-d'Hilliers avait une compagnie à Bissingen et trois compagnies à Lonthal ;

Trois bataillons le long du bois derrière Ober-Stötzingen ;

Un bataillon à Stötzingen ;

Trois compagnies à Brenz, une à Sontheim, une à Asselfingen ;

Un bataillon à Mödlingen, où l'on avait demandé que quatre compagnies.

Le général Baraguey-d'Hilliers n'ayant pas fait connaître la position de ses deux autres bataillons, on suppose qu'ils étaient à Nieder-Stötzingen avec son quartier général.

---

(1) Voir plus haut, page 500.

L'ordre de mouvement pour le 19 vendémiaire fut expédié à 1 h. 30 du matin ; le chef d'escadron Rippert, adjoint à l'état-major, devait passer d'abord à Stötzingen pour y remettre la dépêche adressée au général Baraguey-d'Hilliers, et se rendre ensuite auprès du général Dupont.

Cet officier, parti de Günzburg pendant la nuit, a déclaré qu'il s'était égaré, et que par suite de cette erreur il était arrivé auprès du général Dupont avant de se rendre à Stötzingen.

Il atteste néanmoins avoir remis au général Baraguey-d'Hilliers l'ordre dont il était porteur à 10 heures du matin ; ce fait est appuyé par le témoignage de M. le chef d'escadron Crabbé. Les déclarations de ces deux officiers se trouvent ci-jointes sous les n°s 2 et 3 (1).

Il n'a pas été possible de constater d'une manière plus positive l'heure de la réception de cet ordre, non plus que celle du départ des dragons à pied et de leur arrivée à Langenau.

L'ordre du général Baraguey-d'Hilliers à ses brigades est rapporté ci-joint sous le n° 4.

La comparaison de cet ordre avec celui du maréchal donne lieu aux questions suivantes :

Le maréchal, prévoyant que les détachements fournis par les dragons à pied pourraient retarder la marche de la division, avait ordonné qu'*elle partirait de Stötzingen sans attendre ces détachements, qui la rejoindraient à Albeck :* Pourquoi les brigades ont-elles reçu ordre de ne quitter Stötzingen que quand elles seraient réunies?

L'ordre du maréchal portait que la division de dragons se rendrait sur-le-champ à Albeck pour soutenir le général Dupont; pourquoi l'état-major de cette division a-t-il prescrit à ses brigades et à l'artillerie de ne s'avancer que jusqu'à Langenau?

On demandera encore pourquoi, tandis que les troupes et l'artillerie restaient en arrière, on envoyait à Albeck les équipages et le parc des vivres, qui se trouvaient ainsi former l'avant-garde de la division?

Quoi qu'il en soit, il est inutile de s'appesantir davantage sur des détails qui ne conduisent à aucun résultat. Le véritable point de la question est de savoir si, depuis 10 heures du matin

---

(1) Voir plus haut, pages 544 et 545.

jusqu'à 6 heures du soir, le général Baraguey-d'Hilliers, en exécutant l'ordre de laisser ses détachements en arrière, a pu faire arriver ses troupes à Albeck.

Ce résumé semble suffisant pour jeter quelque jour sur cette affaire et le maréchal peut croire qu'il a rempli la tâche pénible qui lui a été imposée ; il ne lui reste plus qu'à exprimer son désir de voir le général Baraguey-d'Hilliers faire sortir des circonstances où il s'est trouvé les motifs d'une pleine et entière justification.

NEY.

Le prince de Neufchâtel à l'Empereur.

Munich, le 16 juin 1806.

Sire,

J'ai l'honneur d'envoyer à Votre Majesté un rapport sur les griefs imputés au général Baraguey-d'Hilliers dans la journée du 19 vendémiaire an XIV et sur ses moyens de défense ; d'après mon opinion, Sire, il résulte que le retard que la division de dragons à pied sous les ordres du général Baraguey-d'Hilliers a mis à exécuter les ordres du maréchal Ney provient de la difficulté que l'ordre de commandement et celui de rassemblement pour son exécution ont éprouvé par des circonstances impérieuses.

Je pense donc qu'on ne peut établir contre ce général aucun reproche de négligence condamnable ; le seul tort qu'on puisse imputer au général Baraguey-d'Hilliers est de ne pas avoir maintenu une discipline assez sévère dans sa division, ce qui a nécessairement causé de la longueur dans l'exécution du rassemblement de ses troupes ainsi que dans leur marche.

Je présente à Votre Majesté.....

BERTHIER.

Rapport sur les griefs imputés au général Baraguey-d'Hilliers dans la journée du 19 vendémiaire an XIV et sur ses moyens de défense.

Munich, le 16 juin 1806.

Le maréchal Ney, étant à Günzburg, envoie dans la nuit du 18 au 19 vendémiaire au général Baraguey-d'Hilliers, qui était à Nieder-Stötzingen, l'ordre de se porter avec sa division de dragons à pied par Langenau en arrière d'Albeck, afin d'y soutenir la division Dupont qui devait marcher de ce point sur Haslach, pour former le blocus d'Ulm, sur la rive gauche du Danube.

Le chef d'escadron Rippert, porteur de cet ordre, ainsi que de celui relatif au général Dupont, qu'il ne devait remettre qu'après le premier, s'égare, et se trouvant au point du jour près d'Albeck, remet au général Dupont l'ordre qui le concernait et qu'il se met en mesure d'exécuter immédiatement, en chargeant M. Rippert d'en prévenir le général Baraguey-d'Hilliers.

Cet officier se rend aussitôt à Nieder-Stötzingen; il remet à 10 heures du matin au général Baraguey-d'Hilliers son ordre de mouvement et le prévient que la division Dupont exécute le sien.

Le général Baraguey-d'Hilliers dit n'avoir reçu cet ordre qu'après 11 heures. Dans l'un ou l'autre cas se présentent ces questions : 1º Ce général a-t-il mis à l'exécuter la célérité qu'exigeait la circonstance et l'exactitude à laquelle on devait s'attendre? 2º A quelle heure les dragons à pied sont-ils arrivés auprès d'Albeck et à quelle heure auraient-ils pu y être rendus? 3º Enfin à quelle cause peut-on attribuer le retard du mouvement de la division de dragons à pied et quelles en ont été les suites; car les fautes s'aggravent par leurs conséquences malheureuses, comme elles s'excusent par des succès.

Si l'on examine d'abord la position des dragons le matin du 19 vendémiaire, on verra qu'elle était, conformément aux ordres antérieurs du maréchal Ney, adossée aux bois de Lonthal et qu'elle occupait les villages de Brenz et de Mödlingen, chacun avec un bataillon de quatre compagnies. Elle était arrivée la nuit dans cette position, et l'artillerie, attendu la difficulté des chemins, avait été laissée à Brenz.

La droite de cette position est à quatre lieues communes d'Albeck et à une lieue de Nieder-Stötzingen. Mödlingen, à l'extrême gauche, est à six lieues d'Albeck et à deux petites lieues de Nieder-Stötzingen.

Le général Baraguey-d'Hilliers, au reçu de la dépêche du maréchal Ney, ordonne à sa brigade de droite de se réunir à Stetten et de marcher sur Albeck par Lindenau, Setzingen et

Nerenstetten ; à celle de gauche de se rassembler à Nieder-Stötzingen pour aller bivouaquer en arrière de Langenau ; à l'artillerie de suivre le mouvement de cette dernière brigade.

Cet ordre de marche sur deux routes différentes devait favoriser le mouvement, mais l'ordre de rassemblement des brigades en masse fit perdre deux heures de temps.

Le général Baraguey-d'Hilliers donne pour motifs de la réunion entière de ses brigades la raison plausible d'arriver à l'ennemi en masse afin de produire plus d'effet, et il ajoute que n'étant pas prévenu d'un engagement ou d'un danger imminent, il n'a pu croire que ces mots de l'ordre du maréchal Ney « *les détachements de dragons rejoindront leurs corps à Albeck* », fussent applicables aux deux bataillons postés à Brenz et à Mödlingen.

Cependant, prévenu comme l'était le général Baraguey-d'Hilliers, que la division Dupont était en marche et que l'ordre relatif aux dragons à pied se trouvait considérablement retardé par l'erreur de l'officier, qui avait été chargé expressément de le lui apporter avant de remettre au général Dupont le sien, le général Baraguey-d'Hilliers aurait pu penser qu'en mettant immédiatement toutes les troupes adossées au bois de Lonthal en mouvement, et réunissant ainsi deux ou trois heures plus tôt une brigade et demie près d'Albeck, il produirait un plus grand effet et plus prochainement utile, qu'en portant séparément une brigade sur Albeck et une autre derrière Langenau qui en est éloigné de plus d'une lieue.

Il est constant, si l'ordre a été remis à 10 heures du matin au général Baraguey-d'Hilliers, que cinq bataillons composés de vingt-six compagnies formant environ 2,700 hommes auraient pu être rendus à Albeck à 3 heures après-midi ; comme il est vrai que l'artillerie et les deux bataillons de Brenz et Mödlingen n'y pouvaient arriver que deux ou trois heures plus tard.

Mais on peut observer d'ailleurs que l'engagement de la division Dupont avec l'ennemi ayant eu lieu à une heure au delà de Haslach, les dragons à pied dans aucun cas, par le seul effet de l'intervertissement des ordres envoyés aux deux divisions, ne pouvaient arriver assez à temps pour produire un effet avantageux.

Le général Baraguey-d'Hilliers, arrivant de sa personne à

Albeck avec 50 dragons à pied et 60 hussards, vers les 3 heures et envoyant un aide de camp au général Dupont pour avoir de ses nouvelles et se concerter avec lui, en reçoit un seul billet laissé dans ce village, qui ne lui indique aucune mesure à prendre que celle de le prévenir de son arrivée à Albeck. Il fait avec son faible détachement tout ce qu'il y avait à faire à l'égard de l'ennemi qui poursuivait jusqu'à ce village les fuyards de la division Dupont ; mais il envoie inutilement deux officiers d'état-major avec de petits détachements pour tâcher de parvenir à ce général qui alors se trouvait enveloppé.

Il paraît, de l'aveu du général Baraguey-d'Hilliers, que la brigade de droite de sa division n'est arrivée à Albeck qu'à 7 heures du soir, et celle de gauche à la même heure en arrière de Langenau.

On a vu qu'une brigade et partie de l'autre auraient pu être rendues à Albeck à 3 heures ; il y a donc eu un retard de quatre heures qu'il faut attribuer : 1° au rassemblement général ordonné ; 2° à la lenteur de la marche des troupes déjà fatiguées par une marche de nuit.

D'ailleurs on a vu que ce n'était pas ce retard qui avait eu des conséquences fâcheuses, mais bien l'intervertissement dans la remise des ordres qui avait fait marcher la division Dupont avant la division Baraguey-d'Hilliers, tandis que l'inverse devait avoir lieu.

Enfin le général Baraguey-d'Hilliers proteste que l'ordre ne lui a été remis qu'à près de midi, et dès lors on ne peut établir contre lui aucun reproche de négligence.

Le Major général, prince de Neufchâtel et Valangin,

Berthier.

Le général Malher au général Dupont.

Ober-Bleiche, le 27 vendémiaire an XIV (19 octobre 1805).

Mon cher Camarade,

Je vous préviens que j'ai trouvé, sous Ulm, votre fourgon et un caisson que je présume appartenir à votre ambulance ; si vous les voulez faire prendre, ils sont à mon quartier général à Ober-Bleiche ou la Blancherie près Ulm ; je vous les aurais envoyés, s'il m'avait été possible de trouver des chevaux.

Agréez, etc.

MALHER.

Le maréchal Ney aux généraux Dupont et Baraguey-d'Hilliers.

Günzburg, le 19 vendémiaire an XIV (11 octobre 1805).

En conformité des nouvelles dispositions arrêtées par l'Empereur, l'aile droite, dont le 6e corps dépend, sera sous les ordres de Son Altesse le prince Murat. Comme son intention formelle est de concentrer sur la rive droite du Danube, et parallèlement à l'Iller, toutes ses forces réunies pour combattre l'ennemi, qui paraît vouloir se défendre, il ne restera sous Ulm, rive gauche du Danube, qu'un corps d'observation composé du 1er bataillon du 9e léger et des deux derniers escadrons du 1er de hussards, qui étaient attachés à la division de cavalerie à pied du général Baraguey-d'Hilliers. Ce détachement sera commandé par M. Crabbé, mon aide de camp, auquel j'envoie une instruction particulière.

Le général Dupont quittera en conséquence, sur-le-champ, sa position d'Albeck, et se dirigera avec les deux premiers escadrons du 1er de hussards et son infanterie, qui sera suivie par les deux régiments de dragons aux ordres du général Sahuc, pour passer sur la rive droite du Danube, soit par le pont d'Elchingen, soit par celui de Günzburg. Si les marais étaient impraticables, cette troupe passerait par Gundelfingen, et de là se dirigerait sur Günzburg. Dans l'un et l'autre cas, l'artillerie, les canons et les bagages passeront par Gundelfingen, et prendront la tête de la marche quelques heures avant le départ de la troupe.

La division du général Baraguey-d'Hilliers précédera les mouvements des troupes réunies sous le commandement du général Dupont, et observera les mêmes dispositions pour la direction de ses canons et bagages.

(*A. M.*)   NEY.

Instructions pour M. Crabbé.

Le 19 vendémiaire an xiv (11 octobre 1805).

Le maréchal d'empire Ney détache M. Crabbé, son aide de camp, sur la rive gauche du Danube, avec le 1er bataillon du 9e régiment d'infanterie légère, les 3e et 4e escadrons du 1er régiment de hussards, dans le but d'observer les mouvements de l'ennemi sur cette rive gauche.

Le chef d'escadrons Crabbé devra éviter tout engagement avec l'ennemi et se bornera à établir des postes sur toutes les communications par où l'ennemi pourrait déboucher sur la rive gauche du Danube.

Il cherchera à connaître tous les mouvements des Autrichiens et leur force, afin de m'en informer sur le champ à Günzburg. Si l'ennemi débouchait sur plusieurs colonnes, M. Crabbé devra les faire côtoyer par autant de petits corps d'éclaireurs qui rendront compte de tous ces mouvements : il ne devra jamais s'éloigner de la rive gauche du Danube, que de manière à pouvoir faire sa retraite sur Elchingen ou Günzburg, où se trouve un bataillon de dragons chargé de garder les ponts d'Elchingen et même celui de Thalfingen, à moins que M. Crabbé ne juge convenable de le rompre tout à fait. Enfin, si l'ennemi forçait M. Crabbé de se replier très en arrière, il dirigerait sa retraite sur Burgau et rejoindrait de là l'armée qui marche sur Memmingen ; il sera en correspondance avec un second corps d'observation resté sur la rive droite du Danube, qui recevra une instruction de communiquer également avec M. Crabbé qui communiquera avec moi par les moyens les plus courts et les plus sûrs.

(*A. M.*)

CHAPITRE VI

11 octobre.

Quatrième bulletin de la Grande Armée.

Augsburg, le 19 vendémiaire an xiv (11 octobre 1805).

Le combat de Wertingen a été suivi, à vingt-quatre heures de distance, du combat de Günzburg. Le maréchal Ney a fait marcher son corps d'armée, la division Loison sur Langenau, et la division Malher sur Günzburg. L'ennemi, qui a voulu s'opposer à cette marche, a été culbuté partout. C'est en vain que le prince Ferdinand est accouru en personne pour défendre Günzburg. Le général Malher l'a fait attaquer par le 59e régiment; le combat est devenu opiniâtre, corps à corps. Le colonel Lacuée a été tué à la tête de son régiment qui, malgré la plus vigoureuse résistance, a emporté le pont de vive force; les pièces de canon qui le défendaient ont été enlevées et la belle position de Günzburg est restée en notre pouvoir. Les trois attaques de l'ennemi sont devenues inutiles; il s'est retiré avec précipitation; la réserve du prince Murat arrivait à Burgau et coupait l'ennemi dans la nuit.

Les détails circonstanciés du combat, qui ne peuvent être donnés que sous quelques jours, feront connaître les officiers qui se sont distingués.

L'Empereur a passé toute la nuit du 17 au 18, et une partie de la journée du 18, entre les corps des maréchaux Ney et Lannes.

L'activité de l'armée française, l'étendue et la complication des combinaisons qui ont entièrement échappé à l'ennemi, le déconcertent au dernier point.

Les conscrits montrent autant de bravoure et de bonne volonté que les vieux soldats. Quand ils ont une fois été au feu, ils perdent le nom de conscrits ; aussi tous aspirent-ils à l'honneur du titre de soldats. Le temps continue à être très mauvais depuis plusieurs jours. Il pleut encore beaucoup ; l'armée cependant est pleine de santé.

L'ennemi a perdu plus de 2,500 hommes au combat de Günzburg. Nous avons fait 1200 prisonniers et pris 6 pièces de canon. Nous avons eu 400 hommes tués ou blessés. Le général-major d'Aspre est au nombre des prisonniers.

L'Empereur est arrivé à Augsburg le 18, à 9 heures du soir. La ville est occupée depuis deux jours.

La communication de l'armée ennemie est coupée à Augsburg et Landsberg et va l'être à Füssen. Le prince Murat, avec les corps des maréchaux Ney et Lannes, se met à sa poursuite. Dix régiments ont été retirés de l'armée autrichienne d'Italie et viennent en poste depuis le Tyrol. Plusieurs ont déjà été pris. Quelques corps russes, qui voyagent aussi en poste, s'avancent vers l'Inn ; mais les avantages de notre position sont tels que nous pouvons faire face à tout.

L'Empereur est logé à Augsburg chez l'ancien Électeur de Trèves, qui a traité avec magnificence la suite de Sa Majesté, pendant le temps que ses équipages ont mis à arriver.

Le général de division Malher à M. le maréchal d'empire Ney.

Au quartier général de Leipheim, le 19 vendémiaire an XIV
(11 octobre 1805).

Monsieur le Maréchal,

Ma seconde brigade est entièrement cantonnée à Leipheim ; elle n'a resté un instant à sa position que pour attendre la distribution des billets de logement. J'ai seulement laissé quatre compagnies pour la garde du parc et des équipages. Lorsque j'aurai reçu le rapport de mes généraux de brigade, j'aurai l'honneur de vous rendre un compte plus exact de ma marche et de ma position.

Agréez, Monsieur le Maréchal, l'assurance de mon respect et de mon attachement.

(A. M.) MALHER.

Le général de division Malher à M. le maréchal d'empire Ney.

Au quartier général, à Leipheim, le 19 vendémiaire an XIV
(11 octobre 1805).

Monsieur le Maréchal,

J'ai l'honneur de vous rendre compte que j'ai établi ma division, savoir :

La brigade du général Marcognet et les chasseurs à cheval à Falheim, ayant un poste à Nersingen, qui doit pousser des reconnaissances jusqu'au pont d'Elchingen, pour s'assurer s'il est occupé par la 1re division ou par les dragons à pied. Le général Tilly ayant placé un escadron de hussards à Strass, le flanc gauche de ce poste est parfaitement assuré.

Afin de soutenir le général Marcognet, s'il était attaqué, j'ai placé le capitaine Bazerque avec trois compagnies de voltigeurs et cinq compagnies de grenadiers en arrière du pont de la Biber, la gauche à Echlishausen.

La brigade du général Labassée est cantonnée dans Leipheim, avec un détachement bivouaqué en arrière pour la garde du parc et des équipages. J'ai fait placer une garde au pont pour observer ce passage. Le général Tilly ayant aussi placé un escadron à Bühl, tout mon flanc gauche se trouve parfaitement gardé et nous reposerons très tranquillement jusqu'au moment que vous avez ordonné pour demain.

Je ne dois cependant pas vous dissimuler, Monsieur le Maréchal, qu'au mouvement qui se dispose, je parais devoir rester en panne devant Ulm ; il serait, je vous l'avoue, très désagréable pour ma division de ne pas concourir au succès de la campagne et je compte fortement sur vos bontés pour qu'il n'en fût rien.

Je reçois à l'instant le rapport du général Marcognet. L'ennemi occupe le pont d'Elchingen ; l'officier du 25e régiment, qui a été chargé de cette reconnaissance, s'est approché de si près qu'il a reconnu les chasseurs du Loup, dont le feu n'a fait de mal à personne.

Veuillez agréer, Monsieur le Maréchal, l'assurance de mon respect et de mon attachement.

(*A. M.*) MALHER.

L'ordonnateur en chef Marchant au maréchal Ney.

Günzburg, le 19 vendémiaire an xiv (11 octobre 1805).

Monsieur le Maréchal,

Je me suis présenté chez vous ce soir, mais vous reposiez et je n'ai pas voulu vous déranger.

Je voulais encore, Monsieur le Maréchal, vous parler de la position de vos troupes, sous le rapport des subsistances. Il paraît, d'après les rapports qui me sont faits, que tout le pays d'ici Ulm est à peu près hors d'état de rien fournir ; la troisième division, qui est en avant, se trouve sans pain pour demain et je viens de lui faire donner de la farine avec laquelle on lui en fabriquera cette nuit, dans les villages qu'elle occupe ; la deuxième division en fait fabriquer chez les boulangers de cette ville. Comme ces divisions seront toutes hors d'ici demain, je me proposais d'y rester pour suivre l'effet d'une réquisition que j'ai frappée et les alimenter autant bien que les circonstances le permettraient ; mais je viens d'apprendre que demain matin, la division Gazan occupera la ville ; dès lors, je ne dois plus compter sur aucune des ressources qu'elle présente et j'ai lieu de croire que le service sera totalement compromis.

Si vous voulez, Monsieur le Maréchal, parer à ce cruel inconvénient, je vous prie de vouloir bien faire en sorte que la division Gazan occupe une autre position que celle de Günzburg, et, en outre, de me laisser ici une compagnie de cavalerie avec laquelle je pourrai contraindre l'exécution des mesures que j'ai prescrites ; sans ce secours, tous mes efforts seraient nécessairement paralysés et totalement infructueux.

Veuillez, Monsieur le Maréchal, agréer l'assurance de mon respectueux hommage.

(*A. M.*) MARCHANT.

L'Empereur au prince Murat.

Quartier général, à Augsburg, le 19 vendémiaire an XIV
(11 octobre 1805), à 8 heures du matin.

Mon Cousin, j'ai fait donner cette nuit, au maréchal Lannes, l'ordre de passer par Burgau. Je ne tiens pas encore les affaires finies de votre côté. L'ennemi, cerné comme il est, se battra. Il reçoit des renforts du Tyrol et de l'Italie ; il pourra donc vous opposer, sous peu de jours, plus de 40,000 hommes. Il faut donc que votre réserve et les corps de Ney et de Lannes, qui font de 50,000 à 60,000 hommes, marchent le plus près possible, de manière à pouvoir être réunis en six heures et écraser l'ennemi.

Les Russes viennent en hâte ; marchez donc sur l'ennemi partout où il se trouve, mais avec précaution et ensemble; s'il vous échappe, il sera arrêté sur le Lech. D'ailleurs, dans une bonne bataille, avec l'esprit qui anime les troupes, il vous en resterait la moitié.

NAPOLÉON (1).

Le prince Murat à l'Empereur.

Sire,

Les reconnaissances poussées sur Mindelheim et Weissenhorn ont rapporté que ces deux postes étaient faiblement occupés ; il paraît, d'après tous les renseignements, que l'ennemi a concentré ses forces derrière l'Iller et sous Ulm.

D'après les dernières dispositions de Votre Majesté, Sire, le corps du maréchal Lannes sera rendu tout entier demain soir à Weissenhorn, occupant à sa gauche Bubenhausen, Roggenburg, poussant des postes de troupes légères sur Krumbach, et sur tous les points qui conduisent à Memmingen et Mindelheim ; sa cavalerie légère couvrira son front, son parc et la réserve seront à Küssendorf.

Les divisions de dragons à cheval occuperont, à la droite de Weissenhorn, Altenhofen et Hegelhofen.

---

(1) *Correspondance de Napoléon*, n° 9364.

Le corps du maréchal Ney sera placé demain soir de la manière suivante : une division sur la rive gauche du Danube a Albeck, une à Falheim et la troisième à Reinpolzhofen ; la division de dragons sera en arrière et en réserve à Küssendorf, une division de dragons à cheval sur son front à Holzheim.

La cavalerie légère des deux corps d'armée formera une première ligne et occupera Steinheim, Finnigen, Holszchwang, Aufheim, Wullenstetten, Witzighausen et Illerberg.

Ce soir, mon avant-garde est à Wettenhausen poussant des postes jusqu'à Inchenhausen.

Après-demain (*13 octobre*) à 6 heures du matin, ces deux corps d'armée seront réunis, marcheront sur l'Iller, et jetteront derrière ce fleuve les postes avancés de l'ennemi ; une reconnaissance sera faite immédiatement après, et nous tenterons un passage de vive force, après avoir réuni sur un seul point toute notre artillerie et avoir trompé l'ennemi par quelques fausses attaques.

J'arrive moi-même de Falheim, d'où j'ai distingué les forces de l'armée autrichienne derrière l'Iller, ayant beaucoup de cavalerie en avant sur la rive droite.

Selon les rapports, l'armée autrichienne a neuf régiments de cavalerie, et quinze d'infanterie, ce qui peut faire environ 35,000 hommes. Sire, nous comptons tous sur la victoire et nous l'obtiendrons, notre fidélité et notre amour pour vous en répondent.

Je n'ai point écrit hier soir à Votre Majesté parce que je n'avais pas de renseignements à lui communiquer.

J'ai l'honneur..... MURAT.

Rapport sur les marches et opérations de la réserve de cavalerie.

Le 19 vendémiaire an XIV (11 octobre 1805).

Le corps d'armée prit position à l'embranchement des routes de Günzburg à Weissenhorn.

La division Gazan se réunit au corps d'armée de M. le maréchal Lannes et prit position à Günzburg où fut établi le quartier du prince.

11 OCTOBRE.

Marches et rapports historiques de la 1ʳᵉ division de dragons montés.

Le 19 vendémiaire an xiv (11 octobre 1805).

A 8 heures du matin, la division s'est réunie en avant de Burgau et s'est dirigée vers Wettenhausen où s'est établi le quartier général avec un régiment; les autres ont occupé les villages de Deubach, Holszchwang et Ichenhausen.

Ordre du jour.

Au quartier général, à Günzburg, le 19 vendémiaire an xiv (11 octobre 1805).

Son Altesse Sérénissime le prince maréchal de l'empire Murat s'empresse de faire part aux troupes composant son corps d'armée des témoignages de satisfaction que Sa Majesté Impériale et Royale a donnés à la conduite des troupes qui prirent part à la journée du 16 (8 octobre). Tous les régiments qui combattirent rivalisèrent de gloire dans ce début éclatant d'une nouvelle guerre.

Le Prince remarqua avec intérêt l'enthousiasme et le dévouement des troupes. C'est au cri répété et unanime de : « Vive l'Empereur ! » qu'elles fixèrent la victoire, dont le résultat fut 2,500 prisonniers, 10 pièces d'artillerie, 6 drapeaux. Son Altesse Sérénissime connaît l'intrépidité des régiments qu'elle commande; elle espère qu'ils lui fourniront souvent, dans cette campagne, l'occasion de donner à leur bravoure les éloges qu'ils méritèrent si souvent.

MURAT.

Pour expédition conforme :

Le Général de division, chef de l'état-major général,

BELLIARD.

Le maréchal Lannes au maréchal Berthier.

Zusmarshausen, le 19 vendémiaire an XIV (11 octobre 1805),
à 6 heures du matin.

D'après les ordres que vous m'avez transmis, de la part de Sa Majesté l'Empereur, j'ai aussitôt dirigé sur Burgau la marche de mon corps d'armée, qui devait d'abord se porter sur Mindelheim.

La division Suchet, qui est en marche sur la route de Steinenkirch, où elle a passé une partie de la nuit à Mindelheim, reçoit aussi l'ordre de se diriger sur Burgau par le chemin le plus court.

J'espère que l'officier porteur de mes dépêches pour ce général le trouvera avant son arrivée à Dinkelscherben.

LANNES.

Journée du 19 vendémiaire (11 octobre 1805).

Burgau, le 20 vendémiaire an XIV (12 octobre 1805).

Division de cavalerie légère.

La brigade de hussards continue d'être détachée sous les ordres de Son Altesse Sérénissime Monseigneur le prince Murat, à l'exception d'un escadron qui est passé sous les ordres de M. le général Suchet.

La brigade de chasseurs est partie de son cantonnement à 6 heures du matin, et s'est dirigée sur Burgau, d'où elle a été cantonnée dans le village de Knöringen.

Division de grenadiers.

La brigade aux ordres de M. le général Laplanche-Mortières continue d'être détachée sous les ordres de Son Altesse Sérénissime Monseigneur le prince Murat.

Les brigades aux ordres des généraux Dupas et Ruffin ont quitté leur bivouac à 6 heures du matin, et se sont dirigées par la grande route sur Burgau.

Elles ont bivouaqué en avant de cette ville, sur la gauche de la route de Günzburg.

L'artillerie et les sapeurs ont bivouaqué en arrière de ces brigades.

2ᵉ division.

Cette division continue d'être détachée sous les ordres de M. le maréchal Ney.

Division aux ordres du général Suchet.

Cette division a quitté son bivouac de Steinenkirch à 6 heures du matin, et s'est dirigée par Zusmarshausen sur Burgau. Elle a bivouaqué en avant de cette ville sur la droite de la route de Günzburg. L'artillerie a bivouaqué en arrière de la division.

Division de dragons aux ordres du général Beaumont.

Cette division est partie d'Auerbach à 6 heures du matin, et a suivi la marche de celle des grenadiers. Elle a bivouaqué en arrière de Burgau. Son artillerie a bivouaqué en arrière d'elle.

Parc d'artillerie.

Le grand parc d'artillerie du corps d'armée est arrivé le 19 (*11 octobre*) à Zusmarshausen.

Le général Compans aux généraux Oudinot, Beaumont, Gazan, Suchet et colonel Kirgener.

Burgau, le 19 vendémiaire an XIV (11 octobre 1805).

D'après les dispositions arrêtées par M. le maréchal commandant en chef, la générale sera battue demain matin à 5 heures précises au quartier général, dans les camps et dans les cantonnements du corps d'armée. **MM.** les généraux commandant les divisions donneront leurs ordres en conséquence.

Aussitôt la générale battue, les troupes prendront les armes et se mettront en marche pour se diriger sur Günzburg dans l'ordre suivant :

La division de dragons aux ordres de M. le général Beaumont et son artillerie marcheront en tête.

La division de grenadiers (à l'exception de la brigade

Mortières), sa brigade de chasseurs à cheval et son artillerie suivront immédiatement la division de dragons.

M. le général de division Oudinot est informé que la brigade Mortières recevra des ordres particuliers pour rejoindre sa division dans la journée; les trois compagnies de sapeurs du corps d'armée suivront la division de grenadiers jusqu'à Günzburg où elles seront réparties à raison d'une compagnie par division dans les divisions aux ordres de MM. les généraux Oudinot, Suchet et Gazan.

M. le colonel du génie Kirgener, commandant le génie du corps d'armée, est chargé de donner des ordres en conséquence.

La division aux ordres de M. le général Suchet, son artillerie et le 10ᵉ régiment de hussards, marcheront immédiatement après les sapeurs.

L'ambulance du corps d'armée marchera après la division du général Suchet.

Les vivres et liquides que M. le commissaire ordonnateur sera parvenu à réunir à Burgau marcheront après l'ambulance, et il prendra des mesures pour accélérer la marche du convoi qui est resté en arrière.

Le parc d'artillerie du corps d'armée devra se rendre le plus diligemment possible à Günzburg : La compagnie d'artillerie à cheval qui y est attachée le devancera de manière à y arriver en même temps que la colonne.

M. le général Foucher, commandant l'artillerie du corps d'armée, donnera ses ordres en conséquence.

A Günzburg, M. le maréchal commandant en chef donnera, pour la continuation de la marche, des ordres ultérieurs qui seront communs à la division commandée par M. le général Gazan, si toutefois elle n'en a déjà reçu de son Altesse Sérénissime le prince Murat.

Les équipages du corps d'armée continueront à rester à Günzenhausen jusqu'à nouvel ordre.

COMPANS.

11 OCTOBRE.

Le général Compans au général Suchet.

Zusmarshausen, le 19 vendémiaire an XIV (11 octobre 1805).

M. le maréchal me charge de vous écrire que, d'après de nouvelles dispositions arrêtées par Sa Majesté Impériale, tout son corps d'armée doit se diriger sur Burgau, et que son intention est que vous vous y dirigiez par le chemin le plus court du point où ma lettre vous trouvera.

J'ai fait passer votre lettre au colonel du 64e; nous lui donnerons ici l'ordre de se diriger sur Burgau.

COMPANS.

Le général Compans au colonel Kirgener, commandant le génie.

Zusmarshausen, le 19 vendémiaire an XIV (11 octobre 1805).

Monsieur le Colonel,

J'ai l'honneur de vous prévenir que M. le maréchal commandant en chef a décidé qu'à compter de ce moment et jusqu'à nouvel ordre de sa part, les sapeurs du corps d'armée sont sous vos ordres; vous voudrez bien les diriger aujourd'hui à la suite de la division de M. le général Oudinot, sur la route de Burgau.

COMPANS.

P.-S. — Une demi-compagnie doit attendre à Zusmarshausen l'arrivée du grand parc d'artillerie et le suivre dans sa marche.

Le général Compans au général Foucher.

Zusmarshausen, le 19 vendémiaire an XIV (11 octobre 1805).

Monsieur le Général,

J'ai l'honneur de vous prévenir que le grand parc d'artillerie, au lieu de suivre la destination qu'on lui avait d'abord donnée, doit, d'après les dispositions faites par M. le maréchal, se diriger sur Burgau aussitôt l'arrivée du parc. Vous voudrez bien ordonner que les deux compagnies d'artillerie à cheval qui le suivent, le devancent pour se rendre sur Burgau avec le plus de célérité possible, auprès du quartier général de M. le maréchal, où elles recevront des ordres.

Une demi-compagnie de sapeurs a ordre de rester ici pour servir d'escorte au parc.

COMPANS.

Le général Compans à M. Vast, commissaire ordonnateur.

Zusmarshausen, le 19 vendémiaire an xiv (11 octobre 1805).

Monsieur l'Ordonnateur,

J'ai l'honneur de vous prévenir que vous devez vous diriger sur Burgau au lieu de suivre la destination qu'on vous avait donnée.

Toutes les dispositions de ma lettre sont maintenues à l'exception de ce changement de direction.

COMPANS.

Le général Compans au colonel Nérin, commandant le 4º régiment.

Zusmarshausen, le 19 vendémiaire an xiv (11 octobre 1805).

Monsieur le Colonel,

Vous devez avoir reçu dans la nuit une lettre du général Suchet concernant le chemin que devait tenir le régiment à vos ordres pour rejoindre la division. Les dispositions de cette lettre sont changées ; ce régiment doit se diriger du point où ma lettre vous parviendra, sur Burgau, par la route la plus courte. Si vous avez des bagages, envoyez-les ici. Ceux de la divison Suchet y sont restés.

Accusez-moi la réception de la présente et informez-moi de l'exécution des dispositions qu'elle renferme.

COMPANS.

Circulaire adressée aux bourgmestres de Burdenbach, Tetingen, Münsterhausen, Wettenhausen, Glott.

Burgau, le 19 vendémiaire an XIV (11 octobre 1805).

Requiert les bourgmestres de....., d'avoir à fournir avant 6 heures du soir, quatre mille rations de pain d'une livre et demie chaque, qui seront conduites à Burgau où elles seront mises à la disposition de M. le commissaire des guerres Vast, faisant fonction d'ordonnateur au 5ᵉ corps de la Grande Armée, qui régularisera cette fourniture.

COMPANS.

Ordre du jour du 19 vendémiaire an XIV (11 octobre 1805).

Le corps d'armée d'avant-garde devant se mettre en marche demain à la pointe du jour, la brigade aux ordres du général Claparède partira à 6 heures du matin de ses cantonnements pour se diriger sur Günzburg.

La 1ʳᵉ brigade d'infanterie se mettra en marche à 7 heures pour suivre la même destination (1).

Celle du général Valhubert suivra le mouvement de la 1ʳᵒ.

Le parc d'artillerie, suivant l'ordre d'hier, marchera avec la division.

Le 10ᵉ régiment de hussards rejoindra la brigade du général Claparède en avant de Burgau.

Le manque absolu de subsistances engage le général de division à répéter aux généraux de brigade de s'en procurer, autant que possible, dans les lieux où ils passent.

Le commissaire des guerres fera délivrer demain la viande pour deux jours.

Le Général commandant,

SUCHET.

---

(1) Cette brigade était à Rösingen.

Le général Nansouty au maréchal Berthier.

Stadtbergen, le 19 vendémiaire an xiv (11 octobre 1805).

J'ai l'honneur de rendre compte à Votre Excellence que, conformément aux ordres que j'ai reçus, j'occupe avec la division que je commande les villages de Steppbach, Westheim, Kriegshaber, Stadtbergen, Pfersee, Diedorf, Willishausen et Leitershofen. J'ai fait placer des grand'gardes en avant de ces deux derniers villages, qui communiqueront entre elles, et celle de gauche avec les troupes de M. le maréchal Soult. J'en aurai aussi une en avant de Steppbach. J'ai fait faire des reconnaissances en avant de mes cantonnements.

Je me suis établi de ma personne à Stadtbergen.

NANSOUTY.

GARDE IMPÉRIALE.

Ordre.

Augsburg, le 19 vendémiaire an xiv (11 octobre 1805).

Tous les généraux et chefs de corps de la Garde enverront l'ordre aux commandants de leur dépôt à Strasbourg de faire partir pour l'armée tous les hommes d'infanterie et de cavalerie disponibles.

Ces différents détachements formeront l'escorte des capotes et des souliers de l'infanterie. Ils marcheront réunis sous les ordres de l'officier le plus ancien des différentes armes.

Ils partiront de Strasbourg de suite après qu'ils en auront reçu l'ordre, pour se rendre à Spire, et de Spire immédiatement à l'armée.

(*Registre d'ordres des grenadiers.*)

Le maréchal Berthier au général Marmont.

Augsburg, le 19 vendémiaire an xiv (11 octobre 1805),
à 6 heures du matin.

Il est ordonné au général Marmont de partir de Pöttmes avec toutes les troupes à ses ordres pour se rendre à Augsburg; il prendra position; il enverra un des officiers de son état-major auprès du général Dumas, qui lui indiquera les positions qu'il devra occuper.

Le Major général,
Maréchal BERTHIER.

Dans toutes les lettres que m'écrit M. le général Marmont, il me parle de subsistances : je lui répète que, dans la guerre d'invasion et d'expédition que fait l'Empereur, il n'y a point de magasins; que c'est aux généraux commandant en chef les corps d'armée à se pourvoir de leurs moyens de subsistances dans les pays qu'ils parcourent. Le général Marmont a eu ordre de se pourvoir de quatre jours de pain d'avance et de faire confectionner pour quatre jours de biscuit : il ne peut donc compter que sur les ressources qu'il se procurera par lui-même; c'est ainsi que font tous les corps de la Grande Armée, et le général Marmont connaît plus que personne la manière dont l'Empereur fait la guerre.

Le Major général,
Maréchal BERTHIER.

Le maréchal Berthier au général Dumas.

Augsburg, le 19 vendémiaire an XIV (11 octobre 1805).

Le général Dumas est prévenu que le corps d'armée du général Marmont arrive aujourd'hui à Augsburg, venant de Pöttmes. La division du général Nansouty arrive à Augsburg venant de Zusmarshausen.

L'intention de l'Empereur est que M. le général Dumas reconnaisse la position qu'occupera le général Marmont et le corps du général Nansouty à Augsburg; qu'il fasse prévenir les généraux de l'endroit qu'il aura désigné et qu'il les y fasse conduire; il rendra compte à 11 h. 1/2 à l'Empereur des dispositions qu'il aura reconnues pour ces corps.

BERTHIER.

Note.

Position du 2ᵉ corps d'armée sur Augsburg.

Le corps d'armée du général Marmont arrivant sur Augsburg par la route de Pöttmes, prendra position au débouché des bois de Lechhausen.

2 divisions à la droite de la chaussée et la 3ᵉ un peu en arrière et à gauche de la chaussée. Distance moyenne : une demi-lieue d'Augsburg.

La gauche de la ligne est appuyée au marais qui s'étend jusqu'au pied des hauteurs de Friedberg.

La communication sur le front est par la route d'Augsburg à Friedberg et, sur les derrières, par Mühlhausen, qui est à une lieue et demie d'Augsburg, et d'où part un chemin qui va à Friedberg, en tournant le marais par la gauche.

Position de la réserve de cavalerie du général Nansouty.

Cette division, venant par la route de Zusmarshausen, cantonnera dans les villages de Kriegshaber, Steppbach, sur la chaussée même à trois quarts de lieue et une demi-lieue de la ville.

Si ces villages ne suffisent point et la position de cette division devant se lier par la gauche avec celle de M. le maréchal Soult en arrière de sa droite, le général Nansouty s'étendra au pied et sur les revers des hauteurs qui, à la distance d'une demi-lieue et trois quarts de lieue de la rive gauche du Lech et de la ville, forment le bassin de cette rivière.

Ces villages sont successivement, en s'éloignant jusqu'à une lieue d'Augsburg :

>Stadtbergen, à une demi-lieue ;
>Leitershofen, à trois quarts de lieue ;
>Wöllenburg, à une lieue.

L'Aide-major général,
maréchal général des logis,

(*Sans lieu ni date*). Mathieu Dumas.

Le maréchal Berthier au général Dumas.

Augsburg, le 19 vendémiaire an XIV (11 octobre 1805).

Général,

Je vous envoie ci-joint une note dont les dispositions vous sont confiées.

BERTHIER.

M. le général Dumas fera paraître demain, comme à l'ordinaire, les journaux d'Augsburg et y fera insérer une note qu'il rédigera dans le sens des idées ci-après. Faire connaître les succès de l'armée à l'affaire de Wertingen et à celle de Günzburg, que l'armée autrichienne est entièrement cernée; faire connaître le passage de l'Empereur à Stuttgard, la manière dont il y a été reçu, le traité d'alliance offensive et défensive fait entre l'Empereur et les Électeurs de Bavière, de Wurtemberg et de Baden; que le 1er fournit 25,000 hommes, le 2e 8,000, le 3e 4,000;

Que l'armée française traite en pays ami et neutre tout ce qui n'appartient pas aux princes de la maison d'Autriche ou qui n'est pas connu comme agent secret de cette maison, et ceux qui n'ont point trahi constamment la constitution de l'Empire pour élever la maison d'Autriche;

Que l'Ordre teutonique, du jour où il a nommé pour grand-maître un prince de la maison d'Autriche, a montré un caractère de dépendance et de servitude qui fait considérer cet ordre comme ennemi; que s'il avait voulu être neutre il aurait nommé pour grand-maître un prince qui, par ses relations politiques, devait être supposé rester neutre dans la guerre de l'Autriche contre la France.

Le général Dumas fera traduire en allemand la note qu'il aura rédigée, de manière qu'elle paraisse demain dans la gazette d'Augsburg.

Le général Dumas écrira de ma part à M. Bacher, à Ratisbonne, pour lui faire connaître les résultats des affaires de Wertingen et de Günzburg. Il lui dira que le prince Murat, avec 80,000 hommes, pousse l'armée ennemie sur le Rhin, où

elle sera prise en flanc aux débouchés du Tyrol par l'armée de
M. le maréchal Augereau, forte de 35,000 hommes ; que l'Empereur se porte avec 90,000 hommes à la rencontre des Russes ;

Qu'il doit répandre la nouvelle des succès des Français et faire réimprimer dans tous les journaux la proclamation de l'Empereur à l'armée française, et de l'Empereur à l'armée bavaroise.

Le Bailli de Vellinburg au général Vandamme.

Vellinburg, le 19 vendémiaire an xiv (11 octobre 1805).

Votre Excellence Monseigneur le Général,

Je vous remercie très humblement de la grande grâce que vous avez eue en m'accordant un détachement de votre Garde, dont le départ je regrette fort, comme monsieur le charmant officier et ses très braves grenadiers se sont comportés très aimablement tant en égard de la patience, manque des vivres à leur arrivée, qu'en égard de ses bons services et très belle conduite, dont je ferai le rapport à Mgr mon prince, sitôt possible.

J'ai l'honneur.....

Fr. ROBOECK,
Bailly.

Le maréchal Soult à l'Empereur.

Landsberg, le 19 vendémiaire an xiv (11 octobre 1805).

Sire,

J'ai l'honneur de rendre compte à Votre Majesté que les divisions du 4e corps d'armée se sont rendues aujourd'hui à Landsberg et occupent les positions suivantes :

La 3e division, qui formait tête de colonne, est établie en arrière de Holzhausen, sur la route de Mindelheim, et a son avant-garde à Buchloë ;

La 2e division est sur la hauteur en arrière de Landsberg, couvrant les routes de Munich et de Weilheim ;

La division de dragons est à Schwifting et Pürgen, servant d'avant-garde à la 2e division ;

La 1ʳᵉ division est adossée au bois d'Unter-Igling et porte son avant-garde sur la route de Schöngau, à une lieue à gauche de Landsberg. Ces positions offrent quelque chose d'irrégulier, mais il était nuit et il tombait beaucoup de pluie et de neige lorsque les troupes s'y sont rendues ; j'ai cru devoir attendre jusqu'à demain matin pour les rectifier.

En arrivant à Hurlach, j'ai été instruit qu'un régiment de cuirassiers autrichiens était arrivé à Lansberg et se disposait à en partir aujourd'hui pour se rendre à Memmingen ; j'ai aussitôt donné ordre au 8ᵉ régiment de hussards de se rendre à Holzhausen, sur la route de Mindelheim, pour l'inquiéter à son passage et j'ai fait presser la marche de la cavalerie ; effectivement, en arrivant près de Landsberg, j'ai vu ce régiment en bataille au débouché des routes de Mindelheim et de Schöngau, mais entièrement engagé dans cette dernière et paraissant couvrir la marche de plusieurs voitures d'équipage.

Le 26ᵉ régiment de chasseurs à cheval a eu ordre de l'attaquer et de le poursuivre avec vigueur sur la route de Schöngau ; il a été soutenu par un régiment de dragons, tandis que le 11ᵉ régiment de chasseurs a pris la route de Mindelheim pour aller joindre le 8ᵉ régiment de hussards ; une brigade de dragons, qui avait passé le Lech à Kaufering, se portait en même temps par la rive droite sur la route de Weilheim.

Le 26ᵉ régiment de chasseurs a marché avec intrépidité à l'ennemi, et sans consulter ni le nombre, ni l'espèce de troupes qu'il avait à combattre, il a chargé avec vigueur le régiment de cuirassiers du prince Ferdinand, fort de 900 chevaux et ayant sept pièces de campagne, et après lui avoir blessé beaucoup de cavaliers, lui a fait 60 prisonniers, dont un lieutenant-colonel, un capitaine et un autre officier ; il lui a pris aussi 60 chevaux et 2 pièces de 6.

Ce régiment, à la tête duquel le général Margaron se trouvait, a eu 2 hommes tués et 7 ou 8 blessés ; il s'est fait dans cette action une réputation de bravoure qu'il justifiera.

La brigade de dragons, commandée par M. le général Sébastiani, qui s'était portée sur la route de Weilheim, a enlevé 40 cuirassiers du même régiment.

Le régiment de Ferdinand-cuirassiers avait positivement ordre de se rendre à Memmingen et de forcer sa marche ; le

8º régiment de hussards, qui l'attendait à son passage, a trouvé son logement et en a enlevé une partie.

Nous avons trouvé à Landsberg un magasin de blé, qui n'est pas très considérable, et 700 à 800 sacs d'avoine.

Hier, il est passé en cette ville, se rendant à Memmingen, la caisse militaire et un équipage de pont de 30 bateaux ; ce matin, il est parti pour Weilheim un convoi d'artillerie, composé de 20 bouches à feu de divers calibres ; j'ai ordonné au général Sébastiani de se mettre demain, avant le jour, à sa poursuite et j'espère qu'en peu d'heures il pourra l'attraper. Les deux régiments de dragons qu'il y emploira ont reçu des ordres en conséquence.

Le bruit court ce soir à Landsberg que ce matin les troupes de Votre Majesté sont entrées à Munich, et, en même temps, on m'annonce que les reconnaissances qui ont été portées sur cette route ont rencontré l'ennemi à une lieue et demie de Landsberg ; si cela est, cette troupe est furieusement compromise ; demain je m'en assurerai et j'aurai l'honneur d'en rendre compte à Votre Majesté.

Je ferai aussi porter une forte reconnaissance sur Schöngau et une autre sur Mindelheim.

Un homme qui arrive de Munich m'assure que depuis cette ville jusqu'à Landsberg, il n'y avait que quelques détachements de troupes autrichiennes, et que le général Kienmayer s'était retiré de Schwabhausen et de Dachau, sur Munich ; son corps d'armée est aujourd'hui évalué à 20,000 hommes.

Le même individu affirme de nouveau que l'arrivée des Russes est retardée et qu'ils auront reçu ordre de se rendre sur les frontières de Bohême ; il prétend que depuis huit jours les voitures de transport étaient commandées, mais qu'hier le contre-ordre avait été donné aux bailliages qui devaient les fournir.

Tous les hôpitaux et autres établissements, que les Autrichiens avaient à Munich, sont évacués depuis hier sur Braunau.

Les ambassadeurs de Russie et d'Autriche, qui étaient à Munich, sont partis aussi hier pour Salzburg.

J'ai l'honneur.. ..

SOULT.

Le maréchal Soult au maréchal Berthier.

Landsberg, le 19 vendémiaire an XIV (11 octobre 1805).

J'ai l'honneur de rendre compte à Votre Excellence de la position qu'occupent les divisions des corps d'armée en avant de Landsberg.

La 3e division, qui formait tête de colonne, est établie en arrière de Holzhausen sur la route de Mindelheim et a son avant-garde à Buchloë.

La 2e division est sur la hauteur en arrière de Landsberg, couvrant les routes de Munich et de Weilheim.

La division de dragons est à Schwifting et Pürgen, servant d'avant-garde à la 2e division.

La 1re division est adossée au bois d'Unter-Igling et porte son avant-garde sur la route de Schöngau, à une lieue à gauche de Landsberg. Ces positions offrent quelque chose d'irrégulier, mais il était nuit et il tombait beaucoup de pluie et de neige lorsque les troupes s'y sont rendues; j'ai cru devoir attendre jusqu'à demain pour les rectifier.

En arrivant à Landsberg, nous avons trouvé le régiment de cuirassiers du prince Ferdinand qui occupait les routes de Schöngau et de Mindelheim, mais il était engagé dans la 1re. Le 8e régiment de hussards, que j'avais porté à Holzhausen pour lui couper la retraite, n'a pas été assez heureux de le rencontrer, mais le 26e régiment de chasseurs à cheval, auquel j'avais donné ordre de le poursuivre vigoureusement, a eu occasion de lui donner deux charges qui font le plus grand honneur au régiment ainsi qu'au général Margaron qui était à sa tête. Le résultat a été que 120 cuirassiers avec leurs chevaux, et 2 pièces de canon de 6 sont restés en notre pouvoir. Les reconnaissances que j'ai envoyées sur les routes de Munich et de Weilheim n'étant pas encore rentrées, je ne puis rendre à Votre Excellence les renseignements sur les mouvements de l'ennemi qu'elles ont acquis. Demain, j'aurai l'honneur de vous en adresser de positifs en même temps que je vous enverrai, Monsieur le Maréchal et Ministre, les noms des officiers, sous-officiers et chasseurs qui se sont distingués particulièrement.

Parmi les prisonniers, se trouvent un lieutenant-colonel, un capitaine commandant d'escadron et d'autres officiers.

Demain, je les adresserai au Grand État-Major général en vous donnant des renseignements plus étendus.

Soult.

Le maréchal Soult au général Vandamme.

Landsberg, le 19 vendémiaire an xiv (11 octobre 1805).

Monsieur le Général,

Le chef de l'état-major général m'instruit que l'infanterie de bataille de votre division s'était établie en avant du village de Kaufering; auparavant de vous voir, j'avais chargé le chef de bataillon Compère d'aller à sa rencontre par cette route, pour lui éviter le détour de la ville, et il devait vous dire de l'établir en avant du village, s'il était trop tard pour qu'elle prît la position que j'avais indiquée. Le contretemps qui a eu lieu sera réparé demain matin, en rectifiant toutes les positions du corps d'armée.

Je vous préviens que je donne ordre au général Sébastiani de porter demain de grand matin une reconnaissance (de deux régiments de dragons) sur Weilheim, à l'effet d'y enlever un convoi d'artillerie qui a pris cette direction. Sa mission remplie, il reviendra occuper le village de Pürgen.

Le général Walther, avec trois régiments, doit en même temps pousser une reconnaissance sur la route de Munich, et revenir à Schwifting; il sera nécessaire, Monsieur, que vous protégiez le mouvement de ces deux généraux, en portant en avant, pour les soutenir, un bataillon d'infanterie sur chaque route. Ces deux bataillons, qu'il suffit de faire partir au jour, rentreront à leurs régiments lorsque les dragons reviendront.

J'ai l'honneur.....

Soult.

Ordre du général Andréossy aux deux bataillons de Wurtemberg.

Augsburg, le 19 vendémiaire an xiv (11 octobre 1805).

Conformément aux intentions du ministre de la guerre, major général, il est ordonné aux deux bataillons de Wurtemberg, qui sont à Donauwörth, d'en partir aujourd'hui 19.

Ils garderont le pont militairement en attendant de nouveaux ordres à Rain.

ANDRÉOSSY.

Le général Andréossy aux maréchaux Davout, Soult, Bernadotte, Marmont.

Augsburg, le 19 vendémiaire an xiv (11 octobre 1805).

Son Excellence le ministre de la guerre, major général, me charge de vous prévenir que la route de communication entre Spire et la Grande Armée jusqu'à Nördlingen est prolongée sur Donauwörth, Maitingen et Augsburg.

Je vous prie, en conséquence, de vouloir bien donner des ordres pour diriger sur Augsburg tous les prisonniers de guerre qui seront faits par le corps que vous commandez. En général, lorsque le corps d'armée à vos ordres sera plus loin de France que le quartier général impérial, les prisonniers de guerre devront toujours être dirigés sur le quartier général, d'où ils seront envoyés à Spire par la route établie.

ANDRÉOSSY.

Le général Andréossy au général René.

Augsburg, le 19 vendémiaire an xiv (11 octobre 1805).

Monsieur le Général,

Son Excellence le ministre de la guerre, major général, vous a désigné pour commander provisoirement dans la place d'Augsburg, sans cesser néanmoins d'être commandant du quartier général. J'ai prévenu M. l'évêque d'Augsburg, ainsi que la commission du Sénat.

Je vous invite à prendre toutes les mesures que vous croirez convenables pour assurer et maintenir la tranquillité et le bon ordre dans la place, en faisant droit aux justes réclamations qui vous seraient portées, et en donnant les ordres les plus précis pour que les Français qui sont dans cette ville ou qui y passent ne commettent aucun désordre et pour que tous les militaires qui ne sont pas de la garnison rejoignent leurs corps.

ANDRÉOSSY.

Le général Andréossy au Commandant de la place d'Augsburg.

Augsburg, le 19 vendémiaire an XIV (11 octobre 1805).

Monsieur le Général,

Je vous préviens que, d'après l'intention de Sa Majesté et les ordres du ministre de la guerre, tous les convois, soit de chevaux, soit de bagages, soit d'hommes, le pain, le biscuit, les dépôts, petits détachements, hommes isolés, enfin tout ce qui vient de France pour quelque corps que ce soit de l'armée, se rendra directement à Augsburg, et Son Excellence le major général donnera les ordres de destination ultérieure, d'après l'état qui lui sera adressé chaque jour par le général commandant à Donauwörth.

Veuillez bien donner des ordres précis pour être instruit de tout ce qui entrera dans la ville, afin de pouvoir exécuter à la minute les ordres que vous serez dans le cas de recevoir concernant les convois ou détachements venant de Donauwörth.

ANDRÉOSSY (1).

---

(1) Des ordres sont donnés en conséquence au général Godinot, commandant à Donauwörth.

11 OCTOBRE.

Le général Andréossy au prince Murat.

Augsburg, le 19 vendémiaire an XIV (11 octobre 1805).

Son Excellence le ministre de la guerre me charge de prévenir Votre Altesse Sérénissime qu'elle ne doit plus envoyer au quartier général impérial les prisonniers qui seront faits, lorsque la position de son corps d'armée sera plus rapprochée des frontières de France que celle du quartier général impérial. Les prisonniers devront être dirigés, avec une escorte commandée par un officier d'état-major, par la route de Schöndorf sur Stuttgard et Spire, où ils seront remis à M. l'adjudant-commandant Chevalier, et les détachements d'escorte viendront rejoindre leurs corps. Tous les prisonniers faits sur Ulm et dans cette partie pourront être rassemblés à Günzburg. Un officier d'état-major que Votre Altesse Sérénissime y placera, les fera partir par convoi en les dirigeant sur Spire, soit par Heilbronn, soit par Stuttgard. La route d'Heilbronn doit être préférée, parce que c'est celle de l'armée qui est organisée. Votre Altesse Sérénissime donnera ses ordres pour que l'officier d'état-major qui commandera ces convois, fasse fournir des vivres par réquisition, en établissant une espèce de revue avec les bourgmestres.

ANDRÉOSSY (1).

Le général Andréossy au général Pernetty.

Augsburg, le 19 vendémiaire an XIV (11 octobre 1805).

Mon cher Général,

Je vous invite à vouloir bien me procurer le plus tôt qu'il vous sera possible un état exact de situation du personnel et du matériel du grand parc d'artillerie.

---

(1) Le général d'Aspre est dirigé sur Spire, accompagné par l'adjudant-commandant Ducoudras, qui reviendra en poste après l'avoir confié à l'adjudant-commandant Chevalier. Ce dernier dirigera le général d'Aspre et son neveu, fait prisonnier avec lui, sur une ville de l'intérieur, où ils seront sous la surveillance des autorités.

Le général Andréossy écrit à cet effet au maire de la ville, dont le nom est laissé en blanc.

L'Empereur exige un état général de l'armée et le major général me le demande instamment. Veuillez donc, je vous prie, mon cher Général, vous occuper particulièrement de cet objet.

Andréossy.

Le général Andréossy aux maréchaux Ney, Lannes, Davout, Bernadotte et au prince Murat.

Augsburg, le 19 vendémiaire an xiv (11 octobre 1805).

Monsieur le Maréchal,

J'ai l'honneur de vous prévenir que Sa Majesté exige absolument que je lui présente, le 21 dans la matinée, un état de situation exact des différents corps de l'armée sous la date la plus récente.

NUMÉROS des régiments.	NOMS des régiments.	EMPLACEMENTS.	PRÉSENTS		ABSENTS		ABSENTS prisonniers de guerre.	EN JUGEMENT.	TOTAL EFFECTIF.	CHEVAUX		OBSERVATIONS.
			Officiers.	Sous-officiers et soldats.	Hôpitaux.	Détachés.				des officiers.	des troupes.	

On indiquera les détachements arrivés des bataillons de dépôt et la date de l'ordre en vertu duquel ils ont rejoint les bataillons de guerre.

Sa Majesté attache la plus grande importance aux états de situation et je prie Votre Altesse de vouloir bien donner des ordres pour que l'officier que j'ai l'honneur de vous adresser puisse le rapporter et être de retour dans la journée.

Andréossy.

*Aperçu de l'armée autrichienne sous les ordres
de l'archiduc Ferdinand.*

(Postérieur au 10 octobre 1805.)

INFANTERIE.

NOMS DES CORPS.	OBSERVATIONS.
Archiduc-Rainier.	
Fröhlich.	
Kolowrath.	
Archiduc-Maximilien.	
Riese	Du corps de Kienmayer.
Manfredini.	
Erbach	Du corps de Kienmayer.
Stuart.	
Joseph-Colloredo	Du corps de Kienmayer.
Kaunitz.	
Reuss-Plauen.	
Auersperg.	
Gemmingen	Dans le Haut-Palatinat, à Amberg.
Wurtemberg	Du corps de Kienmayer.
Jellachich.	
Gyulay	Du corps de Kienmayer.
Stain	Ces quatre régiments avaient fait partie du camp de Bregenz, sous le commandement du général Wolfskeel.
Beaulieu	
Kaiser	
Hildburghausen	
Deutschmeister	Ces quatre régiments, qui ne sont entrés en Bavière que le 6 octobre, se sont joints le 10 au corps de Kienmayer, à Munich.
Creuzer-Warasdins	
Brooder	
2 autres régiments frontières	

CAVALERIE.

Cuirassiers.	Mack.	
	Duc-Albert.	
	Prince-Royal-Ferdinand	A Landshut et environs.
	Hohenzollern.	
	Nassau.	
	Charles-de-Lorraine.	A Landshut et environs.

Dragons et chevau-légers.	Latour. Hohenlohe........ Rosenberg. Klenau.	A Sulzbach, dans le Haut-Palatinat.
Hussards.	Liechtenstein. Blankenstein. Palatinat.	
Uhlans.	Merveldt.......... Schwarzenberg.	En Bavière.

GÉNÉRAUX DE L'ARMÉE AUTRICHIENNE.

Archiduc FERDINAND, commandant en chef.
MACK, commandant en second.
MAYER (1), chef de l'état-major.

KLENAU (2).   HESSE-HOMBOURG (10).
KIENMAYER (3).   MERVELDT (11).
WOLFSKEEL (4):   SCHWARZENBERG (12).
GOTTESHEIM (5).   RIESE (13).
STIPSICZ (6).   MERCANDIN (14).
HILLER (7).   ROHAN (15).
WERNECK (8).   CARAMELLI (16).
HOHENLOHE (9).   GYULAY (17).

Comte EICHHOLDT, commissaire général civil.

---

(1) Mayer von Heldenfeld, Général Quartier-Meister Stabs Colonel.
(2) Klenau, Feld Marschall Lieutenant.
(3) Kienmayer, Feld Marschall Lieutenant.
(4) Général-Major.
(5) Feld Marschall Lieutenant.
(6) Feld Marschall Lieutenant.
(7) Feld Marschall Lieutenant.
(8) Feld Marschall Lieutenant.
(9) Hohenlohe-Ingelfingen, Fürst Friedrich Feld Marschall Lieutenant.
(10) Hessen-Homburg, Friedrich Feld Marschall Lieutenant.
(11) Graf, Feld Marschall Lieutenant.
(12) Fürst Carl-Hofkriegsraths, Vice-Président (Feld Marschall Lieutenant).
(13) Riesch probablement (Riese était à Palmanova), Feld Marschall Lieutenant.
(14) Général-Major.
(15) Général-Major.
(16) Général-Major.
(17) Feld Marschall Lieutenant

D'après cet aperçu, l'armée autrichienne, en Allemagne, est composée de 25 régiments d'infanterie et 15 régiments de cavalerie.

Les régiments d'infanterie ne sont pas de force égale, et aucun n'est au complet; il y en a qui, d'après la nouvelle organisation, sont déjà formés sur 5 bataillons, mais la majeure partie n'est que de 4 bataillons; quelques-uns ne sont même que de 3; ce qui fait qu'on ne peut guère évaluer l'effectif de chaque régiment, l'un dans l'autre, à plus de 2,800. En suivant ce calcul, l'infanterie se monterait à 70,000 hommes.

Les régiments de cavalerie ne sont également pas au complet. On ne peut guère estimer à plus de 700 hommes les régiments de cuirassiers, à plus de 800 hommes ceux de dragons, et à plus de 1000 ceux de hussards et uhlans. Ce qui donnerait pour la cavalerie 12,400 hommes.

On ne connaît pas le nombre des compagnies de canonniers, bombardiers, sapeurs, pionniers, etc., qui sont à l'armée. On suppose que l'artillerie et le génie peuvent aller à 4,000 hommes.

Ce qui donnerait le total suivant pour toute l'armée :

Infanterie	70,000	hommes.
Cavalerie	12,500	—
Artillerie et génie	4,000	—
Total	86,500	hommes.

L'armée autrichienne en Souabe peut être renforcée à volonté par 15,000 hommes du Tyrol, suivant que les circonstances l'exigeront. Les 8 régiments de ligne qui sont dans le Tyrol peuvent se porter moitié en Italie et moitié en Allemagne ; le corps des chasseurs tyroliens est également disponible. Ces troupes ne sont pas nécessaires à la défense d'un pays dont tous les passages sont fortifiés, dont tous les habitants sont inscrits sur les registres de la milice, composée de 3 corps d'élite, qu'on évalue de 30,000 à 40,000 hommes, indépendamment desquels il existe déjà 4 régiments de miliciens, formés depuis près de deux mois sur le pied de l'infanterie de ligne, chacun de 6 compagnies.

On assure qu'on forme dans ce moment, à Pilsen en Bohême, une armée de réserve destinée à renforcer l'armée d'Allemagne, en cas de besoin. Cette armée sera composée de bataillons et d'escadrons de réserve.

Ordre du jour.

Augsburg, le 19 vendémiaire an XIV (11 octobre 1805).

La solde sera payée à l'armée jusqu'au 1er brumaire.

A dater du 1er brumaire, la solde du corps d'armée de M. le maréchal Bernadotte sera payée par la caisse de la Grande Armée.

La solde du corps d'armée de M. le général Marmont continuera à être payée par la Batavie.

Tous les déserteurs de l'armée ennemie seront dirigés sur Philippsburg par Spire, où ils seront incorporés dans le régiment de Latour-d'Auvergne : on les adressera au commandant de la place, qui prendra, à cet égard, les ordres du maréchal Kellermann.

L'Empereur est instruit que les postes d'Allemagne sont désorganisées parce qu'on se permet de prendre de force des chevaux que l'on ne renvoie pas. Il en résulte que les officiers d'état-major et les courriers de l'Empereur ne peuvent voyager, et que les affaires de l'État se trouvent compromises parce que les ordres de la plus haute importance ne peuvent parvenir.

Il est ordonné à MM. les maréchaux et généraux commandant en chef de faire renvoyer tous les chevaux de postes qui pourraient être à la suite de leurs corps d'armée.

A mesure qu'ils se porteront en avant, ils devront donner des sauvegardes aux maîtres de postes pour garantir le service dont ils sont chargés. Sa Majesté considère comme une faute capitale l'enlèvement des chevaux de postes, ou leur emploi en contravention du règlement sur le service des postes.

ANDRÉOSSY.

Le maréchal Berthier au général d'Hautpoul.

Augsburg, le 19 vendémiaire an xiv (11 octobre 1805),
à 7 heures du matin.

Il est ordonné au général d'Hautpoul de partir sur-le-champ, pour se rendre à mi-chemin d'Augsburg à Dachau.

Il préviendra de sa position le général Marmont, qui sera à Augsburg, et le maréchal Davout, qui se rend d'Aichach à Dachau.

Le général d'Hautpoul est prévenu que, s'il avait des ordres de M. le maréchal Davout, il devrait les exécuter et m'en prévenir sur-le-champ.

Maréchal BERTHIER.

L'Empereur au maréchal Davout.

Quartier impérial, à Augsburg, le 19 vendémiaire an xiv
(11 octobre 1805), à 3 heures après-midi.

Mon Cousin, j'ai reçu votre lettre. Je vois avec plaisir que ce n'est pas pour priver la division Nansouty de son artillerie que vous avez ordonné qu'elle vînt à votre quartier général. Cette division vient aujourd'hui à Augsburg, où il faut diriger cette artillerie. Le général Bernadotte a dû être aujourd'hui, à midi, à Munich; le maréchal Soult à Landsberg. Veillez à ce que les chevaux restent aux postes. Mettez-y même un petit paquet de cavalerie, pour que les communications avec Munich soient très rapides. Je suis inquiet du peu d'artillerie et du peu de cartouches que vous avez. Envoyez-moi ce soir l'état de situation des ennemis et le nom de leurs régiments qui ont été plusieurs jours entre Aichach et Dachau. Ayez des postes de cavalerie au village de Brück, sur Landsberg, et sur l'autre chemin d'Augsburg à Munich. Faites faire du pain partout pour vos troupes, auxquelles je voudrais bien laisser un jour de repos, mais les moments sont pressants. Il faut prendre de bonnes positions. L'armée du prince Ferdinand est entièrement tournée. Le prince Murat le poursuit avec les divisions des généraux Lannes et Ney.

NAPOLÉON (1).

---

(1) *Correspondance de Napoléon*, n° 9367.

Le maréchal Berthier au maréchal Davout.

Augsburg, le 19 vendémiaire an XIV (11 octobre 1805),
à 7 heures du matin.

Ordre au maréchal Davout de se porter à Dachau, où il est nécessaire que son avant-garde arrive aujourd'hui ; que tout porte à croire qu'il n'y a pas d'ennemis ; s'il y en a, il faut les attaquer demain. Si tout son corps ne peut arriver aujourd'hui à Dachau, il le placera au moins à la croisée des chemins de Dachau à Aichach et de Dachau à Augsburg, vers Sulzemoos.

Dans tous les cas, M. le maréchal Davout laissera à cette croisée de chemins une division, à moins qu'elle ne lui soit nécessaire pour attaquer l'ennemi. Il dirigera de fortes patrouilles sur les chemins de Landsberg et de Munich et sur celui de Landsberg à Munich, vers le village de Germering, à trois lieues de Munich.

M. le maréchal Davout est prévenu que M. le maréchal Bernadotte marche sur Munich avec toute son armée, que M. le maréchal Soult est à Landsberg et que le général Marmont est à Augsburg. Il est également prévenu que la division de grosse cavalerie du général d'Hautpoul, prend position à mi-chemin d'Augsburg à Dachau, qu'il peut se servir de cette division suivant les circonstances, mais qu'il ne peut et ne doit rien changer à son organisation.

Je préviens M. le maréchal Davout, qu'il peut envoyer à Augsburg, au général Andréossy, les prisonniers ou déserteurs qu'il peut avoir.

Maréchal BERTHIER.

Ordre de marche du 19 vendémiaire an XIV (11 octobre 1805).

L'avant-garde aux ordres du général Heudelet se portera sur Dachau, en chassera l'ennemi et prendra position sur la rive gauche de l'Amper, aura des avant-postes une lieue en avant et enverra de fortes patrouilles sur le village de Germering, à trois lieues de Munich, sur la route.

Les 1re et 2e divisions se porteront en avant d'Ober-Roth, sur la rive gauche du ruisseau de ce nom, et prendront position : la 1re division à droite de la route de Munich, et la 2e à la gauche.

La 1re division établira un bataillon sur sa droite, à Palsweis, et la 2e division sur sa gauche, à Frauenhofen.

La 3e division ainsi que le parc de réserve prendront position sur le Glon.

La 1re division enverra de fortes patrouilles sur la route de Landsberg.

La cavalerie légère suivra le mouvement de l'avant-garde et sera aux ordres du général Heudelet.

Les généraux de division enverront de suite leurs chefs d'état-major reconnaître la position que les troupes à leurs ordres doivent occuper.

Le quartier général sera établi à Ober-Roth.

Les sous-officiers des régiments, qui ont dû venir chercher le pain pour les corps, le feront suivre.

Le Général, chef de l'état-major général,

(A. G.).   DAULTANNE.

Le maréchal Davout au général de brigade Heudelet.

Aichach, le 19 vendémiaire an XIV (11 octobre 1805).

Général,

Je vous préviens que je viens de vous confier le commandement de l'avant-garde du 3e corps d'armée, composée des :

13e régiment d'infanterie légère,
108e régiment d'infanterie de ligne,
3 pièces de 4,
2e et 12e régiments de chasseurs à cheval.

Le général Eppler est attaché à cette avant-garde sous vos ordres ; l'adjudant-commandant Marès est attaché aussi à votre avant-garde, ainsi que l'adjoint Zadéra, l'adjudant du génie Thruillier et les officiers d'état-major détachés maintenant avec le général Eppler.

Lorsque la cavalerie légère, aux ordres du général Vialannes, sera intermédiaire à votre avant-garde et au corps d'armée, elle sera à vos ordres.

Vous établirez votre avant-garde en arrière du Glon, vos avant-postes seront à Ober-Roth, à l'embranchement des routes de Munich, et occuperont le pont sur la Roth. Vous ferez replier, cette nuit, tous les postes que les Autrichiens pourraient avoir entre vous et l'Amper ; vous occuperez Dachau et le pont qui est sur cette rivière.

Vous communiquerez par des partis avec les troupes de M. le maréchal Bernadotte, dont l'avant-garde était à Pfaffenhofen ; vous vous tiendrez toujours en communication avec ce corps d'armée. Vos communications ne seront que verbales et l'officier devra vous donner connaissance du 2e corps d'armée, ainsi que des nouvelles de l'ennemi que vous aurez.

L'armée autrichienne, par les savantes combinaisons de notre souverain, a été surprise avant sa réunion. Aucun plan de campagne n'existe ; le moral des troupes et des officiers est singulièrement attaqué ; il faut, par des attaques et des fausses alertes de nuit, fatiguer ces troupes. Il n'y a pas de meilleurs moyens pour maintenir la désertion et les découragements.

Vous enverrez des partis du côté de Friedberg et Landsberg pour faire en sorte de communiquer et d'avoir des nouvelles du corps d'armée du maréchal Soult qui doit occuper cette position.

Vous chargerez particulièrement l'officier du génie Prévôt des reconnaissances des routes et chemins de traverse qui seront sur votre front et vos flancs. Il adressera les rapports au chef de l'état-major général.

Établissez toujours, entre le quartier général et vous, des postes de correspondance qui ne devront porter que vos dépêches, les miennes et celles de l'état-major. Vous ferez connaître les points où vous établirez ces postes.

Je vous invite à vous occuper des subsistances de l'armée, surtout sous le rapport du pain ; vous connaissez trop notre position embarrassante pour ne pas faire mettre à exécution les différentes réquisitions que l'ordonnateur enverra au commissaire Chanteau. Je vous invite même à ne pas attendre ses réquisitions pour agir.

Vous enverrez sans perdre de temps tous les prisonniers et déserteurs au quartier général où il y a un bureau organisé pour leur interrogatoire.

Le corps ennemi que vous avez vis-à-vis de vous est commandé par le général Kienmayer ; il a sous ses ordres les généraux Sieukenesky et Pilato. Les régiments de :

Gyulay	1,800	hommes.
Colloredo	1,800	—
Deutschmeister	2,000	—
Wurtemberg (grenadiers)	500	—
Gradiscaner	1,800	—
Brooder	1,800	—
Peterwardeiner	1,800	—
Cuirassiers de Ferdinand	800	—
— de Nassau	800	—
Uhlans de Schwarzenberg	1,600	—
Hussards de Liechtenstein	1,600	—
Blankenstein	1,600	—
Total	15,900	hommes.

Il paraît, d'après les rapports des espions, déserteurs et prisonniers que le général Kienmayer occupera les hauteurs de Greisberg, en avant de Munich ; il n'est point vraisemblable qu'avec les mouvements du maréchal Bernadotte, il puisse occuper cette position très longtemps ; vous ferez reconnaître quels seraient, dans tous les cas, les points par où l'on pourrait attaquer avec avantage cette position.

Il y a une espèce d'hommes dont vous pouvez vous servir avec avantage dans ce pays, ce sont ceux employés à la conservation des bois ; ils ont des chefs qui ont tous les plans des forêts ; ils sont, en général, attachés à leur souverain ; ce seraient d'excellents guides dans les bois pour conduire les détachements destinés à inquiéter l'ennemi.

Un bataillon du 17ᵉ a été envoyé hier à Pfaffenhofen ; si le général Eppler lui avait fait faire un autre mouvement, vous le feriez placer dans cette position, en prévenant le général Bisson, sous les ordres de qui il est.

Davout.

CHAPITRE VI.

Le général Daultanne au général Gudin.

Au quartier général, à Aichach, le 19 vendémiaire an XIV
(11 octobre 1805).

Mon cher Général,

M. le maréchal désire que vous lui fassiez connaître quel a pu être le produit des réquisitions de pain, que vous avez faites pour le compte de votre division, et quels villages vous les ont fournies, afin d'éviter que les réquisitions ne se croisent et qu'il puisse savoir ce qui peut être dû en pain à chaque corps.

M. le maréchal se propose de faire faire encore aujourd'hui aux troupes une distribution de pain et d'eau de-vie, sans pouvoir absolument déterminer si la distribution de pain sera complète. Veuillez bien ordonner qu'un sous-officier et quelques hommes de corvée par régiment soient envoyés sur-le-champ à Aichach pour recevoir le produit de ces distributions.

Vous êtes invité à faire rapporter par ces sous-officiers et hommes de corvée au commissaire ordonnateur les tonneaux qui ont servi à transporter l'eau-de-vie lors des dernières distributions, ces vaisseaux étant indispensables pour faire de nouveaux envois.

M. le maréchal est instruit, mon Général, que pendant qu'il est entièrement occupé du soin de procurer des subsistances à l'armée, des militaires se répandent dans des moulins pour y enlever de la farine et maltraiter les meuniers, qui finiraient bientôt par abandonner leurs moulins. M. le maréchal vous invite, mon Général, à envoyer dans les moulins qui sont le plus à portée de votre division, des sauvegardes de trois ou quatre hommes dont un sous-officier ou caporal. Ces sauvegardes auront pour consigne de ne permettre l'entrée des moulins à aucuns militaires qui ne peuvent y avoir aucun besoin, de veiller à ce que les moulins aillent continuellement et à ce que les farines soient envoyées fidèlement et promptement à Aichach ; pour cet effet, un soldat devra toujours accompagner les voitures de farine jusqu'à Aichach et tenir la main à ce que les mêmes voitures rapportent du grain aux moulins à leur rentrée. M. le maréchal vous invite à donner, dans votre division, un ordre très sévère contre le maraudage et à annoncer à vos troupes que si elles continuent à se porter aux mêmes excès, il se verra contraint de faire des exemples frappants. Les troupes doivent être convaincues d'ailleurs que, par une inconduite soutenue, elles se priveraient de toutes les ressources du pays.

Il a été rendu compte à M. le maréchal qu'à la position de la 1re division, il a été découvert un petit dépôt de sel appartenant à l'ennemi ; une distribution en a été faite à la 1re division. Pour en faire une distribution aux autres divisions, vous êtes invité, mon Général, à vous concerter avec le général Bisson, afin de vous procurer le plus promptement ce secours.

J'ai l'honneur de vous saluer.

(A. G.)   DAULTANNE.

3e CORPS D'ARMÉE.

Journée du 19 vendémiaire (11 octobre 1805).

Quartier général : Ober-Roth.

Avant-garde : Dachau.

L'avant-garde, augmentée du 108e régiment d'infanterie et de toute la cavalerie légère, passe sous les ordres du général de brigade Heudelet.

Infanterie : Général Eppler.

Se porte sur Dachau. Le 13e d'infanterie légère à une lieue en avant sur la route de Munich ; le 108e à Dachau.

Cavalerie : Général Vialannes.

Suit le mouvement de l'infanterie. Un parti de cavalerie charge les hussards de Kaiser, en avant de Dachau, en tue deux ou trois, et fait une dizaine de prisonniers.

1re division : La 1re division devait prendre position en avant d'Ober-Roth, mais la difficulté des chemins et le temps affreux qu'il faisait, l'empêchèrent d'arriver.

Elle bivouaqua en colonne, sur la route et dans les bois à droite et à gauche en arrière d'Ober-Roth.

2e division : Erdweg.

En colonne sur la route, à la queue de la 1re division.

Le Glon était près de la tête de la colonne et séparait la 1re division de la seconde.

3e division : Inchenhofen.

La 3e division garde toujours sa position d'Inchenhofen.

Parc de réserve : Reste près de la 3e division.

Notes topographiques et militaires. — La position sur la rive gauche de l'Ammer est bonne. Elle commande beaucoup la rive droite qui est une plaine très unie et marécageuse. La droite de cette position s'appuie bien aux montagnes et à l'Amper-Sée ; mais sa gauche est un peu en l'air et peut être facilement tournée, ce n'est qu'une bonne position de bivouac ; au reste, d'après le système de guerre actuel, on ne peut guère en trouver d'autres et ce n'est qu'en marchant toujours que l'on doit attaquer et défendre un pays.

Le maréchal Davout au maréchal Berthier.

Ober-Roth, le 19 vendémiaire an XIV (11 octobre 1805).

Monsieur le Maréchal,

J'ai l'honneur de rendre compte à Votre Excellence, que son ordre, daté du 19 (*11 octobre*) à 6 heures du matin, ne m'est parvenu qu'à midi et demi et que de suite ses dispositions ont été mises à exécution.

L'avant-garde qui était sur le Glon et qui avait ses avant-postes à Ober-Roth, à l'embranchement des routes de Dachau à Augsburg et à Aichach, s'est portée à Dachau qu'elle a occupé, ainsi que tous les points de communication qui existent sur l'Amper ; elle a poussé ses avant-postes à près de deux lieues sur la route de Munich.

L'ennemi avait évacué Dachau, on n'y a trouvé que quelques uhlans escortant une voiture.

D'après les renseignements pris à Dachau il paraît que l'ennemi tient position en arrière de Munich et a encore un gros corps en avant sur Nymphenburg et à cette hauteur. On estime à 26,000 hommes le corps d'armée que commande le général Kienmayer sous Munich.

En se portant en avant de Dachau, les avant-postes de l'avant-garde ont poussé l'ennemi et en ont tué plusieurs ; on a fait quelques prisonniers.

11 OCTOBRE.

Dans la journée d'hier, les avant-postes de l'avant-garde, en venant occuper Ober-Roth, ont eu un petit engagement avec les uhlans de Merveldt.

Un détachement du 2e régiment de chasseurs à cheval a soutenu une charge; 7 à 8 uhlans ont été blessés, un officier et un uhlan ont été faits prisonniers; nous n'avons eu dans cet engagement, ni tué, ni blessé.

Les deux premières divisions de ce corps d'armée se sont portées aujourd'hui en avant d'Ober-Roth sur la rive gauche du ruisseau de ce nom et ont pris position à droite et à gauche de la route de Munich.

La 3e division et le parc de réserve ont pris position sur le Glon.

La cavalerie légère aux ordres du général Vialannes a suivi le mouvement de l'avant-garde sur Dachau.

Demain 20 (*12 septembre*), je ferai porter l'avant-garde avec la brigade de cavalerie à Moosach; elle enverra à Germering, sur la route de Munich à Landsberg, de forts détachements d'infanterie et de cavalerie pour occuper et défendre les communications contre tout ce qui pourrait se présenter venant du côté de Munich ou de Landsberg.

Les deux premières divisions prendront position sur la rive gauche de l'Amper, occupant par de forts détachements tous les ponts de communication qui existent sur cette rivière et particulièrement celui de Fürstenfeld.

La 2e division sera chargée de pousser des partis sur la route de Pfaffenhofen pour aller à la rencontre et reconnaître les troupes du maréchal Bernadotte.

La 3e division prendra position à Ober-Roth et fera occuper par un bataillon le village de Wiedenzhausen.

Je me propose d'établir mon quartier général à Dachau.

J'ai l'honneur de représenter à Votre Excellence qu'il devient d'une nécessité impérieuse de prendre promptement des mesures extraordinaires pour mettre un frein au maraudage et au pillage qui sont portés au dernier excès; les habitants de ce pays observent avec la plus vive douleur qu'à l'époque où leur prince était en guerre avec la France, ils ne furent jamais aussi mal traités qu'au moment où leurs enfants et leurs parents font cause commune avec nous contre les Autrichiens.

J'ai l'honneur de prier Votre Excellence, de solliciter de Sa Majesté, l'autorisation de faire fusiller quelques pillards ; ces exemples terribles sont nécessaires pour arrêter le mal qui va toujours croissant.

Pour me conformer aux instructions de Votre Excellence, je ne crois pas devoir entrer demain à Munich, puisque c'est le maréchal Bernadotte qui doit l'occuper.

DAVOUT.

Il paraît que le corps du général Kienmayer a reçu quelques troupes qui se sont échappées par Landsberg ; cette nuit nous aurons de forts postes sur cette route.

Les postes de gauche de notre avant-garde sont liés avec ceux du maréchal Bernadotte.

Journal de marche de la division Friant.

De Klingen à Erdweg, le 19 vendémiaire an XIV (11 octobre 1805).

A 4 heures du soir, les 1re et 2e divisions partent par un temps affreux avec ordre de s'établir en avant d'Ober-Roth, à cheval sur la route de Munich, en ayant la Roth, gros ruisseau, sur son front ; cette position était militaire, mais le temps fut si mauvais que nous ne pûmes arriver et les deux divisions durent bivouaquer en colonne sur la route et dans les bois à droite et à gauche ; nous étions un peu couverts par le Glon. Le général Friant établit son quartier général dans une grosse ferme ; celui du maréchal était à Ober-Roth.

Le chemin monte et est assez mauvais en quittant Klingen ; les montagnes sont assez fortes et boisées jusqu'à Wollemos, gros village sur un plateau à notre gauche et à quelque distance du chemin ; plusieurs chemins vicinaux assez bons partent de la route et conduisent à Wollemos, Sielenbach, Pfaffenhofen, Hamelsberg. Ce dernier village est sur une hauteur au pied de laquelle passe la route assez plane depuis vis-à-vis Pfaffenhofen ; ruisseau à droite et près la route 300 mètres plus loin qu'Hamelsberg ; cette route, devenue meilleure, se continue dans un vallon, traverse Zeitlbach, gros village partagé en deux par une grande flaque, qui reçoit le ruisseau dont nous venons de parler, traverse Unter-Zeitlbach, Klein-Berghofen, qui sont aussi dans ce même vallon; elle a donc peu de montées, peu de descentes avant d'arriver à Erdweg, village dans un fond et sur la droite du Glon, petite rivière de 8 à 10 mètres de largeur, assez rapide et peu profonde et dont le lit est pierreux......

3ᵉ CORPS DE LA GRANDE ARMÉE DU RHIN.

Ordre de marche du 20 vendémiaire (12 octobre 1805).

Demain 20, à 8 heures du matin, l'avant-garde, suivie de la brigade de cavalerie du général Vialannes, se portera à Moosach, route de Munich, et enverra à Germering, sur la route de Munich à Landsberg, un détachement de 200 chevaux, et 400 hommes d'infanterie à Pasing pour en défendre le pont contre tout ce qui pourrait se présenter venant de Munich ou de Landsberg.

L'avant-garde apportera sa plus grande attention à la route de Munich à Landsberg, de manière à l'intercepter et à couper ce passage à l'ennemi qui voudrait s'échapper de Landsberg; dans le cas où ces postes seraient attaqués, le général commandant l'avant-garde les fera soutenir avec la plus grande opiniâtreté.

Les deux premières divisions prendront position sur la rive gauche de l'Amper. La 1ʳᵉ division sera établie sur les hauteurs en arrière de Dachau, la gauche appuyée à la grande route de Munich et la droite se prolongeant vers Esting qu'elle fera occuper; elle observera tous les ponts qui existent sur l'Amper et particulièrement celui de Fürstenfeldbrück où elle aura un détachement de 200 hommes d'infanterie et 25 chevaux.

La 2ᵉ division prendra position sur les hauteurs en arrière de Dachau, la droite appuyée à la grande route de Munich; elle fera occuper les ponts qui peuvent se trouver sur l'Amper jusqu'à celui de Moching (Amper-Moching).

Le général Friant enverra quelques partis sur la route de Pfaffenhofen à Munich pour avoir connaissance de la marche des troupes de M. le maréchal Bernadotte.

La 3ᵉ division prendra position à Ober-Roth, sa droite dans

les bois en arrière du village et fera occuper par un bataillon le village de Wiedenzhausen, sur la route de Friedberg, et poussera des reconnaissances sur la même route pour communiquer avec la division de cavalerie aux ordres du général d'Hautpoul

Les parcs seront placés en arrière de sa division. Le quartier général du corps d'armée sera à Dachau.

Le Général, chef de l'état-major général,

DAULTANNE.

Le maréchal Bernadotte à l'Empereur.

Heimhausen, le 19 vendémiaire an XIV (11 octobre 1805),
à 11 h. 30 du soir.

Sire,

Je viens de recevoir la lettre que Votre Majesté m'a fait l'honneur de m'écrire.

J'ai établi aujourd'hui mon avant-garde à Kalteherberg; elle est chargée de pousser des reconnaissances le plus près possible de Munich; je suis avec le corps de bataille sur les hauteurs de Maisteig et Heimhausen.

J'ai rendu compte déjà au major général de l'armée, des motifs qui m'avaient empêché d'arriver à Munich; les pluies continuelles et abondantes, le peu de ressources que nous avons pour les subsistances, et par-dessus tout l'impuissance où sont les Bavarois de se mouvoir avec autant de célérité que nous, sont causes que je n'ai pas été aujourd'hui à temps de combattre l'ennemi et d'entrer dans Munich. Jusqu'à présent, tous les rapports s'accordent à dire qu'il veut en disputer l'entrée et qu'il a là au moins 20,000 hommes.

Je marcherai à l'ennemi demain, à 6 heures du matin et, quoique je n'aie que 11,000 Français et que l'armée bavaroise soit un peu décousue, j'espère les forcer dans leurs positions.

J'ai déjà fait partir des détachements sur Freising; j'ai ordonné qu'on coupe le pont sur l'Isar; je vais envoyer de nouvelles reconnaissances sur ce point, et si l'ennemi venait à y manœuvrer je m'y porterais de suite.

Dans les instructions que j'ai laissées au général Rivaud, je lui ai prescrit de faire faire, sans perdre un seul instant, une tête de pont à Ingolstadt et de mettre cette place à l'abri d'un coup de main; il a avec lui un officier du génie. Je pense que si l'on pouvait disposer de 300,000 à 400,000 francs pour le rétablissement des ouvrages, il ne serait pas difficile de faire de cette place un poste militaire avantageux. Cependant, Sire, les officiers du génie ne sont pas de mon avis.

Le nombre des troupes françaises diminue chaque jour par les malades; je supplie Votre Majesté de me permettre de rappeler le 54ᵉ régiment que j'ai laissé à Ingolstadt; j'en ai d'autant plus besoin que la première colonne russe doit arriver demain ou après à Munich; cette nouvelle est confirmée par le rapport d'un officier de Colloredo, qui a été fait prisonnier ce soir, avec 60 hommes et 10 chevaux. Les équipages du lieutenant général Werneck ont aussi été pris.

J'ai l'honneur.....

BERNADOTTE.

Le maréchal Bernadotte au maréchal Berthier.

Heimhausen, le 19 vendémiaire an xiv (11 octobre 1805),
à 11 h. 30 du soir.

Monsieur le Maréchal,

Tous les avis que je reçois de tous côtés, et particulièrement de Ratisbonne, s'accordent à annoncer que la première colonne russe doit arriver à Munich demain ou après; cette nouvelle m'a été confirmée aujourd'hui par un officier du régiment de Colloredo que nous avons fait prisonnier.

J'ai l'honneur, etc.

BERNADOTTE.

Journal du corps bavarois.

19 vendémiaire (11 octobre). — Toute l'avant-garde marcha avant la pointe du jour par Unterbuck, passa l'Amper et occupa en ordre de bataille les hauteurs de Heimhausen et celles de la maison dite « Chaussée-Haus », pour y attendre l'arrivée de l'armée. Ce même jour, le lieutenant général Deroy vint à Unterbuck et le maréchal à Heimhausen.

19 vendémiaire (11 octobre). — L'avant-garde n'avait goûté aucun repos depuis trois jours, pendant lesquels elle ne reçut autre chose qu'une demi-portion de pain. Cependant, sans avoir eu le temps de faire la soupe, il fallut suivre l'ordre du Maréchal, et partir à midi pour Kaltcherberg ; on devait attaquer l'ennemi et, d'après la disposition antérieure, le chasser de Munich.

Le lieutenant général baron de Wrède avança sur Kalteherberg, après avoir poussé de forts partis au delà de Schleisheim, afin de couvrir le flanc gauche qui paraissait fortement menacé, vu que Dachau était encore occupé par l'ennemi. On réussit parfaitement à surprendre l'ennemi à Kalteherberg, 1 officier et 36 hommes furent faits prisonniers. Le lieutenant de Hertling, du 3ᵉ régiment de chevau-légers, prit à Schleisheim 1 uhlan et 5 hussards. Le lieutenant Spitzel, du 1ᵉʳ régiment de chevau-légers, détaché le long de la rive droite de l'Amper vers Dachau, pour inquiéter l'ennemi, surprit un piquet de hussards de Liechtenstein et en fit prisonniers 1 caporal et 4 hommes.

Le lieutenant général était sur le point de se mettre en mouvement vers Munich, lorsqu'un aide de camp du maréchal apporta l'ordre de suspendre la marche de l'avant-garde, de la mettre au bivouac vis-à-vis Schleisheim, de harceler l'ennemi autant que possible et de partir le (20 vendémiaire, *12 octobre*) lendemain à 6 heures précises du matin pour aller sur Munich.

Le général Rivaud au maréchal Berthier.

Ingolstadt, le 19 vendémiaire an xiv (11 octobre 1805).

Monseigneur,

J'ai l'honneur de rendre compte à Votre Excellence, qu'hier, j'ai reçu ordre par M. le maréchal Bernadotte de rester à Ingolstadt, avec une division composée de 4,000 Bavarois, dont 330 chevau-légers, et le 54ᵉ régiment d'infanterie française, fort de 1900 hommes.

J'ai placé un régiment bavarois sur les bords de l'Inn, avec ordre de se garder et s'éclairer en avant depuis Pfaffenhofen, jusqu'à l'embouchure de l'Inn. J'ai établi un bataillon léger bavarois depuis Vohburg jusqu'à Penning (Böhming), sur l'Altmühl, la ligne passant par Saint-Lorenz. J'ai fait également partir cette nuit un bataillon léger bavarois pour se rendre sur le pont de Lech devant Rain, avec ordre de s'éclairer sur sa droite.

On m'avait donné quelques inquiétudes sur le grand parc d'artillerie du 1er corps d'armée qui devait arriver, hier soir, à Eichstädt. J'ai fait partir pour Nassenfels un détachement de cavalerie, mais il a battu les environs sans rencontrer l'ennemi.

J'ai fait aussi sortir d'Ingolstadt cinq compagnies du 54e régiment pour aller au-devant du parc qui doit arriver ce soir ou demain à Ingolstadt.

Des petits partis de cavalerie ont parcouru hier les deux rives du Danube, depuis Ingolstadt jusqu'à Kelheim. D'autres partis ont remonté l'Altmühl jusqu'à Dietfürt; aucun n'a trouvé l'ennemi, et n'a pas appris qu'il y en eût dans ces contrées. J'ai appris seulement par mes intelligences qu'un régiment autrichien de quatre bataillons avait voulu passer de la rive gauche à la droite du Danube par Ratisbonne, mais le passage lui ayant été refusé, ce régiment a descendu le Danube et l'a passé à Donaustauf; j'envoie des partis et des hommes affidés vers le Haut-Palatinat; on m'assure qu'il y a quelques détachements autrichiens; dès que j'en aurai des nouvelles, j'aurai l'honneur de les transmettre à Votre Excellence.

J'apprends que les Russes ont dû arriver hier 10 octobre, à Ried en Autriche, qu'ils doivent entrer aujourd'hui sur la Bavière, et qu'il a été commandé 1500 voitures pour transporter la première colonne forte de 15,000 hommes; on assure qu'il y a cinq colonnes et que le tout forme environ 60,000 hommes.

Les fortifications d'Ingolstadt ont été tellement rasées qu'à peine y en reste-t-il de traces. Un simple et mauvais mur, endommagé en plusieurs endroits, forme l'enceinte de cette place, il n'y a pas une seule porte fermée; il me paraît donc dangereux de penser à tenir dans la place, je fais cependant relever le mur et barricader les portes pour parer à une surprise. On va travailler à la tête du pont, qui a été aussi entièrement rasée. On emploiera à ces travaux tous les moyens à ma disposition, mais dans la saison et le mauvais temps qu'il fait, avec un seul officier de génie, sans sapeurs et voulant donner à cet ouvrage une capacité à contenir deux bataillons et huit pièces de canon, il faudra bien des jours avant qu'elle puisse servir. Je fais provisoirement faire quelques épaulements, derrière lesquels on pourra placer quatre pièces d'artillerie et quelque infanterie, et je fais disposer les madriers au pont d'une manière à ce qu'on puisse les enlever facilement ; on continuera malgré cela, les travaux de la tête du pont.

Je prie Votre Excellence, d'être persuadée que j'emploierai tout mon zèle et mes moyens à remplir l'objet de mon commandement ; heureux de pouvoir donner par là, à Sa Majesté, la preuve de mon dévouement.

J'ai l'honneur, etc.

RIVAUD.

M. Bacher au général Rivaud.

Ratisbonne, le 19 vendémiaire an XIV (11 octobre 1805).
à 7 heures du matin.

Monsieur le Général,

Vous aurez déjà vu, par le retour des deux courriers que j'ai réexpédiés hier à Son Excellence le maréchal Bernadotte, et vous aurez aussi appris par le courrier bavarois qui les avait précédés, qu'il n'y a pas de troupes autrichiennes ni russes à dix lieues à la ronde de Ratisbonne, à l'exception de quelques piquets de 25 hommes de chevau-légers dont l'un est placé à Stadt-am-Hof, vis-à-vis de Ratisbonne, pour empêcher la désertion.

La route de Ratisbonne à Nuremberg est libre ; il n'y a que Neumarkt où il y avait, le 16 (*8 octobre*), 200 hommes de cavalerie qui y sont peut-être encore. Il n'y a pas un soldat ennemi de Ratisbonne à Burglengenfeld et de là jusqu'à Amberg dans le Haut-Palatinat, où le régiment d'infanterie de Gemmingen se trouvait encore hier 18, mais il devait se mettre en marche aujourd'hui 19 pour se porter, à ce qu'on présume, sur Straubing, où il passera le Danube pour ne pas être coupé. Il n'y a, au reste, qu'ordres et contre-ordres parmi les Autrichiens et par conséquent désordre dans tous leurs mouvements ; on ne peut donc que difficilement se procurer des renseignements exacts.

Ce qui me paraît en attendant le plus vraisemblable, c'est qu'il n'y a dans ce moment que 2,000 à 3,000 hommes d'infanterie dans le Haut-Palatinat et 500 à 600 hommes de cavalerie. Ces troupes ne peuvent se maintenir dans la position d'Amberg, sans s'exposer à être coupées.

Si elles se maintiennent néanmoins dans le Haut-Palatinat, cela annoncerait l'arrivée d'une colonne de 6,000 Russes qui devait être dirigée vers le Haut-Palatinat et qui aurait pu arriver hier à Waldmünchen, sur l'extrême frontière de la Bohême et du Haut-Palatinat, à trois journées de marche de Straubing et à quatre de Ratisbonne ; dans ce dernier cas de l'approche d'une colonne russe, dont on n'a cependant aucun avis certain, le régiment de Gemmingen et les 600 hommes de cavalerie se réuniraient aux Russes.

J'ai l'honneur..... BACHER.

P.-S. — On mande de Landshut, sous la date du 17 vendémiaire, que l'armée autrichienne se retire de la Souabe par Dachau et Freising en hâte et surtout en grand désordre, et on assure qu'elle se dirige en grande hâte sur l'Inn, vers Wasserburg.

RIVAUD.

Bulletin de Ratisbonne du 19 vendémiaire an XIV (11 octobre 1805).

D'après les renseignements les plus récents, les troupes autrichiennes se disposent à abandonner leur position dans le Haut-Palatinat de Bavière. Le cordon qui occupait tous les ponts et passages du Danube, depuis l'Altmühl jusqu'à l'Inn, a été levé hier. Le piquet de 30 hommes de cavalerie autrichienne qui se trouvait à Stadt-am-Hof, vis-à-vis le pont de Ratisbonne, a quitté cette station très à la hâte et l'on ne doute pas que toutes les provinces bavaroises ne soient incessamment évacuées par les troupes autrichiennes qui continuent de se retirer très à la hâte, derrière l'Inn.

Situation des troupes qui composent le premier corps de la Grande Armée (sous Munich), commandé par Son Excellence le maréchal Bernadotte.

	PRÉSENTS SOUS LES ARMES. Prêts à combattre.		NOMBRE DE CHEVAUX.	
	Officiers.	Troupes.	D'officiers.	De troupes.
Division d'avant-garde : général KELLERMANN.				
27ᵉ rég. d'infanterie légère.........	79	1,991	»	»
4ᵉ rég. de hussards...............	25	463	63	463
5ᵉ rég. de chasseurs.............	24	466	61	466
2 pièces de 6, 2 de 3 et 2 obusiers..	»	»	»	»
1ʳᵉ *division, commandée provisoirement par le* général PACTHOD.				
8ᵉ rég. d'infanterie de ligne.......	75	1,845	»	»
45ᵉ rég. d'infanterie de ligne.......	67	1,641	»	»
4 pièces de 6, 4 de 3 et 2 obusiers...	»	»	»	»
2ᵉ *division :* général DROUET.				
94ᵉ rég. d'infanterie de ligne.......	67	1,843	»	»
95ᵉ rég. d'infanterie de ligne.......	73	2,075	»	»
2ᵉ rég. de hussards...............	24	402	61	402
5ᵉ rég. de hussards...............	23	363	45	363
5 pièces de 6, 5 de 3.............	»	»	»	»
Division de cuirassiers : général D'HAUTPOUL.				
1ᵉʳ rég. de cuirassiers.............	20	352	20	352
5ᵉ rég. de cuirassiers.............	21	347	21	347
10ᵉ rég. de cuirassiers.............	22	335	32	335
11ᵉ rég. de cuirassiers.............	24	331	55	331
Troupes bavaroises formant l'avant-garde, commandées par le lieutenant général DE WREDE.				
5ᵉ rég. d'infanterie (duc Charles)...	37	1,314	»	»
7ᵉ rég. d'infanterie (duc Charles)...	39	1,375	»	»
1ᵉʳ rég. d'infanterie lég. (de Vicenti).	19	675	»	»
1ᵉʳ rég. de chevau-légers (prince électoral).......................	20	150	45	150

11 OCTOBRE. 603

	PRÉSENTS SOUS LES ARMES. Prêts à combattre.		NOMBRE DE CHEVAUX.	
	Officiers.	Troupes.	D'officiers.	De troupes.
Troupes bavaroises. (Suite.)				
1 pièce de 12, 4 de 6, 1 obusier.....	»	»	»	»
8° rég. d'infanterie (duc Pius)......	39	1,280	»	»
12° rég. d'infanterie (de Lowenstein).	34	1,294	»	»
4° bat. d'infanterie légère........	19	579	»	»
3° rég. de chevau-légers (comte de Linange)................	20	170	51	170
1er rég. de dragons (de Minucci)....	14	120	»	120
4 pièces de 6, 1 de 12, 1 obusier....	»	»	»	»
Corps de troupes bavaroises devant Munich, commandé par le lieutenant général DEROY.				
4° rég. d'inf. de ligne (de Salern)..	39	1,318	»	»
5° rég. d'inf. de ligne (de Preysing)..	31	1,330	»	»
3° bat. d'inf. légère (de Preysing)..	24	660	»	»
2° rég. de chevau-légers (de l'Electeur)....................	20	200	51	200
2 pièces de 12, 2 de 6, 2 obusiers..	»	»	»	»
TOTAUX............	902	22,919	505	3,699
Personnel de l'artillerie française.				
8° rég. d'artillerie à pied (3 comp.), 9 officiers, 219 hommes....... 3° rég. d'artillerie à cheval (4 comp.), 11 officiers, 297 hommes, 46 chevaux d'officiers, 302 chevaux... 2° bat. du train, 8 offic., 532 hommes, 21 chevaux d'offic., 1,099 chevaux + 176 en réquisition..... Ouvriers et pontonniers, 5 officiers, 116 hommes................	33	1,164	67	1,577 dont 1,275 de trait.
Personnel de l'artillerie bavaroise.				
2° rég. d'artillerie, 12 officiers, 324 hommes..................... Artillerie attachée à l'avant-garde, 4 officiers, 165 hommes........	16	489	»	»
TOTAL du personnel de l'artillerie.	49	1,653	67	1,577
FORCE des troupes sous Munich ..	951	24,572	572	5,276

Corps de troupes détachées à Ingolstadt et aux environs, aux ordres du général de division Rivaud.

	PRÉSENTS SOUS LES ARMES.		NOMBRE DE CHEVAUX.	
	Officiers.	Troupes.	D'officiers.	De troupes.
54° rég. d'infanterie de ligne (Français)........................	79	1,815	»	»
9° rég. d'infanterie de ligne (Bavarois)........................	34	1,382	»	»
10° rég. d'infanterie de ligne (Bavarois)........................	41	1,331	»	»
2 bat. d'infanterie légère (Bavarois).	45	1,250	»	»
4° rég. de chevau-légers (Bavarois).	21	140	52	110
2 pièces de 12, 2 pièces de 6, 2 obusiers (Français)...............	»	»	»	»
2 pièces de 12, 14 de 6, 2 obusiers (Bavarois)...................	»	»	»	»
Totaux...............	220	5,918	52	110
Troupes bavaroises stationnées à Tolgz.				
1er rég. (des gardes)...............	42	1,326	»	»
2° rég. (de l'Electeur).............	36	1,271	»	»
2° rég. de dragons................	27	240	52	210
Totaux...............	105	2,837	52	210
Troupes restées à Würtzburg.				
6° rég. d'infanterie (prince Guillaume).....................	38	1,340	»	»
13° rég. d'infanterie (prince Guillaume).....................	44	1,350	»	»
Totaux...............	82	2,690	»	»
Totaux des troupes détachées....	407	11,445	104	380
Totaux des forces sous Munich...	951	24,572	572	5,276
Force générale de l'armée..	1,358	36,017	676	5,656

Certifié véritable :

Le Général de division, chef de l'état-major général,

BERTHIER.

A LA MÊME LIBRAIRIE

ANNIBAL EN GAULE
Par J. COLIN
Capitaine d'artillerie breveté à la Section historique de l'État-Major de l'Armée

Paris, 1904,
1 vol. in-8 avec 12 cartes, 4 photogravures et des annexes... 7 fr. 50

L'ÉDUCATION MILITAIRE DE NAPOLÉON
(Ouvrage couronné par l'Académie française)
Par J. COLIN
Capitaine d'artillerie breveté à la Section historique de l'État-Major de l'Armée

Paris, 1900, 1 vol. in-8 avec 5 cartes............ 7 fr. 50

ICONOGRAPHIE
DU COSTUME MILITAIRE
PAR
le Commandant SAUZEY, de " La Sabretache "

Tome II. *Restauration et Louis-Philippe.* Paris, 1902, 1 vol. in-16 avec planches en couleurs........................... 10 fr.
Tome III. *Deuxième République (1848-1852) et Napoléon III.* Paris, 1903, 1 vol. in-16 avec planches en couleurs..................... 10 fr.

LA
GUERRE SUD-AFRICAINE
PAR
le Capitaine FOURNIER, de l'État-Major de l'Armée

Tome Ier. *Origines du conflit. — Campagne dans le Natal.* Paris, 1902, 1 vol. in-8 avec 9 cartes et croquis............................ 6 fr.
Tome II. *Les échecs des Anglais : Stormberg, Maggersfontein, Colenso, Spion-Kop, Vaal-Krantz. — Siège et délivrance de Ladysmith.* Paris, 1902, 1 vol. in-8 avec 10 cartes et croquis........................... 6 fr.
Tome III. *Offensive de Lord Roberts. — Occupation de Bloemfontein et de Pretoria.* Paris, 1904, 1 vol. in-8 avec 15 cartes et croquis...... 6 fr.

Paris. — Imprimerie R. Chapelot et Cie, 2, rue Christine.

www.ingramcontent.com/pod-product-compliance
Lightning Source LLC
Chambersburg PA
CBHW070311240426
43663CB00038BA/1429